2008



# 中国火炬统计年鉴

# CHINA TORCH STATISTICAL YEARBOOK

科技部火炬高技术产业开发中心 编

Edited By
Torch High Technology Industry
Development Center
Ministry of Science & Technology

中国统计出版社
China Statistics Press

（京）新登字 041 号

**图书在版编目（CIP）数据**

2008 中国火炬统计年鉴/科技部火炬高技术产业中心编.
—北京：中国统计出版社，2008.10
ISBN 978-7-5037-5542-2

Ⅰ.2…
Ⅱ.科…
Ⅲ.高技术产业-统计资料-中国-2008-年鉴
Ⅳ.F279.244.4-54

中国版本图书馆 CIP 数据核字（2008）第 142225 号

**2008 中国火炬统计年鉴**

作　　者/科技部火炬高技术产业中心编
责任编辑/张　冰　尹　伊
装帧设计/艺编广告·杨　超
出版发行/中国统计出版社
通信地址/北京市西城区月坛南街 57 号　邮政编码/100826
办公地址/北京市丰台区西三环南路甲 6 号
网　　址/www.stats.gov.cn/tjshujia
电　　话/邮购(010)63376907　书店(010)68783172
印　　刷/北京画中画印刷有限公司
经　　销/新华书店
开　　本/880×1230 毫米　1/16
字　　数/427 千字
印　　张/22.25
印　　数/1-1500 册
版　　别/2008 年 9 月第 1 版
版　　次/2008 年 9 月第 1 次印刷
书　　号/ISBN 978-7-5037-5542-2/F·2765
定　　价/180.00 元

# 《中国火炬统计年鉴—2008》

# CHINA TORCH STATISTICAL YEARBOOK—2008

## 编辑委员会

## Editorial Board

# 编者说明

《2008中国火炬统计年鉴》是由科技部火炬高技术产业开发中心编撰的反映中国火炬计划、技术市场、全国生产力促进中心相关内容的统计资料。全书收录了全国45个省、市科技部门和54个国家高新区以及苏州工业园区2007年度的相关统计数据。

统计年鉴内容分为十个部分。第一部分为国家高新技术产业开发区内企业的发展情况；第二部分为全国高新技术企业的发展情况；第三部分为国家级火炬计划项目的执行情况；第四部分为各类科技企业孵化器的发展情况；第五部分为全国技术市场的发展情况；第六部分为全国生产力促进中心的发展情况；第七部分为国家大学科技园的发展情况；第八部分为国家火炬计划软件产业基地的发展情况；第九部分为火炬计划特色产业基地的发展情况。最后附有主要统计指标解释。

# PREFACE

*2008 China Torch Statistical Yearbook* is prepared by Torch High Technology Industry Development Center. The yearbook, which covers the series data of 45 province level science and technology departments, 54 state level science and technology industrial parks, and Suzhou Industrial Park, reports on the development of China Torch Program, China's technology market and productivity promotion center.

The yearbook contains the following ten parts, 1. Development of State Level Science and Technology Industrial Parks (STIPs) and it's tenants. 2. Development of High Technology Enterprises in China. 3. Development of National Torch Program Projects. 4. Development of Technology Business Incubators. 5. Development of Technology Market in China. 6. Development of Productivity Promotion Centers in China. 7. Development of National University Science Parks. 8. Torch Program Software Bases. 9. Torch Program Industrial Bases. Explanatory Notes of Indicators is attached at the end of book.

# 目 录
# Contents

## 第一部分 国家高新技术产业开发区
## THE FIRST PART STATE LEVEL SCIENCE AND TECHNOLOGY INDUSTRIAL PARKS

## 第二部分　全国高新技术企业
## THE SECOND PART　HIGH TECHNOLOGY ENTERPRISES IN CHINA

## 第三部分　国家火炬计划项目
## THE THIRD PART　NATIONAL TORCH PROGRAM PROJECTS



## 第四部分　科技企业孵化器
## THE FORTH PART　TECHNOLOGY BUSINESS INCUBATORS（TBIS）

## 第五部分　全国技术市场
## THE FIFTH PART　TECHNOLOGY MARKETS IN CHINA

## 第六部分　全国生产力促进中心
## THE SIXTH PART　PRODUCTIVITY PROMOTION CENTERS (PPCS) IN CHINA



## 第七部分　国家大学科技园情况
## THE SEVENTH PART　NATIONAL UNIVERSITY SCIENCE PARKS



## 第八部分　火炬计划软件产业基地情况
## THE EIGHTH PART　TORCH PROGRAM SOFTWARE BASES

# 第一部分

# 国家高新技术产业开发区

## *The First Part*

## State Level Science and Technology Industrial Parks

# 1－1　高新区企业主要经济指标

## Main Economic Indicators of Tenants in State Level Science and Technology Industrial Parks

| 年份<br>Year | 企业数<br>（个）<br>Number of Tenants (number) | 年末从业人员数<br>（万人）<br>Number of Employees at the End of year (10 000 person) | 总收入<br>（亿元）<br>Total Income (100 million RMB yuan) | 工业总产值<br>（亿元）<br>Total Industrial Output Value (100 million RMB yuan) | 工业增加值<br>（亿元）<br>Industrial Added Value (100 million RMB yuan) | 净利润<br>（亿元）<br>Net Profit (100 million RMB yuan) | 上缴税额<br>（亿元）<br>Taxes Submitted (100 million RMB yuan) | 创汇总额<br>（亿美元）<br>Export (100 million USD) |
|---|---|---|---|---|---|---|---|---|
| 1995 | 12980 | 99.0 | 1529.0 | 1402.6 | / | 107.4 | 69.0 | 29.3 |
| 1996 | 13722 | 129.0 | 2300.3 | 2142.3 | / | 140.5 | 97.7 | 43.0 |
| 1997 | 13681 | 148.0 | 3387.8 | 3109.2 | / | 206.6 | 143.3 | 64.8 |
| 1998 | 16097 | 184.0 | 4839.6 | 4333.6 | 1060.7 | 256.2 | 220.8 | 85.3 |
| 1999 | 17498 | 221.0 | 6775.0 | 5944.0 | 1476.2 | 398.7 | 338.6 | 119.0 |
| 2000 | 20796 | 251.0 | 9209.3 | 7942.0 | 1978.8 | 597.0 | 460.0 | 185.8 |
| 2001 | 24293 | 294.0 | 11928.0 | 10116.8 | 2621.3 | 644.6 | 640.4 | 226.6 |
| 2002 | 28338 | 349.0 | 15326.0 | 12937.1 | 3286.1 | 801.1 | 766.4 | 329.2 |
| 2003 | 32857 | 395.0 | 20939.0 | 17257.4 | 4361.4 | 1129.4 | 990.0 | 510.2 |
| 2004 | 38565 | 448.4 | 27466.0 | 22638.9 | 5542.1 | 1422.8 | 1239.6 | 823.8 |
| 2005 | 41990 | 521.2 | 34416.0 | 28957.6 | 6820.6 | 1603.2 | 1615.8 | 1116.5 |
| 2006 | 45828 | 563.0 | 43320.0 | 35899.0 | 8521.0 | 2129.0 | 1977.0 | 1361.0 |
| 2007 | 48472 | 650.2 | 54925.2 | 44376.9 | 10715.4 | 3159.3 | 2614.1 | 1728.1 |

# 1－2 高新区企业主要经济指标(按地区分组)

## Main Economic Indicators of Tenants in State Level Science and Technology Industrial Parks by Region

| 地　区 | Region | 企业数（个）Number of Tenants (number) | 年末从业人员数（人）Year End Number of Employees (person) | 总收入（千元）Total Income (1000 RMB yuan) | 工业总产值（千元）Total Industrial Output Value (1000 RMB yuan) | 工业增加值（千元）Industrial Added Value (1000 RMB yuan) |
|---|---|---|---|---|---|---|
| 北　京 | Beijing | 18611 | 891560 | 901569886 | 385042419 | 69000000 |
| 天　津 | Tianjin | 2640 | 200439 | 125019547 | 94157514 | 20245196 |
| 石家庄 | Shijiazhuang | 517 | 79755 | 64172489 | 51377025 | 13224123 |
| 保　定 | Baoding | 138 | 42966 | 32747770 | 31369045 | 6345958 |
| 太　原 | Taiyuan | 730 | 89725 | 78588943 | 74106202 | 18962263 |
| 包　头 | Baotou | 474 | 99951 | 54757544 | 56082996 | 17821160 |
| 沈　阳 | Shenyang | 857 | 105724 | 108284321 | 90142306 | 20308672 |
| 大　连 | Dalian | 1795 | 192202 | 113472822 | 94887448 | 26204068 |
| 鞍　山 | Anshan | 440 | 83309 | 45248799 | 38879727 | 10107724 |
| 长　春 | Changchun | 869 | 100976 | 142674355 | 141631373 | 38786002 |
| 吉　林 | Jilin | 623 | 85997 | 72005153 | 69034123 | 20666539 |
| 哈尔滨 | Harbin | 459 | 104371 | 72767508 | 66530109 | 13001298 |
| 大　庆 | Daqing | 360 | 85634 | 54905603 | 51045055 | 13677105 |
| 上　海 | Shanghai | 827 | 241603 | 358117127 | 266126648 | 59787359 |
| 南　京 | Nanjing | 235 | 115331 | 211291089 | 197947065 | 31795035 |
| 常　州 | Changzhou | 731 | 117383 | 80262678 | 81116101 | 18366450 |
| 无　锡 | Wuxi | 608 | 234963 | 216674352 | 212966993 | 51761800 |
| 苏　州 | Suzhou | 631 | 278072 | 190113904 | 167435000 | 42870149 |
| 杭　州 | Hangzhou | 785 | 119071 | 130334652 | 101560278 | 14589342 |
| 宁　波 | Ningbo | 313 | 62666 | 72077522 | 53292583 | 14364999 |
| 合　肥 | Hefei | 315 | 87659 | 72257162 | 69334745 | 24368176 |
| 福　州 | Fuzhou | 203 | 52045 | 30663981 | 31226479 | 7077139 |
| 厦　门 | Xiamen | 220 | 72837 | 80202652 | 81676410 | 20883725 |
| 南　昌 | Nanchang | 280 | 78272 | 55385374 | 50297927 | 16414086 |
| 济　南 | Jinan | 412 | 84259 | 78071542 | 65934574 | 16850175 |
| 青　岛 | Qingdao | 119 | 54974 | 60718656 | 59952291 | 12627545 |
| 淄　博 | Zibo | 258 | 102719 | 81714196 | 76926694 | 21166292 |
| 潍　坊 | Weifang | 302 | 98221 | 80478510 | 72750434 | 19154461 |
| 威　海 | Weihai | 191 | 65884 | 59941719 | 58177085 | 16966546 |
| 郑　州 | Zhengzhou | 561 | 80786 | 65744740 | 56593262 | 17879656 |
| 洛　阳 | Luoyang | 325 | 64632 | 50198697 | 43699614 | 10122403 |
| 武　汉 | Wuhan | 1214 | 185123 | 130635824 | 115627689 | 39951683 |
| 襄　樊 | Xiangfan | 157 | 54084 | 43647028 | 40045215 | 10810626 |
| 长　沙 | Changsha | 703 | 134252 | 100060289 | 89053248 | 23764131 |
| 株　洲 | Zhuzhou | 175 | 52458 | 33822015 | 33859065 | 10054213 |
| 广　州 | Guangzhou | 1543 | 177694 | 162833310 | 121320456 | 26592919 |
| 深　圳 | Shenzhen | 349 | 228249 | 193078486 | 191311561 | 38968184 |
| 珠　海 | Zhuhai | 572 | 168360 | 101287765 | 101912732 | 16124700 |
| 惠　州 | Huizhou | 159 | 106326 | 69975924 | 68136708 | 12886922 |
| 中　山 | Zhongshan | 385 | 75186 | 74449903 | 71687202 | 16916338 |
| 佛　山 | Foshan | 101 | 88204 | 55552531 | 57537738 | 10845583 |
| 南　宁 | Nanning | 345 | 66141 | 40757079 | 27158613 | 8401417 |
| 桂　林 | Guilin | 252 | 72005 | 27881448 | 28033965 | 8097154 |
| 海　南 | Hainan | 124 | 23516 | 18834226 | 19576287 | 3703156 |
| 成　都 | Chengdu | 1253 | 193636 | 148371301 | 118921516 | 40973817 |
| 重　庆 | Chongqing | 467 | 130851 | 65429280 | 50515239 | 15162156 |
| 绵　阳 | Mianyang | 118 | 87637 | 43530503 | 42126562 | 7315324 |
| 贵　阳 | Guiyang | 108 | 59156 | 20938236 | 20096434 | 5387760 |
| 昆　明 | Kunming | 133 | 40988 | 47600885 | 41018127 | 7003705 |
| 西　安 | Xi' an | 3500 | 233802 | 188749913 | 131631586 | 42235245 |
| 宝　鸡 | Baoji | 307 | 77817 | 42272825 | 41994670 | 12119586 |
| 杨　凌 | Yangling | 104 | 14959 | 5036312 | 4520104 | 1861122 |
| 兰　州 | Lanzhou | 392 | 38810 | 25185591 | 22824083 | 4663919 |
| 乌鲁木齐 | Urumqi | 182 | 19130 | 12122304 | 7486271 | 2007482 |
| **合　计** | **Total** | **48472** | **6502370** | **5492516271** | **4437694596** | **1071542588** |

1－2 续表 continued

| 地　区 | Region | 净利润（千元）Net Profit（1000 RMB yuan） | 上缴税额（千元）Taxes Submitted（1000 RMB yuan） | 创汇总额（千美元）Export（1000 USD） | 年末资产（千元）Year End Assets（1000 RMB yuan） | 年末负债（千元）Year End Debt（1000 RMB yuan） |
|---|---|---|---|---|---|---|
| 北　京 | Beijing | 61043171 | 42865624 | 19713972 | 1497760383 | 758502844 |
| 天　津 | Tianjin | 11586708 | 7436601 | 3623210 | 161612556 | 77473573 |
| 石家庄 | Shijiazhuang | 2753546 | 2582565 | 430898 | 58454074 | 37180528 |
| 保　定 | Baoding | 2829499 | 1161249 | 1152522 | 38425265 | 19069863 |
| 太　原 | Taiyuan | 3340928 | 4905842 | 237011 | 77524838 | 50611557 |
| 包　头 | Baotou | 2892266 | 2150871 | 459916 | 68894794 | 41993531 |
| 沈　阳 | Shenyang | 6532366 | 5873541 | 955461 | 123162530 | 71565327 |
| 大　连 | Dalian | 5841891 | 4522576 | 4619480 | 150975057 | 82838629 |
| 鞍　山 | Anshan | 2153194 | 2287297 | 166855 | 32301558 | 22233338 |
| 长　春 | Changchun | 8705363 | 8824117 | 159126 | 88736189 | 45013629 |
| 吉　林 | Jilin | 2532942 | 3759479 | 201862 | 60091561 | 22674237 |
| 哈尔滨 | Harbin | 3873545 | 2890520 | 290117 | 114614564 | 74087020 |
| 大　庆 | Daqing | 2710699 | 2534096 | 72887 | 48857573 | 28192117 |
| 上　海 | Shanghai | 23780328 | 14470957 | 8356464 | 309418083 | 153859041 |
| 南　京 | Nanjing | 9700474 | 5719911 | 7734489 | 136309466 | 72091662 |
| 常　州 | Changzhou | 4373920 | 3226253 | 2349615 | 67774901 | 40540349 |
| 无　锡 | Wuxi | 13592683 | 5734631 | 15906308 | 173568609 | 99476459 |
| 苏　州 | Suzhou | 8309811 | 4987202 | 25961952 | 128686847 | 74760546 |
| 杭　州 | Hangzhou | 5822874 | 6183841 | 7117378 | 109328870 | 63341174 |
| 宁　波 | Ningbo | 3494181 | 2894478 | 2880975 | 53489149 | 31532472 |
| 合　肥 | Hefei | 5113874 | 11272064 | 866837 | 83809883 | 41571293 |
| 福　州 | Fuzhou | 1393474 | 767713 | 1019006 | 28885372 | 15884132 |
| 厦　门 | Xiamen | 5465117 | 4338335 | 5709224 | 47752837 | 33523297 |
| 南　昌 | Nanchang | 2926492 | 5901248 | 440429 | 54911918 | 32195550 |
| 济　南 | Jinan | 2286632 | 6364612 | 1563356 | 76196816 | 39654489 |
| 青　岛 | Qingdao | 2817568 | 2381145 | 2006447 | 40299085 | 19311033 |
| 淄　博 | Zibo | 5713805 | 6689424 | 1044589 | 70718452 | 27434969 |
| 潍　坊 | Weifang | 5200167 | 3475808 | 1071959 | 57613359 | 35303047 |
| 威　海 | Weihai | 3057722 | 2991866 | 3163053 | 35259746 | 19784062 |
| 郑　州 | Zhengzhou | 4719732 | 4209783 | 307671 | 63686306 | 30912067 |
| 洛　阳 | Luoyang | 2512833 | 2746883 | 619118 | 50473204 | 31737864 |
| 武　汉 | Wuhan | 8868359 | 6534928 | 568374 | 151527618 | 79484117 |
| 襄　樊 | Xiangfan | 2141172 | 2774259 | 196542 | 37099210 | 19191007 |
| 长　沙 | Changsha | 5321230 | 3886344 | 861936 | 108476165 | 62131068 |
| 株　洲 | Zhuzhou | 1390238 | 1723754 | 405828 | 36602160 | 21492634 |
| 广　州 | Guangzhou | 8677962 | 5462030 | 8563538 | 157763293 | 92657506 |
| 深　圳 | Shenzhen | 9306980 | 9191475 | 9507451 | 150611848 | 87929419 |
| 珠　海 | Zhuhai | 5243923 | 1750201 | 9751629 | 59362683 | 33286103 |
| 惠　州 | Huizhou | 1871617 | 1181143 | 6384095 | 30984808 | 20985572 |
| 中　山 | Zhongshan | 2938441 | 1798330 | 3860994 | 45621025 | 27235288 |
| 佛　山 | Foshan | 2664188 | 1445159 | 4077244 | 32593545 | 21508275 |
| 南　宁 | Nanning | 2582857 | 1783450 | 144119 | 22642821 | 13643515 |
| 桂　林 | Guilin | 2068930 | 1996597 | 400549 | 30569640 | 18097041 |
| 海　南 | Hainan | 1557820 | 1259767 | 202032 | 18646899 | 9463437 |
| 成　都 | Chengdu | 11313231 | 7920526 | 2234263 | 158304799 | 78034120 |
| 重　庆 | Chongqing | 2907721 | 3122968 | 919187 | 72273924 | 42709339 |
| 绵　阳 | Mianyang | 739006 | 1137496 | 621501 | 34128279 | 18946944 |
| 贵　阳 | Guiyang | 739765 | 1126656 | 233208 | 27126284 | 14043702 |
| 昆　明 | Kunming | 1564176 | 2159770 | 747229 | 50367276 | 32695112 |
| 西　安 | Xi'an | 10873108 | 13941937 | 1927114 | 273504010 | 158211127 |
| 宝　鸡 | Baoji | 2949238 | 2982924 | 362726 | 46372662 | 25654310 |
| 杨　凌 | Yangling | 236118 | 118488 | 48555 | 11804429 | 6579444 |
| 兰　州 | Lanzhou | 2182904 | 1499195 | 63447 | 41877533 | 23653092 |
| 乌鲁木齐 | Urumqi | 718021 | 458639 | 528418 | 15984470 | 8610842 |
| **合　计** | **Total** | **315934810** | **261406568** | **172812166** | **5723839226** | **3110592713** |

# 1-3 高新区企业收入情况(按地区分组)

## Revenue of Tenants in State Level Science and Technology Industrial Parks by Region

单位:千元 (1000 RMB yuan)

| 地区 | Region | 总收入 Total Income | 技术收入 Technical Income | 产品销售收入 Product Sales Income | 商品销售收入 Commodity Sales Income |
|---|---|---|---|---|---|
| 北京 | Beijing | 901569886 | 147321115 | 511676191 | 191262607 |
| 天津 | Tianjin | 125019547 | 13798146 | 92348576 | 5014511 |
| 石家庄 | Shijiazhuang | 64172489 | 985225 | 48529040 | 12553249 |
| 保定 | Baoding | 32747770 | 3685 | 32044469 | 2575 |
| 太原 | Taiyuan | 78588943 | 4179214 | 70809424 | 1503287 |
| 包头 | Baotou | 54757544 | 820751 | 52699697 | 363313 |
| 沈阳 | Shenyang | 108284321 | 16005475 | 85636970 | 5630254 |
| 大连 | Dalian | 113472822 | 12546985 | 91477607 | 3100583 |
| 鞍山 | Anshan | 45248799 | 1809151 | 42126477 | 329061 |
| 长春 | Changchun | 142674355 | 1175263 | 133492183 | 6641988 |
| 吉林 | Jilin | 72005153 | 1219948 | 69401245 | 85587 |
| 哈尔滨 | Harbin | 72767508 | 222638 | 67146049 | 2213402 |
| 大庆 | Daqing | 54905603 | 1180538 | 48344026 | 999920 |
| 上海 | Shanghai | 358117127 | 20961228 | 307116600 | 21524892 |
| 南京 | Nanjing | 211291089 | 4450847 | 194818133 | 4943903 |
| 常州 | Changzhou | 80262678 | 433452 | 78591129 | 372160 |
| 无锡 | Wuxi | 216674352 | 401585 | 212630515 | 717134 |
| 苏州 | Suzhou | 190113904 | 6392484 | 175845234 | 346363 |
| 杭州 | Hangzhou | 130334652 | 25020964 | 99441054 | 4336999 |
| 宁波 | Ningbo | 72077522 | 5746299 | 50161740 | 7631309 |
| 合肥 | Hefei | 72257162 | 5350559 | 62173397 | 2223664 |
| 福州 | Fuzhou | 30663981 | 619393 | 29708506 | 39911 |
| 厦门 | Xiamen | 80202652 | 256135 | 78875804 | 127296 |
| 南昌 | Nanchang | 55385374 | 1204359 | 51311547 | 1428475 |
| 济南 | Jinan | 78071542 | 1618733 | 66669024 | 1714742 |
| 青岛 | Qingdao | 60718656 | 574675 | 55688057 | 212666 |
| 淄博 | Zibo | 81714196 | 2035979 | 76149516 | 590177 |
| 潍坊 | Weifang | 80478510 | 350485 | 79503422 | 296397 |
| 威海 | Weihai | 59941719 | 81994 | 58289578 | 1563558 |
| 郑州 | Zhengzhou | 65744740 | 5119885 | 57332792 | 595571 |
| 洛阳 | Luoyang | 50198697 | 2173700 | 45734255 | 362382 |
| 武汉 | Wuhan | 130635824 | 9800522 | 109353001 | 5893811 |
| 襄樊 | Xiangfan | 43647028 | 3521990 | 38455948 | 7651 |
| 长沙 | Changsha | 100060289 | 2171019 | 93383854 | 694697 |
| 株洲 | Zhuzhou | 33822015 | 149760 | 33125812 | 243384 |
| 广州 | Guangzhou | 162833310 | 20542045 | 120642461 | 19205947 |
| 深圳 | Shenzhen | 193078486 | 1064592 | 182832343 | 7262277 |
| 珠海 | Zhuhai | 101287765 | 223762 | 97890008 | 962721 |
| 惠州 | Huizhou | 69975924 | 0 | 65905087 | 55341 |
| 中山 | Zhongshan | 74449903 | 59216 | 67354931 | 5236657 |
| 佛山 | Foshan | 55552531 | 401751 | 54187192 | 2516 |
| 南宁 | Nanning | 40757079 | 8559816 | 27317876 | 2746767 |
| 桂林 | Guilin | 27881448 | 105250 | 25950288 | 113114 |
| 海南 | Hainan | 18834226 | 12171 | 18776488 | 11461 |
| 成都 | Chengdu | 148371301 | 18631924 | 124436589 | 1915934 |
| 重庆 | Chongqing | 65429280 | 12764883 | 49918802 | 1142828 |
| 绵阳 | Mianyang | 43530503 | 5186 | 42533516 | 72240 |
| 贵阳 | Guiyang | 20938236 | 722694 | 19160169 | 741422 |
| 昆明 | Kunming | 47600885 | 167261 | 43455420 | 1524055 |
| 西安 | Xi'an | 188749913 | 25565828 | 125536874 | 26129015 |
| 宝鸡 | Baoji | 42272825 | 259268 | 39846726 | 704037 |
| 杨凌 | Yangling | 5036312 | 14275 | 3772793 | 521973 |
| 兰州 | Lanzhou | 25185591 | 355200 | 22886473 | 1594971 |
| 乌鲁木齐 | Urumqi | 12122304 | 280303 | 11314284 | 177420 |
| **合计** | **Total** | **5492516271** | **389439606** | **4543809192** | **355688175** |

# 1－4 高新区企业主要经济指标(按登记注册类型分类)

## Main Economic Indicators of Tenants in State Level Science and Technology Industrial Parks by Registration Category

| 企业登记注册类型<br>Registration Category | 企业数<br>(个)<br>Number of Tenants (number) | 年末从业人员数<br>(人)<br>Year End Number of Employees (person) | 总收入<br>(千元)<br>Total Income (1000 RMB yuan) | 工业总产值<br>(千元)<br>Total Industrial Output Value (1000 RMB yuan) | 工业增加值<br>(千元)<br>Industrial Added Value (1000 RMB yuan) | 创汇总额<br>(千美元)<br>Export (1000 USD) |
|---|---|---|---|---|---|---|
| **合　计<br>Total** | **48472** | **6502370** | **5492516302** | **4437694613** | **1071542636** | **172812166** |
| 国有企业<br>State-owned Enterprises | 1406 | 583395 | 430913786 | 344366314 | 104975870 | 4049503 |
| 集体企业<br>Collective-owned Enterprises | 671 | 118463 | 76211349 | 72635864 | 15998434 | 1746346 |
| 股份合作企业<br>Cooperative Shares Corporation | 619 | 32441 | 17752432 | 11259999 | 4279059 | 100988 |
| 联营企业<br>Associated Enterprises | 105 | 11338 | 4469732 | 4568945 | 1196968 | 41135 |
| 有限责任公司<br>Limited Liability Companies | 21255 | 1865448 | 1345135412 | 955009264 | 251669576 | 11899198 |
| 股份有限公司<br>Limited by Shares Companies | 1508 | 1081859 | 909410941 | 751830477 | 190022599 | 14945280 |
| 私营企业<br>Private Enterprises | 14965 | 553130 | 270995258 | 186109576 | 46663676 | 2793207 |
| 港澳台投资企业<br>HongKong, Macao and Taiwan Investment Enterprises | 2137 | 562543 | 455954534 | 371653194 | 79056437 | 16762547 |
| 外商投资企业<br>Foreign Investment Enterprises | 5691 | 1677804 | 1964865392 | 1722897362 | 372765209 | 120349622 |

1－4　续表 continued

单位:千元　　(1000 RMB yuan)

| 企业登记注册类型<br>Registration Category | 净利润<br>Net Profit | 上缴税额<br>Taxes Submitted | 年末资产<br>Year End Assets | 流动资产<br>Current Assets | 年末负债<br>Year End Debt |
|---|---|---|---|---|---|
| **合　计<br>Total** | **315935111** | **261406598** | **5723839238** | **3209470762** | **3110592710** |
| 国有企业<br>State-owned Enterprises | 22162059 | 41747659 | 744493843 | 371470623 | 411712879 |
| 集体企业<br>Collective-owned Enterprises | 2747397 | 3200256 | 57565234 | 32528999 | 33432004 |
| 股份合作企业<br>Cooperative Shares Corporation | 1433646 | 1248291 | 45431705 | 19841732 | 17489644 |
| 联营企业<br>Associated Enterprises | 133193 | 250708 | 9794937 | 6445417 | 3376202 |
| 有限责任公司<br>Limited Liability Companies | 77426139 | 59401990 | 1648860176 | 953889551 | 904727164 |
| 股份有限公司<br>Limited by Shares Companies | 57074224 | 52506517 | 1202432012 | 635890057 | 610864249 |
| 私营企业<br>Private Enterprises | 13526150 | 10662163 | 351353680 | 176288443 | 163311387 |
| 港澳台投资企业<br>HongKong,Macao and Taiwan Investment Enterprises | 22881130 | 14491606 | 350519647 | 212302559 | 206257334 |
| 外商投资企业<br>Foreign Investment Enterprises | 117160897 | 76353292 | 1300459432 | 793536610 | 754656145 |

# 1－5　高新区企业收入情况(按登记注册类型分类)

## Revenue of Tenants in State Level Science and Technology Industrial Parks by Registration Category

单位:千元　　(1000 RMB yuan)

| 企业登记注册类型 Registration Category | 总收入 Total Income | 技术收入 Technical Income | 产品销售收入 Product Sales Income | 商品销售收入 Commodity Sales Income |
|---|---|---|---|---|
| **合　计 Total** | **5492516302** | **389439613** | **4543809218** | **355688185** |
| 国有企业 State-owned Enterprises | 430913786 | 41732580 | 355531280 | 11453669 |
| 集体企业 Collective-owned Enterprises | 76211349 | 817039 | 68741761 | 1387527 |
| 股份合作企业 Cooperative Shares Corporation | 17752432 | 2001797 | 14477184 | 255417 |
| 联营企业 Associated Enterprises | 4469732 | 56649 | 4194380 | 119587 |
| 有限责任公司 Limited Liability Companies | 1345135412 | 133233646 | 1007291869 | 133599934 |
| 股份有限公司 Limited by Shares Companies | 909410941 | 56422225 | 766782845 | 39737797 |
| 私营企业 Private Enterprises | 270995258 | 27053373 | 197661129 | 34469919 |
| 港澳台投资企业 HongKong, Macao and Taiwan Investment Enterprises | 455954534 | 27845925 | 364541735 | 47745410 |
| 外商投资企业 Foreign Investment Enterprises | 1964865392 | 100102351 | 1748475503 | 86575475 |

# 1-6 高新区企业主要经济指标(按上级主管单位分类)

## Main Economic Indicators of Tenants in State Level Science and Technology Industrial Parks by Affiliation

| 上级主管单位 Affiliation | 企业数 (个) Number of Tenants (number) | 年末从业人员数 (人) Year End Number of Employees (person) | 总收入 (千元) Total Income (1000 RMB yuan) | 工业总产值 (千元) Total Industrial Output Value (1000 RMB yuan) | 工业增加值 (千元) Industrial Added Value (1000 RMB yuan) |
|---|---|---|---|---|---|
| **合　计 Total** | **48472** | **6502370** | **5492516302** | **4437694613** | **1071542636** |
| 中科院科研院所 Chinese Academy of Science | 175 | 17589 | 12186213 | 8901507 | 5460170 |
| 其他部委科研院所 Research Institutes of Other Ministries | 464 | 81507 | 36122349 | 25979753 | 6622002 |
| 地方科研院所 Local research institutes | 187 | 22508 | 10730586 | 9325438 | 2521625 |
| 大专院校 Universities | 389 | 42327 | 22742469 | 16924288 | 3936929 |
| 企　业 Enterprises | 4920 | 1826032 | 1792734325 | 1450036189 | 342815826 |
| 政府职能部门 Governments | 1496 | 734059 | 658579916 | 593498956 | 161418769 |
| 高新区直属 Directly Under STIPs | 4513 | 867447 | 605323697 | 564306175 | 138598114 |
| 军队系统 Military System | 16 | 7341 | 1529006 | 1370857 | 387829 |
| 无主管 No Affiliation | 24491 | 1510836 | 1235673687 | 906303259 | 210109148 |

1-6 续表 continued

| 上级主管单位 Affiliation | 净利润 (千元) Net Profit (1000 RMB yuan) | 上缴税额 (千元) Taxes Submitted (1000 RMB yuan) | 创汇总额 (千美元) Export (1000 USD) | 年末资产 (千元) Year End Assets (1000 RMB yuan) | 年末负债 (千元) Year End Debt (1000 RMB yuan) |
|---|---|---|---|---|---|
| **合　计 Total** | **315935111** | **261406598** | **172812166** | **5723839238** | **3110592710** |
| 中科院科研院所 Chinese Academy of Science | 1158597 | 4165697 | 59159 | 15495957 | 5720591 |
| 其他部委科研院所 Research Institutes of Other Ministries | 2844671 | 1837935 | 257895 | 60898554 | 29894700 |
| 地方科研院所 Local research institutes | 751494 | 539396 | 189478 | 11648007 | 5883814 |
| 大专院校 Universities | 650501 | 964046 | 264324 | 74221320 | 43738458 |
| 企　业 Enterprises | 93543451 | 89827283 | 58942831 | 1782670525 | 995967802 |
| 政府职能部门 Governments | 38352320 | 40490952 | 12610980 | 671813013 | 356347182 |
| 高新区直属 Directly Under STIPs | 35591780 | 20255899 | 28708734 | 560662034 | 303020727 |
| 军队系统 Military System | 109710 | 41786 | 15078 | 2956583 | 1983303 |
| 无主管 No Affiliation | 72360084 | 52001348 | 33860829 | 1282234791 | 714158792 |

# 1－7 高新区企业收入情况(按上级主管单位分类)

# Revenue of Tenants in State Level Science and Technology Industrial Parks by Affiliation

单位:千元 (1000 RMB yuan)

| 上级主管单位<br>Affiliation | 总收入<br>Total Income | 技术收入<br>Technical Income | 产品销售收入<br>Product Sales Income | 商品销售收入<br>Commodity Sales Income |
|---|---|---|---|---|
| **合　　计<br>Total** | **5492516302** | **389439613** | **4543809218** | **355688185** |
| 中科院科研院所<br>Institutes of Chinese Academy of Science | 12186213 | 942951 | 9188789 | 262329 |
| 其他部委科研院所<br>Research Institutes of Other Ministries | 36122349 | 5217185 | 26238345 | 2031984 |
| 地方科研院所<br>Local research institutes | 10730586 | 721451 | 9358688 | 199856 |
| 大专院校<br>Universities | 22742469 | 1799485 | 15431651 | 4106151 |
| 企　　业<br>Enterprises | 1792734325 | 147313613 | 1493740425 | 76923290 |
| 政府职能部门<br>Governments | 658579916 | 22107152 | 585011936 | 17026543 |
| 高新区直属<br>Directly Under STIPs | 605323697 | 11912850 | 563915563 | 10488271 |
| 军队系统<br>Military System | 1529006 | 28832 | 1377821 | 44181 |
| 无主管<br>No Affiliation | 1235673687 | 96231000 | 952187407 | 153679049 |

# 1-8 高新区企业主要经济指标(按人员规模分类)

## Main Economic Indicators of Tenants in State Level Science and Technology Industrial Parks by the Number of Employees of Enterprises

| 人员规模<br>Number of Employees | 企业数<br>(个)<br>Number of Tenants<br>(number) | 年末从业人员数<br>(人)<br>Year End Number of Employees<br>(person) | 总收入<br>(千元)<br>Total Income<br>(1000 RMB yuan) | 工业总产值<br>(千元)<br>Total Industrial Output Value<br>(1000 RMB yuan) | 工业增加值<br>(千元)<br>Industrial Added Value<br>(1000 RMB yuan) |
|---|---|---|---|---|---|
| **合　计<br>Total** | **48472** | **6502370** | **5492516302** | **4437694613** | **1071542636** |
| 人数>=1000<br>the Number>=1000 | 1032 | 3309914 | 3244418309 | 2836522595 | 672097770 |
| 500<=人数<1000<br>500<=the Number<1000 | 1112 | 771722 | 611495993 | 496589683 | 123852641 |
| 100<=人数<500<br>100<=the Number<500 | 6984 | 1471040 | 1046674963 | 786225916 | 196674640 |
| 50<=人数<100<br>50<=the Number<100 | 6249 | 434875 | 296883904 | 174047059 | 44755798 |
| 人数<50<br>the Number<50 | 33095 | 514819 | 293043133 | 144309360 | 34161787 |

1-8 续表 continued

| 人员规模<br>Number of Employees | 净利润<br>(千元)<br>Net Profit<br>(1000 RMB yuan) | 上缴税额<br>(千元)<br>Taxes Submitted<br>(1000 RMB yuan) | 创汇总额<br>(千美元)<br>Export<br>(1000 USD) | 年末资产<br>(千元)<br>Year End Assets<br>(1000 RMB yuan) | 年末负债<br>(千元)<br>Year End Debt<br>(1000 RMB yuan) |
|---|---|---|---|---|---|
| **合　计<br>Total** | **315935111** | **261406598** | **172812166** | **5723839238** | **3110592710** |
| 人数>=1000<br>the Number>=1000 | 175773176 | 164949596 | 125513614 | 2710629990 | 1563252657 |
| 500<=人数<1000<br>500<=the Number<1000 | 40177736 | 24808686 | 19084029 | 591195823 | 334377755 |
| 100<=人数<500<br>100<=the Number<500 | 74114646 | 47671854 | 23588655 | 1239902901 | 640086767 |
| 50<=人数<100<br>50<=the Number<100 | 15975116 | 11497305 | 2977872 | 351922041 | 190820799 |
| 人数<50<br>the Number<50 | 9894437 | 12479157 | 1647996 | 830188483 | 382054732 |

## 1-9 高新区企业收入情况(按人员规模分类)

## Revenue of Tenants in State Level Science and Technology Industrial Parks by the Number of Employees of Enterprises

单位:千元 (1000 RMB yuan)

| 人员规模<br>Number of Employees | 总收入<br>Total Income | 技术收入<br>Technical Income | 产品销售收入<br>Product Sales Income | 商品销售收入<br>Commodity Sales Income |
|---|---|---|---|---|
| **合　计<br>Total** | **5492516302** | **389439613** | **4543809218** | **355688185** |
| 人数 > =1000<br>the Number > =1000 | 3244418309 | 148281874 | 2844349483 | 138405313 |
| 500 < =人数 < 1000<br>500 < =the Number < 1000 | 611495993 | 43705058 | 505525999 | 42223637 |
| 100 < =人数 < 500<br>100 < =the Number < 500 | 1046674963 | 119020965 | 819450997 | 63033539 |
| 50 < =人数 < 100<br>50 < =the Number < 100 | 296883904 | 31444008 | 202012768 | 53844291 |
| 人数 < 50<br>the Number < 50 | 293043133 | 46987708 | 172469971 | 58181405 |

## 1-10 高新区企业主要经济指标(按收入规模分类)

## Main Economic Indicators of Tenants in State Level Science and Technology Industrial Parks by Revenue Scales

| 收入规模<br>Revenue | 企业数(个)<br>Number of Tenants (number) | 年末从业人员数(人)<br>Year End Number of Employees (person) | 总收入(千元)<br>Total Income (1000 RMB yuan) | 工业总产值(千元)<br>Total Industrial Output Value (1000 RMB yuan) | 工业增加值(千元)<br>Industrial Added Value (1000 RMB yuan) |
|---|---|---|---|---|---|
| **合　计<br>Total** | **48472** | **6502370** | **5492516302** | **4437694613** | **1071542636** |
| 收入 > =1 亿元<br>Revenue > =100 million RMB yuan | 5051 | 4585194 | 4979187500 | 4074264821 | 975702910 |
| 1000 万元 < =收入 < 1 亿元<br>10 million yuan < =Revenue < 100 million RMB yuan | 13098 | 1318118 | 445124018 | 322837364 | 85183772 |
| 500 万元 < =收入 < 1000 万元<br>5 million yuan < =Revenue < 10 million yuan | 5134 | 202735 | 36761903 | 21010657 | 5853807 |
| 收入 < 500 万元<br>Revenue < 5 million yuan | 25189 | 396323 | 31442881 | 19581771 | 4802147 |

1－10　续表 continued

| 收入规模 Revenue | 净利润（千元）Net Profit (1000 RMB yuan) | 上缴税额（千元）Taxes Submitted (1000 RMB yuan) | 创汇总额（千美元）Export (1000 USD) | 年末资产（千元）Year End Assets (1000 RMB yuan) | 年末负债（千元）Year End Debt (1000 RMB yuan) |
|---|---|---|---|---|---|
| **合　计 Total** | **315935111** | **261406598** | **172812166** | **5723839238** | **3110592710** |
| 收入>=1亿元 Revenue>=100 million RMB yuan | 296430085 | 232229851 | 166718671 | 4438022683 | 2490990074 |
| 1000万元<=收入<1亿元 10 million yuan<=Revenue<100 million RMB yuan | 27683893 | 24569723 | 5668950 | 733792203 | 354340375 |
| 500万元<=收入<1000万元 5 million yuan<=Revenue<10 million yuan | 199412 | 2092954 | 305792 | 108791086 | 48782073 |
| 收入<500万元 Revenue<5 million yuan | －8378279 | 2514070 | 118753 | 443233266 | 216480188 |

# 1－11　高新区企业收入情况（按收入规模分类）
# Revenue of Tenants in State Level Science and Technology Industrial Parks by Revenue Scale

单位：千元　　(1000 RMB yuan)

| 收入规模 Revenue | 总收入 Total Income | 技术收入 Technical Income | 产品销售收入 Product Sales Income | 商品销售收入 Commodity Sales Income |
|---|---|---|---|---|
| **合　计 Total** | **5492516302** | **389439613** | **4543809218** | **355688185** |
| 收入>=1亿元 Revenue>=100 million RMB yuan | 4979187500 | 311702560 | 4170718202 | 317221446 |
| 1000万元<=收入<1亿元 10 million yuan<=Revenue<100 million RMB yuan | 445124018 | 61429115 | 332983752 | 31117471 |
| 500万元<=收入<1000万元 5 million yuan<=Revenue<10 million yuan | 36761903 | 7738320 | 22851517 | 3833051 |
| 收入<500万元 Revenue<5 million yuan | 31442881 | 8569618 | 17255747 | 3516217 |

# 1-12 高新区企业人员情况(按地区分类)

## Personnel of Tenants in State Level Science and Technology Industrial Parks by Regions

单位:人 (person)

| 地区 | Region | 年末从业人员数 Year End Number of Employees | 大专以上 Higher than Junior College Degree | 中高级职称 Senior and Mid-Level Professional Titles |
|---|---|---|---|---|
| 北京 | Beijing | 891560 | 567987 | 169128 |
| 天津 | Tianjin | 200439 | 76351 | 23420 |
| 石家庄 | Shijiazhuang | 79755 | 33240 | 11793 |
| 保定 | Baoding | 42966 | 16540 | 4469 |
| 太原 | Taiyuan | 89725 | 38181 | 17976 |
| 包头 | Baotou | 99951 | 30182 | 11480 |
| 沈阳 | Shenyang | 105724 | 56197 | 17354 |
| 大连 | Dalian | 192202 | 92883 | 32742 |
| 鞍山 | Anshan | 83309 | 18421 | 11463 |
| 长春 | Changchun | 100976 | 39318 | 14652 |
| 吉林 | Jilin | 85997 | 29315 | 12917 |
| 哈尔滨 | Harbin | 104371 | 30447 | 15663 |
| 大庆 | Daqing | 85634 | 24280 | 12708 |
| 上海 | Shanghai | 241603 | 118428 | 29658 |
| 南京 | Nanjing | 115331 | 44174 | 11688 |
| 常州 | Changzhou | 117383 | 30925 | 8268 |
| 无锡 | Wuxi | 234963 | 50197 | 12269 |
| 苏州 | Suzhou | 278072 | 59923 | 14353 |
| 杭州 | Hangzhou | 119071 | 72693 | 15041 |
| 宁波 | Ningbo | 62666 | 26859 | 5967 |
| 合肥 | Hefei | 87659 | 36182 | 11885 |
| 福州 | Fuzhou | 52045 | 18215 | 4387 |
| 厦门 | Xiamen | 72837 | 20874 | 3251 |
| 南昌 | Nanchang | 78272 | 44683 | 13215 |
| 济南 | Jinan | 84259 | 43375 | 13329 |
| 青岛 | Qingdao | 54974 | 24557 | 10173 |
| 淄博 | Zibo | 102719 | 30606 | 9422 |
| 潍坊 | Weifang | 98221 | 29811 | 9919 |
| 威海 | Weihai | 65884 | 21451 | 7241 |
| 郑州 | Zhengzhou | 80786 | 61198 | 13821 |
| 洛阳 | Luoyang | 64632 | 28663 | 13050 |
| 武汉 | Wuhan | 185123 | 105027 | 46945 |
| 襄樊 | Xiangfan | 54084 | 19114 | 9950 |
| 长沙 | Changsha | 134252 | 63378 | 19299 |
| 株洲 | Zhuzhou | 52458 | 21432 | 7415 |
| 广州 | Guangzhou | 177694 | 86320 | 21348 |
| 深圳 | Shenzhen | 228249 | 113766 | 36258 |
| 珠海 | Zhuhai | 168360 | 30061 | 7859 |
| 惠州 | Huizhou | 106326 | 13266 | 2960 |
| 中山 | Zhongshan | 75186 | 34469 | 6033 |
| 佛山 | Foshan | 88204 | 18530 | 4749 |
| 南宁 | Nanning | 66141 | 24449 | 12304 |
| 桂林 | Guilin | 72005 | 17544 | 6656 |
| 海南 | Hainan | 23516 | 6229 | 1100 |
| 成都 | Chengdu | 193636 | 97148 | 38625 |
| 重庆 | Chongqing | 130851 | 47939 | 14852 |
| 绵阳 | Mianyang | 87637 | 19147 | 5759 |
| 贵阳 | Guiyang | 59156 | 16432 | 5267 |
| 昆明 | Kunming | 40988 | 13473 | 4315 |
| 西安 | Xi' an | 233802 | 135112 | 60481 |
| 宝鸡 | Baoji | 77817 | 25629 | 11984 |
| 杨凌 | Yangling | 14959 | 5448 | 2235 |
| 兰州 | Lanzhou | 38810 | 16943 | 6103 |
| 乌鲁木齐 | Urumqi | 19130 | 6338 | 1937 |
| **合计** | **Total** | **6502370** | **2753350** | **897136** |

# 1－13 高新区企业人员情况(按登记注册类型分类)

## Personnel of Tenants in State Level Science and Technology Industrial Parks by Registration Category

单位:人 (person)

| 企业登记注册类型<br>Registration Category | 年末从业人员数<br>Year End Number of Employees | 大专以上<br>Higher than Junior College Degree | 中高级职称<br>Senior and Mid-Level Professional Titles |
|---|---|---|---|
| **合　计**<br>**Total** | **6502370** | **2753350** | **897136** |
| 国有企业<br>State-owned Enterprises | 583395 | 262168 | 121482 |
| 集体企业<br>Collective-owned Enterprises | 118463 | 35765 | 17608 |
| 股份合作企业<br>Cooperative Shares Corporation | 32441 | 14121 | 4688 |
| 联营企业<br>Associated Enterprises | 11338 | 4419 | 1382 |
| 有限责任公司<br>Limited Liability Companies | 1865448 | 890453 | 328733 |
| 股份有限公司<br>Limited By Shares Companies | 1081859 | 490172 | 164930 |
| 私营企业<br>Private Enterprises | 553130 | 269107 | 89842 |
| 港澳台投资企业<br>HongKong, Macao and Taiwan Investment Enterprises | 562543 | 191970 | 40324 |
| 外商投资企业<br>Foreign Investment Enterprises | 1677804 | 586438 | 124460 |

# 1－14　高新区企业人员情况(按主管单位分类)

## Personnel of Tenants in State Level Science and Technology Industrial Parks by Affiliation

单位:人 (person)

| 上级主管单位<br>Affiliation | 年末从业人员数<br>Year End Number of Employees | 大专以上<br>Higher than Junior College Degree | 中高级职称<br>Senior and Mid-Level Professional Titles |
|---|---|---|---|
| **合　计<br>Total** | **6502370** | **2753350** | **897136** |
| 中科院科研院所<br>Chinese Academy of Science | 17589 | 11389 | 4714 |
| 其他部委科研院所<br>Research Institutes of Other Ministries | 81507 | 44816 | 24877 |
| 地方科研院所<br>Local research institutes | 22508 | 8622 | 4300 |
| 大专院校<br>Universities | 42327 | 27913 | 15355 |
| 企　业<br>Enterprises | 1826032 | 758332 | 266438 |
| 政府职能部门<br>Governments | 734059 | 274078 | 95061 |
| 高新区直属<br>Directly Under STIPs | 867447 | 242515 | 70357 |
| 军队系统<br>Military System | 7341 | 1766 | 933 |
| 无主管<br>No Affiliation | 1510836 | 773128 | 236758 |

# 1-15 高新区企业产品主要指标(按技术领域分类)

## Main Indicators of Products of Tenants in State Level Science and Technology Industrial Parks by Technical Fields

| 技术领域<br>Technical Field | 产品总数<br>(种)<br>Number of Products<br>(number) | 工业总产值<br>(千元)<br>Total Industrial Output Value<br>(1000 RMB yuan) | 销售收入<br>(千元)<br>Sales Income<br>(1000 RMB yuan) | 出口<br>(千美元)<br>Export<br>(1000 USD) |
|---|---|---|---|---|
| **合　计<br>Total** | **52303** | **3349040573** | **3416938349** | **124705544** |
| 电子与信息领域<br>Electronics and Information Technology | 20537 | 1167864044 | 1213682498 | 79390004 |
| 生物技术领域<br>Biotechnology | 5375 | 223198679 | 225439616 | 3569978 |
| 新材料领域<br>New Materials | 5239 | 530294693 | 537513126 | 8224320 |
| 光机电一体化<br>Integration of Optical and Electrical Machinery | 10625 | 492147969 | 511759659 | 14550145 |
| 新能源及高效节能技术<br>New Energy and Energy Saving | 1794 | 169319217 | 174797955 | 5400560 |
| 环境保护技术<br>Environmental Protection | 1502 | 39601605 | 36370829 | 669576 |
| 航空航天技术<br>Aerospace | 313 | 11167787 | 11700015 | 140072 |
| 地球,空间,海洋工程<br>Earth, space, ocean engineering | 106 | 2824901 | 2803563 | 24083 |
| 核应用技术<br>Application of nuclear technology | 147 | 1958633 | 4102768 | 446240 |

## 1－16　高新区企业产品主要指标(按专利类型分类)

## Main Indicators of Products of Tenants in State Level Science and Technology Industrial Parks by Patent Category

| 专利类型<br>Patent Category | 产品总数<br>(种)<br>Number of Products<br>(number) | 工业总产值<br>(千元)<br>Total Industrial Output Value<br>(1000 RMB yuan) | 销售收入<br>(千元)<br>Sales Income<br>(1000 RMB yuan) | 出口<br>(千美元)<br>Export<br>(1000 USD) |
|---|---|---|---|---|
| 合　　计<br>**Total** | **52303** | **3349040573** | **3416938349** | **124705544** |
| 发　　明<br>Invention Patent | 5264 | 472395230 | 480208867 | 19329664 |
| 实用新型<br>Practical Patent | 7537 | 673427062 | 670392884 | 26007535 |
| 外观设计<br>Design Patent | 1120 | 116744933 | 114458262 | 4386392 |

## 1－17　高新区企业产品主要指标(按出口国别分类)

## Main Indicators of Products of Tenants in State Level Science and Technology Industrial Parks by Export Destinations

| 出口地区<br>Export Destination | 产品总数<br>(种)<br>Number of Products<br>(number) | 出口<br>(千美元)<br>Export<br>(1000 USD) |
|---|---|---|
| 合　　计<br>**Total** | **52303** | **124705544** |
| 美　　国<br>US | 1554 | 37825497 |
| 日　　本<br>Japan | 1199 | 22791429 |
| 南　　美<br>South America | 249 | 4043262 |
| 西　　欧<br>Western Europe | 671 | 11448102 |
| 北　　欧<br>North Europe | 200 | 2154968 |
| 东　　欧<br>Eastern Europe | 183 | 2765199 |
| 港澳台<br>Hong Kong, Macao and Taiwan | 819 | 15299395 |
| 东南亚<br>Southeast Asia | 1117 | 11626013 |

# 1－18 高新区企业产品主要指标（按技术来源分类）

## Main Indicators of Products of Tenants in State Level Science and Technology Industrial Parks by Technology Sources

| 技术来源 Technical Source | 产品总数（种） Number of Products (number) | 工业总产值（千元） Total Industrial Output Value (1000 RMB yuan) | 销售收入（千元） Sales Income (1000 RMB yuan) | 创汇总额（千美元） Export (1000 USD) |
|---|---|---|---|---|
| **合　计 Total** | **52303** | **3349040573** | **3416938349** | **124705544** |
| 国外技术 Foreign Technologies | 2790 | 840244215 | 861780453 | 52433328 |
| 中科院科研院所 Chinese Academy of Science | 308 | 6855895 | 6830250 | 132077 |
| 其他部委科研院所 Research Institutes of Other Ministries | 558 | 22649800 | 23446544 | 404758 |
| 地方科研院所 Local Research Institutes | 349 | 14210520 | 14308254 | 50856 |
| 大专院校 Universities | 1066 | 12290426 | 12140862 | 132396 |
| 国有大中型企业 State-owned Large and Medium-sized Enterprises | 685 | 116302696 | 115319482 | 834142 |
| 其他各类企业 Other Types of Enterprises | 459 | 13984051 | 13102213 | 156700 |
| 国内其他单位 Other Domestic Institutes | 1152 | 37601551 | 40961217 | 1286824 |
| 引进技术本企业消化创新 Adopted and Renovated Technologies | 4810 | 569835426 | 587210737 | 19130252 |
| 本企业自有技术 Enterprises Owned Technologies | 40126 | 1715065993 | 1741838337 | 50144211 |

# 1－19 高新区 R&D 活动与科技活动情况(按地区分组)
## R&D, Science and Technology Activities in State Level Science and Technology Industrial Parks by Regions

| 地　区 | Region | 科技活动人员(人) Personnel Engaged in Science and Technology Activities (person) | 科技活动经费支出(千元) Expenditures on Science and Technology Activities (1000 RMB yuan) | R&D 经费支出(千元) Expenditure on R&D (1000 RMB yuan) |
|---|---|---|---|---|
| 北　京 | Beijing | 338344 | 55179005 | 31718776 |
| 天　津 | Tianjin | 30253 | 4598182 | 3703503 |
| 石家庄 | Shijiazhuang | 14660 | 2443341 | 1346120 |
| 保　定 | Baoding | 6875 | 1072856 | 652222 |
| 太　原 | Taiyuan | 12707 | 1478533 | 1091354 |
| 包　头 | Baotou | 9934 | 1267634 | 940114 |
| 沈　阳 | Shenyang | 16989 | 1497106 | 1102312 |
| 大　连 | Dalian | 33296 | 5527926 | 2278632 |
| 鞍　山 | Anshan | 6943 | 829926 | 710660 |
| 长　春 | Changchun | 11667 | 3205843 | 3104022 |
| 吉　林 | Jilin | 8276 | 2308072 | 2208779 |
| 哈尔滨 | Harbin | 12670 | 1208114 | 579371 |
| 大　庆 | Daqing | 8373 | 1119653 | 1072279 |
| 上　海 | Shanghai | 54560 | 17517422 | 7324081 |
| 南　京 | Nanjing | 27465 | 6231049 | 2849004 |
| 常　州 | Changzhou | 14080 | 2542323 | 2053580 |
| 无　锡 | Wuxi | 17168 | 4704360 | 2853904 |
| 苏　州 | Suzhou | 17443 | 4088620 | 3306048 |
| 杭　州 | Hangzhou | 25239 | 5180186 | 3491892 |
| 宁　波 | Ningbo | 8840 | 2278197 | 1673985 |
| 合　肥 | Hefei | 15502 | 3690421 | 2830249 |
| 福　州 | Fuzhou | 6823 | 1146033 | 545360 |
| 厦　门 | Xiamen | 7676 | 1759496 | 447935 |
| 南　昌 | Nanchang | 15485 | 2263958 | 1330011 |
| 济　南 | Jinan | 14632 | 2235095 | 1969934 |
| 青　岛 | Qingdao | 9968 | 4751111 | 2009910 |
| 淄　博 | Zibo | 10989 | 2225369 | 1687398 |
| 潍　坊 | Weifang | 8805 | 2158628 | 1107410 |
| 威　海 | Weihai | 8032 | 1799535 | 1466050 |
| 郑　州 | Zhengzhou | 32366 | 3366756 | 2727743 |
| 洛　阳 | Luoyang | 13891 | 1800266 | 917820 |
| 武　汉 | Wuhan | 39507 | 5328770 | 3893366 |
| 襄　樊 | Xiangfan | 11558 | 1489983 | 1356225 |
| 长　沙 | Changsha | 21240 | 2548709 | 2121776 |
| 株　洲 | Zhuzhou | 7655 | 1615837 | 716033 |
| 广　州 | Guangzhou | 36512 | 9640329 | 7034561 |
| 深　圳 | Shenzhen | 46941 | 9835286 | 7312812 |
| 珠　海 | Zhuhai | 22083 | 940701 | 591786 |
| 惠　州 | Huizhou | 5296 | 638428 | 428169 |
| 中　山 | Zhongshan | 11704 | 3151957 | 1596703 |
| 佛　山 | Foshan | 12685 | 2073622 | 1499740 |
| 南　宁 | Nanning | 7047 | 801239 | 681039 |
| 桂　林 | Guilin | 6843 | 856526 | 486803 |
| 海　南 | Hainan | 1437 | 372613 | 93141 |
| 成　都 | Chengdu | 53309 | 10962395 | 5266029 |
| 重　庆 | Chongqing | 18212 | 2287445 | 1292635 |
| 绵　阳 | Mianyang | 13095 | 1977708 | 1781348 |
| 贵　阳 | Guiyang | 7849 | 674859 | 235312 |
| 昆　明 | Kunming | 3446 | 659049 | 561009 |
| 西　安 | Xi'an | 39248 | 7050655 | 5339235 |
| 宝　鸡 | Baoji | 13381 | 1666823 | 1392459 |
| 杨　凌 | Yangling | 622 | 41298 | 580 |
| 兰　州 | Lanzhou | 1578 | 88015 | 5176 |
| 乌鲁木齐 | Urumqi | 1559 | 174984 | 96947 |
| **合　计** | **Total** | **1202758** | **216352247** | **134883339** |

## 1－20　苏州工业园主要经济指标
## Main Economic Indicators of Suzhou Industrial Park

| 企业数（家）Number of Tenants (number) | 年末从业人员（人）Year End Number of Employees (person) | 工业总产值（千元）Total Industrial Output Value (1000 RMB yuan) | 工业增加值（千元）Industrial Added Value (1000 RMB yuan) | 出口创汇（千美元）Export (1000 USD) |
|---|---|---|---|---|
| 765 | 321681 | 236970983 | 53547235 | 28429856 |

| 净利润（千元）Net Profit (1000 RMB yuan) | 实际上缴税额（千元）Taxes Submitted (1000 RMB yuan) | 年末资产（千元）Year End Assets (1000 RMB yuan) | 年末负债（千元）Year End Debt (1000 RMB yuan) |
|---|---|---|---|
| 12265315 | 6449202 | 210844145 | 111160049 |

| 总收入（千元）Total Income (1000 RMB yuan) | 技术收入（千元）Technical Income (1000 RMB yuan) | 产品销售收入（千元）Product Sales Income (1000 RMB yuan) | 商品销售收入（千元）Commodity Sales Income (1000 RMB yuan) |
|---|---|---|---|
| 240750304 | 800570 | 234907475 | 1187676 |

## 1－21　苏州工业园企业人员情况
## Personnel Statistics of Tenants of Suzhou Industrial Park

单位:人　　(person)

| 年末从业人员 Number of Employees at the End of year | 大专以上 Higher than Junior College Degree | 中高级职称 Senior and Mid-Level Professional Titles |
|---|---|---|
| 321681 | 90205 | 15277 |

## 1－22　苏州工业园 R&D 活动与科技活动
## R&D Activities and Science and Technology Activities of Suzhou Industrial Park

单位:人、千元　　(person,1000 RMB yuan)

| 科技活动人员 Personnel Engaged in Science and Technology Activities | R&D 人员 Personnel Engaged in R&D Activities | 科技活动经费支出 Expenditure on Science and Technology Activities | R&D 经费支出 Expenditure on R&D |
|---|---|---|---|
| 30295 | 15003 | 5718033 | 3532876 |

# 第二部分

# 全国高新技术企业

## *The Second Part*

## High Technology Enterprises in China

# 2-1 全国高新技术企业主要经济指标
## Main Economic Indicators of High-Tech Enterprises

| 年份 Year | 企业数（个） Number of Enterprises (number) | 年末从业人员数（万人） Year End Number of Employees (10000 person) | 总收入（亿元） Total Income (100 million RMB yuan) | 工业总产值（亿元） Total Industrial Output Value (100 million RMB yuan) | 净利润（亿元） Net Profit (100 million RMB yuan) | 上缴税额（亿元） Taxes Submitted (100 million RMB yuan) | 创汇总额（亿美元） Export (100 million USD) |
|---|---|---|---|---|---|---|---|
| 1996 | 12547 | 214 | 4029.6 | 3810.8 | 304.2 | 222.0 | 73.5 |
| 1997 | 12794 | 249 | 5630.4 | 5301.6 | 402.4 | 288.6 | 101.5 |
| 1998 | 15206 | 309 | 7624.1 | 7361.8 | 464.4 | 424.2 | 132.7 |
| 1999 | 17118 | 364 | 10936.7 | 10558.8 | 742.7 | 792.8 | 203.0 |
| 2000 | 20867 | 442 | 15648.7 | 14757.9 | 1149.7 | 904.5 | 329.2 |
| 2001 | 24153 | 512 | 19930.4 | 18767.2 | 1305.9 | 1279.6 | 395.4 |
| 2002 | 28504 | 602 | 25502.2 | 23877.0 | 1509.2 | 1460.1 | 569.1 |
| 2003 | 33392 | 729 | 35332.5 | 32996.0 | 2129.7 | 1925.7 | 900.9 |
| 2004 | 39490 | 864 | 48100.5 | 44615.8 | 2900.5 | 2366.1 | 1515.0 |
| 2005 | 43249 | 1016 | 59714.1 | 55780.8 | 3387.5 | 2901.2 | 2050.9 |
| 2006 | 49166 | 1183 | 76493.0 | 71840.5 | 4427.5 | 3842.3 | 2646.3 |
| 2007 | 56047 | 1452 | 104770.5 | 95911.5 | 6684.1 | 4851.4 | 3683.5 |

# 2-2 高新技术企业主要经济指标

## Main Economic Indicators of High-Tech Enterprises by Region

| 地 区 | Region | 企业数（个）Number of Enterprises (number) | 年末从业人员数（人）Year End Number of Employees (10000 person) | 总收入（千元）Total Income (1000 RMB yuan) | 工业总产值（千元）Total Industrial Output Value (1000 RMB yuan) | 工业增加值（千元）Industrial Added Value (1000 RMB yuan) |
|---|---|---|---|---|---|---|
| 北 京 | Beijing | 19172 | 960288 | 935992564 | 414595095 | 75104187 |
| 天 津 | Tianjin | 965 | 176094 | 185264210 | 161185220 | 27107443 |
| 河 北 | Hebei | 719 | 225378 | 113574345 | 113955762 | 24776002 |
| 山 西 | Shanxi | 621 | 221540 | 110957617 | 112505640 | 28103442 |
| 内蒙古 | Inner Mongolia | 305 | 106265 | 62679847 | 64091238 | 19271634 |
| 辽 宁 | Liaoning | 440 | 112865 | 63179997 | 65019556 | 14537914 |
| 沈 阳 | Shenyang | 465 | 186733 | 127618760 | 127662118 | 29219323 |
| 大 连 | Dalian | 523 | 98377 | 50359414 | 44816483 | 13855375 |
| 吉 林 | Jiling | 417 | 130968 | 88400125 | 88606104 | 26684898 |
| 长 春 | Changchun | 407 | 87781 | 47516964 | 47389318 | 12397481 |
| 黑龙江 | Heilongjiang | 571 | 191002 | 97853453 | 101906485 | 23742753 |
| 哈尔滨 | Harbin | 508 | 146527 | 86375551 | 79894730 | 17853484 |
| 上 海 | Shanghai | 2677 | 690972 | 724401547 | 625653388 | 116904097 |
| 江 苏 | Jiangsu | 4651 | 1961781 | 1489502472 | 1489320364 | 338617053 |
| 南 京 | Nanjing | 535 | 176288 | 256879408 | 247101727 | 44473478 |
| 浙 江 | Zhejiang | 2100 | 795038 | 605408054 | 626322161 | 109913079 |
| 宁 波 | Ningbo | 502 | 168027 | 103811203 | 97076343 | 19979286 |
| 安 徽 | Anhui | 953 | 413943 | 324490154 | 324241402 | 82756652 |
| 福 建 | Fujian | 846 | 311579 | 150849129 | 157048185 | 29270028 |
| 厦 门 | Xiamen | 345 | 215880 | 166725505 | 166008577 | 34481607 |
| 江 西 | Jiangxi | 333 | 144815 | 85796274 | 86042251 | 22427765 |
| 山 东 | Shandong | 2601 | 1109487 | 867842557 | 857424580 | 232606892 |
| 青 岛 | Qingdao | 526 | 235753 | 207946263 | 203526948 | 34112381 |
| 河 南 | Henan | 1523 | 471386 | 267523650 | 267080290 | 73586450 |
| 湖 北 | Hubei | 676 | 260686 | 152487880 | 152380862 | 36190607 |
| 武 汉 | Wuhan | 1119 | 199994 | 134529828 | 122074331 | 40463580 |
| 湖 南 | Hunan | 1096 | 260639 | 163879549 | 154963155 | 43245875 |
| 广 东 | Guangdong | 2401 | 1546672 | 830059799 | 841380476 | 208997824 |
| 广 州 | Guangzhou | 982 | 190553 | 144271477 | 119501785 | 26126829 |
| 深 圳 | Shenzhen | 1736 | 1318308 | 967297897 | 813015799 | 186411653 |
| 广 西 | Guangxi | 355 | 81195 | 43956696 | 41531771 | 11802257 |
| 海 南 | Hainan | 121 | 28719 | 29369349 | 29852779 | 7044922 |
| 重 庆 | Chongqing | 537 | 223897 | 153372924 | 137049567 | 33704521 |
| 四 川 | Sichuan | 449 | 230329 | 114972716 | 117987528 | 28956217 |
| 成 都 | Chengdu | 1239 | 199110 | 117497239 | 111243903 | 31850763 |
| 贵 州 | Guizhou | 141 | 94354 | 25738046 | 26908683 | 7502228 |
| 云 南 | Yunnan | 240 | 80274 | 76782616 | 71872122 | 13385037 |
| 西 藏 | Tibet | 21 | 4775 | 1546179 | 1274232 | 397289 |
| 陕 西 | Shaanxi | 515 | 131607 | 69459705 | 70994541 | 16637561 |
| 西 安 | Xi'an | 1404 | 212245 | 170971205 | 159858975 | 44445717 |
| 甘 肃 | Gansu | 90 | 41561 | 13681790 | 13225146 | 4067606 |
| 青 海 | Qinghai | 24 | 11573 | 10682804 | 3234054 | 1000866 |
| 宁 夏 | Ningxia | 50 | 23511 | 8939110 | 9702586 | 2643683 |
| 新 疆 | Xinjiang | 146 | 42956 | 26606163 | 24623980 | 6428983 |
| **合 计** | **Total** | **56047** | **14521725** | **10477052035** | **9591150240** | **2203086722** |

2－2 续表 continued

单位:千元 (1000 RMB yuan)

| 地 区 | Region | 净利润 Net Profit | 上缴税额 Taxes Submitted | 创汇总额 Export | 年末资产 Year End Assets | 年末负债 Year End Debt |
|---|---|---|---|---|---|---|
| 北 京 | Beijing | 62397108 | 44640012 | 20002440 | 1557519406 | 788516531 |
| 天 津 | Tianjin | 13075713 | 8789445 | 10297418 | 155592746 | 75676800 |
| 河 北 | Hebei | 9943229 | 6289383 | 2777717 | 127691779 | 68245376 |
| 山 西 | Shanxi | 5449478 | 7203017 | 740436 | 121287973 | 74255706 |
| 内蒙古 | Inner Mongolia | 5698766 | 3364911 | 703632 | 97353784 | 45807168 |
| 辽 宁 | Liaoning | 4085415 | 3396692 | 752569 | 58437394 | 31413675 |
| 沈 阳 | Shenyang | 4715124 | 4961940 | 1683961 | 145783609 | 94496604 |
| 大 连 | Dalian | 4614724 | 2725249 | 2941380 | 76843821 | 33382400 |
| 吉 林 | Jiling | 5049382 | 5145263 | 375002 | 87282185 | 30990859 |
| 长 春 | Changchun | 3067102 | 2839362 | 259518 | 58541511 | 28749831 |
| 黑龙江 | Heilongjiang | 5675754 | 4994475 | 326819 | 100965131 | 60925316 |
| 哈尔滨 | Harbin | 4568117 | 3627567 | 509676 | 135351246 | 88569152 |
| 上 海 | Shanghai | 50756185 | 27655888 | 26541118 | 731264178 | 393012923 |
| 江 苏 | Jiangsu | 115040231 | 71641947 | 92329445 | 1194515501 | 645830279 |
| 南 京 | Nanjing | 13325436 | 8435843 | 7416320 | 185145729 | 97682316 |
| 浙 江 | Zhejiang | 38440757 | 33354666 | 19659676 | 550276735 | 304672367 |
| 宁 波 | Ningbo | 6125525 | 4949990 | 4125630 | 101018339 | 55058822 |
| 安 徽 | Anhui | 17745907 | 17206204 | 4577904 | 353825415 | 210502778 |
| 福 建 | Fujian | 10058205 | 6727368 | 5096038 | 141619806 | 71339919 |
| 厦 门 | Xiamen | 10320032 | 6900493 | 9930537 | 120147942 | 75557418 |
| 江 西 | Jiangxi | 5666894 | 4021729 | 1464432 | 91334594 | 50404086 |
| 山 东 | Shandong | 55165235 | 46018830 | 17904964 | 774707291 | 397300665 |
| 青 岛 | Qingdao | 7688631 | 10492261 | 7837775 | 199255636 | 133606601 |
| 河 南 | Henan | 21084223 | 17428110 | 3321716 | 267236753 | 147895949 |
| 湖 北 | Hubei | 8740118 | 7486341 | 2771231 | 155652071 | 87983344 |
| 武 汉 | Wuhan | 9525651 | 7046622 | 629408 | 155471085 | 82591698 |
| 湖 南 | Hunan | 9068001 | 6765287 | 1815203 | 175068041 | 99484283 |
| 广 东 | Guangdong | 45128577 | 26155930 | 44919780 | 606397376 | 327648980 |
| 广 州 | Guangzhou | 9401392 | 6049025 | 7335939 | 137409188 | 75161025 |
| 深 圳 | Shenzhen | 47074721 | 29316944 | 56671867 | 606981981 | 389845823 |
| 广 西 | Guangxi | 3265028 | 2502083 | 551148 | 40749849 | 22012600 |
| 海 南 | Hainan | 3345947 | 2170161 | 231208 | 41955703 | 24045970 |
| 重 庆 | Chongqing | 9880060 | 10151410 | 1472830 | 159094957 | 94449234 |
| 四 川 | Sichuan | 7811715 | 4643460 | 2727978 | 128515741 | 81972416 |
| 成 都 | Chengdu | 8016841 | 5419177 | 2205247 | 155689454 | 79446405 |
| 贵 州 | Guizhou | 1683195 | 1556653 | 270830 | 39656452 | 18978845 |
| 云 南 | Yunnan | 4112414 | 3869787 | 1438566 | 85306255 | 53336678 |
| 西 藏 | Tibet | 803664 | 125296 | 278 | 3422629 | 1122074 |
| 陕 西 | Shaanxi | 5546696 | 3361779 | 660599 | 100428107 | 56377588 |
| 西 安 | Xi'an | 10561057 | 13446140 | 2268292 | 215542840 | 121836067 |
| 甘 肃 | Gansu | 1351890 | 855990 | 146738 | 17931028 | 9157856 |
| 青 海 | Qinghai | 234054 | 107043 | 18333 | 6898604 | 4092072 |
| 宁 夏 | Ningxia | 891564 | 318858 | 341798 | 14598444 | 7662080 |
| 新 疆 | Xinjiang | 2210868 | 985507 | 295716 | 38817990 | 21756912 |
| **合 计** | **Total** | **668410626** | **485144138** | **368349112** | **10318586299** | **5662855491** |

# 2-3 高新技术企业收入情况

## Revenue Statistics of High-Tech Enterprises

单位：千元 (1000 RMB yuan)

| 地 区 | Region | 总收入 Total Income | 技术收入 Technical Income | 产品销售收入 Product Sales Income | 商品销售收入 Commodity Sales Income |
|---|---|---|---|---|---|
| 北 京 | Beijing | 935992564 | 151479451 | 539961008 | 191900106 |
| 天 津 | Tianjin | 185264210 | 10610678 | 159010486 | 2297598 |
| 河 北 | Hebei | 113574345 | 1864406 | 108918310 | 747271 |
| 山 西 | Shanxi | 110957617 | 3606309 | 102684296 | 952365 |
| 内蒙古 | Inner Mongolia | 62679847 | 544602 | 58196865 | 1637941 |
| 辽 宁 | Liaoning | 63179997 | 1530263 | 60449250 | 293303 |
| 沈 阳 | Shenyang | 127618760 | 1580265 | 120426115 | 3273379 |
| 大 连 | Dalian | 50359414 | 4413873 | 44020784 | 854204 |
| 吉 林 | Jiling | 88400125 | 1201491 | 85017349 | 366710 |
| 长 春 | Changchun | 47516964 | 822119 | 45717552 | 23462 |
| 黑龙江 | Heilongjiang | 97853453 | 1280606 | 93552306 | 335245 |
| 哈尔滨 | Harbin | 86375551 | 400909 | 81403697 | 1775510 |
| 上 海 | Shanghai | 724401547 | 41031350 | 643226159 | 16234027 |
| 江 苏 | Jiangsu | 1489502472 | 10522851 | 1441909578 | 9662302 |
| 南 京 | Nanjing | 256879408 | 6855110 | 234960940 | 5446902 |
| 浙 江 | Zhejiang | 605408054 | 26456889 | 553706602 | 15774863 |
| 宁 波 | Ningbo | 103811203 | 2891171 | 93281300 | 240498 |
| 安 徽 | Anhui | 324490154 | 5738373 | 310879262 | 781822 |
| 福 建 | Fujian | 150849129 | 1285225 | 146952573 | 863110 |
| 厦 门 | Xiamen | 166725505 | 439083 | 163469254 | 457536 |
| 江 西 | Jiangxi | 85796274 | 1211247 | 80655242 | 1550457 |
| 山 东 | Shandong | 867842557 | 6296553 | 837114876 | 8338601 |
| 青 岛 | Qingdao | 207946263 | 1448411 | 199429787 | 1233503 |
| 河 南 | Henan | 267523650 | 7652302 | 243834774 | 3990075 |
| 湖 北 | Hubei | 152487880 | 6520304 | 138935399 | 780242 |
| 武 汉 | Wuhan | 134529828 | 10979948 | 113312608 | 3797024 |
| 湖 南 | Hunan | 163879549 | 2307100 | 156781865 | 936286 |
| 广 东 | Guangdong | 830059799 | 2197498 | 806480185 | 3786706 |
| 广 州 | Guangzhou | 144271477 | 14647612 | 117207740 | 10343341 |
| 深 圳 | Shenzhen | 967297897 | 4611152 | 809317031 | 10215925 |
| 广 西 | Guangxi | 43956696 | 1799057 | 40002260 | 1143474 |
| 海 南 | Hainan | 29369349 | 215939 | 28503276 | 183116 |
| 重 庆 | Chongqing | 153372924 | 8550321 | 137383478 | 1283039 |
| 四 川 | Sichuan | 114972716 | 417993 | 112241867 | 561461 |
| 成 都 | Chengdu | 117497239 | 9279726 | 104631984 | 666456 |
| 贵 州 | Guizhou | 25738046 | 321293 | 24520180 | 413802 |
| 云 南 | Yunnan | 76782616 | 600509 | 71800973 | 3160761 |
| 西 藏 | Tibet | 1546179 | 10374 | 1198246 | 308234 |
| 陕 西 | Shaanxi | 69459705 | 817552 | 65447504 | 1440100 |
| 西 安 | Xi'an | 170971205 | 8173108 | 147212178 | 7123830 |
| 甘 肃 | Gansu | 13681790 | 278008 | 12512610 | 638506 |
| 青 海 | Qinghai | 10682804 | 55006 | 10470704 | 8284 |
| 宁 夏 | Ningxia | 8939110 | 30277 | 8677061 | 22465 |
| 新 疆 | Xinjiang | 26606163 | 511383 | 24697993 | 85098 |
| **合 计** | **Total** | **10477052035** | **363487697** | **9380113507** | **315928940** |

# 2－4 按登记注册类型分类的高新技术企业主要经济指标

## Main Economic Indicators of High-Tech Enterprises by Registration Category

| 企业登记注册类型<br>Registration Category | 企业数<br>（个）<br>Number of Enterprises<br>（number） | 年末从业人员数<br>（人）<br>Year End Number of Employees<br>（person） | 总收入<br>（千元）<br>Total Income<br>（1000 RMB yuan） | 工业总产值<br>（千元）<br>Total Industrial Output Value<br>（1000 RMB yuan） | 工业增加值<br>（千元）<br>Industrial Added Value<br>（1000 RMB yuan） |
|---|---|---|---|---|---|
| **合　计**<br>**Total** | **56047** | **14521725** | **10477052050** | **9591150256** | **2203086767** |
| 国有企业<br>State-owned Enterprises | 1640 | 918780 | 648257855 | 566925360 | 142896110 |
| 集体企业<br>Collective-owned Enterprises | 651 | 160505 | 134587056 | 132362969 | 32019937 |
| 股份合作企业<br>Cooperative Shares Corporation | 975 | 147557 | 62784298 | 62831276 | 14605468 |
| 联营企业<br>Associated Enterprises | 124 | 24607 | 15282859 | 15180415 | 3214632 |
| 有限责任公司<br>Limited Liability Enterprises | 26049 | 4543128 | 2892289377 | 2604955984 | 623856341 |
| 股份有限公司<br>Limited by Shares Companies | 3084 | 2606793 | 1924161329 | 1778162338 | 437102242 |
| 私营企业<br>Private Enterprises | 14217 | 1280292 | 579085812 | 532327481 | 127258139 |
| 港澳台投资企业<br>HongKong, Macao and Taiwan Investment Enterprises | 3045 | 1577838 | 960963144 | 906763002 | 206842222 |
| 外商投资企业<br>Foreign Investment Enterprises | 6167 | 3225118 | 3233815143 | 2970319112 | 609364490 |

| 企业登记注册类型<br>Registration Category | 净利润<br>（千元）<br>Net Profit<br>（1000 RMB yuan） | 上缴税额<br>（千元）<br>Taxes Submitted<br>（1000 RMB yuan） | 创汇总额<br>（千美元）<br>Export<br>（1000 USD） | 年末资产<br>（千元）<br>Year End Assets<br>（1000 RMB yuan） | 年末负债<br>（千元）<br>Year End Debt<br>（1000 RMB yuan） |
|---|---|---|---|---|---|
| **合　计** | **668410934** | **485144175** | **368349125** | **10318586316** | **5662855496** |
| **Total** | | | | | |
| 国有企业 | 37488293 | 37909035 | 9249669 | 1014210575 | 589202415 |
| State-owned Enterprises | | | | | |
| 集体企业 | 7900733 | 6176586 | 2232282 | 95497334 | 48328349 |
| Collective-owned Enterprises | | | | | |
| 股份合作企业 | 4658615 | 4076785 | 816647 | 82489872 | 37193823 |
| Cooperative Shares Corporation | | | | | |
| 联营企业 | 855994 | 867334 | 144806 | 18172247 | 7970348 |
| Associated Enterprises | | | | | |
| 有限责任公司 | 190518522 | 147169547 | 54328707 | 3079387242 | 1692323656 |
| Limited Liability Enterprises | | | | | |
| 股份有限公司 | 127245936 | 109956589 | 37808634 | 2286589586 | 1173216490 |
| Limited by Shares Companies | | | | | |
| 私营企业 | 39743056 | 29779109 | 9993103 | 693004591 | 353971652 |
| Private Enterprises | | | | | |
| 港澳台投资企业 | 60855722 | 32680931 | 48459794 | 837973180 | 487927191 |
| HongKong, Macao and Taiwan Investment Enterprises | | | | | |
| 外商投资企业 | 193150957 | 113754120 | 205117297 | 2192351266 | 1266671601 |
| Foreign Investment Enterprises | | | | | |

# 2－5　按登记注册类型分类的高新技术企业收入情况

## Revenue Statistics of High-Tech Enterprises by Registration Category

单位：千元　　　　　　　　　　　　　　　　　　　　　　　　　　　　　　　　　　(1000 RMB yuan)

| 企业登记注册类型<br>Registration Category | 总收入<br>Total Income | 技术收入<br>Technical Income | 产品销售收入<br>Product Sales Income | 商品销售收入<br>Commodity Sales Income |
|---|---|---|---|---|
| **合　计**<br>**Total** | **10477052050** | **363487708** | **9380113521** | **315928942** |
| 国有企业<br>State-owned Enterprises | 648257855 | 38270009 | 571349146 | 10381740 |
| 集体企业<br>Collective-owned Enterprises | 134587056 | 744905 | 124914293 | 4237187 |
| 股份合作企业<br>Cooperative Shares Corporation | 62784298 | 1624540 | 58733740 | 1001193 |
| 联营企业<br>Associated Enterprises | 15282859 | 317014 | 14474722 | 151337 |
| 有限责任公司<br>Limited Liability Enterprises | 2892289377 | 142616388 | 2546720867 | 112080720 |
| 股份有限公司<br>Limited by Shares Companies | 1924161329 | 56193679 | 1746137520 | 46432350 |
| 私营企业<br>Private Enterprises | 579085812 | 28762399 | 513801036 | 22592381 |
| 港澳台投资企业<br>HongKong, Macao and Taiwan Investment Enterprises | 960963144 | 28446440 | 876450253 | 35040853 |
| 外商投资企业<br>Foreign Investment Enterprises | 3233815143 | 66297736 | 2902127462 | 83939247 |

# 2-6 按主管单位分类的高新技术企业主要经济指标
## Main Economic Indicators of High-Tech Enterprises by Affiliattion

| 上级主管单位<br>Affiliation | 企业数<br>（个）<br>Number of Enterprises<br>(number) | 年末从业人员数<br>（人）<br>Year End Number of Employees<br>(person) | 总收入<br>（千元）<br>Total Income<br>(1000 RMB yuan) | 工业总产值<br>（千元）<br>Total Industrial Output Value<br>(1000 RMB yuan) | 工业增加值<br>（千元）<br>Industrial Added Value<br>(1000 RMB yuan) |
|---|---|---|---|---|---|
| **合　计**<br>**Total** | **56047** | **14521725** | **10477052050** | **9591150256** | **2203086767** |
| 中科院科研院所<br>Chinese Academy of Science | 199 | 15596 | 6542081 | 3924240 | 1038411 |
| 其他部委科研院所<br>Research Institutes of Other Ministries | 541 | 134651 | 61501526 | 51632031 | 13227064 |
| 地方科研院所<br>Local research institutes | 265 | 30941 | 15131349 | 13063010 | 3250968 |
| 大专院校<br>Universities | 369 | 39817 | 30932995 | 26842989 | 5951244 |
| 企业<br>Enterprises | 9026 | 4401310 | 3682440574 | 3430334319 | 782388280 |
| 政府职能部门<br>Governments | 7083 | 3339841 | 2071739518 | 2040944881 | 474294327 |
| 高新区直属<br>Directly Under STIPs | 3713 | 1034623 | 681569143 | 707667680 | 156132599 |
| 军队系统<br>Military System | 17 | 6916 | 2901281 | 1767085 | 519641 |
| 无主管<br>No Affiliation | 23086 | 2788997 | 1823892273 | 1556403846 | 364247892 |

| 上级主管单位 Affiliation | 净利润（千元）Profit（1000 RMB yuan） | 上缴税额（千元）Taxes Submitted（1000 RMB yuan） | 创汇总额（千美元）Export（1000 USD） | 年末资产（千元）Year End Assets（1000 RMB yuan） | 年末负债（千元）Year End Debt（1000 RMB yuan） |
|---|---|---|---|---|---|
| **合　计 Total** | **668410934** | **485144175** | **368349125** | **10318586316** | **5662855496** |
| 中科院科研院所 Chinese Academy of Science | 473709 | 392892 | 126752 | 11060441 | 4455478 |
| 其他部委科研院所 Research Institutes of Other Ministries | 4476486 | 2713247 | 398001 | 93460512 | 51423043 |
| 地方科研院所 Local research institutes | 1206867 | 687141 | 147219 | 15593548 | 7561219 |
| 大专院校 Universities | 1077126 | 1334493 | 631491 | 73489917 | 43869408 |
| 企业 Enterprises | 224006776 | 166007881 | 130160263 | 3534728189 | 1968290160 |
| 政府职能部门 Governments | 136810188 | 108260014 | 66540055 | 2094024787 | 1150052521 |
| 高新区直属 Directly Under STIPs | 47230582 | 24891257 | 38912703 | 606786890 | 324130136 |
| 军队系统 Military System | 229139 | 180541 | 15799 | 5303880 | 2469627 |
| 无主管 No Affiliation | 131297729 | 88863137 | 55803007 | 1921350209 | 1026107434 |

# 2-7 按主管单位分类的高新技术企业收入情况

## Revenue Statistics of High-Tech Enterprises by Affiliation

单位:千元 (1000 RMB yuan)

| 上级主管单位 Affiliation | 总收入 Total Income | 技术收入 Technical Income | 产品销售收入 Product Sales Income | 商品销售收入 Commodity Sales Income |
|---|---|---|---|---|
| **合　计 Total** | **10477052050** | **363487708** | **9380113521** | **315928942** |
| 中科院科研院所 Chinese Academy of Science | 6542081 | 785876 | 4225574 | 314163 |
| 其他部委科研院所 Research Institutes of Other Ministries | 61501526 | 5585402 | 49911252 | 2311839 |
| 地方科研院所 Local research institutes | 15131349 | 1769977 | 11964432 | 470607 |
| 大专院校 Universities | 30932995 | 1634572 | 24646587 | 3186006 |
| 企业 Enterprises | 3682440574 | 120972362 | 3368540828 | 74431807 |
| 政府职能部门 Governments | 2071739518 | 33026562 | 1956348443 | 26957640 |
| 高新区直属 Directly Under STIPs | 681569143 | 11526430 | 643580232 | 9695470 |
| 军队系统 Military System | 2901281 | 1149369 | 1682256 | 52586 |
| 无主管 No Affiliation | 1823892273 | 95342080 | 1557253121 | 127361703 |

# 2－8 按人员规模分类的高新技术企业主要经济指标

## Main Economic Indicontors of High-Tech Enterprises by the Number of Employees

| 人员规模 Number of Employees | 企业数（个） Number of Enterprises (number) | 年末从业人员数（人） Year End Number of Employees (person) | 总收入（千元） Total Income (1000 RMB yuan) | 工业总产值（千元） Total Industrial Output Value (1000 RMB yuan) | 工业增加值（千元） Industrial Added Value (1000 RMB yuan) |
|---|---|---|---|---|---|
| 人数 > ＝1000 the Number > ＝1000 | 2641 | 7809331 | 6193666155 | 5719516392 | 1294063298 |
| 500 < ＝人数 < 1000 500 < ＝the Number < 1000 | 3021 | 2090383 | 1422636817 | 1395599603 | 317274272 |
| 100 < ＝人数 < 500 100 < ＝the Number < 500 | 15802 | 3531201 | 2219568311 | 2043558614 | 485445164 |
| 50 < ＝人数 < 100 50 < ＝the Number < 100 | 8934 | 635062 | 389172592 | 294383987 | 72898478 |
| 人数 < 50 the Number < 50 | 25649 | 455748 | 252008175 | 138091660 | 33405555 |
| **合　计 Total** | **56047** | **14521725** | **10477052050** | **9591150256** | **2203086767** |

2－8 续表 continued

| 人员规模 Number of Employees | 净利润（千元） Net Profit (1000 RMB yuan) | 上缴税额（千元） Taxes Submitted (1000 RMB yuan) | 创汇总额（千美元） Export (1000 USD) | 年末资产（千元） Year End Assets (1000 RMB yuan) | 年末负债（千元） Year End Debt (1000 RMB yuan) |
|---|---|---|---|---|---|
| 人数 > ＝1000 the Number > ＝1000 | 347777655 | 262120251 | 276576557 | 5224431694 | 3040954994 |
| 500 < ＝人数 < 1000 500 < ＝the Number < 1000 | 105449232 | 70263256 | 40448420 | 1363750753 | 741928153 |
| 100 < ＝人数 < 500 100 < ＝the Number < 500 | 175021735 | 118437225 | 45892576 | 2507553677 | 1309690484 |
| 50 < ＝人数 < 100 50 < ＝the Number < 100 | 27404945 | 19021081 | 4200030 | 465071772 | 233645038 |
| 人数 < 50 the Number < 50 | 12757367 | 15302362 | 1231542 | 757778420 | 336636827 |
| **合　计 Total** | **668410934** | **485144175** | **368349125** | **10318586316** | **5662855496** |

## 2-9 按人员规模分类的高新技术企业收入情况

## Revenue Statistics of High-Tech Enterprises by the Number of Employees

单位:千元 (1000 RMB yuan)

| 人员规模<br>Number of Employees | 总收入<br>Total Income | 技术收入<br>Technical Income | 产品销售收入<br>Product Sales Income | 商品销售收入<br>Commodity Sales Income |
|---|---|---|---|---|
| 人数 > = 1000<br>the Number > = 1000 | 6193666155 | 123910649 | 5629078397 | 154175821 |
| 500 < = 人数 < 1000<br>500 < = the Number < 1000 | 1422636817 | 46156714 | 1309968352 | 30962045 |
| 100 < = 人数 < 500<br>100 < = the Number < 500 | 2219568311 | 119962814 | 1969273256 | 58512778 |
| 50 < = 人数 < 100<br>50 < = the Number < 100 | 389172592 | 31737762 | 309776322 | 36210465 |
| 人数 < 50<br>the Number < 50 | 252008175 | 41719769 | 162017194 | 36067833 |
| **合　计**<br>**Total** | **10477052050** | **363487708** | **9380113521** | **315928942** |

## 2-10 按收入规模分类的高新技术企业主要经济指标

## Main Economic Indicators of High-Tech Enterprises by Revenue

| 收入规模<br>Revenue | 企业数（个）<br>Number of Enterprises (number) | 年末从业人员数（人）<br>Year End Number of Employees (person) | 总收入（千元）<br>Total Income (1000 RMB yuan) | 工业总产值（千元）<br>Total Industrial Output Value (1000 RMB yuan) | 工业增加值（千元）<br>Industrial Added Value (100 RMB yuan) |
|---|---|---|---|---|---|
| 收入 > = 1 亿元<br>Revenue > = 100 million RMB Yuan | 11889 | 11222788 | 9614269431 | 8831641629 | 2006279146 |
| 1000 万元 < = 收入 < 1 亿元<br>10 million yuan < = Revenue < 100 million RMB Yuan | 20878 | 2771335 | 800882330 | 718413173 | 185527694 |
| 500 万元 < = 收入 < 1000 万元<br>5 million yuan < = Revenue < 10 million yuan | 5195 | 227620 | 37420126 | 24889871 | 7133625 |
| 收入 < 500 万元<br>Revenue < 5 million yuan | 18085 | 299982 | 24480163 | 16205583 | 4146302 |
| **合　计**<br>**Total** | **56047** | **14521725** | **10477052050** | **9591150256** | **2203086767** |

2－10　续表 continued

| 收入规模 Revenue | 净利润（千元） Net Profit （1000 RMB yuan） | 上缴税额（千元） Taxes （1000 RMB yuan） | 创汇总额（千美元） Export （1000 USD） | 年末资产（千元） Year End Assets （1000 RMB yuan） | 年末负债（千元） Year End Debt （1000 RMB yuan） |
|---|---|---|---|---|---|
| 收入＞＝1 亿元 Revenue＞＝100 million RMB Yuan | 610990943 | 424886564 | 356693216 | 8524799808 | 4792997985 |
| 1000 万元＜＝收入＜1 亿元 10 million yuan＜＝Revenue＜100 million RMB Yuan | 64393648 | 55639484 | 11294729 | 1216136258 | 569765230 |
| 500 万元＜＝收入＜1000 万元 5 million yuan＜＝Revenue＜10 million yuan | 674271 | 2461630 | 281537 | 114074732 | 49342588 |
| 收入＜500 万元 Revenue＜5 million yuan | －7647928 | 2156497 | 79643 | 463575518 | 250749693 |
| **合　计 Total** | **668410934** | **485144175** | **368349125** | **10318586316** | **5662855496** |

## 2－11　按收入规模分类的高新技术企业收入情况
## Revenue Statistics of High-Tech Enterprises by Revenue

单位：千元　　（1000 RMB yuan）

| 收入规模 Revenue | 总收入 Total Income | 技术收入 Technical Income | 产品销售收入 Product Sales Income | 商品销售收入 Commodity Sales Income |
|---|---|---|---|---|
| 收入＞＝1 亿元 Revenue＞＝100 million RMB Yuan | 9614269431 | 280464975 | 8656394346 | 286557303 |
| 1000 万元＜＝收入＜1 亿元 10 million yuan＜＝Revenue ＜100 million RMB Yuan | 800882330 | 68202528 | 684138872 | 24929314 |
| 500 万元＜＝收入＜1000 万元 5 million yuan＜＝Revenue ＜10 million yuan | 37420126 | 7624299 | 25539744 | 2411390 |
| 收入＜500 万元 Revenue＜5 million yuan | 24480163 | 7195906 | 14040559 | 2030935 |
| **合　计 Total** | **10477052050** | **363487708** | **9380113521** | **315928942** |

# 2-12 高新技术企业人员情况

## Personnel Statistics of High-Tech Enterprises

单位:人 (person)

| 地区 | Region | 年末从业人员 Year End Number of Employees | 大专以上 Higher than Junior College Degree | 中高级职称 Senior and Mid-Level Professional Titles |
|---|---|---|---|---|
| 北京 | Beijing | 960288 | 600230 | 178740 |
| 天津 | Tianjin | 176094 | 79113 | 25290 |
| 河北 | Hebei | 225378 | 77982 | 27596 |
| 山西 | Shanxi | 221540 | 64584 | 31658 |
| 内蒙古 | Inner Mongolia | 106265 | 30365 | 12011 |
| 辽宁 | Liaoning | 112865 | 28719 | 14200 |
| 沈阳 | Shenyang | 186733 | 77319 | 32116 |
| 大连 | Dalian | 98377 | 50521 | 16240 |
| 吉林 | Jiling | 130968 | 39861 | 17690 |
| 长春 | Changchun | 87781 | 30461 | 11909 |
| 黑龙江 | Heilongjiang | 191002 | 49309 | 27628 |
| 哈尔滨 | Harbin | 146527 | 44301 | 21796 |
| 上海 | Shanghai | 690972 | 308960 | 103531 |
| 江苏 | Jiangsu | 1961781 | 586313 | 168898 |
| 南京 | Nanjing | 176288 | 79663 | 22242 |
| 浙江 | Zhejiang | 795038 | 248275 | 65431 |
| 宁波 | Ningbo | 168027 | 41576 | 9576 |
| 安徽 | Anhui | 413943 | 129485 | 46379 |
| 福建 | Fujian | 311579 | 86669 | 26231 |
| 厦门 | Xiamen | 215880 | 53336 | 10035 |
| 江西 | Jiangxi | 144815 | 59656 | 20159 |
| 山东 | Shandong | 1109487 | 360150 | 117179 |
| 青岛 | Qingdao | 235753 | 78069 | 25325 |
| 河南 | Henan | 471386 | 177310 | 60549 |
| 湖北 | Hubei | 260686 | 84390 | 41639 |
| 武汉 | Wuhan | 199994 | 109165 | 47962 |
| 湖南 | Hunan | 260639 | 102914 | 35684 |
| 广东 | Guangdong | 1546672 | 302195 | 78780 |
| 广州 | Guangzhou | 190553 | 83161 | 22790 |
| 深圳 | Shenzhen | 1318308 | 392654 | 83320 |
| 广西 | Guangxi | 81195 | 26545 | 8684 |
| 海南 | Hainan | 28719 | 11449 | 2282 |
| 重庆 | Chongqing | 223897 | 69416 | 23907 |
| 四川 | Sichuan | 230329 | 63018 | 29688 |
| 成都 | Chengdu | 199110 | 95425 | 39169 |
| 贵州 | Guizhou | 94354 | 26286 | 8662 |
| 云南 | Yunnan | 80274 | 24942 | 9360 |
| 西藏 | Tibet | 4775 | 2180 | 579 |
| 陕西 | Shaanxi | 131607 | 50124 | 21115 |
| 西安 | Xi'an | 212245 | 108693 | 47550 |
| 甘肃 | Gansu | 41561 | 9947 | 5023 |
| 青海 | Qinghai | 11573 | 2549 | 1197 |
| 宁夏 | Ningxia | 23511 | 7213 | 1908 |
| 新疆 | Xinjiang | 42956 | 14286 | 4522 |
| **合计** | **Total** | **14521725** | **4968779** | **1606230** |

## 2-13 按登记注册类型分类的高新技术企业人员情况
## Personnel Statistics of High-Tech Enterprises by Registration Category

单位:人 (person)

| 企业登记注册类型<br>Registration Category | 年末从业人员<br>Year End Number of Employees | 大专以上<br>Higher than Junior College Degree | 中高级职称<br>Senior and Mid-Level Professional Titles |
|---|---|---|---|
| **合 计<br>Total** | **14521725** | **4968779** | **1606230** |
| 国有企业<br>State-owned Enterprises | 918780 | 362738 | 175347 |
| 集体企业<br>Collective-owned Enterprises | 160505 | 55146 | 24170 |
| 股份合作企业<br>Cooperative Shares Corporation | 147557 | 45590 | 18300 |
| 联营企业<br>Associated Enterprises | 24607 | 9456 | 3667 |
| 有限责任公司<br>Limited Liability Enterprises | 4543128 | 1730606 | 607837 |
| 股份有限公司<br>Limited by Shares Companies | 2606793 | 903992 | 301911 |
| 私营企业<br>Private Enterprises | 1280292 | 465789 | 156889 |
| 港澳台投资企业<br>HongKong, Macao and Taiwan Investment Enterprises | 1577838 | 411702 | 95806 |
| 外商投资企业<br>Foreign Investment Enterprises | 3225118 | 960268 | 216462 |

## 2-14 按主管单位分类的高新技术企业人员情况
## Persornel Statistics of Hihg-Tech Enterprises by Affiliation

单位:人 (person)

| 上级主管单位<br>Affiliation | 年末从业人员<br>Year End Number of Employees | 大专以上<br>Higher than Junior College Degree | 中高级职称<br>Senior and Mid-Level Professional Titles |
|---|---|---|---|
| **合 计<br>Total** | **14521725** | **4968779** | **1606230** |
| 中科院科研院所<br>Chinese Academy of Science | 15596 | 8558 | 3881 |
| 其他部委科研院所<br>Research Institutes of Other Ministries | 134651 | 60901 | 31870 |
| 地方科研院所<br>Local research institutes | 30941 | 13905 | 7086 |
| 大专院校<br>Universities | 39817 | 24107 | 11645 |
| 企业<br>Enterprises | 4401310 | 1491030 | 513929 |
| 政府职能部门<br>Governments | 3339841 | 958639 | 319737 |
| 高新区直属<br>Directly Under STIPs | 1034623 | 315566 | 93905 |
| 军队系统<br>Military System | 6916 | 3509 | 1290 |
| 无主管<br>No Affiliation | 2788997 | 1129963 | 360347 |

## 2-15 高新技术企业产品主要指标(按技术领域分类)
## Main Indicators of Products of High-Tech Enterprises by Technical Field

| 技术领域 Technical Field | 产品种数（个） Number of Products (number) | 工业总产值（千元） Total Industrial Output Value (1000 RMB yuan) | 销售收入（千元） Sales Income (1000 RMB yuan) | 出口额（千美元） Export (1000 USD) |
|---|---|---|---|---|
| 合　计 **Total** | **39726** | **2423927339** | **2510646295** | **100601389** |
| 电子与信息领域 Electronics and Information Technology | 17203 | 964001799 | 1009971279 | 64525190 |
| 生物技术领域 Biotechnology | 4258 | 140012638 | 143772438 | 3333438 |
| 新材料领域 New Materials | 3847 | 424909815 | 436224403 | 6723494 |
| 光机电一体化 Integration of Optical and Electrical Machinery | 8285 | 396463209 | 419053854 | 12165734 |
| 新能源及高效节能技术 New Energy and Energy Saving | 1509 | 133615703 | 139372348 | 4904518 |
| 环境保护技术 Environmental Protection | 1256 | 35569536 | 32614379 | 636596 |
| 航空航天技术 Aerospace | 295 | 10328379 | 10876860 | 140009 |
| 地球,空间,海洋工程 Earth, space, ocean engineering | 94 | 2604618 | 2583280 | 23825 |
| 核应用技术 Application of nuclear technology | 135 | 1753642 | 3920396 | 438448 |

## 2-16 高新技术企业产品主要指标(按专利类型分类)
## Main Indicators of Products of High-Tech Enterprises by Patent Category

| 专利类型 Patent Category | 产品种数（个） Number of Products (number) | 工业总产值（千元） Total Industrial Output Value (1000 RMB yuan) | 销售收入（千元） Sales Income (1000 RMB yuan) | 出口额（千美元） Export (1000 USD) |
|---|---|---|---|---|
| 合　计 **Total** | **39726** | **2423927339** | **2510646295** | **100601389** |
| #发明 Invention Patent | 4570 | 413734794 | 420322653 | 17614755 |
| 实用新型 Practical Patent | 6425 | 596573454 | 595455788 | 22185267 |
| 外观设计 Design Patent | 818 | 92927026 | 90944017 | 3749788 |

## 2－17 高新技术企业产品主要指标(按出口国外地区分类)
## Main Indicators of Products of High-Tech Enterprises by Export Destination

| 出口地区<br>Export Destination | 产品种数<br>(个)<br>Number of Products<br>(number) | 出口额<br>(千美元)<br>Export<br>(1000 USD) |
|---|---|---|
| **合　计<br>Total** | **39726** | **100601389** |
| #美国<br>US | 1158 | 29103109 |
| 日本<br>Japan | 770 | 18237601 |
| 南美<br>South America | 201 | 2974301 |
| 西欧<br>Western Europe | 528 | 10380824 |
| 北欧<br>North Europe | 170 | 1560471 |
| 东欧<br>Eastern Europe | 152 | 2071761 |
| 港澳台<br>Hong Kong, Macao and Taiwan | 552 | 13298864 |
| 东南亚<br>Southeast Asia | 911 | 9632821 |

## 2－18 高新技术企业产品主要指标(按技术来源分类)
## Main Indicators of Products of High-Tech Enterprises by Technical Souce

| 技术来源<br>Technical Source | 产品种数<br>(个)<br>Number of Products<br>(number) | 工业总产值<br>(千元)<br>Total Industrial Output Value<br>(1000 RMB yuan) | 销售收入<br>(千元)<br>Sales Income<br>(1000 RMB yuan) | 出口额<br>(千美元)<br>Export<br>(1000 USD) |
|---|---|---|---|---|
| **合　计<br>Total** | **39726** | **2423927339** | **2510646295** | **100601389** |
| #国外技术 Foreign Technologies | 1892 | 575841066 | 608461311 | 42118304 |
| 中科院<br>Chinese Academy of Science | 257 | 5953406 | 5902523 | 131115 |
| 其它部委属科研院所<br>Research Institutes of Other Ministries | 443 | 15721266 | 16638429 | 318860 |
| 地方属科研院所<br>Local research institutes | 282 | 12407895 | 12482548 | 50212 |
| 大专院校<br>Universities | 841 | 10027376 | 9699720 | 126974 |
| 国有大中型企业<br>State-owned Large and Medium-sized Enterprises | 480 | 86769496 | 86463576 | 619048 |
| 其它各类企业<br>Other Types of Enterprises | 279 | 8218568 | 7514684 | 47417 |
| 国内其它单位<br>Other Domestic Numbers | 675 | 23269374 | 27043561 | 1093766 |
| 引进技术本企业消化创新<br>Adopted and Renovated Technologies | 3655 | 446709437 | 465820970 | 15743188 |
| 本企业自有技术<br>Enterprises Owned Technology | 30922 | 1239009455 | 1270618973 | 40352505 |

# 2-19 高新技术企业R&D活动与科技活动情况(按地区分类)
## R&D and Science & Technologic Activities Statistics of High-Tech Enterprises by Region

| 地 区 | Region | 科技活动人员（人）Personnel Engaged in Scientific and Technologic Activities (person) | 科技活动经费支出（千元）Expenditures on Scientific and Technologic Activities (1000 RMB yuan) | R&D经费支出（千元）Expenditure on R&D (1000 RMB yuan) |
|---|---|---|---|---|
| 北 京 | Beijing | 353055 | 57380677 | 32037614 |
| 天 津 | Tianjin | 48116 | 11912437 | 4339714 |
| 河 北 | Hebei | 40491 | 5825888 | 2634967 |
| 山 西 | Shanxi | 31044 | 3464673 | 1828842 |
| 内蒙古 | Inner Mongolia | 15931 | 2187561 | 933441 |
| 辽 宁 | Liaoning | 21686 | 2244376 | 927012 |
| 沈 阳 | Shenyang | 39826 | 5063856 | 2381663 |
| 大 连 | Dalian | 21466 | 2788265 | 588742 |
| 吉 林 | Jiling | 19183 | 3271210 | 2488796 |
| 长 春 | Changchun | 12270 | 1366116 | 1116137 |
| 黑龙江 | Heilongjiang | 29783 | 3240403 | 2430783 |
| 哈尔滨 | Harbin | 22660 | 2431075 | 1057259 |
| 上 海 | Shanghai | 184885 | 42671588 | 16947484 |
| 江 苏 | Jiangsu | 359133 | 66780517 | 34123817 |
| 南 京 | Nanjing | 52408 | 10306180 | 3414004 |
| 浙 江 | Zhejiang | 166149 | 26243131 | 9975166 |
| 宁 波 | Ningbo | 32218 | 4358426 | 1801054 |
| 安 徽 | Anhui | 68816 | 15667634 | 6469700 |
| 福 建 | Fujian | 56888 | 7923349 | 1722998 |
| 厦 门 | Xiamen | 28177 | 5304234 | 790695 |
| 江 西 | Jiangxi | 27649 | 3752423 | 1387881 |
| 山 东 | Shandong | 189211 | 36147900 | 10632978 |
| 青 岛 | Qingdao | 41901 | 9951389 | 3562176 |
| 河 南 | Henan | 127957 | 11874415 | 3986538 |
| 湖 北 | Hubei | 43528 | 6021863 | 1938978 |
| 武 汉 | Wuhan | 45432 | 5634235 | 3663326 |
| 湖 南 | Hunan | 31913 | 4332654 | 2756748 |
| 广 东 | Guangdong | 200202 | 25290621 | 8522108 |
| 广 州 | Guangzhou | 43321 | 10336596 | 6525097 |
| 深 圳 | Shenzhen | 184059 | 29820073 | 9063178 |
| 广 西 | Guangxi | 14506 | 1855841 | 726958 |
| 海 南 | Hainan | 3307 | 1232055 | 206987 |
| 重 庆 | Chongqing | 38183 | 6151914 | 3303996 |
| 四 川 | Sichuan | 42033 | 5804856 | 3045961 |
| 成 都 | Chengdu | 55111 | 8326800 | 4009379 |
| 贵 州 | Guizhou | 14808 | 1088333 | 437755 |
| 云 南 | Yunnan | 12125 | 2185026 | 665742 |
| 西 藏 | Tibet | 698 | 97634 | 22992 |
| 陕 西 | Shaanxi | 21089 | 1980603 | 1200208 |
| 西 安 | Xi' an | 37677 | 7655748 | 5044967 |
| 甘 肃 | Gansu | 7103 | 569569 | 119612 |
| 青 海 | Qinghai | 1212 | 136254 | 91262 |
| 宁 夏 | Ningxia | 3016 | 366450 | 240576 |
| 新 疆 | Xinjiang | 7117 | 1234494 | 379227 |
| **合 计** | **Total** | **2797343** | **462279342** | **199544517** |

# 第三部分

# 国家火炬计划项目

## *The Third Part*

## National Torch Program Projects

# 3－1 火炬计划项目主要经济指标

## Main Economic Indicators of Torch Program Projects

| 年份 Year | 统计项目（个） Number of Statistical Projects (number) | 工业总产值（亿元） Total Industrial Output Value (100 million RMB yuan) | 产品销售收入（亿元） Product Sales Income (100 million RMB yuan) | 利税总额（亿元） Total Value of Profits and Taxes (100 million RMB yuan) | 创汇总额（亿美元） Export (100 million USD) |
|---|---|---|---|---|---|
| 1995 | 1859 | 286.8 | 251.3 | 51.7 | 4.3 |
| 1996 | 2029 | 411.8 | 359.9 | 68.4 | 3.4 |
| 1997 | 1987 | 544.5 | 488.0 | 87.1 | 5.8 |
| 1998 | 2249 | 732.0 | 688.0 | 133.0 | 9.0 |
| 1999 | 2742 | 1068.0 | 958.0 | 187.0 | 11.0 |
| 2000 | 2797 | 1153.4 | 1073.0 | 254.4 | 14.1 |
| 2001 | 3501 | 1298.0 | 1170.0 | 240.0 | 16.0 |
| 2002 | 3734 | 1324.1 | 1235.6 | 257.1 | 19.5 |
| 2003 | 4381 | 1908.7 | 1804.1 | 385.5 | 35.0 |
| 2004 | 4582 | 2255.0 | 2145.1 | 418.4 | 36.3 |
| 2005 | 4829 | 2572.0 | 2492.0 | 478.0 | 46.0 |
| 2006 | 5514 | 3112.0 | 2982.0 | 535.0 | 61.0 |
| 2007 | 5447 | 3392.2 | 3247.8 | 606.4 | 67.7 |

# 3 -2 火炬计划项目基本情况(按地区分组)

## Main Indicators of Torch Program Projects by Region

单位:个 (number)

| 地 区 | Region | 统计项目数 Number of Projects | 国家高新区内项目数 Projects in State Level Science and Technology Industrial Parks | 技术来源 Technology Sources | | | 参与国际合作项目 International Cooperation Project | 专利授权数 Patent |
|---|---|---|---|---|---|---|---|---|
| | | | | 国外技术 Foreign Technology | 国内技术 Domestic Technology | 自有技术 Own Technology | | |
| 合 计 | **Total** | **5447** | **1282** | **32** | **1019** | **4396** | **402** | **4013** |
| 北 京 | Beijing | 216 | 138 | 1 | 27 | 188 | 52 | 102 |
| 天 津 | Tianjin | 68 | 18 | 2 | 7 | 59 | 9 | 24 |
| 河 北 | Hebei | 77 | 18 | 0 | 19 | 58 | 9 | 29 |
| 山 西 | Shanxi | 110 | 32 | 1 | 30 | 79 | 5 | 28 |
| 内蒙古 | Inner Mongolia | 41 | 8 | 0 | 12 | 29 | 2 | 15 |
| 辽 宁 | Liaoning | 86 | 15 | 0 | 26 | 60 | 4 | 49 |
| 沈 阳 | Shenyang | 49 | 20 | 0 | 9 | 40 | 5 | 73 |
| 大 连 | Dalian | 27 | 20 | 0 | 4 | 23 | 1 | 1 |
| 吉 林 | Jiling | 116 | 39 | 1 | 33 | 82 | 8 | 30 |
| 长 春 | Changchun | 35 | 33 | 2 | 5 | 28 | 4 | 15 |
| 黑龙江 | Heilongjiang | 146 | 35 | 1 | 27 | 118 | 9 | 42 |
| 哈尔滨 | Harbin | 32 | 15 | 0 | 5 | 27 | 2 | 9 |
| 上 海 | Shanghai | 83 | 12 | 0 | 17 | 66 | 6 | 119 |
| 江 苏 | Jiangsu | 969 | 99 | 4 | 160 | 805 | 65 | 1038 |
| 南 京 | Nanjing | 98 | 51 | 1 | 13 | 84 | 7 | 111 |
| 浙 江 | Zhejiang | 964 | 69 | 4 | 189 | 771 | 51 | 712 |
| 宁 波 | Ningbo | 77 | 1 | 1 | 4 | 72 | 2 | 69 |
| 安 徽 | Anhui | 146 | 33 | 1 | 38 | 107 | 14 | 62 |
| 福 建 | Fujian | 90 | 10 | 3 | 15 | 72 | 9 | 61 |
| 厦 门 | Xiamen | 31 | 6 | 0 | 2 | 29 | 1 | 22 |
| 江 西 | Jiangxi | 67 | 35 | 0 | 16 | 51 | 1 | 17 |
| 山 东 | Shandong | 396 | 88 | 0 | 97 | 299 | 26 | 282 |
| 青 岛 | Qingdao | 49 | 7 | 0 | 6 | 43 | 3 | 48 |
| 河 南 | Henan | 151 | 44 | 0 | 29 | 122 | 6 | 123 |
| 湖 北 | Hubei | 121 | 32 | 1 | 26 | 94 | 13 | 64 |
| 武 汉 | Wuhan | 70 | 31 | 1 | 15 | 54 | 12 | 30 |
| 湖 南 | Hunan | 70 | 15 | 1 | 9 | 60 | 0 | 62 |
| 广 东 | Guangdong | 277 | 55 | 3 | 50 | 224 | 23 | 291 |
| 广 州 | Guangzhou | 94 | 57 | 0 | 9 | 85 | 4 | 63 |
| 深 圳 | Shenzhen | 89 | 27 | 1 | 12 | 76 | 8 | 72 |
| 广 西 | Guangxi | 36 | 16 | 0 | 6 | 30 | 2 | 29 |
| 海 南 | Hainan | 48 | 4 | 2 | 6 | 40 | 1 | 5 |
| 重 庆 | Chongqing | 73 | 13 | 0 | 14 | 59 | 5 | 52 |
| 四 川 | Sichuan | 77 | 27 | 0 | 12 | 65 | 3 | 34 |
| 成 都 | Chengdu | 59 | 12 | 1 | 12 | 46 | 6 | 24 |
| 贵 州 | Guizhou | 20 | 7 | 0 | 3 | 17 | 2 | 12 |
| 云 南 | Yunnan | 22 | 14 | 0 | 5 | 17 | 2 | 21 |
| 西 藏 | Tibet | 8 | 0 | 0 | 1 | 7 | 0 | 1 |
| 陕 西 | Shaanxi | 75 | 53 | 0 | 14 | 61 | 6 | 33 |
| 西 安 | Xi'an | 40 | 28 | 0 | 4 | 36 | 1 | 37 |
| 甘 肃 | Gansu | 74 | 32 | 0 | 10 | 64 | 8 | 69 |
| 青 海 | Qinghai | 12 | 0 | 0 | 6 | 6 | 0 | 3 |
| 宁 夏 | Ningxia | 23 | 1 | 0 | 6 | 17 | 3 | 6 |
| 新 疆 | Xinjiang | 28 | 12 | 0 | 8 | 20 | 2 | 22 |
| 新疆兵团 | Xinjiang Corps | 7 | 0 | 0 | 1 | 6 | 0 | 2 |

# 3－3　火炬计划项目主要经济指标(按地区分组)

## Main Economic Indicators of Torch Program Project by Region

| 地　区 | Region | 工业总产值 (千元) Total Industrial Output Value (1000 RMB yuan) | 产品销售收入 (千元) Sales Income (1000 RMB yuan) | 创汇总额 (千美元) Export (1000 USD) | 净利润 (千元) Net Profit (1000 RMB yuan) | 上缴税金 (千元) Taxes Submitted (1000 RMB yuan) |
|---|---|---|---|---|---|---|
| **合　计** | **Total** | **339222640** | **324775972** | **6767111** | **36591261** | **24047594** |
| 北　京 | Beijing | 3386482 | 3624607 | 30515 | 425141 | 284043 |
| 天　津 | Tianjin | 2037949 | 1971504 | 62590 | 164265 | 113008 |
| 河　北 | Hebei | 9087733 | 8771994 | 164176 | 698611 | 371124 |
| 山　西 | Shanxi | 4232529 | 4088724 | 25479 | 402518 | 272641 |
| 内蒙古 | Inner Mongolia | 2663410 | 2703531 | 42724 | 385364 | 303214 |
| 辽　宁 | Liaoning | 4014771 | 3696285 | 51675 | 424708 | 520432 |
| 沈　阳 | Shenyang | 4797225 | 4448309 | 21027 | 618660 | 237842 |
| 大　连 | Dalian | 442403 | 384765 | 5186 | 47583 | 49776 |
| 吉　林 | Jiling | 1605918 | 1538276 | 9290 | 199026 | 339004 |
| 长　春 | Changchun | 2211277 | 1788613 | 11001 | 248186 | 162877 |
| 黑龙江 | Heilongjiang | 13718818 | 13274572 | 39486 | 1302067 | 1012436 |
| 哈尔滨 | Harbin | 1123410 | 1078663 | 9250 | 135815 | 56497 |
| 上　海 | Shanghai | 3511237 | 3403066 | 128520 | 332206 | 156731 |
| 江　苏 | Jiangsu | 69758969 | 67355149 | 1532488 | 8730433 | 5764584 |
| 南　京 | Nanjing | 6056610 | 5572171 | 78163 | 675661 | 617698 |
| 浙　江 | Zhejiang | 52652887 | 49841123 | 1373481 | 5441533 | 3865866 |
| 宁　波 | Ningbo | 5059900 | 4994821 | 256874 | 442346 | 300497 |
| 安　徽 | Anhui | 23026619 | 24162532 | 644414 | 1942263 | 1516618 |
| 福　建 | Fujian | 4187928 | 3726885 | 83498 | 367866 | 169663 |
| 厦　门 | Xiamen | 1616950 | 1524199 | 94795 | 148716 | 76735 |
| 江　西 | Jiangxi | 2541664 | 2432733 | 63069 | 207733 | 122732 |
| 山　东 | Shandong | 39495602 | 36752735 | 616123 | 4317518 | 2901172 |
| 青　岛 | Qingdao | 2205744 | 2101437 | 44545 | 298413 | 230683 |
| 河　南 | Henan | 11490982 | 10914419 | 156274 | 1456158 | 568297 |
| 湖　北 | Hubei | 7983996 | 7766204 | 130100 | 742755 | 420003 |
| 武　汉 | Wuhan | 2940558 | 2702860 | 42287 | 370700 | 191464 |
| 湖　南 | Hunan | 3069423 | 2973435 | 52160 | 539121 | 321534 |
| 广　东 | Guangdong | 14535440 | 13922120 | 404950 | 1325516 | 763848 |
| 广　州 | Guangzhou | 10812475 | 10528250 | 233922 | 559112 | 572373 |
| 深　圳 | Shenzhen | 5133577 | 4758602 | 92474 | 739494 | 258208 |
| 广　西 | Guangxi | 1873667 | 1672213 | 29719 | 210023 | 99817 |
| 海　南 | Hainan | 2289505 | 2328733 | 19895 | 212381 | 165273 |
| 重　庆 | Chongqing | 3101956 | 3059871 | 37124 | 241247 | 162843 |
| 四　川 | Sichuan | 2431758 | 2315518 | 52651 | 270788 | 185431 |
| 成　都 | Chengdu | 2067573 | 2149904 | 25083 | 320852 | 201349 |
| 贵　州 | Guizhou | 740701 | 519375 | 4865 | 46929 | 33539 |
| 云　南 | Yunnan | 1781197 | 1740855 | 2061 | 434232 | 155644 |
| 西　藏 | Tibet | 46898 | 46820 | 0 | 4439 | 6375 |
| 陕　西 | Shaanxi | 1907287 | 1744854 | 17483 | 257268 | 139564 |
| 西　安 | Xi'an | 632820 | 610084 | 13017 | 69741 | 28877 |
| 甘　肃 | Gansu | 1178588 | 1087724 | 8265 | 119647 | 63880 |
| 青　海 | Qinghai | 823724 | 794343 | 24 | 186073 | 68333 |
| 宁　夏 | Ningxia | 2197344 | 1664158 | 50879 | 261931 | 74488 |
| 新　疆 | Xinjiang | 2409316 | 1912520 | 5509 | 234882 | 105110 |
| 新疆兵团 | Xinjiang Corps | 337820 | 326416 | 0 | 31340 | 15471 |

# 3-4 火炬计划项目资金情况

## Fund of Torch Program Porject

单位：千元 (1000 RMB yuan)

| 地区 | Region | 计划总投资 Total Planned Investment | 项目支出合计 Total Expenditure for Projects | 落实资金额合计 Total Raised Funding | 政府部门资金 Fund by Goverment | 贷款 Loan |
|---|---|---|---|---|---|---|
| **合计** | **Total** | **151603196** | **73559576** | **94206211** | **774180** | **17356449** |
| 北京 | Beijing | 3446103 | 1436168 | 1771561 | 41032 | 233920 |
| 天津 | Tianjin | 1583185 | 308053 | 583750 | 6439 | 275000 |
| 河北 | Hebei | 7470884 | 891091 | 1082310 | 9564 | 243020 |
| 山西 | Shanxi | 3615785 | 981592 | 1360713 | 27000 | 188830 |
| 内蒙古 | Inner Mongolia | 1461042 | 204447 | 349729 | 23367 | 78000 |
| 辽宁 | Liaoning | 4357542 | 2220074 | 2354156 | 24000 | 450100 |
| 沈阳 | Shenyang | 2048284 | 1139801 | 1310933 | 7040 | 377408 |
| 大连 | Dalian | 487290 | 96634 | 255994 | 3918 | 44000 |
| 吉林 | Jiling | 4531732 | 1382566 | 1723103 | 17361 | 151192 |
| 长春 | Changchun | 901687 | 170584 | 171984 | 1069 | 17200 |
| 黑龙江 | Heilongjiang | 4385664 | 2250892 | 2457915 | 51160 | 302490 |
| 哈尔滨 | Harbin | 606830 | 207200 | 260002 | 1250 | 98000 |
| 上海 | Shanghai | 1800267 | 420730 | 562271 | 12721 | 78080 |
| 江苏 | Jiangsu | 22447321 | 10394751 | 12817370 | 93666 | 5082707 |
| 南京 | Nanjing | 2959958 | 856117 | 1032920 | 9190 | 270000 |
| 浙江 | Zhejiang | 15360635 | 6213264 | 7752780 | 78841 | 1358358 |
| 宁波 | Ningbo | 861618 | 1093643 | 1148628 | 9543 | 132387 |
| 安徽 | Anhui | 7446190 | 2634211 | 3732038 | 10455 | 904660 |
| 福建 | Fujian | 4393316 | 552517 | 1349146 | 16010 | 127300 |
| 厦门 | Xiamen | 618949 | 82158 | 105196 | 4590 | 10000 |
| 江西 | Jiangxi | 1158124 | 410346 | 542253 | 8360 | 113340 |
| 山东 | Shandong | 15004094 | 26109507 | 33779884 | 41720 | 2881509 |
| 青岛 | Qingdao | 1092586 | 222752 | 346606 | 9420 | 99800 |
| 河南 | Henan | 4576359 | 1341690 | 1602615 | 7870 | 548085 |
| 湖北 | Hubei | 3512286 | 1465350 | 2165221 | 32860 | 860650 |
| 武汉 | Wuhan | 1909769 | 638743 | 892008 | 17680 | 96720 |
| 湖南 | Hunan | 2032190 | 809317 | 1072692 | 54300 | 190800 |
| 广东 | Guangdong | 7477217 | 2602582 | 3100451 | 33360 | 429636 |
| 广州 | Guangzhou | 2572269 | 1039141 | 1132003 | 3540 | 107800 |
| 深圳 | Shenzhen | 3951038 | 981738 | 1761281 | 25954 | 285405 |
| 广西 | Guangxi | 1063912 | 257770 | 384694 | 17560 | 151237 |
| 海南 | Hainan | 2082892 | 189217 | 319928 | 1440 | 35638 |
| 重庆 | Chongqing | 1411877 | 506569 | 553030 | 3000 | 103200 |
| 四川 | Sichuan | 1304145 | 348643 | 516136 | 8680 | 104330 |
| 成都 | Chengdu | 4929946 | 587466 | 646795 | 990 | 7500 |
| 贵州 | Guizhou | 193147 | 30701 | 30701 | 10 | 2500 |
| 云南 | Yunnan | 561409 | 125849 | 211751 | 880 | 83055 |
| 西藏 | Tibet | 296100 | 64227 | 64227 | 200 | 5027 |
| 陕西 | Shaanxi | 1512782 | 596492 | 853174 | 16294 | 255615 |
| 西安 | Xi'an | 495881 | 167607 | 260291 | 8306 | 36350 |
| 甘肃 | Gansu | 1592887 | 550073 | 650385 | 8335 | 94400 |
| 青海 | Qinghai | 457106 | 326590 | 326590 | 300 | 200000 |
| 宁夏 | Ningxia | 693796 | 441582 | 552004 | 15120 | 166000 |
| 新疆 | Xinjiang | 847044 | 188211 | 238072 | 8675 | 71000 |
| 新疆兵团 | Xinjiang Corps | 90058 | 20920 | 20920 | 1110 | 4200 |

# 3－5　火炬计划项目主要经济指标(按技术领域分类)

## Main Economic Indicators of Torch Program Projects by Technology Field

| 技术领域<br>Technical Field | 统计项目数<br>(项)<br>Number of Projects<br>(number) | 工业总产值<br>(千元)<br>Total Industrial Output Value<br>(1000 RMB yuan) | 产品销售收入<br>(千元)<br>Sales Income<br>(1000 RMB yuan) | 创汇<br>(千美元)<br>Export<br>(1000 USD) | 净利润<br>(千元)<br>Net Profit<br>(1000 RMB yuan) | 上缴税金<br>(千元)<br>Taxes Submitted<br>(1000 RMB yuan) |
|---|---|---|---|---|---|---|
| **合　计<br>Total** | **5447** | **339222639** | **324775971** | **6767111** | **36591262** | **24047592** |
| 电子与信息<br>IT | 913 | 30363786 | 29515877 | 973373 | 3870056 | 2053947 |
| 生物技术<br>Bio－Tech | 743 | 34336666 | 32461419 | 544125 | 4648159 | 3160564 |
| 新材料<br>Advanced Material | 1374 | 118581403 | 114078453 | 2530726 | 11207518 | 7970792 |
| 机电一体化<br>Mechatronics | 1640 | 101590860 | 97327496 | 1765615 | 11514890 | 7712594 |
| 新能源、高效节能<br>New Energy and Energy Saving | 419 | 36013052 | 34243396 | 730303 | 3092248 | 1896129 |
| 环境保护<br>Environment Protection | 182 | 9776890 | 9036698 | 72123 | 1080751 | 735644 |
| 其它高技术领域<br>Others | 176 | 8559982 | 8112632 | 150846 | 1177640 | 517922 |

# 3－6　火炬计划项目主要经济指标(按单位性质分类)

## Main Economic Indicators of Torch Program Projects by Ownership of Enterprises

| 单位性质<br>Ownership of Enterprises | 统计项目数<br>(项)<br>Number of Projects<br>(number) | 工业总产值<br>(千元)<br>Total Industrial Output Valne<br>(1000 RMB yuan) | 产品销售收入<br>(千元)<br>Sales Income<br>(1000 RMB yuan) | 创汇<br>(千美元)<br>Export<br>(1000 USD) | 净利润<br>(千元)<br>Net Profit<br>(1000 RMB yuan) | 上缴税金<br>(千元)<br>Taxes Submitted<br>(1000 RMB yuan) |
|---|---|---|---|---|---|---|
| **合　计<br>Total** | **5447** | **339222641** | **324775972** | **6767111** | **36591262** | **24047593** |
| 事业性研究单位<br>Public Research Institute | 26 | 47908 | 205925 | 3093 | 40990 | 6403 |
| 大专院校<br>Higher Education | 5 | 342720 | 0 | 0 | 7040 | 0 |
| 政府机关<br>Goverment | 1 | 4868 | 4048 | 0 | 446 | 334 |
| 群众团体<br>Mass Organization | 4 | 376088 | 368088 | 856 | 34893 | 11291 |
| 其他事业单位<br>Others | 61 | 226791 | 249206 | 3385 | 40674 | 14611 |
| 转制为企业后的科研院所<br>Business Research Institute After Ownership Transformed | 58 | 1314769 | 1232459 | 22020 | 121819 | 87417 |
| 国有企业<br>State-Owned Enterprise | 325 | 46156151 | 46506069 | 1167988 | 3722914 | 2835431 |
| 集体所有制企业<br>Collective-Owned Enterpirse | 110 | 7369259 | 7012819 | 121608 | 880227 | 575920 |
| 私营企业<br>Priviate Enterprise | 1371 | 66106832 | 63054471 | 1471595 | 7226906 | 5063996 |
| 合资企业<br>Joint Venture Enterprise | 2771 | 157056829 | 148015082 | 2628679 | 18248804 | 11691311 |
| 外商投资企业<br>Foreign Investment Enterprise | 339 | 27571105 | 26261124 | 667638 | 2775732 | 1369989 |
| 港澳台投资企业<br>HongKong, Macao and Taiwan Investment Enterprise | 241 | 23753235 | 23184559 | 608105 | 2397546 | 1746487 |
| 其他内资企业<br>Other Domestic Enterprise | 135 | 8896086 | 8682122 | 72144 | 1093271 | 644403 |

## 3－7　火炬计划项目主要经济指标(按技术来源分类)
## Main Economic Indicators of Torch Program Projects by Source of Technology

| 技术来源 Source of Technology | 统计项目数(项) Number of Projects (number) | 工业总产值(千元) Total Industrial Output Value (1000 RMB yuan) | 产品销售收入(千元) Sales Income (1000 RMB yuan) | 创汇(千美元) Export (1000 USD) | 净利润(千元) Net Profit (1000 RMB yuan) | 上缴税金(千元) Taxes Submitted (1000 RMB yuan) |
|---|---|---|---|---|---|---|
| **合　计 Total** | **5447** | **339222640** | **324775972** | **6767111** | **36591261** | **24047592** |
| 国外技术 Foreign Technology | 32 | 10194499 | 10056169 | 94539 | 564494 | 583615 |
| 国内技术 Domestic Technology | 1019 | 58619037 | 55637859 | 1103277 | 6169434 | 4175605 |
| 自有技术 Own Technology | 4396 | 270409104 | 259081944 | 5569295 | 29857333 | 19288372 |

## 3－8　火炬计划项目主要经济指标(按收入规模分类)
## Main Economic Indicators of Torch Program Projects by Value of Revenue

| 收入规模 Value of Revenus | 统计项目数(项) Number of Projects (number) | 工业总产值(千元) Total Industrial Output Value (1000 RMB yuan) | 产品销售收入(千元) Sales Income (1000 RMB yuan) | 创汇(千美元) Export (1000 USD) | 净利润(千元) Net Profit (1000 RMB yuan) | 上缴税金(千元) Taxes Submitted (1000 RMB yuan) |
|---|---|---|---|---|---|---|
| **合　计 Total** | **5447** | **339222640** | **324775971** | **6767111** | **36591261** | **24047592** |
| 收入 > =1 亿元 Revenue > =100 million RMB yuan | 604 | 207117334 | 199799076 | 4270821 | 19916294 | 12513914 |
| 1 亿元 > 收入 > =5 千万 100 million RMB yuan > Revenue > =50 million RMB yuan | 891 | 66543671 | 63796007 | 1427233 | 8382473 | 5684415 |
| 5 千万 > 收入 > =1 千万 50 million RMB yuan > Revenue > 10 million RMB yuan | 2110 | 58487492 | 55044523 | 993598 | 7417470 | 5196317 |
| 1 千万 > 收入 > =5 百万 10 million RMB yuan > Revenue > 5 million RMB yuan | 579 | 4492545 | 4265071 | 60324 | 605028 | 469949 |
| 收入 < 5 百万 Revenue < 5 million RMB yuan | 1263 | 2581598 | 1871294 | 15135 | 269996 | 182997 |

# 第四部分

# 科技企业孵化器

## *The Forth Part*

## Technology Business Incubators (TBIs)

# 4－1　科技企业孵化器主要经济指标
## Main Economic Indicators of TBIs

| 年　份 Year | 孵化器数量（个）Number of TBIs (number) | 场地面积（万平方米）Space Area (10000 sq. m) | 孵化企业（个）Number of Tenants (number) | 孵化企业总收入（亿元）Total Income of Tenants (100 million RMB yuan) | 累计毕业企业（个）Accumulated Number of Graduated Tenants (number) | 在孵企业人数（万人）Number of Employees of Tenants (10000 person) | 当年新孵企业（个）Number of New Tenants of the Year (number) |
|---|---|---|---|---|---|---|---|
| 1995 | 73 | 40.2 | 1854 | 24.2 | 364 | 2.57 | / |
| 1996 | 80 | 56.6 | 2476 | 36.3 | 648 | 3.78 | 703 |
| 1997 | 80 | 77.5 | 2670 | 40.8 | 825 | 4.56 | 807 |
| 1998 | 77 | 88.4 | 4138 | 60.7 | 1316 | 6.9 | 1244 |
| 1999 | 110 | 188.8 | 5293 | 95.8 | 1934 | 9.16 | 1711 |
| 2000 | 164 | 339.5 | 8653 | 207.2 | 2790 | 14.4 | 2866 |
| 2001 | 324 | 634.7 | 14270 | 422.4 | 4281 | 28.4 | 5868 |
| 2002 | 378 | 632.6 | 20993 | 230.5 | 6207 | 36.3 | 7635 |
| 2003 | 431 | 1358.9 | 27285 | 759.3 | 8981 | 48.3 | 8792 |
| 2004 | 464 | 1515.1 | 33213 | 1121.7 | 11718 | 55.2 | 8933 |
| 2005 | 534 | 1969.9 | 39491 | 1625.4 | 15815 | 71.7 | 9714 |
| 2006 | 548 | 2008.0 | 41434 | 1926.0 | 19896 | 79.3 | 8944 |
| 2007 | 614 | 2270.0 | 44750 | 2621.0 | 23394 | 93.3 | 9515 |

# 4－2 国家级科技企业孵化器基本情况
## General Statistics of State Level TBIs

| 科技企业孵化器<br>Technology Business Incubator | 人员总数（人）<br>Total Number of Employees (person) | 孵化器总收入（千元）<br>Total Income (1000 RMB yuan) | 年末固定资产净值（千元）<br>Year End Net Fixed Assets (1000 RMB yuan) | 场地面积（平方米）<br>Space Area (sq. m) |
|---|---|---|---|---|
| **合　计　Total** | **4006** | **2159695** | **14815371** | **12773501** |
| 北京赛欧科园科技孵化中心有限公司<br>Beijing Sai' ou Keyuan Technology Business Incubation Center Ltd. | 18 | 7548 | 31755 | 22428 |
| 北京奥宇科技企业孵化器有限责任公司<br>Beijing Aoyu Technology Business Incubator Ltd. | 12 | 3313 | 1634 | 12500 |
| 北京北航天汇科技孵化器<br>Beijing Beihang Tianhui Technology Business Incubator | 13 | 2077 | 1197 | 27832 |
| 北京高技术创业服务中心<br>Beijing Hi-tech Innovation Service Center | 52 | 25996 | 2421 | 46300 |
| 北京华海基业科技孵化器有限公司<br>Beijing Huahaijiye Technology Business Incubator Ltd. | 25 | 22110 | 1356 | 21000 |
| 北京均大高科技孵化器有限公司<br>Beijing Junda Hi-tech Technology Business Incubator Ltd. | 22 | 5160 | 1810 | 8400 |
| 北京科大方兴科技孵化器有限责任公司<br>Beijing Keda Fangxing Technology Business Incubator Ltd. | 15 | 7078 | 399 | 17000 |
| 北京普天德胜科技孵化器有限公司<br>Beijing Putiandesheng Technology Business Incubator Ltd. | 11 | 18181 | 648 | 40000 |
| 北京市朝阳区望京科技园创业服务中心<br>Beijing Chaoyang District Wangjin Science and Technology Park Innovation Service Center | 13 | 10380 | 3111 | 70000 |
| 北京市新技术产业开发试验区海淀创业服务中心<br>Beijing Advanced Technology Industrial Development Test Zone Haidian Innovation Service Center | 26 | 33437 | 385789 | 76330 |
| 北京中关村国际孵化器有限公司<br>Beijing Zhongguancun International Business Incubator Ltd. | 22 | 18176 | 97001 | 21600 |
| 北京中关村京蒙高科企业孵化器有限责任公司<br>Beijing Zhongguancun Jingmeng Hi-tech Business Incubator Ltd. | 19 | 22127 | 88456 | 37476 |
| 北京中关村软件园孵化服务有限公司<br>Beijing Zhongguancun Software Park Incubation Service Ltd. | 10 | 16365 | 93498 | 28600 |
| 汇龙森国际企业孵化（北京）有限公司<br>Huilongsen International Enterprise Incubation (Beijing) Ltd. | 19 | 28856 | 128028 | 58700 |
| 清华创业园<br>Tsinghua Innovation Park | 22 | 20923 | 953 | 29500 |
| 中关村科技园区丰台园科技创业服务中心<br>Zhongguancun Science and Technology Park Fengtai Park Science and Technology Innovation Service Center | 29 | 10243 | 35240 | 224400 |
| 天津海泰企业孵化服务有限公司<br>Tianjin Hi-tech Business Incubator Service Ltd. | 30 | 1106 | 143 | 18791 |
| 天津火炬鑫茂创业服务有限公司<br>Tianjin Torch Xingmao Innovation Service Ltd. | 20 | 20 | 85 | 30055 |
| 天津市科技创业服务中心<br>Tianjin Technology Innovation Service Center | 18 | 4721 | 12155 | 11000 |
| 天津泰达国际创业中心（中心大厦）<br>Tianjin Taida International Innovation (central mansion) | 30 | 7426 | 30657 | 22728 |

4-2 续表1 Continued 1

| 科技企业孵化器<br>Technology Business Incubator | 人员总数（人）<br>Total Number of Employees (person) | 孵化器总收入（千元）<br>Total Income (1000 RMB yuan) | 年末固定资产净值（千元）<br>Year End Net Fixed Assets (1000 RMB yuan) | 场地面积（平方米）<br>Space Area (sq. m) |
|---|---|---|---|---|
| 天津新技术产业园区国际创业中心<br>Tianjin Hi-tech Industrial Park International Innovation Center | 15 | 4170 | 1810 | 30823 |
| 保定高新技术创业服务中心<br>Baoding Hi-tech Innovation Service Center | 15 | 3860 | 16000 | 61000 |
| 沧州市科技创业中心<br>Cangzhou Technology Innovation Center | 11 | 3523 | 48301 | 16000 |
| 邯郸高新技术创业服务中心<br>Handan Hi-tech Innovation Service Center | 24 | 9416 | 1106 | 49440 |
| 秦皇岛开发区高新技术创新服务中心<br>Qinghuangdao Development Zone Hi-tech Innovation Sercice Center | 12 | 1600 | 7100 | 24900 |
| 石家庄高新技术创业服务中心<br>Shijiazhuang Hi-tech Innovation Service Center | 19 | 2720 | 2078 | 292000 |
| 唐山高新技术创业中心<br>Tangshan Hi-tech Innovation Center | 14 | 2990 | 0 | 46000 |
| 山西省高新技术创业中心<br>Shanxi Hi-tech Innovation Center | 28 | 3181 | 20794 | 39800 |
| 包头稀土高新区科技创业服务中心<br>Baotou Rare Earths Science and Technology Park Innovation Service Center | 32 | 7350 | 12801 | 75279 |
| 鞍山高新技术创业服务中心<br>Anshan Hi-tech Innovation Service Center | 50 | 2719 | 49602 | 120000 |
| 锦州高新技术产业创业服务中心<br>Jinzhou Hi-tech Innovation Service Center | 16 | 1900 | 44000 | 32200 |
| 沈阳东大科技企业孵化器有限公司<br>Shenyang Dongda Technology Business Incubator | 24 | 2705 | 600 | 28400 |
| 沈阳动漫研发与软件外包孵化器<br>Shenyang Cartoon R&D and Software Outsourcing Business Incubator | 55 | 252470 | 43692 | 35000 |
| 沈阳高新技术产业开发区科技创业服务中心<br>Shenyang Hi-tech Industrial Development Zone Technology Innovation Service Center | 56 | 7186 | 111370 | 350000 |
| 沈阳市高科技创业中心<br>Shenyang Hi-tech Innovation Center | 30 | 2145 | 24648 | 10000 |
| 大连市高新技术创业服务中心<br>Dalian Hi-tech Innovation Service Center | 42 | 12550 | 119230 | 109000 |
| 大连市沙河口区天河科技创业服务中心<br>Dalian Shahekou District Tianhe Technology Innovation Service Center | 13 | 1811 | 115 | 10678 |
| 大连双D港创业孵化有限公司<br>Dalian Double D Innovation Incubator Ltd. | 14 | 3820 | 50 | 20000 |
| 长春科技创业服务中心<br>Changchun Technology Innovation Service Center | 24 | 3709 | 993 | 85030 |
| 吉林高新技术创业服务中心<br>Jilin Hi-tech Innovation Service Center | 8 | 190 | 128800 | 170000 |
| 大庆高新技术创业服务中心<br>Daqing Hi-tech Innovation Service Center | 29 | 5982 | 56118 | 55138 |
| 哈尔滨高科技创业中心<br>Harbin Hi-tech Innovation Center | 29 | 20813 | 27356 | 166100 |

4-2 续表2 Continued 2

| 科技企业孵化器<br>Technology Business Incubator | 人员总数（人）<br>Total Number of Employees (person) | 孵化器总收入（千元）<br>Total Income (1000 RMB yuan) | 年末固定资产净值（千元）<br>Year End Net Fixed Assets (1000 RMB yuan) | 场地面积（平方米）<br>Space Area (sq. m) |
|---|---|---|---|---|
| 哈尔滨高科科技企业孵化器有限公司<br>Harbin Technology Business Incubator Ltd. | 21 | 2040 | 21 | 16600 |
| 哈尔滨工业大学国家大学科技园<br>Harbin Industry University Science Park | 21 | 19200 | 42575 | 40000 |
| 哈尔滨金华科技企业孵化器有限公司<br>Harbin Jinhua Technology Business Incubator | 14 | 1558 | 10879 | 13400 |
| 哈尔滨龙计电子技术创业中心<br>Harbin Longji Electronic Technology Innovation Center | 10 | 660 | 528 | 7000 |
| 上海八六三信息安全产业基地有限公司<br>Shanghai 863 Information Security Industrial Base Ltd. | 18 | 5455 | 667 | 28600 |
| 上海漕河泾新兴技术开发区科技创业中心<br>Shanghai Caohejing New Industry Technology Development Technology Innovation Center | 25 | 14234 | 25020 | 29000 |
| 上海大学科技园发展有限公司<br>Shanghai University Science Park Development Ltd. | 21 | 11684 | 709 | 26803 |
| 上海都市工业设计中心有限公司<br>Shanghai Urban Industrial Design Center Ltd. | 14 | 5002 | 180 | 5226 |
| 上海复旦科技园高新技术创业服务有限公司<br>Shanghai Fudan Science Park Hi-tech Innovation Service Ltd. | 11 | 2000 | 0 | 16900 |
| 上海慧谷高科技创业中心<br>Shanghai Huigu Hi-tech Innovation Center | 15 | 6561 | 2551 | 35000 |
| 上海集成电路电路设计创业中心（上海微电子设计有限公司）<br>Shanghai IC Design Circuit Design Innovation Center( Shanghai Microelectronic Design Ltd. ) | 12 | 8794 | 1366 | 27243 |
| 上海聚科生物园区有限责任公司<br>Shanghai Juke Biology Park Ltd. | 15 | 5716 | 512 | 12000 |
| 上海市科技创业中心<br>Shanghai Science and Technology Innovation Center | 33 | 18145 | 156680 | 34000 |
| 上海市青浦区科技创业中心<br>Shanghai Qingpu District Technology Innovation Center | 10 | 4965 | 0 | 11444 |
| 上海同济科技园孵化器有限公司<br>Shanghai Tongji Science Park Business Incubator Ltd. | 18 | 6973 | 103 | 12000 |
| 上海莘闵高新技术开发有限公司<br>Shanghai Xinmin Hi-tech Development Ltd. | 25 | 5364 | 39226 | 18411 |
| 上海杨浦科技创业中心有限公司<br>Shanghai Yangpu Technology Innovation Center Ltd. | 14 | 103769 | 179230 | 38908 |
| 上海张江高新技术创业服务中心<br>Shanghai Zhangjiang Hi-tech Innovation Service Center | 50 | 11230 | 4800 | 48077 |
| 上海张江药谷公共服务平台有限公司<br>Shanghai Zhangjiang Medicine Valley Public Service Platform Ltd. | 25 | 10190 | 9810 | 10319 |
| 常州高新技术创业服务中心<br>Changzhou Hi-tech Innovation Service Center | 14 | 3248 | 17574 | 150000 |
| 江苏省高新技术创业服务中心<br>Jiangsu Hi-tech Innovation Service Center | 51 | 15803 | 88165 | 30000 |
| 姜堰市高新技术创业中心<br>Jiangyan Hi-tech Innvoation Center | 20 | 14500 | 96450 | 42000 |

4－2 续表3 Continued 3

| 科技企业孵化器<br>Technology Business Incubator | 人员总数（人）<br>Total Number of Employees (person) | 孵化器总收入（千元）<br>Total Income (1000 RMB yuan) | 年末固定资产净值（千元）<br>Year End Net Fixed Assets (1000 RMB yuan) | 场地面积（平方米）<br>Space Area (sq. m) |
|---|---|---|---|---|
| 昆山高新技术创业服务中心<br>Kunshan Hi-tech Innovation Service Center | 11 | 6310 | 90250 | 62000 |
| 南京金港科技创业中心<br>Nanjing Jingang Technology Innovation Center | 19 | 10614 | 684 | 199113 |
| 南通高新技术创业中心有限公司<br>Nantong Hi-tech Innovation Center Ltd. | 11 | 2956 | 630 | 20000 |
| 苏州高新技术创业服务中心<br>Suzhou Hi-tech Innovation Service Center | 22 | 12850 | 45077 | 210250 |
| 苏州国际科技园<br>Suzhou International Science Park | 65 | 105814 | 842140 | 339000 |
| 苏州市吴中科技创业园<br>Suzhou Wuzhong Technology Innovation Park | 20 | 7950 | 0 | 24000 |
| 泰州市高新技术创业服务中心<br>Taizhou Hi-tech Innovation Service Center | 22 | 1613 | 26941 | 23000 |
| 无锡高新技术创业服务中心<br>Wuxi Hi-tech Innovation Service Center | 13 | 12760 | 1000 | 150000 |
| 无锡市科技创业服务中心<br>Wuxi Technology Innovation Service Center | 22 | 200 | 410 | 32105 |
| 武进高新技术创业服务中心<br>Wujin Hi-tech Innovation Service Center | 14 | 3070 | 63000 | 38900 |
| 扬州高新技术创业服务中心<br>Yangzhou Hi-tech Innovation Service Center | 4 | 7338 | 8413 | 10450 |
| 张家港市高新技术创业服务中心<br>Zhangjiagang Hi-tech Innovation Service Center | 9 | 2220 | 10917 | 30000 |
| 镇江国家高新技术创业服务中心<br>Zhenjiang National Hi-tech Innovation Service Center | 11 | 1270 | 59784 | 41600 |
| 中国昆山留学人员创业园<br>China Kunshan Overseas Schollars Innovation Park | 20 | 3040 | 105750 | 52000 |
| 南京科技创业服务中心<br>Nanjing Technology Innovation Service Center | 22 | 3003 | 440 | 45000 |
| 拱墅区科技创业中心<br>Gongshu District Technology Innovation Center | 11 | 1312 | 419 | 12700 |
| 杭州高新区科技创业服务中心<br>Hangzhou Science and Technology Industrial Park Technology Innovation Service Center | 32 | 6742 | 27785 | 71480 |
| 杭州上城区科技创业中心<br>Hanghou Shangcheng District Technology Innovation Center | 9 | 1437 | 1672 | 28000 |
| 湖州科技创业服务中心<br>Huzhou Technology Innovation Service Center | 12 | 1530 | 20023 | 20226 |
| 嘉善县科技创业服务有限公司<br>Jiashan County Technology Innovation Service Ltd. | 11 | 2149 | 409 | 37878 |
| 嘉兴科技创业服务中心<br>Jiaxing Technology Innovation Service Center | 13 | 3930 | 40840 | 68000 |
| 金华科技园创业服务中心有限公司<br>Jinhua Science Park Innovation Service Center Ltd. | 14 | 11860 | 0 | 42459 |
| 绍兴市高新技术创业服务中心<br>Shaoxing High-tech Innovation Service Center | 10 | 3500 | 0 | 65000 |

| 科技企业孵化器<br>Technology Business Incubator | 人员总数（人）<br>Total Number of Employees (person) | 孵化器总收入（千元）<br>Total Income (1000 RMB yuan) | 年末固定资产净值（千元）<br>Year End Net Fixed Assets (1000 RMB yuan) | 场地面积（平方米）<br>Space Area (sq. m) |
|---|---|---|---|---|
| 温州高新技术产业园区创业服务中心<br>Wenzhou Hi-tech Industrial Park Innovation Service Center | 18 | 3680 | 3128 | 33000 |
| 浙江大学国家大学科技园<br>Zhejiang University Science Park | 21 | 32427 | 216230 | 100000 |
| 宁波保税区科技促进中心<br>Ningbo Bonded Zone Science and Technology Promotion Center | 12 | 2530 | 0 | 45809 |
| 宁波市科技创业中心<br>Ningbo City Technology Business Incubator | 12 | 3538 | 993 | 42411 |
| 合肥高新技术创业服务中心<br>Hefei Hi-tech Innovation Service Center | 18 | 11540 | 98195 | 120000 |
| 合肥国家大学科技园创业孵化中心<br>Hefei National University Science Park Innovation Center | 17 | 4995 | 26125 | 21236 |
| 合肥民营科技企业园管理服务中心<br>Hefei Private Science and Technology Enterprise Park Administrative Service Center | 6 | 2210 | 26773 | 20400 |
| 马鞍山市高新技术创业服务中心<br>Ma'anshan City Hi-tech Innovation Service Center | 17 | 1151 | 43980 | 38000 |
| 铜陵高新技术创业服务中心<br>Innovation Service Center | 11 | 245 | 630 | 30848 |
| 芜湖高新技术创业服务中心<br>Wuhu Hi-tech Innovation Service Center | 30 | 3026 | 61340 | 51966 |
| 福建省高新技术创业服务中心<br>Fujian Hi-tech Innovation Service Center | 32 | 6193 | 43136 | 28000 |
| 福州市高新技术产业创业服务中心<br>Fuzhou City Hi-tech Innovation Service Center | 13 | 3061 | 2168 | 64000 |
| 泉州市高新技术创业服务中心<br>Quanzhou City Hi-tech Innovation Service Center | 39 | 6710 | 5539 | 33500 |
| 厦门高新技术创业中心<br>Xiamen Hi-tech Innovation Center | 34 | 23979 | 102337 | 212296 |
| 厦门软件产业投资发展有限公司<br>Xiamen Software Industrial Investment Development Ltd. | 29 | 37740 | 979 | 80000 |
| 江西省高新技术创业服务中心<br>Jiangxi Province Hi-tech Innovation Service Center | 48 | 3602 | 15144 | 7746 |
| 南昌大学科技园发展有限公司<br>Nanchang University Science Park Development Ltd. | 17 | 3670 | 58547 | 32000 |
| 南昌高新开发区创业服务中心<br>Nanchang Science and Technology Industrial Park Innovation Service Center | 14 | 43329 | 24852 | 21000 |
| 东营高新技术创业服务中心<br>Dongying Hi-tech Innovation Service Center | 13 | 4500 | 350000 | 86000 |
| 东营市高新技术创业服务中心<br>Dongying City Hi-tech Innovation Service Center | 12 | 2250 | 75863 | 58000 |
| 东营市黄河口高新技术企业创业园<br>Dongying City Huanghekou Hi-tech Business Incubator | 6 | 0 | 51300 | 110000 |
| 济南高新技术创业服务中心<br>Jinan Hi-tech Innovation Service Center | 38 | 19120 | 306966 | 126000 |

| 科技企业孵化器<br>Technology Business Incubator | 人员总数（人）<br>Total Number of Employees（person） | 孵化器总收入（千元）<br>Total Income（1000 RMB yuan） | 年末固定资产净值（千元）<br>Year End Net Fixed Assets（1000 RMB yuan） | 场地面积（平方米）<br>Space Area（sq. m） |
|---|---|---|---|---|
| 济南腊山高新技术创业服务中心<br>Jinan Lashan Hi-tech Innovation Service Center | 22 | 15237 | 128853 | 13000 |
| 济南历下软件创业服务中心<br>Jinan Lixia Software Innovation Service Center | 14 | 4859 | 9861 | 7882 |
| 济南民营科技企业孵化器<br>Jinan Private Technology Business Incubator | 11 | 712 | 1771 | 84500 |
| 济宁高新技术创业服务中心<br>Jining Hi-tech Innovation Service Center | 16 | 814 | 12499 | 26520 |
| 临沂高新技术创业服务中心<br>Linyi Hi-tech Innovation Service Center | 16 | 6190 | 0 | 55000 |
| 泰安高新技术创业服务中心<br>Tai'an Hi-tech Innovation Service Center | 7 | 4460 | 2700 | 125000 |
| 威海高技术创业服务中心<br>Weihai Hi-tech Innovation Service Center | 9 | 395 | 370 | 11000 |
| 威海火炬高技术产业开发区高新技术创业服务中心<br>Weihai Torch Hi-tech Industrial Park Hi-tech Innovation Service Center | 11 | 800 | 0 | 163000 |
| 潍坊高新技术创业服务中心<br>Weifang Hi-tech Innovation Service Center | 10 | 1217 | 350000 | 172000 |
| 烟台高新技术创业服务中心<br>Yantai Hi-tech Innovation Service Center | 11 | 2420 | 3782 | 40000 |
| 烟台留学人员创业园区<br>Yantai Overseas Schollars Innovation Park | 15 | 6500 | 0 | 76000 |
| 淄博高新技术创业服务中心<br>Zibo Hi-tech Innovation Service Center | 21 | 6100 | 153300 | 87000 |
| 青岛高新技术创业服务中心<br>Qingdao Hi-tech Innovation Service Center | 22 | 27909 | 200226 | 168026 |
| 青岛经济技术开发区高科技创业服务中心<br>Qingdao Economic Technological Development Park Hi-tech Innovation Service Center | 9 | 5524 | 3239 | 59150 |
| 安阳高新技术创业服务中心<br>Anyang Hi-tech Innovation Service Center | 15 | 20469 | 35220 | 133890 |
| 河南省大学科技园发展有限公司<br>Henan Province University Science Park Development Ltd. | 22 | 20328 | 37409 | 30000 |
| 河南专利孵化转移中心有限公司<br>Henan Patent Incubation Transfer Center Ltd. | 15 | 1230 | 2600 | 44000 |
| 焦作高新技术创业服务中心<br>Jiaozuo Hi-tech Innovation Service Center | 28 | 4063 | 44190 | 40700 |
| 洛阳高技术创业服务中心<br>Luoyang Hi-tech Innovation Service Center | 10 | 1154 | 13092 | 137400 |
| 漯河高新技术创业服务中心<br>Luohe Hi-tech Innovation Service Center | 15 | 2868 | 9330 | 60000 |
| 南阳高新技术创业服务中心<br>Nanyang Hi-tech Innovation Service Center | 16 | 400 | 39500 | 26000 |
| 新乡高新技术创业服务中心<br>Xinxiang Hi-tech Innovation Service Center | 18 | 2426 | 10520 | 46500 |

4-2 续表6 Continued 6

| 科技企业孵化器<br>Technology Business Incubator | 人员总数（人）<br>Total Number of Employees (person) | 孵化器总收入（千元）<br>Total Income (1000 RMB yuan) | 年末固定资产净值（千元）<br>Year End Net Fixed Assets (1000 RMB yuan) | 场地面积（平方米）<br>Space Area (sq. m) |
|---|---|---|---|---|
| 郑州高新技术产业开发区创业中心<br>Zhengzhou Hi-tech Industrial Development Innovation Center | 28 | 15100 | 383000 | 200000 |
| 郑州市高新技术创业中心<br>Zhengzhou City Hi-tech Innvoation Center | 15 | 0 | 13870 | 31000 |
| 黄石磁湖科技创业服务中心<br>Huangshi Cihu Technology Innovation Service Center | 7 | 2800 | 41000 | 28000 |
| 荆州开发区创业中心<br>Jinzhou Development Zone Innovation Center | 18 | 9140 | 17000 | 20000 |
| 襄樊高新技术创业服务中心<br>Xiangfan Hi-tech Innovation Service Center | 12 | 1980 | 0 | 15000 |
| 宜昌高新技术产业园区创业服务中心<br>Yichang Hi-tech Innovation Service Center | 5 | 470 | 25066 | 16000 |
| 汉口高新技术创业服务中心<br>Hankou Hi-tech Innovation Service Center | 10 | 6520 | 66981 | 59800 |
| 洪山高新技术创业服务中心<br>Hongshan Hi-tech Innovation Service Center | 16 | 4320 | 35860 | 35000 |
| 武汉东湖新技术创业中心<br>Wuhan Eastlake Hi-tech Innovation Center | 99 | 17985 | 145501 | 173345 |
| 武汉国家农业科技园创业中心<br>Wuhan National Agriculture Science Park Innovation Center | 18 | 5336 | 62640 | 45000 |
| 武汉海峡高新技术创业服务中心<br>Wuhan Straits Hi-tech Innovation Service Center | 15 | 3190 | 0 | 33500 |
| 武汉华工科技企业孵化器<br>Wuhan Huagong Technology Business Incubator | 11 | 9780 | 0 | 18000 |
| 武汉留学生创业园管理中心<br>Wuhan Overseas Scholars Innvoation Park Administrative Center | 11 | 4468 | 0 | 36513 |
| 武汉市青山区高新技术创业服务中心<br>Wuhan City Qingshan District Hi-tech Innovation Service Center | 12 | 2218 | 0 | 17738 |
| 武汉市武昌科技创业中心<br>Wuhan City Wuchang Technology Innvoation Center | 8 | 4600 | 26000 | 34000 |
| 武汉新材料科技企业孵化器<br>Wuhan Advanced Material Technology Business Incubator | 11 | 1014 | 2435 | 22000 |
| 长沙高新技术产业开发区创业服务中心<br>Changsha Hi-tech Industrial Park Innovation Service Center | 18 | 4433 | 745 | 94855 |
| 长沙高新技术创业服务中心<br>Changsha Hi-tech Innovation Service Center | 32 | 5970 | 33606 | 33032 |
| 湘潭高新技术创业服务中心<br>Xiangtan Hi-tech Innovation Service Center | 18 | 14530 | 50470 | 75307 |
| 株洲高新技术产业开发区创业服务中心<br>Zhuzhou Hi-tech Innovation Service Center | 23 | 10997 | 0 | 149310 |
| 东莞市留学人员创业园<br>Dongguan City Overseas Scholars Innovation Park | 15 | 0 | 4408350 | 22000 |
| 中山火炬高技术创业中心有限公司<br>Zhongshan Torch Hi-tech Innovation Center Ltd. | 38 | 20970 | 200188 | 118165 |

| 科技企业孵化器<br>Technology Business Incubator | 人员总数（人）<br>Total Number of Employees (person) | 孵化器总收入（千元）<br>Total Income (1000 RMB yuan) | 年末固定资产净值（千元）<br>Year End Net Fixed Assets (1000 RMB yuan) | 场地面积（平方米）<br>Space Area (sq. m) |
|---|---|---|---|---|
| 珠海高新技术创业服务中心<br>Zhuhai Hi-tech Innovation Service Center | 19 | 5001 | 40620 | 40000 |
| 广东拓思软件科学园有限公司<br>Guangdong Tuosi Software Science Park Ltd. | 20 | 38800 | 216011 | 55000 |
| 广州国际企业孵化器有限公司<br>Guangzhou International Business Incubator Ltd. | 20 | 13962 | 154229 | 76000 |
| 广州火炬高新技术创业服务中心<br>Guangzhou Torch Hi-tech Innovation Service Center | 49 | 32336 | 245612 | 174500 |
| 广州市高新技术创业服务中心<br>Guangzhou City Hi-tech Innovation Service Center | 45 | 20179 | 176176 | 97723 |
| 广州市海珠高新技术创业服务中心<br>Guangzhou City Hizhu Hi-tech Innovation Service Center | 17 | 4963 | 5653 | 14884 |
| 华南理工大学科技园<br>Huanan Science and Technology University Science Park | 9 | 10737 | 439 | 35000 |
| 深圳市宝安区科技创业服务中心<br>Shenzhen Bao'an District Technology Innovation Service Center | 12 | 8802 | 132956 | 43000 |
| 深圳市北科创业有限公司<br>Shenzhen City Beike Innovation Ltd. | 21 | 4596 | 99 | 55000 |
| 深圳市福田区高新技术创业中心<br>Shenzhen City Futian District Hi-tech Innovation Center | 30 | 11257 | 38916 | 28672 |
| 深圳市科技创业服务中心<br>Shenzhen City Hi-tech Innovation Service Center | 9 | 985 | 2001 | 36000 |
| 深圳市龙岗区科技创业服务中心<br>Shenzhen City Longgang District Technology Innovation Service Center | 9 | 5070 | 862 | 38330 |
| 深圳市南山区科技创业服务中心<br>Shenzhen City Nanshan District Technology Innovation Service Center | 12 | 12500 | 3108 | 127735 |
| 深圳虚拟大学园创业中心<br>Shenzhen Virtual University Science Park Innovation Center | 16 | 3487 | 14743 | 21184 |
| 中国深圳留学人员创业园<br>China Shenzhen Overseas Schollars Innovation Park | 8 | 2208 | 96 | 33364 |
| 桂林科技创业服务中心<br>Guilin Technology Innovation Service Center | 21 | 2386 | 1483 | 51000 |
| 柳州高新技术创业服务中心<br>Liuzhou Hi-tech Innovation Service Center | 11 | 2130 | 500 | 27500 |
| 南宁新技术创业者中心<br>Nanning Hi-tech Enterproneous Innvoation Center | 17 | 7070 | 15464 | 150000 |
| 重庆大学国家大学科技园创业服务中心<br>Chongqing University Science Park Innovation Service Center | 10 | 4360 | 7100 | 16443 |
| 重庆高技术创业中心（中国重庆国际企业孵化器）<br>Chongqing Hi-tech Innovation Center (China Chongqing International Business Incubator) | 52 | 8585 | 41793 | 53787 |
| 重庆高新技术产业开发区创新服务中心<br>Chongqing Hi-tech Industrial Development Zone Innovation Service Center | 20 | 12677 | 20100 | 1100000 |

| 科技企业孵化器 Technology Business Incubator | 人员总数（人） Total Number of Employees (person) | 孵化器总收入（千元） Total Income (1000 RMB yuan) | 年末固定资产净值（千元） Year End Net Fixed Assets (1000 RMB yuan) | 场地面积（平方米） Space Area (sq. m) |
|---|---|---|---|---|
| 成都高新技术创业服务中心 Chengdu Hi-tech Innovation Service Center | 35 | 1521 | 6079 | 12800 |
| 成都高新区技术创新服务中心 Chengdu Science and Technology Park Technology Innovation Service Center | 32 | 18243 | 4125 | 230000 |
| 成都高新区教育科技园孵化器 Chengdu Science and Technology Park Education Science Park Business Incubator | 20 | 7520 | 348940 | 40000 |
| 成都生物与医药产业孵化园 Chengdu Biology and Medicine Industrial Incubation Park | 56 | 128132 | 123638 | 53460 |
| 绵阳高新区创业服务中心 Mianyang Science and Technology Innovation Service Center | 19 | 2440 | 86511 | 52200 |
| 四川川大科技园发展有限公司 Sichuan University Science Park Development Ltd. | 17 | 2754 | 333 | 20386 |
| 成都武侯高新技术创业服务中心 Chengdu Wuhou Hi-tech Innovation Service Center | 7 | 5460 | 19091 | 26850 |
| 贵阳高新技术创业服务中心 Guiyang Hi-tech Innovation Service Center | 13 | 4478 | 117030 | 81000 |
| 昆明创新园科技发展有限公司 Kunming Innovation Park Science and Technology Development Ltd. | 28 | 2901 | 27747 | 10220 |
| 昆明高新技术创业服务中心 Kunming Hi-tech Innovation Service Center | 19 | 7485 | 0 | 60000 |
| 云南省新材料孵化器 Yunnan Province Advanced Material Business Incubator | 14 | 1528 | 213 | 8942 |
| 宝鸡高技术创业服务中心 Baoji Hi-tech Innovation Service Center | 10 | 40750 | 9770 | 76000 |
| 兰州高新技术产业开发区创业服务中心 Lanzhou Hi-tech Innovation Service Center | 11 | 9441 | 122598 | 132976 |
| 西安交大科技园高新技术创业服务中心 Xi'an Jiaotong University Science Park Innovation Service Center | 27 | 14160 | 120310 | 30000 |
| 杨凌示范区创业服务中心 Yanglin Model Zone Innovation Service Center | 16 | 2235 | 2108 | 35830 |
| 西安创业园投资管理有限公司 Xi'an Innovation Park Investment Administrative Ltd. | 20 | 9768 | 72350 | 57500 |
| 西安高新创业服务中心 Xi'an Hi-tech Innovation Service Center | 40 | 40310 | 588204 | 230000 |
| 西安光电子专业孵化器 Xi'an Mechatronic Special Business Incubator | 30 | 1205 | 1023 | 24000 |
| 西安联创生物医药孵化器有限公司 Xi'an Lianchuang Biological Medicine Businecss Incubator Ltd. | 16 | 3250 | 14120 | 14600 |
| 西安软件园发展中心 Xi'an Software Park Development Center | 40 | 25450 | 257370 | 70900 |
| 甘肃省高新技术创业服务中心 Gansu Province Hi-tech Innovation Service Center | 20 | 1468 | 8553 | 16500 |
| 宁夏高新技术创业服务中心 Ningxia Hi-tech Innovation Service Center | 12 | 724 | 7287 | 13450 |
| 乌鲁木齐市高新区创业服务中心 Urumqi Hi-tech Innovation Service Center | 7 | 2377 | 18081 | 26900 |

# 4－3 国家级科技企业孵化器孵化企业情况
## Incubation Statistics of State Level TBIs

| 科技企业孵化器<br>Technology Business Incubator | 在孵企业数（个）<br>Number of Tenants (number) | 当年新孵（个）<br>New Tenants of the Year (number) | 孵化基金总额（千元）<br>Total Amount of Incubation Fund (1000 RMB yuan) | 累计毕业企业数（个）<br>Accumulated Number of Graduated Tenants (number) |
|---|---|---|---|---|
| **合　计　Total** | **29146** | **5945** | **2544429** | **17588** |
| 北京赛欧科园科技孵化中心有限公司<br>Beijing Sai'ou Keyuan Technology Business Incubation Center Ltd. | 92 | 21 | 10000 | 47 |
| 北京奥宇科技企业孵化器有限责任公司<br>Beijing Aoyu Technology Business Incubator Ltd. | 61 | 2 | 1000 | 39 |
| 北京北航天汇科技孵化器<br>Beijing Beihang Tianhui Technology Business Incubator | 111 | 28 | 8000 | 45 |
| 北京高技术创业服务中心<br>Beijing Hi-tech Innovation Service Center | 83 | 21 | 3000 | 287 |
| 北京华海基业科技孵化器有限公司<br>Beijing Huahaijiye Technology Business Incubator Ltd. | 168 | 25 | 10000 | 36 |
| 北京均大高科技孵化器有限公司<br>Beijing Junda Hi-tech Technology Business Incubator Ltd. | 82 | 30 | 2222 | 49 |
| 北京科大方兴科技孵化器有限责任公司<br>Beijing Keda Fangxing Technology Business Incubator Ltd. | 0 | 0 | 0 | 0 |
| 北京普天德胜科技孵化器有限公司<br>Beijing Putiandesheng Technology Business Incubator Ltd. | 88 | 25 | 3900 | 29 |
| 北京市朝阳区望京科技园创业服务中心<br>Beijing Chaoyang District Wangjin Science and Technology Park Innovation Service Center | 209 | 46 | 0 | 39 |
| 北京市新技术产业开发试验区海淀创业服务中心<br>Beijing Advanced Technology Industrial Development Test Zone Haidian Innovation Service Center | 222 | 54 | 6000 | 146 |
| 北京中关村国际孵化器有限公司<br>Beijing Zhongguancun International Business Incubator Ltd. | 101 | 28 | 5000 | 246 |
| 北京中关村京蒙高科企业孵化器有限责任公司<br>Beijing Zhongguancun Jingmeng Hi-tech Business Incubator Ltd. | 30 | 20 | 5000 | 0 |
| 北京中关村软件园孵化服务有限公司<br>Beijing Zhongguancun Software Park Incubation Service Ltd. | 106 | 29 | 3000 | 36 |
| 汇龙森国际企业孵化（北京）有限公司<br>Huilongsen International Enterprise Incubation (Beijing) Ltd. | 41 | 7 | 500 | 31 |
| 清华创业园<br>Tsinghua Innovation Park | 116 | 39 | 4087 | 149 |
| 中关村科技园区丰台园科技创业服务中心<br>Zhongguancun Science and Technology Park Fengtai Park Science and Technology Innovation Service Center | 1553 | 220 | 0 | 1220 |
| 天津海泰企业孵化服务有限公司<br>Tianjin Hi-tech Business Incubator Service Ltd. | 130 | 17 | 872 | 83 |
| 天津火炬鑫茂创业服务有限公司<br>Tianjin Torch Xingmao Innovation Service Ltd. | 132 | 20 | 585 | 73 |
| 天津市科技创业服务中心<br>Tianjin Technology Innovation Service Center | 81 | 17 | 10003 | 92 |

4-3 续表1 Continued 1

| 科技企业孵化器<br>Technology Business Incubator | 在孵企业数（个）<br>Number of Tenants (number) | 当年新孵（个）<br>New Tenants of the Year (number) | 孵化基金总额（千元）<br>Total Amount of Incubation Fund (1000 RMB yuan) | 累计毕业企业数（个）<br>Accumulated Number of Graduated Tenants (number) |
|---|---|---|---|---|
| 天津泰达国际创业中心（中心大厦）<br>Tianjin Taida International Innovation (central mansion) | 44 | 23 | 0 | 0 |
| 天津新技术产业园区国际创业中心<br>Tianjin Hi-tech Industrial Park International Innovation Center | 146 | 34 | 5800 | 188 |
| 保定高新技术创业服务中心<br>Baoding Hi-tech Innovation Service Center | 153 | 25 | 4000 | 76 |
| 沧州市科技创业中心<br>Cangzhou Technology Innovation Center | 82 | 29 | 3523 | 29 |
| 邯郸高新技术创业服务中心<br>Handan Hi-tech Innovation Service Center | 93 | 11 | 300 | 31 |
| 秦皇岛开发区高新技术创新服务中心<br>Qinghuangdao Development Zone Hi-tech Innovation Sercice Center | 106 | 16 | 0 | 58 |
| 石家庄高新技术创业服务中心<br>Shijiazhuang Hi-tech Innovation Service Center | 292 | 20 | 630 | 89 |
| 唐山高新技术创业中心<br>Tangshan Hi-tech Innovation Center | 103 | 24 | 0 | 51 |
| 山西省高新技术创业中心<br>Shanxi Hi-tech Innovation Center | 122 | 15 | 24000 | 77 |
| 包头稀土高新区科技创业服务中心<br>Baotou Rare Earths Science and Technology Park Innovation Service Center | 506 | 116 | 12000 | 117 |
| 鞍山高新技术创业服务中心<br>Anshan Hi-tech Innovation Service Center | 386 | 24 | 52442 | 129 |
| 锦州高新技术产业创业服务中心<br>Jinzhou Hi-tech Innovation Service Center | 105 | 32 | 4000 | 48 |
| 沈阳东大科技企业孵化器有限公司<br>Shenyang Dongda Technology Business Incubator | 106 | 17 | 13100 | 45 |
| 沈阳动漫研发与软件外包孵化器<br>Shenyang Cartoon R&D and Software Outsourcing Business Incubator | 52 | 17 | 487 | 15 |
| 沈阳高新技术产业开发区科技创业服务中心<br>Shenyang Hi-tech Industrial Development Zone Technology Innovation Service Center | 378 | 12 | 0 | 120 |
| 沈阳市高科技创业中心<br>Shenyang Hi-tech Innovation Center | 95 | 32 | 0 | 202 |
| 大连市高新技术创业服务中心<br>Dalian Hi-tech Innovation Service Center | 352 | 59 | 12600 | 149 |
| 大连市沙河口区天河科技创业服务中心<br>Dalian Shahekou District Tianhe Technology Innovation Service Center | 86 | 15 | 1515 | 83 |
| 大连双D港创业孵化有限公司<br>Dalian Double D Innovation Incubator Ltd. | 52 | 9 | 0 | 15 |
| 长春科技创业服务中心<br>Changchun Technology Innovation Service Center | 324 | 80 | 15000 | 246 |
| 吉林高新技术创业服务中心<br>Jilin Hi-tech Innovation Service Center | 460 | 50 | 20000 | 270 |

| 科技企业孵化器<br>Technology Business Incubator | 在孵企业数<br>（个）<br>Number of Tenants<br>（number） | 当年新孵<br>（个）<br>New Tenants of the Year<br>（number） | 孵化基金总额<br>（千元）<br>Total Amount of Incubation Fund<br>（1000 RMB yuan） | 累计毕业企业数<br>（个）<br>Accumulated Number of Graduated Tenants<br>（number） |
|---|---|---|---|---|
| 大庆高新技术创业服务中心<br>Daqing Hi-tech Innovation Service Center | 268 | 49 | 5507 | 173 |
| 哈尔滨高科技创业中心<br>Harbin Hi-tech Innovation Center | 430 | 73 | 15403 | 308 |
| 哈尔滨高科科技企业孵化器有限公司<br>Harbin Technology Business Incubator Ltd. | 83 | 29 | 3000 | 30 |
| 哈尔滨工业大学国家大学科技园<br>Harbin Industry University Science Park | 101 | 3 | 0 | 38 |
| 哈尔滨金华科技企业孵化器有限公司<br>Harbin Jinhua Technology Business Incubator | 88 | 11 | 3600 | 47 |
| 哈尔滨龙计电子技术创业中心<br>Harbin Longji Electronic Technology Innovation Center | 53 | 15 | 0 | 17 |
| 上海八六三信息安全产业基地有限公司<br>Shanghai 863 Information Security Industrial Base Ltd. | 66 | 38 | 3000 | 28 |
| 上海漕河泾新兴技术开发区科技创业中心<br>Shanghai Caohejing New Industry Technology Development Technology Innovation Center | 101 | 22 | 35000 | 83 |
| 上海大学科技园发展有限公司<br>Shanghai University Science Park Development Ltd. | 80 | 18 | 5000 | 53 |
| 上海都市工业设计中心有限公司<br>Shanghai Urban Industrial Design Center Ltd. | 48 | 6 | 2000 | 19 |
| 上海复旦科技园高新技术创业服务有限公司<br>Shanghai Fudan Science Park Hi-tech Innovation Service Ltd. | 88 | 30 | 3000 | 40 |
| 上海慧谷高科技创业中心<br>Shanghai Huigu Hi-tech Innovation Center | 117 | 28 | 2000 | 46 |
| 上海集成电路电路设计创业中心（上海微电子设计有限公司）<br>Shanghai IC Design Circuit Design Innovation Center（Shanghai Microelectronic Design Ltd.） | 71 | 35 | 4000 | 32 |
| 上海聚科生物园区有限责任公司<br>Shanghai Juke Biology Park Ltd. | 63 | 16 | 3557 | 18 |
| 上海市科技创业中心<br>Shanghai Science and Technology Innovation Center | 82 | 24 | 20000 | 21 |
| 上海市青浦区科技创业中心<br>Shanghai Qingpu District Technology Innovation Center | 83 | 2 | 8000 | 30 |
| 上海同济科技园孵化器有限公司<br>Shanghai Tongji Science Park Business Incubator Ltd. | 84 | 40 | 3000 | 30 |
| 上海莘闵高新技术开发有限公司<br>Shanghai Xinmin Hi-tech Development Ltd. | 91 | 44 | 1000 | 25 |
| 上海杨浦科技创业中心有限公司<br>Shanghai Yangpu Technology Innovation Center Ltd. | 90 | 17 | 6315 | 39 |
| 上海张江高新技术创业服务中心<br>Shanghai Zhangjiang Hi-tech Innovation Service Center | 81 | 27 | 60000 | 47 |
| 上海张江药谷公共服务平台有限公司<br>Shanghai Zhangjiang Medicine Valley Public Service Platform Ltd. | 50 | 18 | 3000 | 20 |

| 科技企业孵化器<br>Technology Business Incubator | 在孵企业数<br>（个）<br>Number of Tenants<br>（number） | 当年新孵<br>（个）<br>New Tenants of the Year<br>（number） | 孵化基金总额<br>（千元）<br>Total Amount of Incubation Fund<br>（1000 RMB yuan） | 累计毕业企业数<br>（个）<br>Accumulated Number of Graduated Tenants<br>（number） |
|---|---|---|---|---|
| 常州高新技术创业服务中心<br>Changzhou Hi-tech Innovation Service Center | 218 | 73 | 1750 | 130 |
| 江苏省高新技术创业服务中心<br>Jiangsu Hi-tech Innovation Service Center | 98 | 22 | 35000 | 84 |
| 姜堰市高新技术创业中心<br>Jiangyan Hi-tech Innvoation Center | 84 | 26 | 5000 | 91 |
| 昆山高新技术创业服务中心<br>Kunshan Hi-tech Innovation Service Center | 81 | 14 | 10000 | 142 |
| 南京金港科技创业中心<br>Nanjing Jingang Technology Innovation Center | 85 | 25 | 500 | 84 |
| 南通高新技术创业中心有限公司<br>Nantong Hi-tech Innovation Center Ltd. | 91 | 7 | 20000 | 0 |
| 苏州高新技术创业服务中心<br>Suzhou Hi-tech Innovation Service Center | 228 | 38 | 20000 | 125 |
| 苏州国际科技园<br>Suzhou International Science Park | 420 | 90 | 0 | 149 |
| 苏州市吴中科技创业园<br>Suzhou Wuzhong Technology Innovation Park | 98 | 23 | 8000 | 41 |
| 泰州市高新技术创业服务中心<br>Taizhou Hi-tech Innovation Service Center | 83 | 25 | 0 | 49 |
| 无锡高新技术创业服务中心<br>Wuxi Hi-tech Innovation Service Center | 351 | 78 | 560000 | 160 |
| 无锡市科技创业服务中心<br>Wuxi Technology Innovation Service Center | 95 | 25 | 0 | 17 |
| 武进高新技术创业服务中心<br>Wujin Hi-tech Innovation Service Center | 90 | 10 | 1800 | 53 |
| 扬州高新技术创业服务中心<br>Yangzhou Hi-tech Innovation Service Center | 81 | 13 | 9064 | 33 |
| 张家港市高新技术创业服务中心<br>Zhangjiagang Hi-tech Innovation Service Center | 87 | 22 | 15000 | 37 |
| 镇江国家高新技术创业服务中心<br>Zhenjiang National Hi-tech Innovation Service Center | 91 | 9 | 1000 | 35 |
| 中国昆山留学人员创业园<br>China Kunshan Overseas Schollars Innovation Park | 86 | 56 | 2000 | 30 |
| 南京科技创业服务中心<br>Nanjing Technology Innovation Service Center | 102 | 18 | 0 | 181 |
| 拱墅区科技创业中心<br>Gongshu District Technology Innovation Center | 127 | 9 | 0 | 36 |
| 杭州高新区科技创业服务中心<br>Hangzhou Science and Technology Industrial Park Technology Innovation Service Center | 290 | 56 | 2600 | 52 |
| 杭州上城区科技创业中心<br>Hanghou Shangcheng District Technology Innovation Center | 55 | 6 | 0 | 32 |
| 湖州科技创业服务中心<br>Huzhou Technology Innovation Service Center | 86 | 21 | 0 | 49 |
| 嘉善县科技创业服务有限公司<br>Jiashan County Technology Innovation Service Ltd. | 86 | 15 | 0 | 28 |

4－3 续表4 Continued 4

| 科技企业孵化器<br>Technology Business Incubator | 在孵企业数（个）<br>Number of Tenants (number) | 当年新孵（个）<br>New Tenants of the Year (number) | 孵化基金总额（千元）<br>Total Amount of Incubation Fund (1000 RMB yuan) | 累计毕业企业数（个）<br>Accumulated Number of Graduated Tenants (number) |
|---|---|---|---|---|
| 嘉兴科技创业服务中心<br>Jiaxing Technology Innovation Service Center | 100 | 33 | 3000 | 36 |
| 金华科技园创业服务中心有限公司<br>Jinhua Science Park Innovation Service Center Ltd. | 144 | 53 | 3500 | 71 |
| 绍兴市高新技术创业服务中心<br>Shaoxing High-tech Innovation Service Center | 107 | 34 | 0 | 40 |
| 温州高新技术产业园区创业服务中心<br>Wenzhou Hi-tech Industrial Park Innovation Service Center | 91 | 20 | 3000 | 51 |
| 浙江大学国家大学科技园<br>Zhejiang University Science Park | 250 | 50 | 8400 | 65 |
| 宁波保税区科技促进中心<br>Ningbo Bonded Zone Science and Technology Promotion Center | 91 | 30 | 4250 | 52 |
| 宁波市科技创业中心<br>Ningbo City Technology Business Incubator | 378 | 71 | 6060 | 75 |
| 合肥高新技术创业服务中心<br>Hefei Hi-tech Innovation Service Center | 204 | 50 | 5500 | 128 |
| 合肥国家大学科技园创业孵化中心<br>Hefei National University Science Park Innovation Center | 120 | 33 | 15757 | 26 |
| 合肥民营科技企业园管理服务中心<br>Hefei Private Science and Technology Enterprise Park Administrative Service Center | 81 | 5 | 1200 | 36 |
| 马鞍山市高新技术创业服务中心<br>Ma'anshan City Hi-tech Innovation Service Center | 85 | 25 | 3000 | 36 |
| 铜陵高新技术创业服务中心 Innovation Service Center | 89 | 10 | 0 | 24 |
| 芜湖高新技术创业服务中心<br>Wuhu Hi-tech Innovation Service Center | 88 | 30 | 3553 | 62 |
| 福建省高新技术创业服务中心<br>Fujian Hi-tech Innovation Service Center | 86 | 18 | 1000 | 8 |
| 福州市高新技术产业创业服务中心<br>Fuzhou City Hi-tech Innovation Service Center | 0 | 0 | 0 | 82 |
| 泉州市高新技术创业服务中心<br>Quanzhou City Hi-tech Innovation Service Center | 36 | 12 | 2000 | 98 |
| 厦门高新技术创业中心<br>Xiamen Hi-tech Innovation Center | 350 | 99 | 178000 | 233 |
| 厦门软件产业投资发展有限公司<br>Xiamen Software Industrial Investment Development Ltd. | 178 | 79 | 20000 | 166 |
| 江西省高新技术创业服务中心<br>Jiangxi Province Hi-tech Innovation Service Center | 42 | 3 | 323 | 0 |
| 南昌大学科技园发展有限公司<br>Nanchang University Science Park Development Ltd. | 93 | 10 | 8000 | 54 |
| 南昌高新开发区创业服务中心<br>Nanchang Science and Technology Industrial Park Innovation Service Center | 86 | 20 | 50000 | 45 |
| 东营高新技术创业服务中心<br>Dongying Hi-tech Innovation Service Center | 125 | 21 | 7700 | 44 |
| 东营市高新技术创业服务中心<br>Dongying City Hi-tech Innovation Service Center | 84 | 22 | 5000 | 62 |

| 科技企业孵化器 Technology Business Incubator | 在孵企业数（个）Number of Tenants (number) | 当年新孵（个）New Tenants of the Year (number) | 孵化基金总额（千元）Total Amount of Incubation Fund (1000 RMB yuan) | 累计毕业企业数（个）Accumulated Number of Graduated Tenants (number) |
|---|---|---|---|---|
| 东营市黄河口高新技术企业创业园 Dongying City Huanghekou Hi-tech Business Incubator | 81 | 4 | 0 | 41 |
| 济南高新技术创业服务中心 Jinan Hi-tech Innovation Service Center | 208 | 41 | 13210 | 398 |
| 济南腊山高新技术创业服务中心 Jinan Lashan Hi-tech Innovation Service Center | 42 | 9 | 0 | 51 |
| 济南历下软件创业服务中心 Jinan Lixia Software Innovation Service Center | 64 | 5 | 3500 | 34 |
| 济南民营科技企业孵化器 Jinan Private Technology Business Incubator | 49 | 12 | 2971 | 66 |
| 济宁高新技术创业服务中心 Jining Hi-tech Innovation Service Center | 121 | 14 | 0 | 54 |
| 临沂高新技术创业服务中心 Linyi Hi-tech Innovation Service Center | 21 | 5 | 0 | 35 |
| 泰安高新技术创业服务中心 Tai'an Hi-tech Innovation Service Center | 120 | 21 | 5000 | 30 |
| 威海高技术创业服务中心 Weihai Hi-tech Innovation Service Center | 41 | 8 | 0 | 130 |
| 威海火炬高技术产业开发区高新技术创业服务中心 Weihai Torch Hi-tech Industrial Park Hi-tech Innovation Service Center | 73 | 19 | 10000 | 20 |
| 潍坊高新技术创业服务中心 Weifang Hi-tech Innovation Service Center | 130 | 15 | 5000 | 56 |
| 烟台高新技术创业服务中心 Yantai Hi-tech Innovation Service Center | 15 | 2 | 10000 | 60 |
| 烟台留学人员创业园区 Yantai Overseas Schollars Innovation Park | 118 | 32 | 15916 | 137 |
| 淄博高新技术创业服务中心 Zibo Hi-tech Innovation Service Center | 205 | 24 | 5000 | 75 |
| 青岛高新技术创业服务中心 Qingdao Hi-tech Innovation Service Center | 115 | 28 | 10000 | 80 |
| 青岛经济技术开发区高科技创业服务中心 Qingdao Economic Technological Development Park Hi-tech Innovation Service Center | 104 | 23 | 0 | 42 |
| 安阳高新技术创业服务中心 Anyang Hi-tech Innovation Service Center | 196 | 36 | 20500 | 115 |
| 河南省大学科技园发展有限公司 Henan Province University Science Park Development Ltd. | 176 | 79 | 8000 | 53 |
| 河南专利孵化转移中心有限公司 Henan Patent Incubation Transfer Center Ltd. | 96 | 28 | 5000 | 30 |
| 焦作高新技术创业服务中心 Jiaozuo Hi-tech Innovation Service Center | 144 | 37 | 5000 | 55 |
| 洛阳高技术创业服务中心 Luoyang Hi-tech Innovation Service Center | 505 | 81 | 7200 | 63 |
| 漯河高新技术创业服务中心 Luohe Hi-tech Innovation Service Center | 141 | 25 | 4000 | 56 |

4－3 续表6 Continued 6

| 科技企业孵化器<br>Technology Business Incubator | 在孵企业数（个）<br>Number of Tenants（number） | 当年新孵（个）<br>New Tenants of the Year（number） | 孵化基金总额（千元）<br>Total Amount of Incubation Fund（1000 RMB yuan） | 累计毕业企业数（个）<br>Accumulated Number of Graduated Tenants（number） |
|---|---|---|---|---|
| 南阳高新技术创业服务中心<br>Nanyang Hi-tech Innovation Service Center | 102 | 6 | 8000 | 53 |
| 新乡高新技术创业服务中心<br>Xinxiang Hi-tech Innovation Service Center | 165 | 28 | 10050 | 14 |
| 郑州高新技术产业开发区创业中心<br>Zhengzhou Hi-tech Industrial Development Innovation Center | 567 | 150 | 89600 | 188 |
| 郑州市高新技术创业中心<br>Zhengzhou City Hi-tech Innvoation Center | 331 | 26 | 0 | 99 |
| 黄石磁湖科技创业服务中心<br>Huangshi Cihu Technology Innovation Service Center | 82 | 15 | 8000 | 95 |
| 荆州开发区创业中心<br>Jinzhou Development Zone Innovation Center | 142 | 56 | 0 | 47 |
| 襄樊高新技术创业服务中心<br>Xiangfan Hi-tech Innovation Service Center | 92 | 35 | 3000 | 82 |
| 宜昌高新技术产业园区创业服务中心<br>Yichang Hi-tech Innovation Service Center | 83 | 6 | 2000 | 43 |
| 汉口高新技术创业服务中心<br>Hankou Hi-tech Innovation Service Center | 137 | 5 | 0 | 50 |
| 洪山高新技术创业服务中心<br>Hongshan Hi-tech Innovation Service Center | 88 | 12 | 10000 | 157 |
| 武汉东湖新技术创业中心<br>Wuhan Eastlake Hi-tech Innovation Center | 397 | 77 | 0 | 560 |
| 武汉国家农业科技园创业中心<br>Wuhan National Agriculture Science Park Innovation Center | 95 | 14 | 460 | 42 |
| 武汉海峡高新技术创业服务中心<br>Wuhan Straits Hi-tech Innovation Service Center | 84 | 12 | 0 | 6 |
| 武汉华工科技企业孵化器<br>Wuhan Huagong Technology Business Incubator | 91 | 5 | 0 | 43 |
| 武汉留学生创业园管理中心<br>Wuhan Overseas Schollars Innvoation Park Administrative Center | 97 | 38 | 0 | 89 |
| 武汉市青山区高新技术创业服务中心<br>Wuhan City Qingshan District Hi-tech Innovation Service Center | 163 | 15 | 230 | 32 |
| 武汉市武昌科技创业中心<br>Wuhan City Wuchang Technology Innvoation Center | 97 | 5 | 4500 | 31 |
| 武汉新材料科技企业孵化器<br>Wuhan Advanced Material Technology Business Incubator | 85 | 12 | 0 | 53 |
| 长沙高新技术产业开发区创业服务中心<br>Changsha Hi-tech Industrial Park Innovation Service Center | 229 | 105 | 1911 | 64 |
| 长沙高新技术创业服务中心<br>Changsha Hi-tech Innovation Service Center | 217 | 43 | 6000 | 66 |
| 湘潭高新技术创业服务中心<br>Xiangtan Hi-tech Innovation Service Center | 193 | 22 | 16800 | 134 |
| 株洲高新技术产业开发区创业服务中心<br>Zhuzhou Hi-tech Innovation Service Center | 183 | 37 | 10000 | 54 |
| 东莞市留学人员创业园<br>Dongguan City Overseas Schollars Innovation Park | 84 | 42 | 0 | 26 |

| 科技企业孵化器 Technology Business Incubator | 在孵企业数（个） Number of Tenants (number) | 当年新孵（个） New Tenants of the Year (number) | 孵化基金总额（千元） Total Amount of Incubation Fund (1000 RMB yuan) | 累计毕业企业数（个） Accumulated Number of Graduated Tenants (number) |
|---|---|---|---|---|
| 中山火炬高技术创业中心有限公司 Zhongshan Torch Hi-tech Innovation Center Ltd. | 150 | 32 | 4900 | 141 |
| 珠海高新技术创业服务中心 Zhuhai Hi-tech Innovation Service Center | 86 | 35 | 2800 | 44 |
| 广东拓思软件科学园有限公司 Guangdong Tuosi Software Science Park Ltd. | 91 | 19 | 0 | 0 |
| 广州国际企业孵化器有限公司 Guangzhou International Business Incubator Ltd. | 161 | 31 | 6463 | 31 |
| 广州火炬高新技术创业服务中心 Guangzhou Torch Hi-tech Innovation Service Center | 255 | 51 | 0 | 234 |
| 广州市高新技术创业服务中心 Guangzhou City Hi-tech Innovation Service Center | 243 | 53 | 66463 | 468 |
| 广州市海珠高新技术创业服务中心 Guangzhou City Hizhu Hi-tech Innovation Service Center | 102 | 31 | 0 | 37 |
| 华南理工大学科技园 Huanan Science and Technology University Science Park | 83 | 32 | 5000 | 59 |
| 深圳市宝安区科技创业服务中心 Shenzhen Bao'an District Technology Innovation Service Center | 84 | 17 | 46619 | 33 |
| 深圳市北科创业有限公司 Shenzhen City Beike Innovation Ltd. | 85 | 0 | 24000 | 41 |
| 深圳市福田区高新技术创业中心 Shenzhen City Futian District Hi-tech Innovation Center | 103 | 23 | 8000 | 63 |
| 深圳市科技创业服务中心 Shenzhen City Hi-tech Innovation Service Center | 325 | 18 | 5500 | 526 |
| 深圳市龙岗区科技创业服务中心 Shenzhen City Longgang District Technology Innovation Service Center | 80 | 28 | 11100 | 46 |
| 深圳市南山区科技创业服务中心 Shenzhen City Nanshan District Technology Innovation Service Center | 235 | 71 | 8630 | 219 |
| 深圳虚拟大学园创业中心 Shenzhen Virtual University Science Park Innovation Center | 107 | 26 | 10000 | 40 |
| 中国深圳留学人员创业园 China Shenzhen Overseas Schollars Innovation Park | 160 | 86 | 9820 | 303 |
| 桂林科技创业服务中心 Guilin Technology Innovation Service Center | 193 | 45 | 7870 | 114 |
| 柳州高新技术创业服务中心 Liuzhou Hi-tech Innovation Service Center | 35 | 13 | 6552 | 19 |
| 南宁新技术创业者中心 Nanning Hi-tech Enterproneous Innvoation Center | 162 | 48 | 12151 | 301 |
| 重庆大学国家大学科技园创业服务中心 Chongqing University Science Park Innovation Service Center | 129 | 11 | 3000 | 35 |
| 重庆高技术创业中心（中国重庆国际企业孵化器） Chongqing Hi-tech Innovation Center ( China Chongqing International Business Incubator) | 198 | 28 | 0 | 334 |
| 重庆高新技术产业开发区创新服务中心 Chongqing Hi-tech Industrial Development Zone Innovation Service Center | 332 | 30 | 35000 | 130 |

4-3 续表8 Continued 8

| 科技企业孵化器 Technology Business Incubator | 在孵企业数（个）Number of Tenants (number) | 当年新孵（个）New Tenants of the Year (number) | 孵化基金总额（千元）Total Amount of Incubation Fund (1000 RMB yuan) | 累计毕业企业数（个）Accumulated Number of Graduated Tenants (number) |
|---|---|---|---|---|
| 成都高新技术创业服务中心 Chengdu Hi-tech Innovation Service Center | 30 | 8 | 0 | 198 |
| 成都高新区技术创新服务中心 Chengdu Science and Technology Park Technology Innovation Service Center | 720 | 133 | 120000 | 245 |
| 成都高新区教育科技园孵化器 Chengdu Science and Technology Park Education Science Park Business Incubator | 81 | 10 | 3500 | 35 |
| 成都生物与医药产业孵化园 Chengdu Biology and Medicine Industrial Incubation Park | 80 | 31 | 0 | 10 |
| 绵阳高新区创业服务中心 Mianyang Science and Technology Innovation Service Center | 108 | 22 | 3000 | 48 |
| 四川川大科技园发展有限公司 Sichuan University Science Park Development Ltd. | 66 | 8 | 0 | 33 |
| 成都武侯高新技术创业服务中心 Chengdu Wuhou Hi-tech Innovation Service Center | 123 | 13 | 0 | 39 |
| 贵阳高新技术创业服务中心 Guiyang Hi-tech Innovation Service Center | 214 | 42 | 5000 | 38 |
| 昆明创新园科技发展有限公司 Kunming Innovation Park Science and Technology Development Ltd. | 84 | 30 | 0 | 36 |
| 昆明高新技术创业服务中心 Kunming Hi-tech Innovation Service Center | 176 | 8 | 0 | 115 |
| 云南省新材料孵化器 Yunnan Province Advanced Material Business Incubator | 50 | 2 | 0 | 10 |
| 宝鸡高技术创业服务中心 Baoji Hi-tech Innovation Service Center | 303 | 60 | 5000 | 85 |
| 兰州高新技术产业开发区创业服务中心 Lanzhou Hi-tech Innovation Service Center | 246 | 50 | 3000 | 104 |
| 西安交大科技园高新技术创业服务中心 Xi'an Jiaotong University Science Park Innovation Service Center | 52 | 7 | 15000 | 46 |
| 杨凌示范区创业服务中心 Yanglin Model Zone Innovation Service Center | 108 | 22 | 30000 | 44 |
| 西安创业园投资管理有限公司 Xi'an Innovation Park Investment Administrative Ltd. | 54 | 8 | 40495 | 27 |
| 西安高新创业服务中心 Xi'an Hi-tech Innovation Service Center | 375 | 80 | 200000 | 315 |
| 西安光电子专业孵化器 Xi'an Mechatronic Special Business Incubator | 89 | 10 | 500 | 42 |
| 西安联创生物医药孵化器有限公司 Xi'an Lianchuang Biological Medicine Busincess Incubator Ltd. | 87 | 23 | 8000 | 28 |
| 西安软件园发展中心 Xi'an Software Park Development Center | 157 | 18 | 30000 | 61 |
| 甘肃省高新技术创业服务中心 Gansu Province Hi-tech Innovation Service Center | 82 | 14 | 48313 | 34 |
| 宁夏高新技术创业服务中心 Ningxia Hi-tech Innovation Service Center | 104 | 15 | 5000 | 68 |
| 乌鲁木齐市高新区创业服务中心 Urumqi Hi-tech Innovation Service Center | 101 | 26 | 3000 | 39 |

# 4-4 国家级科技企业孵化器人员情况

## Personnel Statistics of State Level TBIs

单位：人 (person)

| 科技企业孵化器 Technology Business Incubator | 人员数 Number of Employees | 博士 Doctor Degree | 硕士 Master Degree | 研究生 Postgraduate Education Background | 本科 Bachelor Degree | 大专 Junior College Degree | 中专 Technical Secondary School Degree |
|---|---|---|---|---|---|---|---|
| **合　计 Total** | **4006** | **82** | **539** | **578** | **2131** | **900** | **146** |
| 北京赛欧科园科技孵化中心有限公司 Beijing Sai' ou Keyuan Technology Business Incubation Center Ltd. | 18 | 0 | 1 | 2 | 16 | 0 | 0 |
| 北京奥宇科技企业孵化器有限责任公司 Beijing Aoyu Technology Business Incubator Ltd. | 12 | 0 | 1 | 1 | 7 | 4 | 0 |
| 北京北航天汇科技孵化器 Beijing Beihang Tianhui Technology Business Incubator | 13 | 1 | 3 | 4 | 6 | 3 | 0 |
| 北京高技术创业服务中心 Beijing Hi-tech Innovation Service Center | 52 | 0 | 0 | 9 | 27 | 16 | 0 |
| 北京华海基业科技孵化器有限公司 Beijing Huahaijiye Technology Business Incubator Ltd. | 25 | 0 | 10 | 10 | 9 | 6 | 0 |
| 北京均大高科技孵化器有限公司 Beijing Junda Hi-tech Technology Business Incubator Ltd. | 22 | 1 | 3 | 4 | 5 | 13 | 0 |
| 北京科大方兴科技孵化器有限责任公司 Beijing Keda Fangxing Technology Business Incubator Ltd. | 15 | 2 | 7 | 9 | 6 | 0 | 0 |
| 北京普天德胜科技孵化器有限公司 Beijing Putiandesheng Technology Business Incubator Ltd. | 11 | 0 | 0 | 3 | 6 | 2 | 0 |
| 北京市朝阳区望京科技园创业服务中心 Beijing Chaoyang District Wangjin Science and Technology Park Innovation Service Center | 13 | 1 | 0 | 1 | 12 | 0 | 0 |
| 北京市新技术产业开发试验区海淀创业服务中心 Beijing Advanced Technology Industrial Development Test Zone Haidian Innovation Service Center | 26 | 0 | 1 | 3 | 9 | 10 | 4 |
| 北京中关村国际孵化器有限公司 Beijing Zhongguancun International Business Incubator Ltd. | 22 | 0 | 2 | 2 | 10 | 9 | 1 |
| 北京中关村京蒙高科企业孵化器有限责任公司 Beijing Zhongguancun Jingmeng Hi-tech Business Incubator Ltd. | 19 | 1 | 5 | 6 | 10 | 3 | 0 |
| 北京中关村软件园孵化服务有限公司 Beijing Zhongguancun Software Park Incubation Service Ltd. | 10 | 0 | 2 | 2 | 4 | 4 | 0 |
| 汇龙森国际企业孵化(北京)有限公司 Huilongsen International Enterprise Incubation (Beijing) Ltd. | 19 | 0 | 0 | 3 | 10 | 6 | 0 |
| 清华创业园 Tsinghua Innovation Park | 22 | 4 | 8 | 12 | 6 | 4 | 0 |
| 中关村科技园区丰台园科技创业服务中心 Zhongguancun Science and Technology Park Fengtai Park Science and Technology Innovation Service Center | 29 | 1 | 2 | 3 | 23 | 3 | 0 |
| 天津海泰企业孵化服务有限公司 Tianjin Hi-tech Business Incubator Service Ltd. | 30 | 2 | 10 | 10 | 13 | 1 | 4 |
| 天津火炬鑫茂创业服务有限公司 Tianjin Torch Xingmao Innovation Service Ltd. | 20 | 3 | 5 | 0 | 7 | 3 | 2 |
| 天津市科技创业服务中心 Tianjin Technology Innovation Service Center | 18 | 1 | 1 | 2 | 10 | 4 | 1 |
| 天津泰达国际创业中心(中心大厦) Tianjin Taida International Innovation (central mansion) | 30 | 0 | 5 | 5 | 19 | 2 | 4 |

4－4　续表1　Continued 1

单位:人 (person)

| 科技企业孵化器<br>Technology Business Incubator | 人员数<br>Number of Employees | 博士<br>Doctor Degree | 硕士<br>Master Degree | 研究生<br>Postgraduate Education Background | 本科<br>Bachelor Degree | 大专<br>Junior College Degree | 中专<br>Technical Secondary School Degree |
|---|---|---|---|---|---|---|---|
| 天津新技术产业园区国际创业中心<br>Tianjin Hi-tech Industrial Park International Innovation Center | 15 | 0 | 4 | 4 | 11 | 0 | 0 |
| 保定高新技术创业服务中心<br>Baoding Hi-tech Innovation Service Center | 15 | 0 | 0 | 0 | 7 | 7 | 1 |
| 沧州市科技创业中心<br>Cangzhou Technology Innovation Center | 11 | 0 | 0 | 1 | 8 | 2 | 0 |
| 邯郸高新技术创业服务中心<br>Handan Hi-tech Innovation Service Center | 24 | 0 | 0 | 0 | 19 | 5 | 0 |
| 秦皇岛开发区高新技术创新服务中心<br>Qinghuangdao Development Zone Hi-tech Innovation Sercice Center | 12 | 0 | 1 | 1 | 8 | 3 | 0 |
| 石家庄高新技术创业服务中心<br>Shijiazhuang Hi-tech Innovation Service Center | 19 | 0 | 0 | 1 | 9 | 8 | 1 |
| 唐山高新技术创业中心<br>Tangshan Hi-tech Innovation Center | 14 | 0 | 2 | 2 | 7 | 2 | 1 |
| 山西省高新技术创业中心<br>Shanxi Hi-tech Innovation Center | 28 | 0 | 3 | 3 | 19 | 6 | 0 |
| 包头稀土高新区科技创业服务中心<br>Baotou Rare Earths Science and Technology Park Innovation Service Center | 32 | 0 | 3 | 3 | 17 | 8 | 4 |
| 鞍山高新技术创业服务中心<br>Anshan Hi-tech Innovation Service Center | 50 | 0 | 2 | 3 | 30 | 15 | 0 |
| 锦州高新技术产业创业服务中心<br>Jinzhou Hi-tech Innovation Service Center | 16 | 0 | 0 | 0 | 7 | 8 | 1 |
| 沈阳东大科技企业孵化器有限公司<br>Shenyang Dongda Technology Business Incubator | 24 | 1 | 5 | 6 | 15 | 3 | 0 |
| 沈阳动漫研发与软件外包孵化器<br>Shenyang Cartoon R&D and Software Outsourcing Business Incubator | 55 | 0 | 5 | 5 | 50 | 0 | 0 |
| 沈阳高新技术产业开发区科技创业服务中心<br>Shenyang Hi-tech Industrial Development Zone Technology Innovation Service Center | 56 | 2 | 10 | 10 | 32 | 2 | 0 |
| 沈阳市高科技创业中心<br>Shenyang Hi-tech Innovation Center | 30 | 0 | 2 | 2 | 8 | 5 | 15 |
| 大连市高新技术创业服务中心<br>Dalian Hi-tech Innovation Service Center | 42 | 0 | 4 | 0 | 26 | 10 | 2 |
| 大连市沙河口区天河科技创业服务中心<br>Dalian Shahekou District Tianhe Technology Innovation Service Center | 13 | 0 | 1 | 1 | 6 | 1 | 4 |
| 大连双D港创业孵化有限公司<br>Dalian Double D Innovation Incubator Ltd. | 14 | 0 | 5 | 5 | 6 | 3 | 0 |
| 长春科技创业服务中心<br>Changchun Technology Innovation Service Center | 24 | 0 | 2 | 4 | 14 | 4 | 0 |
| 吉林高新技术创业服务中心<br>Jilin Hi-tech Innovation Service Center | 8 | 0 | 3 | 3 | 3 | 1 | 1 |

4－4 续表2 Continued 2

单位:人 (person)

| 科技企业孵化器 Technology Business Incubator | 人员数 Number of Employees | 博士 Doctor Degree | 硕士 Master Degree | 研究生 Postgraduate Education Background | 本科 Bachelor Degree | 大专 Junior College Degree | 中专 Technical Secondary School Degree |
|---|---|---|---|---|---|---|---|
| 大庆高新技术创业服务中心 Daqing Hi-tech Innovation Service Center | 29 | 0 | 6 | 6 | 16 | 7 | 0 |
| 哈尔滨高科技创业中心 Harbin Hi-tech Innovation Center | 29 | 0 | 5 | 5 | 19 | 0 | 0 |
| 哈尔滨高科科技企业孵化器有限公司 Harbin Technology Business Incubator Ltd. | 21 | 0 | 0 | 1 | 8 | 5 | 7 |
| 哈尔滨工业大学国家大学科技园 Harbin Industry University Science Park | 21 | 0 | 4 | 0 | 14 | 3 | 0 |
| 哈尔滨金华科技企业孵化器有限公司 Harbin Jinhua Technology Business Incubator | 14 | 0 | 0 | 3 | 11 | 0 | 0 |
| 哈尔滨龙计电子技术创业中心 Harbin Longji Electronic Technology Innovation Center | 10 | 0 | 2 | 0 | 7 | 1 | 0 |
| 上海八六三信息安全产业基地有限公司 Shanghai 863 Information Security Industrial Base Ltd. | 18 | 1 | 5 | 6 | 10 | 2 | 0 |
| 上海漕河泾新兴技术开发区科技创业中心 Shanghai Caohejing New Industry Technology Development Technology Innovation Center | 25 | 0 | 5 | 5 | 6 | 14 | 0 |
| 上海大学科技园发展有限公司 Shanghai University Science Park Development Ltd. | 21 | 1 | 6 | 7 | 6 | 6 | 1 |
| 上海都市工业设计中心有限公司 Shanghai Urban Industrial Design Center Ltd. | 14 | 0 | 4 | 0 | 6 | 3 | 1 |
| 上海复旦科技园高新技术创业服务有限公司 Shanghai Fudan Science Park Hi-tech Innovation Service Ltd. | 11 | 0 | 4 | 4 | 6 | 1 | 0 |
| 上海慧谷高科技创业中心 Shanghai Huigu Hi-tech Innovation Center | 15 | 1 | 0 | 0 | 9 | 3 | 2 |
| 上海集成电路电路设计创业中心(上海微电子设计有限公司) Shanghai IC Design Circuit Design Innovation Center(Shanghai Microelectronic Design Ltd.) | 12 | 0 | 4 | 4 | 5 | 3 | 0 |
| 上海聚科生物园区有限责任公司 Shanghai Juke Biology Park Ltd. | 15 | 2 | 1 | 3 | 5 | 4 | 2 |
| 上海市科技创业中心 Shanghai Science and Technology Innovation Center | 33 | 2 | 6 | 4 | 14 | 5 | 6 |
| 上海市青浦区科技创业中心 Shanghai Qingpu District Technology Innovation Center | 10 | 0 | 0 | 0 | 9 | 0 | 1 |
| 上海同济科技园孵化器有限公司 Shanghai Tongji Science Park Business Incubator Ltd. | 18 | 0 | 3 | 3 | 5 | 7 | 3 |
| 上海莘闵高新技术开发有限公司 Shanghai Xinmin Hi-tech Development Ltd. | 25 | 0 | 0 | 0 | 8 | 14 | 3 |
| 上海杨浦科技创业中心有限公司 Shanghai Yangpu Technology Innovation Center Ltd. | 14 | 0 | 2 | 5 | 4 | 5 | 0 |
| 上海张江高新技术创业服务中心 Shanghai Zhangjiang Hi-tech Innovation Service Center | 50 | 4 | 16 | 20 | 25 | 5 | 0 |
| 上海张江药谷公共服务平台有限公司 Shanghai Zhangjiang Medicine Valley Public Service Platform Ltd. | 25 | 1 | 9 | 10 | 8 | 5 | 2 |
| 常州高新技术创业服务中心 Changzhou Hi-tech Innovation Service Center | 14 | 0 | 0 | 0 | 13 | 1 | 0 |

4-4 续表3 Continued 3

单位:人 (person)

| 科技企业孵化器 Technology Business Incubator | 人员数 Number of Employees | 博士 Doctor Degree | 硕士 Master Degree | 研究生 Postgraduate Education Background | 本科 Bachelor Degree | 大专 Junior College Degree | 中专 Technical Secondary School Degree |
|---|---|---|---|---|---|---|---|
| 江苏省高新技术创业服务中心 Jiangsu Hi-tech Innovation Service Center | 51 | 1 | 7 | 12 | 25 | 14 | 0 |
| 姜堰市高新技术创业中心 Jiangyan Hi-tech Innvoation Center | 20 | 0 | 1 | 2 | 11 | 3 | 2 |
| 昆山高新技术创业服务中心 Kunshan Hi-tech Innovation Service Center | 11 | 0 | 1 | 1 | 5 | 3 | 1 |
| 南京金港科技创业中心 Nanjing Jingang Technology Innovation Center | 19 | 0 | 4 | 4 | 8 | 7 | 0 |
| 南通高新技术创业中心有限公司 Nantong Hi-tech Innovation Center Ltd. | 11 | 0 | 0 | 0 | 6 | 4 | 1 |
| 苏州高新技术创业服务中心 Suzhou Hi-tech Innovation Service Center | 22 | 1 | 5 | 6 | 10 | 6 | 0 |
| 苏州国际科技园 Suzhou International Science Park | 65 | 0 | 9 | 0 | 40 | 16 | 0 |
| 苏州市吴中科技创业园 Suzhou Wuzhong Technology Innovation Park | 20 | 1 | 2 | 3 | 11 | 6 | 0 |
| 泰州市高新技术创业服务中心 Taizhou Hi-tech Innovation Service Center | 22 | 0 | 0 | 0 | 6 | 16 | 0 |
| 无锡高新技术创业服务中心 Wuxi Hi-tech Innovation Service Center | 13 | 1 | 5 | 6 | 7 | 0 | 0 |
| 无锡市科技创业服务中心 Wuxi Technology Innovation Service Center | 22 | 0 | 2 | 2 | 13 | 2 | 0 |
| 武进高新技术创业服务中心 Wujin Hi-tech Innovation Service Center | 14 | 0 | 3 | 3 | 3 | 4 | 0 |
| 扬州高新技术创业服务中心 Yangzhou Hi-tech Innovation Service Center | 4 | 0 | 0 | 0 | 4 | 0 | 0 |
| 张家港市高新技术创业服务中心 Zhangjiagang Hi-tech Innovation Service Center | 9 | 0 | 2 | 2 | 6 | 1 | 0 |
| 镇江国家高新技术创业服务中心 Zhenjiang National Hi-tech Innovation Service Center | 11 | 0 | 1 | 1 | 5 | 3 | 2 |
| 中国昆山留学人员创业园 China Kunshan Overseas Schollars Innovation Park | 20 | 0 | 3 | 3 | 17 | 0 | 0 |
| 南京科技创业服务中心 Nanjing Technology Innovation Service Center | 22 | 0 | 1 | 1 | 6 | 12 | 2 |
| 拱墅区科技创业中心 Gongshu District Technology Innovation Center | 11 | 0 | 1 | 1 | 6 | 4 | 0 |
| 杭州高新区科技创业服务中心 Hangzhou Science and Technology Industrial Park Technology Innovation Service Center | 32 | 0 | 0 | 2 | 13 | 17 | 0 |
| 杭州上城区科技创业中心 Hanghou Shangcheng District Technology Innovation Center | 9 | 0 | 1 | 2 | 1 | 4 | 2 |
| 湖州科技创业服务中心 Huzhou Technology Innovation Service Center | 12 | 0 | 2 | 2 | 3 | 6 | 1 |
| 嘉善县科技创业服务有限公司 Jiashan County Technology Innovation Service Ltd. | 11 | 0 | 1 | 1 | 4 | 5 | 1 |
| 嘉兴科技创业服务中心 Jiaxing Technology Innovation Service Center | 13 | 1 | 0 | 1 | 7 | 3 | 0 |

4－4 续表4 Continued 4

单位：人 (person)

| 科技企业孵化器 Technology Business Incubator | 人员数 Number of Employees | 博士 Doctor Degree | 硕士 Master Degree | 研究生 Postgraduate Education Background | 本科 Bachelor Degree | 大专 Junior College Degree | 中专 Technical Secondary School Degree |
|---|---|---|---|---|---|---|---|
| 金华科技园创业服务中心有限公司 Jinhua Science Park Innovation Service Center Ltd. | 14 | 0 | 1 | 0 | 11 | 2 | 0 |
| 绍兴市高新技术创业服务中心 Shaoxing High-tech Innovation Service Center | 10 | 0 | 1 | 0 | 6 | 1 | 2 |
| 温州高新技术产业园区创业服务中心 Wenzhou Hi-tech Industrial Park Innovation Service Center | 18 | 0 | 0 | 0 | 13 | 5 | 0 |
| 浙江大学国家大学科技园 Zhejiang University Science Park | 21 | 1 | 6 | 5 | 9 | 0 | 0 |
| 宁波保税区科技促进中心 Ningbo Bonded Zone Science and Technology Promotion Center | 12 | 1 | 3 | 4 | 7 | 1 | 0 |
| 宁波市科技创业中心 Ningbo City Technology Business Incubator | 12 | 1 | 2 | 3 | 6 | 3 | 0 |
| 合肥高新技术创业服务中心 Hefei Hi-tech Innovation Service Center | 18 | 0 | 2 | 2 | 12 | 3 | 1 |
| 合肥国家大学科技园创业孵化中心 Hefei National University Science Park Innovation Center | 17 | 0 | 4 | 4 | 3 | 8 | 2 |
| 合肥民营科技企业园管理服务中心 Hefei Private Science and Technology Enterprise Park Administrative Service Center | 6 | 0 | 1 | 0 | 4 | 1 | 0 |
| 马鞍山市高新技术创业服务中心 Ma'anshan City Hi-tech Innovation Service Center | 17 | 0 | 0 | 0 | 10 | 7 | 0 |
| 铜陵高新技术创业服务中心 Innovation Service Center | 11 | 0 | 0 | 1 | 7 | 2 | 1 |
| 芜湖高新技术创业服务中心 Wuhu Hi-tech Innovation Service Center | 30 | 0 | 0 | 0 | 8 | 20 | 2 |
| 福建省高新技术创业服务中心 Fujian Hi-tech Innovation Service Center | 32 | 0 | 3 | 3 | 28 | 1 | 0 |
| 福州市高新技术产业创业服务中心 Fuzhou City Hi-tech Innovation Service Center | 13 | 0 | 0 | 0 | 7 | 4 | 1 |
| 泉州市高新技术创业服务中心 Quanzhou City Hi-tech Innovation Service Center | 39 | 1 | 2 | 2 | 14 | 20 | 0 |
| 厦门高新技术创业中心 Xiamen Hi-tech Innovation Center | 34 | 2 | 7 | 9 | 16 | 6 | 3 |
| 厦门软件产业投资发展有限公司 Xiamen Software Industrial Investment Development Ltd. | 29 | 0 | 4 | 4 | 13 | 7 | 3 |
| 江西省高新技术创业服务中心 Jiangxi Province Hi-tech Innovation Service Center | 48 | 2 | 10 | 1 | 30 | 5 | 0 |
| 南昌大学科技园发展有限公司 Nanchang University Science Park Development Ltd. | 17 | 1 | 1 | 2 | 14 | 1 | 0 |
| 南昌高新开发区创业服务中心 Nanchang Science and Technology Industrial Park Innovation Service Center | 14 | 0 | 0 | 0 | 10 | 4 | 0 |
| 东营高新技术创业服务中心 Dongying Hi-tech Innovation Service Center | 13 | 0 | 2 | 2 | 11 | 0 | 0 |
| 东营市高新技术创业服务中心 Dongying City Hi-tech Innovation Service Center | 12 | 0 | 4 | 4 | 6 | 2 | 0 |
| 东营市黄河口高新技术企业创业园 Dongying City Huanghekou Hi-tech Business Incubator | 6 | 0 | 1 | 1 | 5 | 0 | 0 |

4－4　续表5　Continued 5

单位:人 (person)

| 科技企业孵化器<br>Technology Business Incubator | 人员数<br>Number of Employees | 博士<br>Doctor Degree | 硕士<br>Master Degree | 研究生<br>Postgraduate Education Background | 本科<br>Bachelor Degree | 大专<br>Junior College Degree | 中专<br>Technical Secondary School Degree |
|---|---|---|---|---|---|---|---|
| 济南高新技术创业服务中心<br>Jinan Hi-tech Innovation Service Center | 38 | 1 | 3 | 3 | 25 | 1 | 1 |
| 济南腊山高新技术创业服务中心<br>Jinan Lashan Hi-tech Innovation Service Center | 22 | 0 | 0 | 0 | 7 | 14 | 1 |
| 济南历下软件创业服务中心<br>Jinan Lixia Software Innovation Service Center | 14 | 0 | 0 | 0 | 9 | 5 | 0 |
| 济南民营科技企业孵化器<br>Jinan Private Technology Business Incubator | 11 | 0 | 0 | 1 | 5 | 5 | 0 |
| 济宁高新技术创业服务中心<br>Jining Hi-tech Innovation Service Center | 16 | 0 | 3 | 3 | 10 | 0 | 0 |
| 临沂高新技术创业服务中心<br>Linyi Hi-tech Innovation Service Center | 16 | 0 | 1 | 0 | 10 | 5 | 0 |
| 泰安高新技术创业服务中心<br>Tai'an Hi-tech Innovation Service Center | 7 | 0 | 0 | 1 | 6 | 0 | 0 |
| 威海高技术创业服务中心<br>Weihai Hi-tech Innovation Service Center | 9 | 0 | 0 | 0 | 3 | 3 | 0 |
| 威海火炬高技术产业开发区高新技术创业服务中心<br>Weihai Torch Hi-tech Industrial Park Hi-tech Innovation Service Center | 11 | 1 | 1 | 2 | 8 | 1 | 0 |
| 潍坊高新技术创业服务中心<br>Weifang Hi-tech Innovation Service Center | 10 | 0 | 1 | 0 | 7 | 1 | 1 |
| 烟台高新技术创业服务中心<br>Yantai Hi-tech Innovation Service Center | 11 | 0 | 2 | 2 | 7 | 1 | 1 |
| 烟台留学人员创业园区<br>Yantai Overseas Schollars Innovation Park | 15 | 0 | 1 | 1 | 11 | 3 | 0 |
| 淄博高新技术创业服务中心<br>Zibo Hi-tech Innovation Service Center | 21 | 0 | 1 | 1 | 11 | 9 | 0 |
| 青岛高新技术创业服务中心<br>Qingdao Hi-tech Innovation Service Center | 22 | 1 | 4 | 5 | 15 | 2 | 0 |
| 青岛经济技术开发区高科技创业服务中心<br>Qingdao Economic Technological Development Park Hi-tech Innovation Service Center | 9 | 0 | 0 | 1 | 7 | 0 | 1 |
| 安阳高新技术创业服务中心<br>Anyang Hi-tech Innovation Service Center | 15 | 0 | 2 | 2 | 13 | 0 | 0 |
| 河南省大学科技园发展有限公司<br>Henan Province University Science Park Development Ltd. | 22 | 0 | 1 | 1 | 10 | 10 | 1 |
| 河南专利孵化转移中心有限公司<br>Henan Patent Incubation Transfer Center Ltd. | 15 | 0 | 1 | 1 | 10 | 4 | 0 |
| 焦作高新技术创业服务中心<br>Jiaozuo Hi-tech Innovation Service Center | 28 | 0 | 0 | 1 | 10 | 15 | 2 |
| 洛阳高技术创业服务中心<br>Luoyang Hi-tech Innovation Service Center | 10 | 0 | 3 | 3 | 6 | 1 | 0 |
| 漯河高新技术创业服务中心<br>Luohe Hi-tech Innovation Service Center | 15 | 0 | 1 | 0 | 12 | 2 | 0 |
| 南阳高新技术创业服务中心<br>Nanyang Hi-tech Innovation Service Center | 16 | 0 | 0 | 2 | 12 | 2 | 0 |

4－4 续表6 Continued 6

单位：人 (person)

| 科技企业孵化器<br>Technology Business Incubator | 人员数<br>Number of Employees | 博士<br>Doctor Degree | 硕士<br>Master Degree | 研究生<br>Postgraduate Education Background | 本科<br>Bachelor Degree | 大专<br>Junior College Degree | 中专<br>Technical Secondary School Degree |
|---|---|---|---|---|---|---|---|
| 新乡高新技术创业服务中心<br>Xinxiang Hi-tech Innovation Service Center | 18 | 0 | 2 | 2 | 12 | 4 | 0 |
| 郑州高新技术产业开发区创业中心<br>Zhengzhou Hi-tech Industrial Development Innovation Center | 28 | 0 | 2 | 2 | 23 | 3 | 0 |
| 郑州市高新技术创业中心<br>Zhengzhou City Hi-tech Innvoation Center | 15 | 0 | 1 | 1 | 12 | 2 | 0 |
| 黄石磁湖科技创业服务中心<br>Huangshi Cihu Technology Innovation Service Center | 7 | 0 | 2 | 2 | 3 | 2 | 0 |
| 荆州开发区创业中心<br>Jinzhou Development Zone Innovation Center | 18 | 4 | 5 | 0 | 5 | 9 | 0 |
| 襄樊高新技术创业服务中心<br>Xiangfan Hi-tech Innovation Service Center | 12 | 0 | 4 | 4 | 4 | 3 | 1 |
| 宜昌高新技术产业园区创业服务中心<br>Yichang Hi-tech Innovation Service Center | 5 | 0 | 0 | 1 | 1 | 3 | 0 |
| 汉口高新技术创业服务中心<br>Hankou Hi-tech Innovation Service Center | 10 | 0 | 0 | 1 | 7 | 2 | 0 |
| 洪山高新技术创业服务中心<br>Hongshan Hi-tech Innovation Service Center | 16 | 0 | 2 | 2 | 11 | 3 | 0 |
| 武汉东湖新技术创业中心<br>Wuhan Eastlake Hi-tech Innovation Center | 99 | 0 | 9 | 9 | 44 | 36 | 10 |
| 武汉国家农业科技园创业中心<br>Wuhan National Agriculture Science Park Innovation Center | 18 | 0 | 3 | 3 | 7 | 8 | 0 |
| 武汉海峡高新技术创业服务中心<br>Wuhan Straits Hi-tech Innovation Service Center | 15 | 0 | 2 | 2 | 6 | 7 | 0 |
| 武汉华工科技企业孵化器<br>Wuhan Huagong Technology Business Incubator | 11 | 1 | 3 | 4 | 7 | 0 | 0 |
| 武汉留学生创业园管理中心<br>Wuhan Overseas Schollars Innvoation Park Administrative Center | 11 | 0 | 2 | 2 | 9 | 0 | 0 |
| 武汉市青山区高新技术创业服务中心<br>Wuhan City Qingshan District Hi-tech Innovation Service Center | 12 | 0 | 1 | 1 | 10 | 1 | 0 |
| 武汉市武昌科技创业中心<br>Wuhan City Wuchang Technology Innvoation Center | 8 | 0 | 0 | 0 | 6 | 2 | 0 |
| 武汉新材料科技企业孵化器<br>Wuhan Advanced Material Technology Business Incubator | 11 | 0 | 1 | 1 | 9 | 1 | 0 |
| 长沙高新技术产业开发区创业服务中心<br>Changsha Hi-tech Industrial Park Innovation Service Center | 18 | 1 | 1 | 2 | 7 | 6 | 0 |
| 长沙高新技术创业服务中心<br>Changsha Hi-tech Innovation Service Center | 32 | 0 | 2 | 2 | 20 | 8 | 2 |
| 湘潭高新技术创业服务中心<br>Xiangtan Hi-tech Innovation Service Center | 18 | 0 | 0 | 3 | 14 | 1 | 0 |
| 株洲高新技术产业开发区创业服务中心<br>Zhuzhou Hi-tech Innovation Service Center | 23 | 0 | 3 | 3 | 10 | 7 | 0 |
| 东莞市留学人员创业园<br>Dongguan City Overseas Schollars Innovation Park | 15 | 1 | 4 | 5 | 7 | 3 | 0 |
| 中山火炬高技术创业中心有限公司<br>Zhongshan Torch Hi-tech Innovation Center Ltd. | 38 | 0 | 10 | 10 | 20 | 8 | 0 |

4－4 续表7 Continued 7

单位:人 (person)

| 科技企业孵化器<br>Technology Business Incubator | 人员数<br>Number of Employees | 博士<br>Doctor Degree | 硕士<br>Master Degree | 研究生<br>Postgraduate Education Background | 本科<br>Bachelor Degree | 大专<br>Junior College Degree | 中专<br>Technical Secondary School Degree |
|---|---|---|---|---|---|---|---|
| 珠海高新技术创业服务中心<br>Zhuhai Hi-tech Innovation Service Center | 19 | 1 | 7 | 8 | 9 | 1 | 0 |
| 广东拓思软件科学园有限公司<br>Guangdong Tuosi Software Science Park Ltd. | 20 | 1 | 8 | 2 | 7 | 2 | 0 |
| 广州国际企业孵化器有限公司<br>Guangzhou International Business Incubator Ltd. | 20 | 1 | 1 | 2 | 11 | 7 | 0 |
| 广州火炬高新技术创业服务中心<br>Guangzhou Torch Hi-tech Innovation Service Center | 49 | 1 | 6 | 7 | 17 | 12 | 1 |
| 广州市高新技术创业服务中心<br>Guangzhou City Hi-tech Innovation Service Center | 45 | 2 | 5 | 8 | 18 | 19 | 0 |
| 广州市海珠高新技术创业服务中心<br>Guangzhou City Hizhu Hi-tech Innovation Service Center | 17 | 0 | 0 | 1 | 8 | 6 | 2 |
| 华南理工大学科技园<br>Huanan Science and Technology University Science Park | 9 | 1 | 3 | 4 | 3 | 0 | 2 |
| 深圳市宝安区科技创业服务中心<br>Shenzhen Bao' an District Technology Innovation Service Center | 12 | 0 | 0 | 0 | 9 | 3 | 0 |
| 深圳市北科创业有限公司<br>Shenzhen City Beike Innovation Ltd. | 21 | 0 | 0 | 7 | 10 | 4 | 0 |
| 深圳市福田区高新技术创业中心<br>Shenzhen City Futian District Hi-tech Innovation Center | 30 | 0 | 4 | 4 | 13 | 8 | 1 |
| 深圳市科技创业服务中心<br>Shenzhen City Hi-tech Innovation Service Center | 9 | 0 | 1 | 1 | 3 | 5 | 0 |
| 深圳市龙岗区科技创业服务中心<br>Shenzhen City Longgang District Technology Innovation Service Center | 9 | 0 | 3 | 3 | 3 | 1 | 0 |
| 深圳市南山区科技创业服务中心<br>Shenzhen City Nanshan District Technology Innovation Service Center | 12 | 1 | 2 | 2 | 5 | 3 | 2 |
| 深圳虚拟大学园创业中心<br>Shenzhen Virtual University Science Park Innovation Center | 16 | 0 | 4 | 0 | 4 | 10 | 2 |
| 中国深圳留学人员创业园<br>China Shenzhen Overseas Schollars Innovation Park | 8 | 1 | 2 | 3 | 3 | 2 | 0 |
| 桂林科技创业服务中心<br>Guilin Technology Innovation Service Center | 21 | 0 | 1 | 3 | 9 | 8 | 0 |
| 柳州高新技术创业服务中心<br>Liuzhou Hi-tech Innovation Service Center | 11 | 0 | 2 | 2 | 5 | 4 | 0 |
| 南宁新技术创业者中心<br>Nanning Hi-tech Enterproneous Innvoation Center | 17 | 0 | 6 | 7 | 8 | 2 | 0 |
| 重庆大学国家大学科技园创业服务中心<br>Chongqing University Science Park Innovation Service Center | 10 | 1 | 3 | 4 | 6 | 0 | 0 |
| 重庆高技术创业中心(中国重庆国际企业孵化器)<br>Chongqing Hi-tech Innovation Center ( China Chongqing International Business Incubator) | 52 | 2 | 4 | 2 | 27 | 15 | 2 |
| 重庆高新技术产业开发区创新服务中心<br>Chongqing Hi-tech Industrial Development Zone Innovation Service Center | 20 | 0 | 1 | 2 | 15 | 2 | 0 |

4-4 续表8 Continued 8

单位:人 (person)

| 科技企业孵化器 Technology Business Incubator | 人员数 Number of Employees | 博士 Doctor Degree | 硕士 Master Degree | 研究生 Postgraduate Education Background | 本科 Bachelor Degree | 大专 Junior College Degree | 中专 Technical Secondary School Degree |
|---|---|---|---|---|---|---|---|
| 成都高新技术创业服务中心 Chengdu Hi-tech Innovation Service Center | 35 | 1 | 8 | 7 | 14 | 5 | 0 |
| 成都高新区技术创新服务中心 Chengdu Science and Technology Park Technology Innovation Service Center | 32 | 2 | 7 | 9 | 18 | 4 | 1 |
| 成都高新区教育科技园孵化器 Chengdu Science and Technology Park Education Science Park Business Incubator | 20 | 1 | 3 | 4 | 14 | 2 | 0 |
| 成都生物与医药产业孵化园 Chengdu Biology and Medicine Industrial Incubation Park | 56 | 3 | 2 | 0 | 0 | 6 | 0 |
| 绵阳高新区创业服务中心 Mianyang Science and Technology Innovation Service Center | 19 | 1 | 2 | 3 | 16 | 0 | 0 |
| 四川川大科技园发展有限公司 Sichuan University Science Park Development Ltd. | 17 | 1 | 3 | 3 | 13 | 1 | 0 |
| 成都武侯高新技术创业服务中心 Chengdu Wuhou Hi-tech Innovation Service Center | 7 | 0 | 2 | 2 | 4 | 1 | 0 |
| 贵阳高新技术创业服务中心 Guiyang Hi-tech Innovation Service Center | 13 | 0 | 1 | 0 | 9 | 3 | 0 |
| 昆明创新园科技发展有限公司 Kunming Innovation Park Science and Technology Development Ltd. | 28 | 0 | 5 | 5 | 17 | 6 | 0 |
| 昆明高新技术创业服务中心 Kunming Hi-tech Innovation Service Center | 19 | 0 | 2 | 1 | 10 | 5 | 1 |
| 云南省新材料孵化器 Yunnan Province Advanced Material Business Incubator | 14 | 1 | 3 | 4 | 7 | 3 | 0 |
| 宝鸡高技术创业服务中心 Baoji Hi-tech Innovation Service Center | 10 | 0 | 1 | 2 | 8 | 0 | 0 |
| 兰州高新技术产业开发区创业服务中心 Lanzhou Hi-tech Innovation Service Center | 11 | 0 | 0 | 1 | 10 | 0 | 0 |
| 西安交大科技园高新技术创业服务中心 Xi'an Jiaotong University Science Park Innovation Service Center | 27 | 1 | 3 | 4 | 23 | 0 | 0 |
| 杨凌示范区创业服务中心 Yanglin Model Zone Innovation Service Center | 16 | 0 | 6 | 0 | 8 | 2 | 0 |
| 西安创业园投资管理有限公司 Xi'an Innovation Park Investment Administrative Ltd. | 20 | 0 | 4 | 4 | 12 | 0 | 0 |
| 西安高新创业服务中心 Xi'an Hi-tech Innovation Service Center | 40 | 0 | 13 | 13 | 27 | 0 | 0 |
| 西安光电子专业孵化器 Xi'an Mechatronic Special Business Incubator | 30 | 2 | 3 | 5 | 16 | 6 | 3 |
| 西安联创生物医药孵化器有限公司 Xi'an Lianchuang Biological Medicine Buisncess Incubator Ltd. | 16 | 0 | 4 | 4 | 8 | 0 | 0 |
| 西安软件园发展中心 Xi'an Software Park Development Center | 40 | 0 | 11 | 8 | 23 | 7 | 2 |
| 甘肃省高新技术创业服务中心 Gansu Province Hi-tech Innovation Service Center | 20 | 1 | 1 | 1 | 8 | 6 | 3 |
| 宁夏高新技术创业服务中心 Ningxia Hi-tech Innovation Service Center | 12 | 0 | 1 | 1 | 2 | 7 | 2 |
| 乌鲁木齐市高新区创业服务中心 Urumqi Hi-tech Innovation Service Center | 7 | 0 | 2 | 0 | 5 | 0 | 0 |

# 4-5 国家级科技企业孵化器孵化场地情况

## Space Stastistics of State Level TBIs

单位:平方米 (sq. m)

| 科技企业孵化器<br>Technology Business Incubator | 总面积<br>Total Space Area | 办公用房<br>Space for Office | 企业用房<br>Space for Tenants | 服务用房<br>Space for Service | 其他<br>Others |
|---|---|---|---|---|---|
| **合　计　Total** | **12773501** | **285429** | **10029837** | **1979385** | **478850** |
| 北京赛欧科园科技孵化中心有限公司<br>Beijing Sai' ou Keyuan Technology Business Incubation Center Ltd. | 22428 | 203 | 19941 | 1500 | 784 |
| 北京奥宇科技企业孵化器有限责任公司<br>Beijing Aoyu Technology Business Incubator Ltd. | 12500 | 0 | 9796 | 2704 | 0 |
| 北京北航天汇科技孵化器<br>Beijing Beihang Tianhui Technology Business Incubator | 27832 | 356 | 25976 | 1500 | 0 |
| 北京高技术创业服务中心<br>Beijing Hi-tech Innovation Service Center | 46300 | 100 | 19500 | 20900 | 5800 |
| 北京华海基业科技孵化器有限公司<br>Beijing Huahaijiye Technology Business Incubator Ltd. | 21000 | 89 | 16000 | 1500 | 3411 |
| 北京均大高科技孵化器有限公司<br>Beijing Junda Hi-tech Technology Business Incubator Ltd. | 8400 | 1300 | 5600 | 1500 | 0 |
| 北京科大方兴科技孵化器有限责任公司<br>Beijing Keda Fangxing Technology Business Incubator Ltd. | 17000 | 1000 | 15000 | 1000 | 0 |
| 北京普天德胜科技孵化器有限公司<br>Beijing Putiandesheng Technology Business Incubator Ltd. | 40000 | 400 | 37000 | 2600 | 0 |
| 北京市朝阳区望京科技园创业服务中心<br>Beijing Chaoyang District Wangjin Science and Technology Park Innovation Service Center | 70000 | 400 | 58600 | 11000 | 0 |
| 北京市新技术产业开发试验区海淀创业服务中心<br>Beijing Advanced Technology Industrial Development Test Zone Haidian Innovation Service Center | 76330 | 858 | 41847 | 9532 | 24093 |
| 北京中关村国际孵化器有限公司<br>Beijing Zhongguancun International Business Incubator Ltd. | 21600 | 655 | 18490 | 2455 | 0 |
| 北京中关村京蒙高科企业孵化器有限责任公司<br>Beijing Zhongguancun Jingmeng Hi-tech Business Incubator Ltd. | 37476 | 300 | 36000 | 1000 | 176 |
| 北京中关村软件园孵化服务有限公司<br>Beijing Zhongguancun Software Park Incubation Service Ltd. | 28600 | 210 | 19500 | 2890 | 6000 |
| 汇龙森国际企业孵化(北京)有限公司<br>Huilongsen International Enterprise Incubation (Beijing) Ltd. | 58700 | 4000 | 49000 | 3700 | 2000 |
| 清华创业园<br>Tsinghua Innovation Park | 29500 | 380 | 28000 | 1120 | 0 |
| 中关村科技园区丰台园科技创业服务中心<br>Zhongguancun Science and Technology Park Fengtai Park Science and Technology Innovation Service Center | 224400 | 2000 | 214400 | 8000 | 0 |
| 天津海泰企业孵化服务有限公司<br>Tianjin Hi-tech Business Incubator Service Ltd. | 18791 | 100 | 18031 | 660 | 0 |
| 天津火炬鑫茂创业服务有限公司<br>Tianjin Torch Xingmao Innovation Service Ltd. | 30055 | 625 | 23605 | 5825 | 0 |
| 天津市科技创业服务中心<br>Tianjin Technology Innovation Service Center | 11000 | 200 | 9000 | 1800 | 0 |

单位:平方米　　　　(sq. m)

| 科技企业孵化器<br>Technology Business Incubator | 总面积<br>Total Space Area | 办公用房<br>Space for Office | 企业用房<br>Space for Tenants | 服务用房<br>Space for Service | 其他<br>Others |
|---|---|---|---|---|---|
| 天津泰达国际创业中心(中心大厦)<br>Tianjin Taida International Innovation (central mansion) | 22728 | 0 | 20230 | 2498 | 0 |
| 天津新技术产业园区国际创业中心<br>Tianjin Hi-tech Industrial Park International Innovation Center | 30823 | 443 | 28500 | 1080 | 800 |
| 保定高新技术创业服务中心<br>Baoding Hi-tech Innovation Service Center | 61000 | 500 | 56000 | 3000 | 1500 |
| 沧州市科技创业中心<br>Cangzhou Technology Innovation Center | 16000 | 300 | 12800 | 2291 | 609 |
| 邯郸高新技术创业服务中心<br>Handan Hi-tech Innovation Service Center | 49440 | 300 | 39080 | 10060 | 0 |
| 秦皇岛开发区高新技术创新服务中心<br>Qinghuangdao Development Zone Hi-tech Innovation Sercice Center | 24900 | 1000 | 18510 | 4500 | 890 |
| 石家庄高新技术创业服务中心<br>Shijiazhuang Hi-tech Innovation Service Center | 292000 | 2650 | 286950 | 2400 | 0 |
| 唐山高新技术创业中心<br>Tangshan Hi-tech Innovation Center | 46000 | 570 | 41000 | 1800 | 2630 |
| 山西省高新技术创业中心<br>Shanxi Hi-tech Innovation Center | 39800 | 2008 | 31792 | 6000 | 0 |
| 包头稀土高新区科技创业服务中心<br>Baotou Rare Earths Science and Technology Park Innovation Service Center | 75279 | 1628 | 66355 | 6628 | 669 |
| 鞍山高新技术创业服务中心<br>Anshan Hi-tech Innovation Service Center | 120000 | 5000 | 110000 | 5000 | 0 |
| 锦州高新技术产业创业服务中心<br>Jinzhou Hi-tech Innovation Service Center | 32200 | 500 | 30000 | 1000 | 700 |
| 沈阳东大科技企业孵化器有限公司<br>Shenyang Dongda Technology Business Incubator | 28400 | 1215 | 22185 | 5000 | 0 |
| 沈阳动漫研发与软件外包孵化器<br>Shenyang Cartoon R&D and Software Outsourcing Business Incubator | 35000 | 3000 | 26000 | 5000 | 1000 |
| 沈阳高新技术产业开发区科技创业服务中心<br>Shenyang Hi-tech Industrial Development Zone Technology Innovation Service Center | 350000 | 0 | 310000 | 40000 | 0 |
| 沈阳市高科技创业中心<br>Shenyang Hi-tech Innovation Center | 10000 | 300 | 8900 | 200 | 600 |
| 大连市高新技术创业服务中心<br>Dalian Hi-tech Innovation Service Center | 109000 | 1700 | 85716 | 5284 | 16300 |
| 大连市沙河口区天河科技创业服务中心<br>Dalian Shahekou District Tianhe Technology Innovation Service Center | 10678 | 510 | 7367 | 2098 | 703 |
| 大连双D港创业孵化有限公司<br>Dalian Double D Innovation Incubator Ltd. | 20000 | 1000 | 15416 | 2000 | 1584 |
| 长春科技创业服务中心<br>Changchun Technology Innovation Service Center | 85030 | 4800 | 64980 | 13650 | 1600 |
| 吉林高新技术创业服务中心<br>Jilin Hi-tech Innovation Service Center | 170000 | 2500 | 163000 | 4500 | 0 |

4－5 续表2 Continued 2

单位:平方米 (sq. m)

| 科技企业孵化器 Technology Business Incubator | 总面积 Total Space Area | 办公用房 Space for Office | 企业用房 Space for Tenants | 服务用房 Space for Service | 其他 Others |
|---|---|---|---|---|---|
| 大庆高新技术创业服务中心 Daqing Hi-tech Innovation Service Center | 55138 | 650 | 35438 | 3860 | 15190 |
| 哈尔滨高科技创业中心 Harbin Hi-tech Innovation Center | 166100 | 6700 | 121500 | 25500 | 12400 |
| 哈尔滨高科科技企业孵化器有限公司 Harbin Technology Business Incubator Ltd. | 16600 | 325 | 15475 | 800 | 0 |
| 哈尔滨工业大学国家大学科技园 Harbin Industry University Science Park | 40000 | 500 | 26000 | 9500 | 4000 |
| 哈尔滨金华科技企业孵化器有限公司 Harbin Jinhua Technology Business Incubator | 13400 | 300 | 10600 | 500 | 2000 |
| 哈尔滨龙计电子技术创业中心 Harbin Longji Electronic Technology Innovation Center | 7000 | 48 | 5500 | 1452 | 0 |
| 上海八六三信息安全产业基地有限公司 Shanghai 863 Information Security Industrial Base Ltd. | 28600 | 600 | 20000 | 8000 | 0 |
| 上海漕河泾新兴技术开发区科技创业中心 Shanghai Caohejing New Industry Technology Development Technology Innovation Center | 29000 | 600 | 22261 | 6139 | 0 |
| 上海大学科技园发展有限公司 Shanghai University Science Park Development Ltd. | 26803 | 500 | 23803 | 2500 | 0 |
| 上海都市工业设计中心有限公司 Shanghai Urban Industrial Design Center Ltd. | 5226 | 268 | 4756 | 202 | 0 |
| 上海复旦科技园高新技术创业服务有限公司 Shanghai Fudan Science Park Hi-tech Innovation Service Ltd. | 16900 | 0 | 12400 | 3800 | 700 |
| 上海慧谷高科技创业中心 Shanghai Huigu Hi-tech Innovation Center | 35000 | 500 | 31500 | 3000 | 0 |
| 上海集成电路电路设计创业中心(上海微电子设计有限公司) Shanghai IC Design Circuit Design Innovation Center(Shanghai Microelectronic Design Ltd.) | 27243 | 290 | 24447 | 2506 | 0 |
| 上海聚科生物园区有限责任公司 Shanghai Juke Biology Park Ltd. | 12000 | 200 | 11450 | 350 | 0 |
| 上海市科技创业中心 Shanghai Science and Technology Innovation Center | 34000 | 3000 | 27034 | 3966 | 0 |
| 上海市青浦区科技创业中心 Shanghai Qingpu District Technology Innovation Center | 11444 | 765 | 9040 | 1639 | 0 |
| 上海同济科技园孵化器有限公司 Shanghai Tongji Science Park Business Incubator Ltd. | 12000 | 396 | 9106 | 2498 | 0 |
| 上海莘闵高新技术开发有限公司 Shanghai Xinmin Hi-tech Development Ltd. | 18411 | 7911 | 7000 | 3500 | 0 |
| 上海杨浦科技创业中心有限公司 Shanghai Yangpu Technology Innovation Center Ltd. | 38908 | 0 | 31538 | 7370 | 0 |
| 上海张江高新技术创业服务中心 Shanghai Zhangjiang Hi-tech Innovation Service Center | 48077 | 2119 | 42788 | 2187 | 982 |
| 上海张江药谷公共服务平台有限公司 Shanghai Zhangjiang Medicine Valley Public Service Platform Ltd. | 10319 | 380 | 7922 | 2017 | 0 |
| 常州高新技术创业服务中心 Changzhou Hi-tech Innovation Service Center | 150000 | 310 | 141690 | 8000 | 0 |

4－5　续表3　Continued 3

单位:平方米 (sq. m)

| 科技企业孵化器<br>Technology Business Incubator | 总面积<br>Total Space Area | 办公用房<br>Space for Office | 企业用房<br>Space for Tenants | 服务用房<br>Space for Service | 其他<br>Others |
|---|---|---|---|---|---|
| 江苏省高新技术创业服务中心<br>Jiangsu Hi-tech Innovation Service Center | 30000 | 1100 | 27200 | 1700 | 0 |
| 姜堰市高新技术创业中心<br>Jiangyan Hi-tech Innvoation Center | 42000 | 3000 | 36000 | 2000 | 1000 |
| 昆山高新技术创业服务中心<br>Kunshan Hi-tech Innovation Service Center | 62000 | 950 | 46500 | 14150 | 400 |
| 南京金港科技创业中心<br>Nanjing Jingang Technology Innovation Center | 199113 | 3032 | 179666 | 3269 | 13146 |
| 南通高新技术创业中心有限公司<br>Nantong Hi-tech Innovation Center Ltd. | 20000 | 930 | 16300 | 2256 | 514 |
| 苏州高新技术创业服务中心<br>Suzhou Hi-tech Innovation Service Center | 210250 | 2580 | 102600 | 0 | 105070 |
| 苏州国际科技园<br>Suzhou International Science Park | 339000 | 3000 | 282000 | 42000 | 12000 |
| 苏州市吴中科技创业园<br>Suzhou Wuzhong Technology Innovation Park | 24000 | 1000 | 20000 | 3000 | 0 |
| 泰州市高新技术创业服务中心<br>Taizhou Hi-tech Innovation Service Center | 23000 | 900 | 20000 | 800 | 1300 |
| 无锡高新技术创业服务中心<br>Wuxi Hi-tech Innovation Service Center | 150000 | 2500 | 138100 | 8000 | 1400 |
| 无锡市科技创业服务中心<br>Wuxi Technology Innovation Service Center | 32105 | 582 | 29023 | 2500 | 0 |
| 武进高新技术创业服务中心<br>Wujin Hi-tech Innovation Service Center | 38900 | 2500 | 33900 | 2500 | 0 |
| 扬州高新技术创业服务中心<br>Yangzhou Hi-tech Innovation Service Center | 10450 | 200 | 10050 | 200 | 0 |
| 张家港市高新技术创业服务中心<br>Zhangjiagang Hi-tech Innovation Service Center | 30000 | 800 | 23500 | 5500 | 200 |
| 镇江国家高新技术创业服务中心<br>Zhenjiang National Hi-tech Innovation Service Center | 41600 | 760 | 30500 | 7900 | 2440 |
| 中国昆山留学人员创业园<br>China Kunshan Overseas Schollars Innovation Park | 52000 | 500 | 50500 | 1000 | 0 |
| 南京科技创业服务中心<br>Nanjing Technology Innovation Service Center | 45000 | 2000 | 40000 | 1000 | 2000 |
| 拱墅区科技创业中心<br>Gongshu District Technology Innovation Center | 12700 | 300 | 8000 | 1700 | 2700 |
| 杭州高新区科技创业服务中心<br>Hangzhou Science and Technology Industrial Park Technology Innovation Service Center | 71480 | 600 | 60470 | 10410 | 0 |
| 杭州上城区科技创业中心<br>Hanghou Shangcheng District Technology Innovation Center | 28000 | 100 | 26000 | 300 | 1600 |
| 湖州科技创业服务中心<br>Huzhou Technology Innovation Service Center | 20226 | 341 | 17589 | 2296 | 0 |
| 嘉善县科技创业服务有限公司<br>Jiashan County Technology Innovation Service Ltd. | 37878 | 835 | 29344 | 6940 | 758 |
| 嘉兴科技创业服务中心<br>Jiaxing Technology Innovation Service Center | 68000 | 1000 | 62000 | 2000 | 3000 |

4－5 续表4 Continued 4

单位:平方米 (sq. m)

| 科技企业孵化器<br>Technology Business Incubator | 总面积<br>Total Space Area | 办公用房<br>Space for Office | 企业用房<br>Space for Tenants | 服务用房<br>Space for Service | 其他<br>Others |
|---|---|---|---|---|---|
| 金华科技园创业服务中心有限公司<br>Jinhua Science Park Innovation Service Center Ltd. | 42459 | 670 | 41115 | 674 | 0 |
| 绍兴市高新技术创业服务中心<br>Shaoxing High-tech Innovation Service Center | 65000 | 1000 | 60000 | 3800 | 200 |
| 温州高新技术产业园区创业服务中心<br>Wenzhou Hi-tech Industrial Park Innovation Service Center | 33000 | 650 | 27350 | 5000 | 0 |
| 浙江大学国家大学科技园<br>Zhejiang University Science Park | 100000 | 2144 | 2594 | 10000 | 85262 |
| 宁波保税区科技促进中心<br>Ningbo Bonded Zone Science and Technology Promotion Center | 45809 | 600 | 43061 | 2148 | 0 |
| 宁波市科技创业中心<br>Ningbo City Technology Business Incubator | 42411 | 880 | 38211 | 2987 | 333 |
| 合肥高新技术创业服务中心<br>Hefei Hi-tech Innovation Service Center | 120000 | 800 | 117000 | 1800 | 400 |
| 合肥国家大学科技园创业孵化中心<br>Hefei National University Science Park Innovation Center | 21236 | 2000 | 15000 | 3600 | 636 |
| 合肥民营科技企业园管理服务中心<br>Hefei Private Science and Technology Enterprise Park Administrative Service Center | 20400 | 175 | 18000 | 1500 | 725 |
| 马鞍山市高新技术创业服务中心<br>Ma' anshan City Hi-tech Innovation Service Center | 38000 | 660 | 31890 | 5450 | 0 |
| 铜陵高新技术创业服务中心 Innovation Service Center | 30848 | 2350 | 27848 | 650 | 0 |
| 芜湖高新技术创业服务中心<br>Wuhu Hi-tech Innovation Service Center | 51966 | 1966 | 44000 | 6000 | 0 |
| 福建省高新技术创业服务中心<br>Fujian Hi-tech Innovation Service Center | 28000 | 432 | 20040 | 7528 | 0 |
| 福州市高新技术产业创业服务中心<br>Fuzhou City Hi-tech Innovation Service Center | 64000 | 1000 | 61200 | 1800 | 0 |
| 泉州市高新技术创业服务中心<br>Quanzhou City Hi-tech Innovation Service Center | 33500 | 1000 | 27000 | 1000 | 4500 |
| 厦门高新技术创业中心<br>Xiamen Hi-tech Innovation Center | 212296 | 900 | 201929 | 9467 | 0 |
| 厦门软件产业投资发展有限公司<br>Xiamen Software Industrial Investment Development Ltd. | 80000 | 800 | 75000 | 3000 | 1200 |
| 江西省高新技术创业服务中心<br>Jiangxi Province Hi-tech Innovation Service Center | 7746 | 1256 | 6490 | 0 | 0 |
| 南昌大学科技园发展有限公司<br>Nanchang University Science Park Development Ltd. | 32000 | 600 | 26400 | 5000 | 0 |
| 南昌高新开发区创业服务中心<br>Nanchang Science and Technology Industrial Park Innovation Service Center | 21000 | 500 | 19300 | 1000 | 200 |
| 东营高新技术创业服务中心<br>Dongying Hi-tech Innovation Service Center | 86000 | 400 | 84100 | 700 | 800 |
| 东营市高新技术创业服务中心<br>Dongying City Hi-tech Innovation Service Center | 58000 | 1000 | 50000 | 1000 | 6000 |
| 东营市黄河口高新技术企业创业园<br>Dongying City Huanghekou Hi-tech Business Incubator | 110000 | 800 | 108000 | 1000 | 200 |

4－5 续表5 Continued 5

单位:平方米 (sq. m)

| 科技企业孵化器 Technology Business Incubator | 总面积 Total Space Area | 办公用房 Space for Office | 企业用房 Space for Tenants | 服务用房 Space for Service | 其他 Others |
|---|---|---|---|---|---|
| 济南高新技术创业服务中心 Jinan Hi-tech Innovation Service Center | 126000 | 2486 | 123514 | 0 | 0 |
| 济南腊山高新技术创业服务中心 Jinan Lashan Hi-tech Innovation Service Center | 13000 | 1000 | 11000 | 1000 | 0 |
| 济南历下软件创业服务中心 Jinan Lixia Software Innovation Service Center | 7882 | 177 | 7385 | 320 | 0 |
| 济南民营科技企业孵化器 Jinan Private Technology Business Incubator | 84500 | 300 | 83100 | 860 | 240 |
| 济宁高新技术创业服务中心 Jining Hi-tech Innovation Service Center | 26520 | 5000 | 20520 | 1000 | 0 |
| 临沂高新技术创业服务中心 Linyi Hi-tech Innovation Service Center | 55000 | 600 | 50000 | 1000 | 3400 |
| 泰安高新技术创业服务中心 Tai'an Hi-tech Innovation Service Center | 125000 | 380 | 123820 | 800 | 0 |
| 威海高技术创业服务中心 Weihai Hi-tech Innovation Service Center | 11000 | 500 | 9000 | 1500 | 0 |
| 威海火炬高技术产业开发区高新技术创业服务中心 Weihai Torch Hi-tech Industrial Park Hi-tech Innovation Service Center | 163000 | 700 | 160240 | 260 | 1800 |
| 潍坊高新技术创业服务中心 Weifang Hi-tech Innovation Service Center | 172000 | 2700 | 158600 | 8000 | 2700 |
| 烟台高新技术创业服务中心 Yantai Hi-tech Innovation Service Center | 40000 | 440 | 33285 | 1023 | 5252 |
| 烟台留学人员创业园区 Yantai Overseas Schollars Innovation Park | 76000 | 18000 | 51000 | 7000 | 0 |
| 淄博高新技术创业服务中心 Zibo Hi-tech Innovation Service Center | 87000 | 600 | 64999 | 17826 | 3575 |
| 青岛高新技术创业服务中心 Qingdao Hi-tech Innovation Service Center | 168026 | 778 | 166032 | 1216 | 0 |
| 青岛经济技术开发区高科技创业服务中心 Qingdao Economic Technological Development Park Hi-tech Innovation Service Center | 59150 | 900 | 54000 | 4250 | 0 |
| 安阳高新技术创业服务中心 Anyang Hi-tech Innovation Service Center | 133890 | 500 | 123780 | 0 | 9610 |
| 河南省大学科技园发展有限公司 Henan Province University Science Park Development Ltd. | 30000 | 1000 | 29000 | 0 | 0 |
| 河南专利孵化转移中心有限公司 Henan Patent Incubation Transfer Center Ltd. | 44000 | 360 | 42000 | 1500 | 140 |
| 焦作高新技术创业服务中心 Jiaozuo Hi-tech Innovation Service Center | 40700 | 6400 | 27100 | 6300 | 900 |
| 洛阳高技术创业服务中心 Luoyang Hi-tech Innovation Service Center | 137400 | 900 | 135415 | 1085 | 0 |
| 漯河高新技术创业服务中心 Luohe Hi-tech Innovation Service Center | 60000 | 12700 | 42000 | 2100 | 3200 |
| 南阳高新技术创业服务中心 Nanyang Hi-tech Innovation Service Center | 26000 | 2500 | 23500 | 0 | 0 |

4－5　续表6　Continued 6

单位：平方米 (sq. m)

| 科技企业孵化器 Technology Business Incubator | 总面积 Total Space Area | 办公用房 Space for Office | 企业用房 Space for Tenants | 服务用房 Space for Service | 其他 Others |
|---|---|---|---|---|---|
| 新乡高新技术创业服务中心 Xinxiang Hi-tech Innovation Service Center | 46500 | 220 | 45510 | 770 | 0 |
| 郑州高新技术产业开发区创业中心 Zhengzhou Hi-tech Industrial Development Innovation Center | 200000 | 1500 | 181000 | 16000 | 1500 |
| 郑州市高新技术创业中心 Zhengzhou City Hi-tech Innvoation Center | 31000 | 405 | 26620 | 3975 | 0 |
| 黄石磁湖科技创业服务中心 Huangshi Cihu Technology Innovation Service Center | 28000 | 150 | 24800 | 2000 | 1050 |
| 荆州开发区创业中心 Jinzhou Development Zone Innovation Center | 20000 | 2000 | 17500 | 500 | 0 |
| 襄樊高新技术创业服务中心 Xiangfan Hi-tech Innovation Service Center | 15000 | 720 | 14080 | 200 | 0 |
| 宜昌高新技术产业园区创业服务中心 Yichang Hi-tech Innovation Service Center | 16000 | 500 | 13000 | 2300 | 200 |
| 汉口高新技术创业服务中心 Hankou Hi-tech Innovation Service Center | 59800 | 300 | 56300 | 1200 | 2000 |
| 洪山高新技术创业服务中心 Hongshan Hi-tech Innovation Service Center | 35000 | 230 | 27000 | 2470 | 5300 |
| 武汉东湖新技术创业中心 Wuhan Eastlake Hi-tech Innovation Center | 173345 | 1153 | 131009 | 41183 | 0 |
| 武汉国家农业科技园创业中心 Wuhan National Agriculture Science Park Innovation Center | 45000 | 7000 | 30000 | 8000 | 0 |
| 武汉海峡高新技术创业服务中心 Wuhan Straits Hi-tech Innovation Service Center | 33500 | 0 | 27618 | 5882 | 0 |
| 武汉华工科技企业孵化器 Wuhan Huagong Technology Business Incubator | 18000 | 180 | 13103 | 320 | 4397 |
| 武汉留学生创业园管理中心 Wuhan Overseas Schollars Innvoation Park Administrative Center | 36513 | 336 | 35977 | 200 | 0 |
| 武汉市青山区高新技术创业服务中心 Wuhan City Qingshan District Hi-tech Innovation Service Center | 17738 | 150 | 16026 | 660 | 902 |
| 武汉市武昌科技创业中心 Wuhan City Wuchang Technology Innvoation Center | 34000 | 200 | 32000 | 1800 | 0 |
| 武汉新材料科技企业孵化器 Wuhan Advanced Material Technology Business Incubator | 22000 | 100 | 13200 | 8700 | 0 |
| 长沙高新技术产业开发区创业服务中心 Changsha Hi-tech Industrial Park Innovation Service Center | 94855 | 510 | 85345 | 9000 | 0 |
| 长沙高新技术创业服务中心 Changsha Hi-tech Innovation Service Center | 33032 | 1000 | 28316 | 3516 | 200 |
| 湘潭高新技术创业服务中心 Xiangtan Hi-tech Innovation Service Center | 75307 | 1950 | 66230 | 3000 | 4127 |
| 株洲高新技术产业开发区创业服务中心 Zhuzhou Hi-tech Innovation Service Center | 149310 | 610 | 133000 | 15700 | 0 |
| 东莞市留学人员创业园 Dongguan City Overseas Schollars Innovation Park | 22000 | 0 | 22000 | 0 | 0 |
| 中山火炬高技术创业中心有限公司 Zhongshan Torch Hi-tech Innovation Center Ltd. | 118165 | 2800 | 101036 | 8800 | 5529 |

单位:平方米 (sq. m)

| 科技企业孵化器<br>Technology Business Incubator | 总面积<br>Total Space Area | 办公用房<br>Space for Office | 企业用房<br>Space for Tenants | 服务用房<br>Space for Service | 其他<br>Others |
|---|---|---|---|---|---|
| 珠海高新技术创业服务中心<br>Zhuhai Hi-tech Innovation Service Center | 40000 | 900 | 36900 | 1200 | 1000 |
| 广东拓思软件科学园有限公司<br>Guangdong Tuosi Software Science Park Ltd. | 55000 | 4000 | 45000 | 6000 | 0 |
| 广州国际企业孵化器有限公司<br>Guangzhou International Business Incubator Ltd. | 76000 | 1200 | 57353 | 17447 | 0 |
| 广州火炬高新技术创业服务中心<br>Guangzhou Torch Hi-tech Innovation Service Center | 174500 | 2037 | 169406 | 3057 | 0 |
| 广州市高新技术创业服务中心<br>Guangzhou City Hi-tech Innovation Service Center | 97723 | 1891 | 76742 | 19090 | 0 |
| 广州市海珠高新技术创业服务中心<br>Guangzhou City Hizhu Hi-tech Innovation Service Center | 14884 | 196 | 13788 | 900 | 0 |
| 华南理工大学科技园<br>Huanan Science and Technology University Science Park | 35000 | 1000 | 32000 | 2000 | 0 |
| 深圳市宝安区科技创业服务中心<br>Shenzhen Bao'an District Technology Innovation Service Center | 43000 | 2000 | 35800 | 5200 | 0 |
| 深圳市北科创业有限公司<br>Shenzhen City Beike Innovation Ltd. | 55000 | 500 | 49500 | 5000 | 0 |
| 深圳市福田区高新技术创业中心<br>Shenzhen City Futian District Hi-tech Innovation Center | 28672 | 3502 | 25170 | 0 | 0 |
| 深圳市科技创业服务中心<br>Shenzhen City Hi-tech Innovation Service Center | 36000 | 0 | 35300 | 700 | 0 |
| 深圳市龙岗区科技创业服务中心<br>Shenzhen City Longgang District Technology Innovation Service Center | 38330 | 590 | 29530 | 3298 | 4913 |
| 深圳市南山区科技创业服务中心<br>Shenzhen City Nanshan District Technology Innovation Service Center | 127735 | 2000 | 122252 | 3483 | 0 |
| 深圳虚拟大学园创业中心<br>Shenzhen Virtual University Science Park Innovation Center | 21184 | 542 | 19589 | 1053 | 0 |
| 中国深圳留学人员创业园<br>China Shenzhen Overseas Schollars Innovation Park | 33364 | 479 | 32376 | 509 | 0 |
| 桂林科技创业服务中心<br>Guilin Technology Innovation Service Center | 51000 | 416 | 49466 | 1118 | 0 |
| 柳州高新技术创业服务中心<br>Liuzhou Hi-tech Innovation Service Center | 27500 | 4000 | 17500 | 6000 | 0 |
| 南宁新技术创业者中心<br>Nanning Hi-tech Enterproneous Invvoation Center | 150000 | 750 | 148500 | 450 | 300 |
| 重庆大学国家大学科技园创业服务中心<br>Chongqing University Science Park Innovation Service Center | 16443 | 800 | 12993 | 2650 | 0 |
| 重庆高技术创业中心(中国重庆国际企业孵化器)<br>Chongqing Hi-tech Innovation Center (China Chongqing International Business Incubator) | 53787 | 941 | 46757 | 6089 | 0 |
| 重庆高新技术产业开发区创新服务中心<br>Chongqing Hi-tech Industrial Development Zone Innovation Service Center | 1100000 | 8000 | 0 | 1092000 | 0 |
| 成都高新技术创业服务中心<br>Chengdu Hi-tech Innovation Service Center | 12800 | 1000 | 1800 | 10000 | 0 |

4－5 续表8 Continued 8

单位:平方米 (sq. m)

| 科技企业孵化器<br>Technology Business Incubator | 总面积<br>Total Space Area | 办公用房<br>Space for Office | 企业用房<br>Space for Tenants | 服务用房<br>Space for Service | 其他<br>Others |
|---|---|---|---|---|---|
| 成都高新区技术创新服务中心<br>Chengdu Science and Technology Park Technology Innovation Service Center | 230000 | 1500 | 200000 | 1300 | 27200 |
| 成都高新区教育科技园孵化器<br>Chengdu Science and Technology Park Education Science Park Business Incubator | 40000 | 5000 | 31000 | 4000 | 0 |
| 成都生物与医药产业孵化园<br>Chengdu Biology and Medicine Industrial Incubation Park | 53460 | 868 | 45843 | 2879 | 3870 |
| 绵阳高新区创业服务中心<br>Mianyang Science and Technology Innovation Service Center | 52200 | 1000 | 49000 | 2200 | 0 |
| 四川川大科技园发展有限公司<br>Sichuan University Science Park Development Ltd. | 20386 | 1000 | 19386 | 0 | 0 |
| 成都武侯高新技术创业服务中心<br>Chengdu Wuhou Hi-tech Innovation Service Center | 26850 | 200 | 25850 | 600 | 200 |
| 贵阳高新技术创业服务中心<br>Guiyang Hi-tech Innovation Service Center | 81000 | 7500 | 53000 | 2000 | 18500 |
| 昆明创新园科技发展有限公司<br>Kunming Innovation Park Science and Technology Development Ltd. | 10220 | 200 | 5485 | 580 | 3955 |
| 昆明高新技术创业服务中心<br>Kunming Hi-tech Innovation Service Center | 60000 | 800 | 58500 | 700 | 0 |
| 云南省新材料孵化器<br>Yunnan Province Advanced Material Business Incubator | 8942 | 80 | 8593 | 269 | 0 |
| 宝鸡高技术创业服务中心<br>Baoji Hi-tech Innovation Service Center | 76000 | 4500 | 68000 | 3000 | 500 |
| 兰州高新技术产业开发区创业服务中心<br>Lanzhou Hi-tech Innovation Service Center | 132976 | 800 | 127676 | 3500 | 1000 |
| 西安交大科技园高新技术创业服务中心<br>Xi'an Jiaotong University Science Park Innovation Service Center | 30000 | 2000 | 26000 | 2000 | 0 |
| 杨凌示范区创业服务中心<br>Yanglin Model Zone Innovation Service Center | 35830 | 5028 | 20402 | 10000 | 400 |
| 西安创业园投资管理有限公司<br>Xi'an Innovation Park Investment Administrative Ltd. | 57500 | 6120 | 44000 | 7380 | 0 |
| 西安高新创业服务中心<br>Xi'an Hi-tech Innovation Service Center | 230000 | 1134 | 195500 | 33366 | 0 |
| 西安光电子专业孵化器<br>Xi'an Mechatronic Special Business Incubator | 24000 | 3350 | 17650 | 3000 | 0 |
| 西安联创生物医药孵化器有限公司<br>Xi'an Lianchuang Biological Medicine Businsess Incubator Ltd. | 14600 | 200 | 12000 | 2400 | 0 |
| 西安软件园发展中心<br>Xi'an Software Park Development Center | 70900 | 1115 | 53400 | 10500 | 5885 |
| 甘肃省高新技术创业服务中心<br>Gansu Province Hi-tech Innovation Service Center | 16500 | 2000 | 12835 | 1665 | 0 |
| 宁夏高新技术创业服务中心<br>Ningxia Hi-tech Innovation Service Center | 13450 | 300 | 12450 | 700 | 0 |
| 乌鲁木齐市高新区创业服务中心<br>Urumqi Hi-tech Innovation Service Center | 26900 | 1500 | 19500 | 5900 | 0 |

# 4-6 国家级科技企业孵化器当年在孵企业情况

## General Statistics of Tenants of State Level TBIs

| 科技企业孵化器<br>Technology Business Incubator | 在孵企业数<br>(个)<br>Number of Tenants<br>(number) | 人员数<br>(人)<br>Number of Employees of Tenants<br>(person) | 总收入<br>(千元)<br>Total Income of Tenants<br>(1000 RMB yuan) | 工业总产值<br>(千元)<br>Total Industrial Output Value<br>(1000 RMB yuan) | 净利润<br>(千元)<br>Net Profit<br>(1000 RMB yuan) | 上缴税金<br>(千元)<br>Taxes Submitted<br>(1000 RMB yuan) |
|---|---|---|---|---|---|---|
| **合　计　Total** | **29146** | **579699** | **153177447** | **112721788** | **19384492** | **6796556** |
| 北京赛欧科园科技孵化中心有限公司<br>Beijing Sai'ou Keyuan Technology Business Incubation Center Ltd. | 92 | 1614 | 285930 | 213956 | 129677 | 15943 |
| 北京奥宇科技企业孵化器有限责任公司<br>Beijing Aoyu Technology Business Incubator Ltd. | 61 | 820 | 67470 | 67470 | 1541 | 1041 |
| 北京北航天汇科技孵化器<br>Beijing Beihang Tianhui Technology Business Incubator | 111 | 2117 | 216450 | 250770 | 22727 | 11818 |
| 北京高技术创业服务中心<br>Beijing Hi-tech Innovation Service Center | 83 | 1875 | 332450 | 110000 | 89705 | 94920 |
| 北京华海基业科技孵化器有限公司<br>Beijing Huahaijiye Technology Business Incubator Ltd. | 168 | 1739 | 913420 | 957140 | 96700 | 713500 |
| 北京均大高科技孵化器有限公司<br>Beijing Junda Hi-tech Technology Business Incubator Ltd. | 82 | 1020 | 202890 | 202890 | 4710 | 5527 |
| 北京科大方兴科技孵化器有限责任公司<br>Beijing Keda Fangxing Technology Business Incubator Ltd. | 0 | 0 | 0 | 0 | 0 | 0 |
| 北京普天德胜科技孵化器有限公司<br>Beijing Putiandesheng Technology Business Incubator Ltd. | 88 | 1143 | 256876 | 20753 | 64976 | 29136 |
| 北京市朝阳区望京科技园创业服务中心<br>Beijing Chaoyang District Wangjin Science and Technology Park Innovation Service Center | 209 | 2390 | 659300 | 321250 | 31450 | 47900 |
| 北京市新技术产业开发试验区海淀创业服务中心<br>Beijing Advanced Technology Industrial Development Test Zone Haidian Innovation Service Center | 222 | 5156 | 1500000 | 500000 | 136086 | 49633 |
| 北京中关村国际孵化器有限公司<br>Beijing Zhongguancun International Business Incubator Ltd. | 101 | 1442 | 276530 | 109047 | -35748 | 10347 |
| 北京中关村京蒙高科企业孵化器有限责任公司<br>Beijing Zhongguancun Jingmeng Hi-tech Business Incubator Ltd. | 30 | 1025 | 3090 | 2970 | 540 | 765 |
| 北京中关村软件园孵化服务有限公司<br>Beijing Zhongguancun Software Park Incubation Service Ltd. | 106 | 1369 | 2739680 | 37617 | 64890 | 23812 |
| 汇龙森国际企业孵化(北京)有限公司<br>Huilongsen International Enterprise Incubation (Beijing) Ltd. | 41 | 1106 | 135175 | 76879 | 26874 | 7117 |
| 清华创业园<br>Tsinghua Innovation Park | 116 | 2059 | 308716 | 169587 | -473 | 16972 |
| 中关村科技园区丰台园科技创业服务中心<br>Zhongguancun Science and Technology Park Fengtai Park Science and Technology Innovation Service Center | 1553 | 30000 | 36500000 | 18720000 | 9930420 | 800000 |
| 天津海泰企业孵化服务有限公司<br>Tianjin Hi-tech Business Incubator Service Ltd. | 130 | 2745 | 112877 | 185000 | 29926 | 17307 |
| 天津火炬鑫茂创业服务有限公司<br>Tianjin Torch Xingmao Innovation Service Ltd. | 132 | 2800 | 250092 | 250092 | 37086 | 12087 |
| 天津市科技创业服务中心<br>Tianjin Technology Innovation Service Center | 81 | 1151 | 97343 | 91360 | 1078 | 5948 |
| 天津泰达国际创业中心(中心大厦)<br>Tianjin Taida International Innovation (central mansion) | 44 | 754 | 44541 | 288988 | -193 | 2982 |

| 科技企业孵化器<br>Technology Business Incubator | 在孵企业数<br>（个）<br>Number of Tenants<br>（number） | 人员数<br>（人）<br>Number of Employees of Tenants<br>（person） | 总收入<br>（千元）<br>Total Income of Tenants<br>（1000 RMB yuan） | 工业总产值<br>（千元）<br>Total Industrial Output Value<br>（1000 RMB yuan） | 净利润<br>（千元）<br>Net Profit<br>（1000 RMB yuan） | 上缴税金<br>（千元）<br>Taxes Submitted<br>（1000 RMB yuan） |
|---|---|---|---|---|---|---|
| 天津新技术产业园区国际创业中心<br>Tianjin Hi-tech Industrial Park International Innovation Center | 146 | 4719 | 905674 | 905674 | 99459 | 67411 |
| 保定高新技术创业服务中心<br>Baoding Hi-tech Innovation Service Center | 153 | 3100 | 320000 | 320000 | 39000 | 18000 |
| 沧州市科技创业中心<br>Cangzhou Technology Innovation Center | 82 | 1025 | 25100 | 24141 | 540 | 1750 |
| 邯郸高新技术创业服务中心<br>Handan Hi-tech Innovation Service Center | 93 | 1432 | 253400 | 235790 | 39470 | 17320 |
| 秦皇岛开发区高新技术创新服务中心<br>Qinghuangdao Development Zone Hi-tech Innovation Sercice Center | 106 | 2969 | 400000 | 350000 | 150000 | 100000 |
| 石家庄高新技术创业服务中心<br>Shijiazhuang Hi-tech Innovation Service Center | 292 | 6002 | 600000 | 56000 | 50000 | 38000 |
| 唐山高新技术创业中心<br>Tangshan Hi-tech Innovation Center | 103 | 1216 | 600000 | 600000 | 52026 | 29658 |
| 山西省高新技术创业中心<br>Shanxi Hi-tech Innovation Center | 122 | 1591 | 378350 | 60320 | 30324 | 11674 |
| 包头稀土高新区科技创业服务中心<br>Baotou Rare Earths Science and Technology Park Innovation Service Center | 506 | 17853 | 2969802 | 2383594 | 96238 | 103283 |
| 鞍山高新技术创业服务中心<br>Anshan Hi-tech Innovation Service Center | 386 | 10560 | 1180000 | 1400000 | 77000 | 79000 |
| 锦州高新技术产业创业服务中心<br>Jinzhou Hi-tech Innovation Service Center | 105 | 1796 | 435430 | 401460 | 7770 | 9260 |
| 沈阳东大科技企业孵化器有限公司<br>Shenyang Dongda Technology Business Incubator | 106 | 2256 | 43000 | 47400 | 5200 | 1600 |
| 沈阳动漫研发与软件外包孵化器<br>Shenyang Cartoon R&D and Software Outsourcing Business Incubator | 52 | 4944 | 400924 | 400924 | 73289 | 19738 |
| 沈阳高新技术产业开发区科技创业服务中心<br>Shenyang Hi-tech Industrial Development Zone Technology Innovation Service Center | 378 | 5367 | 2200000 | 2200000 | 140000 | 20000 |
| 沈阳市高科技创业中心<br>Shenyang Hi-tech Innovation Center | 95 | 2414 | 144259 | 213141 | 47570 | 19439 |
| 大连市高新技术创业服务中心<br>Dalian Hi-tech Innovation Service Center | 352 | 8930 | 1500000 | 1330000 | 75000 | 80000 |
| 大连市沙河口区天河科技创业服务中心<br>Dalian Shahekou District Tianhe Technology Innovation Service Center | 86 | 1017 | 261752 | 294490 | 19492 | 10972 |
| 大连双D港创业孵化有限公司<br>Dalian Double D Innovation Incubator Ltd. | 52 | 820 | 22232 | 11910 | 1070 | 3891 |
| 长春科技创业服务中心<br>Changchun Technology Innovation Service Center | 324 | 8448 | 650720 | 527083 | 84582 | 42332 |
| 吉林高新技术创业服务中心<br>Jilin Hi-tech Innovation Service Center | 460 | 6200 | 738000 | 464800 | 59020 | 54300 |
| 大庆高新技术创业服务中心<br>Daqing Hi-tech Innovation Service Center | 268 | 3396 | 568917 | 359258 | 37978 | 24539 |

| 科技企业孵化器<br>Technology Business Incubator | 在孵企业数<br>（个）<br>Number of Tenants (number) | 人员数<br>（人）<br>Number of Employees of Tenants (person) | 总收入<br>（千元）<br>Total Income of Tenants (1000 RMB yuan) | 工业总产值<br>（千元）<br>Total Industrial Output Value (1000 RMB yuan) | 净利润<br>（千元）<br>Net Profit (1000 RMB yuan) | 上缴税金<br>（千元）<br>Taxes Submitted (1000 RMB yuan) |
|---|---|---|---|---|---|---|
| 哈尔滨高科技创业中心<br>Harbin Hi-tech Innovation Center | 430 | 6250 | 1623000 | 1157000 | 153600 | 112000 |
| 哈尔滨高科科技企业孵化器有限公司<br>Harbin Technology Business Incubator Ltd. | 83 | 1200 | 228000 | 228000 | 24500 | 9600 |
| 哈尔滨工业大学国家大学科技园<br>Harbin Industry University Science Park | 101 | 2020 | 547845 | 614594 | 71220 | 7834 |
| 哈尔滨金华科技企业孵化器有限公司<br>Harbin Jinhua Technology Business Incubator | 88 | 1027 | 125000 | 127000 | 17500 | 7200 |
| 哈尔滨龙计电子技术创业中心<br>Harbin Longji Electronic Technology Innovation Center | 53 | 653 | 27578 | 37984 | 4646 | 2987 |
| 上海八六三信息安全产业基地有限公司<br>Shanghai 863 Information Security Industrial Base Ltd. | 66 | 1960 | 507799 | 507799 | 151759 | 164041 |
| 上海漕河泾新兴技术开发区科技创业中心<br>Shanghai Caohejing New Industry Technology Development Technology Innovation Center | 101 | 2248 | 758752 | 758752 | 53457 | 37451 |
| 上海大学科技园发展有限公司<br>Shanghai University Science Park Development Ltd. | 80 | 1147 | 126214 | 74259 | －5404 | 7110 |
| 上海都市工业设计中心有限公司<br>Shanghai Urban Industrial Design Center Ltd. | 48 | 364 | 66936 | 66936 | 1896 | 2480 |
| 上海复旦科技园高新技术创业服务有限公司<br>Shanghai Fudan Science Park Hi-tech Innovation Service Ltd. | 88 | 913 | 58915 | 7816 | 1945 | 4607 |
| 上海慧谷高科技创业中心<br>Shanghai Huigu Hi-tech Innovation Center | 117 | 2235 | 619000 | 619000 | 75800 | 10000 |
| 上海集成电路电路设计创业中心（上海微电子设计有限公司）<br>Shanghai IC Design Circuit Design Innovation Center(Shanghai Microelectronic Design Ltd.) | 71 | 1625 | 292073 | 292073 | 2994 | 12024 |
| 上海聚科生物园区有限责任公司<br>Shanghai Juke Biology Park Ltd. | 63 | 962 | 283020 | 283020 | 4021 | 12920 |
| 上海市科技创业中心<br>Shanghai Science and Technology Innovation Center | 82 | 1476 | 490148 | 486863 | 59363 | 40785 |
| 上海市青浦区科技创业中心<br>Shanghai Qingpu District Technology Innovation Center | 83 | 866 | 150574 | 150574 | 9504 | 11137 |
| 上海同济科技园孵化器有限公司<br>Shanghai Tongji Science Park Business Incubator Ltd. | 84 | 560 | 41742 | 41742 | 3239 | 2304 |
| 上海莘闵高新技术开发有限公司<br>Shanghai Xinmin Hi-tech Development Ltd. | 91 | 1437 | 48847 | 48786 | －397 | 3881 |
| 上海杨浦科技创业中心有限公司<br>Shanghai Yangpu Technology Innovation Center Ltd. | 90 | 1531 | 96468 | 95821 | 2944 | 6221 |
| 上海张江高新技术创业服务中心<br>Shanghai Zhangjiang Hi-tech Innovation Service Center | 81 | 1746 | 362410 | 362410 | 3597 | 10439 |
| 上海张江药谷公共服务平台有限公司<br>Shanghai Zhangjiang Medicine Valley Public Service Platform Ltd. | 50 | 606 | 433308 | 433308 | 60361 | 13001 |
| 常州高新技术创业服务中心<br>Changzhou Hi-tech Innovation Service Center | 218 | 3485 | 360000 | 389000 | 18640 | 27230 |

| 科技企业孵化器<br>Technology Business Incubator | 在孵企业数（个）<br>Number of Tenants (number) | 人员数（人）<br>Number of Employees of Tenants (person) | 总收入（千元）<br>Total Income of Tenants (1000 RMB yuan) | 工业总产值（千元）<br>Total Industrial Output Value (1000 RMB yuan) | 净利润（千元）<br>Net Profit (1000 RMB yuan) | 上缴税金（千元）<br>Taxes Submitted (1000 RMB yuan) |
|---|---|---|---|---|---|---|
| 江苏省高新技术创业服务中心<br>Jiangsu Hi-tech Innovation Service Center | 98 | 1600 | 470000 | 472000 | 45000 | 38200 |
| 姜堰市高新技术创业中心<br>Jiangyan Hi-tech Innvoation Center | 84 | 2032 | 145800 | 145800 | 16314 | 15166 |
| 昆山高新技术创业服务中心<br>Kunshan Hi-tech Innovation Service Center | 81 | 654 | 421610 | 466434 | 23540 | 29175 |
| 南京金港科技创业中心<br>Nanjing Jingang Technology Innovation Center | 85 | 280 | 109290 | 131148 | 2130 | 1488 |
| 南通高新技术创业中心有限公司<br>Nantong Hi-tech Innovation Center Ltd. | 91 | 1322 | 235012 | 234239 | 10485 | 8343 |
| 苏州高新技术创业服务中心<br>Suzhou Hi-tech Innovation Service Center | 228 | 4670 | 1110000 | 1050000 | 106847 | 57067 |
| 苏州国际科技园<br>Suzhou International Science Park | 420 | 12000 | 1700000 | 1100000 | 90000 | 17000 |
| 苏州市吴中科技创业园<br>Suzhou Wuzhong Technology Innovation Park | 98 | 1292 | 430000 | 0 | 44000 | 39000 |
| 泰州市高新技术创业服务中心<br>Taizhou Hi-tech Innovation Service Center | 83 | 1471 | 85301 | 77443 | 6507 | 6156 |
| 无锡高新技术创业服务中心<br>Wuxi Hi-tech Innovation Service Center | 351 | 4400 | 1207000 | 971280 | 91760 | 73630 |
| 无锡市科技创业服务中心<br>Wuxi Technology Innovation Service Center | 95 | 1107 | 16214 | 16224 | 621 | 522 |
| 武进高新技术创业服务中心<br>Wujin Hi-tech Innovation Service Center | 90 | 1600 | 250000 | 230000 | 10000 | 0 |
| 扬州高新技术创业服务中心<br>Yangzhou Hi-tech Innovation Service Center | 81 | 1385 | 206650 | 206650 | 5450 | 9830 |
| 张家港市高新技术创业服务中心<br>Zhangjiagang Hi-tech Innovation Service Center | 87 | 1113 | 328065 | 330480 | 29657 | 15501 |
| 镇江国家高新技术创业服务中心<br>Zhenjiang National Hi-tech Innovation Service Center | 91 | 1105 | 122564 | 106215 | 4364 | 7571 |
| 中国昆山留学人员创业园<br>China Kunshan Overseas Schollars Innovation Park | 86 | 1161 | 191100 | 203000 | 9460 | 7980 |
| 南京科技创业服务中心<br>Nanjing Technology Innovation Service Center | 102 | 1860 | 881240 | 881370 | 143065 | 30013 |
| 拱墅区科技创业中心<br>Gongshu District Technology Innovation Center | 127 | 1560 | 436160 | 135670 | －3150 | 15000 |
| 杭州高新区科技创业服务中心<br>Hangzhou Science and Technology Industrial Park Technology Innovation Service Center | 290 | 3678 | 437977 | 177420 | 8040 | 17600 |
| 杭州上城区科技创业中心<br>Hanghou Shangcheng District Technology Innovation Center | 55 | 577 | 395280 | 275000 | 25240 | 19860 |
| 湖州科技创业服务中心<br>Huzhou Technology Innovation Service Center | 86 | 992 | 81533 | 82733 | 8919 | 7594 |
| 嘉善县科技创业服务有限公司<br>Jiashan County Technology Innovation Service Ltd. | 86 | 836 | 154945 | 154945 | －8360 | 30778 |

| 科技企业孵化器<br>Technology Business Incubator | 在孵企业数（个）Number of Tenants (number) | 人员数（人）Number of Employees of Tenants (person) | 总收入（千元）Total Income of Tenants (1000 RMB yuan) | 工业总产值（千元）Total Industrial Output Value (1000 RMB yuan) | 净利润（千元）Net Profit (1000 RMB yuan) | 上缴税金（千元）Taxes Submitted (1000 RMB yuan) |
|---|---|---|---|---|---|---|
| 嘉兴科技创业服务中心<br>Jiaxing Technology Innovation Service Center | 100 | 1990 | 342363 | 342363 | 21664 | 16581 |
| 金华科技园创业服务中心有限公司<br>Jinhua Science Park Innovation Service Center Ltd. | 144 | 5220 | 1251720 | 1174315 | 7777 | 13826 |
| 绍兴市高新技术创业服务中心<br>Shaoxing High-tech Innovation Service Center | 107 | 1107 | 0 | 398000 | 21670 | 4734 |
| 温州高新技术产业园区创业服务中心<br>Wenzhou Hi-tech Industrial Park Innovation Service Center | 91 | 1793 | 203300 | 218000 | 13215 | 10165 |
| 浙江大学国家大学科技园<br>Zhejiang University Science Park | 250 | 8200 | 2000000 | 2000000 | 200000 | 200000 |
| 宁波保税区科技促进中心<br>Ningbo Bonded Zone Science and Technology Promotion Center | 91 | 3125 | 226740 | 226740 | 43080 | 4535 |
| 宁波市科技创业中心<br>Ningbo City Technology Business Incubator | 378 | 4106 | 1345138 | 880427 | 52249 | 39240 |
| 合肥高新技术创业服务中心<br>Hefei Hi-tech Innovation Service Center | 204 | 6600 | 1485000 | 1520000 | 95271 | 54072 |
| 合肥国家大学科技园创业孵化中心<br>Hefei National University Science Park Innovation Center | 120 | 1532 | 249169 | 147226 | 8892 | 9995 |
| 合肥民营科技企业园管理服务中心<br>Hefei Private Science and Technology Enterprise Park Administrative Service Center | 81 | 1581 | 570100 | 596180 | 49175 | 60249 |
| 马鞍山市高新技术创业服务中心<br>Ma'anshan City Hi-tech Innovation Service Center | 85 | 1457 | 126984 | 125337 | 1420 | 6845 |
| 铜陵高新技术创业服务中心 Innovation Service Center | 89 | 1426 | 132589 | 69567 | 5628 | 4540 |
| 芜湖高新技术创业服务中心<br>Wuhu Hi-tech Innovation Service Center | 88 | 2992 | 214100 | 240830 | 10611 | 7690 |
| 福建省高新技术创业服务中心<br>Fujian Hi-tech Innovation Service Center | 86 | 3828 | 1093672 | 1021863 | 299577 | 46702 |
| 福州市高新技术产业创业服务中心<br>Fuzhou City Hi-tech Innovation Service Center | 0 | 0 | 0 | 0 | 0 | 0 |
| 泉州市高新技术创业服务中心<br>Quanzhou City Hi-tech Innovation Service Center | 36 | 725 | 51190 | 46312 | 12948 | 4586 |
| 厦门高新技术创业中心<br>Xiamen Hi-tech Innovation Center | 350 | 5210 | 1207801 | 1117272 | 106132 | 73550 |
| 厦门软件产业投资发展有限公司<br>Xiamen Software Industrial Investment Development Ltd. | 178 | 4466 | 740283 | 362392 | 8182 | 45007 |
| 江西省高新技术创业服务中心<br>Jiangxi Province Hi-tech Innovation Service Center | 42 | 901 | 281573 | 0 | 91648 | 24696 |
| 南昌大学科技园发展有限公司<br>Nanchang University Science Park Development Ltd. | 93 | 3700 | 218600 | 195700 | 9320 | 8360 |
| 南昌高新开发区创业服务中心<br>Nanchang Science and Technology Industrial Park Innovation Service Center | 86 | 1064 | 104800 | 130200 | 65000 | 15000 |
| 东营高新技术创业服务中心<br>Dongying Hi-tech Innovation Service Center | 125 | 2894 | 163280 | 198190 | 46490 | 9194 |

| 科技企业孵化器 Technology Business Incubator | 在孵企业数（个） Number of Tenants (number) | 人员数（人） Number of Employees of Tenants (person) | 总收入（千元） Total Income of Tenants (1000 RMB yuan) | 工　业总产值（千元） Total Industrial Output Value (1000 RMB yuan) | 净利润（千元） Net Profit (1000 RMB yuan) | 上缴税金（千元） Taxes Submitted (1000 RMB yuan) |
|---|---|---|---|---|---|---|
| 东营市高新技术创业服务中心 Dongying City Hi-tech Innovation Service Center | 84 | 1722 | 245136 | 237201 | 24687 | 19484 |
| 东营市黄河口高新技术企业创业园 Dongying City Huanghekou Hi-tech Business Incubator | 81 | 2810 | 333968 | 360173 | 73441 | 63135 |
| 济南高新技术创业服务中心 Jinan Hi-tech Innovation Service Center | 208 | 4728 | 1368000 | 1240000 | 105000 | 45000 |
| 济南腊山高新技术创业服务中心 Jinan Lashan Hi-tech Innovation Service Center | 42 | 1397 | 43429 | 46085 | 8069 | 4088 |
| 济南历下软件创业服务中心 Jinan Lixia Software Innovation Service Center | 64 | 927 | 115319 | 28368 | 10789 | 8198 |
| 济南民营科技企业孵化器 Jinan Private Technology Business Incubator | 49 | 1136 | 410800 | 452050 | 41000 | 7868 |
| 济宁高新技术创业服务中心 Jining Hi-tech Innovation Service Center | 121 | 3142 | 102009 | 91821 | 3562 | 4263 |
| 临沂高新技术创业服务中心 Linyi Hi-tech Innovation Service Center | 21 | 811 | 157977 | 161278 | 19239 | 6714 |
| 泰安高新技术创业服务中心 Tai' an Hi-tech Innovation Service Center | 120 | 3093 | 1967727 | 607706 | 61577 | 49863 |
| 威海高技术创业服务中心 Weihai Hi-tech Innovation Service Center | 41 | 826 | 74050 | 0 | 7290 | 411 |
| 威海火炬高技术产业开发区高新技术创业服务中心 Weihai Torch Hi-tech Industrial Park Hi-tech Innovation Service Center | 73 | 1614 | 223248 | 223242 | 34931 | 24089 |
| 潍坊高新技术创业服务中心 Weifang Hi-tech Innovation Service Center | 130 | 2355 | 212429 | 257610 | 26890 | 7210 |
| 烟台高新技术创业服务中心 Yantai Hi-tech Innovation Service Center | 15 | 572 | 328306 | 309547 | 918 | 5523 |
| 烟台留学人员创业园区 Yantai Overseas Schollars Innovation Park | 118 | 1663 | 179847 | 177784 | 9325 | 21915 |
| 淄博高新技术创业服务中心 Zibo Hi-tech Innovation Service Center | 205 | 3112 | 837160 | 866518 | 49826 | 30550 |
| 青岛高新技术创业服务中心 Qingdao Hi-tech Innovation Service Center | 115 | 8801 | 4904671 | 3623600 | 257136 | 143134 |
| 青岛经济技术开发区高科技创业服务中心 Qingdao Economic Technological Development Park Hi-tech Innovation Service Center | 104 | 1406 | 109690 | 109690 | 11691 | 3777 |
| 安阳高新技术创业服务中心 Anyang Hi-tech Innovation Service Center | 196 | 3889 | 1400742 | 1098490 | 96100 | 98000 |
| 河南省大学科技园发展有限公司 Henan Province University Science Park Development Ltd. | 176 | 3437 | 576600 | 368570 | 71200 | 18653 |
| 河南专利孵化转移中心有限公司 Henan Patent Incubation Transfer Center Ltd. | 96 | 3250 | 389970 | 310990 | 44990 | 22500 |
| 焦作高新技术创业服务中心 Jiaozuo Hi-tech Innovation Service Center | 144 | 5460 | 602130 | 469200 | 13051 | 19210 |
| 洛阳高技术创业服务中心 Luoyang Hi-tech Innovation Service Center | 505 | 3692 | 954642 | 685041 | 52418 | 37064 |

4-6 续表6 Continued 6

| 科技企业孵化器<br>Technology Business Incubator | 在孵企业数（个）Number of Tenants (number) | 人员数（人）Number of Employees of Tenants (person) | 总收入（千元）Total Income of Tenants (1000 RMB yuan) | 工业总产值（千元）Total Industrial Output Value (1000 RMB yuan) | 净利润（千元）Net Profit (1000 RMB yuan) | 上缴税金（千元）Taxes Submitted (1000 RMB yuan) |
|---|---|---|---|---|---|---|
| 漯河高新技术创业服务中心<br>Luohe Hi-tech Innovation Service Center | 141 | 2410 | 254000 | 238000 | 14500 | 940 |
| 南阳高新技术创业服务中心<br>Nanyang Hi-tech Innovation Service Center | 102 | 4217 | 229321 | 231700 | 64500 | 7400 |
| 新乡高新技术创业服务中心<br>Xinxiang Hi-tech Innovation Service Center | 165 | 3248 | 515000 | 470000 | 9640 | 15760 |
| 郑州高新技术产业开发区创业中心<br>Zhengzhou Hi-tech Industrial Development Innovation Center | 567 | 12200 | 6398336 | 3966968 | 319916 | 159958 |
| 郑州市高新技术创业中心<br>Zhengzhou City Hi-tech Innvoation Center | 331 | 3971 | 1222350 | 656000 | 43100 | 21000 |
| 黄石磁湖科技创业服务中心<br>Huangshi Cihu Technology Innovation Service Center | 82 | 1940 | 231025 | 164470 | 28491 | 11913 |
| 荆州开发区创业中心<br>Jinzhou Development Zone Innovation Center | 142 | 2480 | 16500 | 18300 | 8200 | 700 |
| 襄樊高新技术创业服务中心<br>Xiangfan Hi-tech Innovation Service Center | 92 | 1399 | 450058 | 391992 | 39964 | 24211 |
| 宜昌高新技术产业园区创业服务中心<br>Yichang Hi-tech Innovation Service Center | 83 | 1010 | 100133 | 60294 | 4353 | 4798 |
| 汉口高新技术创业服务中心<br>Hankou Hi-tech Innovation Service Center | 137 | 2800 | 700211 | 730000 | 145635 | 25634 |
| 洪山高新技术创业服务中心<br>Hongshan Hi-tech Innovation Service Center | 88 | 2104 | 202700 | 211261 | 34450 | 12160 |
| 武汉东湖新技术创业中心<br>Wuhan Eastlake Hi-tech Innovation Center | 397 | 8200 | 1310300 | 1326500 | 168500 | 91750 |
| 武汉国家农业科技园创业中心<br>Wuhan National Agriculture Science Park Innovation Center | 95 | 3112 | 1407600 | 953200 | 166860 | 28900 |
| 武汉海峡高新技术创业服务中心<br>Wuhan Straits Hi-tech Innovation Service Center | 84 | 1659 | 243918 | 216021 | 78270 | 12911 |
| 武汉华工科技企业孵化器<br>Wuhan Huagong Technology Business Incubator | 91 | 1326 | 135325 | 131001 | 8965 | 5126 |
| 武汉留学生创业园管理中心<br>Wuhan Overseas Schollars Innvoation Park Administrative Center | 97 | 2315 | 1224001 | 1014862 | 32781 | 37862 |
| 武汉市青山区高新技术创业服务中心<br>Wuhan City Qingshan District Hi-tech Innovation Service Center | 163 | 1297 | 150000 | 0 | 65600 | 26000 |
| 武汉市武昌科技创业中心<br>Wuhan City Wuchang Technology Innvoation Center | 97 | 2235 | 396785 | 401422 | 29756 | 16223 |
| 武汉新材料科技企业孵化器<br>Wuhan Advanced Material Technology Business Incubator | 85 | 2316 | 258448 | 276256 | 5227 | 12804 |
| 长沙高新技术产业开发区创业服务中心<br>Changsha Hi-tech Industrial Park Innovation Service Center | 229 | 8100 | 1025762 | 1087533 | -6778 | 25697 |
| 长沙高新技术创业服务中心<br>Changsha Hi-tech Innovation Service Center | 217 | 5200 | 429327 | 458378 | 18897 | 29000 |
| 湘潭高新技术创业服务中心<br>Xiangtan Hi-tech Innovation Service Center | 193 | 4120 | 324860 | 350170 | 45930 | 14350 |
| 株洲高新技术产业开发区创业服务中心<br>Zhuzhou Hi-tech Innovation Service Center | 183 | 4675 | 528000 | 528000 | 15650 | 20600 |
| 东莞市留学人员创业园<br>Dongguan City Overseas Scholars Innovation Park | 84 | 852 | 120930 | 0 | 95070 | 0 |

| 科技企业孵化器<br>Technology Business Incubator | 在孵企业数<br>（个）<br>Number of Tenants<br>（number） | 人员数<br>（人）<br>Number of Employees of Tenants<br>（person） | 总收入<br>（千元）<br>Total Income of Tenants<br>（1000 RMB yuan） | 工业总产值<br>（千元）<br>Total Industrial Output Value<br>（1000 RMB yuan） | 净利润<br>（千元）<br>Net Profit<br>（1000 RMB yuan） | 上缴税金<br>（千元）<br>Taxes Submitted<br>（1000 RMB yuan） |
|---|---|---|---|---|---|---|
| 中山火炬高技术创业中心有限公司<br>Zhongshan Torch Hi-tech Innovation Center Ltd. | 150 | 5264 | 460079 | 465992 | 35438 | 26350 |
| 珠海高新技术创业服务中心<br>Zhuhai Hi-tech Innovation Service Center | 86 | 1240 | 195000 | 215000 | 20100 | 4800 |
| 广东拓思软件科学园有限公司<br>Guangdong Tuosi Software Science Park Ltd. | 91 | 1407 | 255020 | 50610 | 14418 | 8660 |
| 广州国际企业孵化器有限公司<br>Guangzhou International Business Incubator Ltd. | 161 | 1521 | 207782 | 173405 | 10090 | 15913 |
| 广州火炬高新技术创业服务中心<br>Guangzhou Torch Hi-tech Innovation Service Center | 255 | 1969 | 2400296 | 2360501 | －1316 | 179325 |
| 广州市高新技术创业服务中心<br>Guangzhou City Hi-tech Innovation Service Center | 243 | 2886 | 964490 | 921643 | 31550 | 42110 |
| 广州市海珠高新技术创业服务中心<br>Guangzhou City Hizhu Hi-tech Innovation Service Center | 102 | 1223 | 459074 | 402000 | 18049 | 18998 |
| 华南理工大学科技园<br>Huanan Science and Technology University Science Park | 83 | 2800 | 126000 | 126000 | 7500 | 13200 |
| 深圳市宝安区科技创业服务中心<br>Shenzhen Bao' an District Technology Innovation Service Center | 84 | 1371 | 339646 | 449938 | 22368 | 9062 |
| 深圳市北科创业有限公司<br>Shenzhen City Beike Innovation Ltd. | 85 | 2350 | 285600 | 0 | 18940 | 4320 |
| 深圳市福田区高新技术创业中心<br>Shenzhen City Futian District Hi-tech Innovation Center | 103 | 3320 | 1070282 | 826400 | 289218 | 43125 |
| 深圳市科技创业服务中心<br>Shenzhen City Hi-tech Innovation Service Center | 325 | 2546 | 1806733 | 1256375 | 89375 | 54778 |
| 深圳市龙岗区科技创业服务中心<br>Shenzhen City Longgang District Technology Innovation Service Center | 80 | 1821 | 199505 | 246516 | 22385 | 10207 |
| 深圳市南山区科技创业服务中心<br>Shenzhen City Nanshan District Technology Innovation Service Center | 235 | 4065 | 188563 | 163847 | 21907 | 7285 |
| 深圳虚拟大学园创业中心<br>Shenzhen Virtual University Science Park Innovation Center | 107 | 1950 | 417993 | 360370 | 77925 | 17101 |
| 中国深圳留学人员创业园<br>China Shenzhen Overseas Schollars Innovation Park | 160 | 1798 | 114276 | 133638 | 3991 | 4062 |
| 桂林科技创业服务中心<br>Guilin Technology Innovation Service Center | 193 | 1870 | 86150 | 93580 | 9280 | 6890 |
| 柳州高新技术创业服务中心<br>Liuzhou Hi-tech Innovation Service Center | 35 | 500 | 26500 | 26500 | －45 | 1000 |
| 南宁新技术创业者中心<br>Nanning Hi-tech Enterproneous Innvoation Center | 162 | 3410 | 229227 | 140614 | 34393 | 13521 |
| 重庆大学国家大学科技园创业服务中心<br>Chongqing University Science Park Innovation Service Center | 129 | 2000 | 58325 | 61360 | 5016 | 4960 |
| 重庆高技术创业中心（中国重庆国际企业孵化器）<br>Chongqing Hi-tech Innovation Center（ China Chongqing International Business Incubator） | 198 | 4561 | 1854735 | 153011 | 124521 | 101472 |
| 重庆高新技术产业开发区创新服务中心<br>Chongqing Hi-tech Industrial Development Zone Innovation Service Center | 332 | 8250 | 4650374 | 5350218 | 305553 | 173979 |

| 科技企业孵化器<br>Technology Business Incubator | 在孵企业数<br>(个)<br>Number of Tenants (number) | 人员数<br>(人)<br>Number of Employees of Tenants (person) | 总收入<br>(千元)<br>Total Income of Tenants (1000 RMB yuan) | 工业总产值<br>(千元)<br>Total Industrial Output Value (1000 RMB yuan) | 净利润<br>(千元)<br>Net Profit (1000 RMB yuan) | 上缴税金<br>(千元)<br>Taxes Submitted (1000 RMB yuan) |
|---|---|---|---|---|---|---|
| 成都高新技术创业服务中心<br>Chengdu Hi-tech Innovation Service Center | 30 | 1500 | 0 | 0 | 0 | 0 |
| 成都高新区技术创新服务中心<br>Chengdu Science and Technology Park Technology Innovation Service Center | 720 | 15346 | 4532000 | 3642000 | 421468 | 19462 |
| 成都高新区教育科技园孵化器<br>Chengdu Science and Technology Park Education Science Park Business Incubator | 81 | 1710 | 214000 | 210000 | 61000 | 17000 |
| 成都生物与医药产业孵化园<br>Chengdu Biology and Medicine Industrial Incubation Park | 80 | 1654 | 736458 | 415921 | 195887 | 37676 |
| 绵阳高新区创业服务中心<br>Mianyang Science and Technology Innovation Service Center | 108 | 1821 | 125075 | 118821 | 17034 | 21622 |
| 四川川大科技园发展有限公司<br>Sichuan University Science Park Development Ltd. | 66 | 2400 | 47560 | 35605 | 230 | 180 |
| 成都武侯高新技术创业服务中心<br>Chengdu Wuhou Hi-tech Innovation Service Center | 123 | 1773 | 322309 | 325001 | 27500 | 13650 |
| 贵阳高新技术创业服务中心<br>Guiyang Hi-tech Innovation Service Center | 214 | 4320 | 423000 | 301000 | 9000 | 7800 |
| 昆明创新园科技发展有限公司<br>Kunming Innovation Park Science and Technology Development Ltd. | 84 | 1165 | 58042 | 0 | 8897 | 5115 |
| 昆明高新技术创业服务中心<br>Kunming Hi-tech Innovation Service Center | 176 | 4424 | 817301 | 639684 | 41102 | 36966 |
| 云南省新材料孵化器<br>Yunnan Province Advanced Material Business Incubator | 50 | 724 | 91342 | 48644 | 3261 | 3271 |
| 宝鸡高技术创业服务中心<br>Baoji Hi-tech Innovation Service Center | 303 | 5624 | 1285667 | 1089900 | 83495 | 59464 |
| 兰州高新技术产业开发区创业服务中心<br>Lanzhou Hi-tech Innovation Service Center | 246 | 2127 | 675445 | 691961 | 98723 | 43081 |
| 西安交大科技园高新技术创业服务中心<br>Xi'an Jiaotong University Science Park Innovation Service Center | 52 | 1103 | 188301 | 126071 | 13311 | 7673 |
| 杨凌示范区创业服务中心<br>Yanglin Model Zone Innovation Service Center | 108 | 2059 | 253380 | 360800 | 32180 | 6317 |
| 西安创业园投资管理有限公司<br>Xi'an Innovation Park Investment Administrative Ltd. | 54 | 1780 | 401352 | 415839 | 26358 | 21737 |
| 西安高新创业服务中心<br>Xi'an Hi-tech Innovation Service Center | 375 | 15248 | 3233000 | 2909700 | 161650 | 174500 |
| 西安光电子专业孵化器<br>Xi'an Mechatronic Special Business Incubator | 89 | 680 | 394600 | 407600 | 73200 | 29300 |
| 西安联创生物医药孵化器有限公司<br>Xi'an Lianchuang Biological Medicine Business Incubator Ltd. | 87 | 1954 | 71430 | 64780 | 45200 | 4210 |
| 西安软件园发展中心<br>Xi'an Software Park Development Center | 157 | 4533 | 829460 | 589140 | 35326 | 31343 |
| 甘肃省高新技术创业服务中心<br>Gansu Province Hi-tech Innovation Service Center | 82 | 1206 | 114149 | 113642 | 10497 | 3543 |
| 宁夏高新技术创业服务中心<br>Ningxia Hi-tech Innovation Service Center | 104 | 820 | 151072 | 151072 | 11402 | 3486 |
| 乌鲁木齐市高新区创业服务中心<br>Urumqi Hi-tech Innovation Service Center | 101 | 1274 | 231952 | 76341 | 14485 | 10481 |

# 4－7 国家级科技企业孵化器毕业企业情况

## General Statistics of Graduated Tenants of State Level TBIs

| 科技企业孵化器<br>Technology Business Incubator | 累计毕业企业（个）<br>Accumulatted Number of Graduated Tenants (number) | 人员数（人）<br>Number of Employees of Graduated Tenants (person) | 总收入（千元）<br>Total Income of Graduated Tenants (1000 RMB yuan) | 工业总产值（千元）<br>Total Industrial Output Value (1000 RMB yuan) |
|---|---|---|---|---|
| **合　计　Total** | **17588** | **697207** | **194756092** | **177945088** |
| 北京赛欧科园科技孵化中心有限公司<br>Beijing Sai'ou Keyuan Technology Business Incubation Center Ltd. | 47 | 692 | 123641 | 94557 |
| 北京奥宇科技企业孵化器有限责任公司<br>Beijing Aoyu Technology Business Incubator Ltd. | 39 | 587 | 8233 | 5427 |
| 北京北航天汇科技孵化器<br>Beijing Beihang Tianhui Technology Business Incubator | 45 | 1357 | 222598 | 266022 |
| 北京高技术创业服务中心<br>Beijing Hi-tech Innovation Service Center | 287 | 2711 | 320078 | 245077 |
| 北京华海基业科技孵化器有限公司<br>Beijing Huahaijiye Technology Business Incubator Ltd. | 36 | 932 | 543168 | 430416 |
| 北京均大高科技孵化器有限公司<br>Beijing Junda Hi-tech Technology Business Incubator Ltd. | 49 | 520 | 0 | 0 |
| 北京科大方兴科技孵化器有限责任公司<br>Beijing Keda Fangxing Technology Business Incubator Ltd. | 0 | 0 | 0 | 0 |
| 北京普天德胜科技孵化器有限公司<br>Beijing Putiandesheng Technology Business Incubator Ltd. | 29 | 742 | 141917 | 0 |
| 北京市朝阳区望京科技园创业服务中心<br>Beijing Chaoyang District Wangjin Science and Technology Park Innovation Service Center | 39 | 1441 | 0 | 0 |
| 北京市新技术产业开发试验区海淀创业服务中心<br>Beijing Advanced Technology Industrial Development Test Zone Haidian Innovation Service Center | 146 | 4380 | 2000000 | 1100000 |
| 北京中关村国际孵化器有限公司<br>Beijing Zhongguancun International Business Incubator Ltd. | 246 | 4428 | 494952 | 317094 |
| 北京中关村京蒙高科企业孵化器有限责任公司<br>Beijing Zhongguancun Jingmeng Hi-tech Business Incubator Ltd. | 0 | 0 | 0 | 0 |
| 北京中关村软件园孵化服务有限公司<br>Beijing Zhongguancun Software Park Incubation Service Ltd. | 36 | 0 | 0 | 0 |
| 汇龙森国际企业孵化（北京）有限公司<br>Huilongsen International Enterprise Incubation (Beijing) Ltd. | 31 | 460 | 3720 | 3720 |
| 清华创业园<br>Tsinghua Innovation Park | 149 | 2845 | 157200 | 122340 |
| 中关村科技园区丰台园科技创业服务中心<br>Zhongguancun Science and Technology Park Fengtai Park Science and Technology Innovation Service Center | 1220 | 4000 | 0 | 0 |
| 天津海泰企业孵化服务有限公司<br>Tianjin Hi-tech Business Incubator Service Ltd. | 83 | 3200 | 1008720 | 1207750 |
| 天津火炬鑫茂创业服务有限公司<br>Tianjin Torch Xingmao Innovation Service Ltd. | 73 | 287 | 127850 | 127850 |
| 天津市科技创业服务中心<br>Tianjin Technology Innovation Service Center | 92 | 2300 | 297637 | 297637 |
| 天津泰达国际创业中心（中心大厦）<br>Tianjin Taida International Innovation (central mansion) | 0 | 0 | 0 | 0 |

4-7 续表1 Continued 1

| 科技企业孵化器<br>Technology Business Incubator | 累计毕业企业（个）<br>Accumulatted Number of Graduated Tenants (number) | 人员数（人）<br>Number of Employees of Graduated Tenants (person) | 总收入（千元）<br>Total Income of Graduated Tenants (1000 RMB yuan) | 工业总产值（千元）<br>Total Industrial Output Value (1000 RMB yuan) |
|---|---|---|---|---|
| 天津新技术产业园区国际创业中心<br>Tianjin Hi-tech Industrial Park International Innovation Center | 188 | 14569 | 1635610 | 1643680 |
| 保定高新技术创业服务中心<br>Baoding Hi-tech Innovation Service Center | 76 | 4500 | 720000 | 720000 |
| 沧州市科技创业中心<br>Cangzhou Technology Innovation Center | 29 | 1120 | 148000 | 135000 |
| 邯郸高新技术创业服务中心<br>Handan Hi-tech Innovation Service Center | 31 | 1310 | 0 | 247870 |
| 秦皇岛开发区高新技术创新服务中心<br>Qinghuangdao Development Zone Hi-tech Innovation Sercice Center | 58 | 2080 | 100000 | 936200 |
| 石家庄高新技术创业服务中心<br>Shijiazhuang Hi-tech Innovation Service Center | 89 | 9000 | 3810000 | 3780000 |
| 唐山高新技术创业中心<br>Tangshan Hi-tech Innovation Center | 51 | 0 | 0 | 0 |
| 山西省高新技术创业中心<br>Shanxi Hi-tech Innovation Center | 77 | 3635 | 467850 | 450700 |
| 包头稀土高新区科技创业服务中心<br>Baotou Rare Earths Science and Technology Park Innovation Service Center | 117 | 3180 | 1341212 | 1181812 |
| 鞍山高新技术创业服务中心<br>Anshan Hi-tech Innovation Service Center | 129 | 4196 | 2280000 | 2550000 |
| 锦州高新技术产业创业服务中心<br>Jinzhou Hi-tech Innovation Service Center | 48 | 1930 | 3800000 | 3400000 |
| 沈阳东大科技企业孵化器有限公司<br>Shenyang Dongda Technology Business Incubator | 45 | 15331 | 4281650 | 5608960 |
| 沈阳动漫研发与软件外包孵化器<br>Shenyang Cartoon R&D and Software Outsourcing Business Incubator | 15 | 1855 | 98000 | 98000 |
| 沈阳高新技术产业开发区科技创业服务中心<br>Shenyang Hi-tech Industrial Development Zone Technology Innovation Service Center | 120 | 4523 | 1180000 | 1180000 |
| 沈阳市高科技创业中心<br>Shenyang Hi-tech Innovation Center | 202 | 4080 | 1190318 | 1190318 |
| 大连市高新技术创业服务中心<br>Dalian Hi-tech Innovation Service Center | 149 | 3820 | 1317000 | 1210500 |
| 大连市沙河口区天河科技创业服务中心<br>Dalian Shahekou District Tianhe Technology Innovation Service Center | 83 | 2135 | 106250 | 115087 |
| 大连双D港创业孵化有限公司<br>Dalian Double D Innovation Incubator Ltd. | 15 | 1246 | 280210 | 890001 |
| 长春科技创业服务中心<br>Changchun Technology Innovation Service Center | 246 | 5463 | 3769506 | 2977909 |
| 吉林高新技术创业服务中心<br>Jilin Hi-tech Innovation Service Center | 270 | 2010 | 40100 | 37500 |
| 大庆高新技术创业服务中心<br>Daqing Hi-tech Innovation Service Center | 173 | 0 | 0 | 0 |
| 哈尔滨高科技创业中心<br>Harbin Hi-tech Innovation Center | 308 | 8308 | 1786800 | 1445000 |

4－7 续表2 Continued 2

| 科技企业孵化器<br>Technology Business Incubator | 累计毕业企业<br>（个）<br>Accumulatted Number of Graduated Tenants<br>（number） | 人员数<br>（人）<br>Number of Employees of Graduated Tenants<br>（person） | 总收入<br>（千元）<br>Total Income of Graduated Tenants<br>（1000 RMB yuan） | 工业总产值<br>（千元）<br>Total Industrial Output Value<br>（1000 RMB yuan） |
|---|---|---|---|---|
| 哈尔滨高科科技企业孵化器有限公司<br>Harbin Technology Business Incubator Ltd. | 30 | 1200 | 95000 | 95000 |
| 哈尔滨工业大学国家大学科技园<br>Harbin Industry University Science Park | 38 | 2160 | 813200 | 834100 |
| 哈尔滨金华科技企业孵化器有限公司<br>Harbin Jinhua Technology Business Incubator | 47 | 570 | 130000 | 130000 |
| 哈尔滨龙计电子技术创业中心<br>Harbin Longji Electronic Technology Innovation Center | 17 | 310 | 0 | 0 |
| 上海八六三信息安全产业基地有限公司<br>Shanghai 863 Information Security Industrial Base Ltd. | 28 | 1056 | 0 | 0 |
| 上海漕河泾新兴技术开发区科技创业中心<br>Shanghai Caohejing New Industry Technology Development Technology Innovation Center | 83 | 2262 | 1135405 | 1135405 |
| 上海大学科技园发展有限公司<br>Shanghai University Science Park Development Ltd. | 53 | 1973 | 398072 | 365906 |
| 上海都市工业设计中心有限公司<br>Shanghai Urban Industrial Design Center Ltd. | 19 | 209 | 97464 | 97464 |
| 上海复旦科技园高新技术创业服务有限公司<br>Shanghai Fudan Science Park Hi-tech Innovation Service Ltd. | 40 | 1363 | 285281 | 0 |
| 上海慧谷高科技创业中心<br>Shanghai Huigu Hi-tech Innovation Center | 46 | 1281 | 398000 | 398000 |
| 上海集成电路电路设计创业中心（上海微电子设计有限公司）<br>Shanghai IC Design Circuit Design Innovation Center（Shanghai Microelectronic Design Ltd.） | 32 | 1025 | 583956 | 583956 |
| 上海聚科生物园区有限责任公司<br>Shanghai Juke Biology Park Ltd. | 18 | 168 | 4644 | 0 |
| 上海市科技创业中心<br>Shanghai Science and Technology Innovation Center | 21 | 1205 | 404812 | 404812 |
| 上海市青浦区科技创业中心<br>Shanghai Qingpu District Technology Innovation Center | 30 | 672 | 92000 | 92000 |
| 上海同济科技园孵化器有限公司<br>Shanghai Tongji Science Park Business Incubator Ltd. | 30 | 2415 | 330236 | 330236 |
| 上海莘闵高新技术开发有限公司<br>Shanghai Xinmin Hi-tech Development Ltd. | 25 | 1713 | 370366 | 372047 |
| 上海杨浦科技创业中心有限公司<br>Shanghai Yangpu Technology Innovation Center Ltd. | 39 | 1425 | 459123 | 459123 |
| 上海张江高新技术创业服务中心<br>Shanghai Zhangjiang Hi-tech Innovation Service Center | 47 | 0 | 0 | 0 |
| 上海张江药谷公共服务平台有限公司<br>Shanghai Zhangjiang Medicine Valley Public Service Platform Ltd. | 20 | 226 | 96687 | 96687 |
| 常州高新技术创业服务中心<br>Changzhou Hi-tech Innovation Service Center | 130 | 5646 | 4200000 | 4300000 |
| 江苏省高新技术创业服务中心<br>Jiangsu Hi-tech Innovation Service Center | 84 | 5300 | 1108000 | 1108000 |
| 姜堰市高新技术创业中心<br>Jiangyan Hi-tech Innvoation Center | 91 | 3479 | 377080 | 377080 |

4－7　续表3　Continued 3

| 科技企业孵化器<br>Technology Business Incubator | 累计毕业企业（个）<br>Accumulatted Number of Graduated Tenants (number) | 人员数（人）<br>Number of Employees of Graduated Tenants (person) | 总收入（千元）<br>Total Income of Graduated Tenants (1000 RMB yuan) | 工业总产值（千元）<br>Total Industrial Output Value (1000 RMB yuan) |
| --- | --- | --- | --- | --- |
| 昆山高新技术创业服务中心<br>Kunshan Hi-tech Innovation Service Center | 142 | 6108 | 452430 | 648700 |
| 南京金港科技创业中心<br>Nanjing Jingang Technology Innovation Center | 84 | 3100 | 1410000 | 1410000 |
| 南通高新技术创业中心有限公司<br>Nantong Hi-tech Innovation Center Ltd. | 0 | 0 | 0 | 0 |
| 苏州高新技术创业服务中心<br>Suzhou Hi-tech Innovation Service Center | 125 | 3992 | 724800 | 692500 |
| 苏州国际科技园<br>Suzhou International Science Park | 149 | 5000 | 1600000 | 1400000 |
| 苏州市吴中科技创业园<br>Suzhou Wuzhong Technology Innovation Park | 41 | 511 | 0 | 0 |
| 泰州市高新技术创业服务中心<br>Taizhou Hi-tech Innovation Service Center | 49 | 3485 | 2014592 | 1982346 |
| 无锡高新技术创业服务中心<br>Wuxi Hi-tech Innovation Service Center | 160 | 4500 | 14276000 | 14520000 |
| 无锡市科技创业服务中心<br>Wuxi Technology Innovation Service Center | 17 | 315 | 240780 | 225103 |
| 武进高新技术创业服务中心<br>Wujin Hi-tech Innovation Service Center | 53 | 2500 | 350000 | 305000 |
| 扬州高新技术创业服务中心<br>Yangzhou Hi-tech Innovation Service Center | 33 | 312 | 1525000 | 1525000 |
| 张家港市高新技术创业服务中心<br>Zhangjiagang Hi-tech Innovation Service Center | 37 | 1150 | 400000 | 400000 |
| 镇江国家高新技术创业服务中心<br>Zhenjiang National Hi-tech Innovation Service Center | 35 | 1556 | 39051 | 40937 |
| 中国昆山留学人员创业园<br>China Kunshan Overseas Schollars Innovation Park | 30 | 1800 | 641790 | 0 |
| 南京科技创业服务中心<br>Nanjing Technology Innovation Service Center | 181 | 8376 | 1906562 | 2134543 |
| 拱墅区科技创业中心<br>Gongshu District Technology Innovation Center | 36 | 388 | 72000 | 78000 |
| 杭州高新区科技创业服务中心<br>Hangzhou Science and Technology Industrial Park Technology Innovation Service Center | 52 | 1380 | 360292 | 145636 |
| 杭州上城区科技创业中心<br>Hanghou Shangcheng District Technology Innovation Center | 32 | 239 | 0 | 0 |
| 湖州科技创业服务中心<br>Huzhou Technology Innovation Service Center | 49 | 268 | 183310 | 199604 |
| 嘉善县科技创业服务有限公司<br>Jiashan County Technology Innovation Service Ltd. | 28 | 624 | 157960 | 150230 |
| 嘉兴科技创业服务中心<br>Jiaxing Technology Innovation Service Center | 36 | 760 | 106012 | 106012 |
| 金华科技园创业服务中心有限公司<br>Jinhua Science Park Innovation Service Center Ltd. | 71 | 4179 | 665819 | 612759 |
| 绍兴市高新技术创业服务中心<br>Shaoxing High-tech Innovation Service Center | 40 | 1432 | 790042 | 790012 |

| 科技企业孵化器<br>Technology Business Incubator | 累计毕业企业<br>(个)<br>Accumulatted Number of Graduated Tenants<br>(number) | 人员数<br>(人)<br>Number of Employees of Graduated Tenants<br>(person) | 总收入<br>(千元)<br>Total Income of Graduated Tenants<br>(1000 RMB yuan) | 工业总产值<br>(千元)<br>Total Industrial Output Value<br>(1000 RMB yuan) |
|---|---|---|---|---|
| 温州高新技术产业园区创业服务中心<br>Wenzhou Hi-tech Industrial Park Innovation Service Center | 51 | 1385 | 525253 | 662594 |
| 浙江大学国家大学科技园<br>Zhejiang University Science Park | 65 | 3560 | 650000 | 6500000 |
| 宁波保税区科技促进中心<br>Ningbo Bonded Zone Science and Technology Promotion Center | 52 | 1571 | 1585030 | 1585030 |
| 宁波市科技创业中心<br>Ningbo City Technology Business Incubator | 75 | 1267 | 994773 | 620115 |
| 合肥高新技术创业服务中心<br>Hefei Hi-tech Innovation Service Center | 128 | 1800 | 1201200 | 1201200 |
| 合肥国家大学科技园创业孵化中心<br>Hefei National University Science Park Innovation Center | 26 | 1010 | 431495 | 391590 |
| 合肥民营科技企业园管理服务中心<br>Hefei Private Science and Technology Enterprise Park Administrative Service Center | 36 | 2105 | 1098495 | 1196954 |
| 马鞍山市高新技术创业服务中心<br>Ma'anshan City Hi-tech Innovation Service Center | 36 | 183 | 29550 | 28510 |
| 铜陵高新技术创业服务中心 Innovation Service Center | 24 | 930 | 210000 | 198000 |
| 芜湖高新技术创业服务中心<br>Wuhu Hi-tech Innovation Service Center | 62 | 4300 | 517400 | 430310 |
| 福建省高新技术创业服务中心<br>Fujian Hi-tech Innovation Service Center | 8 | 170 | 646653 | 278438 |
| 福州市高新技术产业创业服务中心<br>Fuzhou City Hi-tech Innovation Service Center | 82 | 8500 | 580000 | 580100 |
| 泉州市高新技术创业服务中心<br>Quanzhou City Hi-tech Innovation Service Center | 98 | 0 | 0 | 0 |
| 厦门高新技术创业中心<br>Xiamen Hi-tech Innovation Center | 233 | 14235 | 1388029 | 1426005 |
| 厦门软件产业投资发展有限公司<br>Xiamen Software Industrial Investment Development Ltd. | 166 | 7949 | 3417170 | 2741028 |
| 江西省高新技术创业服务中心<br>Jiangxi Province Hi-tech Innovation Service Center | 0 | 0 | 0 | 0 |
| 南昌大学科技园发展有限公司<br>Nanchang University Science Park Development Ltd. | 54 | 2160 | 987150 | 889760 |
| 南昌高新开发区创业服务中心<br>Nanchang Science and Technology Industrial Park Innovation Service Center | 45 | 1020 | 12000 | 14000 |
| 东营高新技术创业服务中心<br>Dongying Hi-tech Innovation Service Center | 44 | 2030 | 233120 | 266360 |
| 东营市高新技术创业服务中心<br>Dongying City Hi-tech Innovation Service Center | 62 | 1985 | 575178 | 554562 |
| 东营市黄河口高新技术企业创业园<br>Dongying City Huanghekou Hi-tech Business Incubator | 41 | 1593 | 368886 | 404888 |
| 济南高新技术创业服务中心<br>Jinan Hi-tech Innovation Service Center | 398 | 8832 | 10720000 | 9650000 |
| 济南腊山高新技术创业服务中心<br>Jinan Lashan Hi-tech Innovation Service Center | 51 | 1646 | 300500 | 302310 |

| 科技企业孵化器<br>Technology Business Incubator | 累计毕业企业<br>(个)<br>Accumulatted Number of Graduated Tenants<br>(number) | 人员数<br>(人)<br>Number of Employees of Graduated Tenants<br>(person) | 总收入<br>(千元)<br>Total Income of Graduated Tenants<br>(1000 RMB yuan) | 工业总产值<br>(千元)<br>Total Industrial Output Value<br>(1000 RMB yuan) |
|---|---|---|---|---|
| 济南历下软件创业服务中心<br>Jinan Lixia Software Innovation Service Center | 34 | 1700 | 180000 | 180000 |
| 济南民营科技企业孵化器<br>Jinan Private Technology Business Incubator | 66 | 1634 | 425000 | 410200 |
| 济宁高新技术创业服务中心<br>Jining Hi-tech Innovation Service Center | 54 | 3032 | 912350 | 907690 |
| 临沂高新技术创业服务中心<br>Linyi Hi-tech Innovation Service Center | 35 | 1100 | 95000 | 101000 |
| 泰安高新技术创业服务中心<br>Tai'an Hi-tech Innovation Service Center | 30 | 3868 | 251400 | 293000 |
| 威海高技术创业服务中心<br>Weihai Hi-tech Innovation Service Center | 130 | 2090 | 167000 | 0 |
| 威海火炬高技术产业开发区高新技术创业服务中心<br>Weihai Torch Hi-tech Industrial Park Hi-tech Innovation Service Center | 20 | 909 | 383937 | 388519 |
| 潍坊高新技术创业服务中心<br>Weifang Hi-tech Innovation Service Center | 56 | 3500 | 1514561 | 1624510 |
| 烟台高新技术创业服务中心<br>Yantai Hi-tech Innovation Service Center | 60 | 11756 | 625537 | 796728 |
| 烟台留学人员创业园区<br>Yantai Overseas Schollars Innovation Park | 137 | 2585 | 990000 | 1040000 |
| 淄博高新技术创业服务中心<br>Zibo Hi-tech Innovation Service Center | 75 | 1731 | 459120 | 401429 |
| 青岛高新技术创业服务中心<br>Qingdao Hi-tech Innovation Service Center | 80 | 3681 | 26902110 | 2603770 |
| 青岛经济技术开发区高科技创业服务中心<br>Qingdao Economic Technological Development Park Hi-tech Innovation Service Center | 42 | 4225 | 1924926 | 1924926 |
| 安阳高新技术创业服务中心<br>Anyang Hi-tech Innovation Service Center | 115 | 1929 | 760100 | 773950 |
| 河南省大学科技园发展有限公司<br>Henan Province University Science Park Development Ltd. | 53 | 1273 | 190440 | 163660 |
| 河南专利孵化转移中心有限公司<br>Henan Patent Incubation Transfer Center Ltd. | 30 | 1210 | 197460 | 156000 |
| 焦作高新技术创业服务中心<br>Jiaozuo Hi-tech Innovation Service Center | 55 | 3900 | 203802 | 164734 |
| 洛阳高技术创业服务中心<br>Luoyang Hi-tech Innovation Service Center | 63 | 250 | 840784 | 788582 |
| 漯河高新技术创业服务中心<br>Luohe Hi-tech Innovation Service Center | 56 | 1980 | 270000 | 203000 |
| 南阳高新技术创业服务中心<br>Nanyang Hi-tech Innovation Service Center | 53 | 1540 | 61240 | 59300 |
| 新乡高新技术创业服务中心<br>Xinxiang Hi-tech Innovation Service Center | 14 | 822 | 145000 | 135000 |
| 郑州高新技术产业开发区创业中心<br>Zhengzhou Hi-tech Industrial Development Innovation Center | 188 | 30886 | 7371969 | 4570620 |

4－7　续表 6　Continued 6

| 科技企业孵化器<br>Technology Business Incubator | 累计毕业企业<br>（个）<br>Accumulatted Number of Graduated Tenants<br>(number) | 人员数<br>（人）<br>Number of Employees of Graduated Tenants<br>(person) | 总收入<br>（千元）<br>Total Income of Graduated Tenants<br>(1000 RMB yuan) | 工业总产值<br>（千元）<br>Total Industrial Output Value<br>(1000 RMB yuan) |
|---|---|---|---|---|
| 郑州市高新技术创业中心<br>Zhengzhou City Hi-tech Innvoation Center | 99 | 532 | 392000 | 367000 |
| 黄石磁湖科技创业服务中心<br>Huangshi Cihu Technology Innovation Service Center | 95 | 713 | 145780 | 138880 |
| 荆州开发区创业中心<br>Jinzhou Development Zone Innovation Center | 47 | 1235 | 0 | 0 |
| 襄樊高新技术创业服务中心<br>Xiangfan Hi-tech Innovation Service Center | 82 | 2112 | 497480 | 512030 |
| 宜昌高新技术产业园区创业服务中心<br>Yichang Hi-tech Innovation Service Center | 43 | 2090 | 296353 | 306133 |
| 汉口高新技术创业服务中心<br>Hankou Hi-tech Innovation Service Center | 50 | 330 | 339348 | 156767 |
| 洪山高新技术创业服务中心<br>Hongshan Hi-tech Innovation Service Center | 157 | 5920 | 685700 | 674300 |
| 武汉东湖新技术创业中心<br>Wuhan Eastlake Hi-tech Innovation Center | 560 | 62000 | 5700000 | 5790000 |
| 武汉国家农业科技园创业中心<br>Wuhan National Agriculture Science Park Innovation Center | 42 | 0 | 0 | 0 |
| 武汉海峡高新技术创业服务中心<br>Wuhan Straits Hi-tech Innovation Service Center | 6 | 156 | 32400 | 30650 |
| 武汉华工科技企业孵化器<br>Wuhan Huagong Technology Business Incubator | 43 | 3976 | 822987 | 0 |
| 武汉留学生创业园管理中心<br>Wuhan Overseas Schollars Innvoation Park Administrative Center | 89 | 3140 | 1289855 | 2004579 |
| 武汉市青山区高新技术创业服务中心<br>Wuhan City Qingshan District Hi-tech Innovation Service Center | 32 | 0 | 430500 | 384000 |
| 武汉市武昌科技创业中心<br>Wuhan City Wuchang Technology Innvoation Center | 31 | 1106 | 92965 | 106763 |
| 武汉新材料科技企业孵化器<br>Wuhan Advanced Material Technology Business Incubator | 53 | 1430 | 82537 | 83720 |
| 长沙高新技术产业开发区创业服务中心<br>Changsha Hi-tech Industrial Park Innovation Service Center | 64 | 2610 | 536425 | 528617 |
| 长沙高新技术创业服务中心<br>Changsha Hi-tech Innovation Service Center | 66 | 3520 | 842672 | 867288 |
| 湘潭高新技术创业服务中心<br>Xiangtan Hi-tech Innovation Service Center | 134 | 8000 | 243106 | 265103 |
| 株洲高新技术产业开发区创业服务中心<br>Zhuzhou Hi-tech Innovation Service Center | 54 | 2510 | 218000 | 218000 |
| 东莞市留学人员创业园<br>Dongguan City Overseas Schollars Innovation Park | 26 | 1508 | 1104000 | 10598000 |
| 中山火炬高技术创业中心有限公司<br>Zhongshan Torch Hi-tech Innovation Center Ltd. | 141 | 14625 | 2252696 | 2307811 |
| 珠海高新技术创业服务中心<br>Zhuhai Hi-tech Innovation Service Center | 44 | 1320 | 850000 | 1240000 |
| 广东拓思软件科学园有限公司<br>Guangdong Tuosi Software Science Park Ltd. | 0 | 0 | 0 | 0 |

| 科技企业孵化器<br>Technology Business Incubator | 累计毕业企业<br>（个）<br>Accumulatted Number of Graduated Tenants<br>(number) | 人员数<br>（人）<br>Number of Employees of Graduated Tenants<br>(person) | 总收入<br>（千元）<br>Total Income of Graduated Tenants<br>(1000 RMB yuan) | 工业总产值<br>（千元）<br>Total Industrial Output Value<br>(1000 RMB yuan) |
|---|---|---|---|---|
| 广州国际企业孵化器有限公司<br>Guangzhou International Business Incubator Ltd. | 31 | 234 | 52390 | 35218 |
| 广州火炬高新技术创业服务中心<br>Guangzhou Torch Hi-tech Innovation Service Center | 234 | 10761 | 1078210 | 1052010 |
| 广州市高新技术创业服务中心<br>Guangzhou City Hi-tech Innovation Service Center | 468 | 56556 | 3863250 | 3863250 |
| 广州市海珠高新技术创业服务中心<br>Guangzhou City Hizhu Hi-tech Innovation Service Center | 37 | 1498 | 236106 | 193000 |
| 华南理工大学科技园<br>Huanan Science and Technology University Science Park | 59 | 6000 | 828000 | 828000 |
| 深圳市宝安区科技创业服务中心<br>Shenzhen Bao' an District Technology Innovation Service Center | 33 | 3450 | 0 | 0 |
| 深圳市北科创业有限公司<br>Shenzhen City Beike Innovation Ltd. | 41 | 0 | 0 | 0 |
| 深圳市福田区高新技术创业中心<br>Shenzhen City Futian District Hi-tech Innovation Center | 63 | 1550 | 0 | 0 |
| 深圳市科技创业服务中心<br>Shenzhen City Hi-tech Innovation Service Center | 526 | 0 | 0 | 0 |
| 深圳市龙岗区科技创业服务中心<br>Shenzhen City Longgang District Technology Innovation Service Center | 46 | 2536 | 308807 | 345487 |
| 深圳市南山区科技创业服务中心<br>Shenzhen City Nanshan District Technology Innovation Service Center | 219 | 8765 | 253100 | 261080 |
| 深圳虚拟大学园创业中心<br>Shenzhen Virtual University Science Park Innovation Center | 40 | 800 | 132681 | 143711 |
| 中国深圳留学人员创业园<br>China Shenzhen Overseas Schollars Innovation Park | 303 | 15056 | 2013736 | 2690426 |
| 桂林科技创业服务中心<br>Guilin Technology Innovation Service Center | 114 | 2180 | 311800 | 285000 |
| 柳州高新技术创业服务中心<br>Liuzhou Hi-tech Innovation Service Center | 19 | 450 | 52800 | 52800 |
| 南宁新技术创业者中心<br>Nanning Hi-tech Enterproneous Innvoation Center | 301 | 4669 | 863421 | 536069 |
| 重庆大学国家大学科技园创业服务中心<br>Chongqing University Science Park Innovation Service Center | 35 | 3870 | 0 | 0 |
| 重庆高技术创业中心（中国重庆国际企业孵化器）<br>Chongqing Hi-tech Innovation Center ( China Chongqing International Business Incubator) | 334 | 11206 | 2014304 | 2314560 |
| 重庆高新技术产业开发区创新服务中心<br>Chongqing Hi-tech Industrial Development Zone Innovation Service Center | 130 | 6270 | 2672175 | 2942775 |
| 成都高新技术创业服务中心<br>Chengdu Hi-tech Innovation Service Center | 198 | 5940 | 3874214 | 3254166 |
| 成都高新区技术创新服务中心<br>Chengdu Science and Technology Park Technology Innovation Service Center | 245 | 16421 | 3874214 | 3254166 |

4－7 续表8 Continued 8

| 科技企业孵化器<br>Technology Business Incubator | 累计毕业企业（个）<br>Accumulatted Number of Graduated Tenants (number) | 人员数（人）<br>Number of Employees of Graduated Tenants (person) | 总收入（千元）<br>Total Income of Graduated Tenants (1000 RMB yuan) | 工业总产值（千元）<br>Total Industrial Output Value (1000 RMB yuan) |
|---|---|---|---|---|
| 成都高新区教育科技园孵化器<br>Chengdu Science and Technology Park Education Science Park Business Incubator | 35 | 900 | 105000 | 100000 |
| 成都生物与医药产业孵化园<br>Chengdu Biology and Medicine Industrial Incubation Park | 10 | 541 | 70742 | 72038 |
| 绵阳高新区创业服务中心<br>Mianyang Science and Technology Innovation Service Center | 48 | 3420 | 248964 | 236516 |
| 四川川大科技园发展有限公司<br>Sichuan University Science Park Development Ltd. | 33 | 2000 | 86000 | 6200 |
| 成都武侯高新技术创业服务中心<br>Chengdu Wuhou Hi-tech Innovation Service Center | 39 | 720 | 0 | 0 |
| 贵阳高新技术创业服务中心<br>Guiyang Hi-tech Innovation Service Center | 38 | 2500 | 500000 | 365000 |
| 昆明创新园科技发展有限公司<br>Kunming Innovation Park Science and Technology Development Ltd. | 36 | 144 | 82900 | 0 |
| 昆明高新技术创业服务中心<br>Kunming Hi-tech Innovation Service Center | 115 | 5389 | 844164 | 1043010 |
| 云南省新材料孵化器<br>Yunnan Province Advanced Material Business Incubator | 10 | 413 | 105534 | 43254 |
| 宝鸡高技术创业服务中心<br>Baoji Hi-tech Innovation Service Center | 85 | 4250 | 274615 | 294800 |
| 兰州高新技术产业开发区创业服务中心<br>Lanzhou Hi-tech Innovation Service Center | 104 | 3570 | 1354594 | 875998 |
| 西安交大科技园高新技术创业服务中心<br>Xi'an Jiaotong University Science Park Innovation Service Center | 46 | 1800 | 900120 | 812051 |
| 杨凌示范区创业服务中心<br>Yanglin Model Zone Innovation Service Center | 44 | 2587 | 231220 | 255180 |
| 西安创业园投资管理有限公司<br>Xi'an Innovation Park Investment Administrative Ltd. | 27 | 560 | 322712 | 335358 |
| 西安高新创业服务中心<br>Xi'an Hi-tech Innovation Service Center | 315 | 15680 | 4560000 | 3648000 |
| 西安光电子专业孵化器<br>Xi'an Mechatronic Special Business Incubator | 42 | 430 | 183289 | 173913 |
| 西安联创生物医药孵化器有限公司<br>Xi'an Lianchuang Biological Medicine Busincess Incubator Ltd. | 28 | 1760 | 187060 | 311610 |
| 西安软件园发展中心<br>Xi'an Software Park Development Center | 61 | 4300 | 494000 | 245000 |
| 甘肃省高新技术创业服务中心<br>Gansu Province Hi-tech Innovation Service Center | 34 | 1100 | 159792 | 155983 |
| 宁夏高新技术创业服务中心<br>Ningxia Hi-tech Innovation Service Center | 68 | 731 | 79462 | 79462 |
| 乌鲁木齐市高新区创业服务中心<br>Urumqi Hi-tech Innovation Service Center | 39 | 729 | 240308 | 89359 |

# 4-8 非国家级科技企业孵化器基本情况

## General Statistics of Non-State Level TBIs

| 科技企业孵化器<br>Technology Business Incubator | 人员总数<br>(人)<br>Total Number of Employees (person) | 孵化器总收入<br>(千元)<br>Total Income (1000 RMB yuan) | 年末固定资产净值<br>(千元)<br>Year End Net Fixed Assets (1000 RMB yuan) | 场地面积<br>(平方米)<br>Space Area (sq. m) |
|---|---|---|---|---|
| **合　计　Total** | **6654** | **3341236** | **9036003** | **9924735** |
| 北京奥博联创科技孵化器有限公司<br>Beijing Aobo Lianchuang Technology Business Incubator Limited Liability Company | 10 | 3181 | 1930 | 20000 |
| 北京奥科兴源科技企业孵化器有限公司<br>Beijing Aoke Xingyuan Technology Business Incubator Limited Liability Company | 6 | 5546 | 352 | 297 |
| 北京八六三信息安全科技发展有限公司<br>Beijing 863 Information Security Science and Technology Development Limited Liability Company | 10 | 807 | 3723 | 13000 |
| 北京北达燕园科技孵化器有限公司<br>Beijing Beida Yanyuan Technology Business Incubator Limited Liability Company | 10 | 2967 | 184 | 7000 |
| 北京北方车辆新技术孵化器有限公司<br>Beijing Northern Vehicle High Technology Incubator Limited Liability Company | 4 | 101 | 39 | 4000 |
| 北京北控高科技孵化器有限公司<br>Beijing Beikong Technology Business Incubator Limited Liability Company | 11 | 10285 | 45338 | 19252 |
| 北京北内制造业高新技术孵化基地有限公司<br>Beijing Beinei Manufacturing Hi- tech Incubation Base | 11 | 1300 | 1925 | 12000 |
| 北京崇熙科技孵化器有限公司<br>Beijing Chongxi Technology Business Incubator Limited Liability Company | 4 | 1602 | 967 | 3300 |
| 北京高创天成国际企业孵化器有限公司<br>Beijing Gaochuang Tiancheng Technology Business Incubator Limited Liability Company | 16 | 7702 | 665 | 2000 |
| 北京国丰通达科技孵化器中心<br>Beijing Guofeng Tongda Technology Innovation Center | 10 | 4063 | 1093 | 5357 |
| 北京海银科医药技术有限公司<br>Beijing Haiyinke Medicine Technology Ltd. | 8 | 20 | 41 | 1200 |
| 北京航天银星科技企业孵化器有限公司<br>Beijing Aerospace Yingxing Technology Business Incubator Limited Liability Company | 10 | 2516 | 0 | 4850 |
| 北京华商置业孵化器有限公司<br>Beijing Huashangzhiye Technology Business Incubator Limited Liability Company | 12 | 6878 | 40720 | 27000 |
| 北京集成电路设计院孵化中心<br>Beijing IC Design Institute Innovation Center | 20 | 65934 | 596054 | 50805 |
| 北京建科兴达科技企业孵化器有限责任公司<br>Beijing Jiankexingda Technology Business Incubator Limited Liability Company | 12 | 7330 | 509 | 15000 |
| 北京交大科技孵化器有限公司<br>Beijing Jiaotong University Technology Business Incubator Limited Liability Company | 8 | 4149 | 37 | 6830 |

4－8 续表 1 Continued 1

| 科技企业孵化器<br>Technology Business Incubator | 人员总数<br>(人)<br>Total Number of Employees (person) | 孵化器总收入<br>(千元)<br>Total Income (1000 RMB yuan) | 年末固定资产净值<br>(千元)<br>Year End Net Fixed Assets (1000 RMB yuan) | 场地面积<br>(平方米)<br>Space Area (sq. m) |
|---|---|---|---|---|
| 北京金丰和科技企业孵化器有限责任公司<br>Beijing Jinfenghe Technology Business Incubator Limited Liability Company | 17 | 7116 | 1082 | 8874 |
| 北京京海科技企业孵化器有限公司<br>Beijing Jinghai Technology Business Incubator Limited Liability Company | 5 | 1081 | 0 | 1000 |
| 北京科方创业科技企业孵化器有限公司<br>Beijing Kefangchuangye Technology Business Incubator Limited Liability Company | 11 | 1236 | 447 | 3850 |
| 北京理工留学人员创业园<br>Beijing Ligong Incubation Park for Overseas Schollars | 12 | 1020 | 500 | 4500 |
| 北京利玛自动化专业孵化基地<br>Beijing Lima Automation Special Incubation Base | 5 | 6938 | 6 | 4300 |
| 北京诺飞科技孵化器有限公司<br>Beijing Nuofei Technology Business Incubator Limited Liability Company | 9 | 221 | 99 | 23500 |
| 北京日创恒发科技企业孵化器有限公司<br>Beijing Richuanghengfa Technology Business Incubator Limited Liability Company | 28 | 6200 | 72100 | 14800 |
| 北京首特科技孵化器有限公司<br>Beijing Shoute Technology Business Incubator Limited Liability Company | 15 | 2298 | 46 | 6000 |
| 北京泰斯特测控技术孵化器有限公司<br>Beijing Taisite Technology Business Incubator Limited Liability Company | 20 | 2500 | 260 | 7376 |
| 北京天竺空港科技企业孵化器有限公司<br>Beijing Tianzhu Konggang Technology Business Incubator Limited Liability Company | 10 | 14550 | 500 | 40000 |
| 北京星之月科技企业孵化中心<br>Beijing Xingzhiyue Innovation Center | 12 | 2634 | 390 | 3500 |
| 北京中关村生命科育园生物医药科技孵化有限公司<br>Beijing Zhongguancun Shengming Keyuyuan Biological Medicine Technology Business Incubation Limited Liability Company | 9 | 4041 | 6544 | 11000 |
| 北京中自科技产业孵化器有限公司<br>Beijing Zhongzi Science and Technology Industrial Incubator Limited Liability Company | 12 | 597 | 381 | 9900 |
| 北邮留学人员创业园<br>Beiyou Incubation Park for Overseas Schollars | 6 | 400 | 0 | 4200 |
| 中关村兴业(北京)高科技孵化器股份有限公司<br>Zhongguancun Xingye Hi-tech Technology Business Incubator Limited by Shares Company | 25 | 18733 | 25454 | 60000 |
| 天津市帅越地热科技开发中心<br>Shuaiyue Geotherm Science and Technology Development Center of Tianjin | 23 | 850 | 5 | 8700 |
| 国家纳米技术产业化基地<br>National Nano Technology Industrial Base | 10 | 8379 | 43410 | 15000 |
| 河北区科技园<br>Hebeiqu Science and Technology Park | 28 | 4028 | 0 | 150000 |

4－8　续表2　Continued 2

| 科技企业孵化器<br>Technology Business Incubator | 人员总数<br>（人）<br>Total Number of Employees (person) | 孵化器总收入<br>（千元）<br>Total Income (1000 RMB yuan) | 年末固定资产净值<br>（千元）<br>Year End Net Fixed Assets (1000 RMB yuan) | 场地面积<br>（平方米）<br>Space Area (sq. m) |
|---|---|---|---|---|
| 津滨科技园<br>Science and Technology Park | 17 | 1255 | 16060 | 7000 |
| 天感数码影像产业孵化器有限公司<br>Tiangan Digital Visual Industrial Technology Business Incubator Limited Liability Company | 15 | 0 | 7550 | 3000 |
| 天津妇女创业中心<br>Women Innovation Center of Tianjin | 13 | 1183 | 4405 | 4888 |
| 天津华科企业孵化服务有限公司<br>Tianjin Huake Enterprise Incubation Service Limited Liability Company | 16 | 0 | 0 | 28200 |
| 天津华苑软件园建设发展有限公司<br>Tianjin Huayuan Software Parks Development Limited Liability Company | 22 | 2095 | 44258 | 8211 |
| 天津金虹桥电气企业孵化器有限公司<br>Tianjin Golden Hongqiao Electrical Technology Business Incubator Limited Liability Company | 19 | 23 | 25600 | 8500 |
| 天津开泰企业孵化器有限公司<br>Tianjin Kaitai Technology Business Incubator Limited Liability Company | 20 | 4377 | 23882 | 14512 |
| 天津科丽泰科技企业孵化器有限公司<br>Tianjin Kelitai Technology Business Incubator Limited Liability Company | 8 | 325 | 6000 | 5400 |
| 天津市光电子专业孵化器<br>Photoelectron Special Incubator of Tianjin | 12 | 30 | 0 | 61000 |
| 天津市和平区民营科技园区管理服务中心<br>Science and Technology Park Service and Administration Center of Heping District Tianjin | 21 | 2634 | 472 | 3000 |
| 天津市帅超科技园<br>Shuaichao Science and Technology Park of Tianjin | 8 | 1076 | 163 | 15000 |
| 天津泰达生物医药研发大厦<br>Tianjin Taida Biological Medicine R&D Mansion | 5 | 5730 | 124317 | 30222 |
| 天津塘沽海洋高新区创业服务中心<br>Innovation Service Center<br>Tianjin Tanggu Marine Science Park | 6 | 2834 | 38687 | 23035 |
| 天津易辰电子信息产业孵化器有限公司<br>Tianjin Yichen Electronic and Information Industrial Incubator Limited Liability Company | 6 | 4701 | 0 | 4000 |
| 中国民航大学科技企业孵化器<br>Technology Business Incubator of National Civil Aviation University | 196 | 510 | 11 | 5100 |
| 保定乐凯数码影像有限公司<br>Baoding Lekai Digital Imagine Ltd. | 5 | 2800 | 6190 | 2200 |
| 承德市高新区创业服务中心 Innovation Service Center of Chengde Science and Technology Industrial Park | 22 | 1172 | 6500 | 12874 |
| 河北科技风险投资有限公司创业分公司<br>Hebei Technology Venture Capitual Ltd. Incubation Branch Company | 10 | 5671 | 180 | 18500 |

| 科技企业孵化器<br>Technology Business Incubator | 人员总数<br>(人)<br>Total Number of Employees (person) | 孵化器总收入<br>(千元)<br>Total Income (1000 RMB yuan) | 年末固定资产净值<br>(千元)<br>Year End Net Fixed Assets (1000 RMB yuan) | 场地面积<br>(平方米)<br>Space Area (sq. m) |
|---|---|---|---|---|
| 河北清华发展研究院科技企业孵化器<br>Hebei Tsinghua Development Institute Technology Business Incubator | 23 | 1211 | 2101 | 83522 |
| 河北省涿州创业服务中心<br>Innovation Service Center Zhuozhou of Hebei | 12 | 176 | 3516 | 15500 |
| 衡水经济开发区创业服务中心<br>Innovation Service Center of Hengshui Economic Development Zone | 8 | 528 | 2838 | 22052 |
| 廊坊开发区科技创业服务中心<br>Innovation Service Center of Langfang Development Zone | 6 | 878 | 1771 | 25840 |
| 廊坊科技企业孵化器有限公司<br>Langfang Technology Business Incubator Limited Liability Company | 58 | 2880 | 58664 | 43000 |
| 秦皇岛市育兴高新技术创业有限公司<br>Yuxing Hi-tech Innovation Ltd. of Qinghuangdao | 6 | 457 | 388 | 20400 |
| 三河市燕郊东湖孵化器有限公司<br>Yanjiao Donghu Technology Business Incubator Limited Liability Company of Sanhe | 12 | 1227 | 614 | 22600 |
| 武安市曹公泉工业园区创业服务中心<br>Innovation Service Center Caogongquan Industrial Park of Wu'an | 15 | 0 | 10000 | 24668 |
| 科伟通科技企业孵化器<br>Keweitong Technology Business Incubator | 22 | 3447 | 580 | 13200 |
| 日化所科技园<br>Daily Chemical Institute Science and Technology Park | 26 | 58390 | 65770 | 21847 |
| 瑞杰科技中心<br>Ruijie Science and Technology Center | 2 | 3321 | 16408 | 10037 |
| 三益电子科技专业孵化器<br>Sanyi Electronic Science and Technology Special Incubator | 5 | 7014 | 0 | 15000 |
| 山西省农业高新技术园区<br>Shanxi Agriculture Science and Technology Industrial Park | 21 | 0 | 43030 | 323000 |
| 太原高新区大学科技创业园<br>University Technology Innovation Park of Taiyuan Science and Technology Park | 4 | 1931 | 12 | 9415 |
| 太原高新区电子数码港<br>Electronic and Digital Port of Taiyuan Science and Technology Industrial Park | 22 | 0 | 2265 | 53000 |
| 太原高新区留学人员创业园<br>Incubation Park for Overseas Schollars of Taiyuan Science and Technology Industrial Park | 6 | 0 | 23000 | 6000 |
| 太原广汇医药科技园开发有限公司<br>Taiyuan Guanghui Medicine Science and Technology Park Development Ltd. | 24 | 26 | 1140 | 445142 |
| 太原科源通科技发展有限公司<br>Taiyuan Keyuantong Science and Technology Development Limited Liability Company | 46 | 487 | 9762 | 12000 |
| 太原市高新技术创业服务中心<br>Hi-tech Innovation Service Center of Taiyuan | 14 | 6250 | 6694 | 6000 |
| 太原市开发区高新技术创业中心<br>Innovation Center of Taiyuan Development Zone | 7 | 2516 | 936 | 9400 |

4－8 续表4 Continued 4

| 科技企业孵化器<br>Technology Business Incubator | 人员总数<br>（人）<br>Total Number of Employees (person) | 孵化器总收入<br>（千元）<br>Total Income (1000 RMB yuan) | 年末固定资产净值<br>（千元）<br>Year End Net Fixed Assets (1000 RMB yuan) | 场地面积<br>（平方米）<br>Space Area (sq. m) |
|---|---|---|---|---|
| 太原市杏花岭区科技孵化创业中心<br>Taiyuan Xinghualing District Technology Incubator and Innovation Center | 8 | 2000 | 0 | 20000 |
| 新岛科技园<br>Xindao Science and Technology Park | 30 | 600 | 255 | 27700 |
| 中辐院科技园<br>Zhongfu Institute Science and Technology Park | 5 | 1430 | 20477 | 5914 |
| 内蒙古自治区留学人员创业园<br>Inner Mongolia Park for Overseas Schollars of Neimenggu Autonomous Region | 5 | 0 | 0 | 11345 |
| 本溪高新技术创业服务中心<br>Benxi Technology Innovation Service Center | 6 | 0 | 1600 | 1000 |
| 丹东市高新技术企业创业中心<br>Dandong Hi-tech Enterprises Innovation Center | 11 | 0 | 0 | 12508 |
| 抚顺市高新区高新技术创业服务中心<br>Hi-tech Innovation Service Center of Fushun Science and Technology Industrial Park | 5 | 400 | 4100 | 13850 |
| 阜新高新技术创业服务中心<br>Fuxin Hi-tech Innovation Service Center | 11 | 700 | 45000 | 28061 |
| 葫芦岛高新技术产业开发区创业中心<br>Innovation Center of Huludao Science and Technology Industrial Park | 6 | 0 | 585 | 13000 |
| 辽宁科技大学科技园<br>Lianing University Science Park | 12 | 24046 | 7315 | 4891 |
| 辽阳科技创业服务中心<br>Liaoyang Technology Innovation Service Center | 12 | 0 | 4000 | 12000 |
| 铁岭市高新技术创业服务中心<br>Hi-tech Innovation Service Center of Tieling | 12 | 0 | 0 | 31000 |
| 营口市高新技术创业服务中心<br>Hi-tech Innovation Service Center of Yingkou | 7 | 70 | 223 | 18000 |
| 大连北方科技企业孵化基地<br>Dalian Beifang Technology Enterprises Incubation Base | 12 | 1385 | 5847 | 19953 |
| 大连创业大厦管理有限公司<br>Dalian Innovation Mansion Administrative Ltd. | 12 | 6482 | 56027 | 21500 |
| 大连高新园区动漫产业孵化器<br>Cartoon Industry Incubator of Dalian Science and Technology Park | 15 | 20000 | 58000 | 54000 |
| 大连光洋国际工控产品技术转移中心有限公司<br>Dalian Guangyang International Indutrial Control Products Technology Transfer Center Ltd. | 62 | 27969 | 24954 | 21000 |
| 大连海洋高新技术企业孵化中心<br>Dalian Marine Hi-tech Enterprises Innovation Center | 2 | 0 | 2461 | 0 |
| 大连锦联大厦孵化中心 Incubation Center | 41 | 8509 | 56638 | 17400 |
| 大连科技创新大厦孵化中心<br>Dalian Technology Innovation Mansion Incubation Center | 18 | 2260 | 5200 | 10800 |
| 大连旅顺民营科技企业创业中心有限公司<br>Dalian Lvshun Private Scientific and Technological Enterprises Innovation Center Ltd. | 7 | 500 | 4770 | 12000 |

| 科技企业孵化器<br>Technology Business Incubator | 人员总数<br>（人）<br>Total Number of Employees (person) | 孵化器总收入<br>（千元）<br>Total Income (1000 RMB yuan) | 年末固定资产净值<br>（千元）<br>Year End Net Fixed Assets (1000 RMB yuan) | 场地面积<br>（平方米）<br>Space Area (sq. m) |
|---|---|---|---|---|
| 大连软件园股份有限公司<br>Dalian Software Park Limited by Shares Company | 161 | 184910 | 1144100 | 298000 |
| 大连三科科技创业基地有限公司<br>Dalian Sanke Technology Innovation Base Ltd. | 12 | 434 | 3848 | 31963 |
| 大连市科技产业孵化基地<br>Science and Technology Industrial Incubation Base of Dalian | 26 | 2300 | 14696 | 13000 |
| 大连市留学人员创业园<br>Incubation Park for Overseas Schollars of Dalian | 42 | 12550 | 119230 | 87200 |
| 大连市民营科技企业创业中心<br>Private Scientific and Technological Enterprises Innovation Center of Dalian | 25 | 8300 | 71220 | 62000 |
| 大连市西岗区高科技发展中心<br>Xigang District Hi-tech Development Center of Dalian | 5 | 1829 | 50 | 8033 |
| 大连未来科技孵化园有限公司<br>Dalian Future Technology Incubation Park Ltd. | 9 | 3100 | 636 | 12100 |
| 瓦房店市农业科技创业服务中心<br>Agriculture Innovation Service Center of Wafangdian | 8 | 350 | 0 | 7000 |
| 中山区科技企业服务中心<br>Technology Enterprises Service Center of Zhongshan District | 5 | 147 | 0 | 1130 |
| 北华大学科技园<br>Beihua Unversity Science Park | 8 | 610 | 14500 | 2800 |
| 长春海外学人创业园<br>Changchun Overseas Schollars Innovation Park | 24 | 3709 | 993 | 45000 |
| 留学生创业园<br>Overseas Schollars Innovation Park | 8 | 250 | 30800 | 4223 |
| 大庆精细化工科技园科技企业孵化器<br>Daqing Fine Chemical Science and Technology Park Technology Business Incubator | 11 | 0 | 60000 | 9600 |
| 大庆三维 IT 企业孵化器<br>Daqing Sanwei IT Enterprises Incubator | 12 | 350 | 2500 | 13000 |
| 大庆新型复合材料及制品特色产业基地<br>Daqing New Type Composite Material and Products Industrial Base | 12 | 0 | 308 | 1200 |
| 鹤岗市科技企业创业中心<br>Technology Enterprises Innovation Center of Hegang | 12 | 0 | 0 | 6000 |
| 黑龙江垦区农业高新技术创业中心<br>Agriculture Hi-tech Innovation Center of Heilongjiang Reclamation Area | 3 | 253 | 1430 | 5000 |
| 佳木斯高新技术创业服务中心<br>Kiamusze Hi-tech Innovation Service Center | 4 | 66 | 6300 | 68800 |
| 佳木斯新运化工高新技术孵化器有限公司<br>Kiamusze Xinyun Chemical Hi-tech Business Incubator Limited Liability Company | 21 | 768 | 346 | 17000 |
| 牡丹江市高新技术创业服务中心<br>Hi-tech Innovation Service Center of Mudanjiang | 12 | 1700 | 2000 | 6000 |
| 齐齐哈尔富拉尔基科技企业创业中心<br>Qiqiharer Fulaerji Technology Enterprises Innovation Center | 8 | 0 | 172 | 6000 |

4－8　续表6　Continued 6

| 科技企业孵化器<br>Technology Business Incubator | 人员总数<br>（人）<br>Total Number of Employees<br>（person） | 孵化器总收入<br>（千元）<br>Total Income<br>（1000 RMB yuan） | 年末固定资产净值<br>（千元）<br>Year End Net Fixed Assets<br>（1000 RMB yuan） | 场地面积<br>（平方米）<br>Space Area<br>（sq. m） |
|---|---|---|---|---|
| 齐齐哈尔科技企业孵化中心<br>Qiqiharer Technology Enterprises Incubation Center | 5 | 52 | 6576 | 3452 |
| 双鸭山市弘科高新技术服务中心<br>Hongke Hi-tech Service Center of Shuangyashan | 24 | 620 | 520 | 4400 |
| 铁力松涛科技创业园区<br>Tielisongtao Science and Technology Innovation Park | 9 | 1015 | 2387 | 4169 |
| 东北亚对俄科技合作发展中心<br>Northeast Asia Science and Technology Sino-Russia Cooperation Center | 8 | 100 | 35750 | 8550 |
| 哈尔滨道里区均信科技创业中心<br>Harbin Daoli District Junxin Technology Innovation Center | 13 | 95 | 0 | 6408 |
| 哈尔滨电工仪表研究所科技企业孵化器<br>Harbin Electrical Engineering Instruments Institute Technology Enterprises Incubator | 83 | 18020 | 8603 | 12833 |
| 哈尔滨功章科技企业创业中心<br>Harbin Gongzhang Technology Innovation Center | 19 | 189 | 0 | 6000 |
| 哈尔滨海格孵化器有限公司<br>Harbin Hige Business Incubator Limited Liability Company | 16 | 11138 | 3467 | 12000 |
| 哈尔滨汇宝孵化基地<br>Harbin Huibao Business Incubation Base | 11 | 1058 | 8344 | 5394 |
| 哈尔滨理工大学科技企业创业中心<br>Innovation Center of Harbin Science and Technology University | 11 | 0 | 0 | 8523 |
| 哈尔滨七0三科技创业中心<br>Harbin 703 Technology Innovation Center | 8 | 1000 | 490 | 8392 |
| 哈尔滨塞达科技园有限公司<br>Harbin Saida Science and Technology Park Ltd. | 8 | 500 | 3920 | 3535 |
| 哈尔滨市平房区高新技术创业中心<br>Harbin Pingfang District Hi-tech Innovation Center | 8 | 144 | 300 | 10000 |
| 哈尔滨市起亚科技企业孵化器有限公司<br>Qiya Technology Business Incubator Limited Liability Company of Harbin | 6 | 548 | 67 | 3300 |
| 哈尔滨现代焊接技术生产力促进中心<br>Harbin Modern Jointing Technology Productivity Promotion Center | 44 | 2700 | 10960 | 10000 |
| 哈尔滨现代农业科技创业中心<br>Harbin Modern Agriculture Technology Innovation Center | 15 | 24 | 619 | 23100 |
| 哈高新动力科技创业中心<br>Harbin Hi-tech Driver Technology Innovation Center | 22 | 1200 | 15479 | 8400 |
| 哈开发区富阳创业中心<br>Fuyang Innovation Center of Haerbin Development Zone | 30 | 5811 | 80819 | 30000 |
| 黑龙江大学软件园<br>Software Park of Heilongjiang University | 14 | 919 | 205 | 5200 |
| 黑龙江省地理信息科技企业孵化器<br>Heilongjiang Geography Information Technology Business Incubator | 26 | 1800 | 6926 | 11000 |
| 黑龙江省动漫与网络游戏产业发展中心<br>Cartoon and Internet Game Industry Development Center of Heilongjiang | 7 | 0 | 2000 | 26000 |

| 科技企业孵化器<br>Technology Business Incubator | 人员总数<br>（人）<br>Total Number of Employees (person) | 孵化器总收入<br>（千元）<br>Total Income (1000 RMB yuan) | 年末固定资产净值<br>（千元）<br>Year End Net Fixed Assets (1000 RMB yuan) | 场地面积<br>（平方米）<br>Space Area (sq. m) |
|---|---|---|---|---|
| 黑龙江省林业科技创业中心<br>Forestry Technology Innovation Center of Heilongjiang | 18 | 260 | 179 | 12350 |
| 华崴科技创业中心<br>Huawei Tecnhology Innovation Center | 16 | 112394 | 54320 | 7000 |
| 黑龙江创业科技园<br>Heilongjiang Innovation Science Park | 15 | 2070 | 1990 | 11856 |
| 东华大学国家大学科技园创业中心<br>Innovation Center of Donghua University Science Park | 7 | 1720 | 2885 | 12000 |
| 国家863软件专业孵化器(上海)基地<br>Shanghai National 863 Software Special Business Incubator Base | 13 | 8763 | 91070 | 38532 |
| 国家留学人员嘉定创业园<br>Jiading National Overseas Schollars Innovation Park | 65 | 2267 | 41239 | 15000 |
| 虹口区科技创业中心企业孵化基地<br>Incubation Base of Hongkou District Technology Innovation Center | 17 | 6483 | 396 | 13000 |
| 黄浦区科技创业中心<br>Huangpu District Technology Innovation Center | 9 | 3392 | 289 | 5000 |
| 上海多媒体产业园创业有限公司<br>Shanghai Multimedia Industrial Park Innovation Ltd. | 23 | 26763 | 5455 | 21000 |
| 上海奉浦现代农业专业孵化器<br>Shanghai Fengpu Modern Agriculture Special Business Incubator | 6 | -220 | 11 | 5000 |
| 上海嘉定民营技术密集区发展总公司<br>Shanghai Jiading Private Technology Cluster Development General Corporation | 18 | 3106 | 41239 | 20546 |
| 上海静安科技企业孵化器管理有限公司<br>Shanghai Jing'an Technology Business Incubator Administrative Ltd. | 7 | 2551 | 45 | 15000 |
| 上海科汇高新技术创业服务中心<br>Shanghai Kehui Hi-tech Innovation Service Center | 14 | 5194 | 4085 | 15300 |
| 上海市金山科技创业中心<br>Shanghai Kingsun Technology Innovation Center | 16 | 339 | 115619 | 35779 |
| 上海市科技创业中心卢湾分中心<br>Luwan Subcenter of Shanghai Technology Innovation Center | 5 | 23124 | 537 | 6200 |
| 上海市科技创业中心闸北分中心<br>Zhabei Subcenter of Shanghai Technology Innovation Center | 8 | 4464 | 346 | 13000 |
| 上海市松江科技创业中心<br>Songjiang Subcenter of Shanghai Technology Innovation Center | 6 | 2850 | 0 | 10960 |
| 上海未来岛科技创业中心<br>Shanghai Future Island Technology Innovation Center | 3 | 179 | 4 | 6000 |
| 上海徐汇软件基地<br>Shanghai Xuhui Software Base | 10 | 18478 | 5478 | 46500 |
| 上海中国纺织国际产业城创业中心<br>Shanghai National Textile International Industrial City Innovation Center | 5 | 20 | 0 | 3116 |
| 上海中科大研究发展中心<br>Shanghai R&D Center of China Science and Technology University | 11 | 5000 | 24000 | 11621 |

| 科技企业孵化器<br>Technology Business Incubator | 人员总数<br>（人）<br>Total Number of Employees (person) | 孵化器总收入<br>（千元）<br>Total Income (1000 RMB yuan) | 年末固定资产净值<br>（千元）<br>Year End Net Fixed Assets (1000 RMB yuan) | 场地面积<br>（平方米）<br>Space Area (sq. m) |
|---|---|---|---|---|
| 宜兴市科技创业服务中心<br>Technology Innovation Service Center of Yixing | 9 | 200 | 8000 | 10000 |
| 常熟高新技术创业服务中心<br>Changshu Hi-tech Innovation Service Center | 15 | 2180 | 2370 | 3200 |
| 常州市留学人员创业园<br>Overseas Scholars Incubation Park of Changshu | 14 | 1392 | 7532 | 150000 |
| 海安县高新技术创业服务中心<br>Hi-tech Innovation Service Center of Hai'an | 9 | 2630 | 12000 | 41600 |
| 淮安高新技术创新中心<br>Hi-tech Innovation Center of Wei'an | 16 | 1100 | 0 | 33000 |
| 江苏常州钟楼高新技术创业服务中心<br>Jiangsu Changzhou Zhonglou Hi-tech Innovation Service Center | 8 | 0 | 40000 | 35000 |
| 江苏华新高新技术创业有限公司<br>Jiangsu Huaxin Hi-tech Innovation Ltd. | 12 | 5900 | 8588 | 15778 |
| 江阴高新技术创业园<br>Jiangyin Hi-tech Innovation Park | 14 | 1100 | 144000 | 45000 |
| 靖江市华信科技创业园有限公司<br>Huaxin Technology Innovation Park Ltd. Jingjiang | 16 | 2250 | 10938 | 17280 |
| 溧阳市高新技术创业中心<br>Hi-tech Innovation Center of Suyang | 10 | 850 | 8430 | 17300 |
| 连云港高新技术产业开发区创业中心<br>Lianyungang Hi-tech Innovation Center | 12 | 824 | 24530 | 20171 |
| 连云港市科技创业服务中心<br>Technology Innovation Service Center of Lianyungang | 6 | 0 | 300 | 3300 |
| 南长区科技创业服务中心<br>Technology Innovation Service Center of Nanshan District | 9 | 58210 | 11522 | 18000 |
| 南通港闸高科技创业中心<br>Nantong Gangzha Hi-tech Innovation Center | 5 | 0 | 100 | 1000 |
| 南通市崇川科技创业服务中心有限公司<br>Chongchuan Technology Innovation Service Center Ltd. of Nantong | 10 | 121 | 35 | 21425 |
| 南通综艺科技孵化器有限公司<br>Nantong Zongyi Technology Business Incubator Limited Liability Company | 14 | 1443 | 117 | 7500 |
| 如东县科技创业中心<br>Technology Innovation Center of Rudong | 4 | 0 | 1040 | 3000 |
| 如皋市科技创业园<br>Technology Innovation Park of Rugao | 9 | 100 | 10330 | 7300 |
| 沭阳县科技创业服务中心<br>Innovation Service Center of Shuyang | 25 | 2600 | 0 | 75000 |
| 苏州工投科技创业园有限公司<br>Suzhou Gongtou Technology Innovation Park Ltd. | 12 | 1940 | 596 | 12570 |
| 苏州工业园区生物纳米科技园<br>Suzhou Industrial Park Nano Science and Technology Park | 36 | 0 | 10008 | 49384 |
| 苏州节能环保高新技术创业园<br>Suzhou Energy Saving and Environment Protection Hi-tech Innovation Park | 23 | 60222 | 123106 | 20200 |

| 科技企业孵化器<br>Technology Business Incubator | 人员总数<br>（人）<br>Total Number of Employees (person) | 孵化器总收入<br>（千元）<br>Total Income (1000 RMB yuan) | 年末固定资产净值<br>（千元）<br>Year End Net Fixed Assets (1000 RMB yuan) | 场地面积<br>（平方米）<br>Space Area (sq. m) |
|---|---|---|---|---|
| 苏州留学人员创业园<br>Overseas Schollars Incubation Park | 22 | 10563 | 15268 | 81000 |
| 苏州市沧浪科技创业园管理有限公司<br>Suzhou Canglang Technology Innovation Park Administrative Ltd. | 7 | 2209 | 116 | 18000 |
| 苏州市金阊区科技创业园<br>Suzhou Jinchang Technology Innovation Park | 7 | 2209 | 160 | 8850 |
| 苏州市平江科技创业园管理有限公司<br>Suzhou Pingjiang Technology Innovation Park Administrative Ltd. | 10 | 704 | 329 | 10000 |
| 苏州市相城区脱颖科技创业园有限公司<br>Suzhou Xiangchengtuoyin Technology Innovation Park Ltd. | 12 | 277 | 0 | 13000 |
| 苏州市新吴城集团有限公司盘门科技创业园<br>Suzhou Xinwucheng Corporative Ltd. Panmen Technology Innovation Park | 9 | 1030 | 78 | 13540 |
| 宿迁市科技创业服务中心<br>Suqian Technology Innovation Service Center | 5 | 0 | 4700 | 4500 |
| 太仓市科技创业园有限公司<br>Taicang Technology Innovation Park Ltd. | 7 | 633 | 65 | 8700 |
| 无锡（国家）工业设计园创业服务中心<br>Wuxi(National) Industrial Design Park Innovation Service Center | 12 | 845 | 115200 | 37000 |
| 无锡国际科技合作园<br>Wuxi International Science and Technology Cooperation Park | 8 | 3443 | 166 | 16000 |
| 无锡惠山高新技术创业服务中心<br>Wuxi Huishan Hi-tech Technology Innovation Service Center | 12 | 0 | 2069 | 32700 |
| 无锡江南工业设计园有限公司<br>Wuxi JIangnan Industrial Design Park Ltd. | 13 | 1544 | 155 | 15732 |
| 无锡市锡山区科技创业服务中心<br>Xishan Innovation Service Center of Wuxi | 14 | 302 | 691 | 2580 |
| 无锡同方创业园有限公司<br>Wuxi Tongfang Innovation Park Ltd. | 12 | 1592 | 367 | 9152 |
| 无锡新区留学生创业园<br>Overseas Schollars Innovation Park of Wuxi New District | 7 | 720 | 0 | 37600 |
| 吴江科技创业园<br>Wujiang Science and Technology Innovation Park | 5 | 0 | 2798 | 40000 |
| 兴化市科技创业中心<br>Technology Innovation Center of Xinghua | 11 | 1130 | 6900 | 14100 |
| 徐州高新技术创业服务中心<br>Xuzhou Hi-tech Tecnhology Innovation Service Center | 13 | 11830 | 0 | 21000 |
| 徐州市高新技术创业服务中心<br>Hi-tech Innovation Service Center of Xuzhou | 10 | 3271 | 1869 | 14000 |
| 盐城高新技术创业园有限公司<br>Yancheng Hi-tech Innovation Park Ltd. | 13 | 2108 | 18468 | 26000 |
| 扬州市邗江区高新技术创业服务中心<br>Hanjiang Hi-tech Innovation Service Center of Yangzhou | 12 | 1765 | 16612 | 9380 |
| 镇江软件园管理办公室<br>Zhenjiang Software Park Administrative Office | 11 | 1270 | 59784 | 41600 |

| 科技企业孵化器<br>Technology Business Incubator | 人员总数<br>（人）<br>Total Number of Employees<br>（person） | 孵化器总收入<br>（千元）<br>Total Income<br>（1000 RMB yuan） | 年末固定资产净值<br>（千元）<br>Year End Net Fixed Assets<br>（1000 RMB yuan） | 场地面积<br>（平方米）<br>Space Area<br>（sq. m） |
|---|---|---|---|---|
| 镇江润州高新技术创业服务中心<br>Zhenjiang Runzhou Hi-tech Innovation Service Center | 12 | 1200 | 876 | 13017 |
| 中科昆山高科技创业服务中心<br>Zhongke Kunshan Hi-tech Innovation Service Center | 13 | 2381 | 0 | 5000 |
| 高淳县高科创业服务公司<br>Hi-tech Innovation Service Ltd. of Gaochun | 5 | 0 | 0 | 92000 |
| 溧水县科技创业服务中心<br>Technology Innovation Service Center of Sushui | 7 | 4550 | 7378 | 48000 |
| 南京滨江科技创业中心<br>Nanjing Binjiang Technology Innovation Center | 4 | 0 | 89 | 4500 |
| 南京光机电科技创业中心<br>Nanjing Mechatronic Technology Innovation Center | 11 | 22081 | 0 | 10743 |
| 南京环保科技创业中心<br>Nanjing Environment Protection Technology Innovation Center | 12 | 3600 | 15844 | 31000 |
| 南京江宁高新技术创业服务中心<br>Nanjing Jiangning Hi-tech Innovation Service Center | 22 | 11685 | 77821 | 21713 |
| 南京留学人员创业园<br>Nanjing Overseas Schollars Innovation Park | 20 | 3003 | 440 | 45000 |
| 南京六合区科技创业服务中心<br>Nanjing Liuhe Innovation Service Center | 10 | 200 | 4700 | 4500 |
| 南京农业生物高新技术创业中心<br>Nanjing Agriculture Biology Hi-tech Innovation Center | 42 | 2200 | 68000 | 50000 |
| 南京市白下区科技创业服务中心<br>Nanjing Technology Innovation Service Center of Baixia | 2 | 305 | 0 | 7000 |
| 南京市建邺区科技创业服务中心<br>Innovation Service Center of Nanjing Jianye District | 11 | 0 | 0 | 12000 |
| 南京市雨花台区科技创业中心<br>Innovation Center of Nanjing Yuhuatai District | 16 | 4680 | 943 | 76500 |
| 南京数码动漫创业管理有限公司<br>Nanjing Digital Carton Innovation Administrative Ltd. | 4 | 1183 | 0 | 5000 |
| 南京智工微光电子产业孵化中心<br>Nanjing Zhigong Weiguang Electronic Industrial Incubation Center | 6 | 538 | 193 | 3000 |
| 浦口区科技创业中心<br>Science and Technology Innovation Center of Pukou District | 5 | 1096 | 51 | 3000 |
| 秦淮区科技创业服务中心<br>Science and Technology Innovation Service Center of Qinhuai District | 3 | 700 | 1720 | 3400 |
| 德清县科技创业服务有限公司<br>Science and Technology Innovation Service Ltd. of Deqing County | 12 | 1132 | 18291 | 26961 |
| 杭州市下城区科技创业中心<br>Hangzhou Xiacheng District Sciena and Technology Innovation Lenter | 6 | 132 | 267 | 2500 |
| 长兴民营科技园发展有限公司<br>Changxing Priviate Science and Technology Industrial Park Development Ltd. | 10 | 2900 | 26390 | 17000 |
| 海宁市科技创业中心<br>Technology Innovation Center of Haining | 4 | 0 | 0 | 4000 |
| 海盐县科技创业服务中心<br>Technology Innovation Service Center of Haiyan | 4 | 450 | 2430 | 11191 |

| 科技企业孵化器<br>Technology Business Incubator | 人员总数<br>（人）<br>Total Number of Employees<br>(person) | 孵化器总收入<br>（千元）<br>Total Income<br>(1000 RMB yuan) | 年末固定资产净值<br>（千元）<br>Year End Net Fixed Assets<br>(1000 RMB yuan) | 场地面积<br>（平方米）<br>Space Area<br>(sq. m) |
|---|---|---|---|---|
| 杭州创新创业新天地<br>Hangzhou Innovation New World | 30 | 0 | 1358 | 1000 |
| 杭州东部软件园有限公司<br>Hangzhou Dongbu Software Ltd. | 41 | 109684 | 151677 | 11653 |
| 杭州高新国投节能环保孵化器有限公司<br>Hangzhou Hi-tech National Investment Energy Saving and Environment Protection Technology Business Incubator Limited Liability Company | 10 | 370 | 0 | 8319 |
| 杭州高新区留学人员创业园<br>Overseas Schollars Innovation Park of Hangzhou Science and Technology Park | 4 | 0 | 0 | 69500 |
| 杭州国家集成电路设计企业孵化器有限公司<br>Hangzhou National IC Design Technology Business Incubator Limited Liability Company | 4 | 444 | 0 | 5200 |
| 杭州杭康医药孵化器有限公司<br>Hangzhou Hangkang Medicine Technology Business Incubator Limited Liability Company | 5 | 0 | 6842 | 1000 |
| 杭州临安太湖源观赏竹种园有限公司竹业科技孵化器<br>Hangzhou Lin'an Taihuyuan Omamental Bamboo Seed Ltd. Technology Business Incubator | 12 | 0 | 0 | 1200 |
| 杭州生物医药科技创业园有限公司<br>Hangzhou Biological Medicine Technology Innovation Park Ltd. | 15 | 136 | 39 | 5700 |
| 杭州市江干区科技产业服务中心<br>Technology Industrial Service Center of Hangzhou Gangjiang District | 4 | 650 | 12618 | 5000 |
| 杭州市余杭高新农业示范中心<br>Yuhang Hi-tech Agriculture Model Center of Hangzhou | 20 | 2220 | 972 | 20560 |
| 杭州数字娱乐园有限公司<br>Hangzhou Digital Entertainment Park Ltd. | 10 | 90 | 465 | 32000 |
| 杭州天盛科技创业服务有限公司<br>Hangzhou Tiansheng Technology Innovation Service Ltd. | 5 | 273 | 8 | 1974 |
| 杭州拓峰软件专业孵化器有限公司<br>Hangzhou Tuofeng Software Technology Business Incubator Limited Liability Company | 12 | 33 | 19 | 5000 |
| 杭州西湖科技创业有限公司<br>Hangzhou Xihu Technology Innovation Ltd. | 280 | 18900 | 87913 | 22000 |
| 杭州萧山创业服务中心<br>Hangzhou Xiaoshan Innovation Service Center | 7 | 280 | 0 | 9200 |
| 建德市有机硅科技企业孵化器<br>Organic Silicon Technology Business Incubator of Jiande | 11 | 370 | 5800 | 8000 |
| 乐清市科技孵化创业中心<br>Technology Innovation and Incubation Center of Yueqing | 14 | 404 | 259 | 44490 |
| 临安市科技孵化中心<br>Technology Incubation Center of Lin'an | 5 | 91 | 12 | 11000 |
| 衢州高科农业创新服务有限公司<br>Quzhou Hi-tech Agriculture Innovation Service Ltd. | 21 | 185 | 0 | 38200 |

| 科技企业孵化器<br>Technology Business Incubator | 人员总数<br>（人）<br>Total Number of Employees (person) | 孵化器总收入<br>（千元）<br>Total Income (1000 RMB yuan) | 年末固定资产净值<br>（千元）<br>Year End Net Fixed Assets (1000 RMB yuan) | 场地面积<br>（平方米）<br>Space Area (sq. m) |
|---|---|---|---|---|
| 上虞市高新技术产业发展有限公司<br>Hi-tech Industrial Development Ltd. of Shangyu | 14 | 4347 | 33630 | 50250 |
| 绍兴市科技创业中心<br>Technology Innovation Center of Shaoxing | 4 | 948 | 60000 | 23000 |
| 台州市高新技术创业服务中心有限公司<br>Hi-tech Innovation Service Center Ltd. of Taizhou | 8 | 1224 | 223 | 9100 |
| 桐乡市科技创业服务中心有限公司<br>Technology Innovation Service Center of Tongxiang | 4 | 136 | 248 | 11660 |
| 万向高科技孵化中心<br>Wanxiang Hi-tech Incubation Center | 67 | 23135 | 53538 | 20000 |
| 西湖区高新技术创业服务中心<br>Hi-tech Innovation Service Center of Xihu District | 2 | 0 | 0 | 2700 |
| 新昌高新技术孵化器<br>Xinchang Hi-tech Business Incubator | 3 | 1385 | 0 | 10478 |
| 浙江衢州高新技术产业园区科技孵化器<br>Zhejiang Quzhou Hi-tech Industrial Park Technology Business Incubator | 4 | 100 | 0 | 37124 |
| 浙江省国家大学科技园<br>National University Science Park of Zhejiang | 17 | 281 | 683 | 11500 |
| 浙江兴科科技发展投资有限公司<br>Zhejiang Xingke Technology Development Investment Ltd. | 35 | 153 | 37966 | 50000 |
| 浙江秀洲科技创业发展有限公司<br>Zhejiang Xiuzhou Technology Innovation Development Ltd. | 10 | 4034 | 24666 | 28989 |
| 浙江银江孵化器有限公司<br>Zhejiang Yinjiang Technology Business Incubator Ltd. | 9 | 320 | 208 | 34967 |
| 中国科学院杭州科技园<br>Hangzhou Science and Technology Park of China Academy of Science | 30 | 1795 | 161 | 28000 |
| 北仑现代农业开发区科技企业孵化器<br>Beilun Modern Agriculture Development Park Technology Business Incubator | 20 | 1200 | 19765 | 5063 |
| 慈溪市生产力促进中心<br>Productivity Promotion Center of Cixi | 9 | 670 | 4576 | 7992 |
| 宁波开发区科技创业园服务中心<br>Technology Innovation Service Center of Ningbo Development Zone | 7 | 49000 | 23500 | 47718 |
| 宁波市江北区科技创业中心<br>Technology Innovation Center of Ningbo Jiangbei District | 5 | 0 | 72 | 5000 |
| 宁波市江东科技创业服务中心<br>Jiangdong Technology Innovation Service Center of Ningbo | 8 | 1770 | 164 | 15760 |
| 宁波市鄞州区科技企业孵化器<br>Technology Business Incubator of Ningbo Yinzhou | 6 | 4059 | 83371 | 10152 |
| 宁波市镇海区科技创业服务中心<br>Innovation Service Center of Ningbo Zhenhai District | 11 | 312 | 2767 | 15000 |
| 宁波望春工业园区杉杉科创投资服务中心<br>Ningbo Wangchun Industrial Park Shanshan Kechuang Investment Service Center | 13 | 332 | 427 | 31000 |
| 宁海县模具科技企业创业服务中心<br>Moudle Technology Innovation Service Center of Ninghai | 16 | 1200 | 1000 | 8500 |

| 科技企业孵化器<br>Technology Business Incubator | 人员总数<br>(人)<br>Total Number of Employees (person) | 孵化器总收入<br>(千元)<br>Total Income (1000 RMB yuan) | 年末固定资产净值<br>(千元)<br>Year End Net Fixed Assets (1000 RMB yuan) | 场地面积<br>(平方米)<br>Space Area (sq. m) |
|---|---|---|---|---|
| 象山科技创业发展有限公司<br>Xiangshan Technology Innovation Development Limited Liability Company | 5 | 181 | 0 | 6092 |
| 浙江大学国家大学科技园宁波分园科创中心<br>Technology Innovation Center of Ningbo Subpark of Zhejiang Unversity Science Park | 12 | 6000 | 35000 | 28000 |
| 安徽省科技创业服务中心<br>Technology Innovation Service Center of Anhui | 13 | 459 | 3078 | 1900 |
| 安徽省科园创业中心<br>Keyuan Innovation Center of Anhui | 11 | 3482 | 25833 | 18143 |
| 安庆市高新技术创业服务中心<br>Hi-tech Innovation Service Center of Anqing | 8 | 425 | 466 | 17418 |
| 蚌埠高新区铁发创业中心<br>Tiefa Innovation Center of Bengbu Science and Technology Industrial Park | 4 | 1141 | 7784 | 10000 |
| 蚌埠市科技创业服务中心<br>Technology Innovation Service Center of Bengbu | 27 | 269 | 2763 | 11612 |
| 巢湖科技创业服务中心<br>Chaohu Technology Innovation Service Center | 5 | 488 | 22 | 12600 |
| 滁州市高新技术创业服务中心<br>Hi-techInnovation Service Center of Chuzhou | 6 | 120 | 0 | 9000 |
| 阜阳科技创业服务中心<br>Fuyang Technology Innovation Service Center | 5 | 130 | 8135 | 7000 |
| 合肥留学人员创业园<br>Hefei Overseas Schollars Innovation Park | 12 | 3001 | 25531 | 21000 |
| 合肥市包河区科技创业服务中心<br>Technology Innovation Service Center of Hefei Baohe District | 8 | 28887 | 0 | 3000 |
| 合肥桃花科技创业服务中心<br>Hefei Taohua Technology Innovation Service Center | 5 | 0 | 0 | 9800 |
| 淮南高新技术创业服务中心<br>Huainan Hi-tech Innovation Service Center | 6 | 161 | 578 | 5000 |
| 灵璧县科技创业服务中心<br>Technology Innovation Service Center of Lingbi | 6 | 0 | 0 | 3000 |
| 六安市科技创业服务中心<br>Innovation Service Center of Liu'an | 6 | 0 | 6000 | 5800 |
| 舒城县科技创业园<br>Technology Innovation Park of Shucheng | 23 | 3510 | 4020 | 30000 |
| 宿州科技企业创业服务中心<br>Suzhou Technology Innovation Service Center | 6 | 125 | 10000 | 6000 |
| 天长市高新技术创业服务中心<br>Hi-tech Innovation Service Center of Tianchang | 11 | 1380 | 9220 | 8950 |
| 宣城市科技创业服务中心<br>Technology Innovation Service Center of Xuancheng | 3 | 0 | 0 | 0 |
| 福建留学人员创业园<br>Fujian Overseas Schollars Innovation Park | 6 | 2766 | 1013 | 35617 |
| 龙岩市高新技术创业服务中心<br>Hi-tech Innovation Service Center of Longyan | 7 | 0 | 4177 | 17000 |
| 南平高新技术创业服务中心<br>Nanping Hi-tech Innovation Service Center | 4 | 124 | 2057 | 7502 |

| 科技企业孵化器<br>Technology Business Incubator | 人员总数<br>（人）<br>Total Number of Employees (person) | 孵化器总收入<br>（千元）<br>Total Income (1000 RMB yuan) | 年末固定资产净值<br>（千元）<br>Year End Net Fixed Assets (1000 RMB yuan) | 场地面积<br>（平方米）<br>Space Area (sq. m) |
|---|---|---|---|---|
| 莆田市高新技术创业服务中心<br>Hi-tech Innovation Service Center of Putian | 4 | 158 | 55 | 4000 |
| 三明市高新技术创业服务中心<br>Hi-tech Innovation Service Center of Sanming | 5 | 59 | 74300 | 29500 |
| 湖里区科技创业服务中心<br>Huli District Technology Innovation Service Center | 7 | 255 | 583 | 5600 |
| 厦门光电子孵化器<br>Xiamen Mechatronic Incubator | 4 | 3093 | 13201 | 27456 |
| 厦门海沧科技创业中心<br>Xiamen Haicang Technology Innovation Center | 14 | 10543 | 136477 | 100000 |
| 厦门留学人员创业园<br>Xiamen Overseas Schollars Innovation Park | 14 | 9999 | 42675 | 88640 |
| 厦门市思明区生产力促进中心<br>Xiamen Siming District Productivity Promotion Center | 6 | 3267 | 1340 | 7100 |
| 厦门台湾科技企业育成中心<br>Xiamen Taiwan Technology Business Incubator | 6 | 215 | 140 | 54000 |
| 江西高技术产业发展有限责任公司<br>Jiangxi Hi-tech Industrial Development Ltd. | 13 | 22585 | 244605 | 11430 |
| 江西师范大学科技园<br>Jiangxi Normal University Science Park | 10 | 2300 | 0 | 10860 |
| 江西浙大中凯科技园发展有限公司<br>Jiangxi Zhejiang University Zhongkai Science Park Development Limited Liability Company | 18 | 0 | 112640 | 341208 |
| 中国江西省留学人员创业园<br>China Jiangxi Overseas Schollars Innovation Park | 13 | 22585 | 244605 | 11430 |
| 德州高新技术创业服务中心<br>Dezhou Hi-tech Innovation Service Center | 7 | 5810 | 0 | 13000 |
| 肥城市高新技术产业开发区创业服务中心<br>Innovation Service Center of Feicheng Hi-tech Industrial Development Zone | 6 | 0 | 90 | 300 |
| 济宁高新区大学科技园<br>University Science Park of Jining Science and Technology Park | 19 | 3549 | 27985 | 65067 |
| 聊城市高新技术创业服务中心<br>Hi-tech Innovation Service Center of Liaocheng | 16 | 8080 | 38769 | 41600 |
| 龙口市高新技术创业服务中心<br>Hi-tech Innovation Service Center of Longkou | 9 | 68 | 0 | 3400 |
| 日照高新技术产业园创业服务中心<br>Innovation Service Center of Rizhao Hi-tech Industrial Development Park | 15 | 837 | 384 | 0 |
| 乳山市高新技术创业服务中心<br>Hi-tech Innovation Service Center of Rushan | 12 | 270 | 6 | 6080 |
| 山东力创科技企业孵化器<br>Shandong Lichuang Technology Business Incubator | 43 | 37537 | 9427 | 12000 |
| 威海湖西创业保育有限公司<br>Weihai Huxi Innovation and Incubation Ltd. | 6 | 672 | 155 | 20594 |
| 威海经济技术开发区科技创新中心有限公司<br>Weihai Economic Technological Development Zone Technology Innovation Center Ltd | 10 | 140 | 35 | 12000 |

4－8 续表 15 Continued 15

| 科技企业孵化器<br>Technology Business Incubator | 人员总数<br>（人）<br>Total Number of Employees<br>（person） | 孵化器总收入<br>（千元）<br>Total Income<br>（1000 RMB yuan） | 年末固定资产净值<br>（千元）<br>Year End Net Fixed Assets<br>（1000 RMB yuan） | 场地面积<br>（平方米）<br>Space Area<br>（sq. m） |
|---|---|---|---|---|
| 新泰高新技术创业服务中心<br>Xintai Hi-tech Innovation Service Center | 6 | 662 | 1027 | 18000 |
| 烟台市信息技术创业服务中心<br>Information Technology Innovation Service Center of Yantai | 30 | 5732 | 17742 | 8251 |
| 烟台市芝罘区科技创业服务中心<br>Technology Innovation Service Center of Yantai Zhifu District | 4 | 0 | 0 | 1700 |
| 枣庄高新技术产业开发区科技创业服务中心<br>Zaozhuang Hi-tech Industrial Zone Technology Innovation Service Center | 16 | 15008 | 11624 | 10000 |
| 中国·济宁留学生创业园<br>China · Jining Overseas Schollars Innovation Park | 16 | 814 | 12499 | 26520 |
| 中国泰山留学人员创业园<br>China Taishan Overseas Schollars Innovation Park | 8 | 450 | 5300 | 8500 |
| 青岛高新区新产业团地创业中心<br>Qingdao Science and Technology Industrial Innovation Center | 30 | 12000 | 265000 | 132000 |
| 青岛国家大学科技园<br>Qingdao University Science Park | 43 | 0 | 20000 | 51200 |
| 青岛科大都市科技园发展有限公司<br>Qingdao Science University Urban Science and Technology Park Development Limited Liability Company | 25 | 1015 | 0 | 80000 |
| 四方区建筑创意产业园创新创业服务中心<br>Building Originality Industrial Park Innovation Service Center of Sifang | 8 | 500 | 0 | 5300 |
| 河南省濮阳高新区创业服务中心<br>Henan Province Puyang Science and Technology Industrial Park Innovation Service Center | 13 | 600 | 12269 | 30000 |
| 开封高新技术创业服务中心<br>Kaifeng Hi-tech Innovation Service Center | 15 | 1180 | 370 | 15000 |
| 平顶山高新技术创业服务中心<br>Pingdingshan Hi-tech Innovation Service Center | 40 | 1540 | 1550 | 13000 |
| 郑州高新区留学人员创业园<br>Zhengzhou Science and Technology Industrial Park Overseas Schollars Incubation Park | 7 | 4 | 70 | 4700 |
| 郑州空港科技创业服务中心<br>Zhengzhou Airport Innovation Service Center | 6 | 1728 | 6660 | 9000 |
| 郑州市科技企业孵化器<br>Technology Business Incubator of Zhengzhou | 15 | 2543 | 9122 | 65000 |
| 荆州开发区创业中心<br>Innovation Center of Jingzhu Development Zone | 18 | 4570 | 17000 | 20000 |
| 襄樊市樊城区科技创业服务中心<br>Technology Innovation Service Center of Xiangfan Fancheng District | 5 | 240 | 6500 | 8500 |
| 江岸区高新技术创业中心<br>Jiang'an District Hi-tech Innovation Center | 4 | 0 | 1480 | 60680 |
| 武汉华成创业服务有限公司<br>Wuhan Huacheng Innovation Service Ltd | 10 | 850 | 496 | 5600 |
| 武汉华创源科技企业孵化器有限公司<br>Wuhan Huachuangyuan Technology Business Incubator Limited Liability Company | 6 | 645 | 1021 | 6000 |

| 科技企业孵化器<br>Technology Business Incubator | 人员总数<br>（人）<br>Total Number of Employees (person) | 孵化器总收入<br>（千元）<br>Total Income (1000 RMB yuan) | 年末固定资产净值<br>（千元）<br>Year End Net Fixed Assets (1000 RMB yuan) | 场地面积<br>（平方米）<br>Space Area (sq. m) |
|---|---|---|---|---|
| 武汉黄金口科技产业孵化基地<br>Wuhan Huangjinkou Technology Incubation Base | 16 | 730 | 578 | 15000 |
| 武汉盘龙科技企业孵化器<br>Wuhan Panlong Technology Business Incubator | 9 | 68 | 0 | 2500 |
| 武汉市蔡甸区科技创业服务中心<br>Technology Innovation Service Center Wuhan Caixun District | 8 | 0 | 6000 | 1500 |
| 武汉市汉南区高新技术创业服务中心<br>Hi-tech Innovation Service Center of Wuhan Hannan District | 4 | 100 | 0 | 860 |
| 武汉市江夏区高新技术创业服务中心<br>Hi-tech Innovation Service Center of Wuhan Jiangxia District | 6 | 50 | 1200 | 2000 |
| 武汉市科研院所高新技术创业服务中心<br>Hi-tech Innovation Service Center of Research Institute of Wuhan | 7 | 9900 | 700 | 5000 |
| 武汉市武湖农业科技创业服务中心<br>Wuhu Innovation Service Center of Wuhan | 9 | 68 | 380 | 2000 |
| 长沙高新区橡树园企业创业服务有限公司<br>Changsha Science and Technology Industrial Park Xiangshu Park Enterprises Innovation Service Park | 11 | 3950 | 166 | 40102 |
| 长沙湘能科技企业孵化器有限公司<br>Changsha Xiangneng Technology Business Incubator Limited Liability Company | 14 | 4097 | 38 | 38488 |
| 湖南麓谷科技孵化器<br>Hunan Lugu Technology Business Incubator | 22 | 607 | 35742 | 24000 |
| 湖南省火炬创业中心<br>Torch Innovation Center of Hunan | 7 | 350 | 3663 | 1400 |
| 东莞市软件企业孵化园<br>Software Business Incubator of Dongguan | 3 | 183 | 139 | 5240 |
| 佛山国家高新区科技企业孵化中心<br>Foshan National Science and Technology Industrial Park Technology Business Incubation Center | 6 | 10000 | 10000 | 4500 |
| 佛山市高明沧江工业园科技企业创业中心<br>Gaoming Cangjiang Industrial Park Technology Business Innovation Center of Foshan | 13 | 0 | 6449 | 8500 |
| 佛山市三水高新创业中心有限公司<br>Sanshui Hi-tech Innovation Center Ltd of Foshan | 18 | 102 | 5640 | 6000 |
| 佛山市顺德高新技术产业孵化基地<br>Shunde Hi-tech Incubation Base of Foshan | 31 | 8750 | 114 | 10000 |
| 广东电子工业研究院有限公司<br>Guangdong Electronic Industrial Institete Ltd. | 14 | 824 | 4172 | 8000 |
| 广东惠州工业园创新服务中心<br>Guangdong Huizhou Industrial Park Innovation Service Center | 9 | 0 | 0 | 500 |
| 广东省纺织服装开平基地技术创新中心<br>Technology Innovation Center of Textile Fashion Kaiping Base of Guangdong | 10 | 1433 | 1770 | 11508 |
| 惠州市生产力促进中心<br>Productivity Promotion Center of Huizhou | 15 | 0 | 20 | 270 |
| 惠州仲恺高新区科技创业中心<br>Technology Innovation Center of Huizhou Zhongkai Science and Technology Park | 10 | 307953 | 0 | 9800 |

| 科技企业孵化器<br>Technology Business Incubator | 人员总数<br>（人）<br>Total Number of Employees<br>（person） | 孵化器总收入<br>（千元）<br>Total Income<br>（1000 RMB yuan） | 年末固定资产净值<br>（千元）<br>Year End Net Fixed Assets<br>（1000 RMB yuan） | 场地面积<br>（平方米）<br>Space Area<br>（sq. m） |
|---|---|---|---|---|
| 江门市科技创业服务中心<br>Technology Innovation Service Center of Jiangmen | 9 | 1187 | 163 | 7900 |
| 揭阳经济开发试验区信息中心<br>Jieyang Economic Development Test Area Information Center | 7 | 0 | 22 | 220 |
| 清华科技园（珠海）<br>Zhuhai Tsinghua University Science Park | 31 | 23790 | 124573 | 35695 |
| 肇庆高新技术产业开发区创业服务中心<br>Innovation Service Center of Zhaoqing Science and Technology Industrial Park | 4 | 6500 | 149 | 7200 |
| 珠海南方软件园<br>Zhuhai South Software Park | 36 | 1139 | 0 | 23275 |
| 广东海珠海洋生物技术产业开发示范基地<br>Guangdong Haizhu Marine Biology Technology Industrial Development Model Base | 26 | 61210 | 82083 | 21574 |
| 广州市白云区生产力促进中心<br>Productivity Promotion Center of Guangzhou Baiyun District | 18 | 1606 | 468 | 17770 |
| 广州市花都区高新技术创业服务中心<br>Hi-tech Innovation Service Center of Guangzhou Huadu District | 15 | 0 | 0 | 6000 |
| 广州市荔湾区生产力促进中心<br>Productivity Promotion Center of Guangzhou Liwan District | 8 | 1882 | 10000 | 27000 |
| 暨南大学科技园<br>Jinan University Science Park | 41 | 4052 | 545 | 10600 |
| 深港产学研基地<br>Shenzhen Hongkong Industry University and Institute Base | 30 | 30000 | 135000 | 37000 |
| 深圳航天科技创新研究院<br>Shenzhen Aerospace Science and Technology Innovation Institute | 25 | 30580 | 133082 | 38365 |
| 深圳清华大学研究院<br>Shenzhen Tsinghua University Institute | 123 | 75584 | 121543 | 30859 |
| 深圳生物孵化器管理中心<br>Shenzhen Biology Incubator Administrative Center | 4 | 7701 | 27 | 20135 |
| 深圳市佳利泰孵化器管理有限公司<br>Jialitai Incubator Administrative Ltd. of Shenzhen | 7 | 844 | 44 | 8780 |
| 深圳市罗湖区高新技术创业中心<br>Hi-tech Innovation Center of Shenzhen Luohu District | 4 | 4017 | 874 | 11000 |
| 深圳天安数码城有限公司<br>Shenzhen Tian'an Digital City Ltd. | 7 | 200000 | 38123 | 30268 |
| 深圳虚拟大学园管理服务中心<br>Shenzhen Virtual University Science Park Administrative and Service Center | 22 | 3487 | 14743 | 21184 |
| 中国科技开发院有限公司<br>China Science and Technology Development Institute Ltd. | 26 | 19293 | 79397 | 26000 |
| 北海高新技术产业园区科技创业中心<br>Beihai Hi-tech Industrial Park Innovation Center | 10 | 309 | 7150 | 7200 |
| 北生生物制药园科技企业孵化基地<br>Beisheng Biological Pharmacy Technology Enterprises Incubation Base | 25 | 1236 | 13470 | 6000 |
| 广西南宁电子科技广场有限公司<br>Guangxi Nanning Electronic Science and Technology Plaza Ltd. | 100 | 17935 | 8125 | 40000 |
| 国发海洋生物技术孵化基地<br>Guofa Marine Biology Technology Incubation Base | 21 | 11550 | 8500 | 3960 |

4－8 续表 18 Continued 18

| 科技企业孵化器<br>Technology Business Incubator | 人员总数<br>（人）<br>Total Number of Employees (person) | 孵化器总收入<br>（千元）<br>Total Income (1000 RMB yuan) | 年末固定资产净值<br>（千元）<br>Year End Net Fixed Assets (1000 RMB yuan) | 场地面积<br>（平方米）<br>Space Area (sq. m) |
|---|---|---|---|---|
| 柳化国企孵化器<br>Liuhua State Owned Enterprises Incubator | 3 | 2000 | 450 | 2000 |
| 柳州高新区信息产业园<br>Information Industrial Park of Liuzhou Science and Technology Park | 6 | 2100 | 560 | 2502 |
| 柳州高新区有色金属新材料成果转化基地<br>Advanced Nonferrous Metals Material Science Achievement Transformation Base of Liuzhou Science and Technology Park | 7 | 2100 | 500 | 6000 |
| 南宁留学人员创业园<br>Nanning Overseas Scholars Innovation Park | 4 | 680 | 4224 | 4600 |
| 梧州市科技企业孵化园<br>Technology Enterprises Incubation Park of Wuzhou | 10 | 1200 | 122 | 4350 |
| 南岸区科技企业孵化器<br>Nan' an District Technology Business Incubator | 93 | 0 | 20000 | 55000 |
| 重庆高新技术产业开发区留学人员创业园<br>Overseas Scholars Innovation Park of Chongqing Hi-tech Industrial Park | 20 | 1925 | 4000 | 20000 |
| 重庆高新区软件园<br>Software Park of Chongqing Science and Technology Park | 20 | 3850 | 3300 | 300000 |
| 重庆高新区生物生化制药技术开发园<br>Biology and Biochemical Pharmacy Industrial Park of Chongqing Science and Technology Park | 20 | 3150 | 3885 | 15000 |
| 重庆九龙兴兴科技术市场有限责任公司<br>Chongqing Jiulong Xingxing Science and Technology Market Ltd. | 16 | 779 | 180 | 3000 |
| 重庆科技孵化器创新示范体系万盛示范孵化器<br>Chongqing Science and Technology Incubator Innovation Model System Wansheng Model Incubator | 6 | 0 | 0 | 2000 |
| 重庆市涪陵区金渠企业孵化器有限责任公司<br>Chongqing City Peiling District Jinqu Business Incubator Ltd. | 22 | 519 | 1601 | 7813 |
| 重庆万州科技企业孵化器<br>Chongqing Wanzhou Technology Business Incubator | 55 | 18930 | 158000 | 351980 |
| 成都高发实业有限责任公司科技孵化园<br>Technology Incubation Park of Chengdu Gaofa Industrial Ltd. | 38 | 5320 | 41450 | 18916 |
| 成都高新发展股份有限公司高新区科技工业园<br>Chengdu Hi-tech Development Ltd. Science and Technology Industrial Park | 15 | 15012 | 59210 | 67000 |
| 成都国信安信息产业基地有限公司<br>Chengdu Guoxinan Information Industrial Base Ltd. | 172 | 6420 | 80350 | 5000 |
| 中国成都博士创业园<br>China Chengdu Doctor Innovation Park | 15 | 2431 | 846 | 39225 |
| 中国成都留学人员创业园<br>China Chengdu Incubation Park for Overseas Scholars | 15 | 2100 | 584 | 35622 |
| 成都海峡两岸科技产业开发园<br>Chengdu Cross-Straits Science and Technology Industrial Development Park | 15 | 300 | 20000 | 13500 |
| 成都双新科技创业园<br>Chengdu Shuangxin Technology Innovation Park | 53 | 2163 | 1723 | 36880 |
| 贵州贵阳软件园（一区）<br>Guizhou Guiyang Software Park (the first zone) | 7 | 923 | 238 | 2700 |
| 贵州航天高新技术创业服务中心<br>Guizhou Aerospace Technology Innovation Service Center | 12 | 1268 | 1493 | 25600 |

| 科技企业孵化器<br>Technology Business Incubator | 人员总数<br>（人）<br>Total Number of Employees (person) | 孵化器总收入<br>（千元）<br>Total Income (1000 RMB yuan) | 年末固定资产净值<br>（千元）<br>Year End Net Fixed Assets (1000 RMB yuan) | 场地面积<br>（平方米）<br>Space Area (sq. m) |
|---|---|---|---|---|
| 国家 863 软件专业孵化器昆明基地<br>National 863 Software Special Incubator Kunming Base | 16 | 137 | 776 | 2749 |
| 昆明高新五华科技园创业服务中心<br>Kunming Hi-tech Wuhua Science and Technology Park Innovation Service Center | 19 | 1764 | 469 | 12598 |
| 昆明新兴产业孵化区管理有限公司<br>Kunming New Industry Incubation Zone Administrative Ltd. | 25 | 412 | 17814 | 57000 |
| 云南海归创业园<br>Yunnan Overseas Schollars Innovation Park | 20 | 0 | 0 | 28274 |
| 云南留学人员创业园管理办公室<br>Yunnan Overseas Schollars Innovation Park Administrative Office | 15 | 0 | 1989 | 14000 |
| 西藏（成都）科技孵化器<br>Tibet (Chengdu) Technology Business Incubator | 3 | 0 | 450 | 2400 |
| 宝鸡市金华水利科技服务中心<br>Baoji City Jinhua Water Resource Technology Sercice Center | 13 | 650 | 19150 | 6600 |
| 宝桥科贸大厦孵化中心<br>Baoqiao Technology Trade Incubation Center | 7 | 2017 | 170406 | 10000 |
| 甘肃省兰州留学人员创业园区<br>Gansu Province Lanzhou Overseas Schollars Innovation Park | 3 | 0 | 0 | 5000 |
| 秦明电子园<br>Qingming Electronic Park | 12 | 122471 | 36062 | 9300 |
| 渭南高新区创业服务中心<br>Weinan Science and Technology Innovation Service Center | 4 | 43 | 2600 | 6000 |
| 西安航空科技创新服务中心<br>Xi'an Aerospace Technology Innovation Service Center | 12 | 32 | 5706 | 47000 |
| 西安高新区电子企业孵化器<br>Xi'an Science and Technology Park Electronic Business Incubator | 10 | 513289 | 137271 | 79909 |
| 西安高新区能源新技术孵化器<br>Xi'an Science and Technology Park Advanced Energy Technology Business Incubator | 5 | 2210 | 13640 | 6300 |
| 西安高新区现代服务企业孵化器<br>Xi'an Science and Technology Park Modern Sercice Business Incubator | 4 | 6900 | 31111 | 3000 |
| 西安高新区新型工业企业孵化器<br>Xi'an Science and Technology Park New Type Industrial Business Incubator | 15 | 4500 | 25610 | 75747 |
| 西安集成电路设计专业孵化器有限公司<br>Xi'an IC Design Special Technology Business Incubator Limited Liability Company | 18 | 3260 | 291 | 16000 |
| 西安莲湖科技产业园区创业服务中心<br>Xi'an Lianhu Science and Technology Industrial Park Innovation Service Center | 4 | 980 | 16 | 6344 |
| 西安留学人员创业园<br>Xi'an Overseas Schollars Innovation Park | 20 | 31310 | 515855 | 177600 |
| 西安启迪（原清华）科技园发展有限公司<br>Xi'an Qidi (formal Tsinghua) Science and Technology Park Development Limited Liability Company | 11 | 76500 | 51058 | 36300 |
| 兰州理工大学科技园科技企业孵化器<br>Lanzhou Science and Technology University Science Park Technology Business Incubator | 14 | 253 | 9800 | 5664 |

# 4-9 非国家级科技企业孵化器孵化企业情况

## Incubation Statistics of Non-State Level TBIs

| 科技企业孵化器<br>Technology Business Incubator | 在孵企业数（个）<br>Number of Tenants (number) | 当年新孵（个）<br>New Tenants of the Year (number) | 孵化基金总额（千元）<br>Total Amount of Incubation Fund (1000 RMB yuan) | 累计毕业企业数（个）<br>Accumulated Number of Graduated Tenants (number) |
|---|---|---|---|---|
| **合　计　Total** | **15604** | **3570** | **2303350** | **5806** |
| 北京奥博联创科技孵化器有限公司<br>Beijing Aobo Lianchuang Technology Business Incubator Limited Liability Company | 92 | 56 | 10000 | 4 |
| 北京奥科兴源科技企业孵化器有限公司<br>Beijing Aoke Xingyuan Technology Business Incubator Limited Liability Company | 10 | 3 | 0 | 0 |
| 北京八六三信息安全科技发展有限公司<br>Beijing 863 Information Security Science and Technology Development Limited Liability Company | 18 | 5 | 30 | 0 |
| 北京北达燕园科技孵化器有限公司<br>Beijing Beida Yanyuan Technology Business Incubator Limited Liability Company | 69 | 12 | 20000 | 70 |
| 北京北方车辆新技术孵化器有限公司<br>Beijing Northern Vehicle High Technology Incubator Limited Liability Company | 12 | 5 | 0 | 22 |
| 北京北控高科技孵化器有限公司<br>Beijing Beikong Technology Business Incubator Limited Liability Company | 90 | 40 | 32778 | 90 |
| 北京北内制造业高新技术孵化基地有限公司<br>Beijing Beinei Manufacturing Hi- tech Incubation Base | 22 | 4 | 200 | 19 |
| 北京崇熙科技孵化器有限公司<br>Beijing Chongxi Technology Business Incubator Limited Liability Company | 1 | 0 | 400 | 17 |
| 北京高创天成国际企业孵化器有限公司<br>Beijing Gaochuang Tiancheng Technology Business Incubator Limited Liability Company | 15 | 0 | 0 | 4 |
| 北京国丰通达科技孵化器中心<br>Beijing Guofeng Tongda Technology Innovation Center | 11 | 0 | 0 | 0 |
| 北京海银科医药技术有限公司<br>Beijing Haiyinke Medicine Technology Ltd. | 14 | 1 | 0 | 6 |
| 北京航天银星科技企业孵化器有限公司<br>Beijing Aerospace Yingxing Technology Business Incubator Limited Liability Company | 70 | 20 | 0 | 33 |
| 北京华商置业孵化器有限公司<br>Beijing Huashangzhiye Technology Business Incubator Limited Liability Company | 17 | 5 | 1000 | 8 |
| 北京集成电路设计院孵化中心<br>Beijing IC Design Institute Innovation Center | 50 | 5 | 0 | 43 |
| 北京建科兴达科技企业孵化器有限责任公司<br>Beijing Jiankexingda Technology Business Incubator Limited Liability Company | 86 | 25 | 0 | 120 |
| 北京交大科技孵化器有限公司<br>Beijing Jiaotong University Technology Business Incubator Limited Liability Company | 17 | 4 | 0 | 6 |

4－9 续表1 Continued 1

| 科技企业孵化器<br>Technology Business Incubator | 在孵企业数（个）<br>Number of Tenants (number) | 当年新孵（个）<br>New Tenants of the Year (number) | 孵化基金总额（千元）<br>Total Amount of Incubation Fund (1000 RMB yuan) | 累计毕业企业数（个）<br>Accumulated Number of Graduated Tenants (number) |
|---|---|---|---|---|
| 北京金丰和科技企业孵化器有限责任公司<br>Beijing Jinfenghe Technology Business Incubator Limited Liability Company | 127 | 35 | 149 | 2 |
| 北京京海科技企业孵化器有限公司<br>Beijing Jinghai Technology Business Incubator Limited Liability Company | 18 | 3 | 0 | 0 |
| 北京科方创业科技企业孵化器有限公司<br>Beijing Kefangchuangye Technology Business Incubator Limited Liability Company | 19 | 1 | 2000 | 10 |
| 北京理工留学人员创业园<br>Beijing Ligong Incubation Park for Overseas Schollars | 74 | 30 | 1500 | 39 |
| 北京利玛自动化专业孵化基地<br>Beijing Lima Automation Special Incubation Base | 27 | 12 | 0 | 8 |
| 北京诺飞科技孵化器有限公司<br>Beijing Nuofei Technology Business Incubator Limited Liability Company | 29 | 3 | 0 | 19 |
| 北京日创恒发科技企业孵化器有限公司<br>Beijing Richuanghengfa Technology Business Incubator Limited Liability Company | 5 | 1 | 0 | 7 |
| 北京首特科技孵化器有限公司<br>Beijing Shoute Technology Business Incubator Limited Liability Company | 29 | 9 | 2699 | 22 |
| 北京泰斯特测控技术孵化器有限公司<br>Beijing Taisite Technology Business Incubator Limited Liability Company | 17 | 5 | 0 | 13 |
| 北京天竺空港科技企业孵化器有限公司<br>Beijing Tianzhu Konggang Technology Business Incubator Limited Liability Company | 51 | 16 | 1000 | 22 |
| 北京星之月科技企业孵化中心<br>Beijing Xingzhiyue Innovation Center | 114 | 40 | 0 | 85 |
| 北京中关村生命科育园生物医药科技孵化有限公司<br>Beijing Zhongguancun Shengming Keyuyuan Biological Medicine Technology Business Incubation Limited Liability Company | 11 | 1 | 7700 | 2 |
| 北京中自科技产业孵化器有限公司<br>Beijing Zhongzi Science and Technology Industrial Incubator Limited Liability Company | 44 | 1 | 0 | 9 |
| 北邮留学人员创业园<br>Beiyou Incubation Park for Overseas Schollars | 13 | 5 | 0 | 11 |
| 中关村兴业（北京）高科技孵化器股份有限公司<br>Zhongguancun Xingye Hi-tech Technology Business Incubator Limited by Shares Company | 38 | 5 | 2000 | 10 |
| 天津市帅越地热科技开发中心<br>Shuaiyue Geotherm Science and Technology Development Center of Tianjin | 1 | 0 | 0 | 0 |
| 国家纳米技术产业化基地<br>National Nano Technology Industrial Base | 3 | 0 | 0 | 0 |
| 河北区科技园<br>Hebeiqu Science and Technology Park | 69 | 0 | 0 | 0 |

4-9 续表2 Continued 2

| 科技企业孵化器<br>Technology Business Incubator | 在孵企业数（个）<br>Number of Tenants (number) | 当年新孵（个）<br>New Tenants of the Year (number) | 孵化基金总额（千元）<br>Total Amount of Incubation Fund (1000 RMB yuan) | 累计毕业企业数（个）<br>Accumulated Number of Graduated Tenants (number) |
|---|---|---|---|---|
| 津滨科技园<br>Science and Technology Park | 29 | 2 | 0 | 5 |
| 天感数码影像产业孵化器有限公司<br>Tiangan Digital Visual Industrial Technology Business Incubator Limited Liability Company | 9 | 0 | 0 | 0 |
| 天津妇女创业中心<br>Women Innovation Center of Tianjin | 18 | 8 | 0 | 22 |
| 天津华科企业孵化服务有限公司<br>Tianjin Huake Enterprise Incubation Service Limited Liability Company | 81 | 17 | 757 | 26 |
| 天津华苑软件园建设发展有限公司<br>Tianjin Huayuan Software Parks Development Limited Liability Company | 10 | 3 | 3000 | 0 |
| 天津金虹桥电气企业孵化器有限公司<br>Tianjin Golden Hongqiao Electrical Technology Business Incubator Limited Liability Company | 14 | 4 | 26000 | 0 |
| 天津开泰企业孵化器有限公司<br>Tianjin Kaitai Technology Business Incubator Limited Liability Company | 13 | 0 | 0 | 9 |
| 天津科丽泰科技企业孵化器有限公司<br>Tianjin Kelitai Technology Business Incubator Limited Liability Company | 20 | 15 | 0 | 0 |
| 天津市光电子专业孵化器<br>Photoelectron Special Incubator of Tianjin | 36 | 4 | 0 | 1 |
| 天津市和平区民营科技园区管理服务中心<br>Science and Technology Park Service and Administration Center of Heping District Tianjin | 7 | 0 | 535 | 0 |
| 天津市帅超科技园<br>Shuaichao Science and Technology Park of Tianjin | 33 | 4 | 0 | 0 |
| 天津泰达生物医药研发大厦<br>Tianjin Taida Biological Medicine R&D Mansion | 9 | 9 | 0 | 0 |
| 天津塘沽海洋高新区创业服务中心<br>Innovation Service Center<br>Tianjin Tanggu Marine Science Park | 17 | 5 | 0 | 4 |
| 天津易辰电子信息产业孵化器有限公司<br>Tianjin Yichen Electronic and Information Industrial Incubator Limited Liability Company | 6 | 0 | 0 | 0 |
| 中国民航大学科技企业孵化器<br>Technology Business Incubator of National Civil Aviation University | 6 | 0 | 0 | 0 |
| 保定乐凯数码影像有限公司<br>Baoding Lekai Digital Imagine Ltd. | 1 | 0 | 500 | 1 |
| 承德市高新区创业服务中心<br>Innovation Service Center<br>of Chengde Science and Technology Industrial Park | 70 | 6 | 4000 | 26 |
| 河北科技风险投资有限公司创业分公司<br>Hebei Technology Venture Capital Ltd. Incubation Branch Company | 46 | 6 | 30000 | 31 |

4－9 续表3 Continued 3

| 科技企业孵化器<br>Technology Business Incubator | 在孵企业数（个）<br>Number of Tenants (number) | 当年新孵（个）<br>New Tenants of the Year (number) | 孵化基金总额（千元）<br>Total Amount of Incubation Fund (1000 RMB yuan) | 累计毕业企业数（个）<br>Accumulated Number of Graduated Tenants (number) |
|---|---|---|---|---|
| 河北清华发展研究院科技企业孵化器<br>Hebei Tsinghua Development Institute Technology Business Incubator | 1 | 0 | 1000 | 1 |
| 河北省涿州创业服务中心<br>Innovation Service Center Zhuozhou of Hebei | 26 | 7 | 907 | 21 |
| 衡水经济开发区创业服务中心<br>Innovation Service Center of Hengshui Economic Development Zone | 22 | 7 | 0 | 0 |
| 廊坊开发区科技创业服务中心<br>Innovation Service Center of Langfang Development Zone | 11 | 2 | 100 | 0 |
| 廊坊科技企业孵化器有限公司<br>Langfang Technology Business Incubator Limited Liability Company | 30 | 0 | 0 | 0 |
| 秦皇岛市育兴高新技术创业有限公司<br>Yuxing Hi-tech Innovation Ltd. of Qinghuangdao | 112 | 28 | 0 | 62 |
| 三河市燕郊东湖孵化器有限公司<br>Yanjiao Donghu Technology Business Incubator Limited Liability Company of Sanhe | 82 | 53 | 300 | 28 |
| 武安市曹公泉工业园区创业服务中心<br>Innovation Service Center Caogongquan Industrial Park of Wu'an | 2 | 2 | 100 | 0 |
| 科伟通科技企业孵化器<br>Keweitong Technology Business Incubator | 82 | 24 | 3000 | 28 |
| 日化所科技园<br>Daily Chemical Institute Science and Technology Park | 3 | 0 | 0 | 0 |
| 瑞杰科技中心<br>Ruijie Science and Technology Center | 14 | 0 | 0 | 0 |
| 三益电子科技专业孵化器<br>Sanyi Electronic Science and Technology Special Incubator | 14 | 0 | 0 | 0 |
| 山西省农业高新技术园区<br>Shanxi Agriculture Science and Technology Industrial Park | 2 | 0 | 0 | 0 |
| 太原高新区大学科技创业园<br>University Technology Innovation Park of Taiyuan Science and Technology Park | 10 | 0 | 0 | 0 |
| 太原高新区电子数码港<br>Electronic and Digital Port of Taiyuan Science and Technology Industrial Park | 72 | 0 | 100 | 0 |
| 太原高新区留学人员创业园<br>Incubation Park for Overseas Schollars of Taiyuan Science and Technology Industrial Park | 45 | 8 | 4500 | 12 |
| 太原广汇医药科技园开发有限公司<br>Taiyuan Guanghui Medicine Science and Technology Park Development Ltd. | 0 | 0 | 0 | 0 |
| 太原科源通科技发展有限公司<br>Taiyuan Keyuantong Science and Technology Development Limited Liability Company | 30 | 1 | 200 | 0 |
| 太原市高新技术创业服务中心<br>Hi-tech Innovation Service Center of Taiyuan | 8 | 2 | 16010 | 0 |
| 太原市开发区高新技术创业中心<br>Innovation Center of Taiyuan Development Zone | 52 | 9 | 0 | 3 |

4－9　续表4　Continued 4

| 科技企业孵化器<br>Technology Business Incubator | 在孵企业数<br>（个）<br>Number of Tenants<br>（number） | 当年新孵<br>（个）<br>New Tenants of the Year<br>（number） | 孵化基金总额<br>（千元）<br>Total Amount of Incubation Fund<br>（1000 RMB yuan） | 累计毕业企业数<br>（个）<br>Accumulated Number of Graduated Tenants<br>（number） |
|---|---|---|---|---|
| 太原市杏花岭区科技孵化创业中心<br>Taiyuan Xinghualing District Technology Incubator and Innovation Center | 14 | 2 | 0 | 0 |
| 新岛科技园<br>Xindao Science and Technology Park | 38 | 0 | 0 | 0 |
| 中辐院科技园<br>Zhongfu Institute Science and Technology Park | 8 | 0 | 0 | 0 |
| 内蒙古自治区留学人员创业园<br>Inner Mongolia Park for Overseas Scholars of Neimenggu Autonomous Region | 150 | 30 | 0 | 33 |
| 本溪高新技术创业服务中心<br>Benxi Technology Innovation Service Center | 7 | 2 | 0 | 0 |
| 丹东市高新技术企业创业中心<br>Dandong Hi-tech Enterprises Innovation Center | 32 | 8 | 2330 | 20 |
| 抚顺市高新区高新技术创业服务中心<br>Hi-tech Innovation Service Center of Fushun Science and Technology Industrial Park | 3 | 3 | 0 | 14 |
| 阜新高新技术创业服务中心<br>Fuxin Hi-tech Innovation Service Center | 60 | 15 | 300 | 20 |
| 葫芦岛高新技术产业开发区创业中心<br>Innovation Center of Huludao Science and Technology Industrial Park | 164 | 30 | 0 | 1 |
| 辽宁科技大学科技园<br>Lianing University Science Park | 3 | 0 | 0 | 0 |
| 辽阳科技创业服务中心<br>Liaoyang Technology Innovation Service Center | 20 | 2 | 0 | 35 |
| 铁岭市高新技术创业服务中心<br>Hi-tech Innovation Service Center of Tieling | 25 | 10 | 0 | 2 |
| 营口市高新技术创业服务中心<br>Hi-tech Innovation Service Center of Yingkou | 16 | 1 | 0 | 18 |
| 大连北方科技企业孵化基地<br>Dalian Beifang Technology Enterprises Incubation Base | 80 | 41 | 2550 | 25 |
| 大连创业大厦管理有限公司<br>Dalian Innovation Mansion Administrative Ltd. | 65 | 15 | 2000 | 20 |
| 大连高新园区动漫产业孵化器<br>Cartoon Industry Incubator of Dalian Science and Technology Park | 62 | 12 | 0 | 10 |
| 大连光洋国际工控产品技术转移中心有限公司<br>Dalian Guangyang International Indutrial Control Products Technology Transfer Center Ltd. | 58 | 10 | 3000 | 12 |
| 大连海洋高新技术企业孵化中心<br>Dalian Marine Hi-tech Enterprises Innovation Center | 0 | 0 | 0 | 0 |
| 大连锦联大厦孵化中心 Incubation Center | 0 | 0 | 0 | 0 |
| 大连科技创新大厦孵化中心<br>Dalian Technology Innovation Mansion Incubation Center | 16 | 4 | 0 | 0 |
| 大连旅顺民营科技企业创业中心有限公司<br>Dalian Lvshun Private Scientific and Technological Enterprises Innovation Center Ltd. | 54 | 11 | 750 | 17 |

4－9　续表5　Continued 5

| 科技企业孵化器<br>Technology Business Incubator | 在孵企业数<br>(个)<br>Number of Tenants<br>(number) | 当年新孵<br>(个)<br>New Tenants of the Year<br>(number) | 孵化基金总额<br>(千元)<br>Total Amount of Incubation Fund<br>(1000 RMB yuan) | 累计毕业企业数<br>(个)<br>Accumulated Number of Graduated Tenants<br>(number) |
|---|---|---|---|---|
| 大连软件园股份有限公司<br>Dalian Software Park Limited by Shares Company | 257 | 0 | 0 | 160 |
| 大连三科科技创业基地有限公司<br>Dalian Sanke Technology Innovation Base Ltd. | 10 | 0 | 1000 | 0 |
| 大连市科技产业孵化基地<br>Science and Technology Industrial Incubation Base of Dalian | 210 | 0 | 0 | 135 |
| 大连市留学人员创业园<br>Incubation Park for Overseas Scholars of Dalian | 239 | 27 | 12600 | 124 |
| 大连市民营科技企业创业中心<br>Private Scientific and Technological Enterprises Innovation Center of Dalian | 91 | 17 | 1800 | 108 |
| 大连市西岗区高科技发展中心<br>Xigang District Hi-tech Development Center of Dalian | 39 | 7 | 0 | 0 |
| 大连未来科技孵化园有限公司<br>Dalian Future Technology Incubation Park Ltd. | 46 | 11 | 1000 | 26 |
| 瓦房店市农业科技创业服务中心<br>Agriculture Innovation Service Center of Wafangdian | 24 | 3 | 800 | 3 |
| 中山区科技企业服务中心<br>Technology Enterprises Service Center of Zhongshan District | 8 | 3 | 0 | 23 |
| 北华大学科技园<br>Beihua Unversity Science Park | 39 | 4 | 2000 | 19 |
| 长春海外学人创业园<br>Changchun Overseas Schollars Innovation Park | 180 | 18 | 15000 | 4 |
| 留学生创业园<br>Overseas Schollars Innovation Park | 57 | 15 | 8000 | 15 |
| 大庆精细化工科技园科技企业孵化器<br>Daqing Fine Chemical Science and Technology Park Technology Business Incubator | 100 | 13 | 0 | 5 |
| 大庆三维 IT 企业孵化器<br>Daqing Sanwei IT Enterprises Incubator | 27 | 9 | 400 | 58 |
| 大庆新型复合材料及制品特色产业基地<br>Daqing New Type Composite Material and Products Industrial Base | 9 | 0 | 0 | 0 |
| 鹤岗市科技企业创业中心<br>Technology Enterprises Innovation Center of Hegang | 51 | 3 | 720 | 18 |
| 黑龙江垦区农业高新技术创业中心<br>Agriculture Hi-tech Innovation Center of Heilongjiang Reclamation Area | 8 | 0 | 0 | 0 |
| 佳木斯高新技术创业服务中心<br>Kiamusze Hi-tech Innovation Service Center | 45 | 5 | 0 | 6 |
| 佳木斯新运化工高新技术孵化器有限公司<br>Kiamusze Xinyun Chemical Hi-tech Business Incubator Limited Liability Company | 40 | 3 | 0 | 5 |
| 牡丹江市高新技术创业服务中心<br>Hi-tech Innovation Service Center of Mudanjiang | 55 | 6 | 5000 | 19 |
| 齐齐哈尔富拉尔基科技企业创业中心<br>Qiqiharer Fulaerji Technology Enterprises Innovation Center | 36 | 4 | 0 | 27 |

| 科技企业孵化器<br>Technology Business Incubator | 在孵企业数（个）<br>Number of Tenants (number) | 当年新孵（个）<br>New Tenants of the Year (number) | 孵化基金总额（千元）<br>Total Amount of Incubation Fund (1000 RMB yuan) | 累计毕业企业数（个）<br>Accumulated Number of Graduated Tenants (number) |
|---|---|---|---|---|
| 齐齐哈尔科技企业孵化中心<br>Qiqiharer Technology Enterprises Incubation Center | 21 | 10 | 200 | 4 |
| 双鸭山市弘科高新技术服务中心<br>Hongke Hi-tech Service Center of Shuangyashan | 61 | 2 | 700 | 4 |
| 铁力松涛科技创业园区<br>Tielisongtao Science and Technology Innovation Park | 7 | 0 | 621 | 5 |
| 东北亚对俄科技合作发展中心<br>Northeast Asia Science and Technology Sino-Russia Cooperation Center | 12 | 4 | 0 | 1 |
| 哈尔滨道里区均信科技创业中心<br>Harbin Daoli District Junxin Technology Innovation Center | 29 | 0 | 0 | 2 |
| 哈尔滨电工仪表研究所科技企业孵化器<br>Harbin Electrical Engineering Instruments Institute Technology Enterprises Incubator | 40 | 1 | 0 | 0 |
| 哈尔滨功章科技企业创业中心<br>Harbin Gongzhang Technology Innovation Center | 41 | 31 | 0 | 1 |
| 哈尔滨海格孵化器有限公司<br>Harbin Hige Business Incubator Limited Liability Company | 30 | 0 | 0 | 10 |
| 哈尔滨汇宝孵化基地<br>Harbin Huibao Business Incubation Base | 53 | 4 | 0 | 15 |
| 哈尔滨理工大学科技企业创业中心<br>Innovation Center of Harbin Science and Technology University | 42 | 5 | 23195 | 0 |
| 哈尔滨七0三科技创业中心<br>Harbin 703 Technology Innovation Center | 22 | 7 | 1510 | 5 |
| 哈尔滨塞达科技园有限公司<br>Harbin Saida Science and Technology Park Ltd. | 15 | 0 | 0 | 0 |
| 哈尔滨市平房区高新技术创业中心<br>Harbin Pingfang District Hi-tech Innovation Center | 37 | 2 | 320 | 19 |
| 哈尔滨市起亚科技企业孵化器有限公司<br>Qiya Technology Business Incubator Limited Liability Company of Harbin | 12 | 3 | 400 | 0 |
| 哈尔滨现代焊接技术生产力促进中心<br>Harbin Modern Jointing Technology Productivity Promotion Center | 48 | 7 | 0 | 0 |
| 哈尔滨现代农业科技创业中心<br>Harbin Modern Agriculture Technology Innovation Center | 21 | 2 | 422 | 26 |
| 哈高新动力科技创业中心<br>Harbin Hi-tech Driver Technology Innovation Center | 40 | 3 | 600 | 0 |
| 哈开发区富阳创业中心<br>Fuyang Innovation Center of Harbin Development Zone | 28 | 10 | 0 | 52 |
| 黑龙江大学软件园<br>Software Park of Heilongjiang University | 22 | 3 | 0 | 2 |
| 黑龙江省地理信息科技企业孵化器<br>Heilongjiang Geography Information Technology Business Incubator | 24 | 4 | 2000 | 0 |
| 黑龙江省动漫与网络游戏产业发展中心<br>Cartoon and Internet Game Industry Development Center of Heilongjiang | 52 | 42 | 23520 | 0 |

| 科技企业孵化器<br>Technology Business Incubator | 在孵企业数<br>(个)<br>Number of<br>Tenants<br>(number) | 当年新孵<br>(个)<br>New Tenants<br>of the Year<br>(number) | 孵化基金总额<br>(千元)<br>Total Amount of<br>Incubation Fund<br>(1000 RMB yuan) | 累计毕业企业数<br>(个)<br>Accumulated<br>Number of<br>Graduated Tenants<br>(number) |
|---|---|---|---|---|
| 黑龙江省林业科技创业中心<br>Forestry Technology Innovation Center of Heilongjiang | 20 | 0 | 630 | 0 |
| 华崴科技创业中心<br>Huawei Tecnhology Innovation Center | 21 | 0 | 1000 | 10 |
| 黑龙江创业科技园<br>Heilongjiang Innovation Science Park | 42 | 2 | 0 | 2 |
| 东华大学国家大学科技园创业中心<br>Innovation Center of Donghua University Science Park | 38 | 8 | 5400 | 37 |
| 国家863软件专业孵化器(上海)基地<br>Shanghai National 863 Software Special Business Incubator Base | 48 | 5 | 0 | 4 |
| 国家留学人员嘉定创业园<br>Jiading National Overseas Scholars Innovation Park | 7 | 2 | 5000 | 7 |
| 虹口区科技创业中心企业孵化基地<br>Incubation Base of Hongkou District Technology Innovation Center | 55 | 8 | 3500 | 16 |
| 黄浦区科技创业中心<br>Huangpu District Technology Innovation Center | 65 | 5 | 6245 | 10 |
| 上海多媒体产业园创业有限公司<br>Shanghai Multimedia Industrial Park Innovation Ltd. | 232 | 19 | 3000 | 0 |
| 上海奉浦现代农业专业孵化器<br>Shanghai Fengpu Modern Agriculture Special Business Incubator | 36 | 6 | 2000 | 0 |
| 上海嘉定民营技术密集区发展总公司<br>Shanghai Jiading Private Technology Cluster Development General Corporation | 51 | 5 | 5000 | 27 |
| 上海静安科技企业孵化器管理有限公司<br>Shanghai Jing'an Technology Business Incubator Administrative Ltd. | 6 | 1 | 4010 | 0 |
| 上海科汇高新技术创业服务中心<br>Shanghai Kehui Hi-tech Innovation Service Center | 46 | 7 | 3000 | 8 |
| 上海市金山科技创业中心<br>Shanghai Kingsun Technology Innovation Center | 18 | 18 | 0 | 0 |
| 上海市科技创业中心卢湾分中心<br>Luwan Subcenter of Shanghai Technology Innovation Center | 28 | 10 | 247 | 8 |
| 上海市科技创业中心闸北分中心<br>Zhabei Subcenter of Shanghai Technology Innovation Center | 72 | 31 | 2000 | 15 |
| 上海市松江科技创业中心<br>Songjiang Subcenter of Shanghai Technology Innovation Center | 8 | 2 | 1000 | 0 |
| 上海未来岛科技创业中心<br>Shanghai Future Island Technology Innovation Center | 7 | 0 | 1000 | 0 |
| 上海徐汇软件基地<br>Shanghai Xuhui Software Base | 137 | 10 | 0 | 0 |
| 上海中国纺织国际产业城创业中心<br>Shanghai National Textile International Industrial City nnovation Center | 40 | 7 | 0 | 0 |
| 上海中科大研究发展中心<br>Shanghai R&D Center of China Science and Technology University | 33 | 12 | 5000 | 6 |

| 科技企业孵化器<br>Technology Business Incubator | 在孵企业数<br>（个）<br>Number of Tenants<br>（number） | 当年新孵<br>（个）<br>New Tenants of the Year<br>（number） | 孵化基金总额<br>（千元）<br>Total Amount of Incubation Fund<br>（1000 RMB yuan） | 累计毕业企业数<br>（个）<br>Accumulated Number of Graduated Tenants<br>（number） |
|---|---|---|---|---|
| 宜兴市科技创业服务中心<br>Technology Innovation Service Center of Yixing | 27 | 3 | 0 | 0 |
| 常熟高新技术创业服务中心<br>Changshu Hi-tech Innovation Service Center | 18 | 3 | 0 | 2 |
| 常州市留学人员创业园<br>Overseas Schollars Incubation Park of Changshu | 100 | 35 | 0 | 40 |
| 海安县高新技术创业服务中心<br>Hi-tech Innovation Service Center of Hai' an | 21 | 7 | 0 | 19 |
| 淮安高新技术创新中心<br>Hi-tech Innovation Center of Wei' an | 30 | 6 | 0 | 0 |
| 江苏常州钟楼高新技术创业服务中心<br>Jiangsu Changzhou Zhonglou Hi-tech Innovation Service Center | 40 | 13 | 0 | 0 |
| 江苏华新高新技术创业有限公司<br>Jiangsu Huaxin Hi-tech Innovation Ltd. | 28 | 2 | 1000 | 12 |
| 江阴高新技术创业园<br>Jiangyin Hi-tech Innovation Park | 81 | 30 | 4000 | 16 |
| 靖江市华信科技创业园有限公司<br>Huaxin Technology Innovation Park Ltd. Jingjiang | 25 | 7 | 3000 | 11 |
| 溧阳市高新技术创业中心<br>Hi-tech Innovation Center of Suyang | 31 | 14 | 9930 | 32 |
| 连云港高新技术产业开发区创业中心<br>Lianyungang Hi-tech Innovation Center | 41 | 23 | 0 | 50 |
| 连云港市科技创业服务中心<br>Technology Innovation Service Center of Lianyungang | 11 | 11 | 0 | 0 |
| 南长区科技创业服务中心<br>Technology Innovation Service Center of Nanshan District | 39 | 15 | 200 | 0 |
| 南通港闸高科技创业中心<br>Nantong Gangzha Hi-tech Innovation Center | 3 | 0 | 100 | 0 |
| 南通市崇川科技创业服务中心有限公司<br>Chongchuan Technology Innovation Service Center Ltd. of Nantong | 28 | 5 | 250 | 11 |
| 南通综艺科技孵化器有限公司<br>Nantong Zongyi Technology Business Incubator Limited Liability Company | 14 | 2 | 0 | 0 |
| 如东县科技创业中心<br>Technology Innovation Center of Rudong | 11 | 0 | 300 | 0 |
| 如皋市科技创业园<br>Technology Innovation Park of Rugao | 38 | 14 | 2200 | 31 |
| 沭阳县科技创业服务中心<br>Innovation Service Center of Shuyang | 7 | 2 | 0 | 0 |
| 苏州工投科技创业园有限公司<br>Suzhou Gongtou Technology Innovation Park Ltd. | 72 | 12 | 0 | 0 |
| 苏州工业园区生物纳米科技园<br>Suzhou Industrial Park Nano Science and Technology Park | 22 | 22 | 10000 | 0 |
| 苏州节能环保高新技术创业园<br>Suzhou Energy Saving and Environment Protection Hi-tech Innovation Park | 65 | 36 | 3000 | 13 |

4－9 续表9 Continued 9

| 科技企业孵化器<br>Technology Business Incubator | 在孵企业数（个）<br>Number of Tenants (number) | 当年新孵（个）<br>New Tenants of the Year (number) | 孵化基金总额（千元）<br>Total Amount of Incubation Fund (1000 RMB yuan) | 累计毕业企业数（个）<br>Accumulated Number of Graduated Tenants (number) |
|---|---|---|---|---|
| 苏州留学人员创业园<br>Overseas Schollars Incubation Park | 173 | 40 | 20000 | 83 |
| 苏州市沧浪科技创业园管理有限公司<br>Suzhou Canglang Technology Innovation Park Administrative Ltd. | 135 | 9 | 0 | 13 |
| 苏州市金阊区科技创业园<br>Suzhou Jinchang Technology Innovation Park | 39 | 1 | 0 | 0 |
| 苏州市平江科技创业园管理有限公司<br>Suzhou Pingjiang Technology Innovation Park Administrative Ltd. | 70 | 20 | 0 | 3 |
| 苏州市相城区脱颖科技创业园有限公司<br>Suzhou Xiangchengtuoyin Technology Innovation Park Ltd. | 20 | 4 | 0 | 0 |
| 苏州市新吴城集团有限公司盘门科技创业园<br>Suzhou Xinwucheng Corporative Ltd. Panmen Technology Innovation Park | 40 | 12 | 0 | 12 |
| 宿迁市科技创业服务中心<br>Suqian Technology Innovation Service Center | 4 | 4 | 0 | 0 |
| 太仓市科技创业园有限公司<br>Taicang Technology Innovation Park Ltd. | 35 | 15 | 0 | 1 |
| 无锡（国家）工业设计园创业服务中心<br>Wuxi（National）Industrial Design Park Innovation Service Center | 40 | 12 | 0 | 10 |
| 无锡国际科技合作园<br>Wuxi International Science and Technology Cooperation Park | 28 | 3 | 0 | 5 |
| 无锡惠山高新技术创业服务中心<br>Wuxi Huishan Hi-tech Technology Innovation Service Center | 61 | 25 | 3000 | 5 |
| 无锡江南工业设计园有限公司<br>Wuxi JIangnan Industrial Design Park Ltd. | 9 | 0 | 0 | 5 |
| 无锡市锡山区科技创业服务中心<br>Xishan Innovation Service Center of Wuxi | 20 | 15 | 0 | 0 |
| 无锡同方创业园有限公司<br>Wuxi Tongfang Innovation Park Ltd. | 19 | 6 | 5000 | 2 |
| 无锡新区留学生创业园<br>Overseas Schollars Innovation Park of Wuxi New District | 87 | 26 | 0 | 56 |
| 吴江科技创业园<br>Wujiang Science and Technology Innovation Park | 20 | 20 | 0 | 0 |
| 兴化市科技创业中心<br>Technology Innovation Center of Xinghua | 20 | 2 | 0 | 15 |
| 徐州高新技术创业服务中心<br>Xuzhou Hi-tech Tecnhology Innovation Service Center | 61 | 24 | 0 | 28 |
| 徐州市高新技术创业服务中心<br>Hi-tech Innovation Service Center of Xuzhou | 55 | 16 | 1445 | 9 |
| 盐城高新技术创业园有限公司<br>Yancheng Hi-tech Innovation Park Ltd. | 34 | 10 | 5000 | 13 |
| 扬州市邗江区高新技术创业服务中心<br>Hanjiang Hi-tech Innovation Service Center of Yangzhou | 28 | 4 | 504 | 4 |
| 镇江软件园管理办公室<br>Zhenjiang Software Park Administrative Office | 22 | 4 | 1000 | 2 |

| 科技企业孵化器<br>Technology Business Incubator | 在孵企业数（个）<br>Number of Tenants (number) | 当年新孵（个）<br>New Tenants of the Year (number) | 孵化基金总额（千元）<br>Total Amount of Incubation Fund (1000 RMB yuan) | 累计毕业企业数（个）<br>Accumulated Number of Graduated Tenants (number) |
|---|---|---|---|---|
| 镇江润州高新技术创业服务中心<br>Zhenjiang Runzhou Hi-tech Innovation Service Center | 22 | 4 | 0 | 15 |
| 中科昆山高科技创业服务中心<br>Zhongke Kunshan Hi-tech Innovation Service Center | 5 | 0 | 0 | 0 |
| 高淳县高科创业服务公司<br>Hi-tech Innovation Service Ltd. of Gaochun | 6 | 4 | 0 | 4 |
| 溧水县科技创业服务中心<br>Technology Innovation Service Center of Sushui | 60 | 15 | 0 | 0 |
| 南京滨江科技创业中心<br>Nanjing Binjiang Technology Innovation Center | 273 | 40 | 0 | 24 |
| 南京光机电科技创业中心<br>Nanjing Mechatronic Technology Innovation Center | 4 | 4 | 10000 | 0 |
| 南京环保科技创业中心<br>Nanjing Environment Protection Technology Innovation Center | 14 | 14 | 6900 | 0 |
| 南京江宁高新技术创业服务中心<br>Nanjing Jiangning Hi-tech Innovation Service Center | 85 | 22 | 5000 | 63 |
| 南京留学人员创业园<br>Nanjing Overseas Schollars Innovation Park | 104 | 30 | 0 | 23 |
| 南京六合区科技创业服务中心<br>Nanjing Liuhe Innovation Service Center | 36 | 10 | 4700 | 4 |
| 南京农业生物高新技术创业中心<br>Nanjing Agriculture Biology Hi-tech Innovation Center | 15 | 0 | 0 | 0 |
| 南京市白下区科技创业服务中心<br>Nanjing Technology Innovation Service Center of Baixia | 13 | 0 | 0 | 1 |
| 南京市建邺区科技创业服务中心<br>Innovation Service Center of Nanjing Jianye District | 6 | 5 | 0 | 1 |
| 南京市雨花台区科技创业中心<br>Innovation Center of Nanjing Yuhuatai District | 178 | 36 | 1136 | 0 |
| 南京数码动漫创业管理有限公司<br>Nanjing Digital Carton lnnovation Administrative Ltd. | 22 | 0 | 0 | 0 |
| 南京智工微光电子产业孵化中心<br>Nanjing Zhigong Weiguang Electronic Industrial Incubation Center | 13 | 0 | 0 | 0 |
| 浦口区科技创业中心<br>Science and Technology Innovation Center of Pukou District | 15 | 0 | 140 | 0 |
| 秦淮区科技创业服务中心<br>Science and Technology Innovation Service Center of Qinhuai District | 17 | 7 | 0 | 0 |
| 德清县科技创业服务有限公司<br>Science and Technology Innovation Service Ltd. of Deqing County | 26 | 0 | 20000 | 7 |
| 杭州市下城区科技创业中心<br>Hangzhou Xiacheng District Sciena and Technology lnnovation Lenter | 92 | 26 | 0 | 38 |
| 长兴民营科技园发展有限公司<br>Changxing Priviate Science and Technology Industrial Park Development Ltd. | 82 | 10 | 4700 | 16 |
| 海宁市科技创业中心<br>Technology Innovation Center of Haining | 9 | 1 | 6180 | 0 |
| 海盐县科技创业服务中心<br>Technology Innovation Service Center of Haiyan | 19 | 5 | 0 | 0 |

| 科技企业孵化器<br>Technology Business Incubator | 在孵企业数（个）<br>Number of Tenants (number) | 当年新孵（个）<br>New Tenants of the Year (number) | 孵化基金总额（千元）<br>Total Amount of Incubation Fund (1000 RMB yuan) | 累计毕业企业数（个）<br>Accumulated Number of Graduated Tenants (number) |
|---|---|---|---|---|
| 杭州创新创业新天地<br>Hangzhou Innovation New World | 0 | 0 | 0 | 0 |
| 杭州东部软件园有限公司<br>Hangzhou Dongbu Software Ltd. | 25 | 3 | 0 | 19 |
| 杭州高新国投节能环保孵化器有限公司<br>Hangzhou Hi-tech National Investment Energy Saving and Environment Protection Technology Business Incubator Limited Liability Company | 6 | 3 | 0 | 6 |
| 杭州高新区留学人员创业园<br>Overseas Schollars Innovation Park of Hangzhou Science and Technology Park | 18 | 5 | 0 | 219 |
| 杭州国家集成电路设计企业孵化器有限公司<br>Hangzhou National IC Design Technology Business Incubator Limited Liability Company | 16 | 3 | 0 | 4 |
| 杭州杭康医药孵化器有限公司<br>Hangzhou Hangkang Medicine Technology Business Incubator Limited Liability Company | 9 | 0 | 510 | 0 |
| 杭州临安太湖源观赏竹种园有限公司竹业科技孵化器<br>Hangzhou Lin'an Taihuyuan Omamental Bamboo Seed Ltd. Technology Business Incubator | 13 | 6 | 0 | 7 |
| 杭州生物医药科技创业园有限公司<br>Hangzhou Biological Medicine Technology Innovation Park Ltd. | 3 | 0 | 0 | 4 |
| 杭州市江干区科技产业服务中心<br>Technology Industrial Service Center of Hangzhou Gangjiang District | 44 | 23 | 2000 | 35 |
| 杭州市余杭高新农业示范中心<br>Yuhang Hi-tech Agriculture Model Center of Hangzhou | 15 | 2 | 500 | 1 |
| 杭州数字娱乐园有限公司<br>Hangzhou Digital Entertainment Park Ltd. | 24 | 19 | 0 | 12 |
| 杭州天盛科技创业服务有限公司<br>Hangzhou Tiansheng Technology Innovation Service Ltd. | 11 | 5 | 1150 | 0 |
| 杭州拓峰软件专业孵化器有限公司<br>Hangzhou Tuofeng Software Technology Business Incubator Limited Liability Company | 24 | 4 | 600 | 0 |
| 杭州西湖科技创业有限公司<br>Hangzhou Xihu Technology Innovation Ltd. | 26 | 3 | 8300 | 7 |
| 杭州萧山创业服务中心<br>Hangzhou Xiaoshan Innovation Service Center | 37 | 10 | 0 | 10 |
| 建德市有机硅科技企业孵化器<br>Organic Silicon Technology Business Incubator of Jiande | 5 | 2 | 100 | 7 |
| 乐清市科技孵化创业中心<br>Technology Innovation and Incubation Center of Yueqing | 35 | 10 | 0 | 0 |
| 临安市科技孵化中心<br>Technology Incubation Center of Lin'an | 40 | 26 | 0 | 13 |
| 衢州高科农业创新服务有限公司<br>Quzhou Hi-tech Agriculture Innovation Service Ltd. | 2 | 0 | 0 | 2 |

4－9 续表12 Continued 12

| 科技企业孵化器<br>Technology Business Incubator | 在孵企业数（个）<br>Number of Tenants (number) | 当年新孵（个）<br>New Tenants of the Year (number) | 孵化基金总额（千元）<br>Total Amount of Incubation Fund (1000 RMB yuan) | 累计毕业企业数（个）<br>Accumulated Number of Graduated Tenants (number) |
|---|---|---|---|---|
| 上虞市高新技术产业发展有限公司<br>Hi-tech Industrial Development Ltd. of Shangyu | 24 | 2 | 0 | 29 |
| 绍兴市科技创业中心<br>Technology Innovation Center of Shaoxing | 60 | 30 | 0 | 5 |
| 台州市高新技术创业服务中心有限公司<br>Hi-tech Innovation Service Center Ltd. of Taizhou | 41 | 23 | 690 | 4 |
| 桐乡市科技创业服务中心有限公司<br>Technology Innovation Service Center of Tongxiang | 24 | 9 | 5000 | 0 |
| 万向高科技孵化中心<br>Wanxiang Hi-tech Incubation Center | 1 | 0 | 22000 | 2 |
| 西湖区高新技术创业服务中心<br>Hi-tech Innovation Service Center of Xihu District | 12 | 2 | 0 | 11 |
| 新昌高新技术孵化器<br>Xinchang Hi-tech Business Incubator | 11 | 0 | 0 | 3 |
| 浙江衢州高新技术产业园区科技孵化器<br>Zhejiang Quzhou Hi-tech Industrial Park Technology Business Incubator | 10 | 4 | 0 | 7 |
| 浙江省国家大学科技园<br>National University Science Park of Zhejiang | 101 | 6 | 4000 | 6 |
| 浙江兴科科技发展投资有限公司<br>Zhejiang Xingke Technology Development Investment Ltd. | 32 | 12 | 57738 | 0 |
| 浙江秀洲科技创业发展有限公司<br>Zhejiang Xiuzhou Technology Innovation Development Ltd. | 37 | 11 | 0 | 0 |
| 浙江银江孵化器有限公司<br>Zhejiang Yinjiang Technology Business Incubator Ltd. | 30 | 4 | 3000 | 0 |
| 中国科学院杭州科技园<br>Hangzhou Science and Technology Park of China Academy of Science | 10 | 1 | 0 | 0 |
| 北仑现代农业开发区科技企业孵化器<br>Beilun Modern Agriculture Development Park Technology Business Incubator | 5 | 4 | 1370 | 11 |
| 慈溪市生产力促进中心<br>Productivity Promotion Center of Cixi | 18 | 5 | 10000 | 10 |
| 宁波开发区科技创业园服务中心<br>Technology Innovation Service Center of Ningbo Development Zone | 65 | 28 | 0 | 15 |
| 宁波市江北区科技创业中心<br>Technology Innovation Center of Ningbo Jiangbei District | 41 | 28 | 1000 | 40 |
| 宁波市江东科技创业服务中心<br>Jiangdong Technology Innovation Service Center of Ningbo | 87 | 14 | 4130 | 40 |
| 宁波市鄞州区科技企业孵化器<br>Technology Business Incubator of Ningbo Yinzhou | 32 | 12 | 97105 | 2 |
| 宁波市镇海区科技创业服务中心<br>Innovation Service Center of Ningbo Zhenhai District | 27 | 10 | 0 | 18 |
| 宁波望春工业园区杉杉科创投资服务中心<br>Ningbo Wangchun Industrial Park Shanshan Kechuang Investment Service Center | 13 | 5 | 2000 | 3 |
| 宁海县模具科技企业创业服务中心<br>Moudle Technology Innovation Service Center of Ninghai | 10 | 1 | 10000 | 3 |

4－9 续表13 Continued 13

| 科技企业孵化器<br>Technology Business Incubator | 在孵企业数（个）<br>Number of Tenants (number) | 当年新孵（个）<br>New Tenants of the Year (number) | 孵化基金总额（千元）<br>Total Amount of Incubation Fund (1000 RMB yuan) | 累计毕业企业数（个）<br>Accumulated Number of Graduated Tenants (number) |
|---|---|---|---|---|
| 象山科技创业发展有限公司<br>Xiangshan Technology Innovation Development Limited Liability Company | 16 | 4 | 0 | 17 |
| 浙江大学国家大学科技园宁波分园科创中心<br>Technology Innovation Center of Ningbo Subpark of Zhejiang Unversity Science Park | 42 | 12 | 8000 | 0 |
| 安徽省科技创业服务中心<br>Technology Innovation Service Center of Anhui | 17 | 5 | 0 | 18 |
| 安徽省科园创业中心<br>Keyuan Innovation Center of Anhui | 60 | 25 | 6677 | 15 |
| 安庆市高新技术创业服务中心<br>Hi-tech Innovation Service Center of Anqing | 32 | 12 | 2000 | 10 |
| 蚌埠高新区铁发创业中心<br>Tiefa Innovation Center of Bengbu Science and Technology Industrial Park | 11 | 2 | 0 | 12 |
| 蚌埠市科技创业服务中心<br>Technology Innovation Service Center of Bengbu | 13 | 4 | 0 | 6 |
| 巢湖科技创业服务中心<br>Chaohu Technology Innovation Service Center | 0 | 0 | 0 | 0 |
| 滁州市高新技术创业服务中心<br>Hi-techInnovation Service Center of Chuzhou | 10 | 10 | 0 | 0 |
| 阜阳科技创业服务中心<br>Fuyang Technology Innovation Service Center | 10 | 3 | 983 | 0 |
| 合肥留学人员创业园<br>Hefei Overseas Schollars Innovation Park | 47 | 7 | 1430 | 19 |
| 合肥市包河区科技创业服务中心<br>Technology Innovation Service Center of Hefei Baohe District | 2 | 0 | 0 | 0 |
| 合肥桃花科技创业服务中心<br>Hefei Taohua Technology Innovation Service Center | 0 | 0 | 0 | 0 |
| 淮南高新技术创业服务中心<br>Huainan Hi-tech Innovation Service Center | 11 | 1 | 50 | 2 |
| 灵璧县科技创业服务中心<br>Technology Innovation Service Center of Lingbi | 5 | 0 | 200 | 0 |
| 六安市科技创业服务中心<br>Innovation Service Center of Liu'an | 12 | 12 | 700 | 0 |
| 舒城县科技创业园<br>Technology Innovation Park of Shucheng | 30 | 0 | 0 | 0 |
| 宿州科技企业创业服务中心<br>Suzhou Technology Innovation Service Center | 21 | 4 | 2800 | 5 |
| 天长市高新技术创业服务中心<br>Hi-tech Innovation Service Center of Tianchang | 11 | 6 | 1500 | 0 |
| 宣城市科技创业服务中心<br>Technology Innovation Service Center of Xuancheng | 0 | 0 | 0 | 0 |
| 福建留学人员创业园<br>Fujian Overseas Schollars Innovation Park | 55 | 0 | 0 | 0 |
| 龙岩市高新技术创业服务中心<br>Hi-tech Innovation Service Center of Longyan | 0 | 0 | 0 | 0 |
| 南平高新技术创业服务中心<br>Nanping Hi-tech Innovation Service Center | 6 | 0 | 0 | 0 |

4－9 续表14 Continued 14

| 科技企业孵化器 Technology Business Incubator | 在孵企业数（个） Number of Tenants (number) | 当年新孵（个） New Tenants of the Year (number) | 孵化基金总额（千元） Total Amount of Incubation Fund (1000 RMB yuan) | 累计毕业企业数（个） Accumulated Number of Graduated Tenants (number) |
|---|---|---|---|---|
| 莆田市高新技术创业服务中心 Hi-tech Innovation Service Center of Putian | 4 | 0 | 30 | 4 |
| 三明市高新技术创业服务中心 Hi-tech Innovation Service Center of Sanming | 10 | 10 | 0 | 0 |
| 湖里区科技创业服务中心 Huli District Technology Innovation Service Center | 35 | 11 | 0 | 42 |
| 厦门光电子孵化器 Xiamen Mechatronic Incubator | 30 | 6 | 20382 | 9 |
| 厦门海沧科技创业中心 Xiamen Haicang Technology Innovation Center | 61 | 27 | 0 | 0 |
| 厦门留学人员创业园 Xiamen Overseas Schollars Innovation Park | 150 | 33 | 65886 | 137 |
| 厦门市思明区生产力促进中心 Xiamen Siming District Productivity Promotion Center | 95 | 28 | 3800 | 85 |
| 厦门台湾科技企业育成中心 Xiamen Taiwan Technology Business Incubator | 68 | 20 | 1000 | 15 |
| 江西高技术产业发展有限责任公司 Jiangxi Hi-tech Industrial Development Ltd. | 33 | 13 | 4016 | 95 |
| 江西师范大学科技园 Jiangxi Normal University Science Park | 10 | 10 | 0 | 2 |
| 江西浙大中凯科技园发展有限公司 Jiangxi Zhejiang University Zhongkai Science Park Development Limited Liability Company | 5 | 3 | 0 | 0 |
| 中国江西省留学人员创业园 China Jiangxi Overseas Schollars Innovation Park | 5 | 2 | 4016 | 12 |
| 德州高新技术创业服务中心 Dezhou Hi-tech Innovation Service Center | 21 | 21 | 0 | 0 |
| 肥城市高新技术产业开发区创业服务中心 Innovation Service Center of Feicheng Hi-tech Industrial Development Zone | 1 | 1 | 0 | 0 |
| 济宁高新区大学科技园 University Science Park of Jining Science and Technology Park | 1 | 0 | 0 | 1 |
| 聊城市高新技术创业服务中心 Hi-tech Innovation Service Center of Liaocheng | 58 | 9 | 0 | 20 |
| 龙口市高新技术创业服务中心 Hi-tech Innovation Service Center of Longkou | 9 | 1 | 1450 | 8 |
| 日照高新技术产业园创业服务中心 Innovation Service Center of Rizhao Hi-tech Industrial Development Park | 0 | 0 | 384 | 0 |
| 乳山市高新技术创业服务中心 Hi-tech Innovation Service Center of Rushan | 14 | 0 | 360 | 7 |
| 山东力创科技企业孵化器 Shandong Lichuang Technology Business Incubator | 3 | 0 | 3426 | 5 |
| 威海湖西创业保育有限公司 Weihai Huxi Innovation and Incubation Ltd. | 12 | 4 | 0 | 3 |
| 威海经济技术开发区科技创新中心有限公司 Weihai Economic Technological Development Zone Technology Innovation Center Ltd | 24 | 20 | 0 | 0 |

4－9 续表15 Continued 15

| 科技企业孵化器<br>Technology Business Incubator | 在孵企业数（个）<br>Number of Tenants (number) | 当年新孵（个）<br>New Tenants of the Year (number) | 孵化基金总额（千元）<br>Total Amount of Incubation Fund (1000 RMB yuan) | 累计毕业企业数（个）<br>Accumulated Number of Graduated Tenants (number) |
|---|---|---|---|---|
| 新泰高新技术创业服务中心<br>Xintai Hi-tech Innovation Service Center | 2 | 0 | 0 | 9 |
| 烟台市信息技术创业服务中心<br>Information Technology Innovation Service Center of Yantai | 12 | 0 | 0 | 16 |
| 烟台市芝罘区科技创业服务中心<br>Technology Innovation Service Center of Yantai Zhifu District | 9 | 5 | 0 | 1 |
| 枣庄高新技术产业开发区科技创业服务中心<br>Zaozhuang Hi-tech Industrial Zone Technology Innovation Service Center | 2 | 1 | 0 | 29 |
| 中国・济宁留学生创业园<br>China・Jining Overseas Schollars Innovation Park | 18 | 1 | 0 | 3 |
| 中国泰山留学人员创业园<br>China Taishan Overseas Schollars Innovation Park | 3 | 0 | 3000 | 0 |
| 青岛高新区新产业团地创业中心<br>Qingdao Science and Technology Industrial Innovation Center | 20 | 5 | 22000 | 0 |
| 青岛国家大学科技园<br>Qingdao University Science Park | 45 | 15 | 0 | 111 |
| 青岛科大都市科技园发展有限公司<br>Qingdao Science University Urban Science and Technology Park Development Limited Liability Company | 32 | 6 | 0 | 5 |
| 四方区建筑创意产业园创新创业服务中心<br>Building Originality Industrial Park Innovation Service Center of Sifang | 10 | 6 | 0 | 5 |
| 河南省濮阳高新区创业服务中心<br>Henan Province Puyang Science and Technology Industrial Park Innovation Service Center | 26 | 1 | 1000 | 42 |
| 开封高新技术创业服务中心<br>Kaifeng Hi-tech Innovation Service Center | 60 | 6 | 110 | 7 |
| 平顶山高新技术创业服务中心<br>Pingdingshan Hi-tech Innovation Service Center | 40 | 1 | 235 | 27 |
| 郑州高新区留学人员创业园<br>Zhengzhou Science and Technology Industrial Park Overseas Schollars Incubation Park | 109 | 31 | 840 | 13 |
| 郑州空港科技创业服务中心<br>Zhengzhou Airport Innovation Service Center | 7 | 0 | 0 | 14 |
| 郑州市科技企业孵化器<br>Technology Business Incubator of Zhengzhou | 221 | 60 | 2701 | 38 |
| 荆州开发区创业中心<br>Innovation Center of Jingzhu Development Zone | 142 | 56 | 0 | 47 |
| 襄樊市樊城区科技创业服务中心<br>Technology Innovation Service Center of Xiangfan Fancheng District | 43 | 7 | 500 | 17 |
| 江岸区高新技术创业中心<br>Jiang'an District Hi-tech Innovation Center | 30 | 0 | 0 | 12 |
| 武汉华成创业服务有限公司<br>Wuhan Huacheng Innovation Service Ltd | 13 | 2 | 0 | 20 |
| 武汉华创源科技企业孵化器有限公司<br>Wuhan Huachuangyuan Technology Business Incubator Limited Liability Company | 32 | 0 | 0 | 0 |

4－9 续表16 Continued 16

| 科技企业孵化器<br>Technology Business Incubator | 在孵企业数<br>（个）<br>Number of<br>Tenants<br>(number) | 当年新孵<br>（个）<br>New Tenants<br>of the Year<br>(number) | 孵化基金总额<br>（千元）<br>Total Amount of<br>Incubation Fund<br>(1000 RMB yuan) | 累计毕业企业数<br>（个）<br>Accumulated<br>Number of<br>Graduated Tenants<br>(number) |
|---|---|---|---|---|
| 武汉黄金口科技产业孵化基地<br>Wuhan Huangjinkou Technology Incubation Base | 90 | 5 | 2090 | 5 |
| 武汉盘龙科技企业孵化器<br>Wuhan Panlong Technology Business Incubator | 11 | 1 | 0 | 4 |
| 武汉市蔡甸区科技创业服务中心<br>Technology Innovation Service Center Wuhan Caixun District | 11 | 2 | 0 | 13 |
| 武汉市汉南区高新技术创业服务中心<br>Hi-tech Innovation Service Center of Wuhan Hannan District | 4 | 1 | 0 | 8 |
| 武汉市江夏区高新技术创业服务中心<br>Hi-tech Innovation Service Center of Wuhan Jiangxia District | 8 | 2 | 230 | 0 |
| 武汉市科研院所高新技术创业服务中心<br>Hi-tech Innovation Service Center of Research Institute of Wuhan | 2 | 1 | 0 | 0 |
| 武汉市武湖农业科技创业服务中心<br>Wuhu Innovation Service Center of Wuhan | 9 | 4 | 0 | 2 |
| 长沙高新区橡树园企业创业服务有限公司<br>Changsha Science and Technology Industrial Park Xiangshu Park Enterprises Innovation Service Park | 128 | 35 | 0 | 0 |
| 长沙湘能科技企业孵化器有限公司<br>Changsha Xiangneng Technology Business Incubator Limited Liability Company | 40 | 10 | 3000 | 0 |
| 湖南麓谷科技孵化器<br>Hunan Lugu Technology Business Incubator | 7 | 3 | 2000 | 12 |
| 湖南省火炬创业中心<br>Torch Innovation Center of Hunan | 9 | 0 | 2240 | 1 |
| 东莞市软件企业孵化园<br>Software Business Incubator of Dongguan | 19 | 8 | 0 | 0 |
| 佛山国家高新区科技企业孵化中心<br>Foshan National Science and Technology Industrial Park Technology Business Incubation Center | 7 | 0 | 1000 | 0 |
| 佛山市高明沧江工业园科技企业创业中心<br>Gaoming Cangjiang Industrial Park Technology Business Innovation Center of Foshan | 10 | 2 | 0 | 6 |
| 佛山市三水高新创业中心有限公司<br>Sanshui Hi-tech Innovation Center Ltd of Foshan | 0 | 0 | 3000 | 0 |
| 佛山市顺德高新技术产业孵化基地<br>Shunde Hi-tech Incubation Base of Foshan | 27 | 12 | 2500 | 10 |
| 广东电子工业研究院有限公司<br>Guangdong Electronic Industrial Institete Ltd. | 4 | 3 | 0 | 0 |
| 广东惠州工业园创新服务中心<br>Guangdong Huizhou Industrial Park Innovation Service Center | 2 | 1 | 0 | 2 |
| 广东省纺织服装开平基地技术创新中心<br>Technology Innovation Center of Textile Fashion Kaiping Base of Guangdong | 1 | 0 | 0 | 0 |
| 惠州市生产力促进中心<br>Productivity Promotion Center of Huizhou | 0 | 0 | 80 | 0 |
| 惠州仲恺高新区科技创业中心<br>Technology Innovation Center of Huizhou Zhongkai Science and Technology Park | 25 | 12 | 3000 | 3 |

| 科技企业孵化器<br>Technology Business Incubator | 在孵企业数<br>(个)<br>Number of Tenants<br>(number) | 当年新孵<br>(个)<br>New Tenants of the Year<br>(number) | 孵化基金总额<br>(千元)<br>Total Amount of Incubation Fund<br>(1000 RMB yuan) | 累计毕业企业数<br>(个)<br>Accumulated Number of Graduated Tenants<br>(number) |
|---|---|---|---|---|
| 江门市科技创业服务中心<br>Technology Innovation Service Center of Jiangmen | 37 | 21 | 0 | 0 |
| 揭阳经济开发试验区信息中心<br>Jieyang Economic Development Test Area Information Center | 0 | 0 | 0 | 0 |
| 清华科技园（珠海）<br>Zhuhai Tsinghua University Science Park | 82 | 17 | 75000 | 25 |
| 肇庆高新技术产业开发区创业服务中心<br>Innovation Service Center of Zhaoqing Science and Technology Industrial Park | 0 | 0 | 0 | 0 |
| 珠海南方软件园<br>Zhuhai South Software Park | 25 | 15 | 0 | 18 |
| 广东海珠海洋生物技术产业开发示范基地<br>Guangdong Haizhu Marine Biology Technology Industrial Development Model Base | 36 | 2 | 0 | 3 |
| 广州市白云区生产力促进中心<br>Productivity Promotion Center of Guangzhou Baiyun District | 41 | 2 | 1500 | 19 |
| 广州市花都区高新技术创业服务中心<br>Hi-tech Innovation Service Center of Guangzhou Huadu District | 23 | 7 | 4300 | 0 |
| 广州市荔湾区生产力促进中心<br>Productivity Promotion Center of Guangzhou Liwan District | 38 | 3 | 450 | 12 |
| 暨南大学科技园<br>Jinan University Science Park | 18 | 0 | 0 | 0 |
| 深港产学研基地<br>Shenzhen Hongkong Industry University and Institute Base | 82 | 39 | 300000 | 60 |
| 深圳航天科技创新研究院<br>Shenzhen Aerospace Science and Technology Innovation Institute | 27 | 12 | 138734 | 6 |
| 深圳清华大学研究院<br>Shenzhen Tsinghua University Institute | 60 | 18 | 481269 | 137 |
| 深圳生物孵化器管理中心<br>Shenzhen Biology Incubator Administrative Center | 49 | 2 | 0 | 8 |
| 深圳市佳利泰孵化器管理有限公司<br>Jialitai Incubator Administrative Ltd. of Shenzhen | 34 | 15 | 1 | 0 |
| 深圳市罗湖区高新技术创业中心<br>Hi-tech Innovation Center of Shenzhen Luohu District | 26 | 2 | 6150 | 24 |
| 深圳天安数码城有限公司<br>Shenzhen Tian'an Digital City Ltd. | 13 | 3 | 3000 | 15 |
| 深圳虚拟大学园管理服务中心<br>Shenzhen Virtual University Science Park Administrative and Service Center | 126 | 26 | 0 | 40 |
| 中国科技开发院有限公司<br>China Science and Technology Development Institute Ltd. | 71 | 11 | 10000 | 21 |
| 北海高新技术产业园区科技创业中心<br>Beihai Hi-tech Industrial Park Innovation Center | 33 | 4 | 0 | 9 |
| 北生生物制药园科技企业孵化基地<br>Beisheng Biological Pharmacy Technology Enterprises Incubation Base | 10 | 4 | 100 | 4 |
| 广西南宁电子科技广场有限公司<br>Guangxi Nanning Electronic Science and Technology Plaza Ltd. | 88 | 10 | 0 | 112 |
| 国发海洋生物技术孵化基地<br>Guofa Marine Biology Technology Incubation Base | 3 | 0 | 200 | 0 |

4－9　续表 18　Continued 18

| 科技企业孵化器 Technology Business Incubator | 在孵企业数（个） Number of Tenants (number) | 当年新孵（个） New Tenants of the Year (number) | 孵化基金总额（千元） Total Amount of Incubation Fund (1000 RMB yuan) | 累计毕业企业数（个） Accumulated Number of Graduated Tenants (number) |
|---|---|---|---|---|
| 柳化国企孵化器 Liuhua State Owned Enterprises Incubator | 18 | 4 | 6000 | 13 |
| 柳州高新区信息产业园 Information Industrial Park of Liuzhou Science and Technology Park | 29 | 6 | 6000 | 15 |
| 柳州高新区有色金属新材料成果转化基地 Advanced Nonferrous Metals Material Science Achievement Transformation Base of Liuzhou Science and Technology Park | 20 | 5 | 6200 | 10 |
| 南宁留学人员创业园 Nanning Overseas Scholars Innovation Park | 43 | 12 | 2617 | 64 |
| 梧州市科技企业孵化园 Technology Enterprises Incubation Park of Wuzhou | 16 | 4 | 80 | 1 |
| 南岸区科技企业孵化器 Nan' an District Technology Business Incubator | 30 | 0 | 1000 | 0 |
| 重庆高新技术产业开发区留学人员创业园 Overseas Scholars Innovation Park of Chongqing Hi-tech Industrial Park | 44 | 4 | 12000 | 19 |
| 重庆高新区软件园 Software Park of Chongqing Science and Technology Park | 36 | 8 | 8250 | 14 |
| 重庆高新区生物生化制药技术开发园 Biology and Biochemical Pharmacy Industrial Park of Chongqing Science and Technology Park | 47 | 12 | 13650 | 13 |
| 重庆九龙兴兴科技术市场有限责任公司 Chongqing Jiulong Xingxing Science and Technology Market Ltd. | 5 | 5 | 0 | 8 |
| 重庆科技孵化器创新示范体系万盛示范孵化器 Chongqing Science and Technology Incubator Innovation Model System Wansheng Model Incubator | 1 | 0 | 700 | 0 |
| 重庆市涪陵区金渠企业孵化器有限责任公司 Chongqing City Peiling District Jinqu Business Incubator Ltd. | 13 | 5 | 2810 | 10 |
| 重庆万州科技企业孵化器 Chongqing Wanzhou Technology Business Incubator | 1 | 1 | 0 | 2 |
| 成都高发实业有限责任公司科技孵化园 Technology Incubation Park of Chengdu Gaofa Industrial Ltd. | 77 | 15 | 5500 | 46 |
| 成都高新发展股份有限公司高新区科技工业园 Chengdu Hi-tech Development Ltd. Science and Technology Industrial Park | 43 | 6 | 0 | 30 |
| 成都国信安信息产业基地有限公司 Chengdu Guoxinan Information Industrial Base Ltd. | 27 | 15 | 10000 | 5 |
| 中国成都博士创业园 China Chengdu Doctor Innovation Park | 245 | 24 | 25000 | 38 |
| 中国成都留学人员创业园 China Chengdu Incubation Park for Overseas Scholars | 242 | 46 | 60000 | 54 |
| 成都海峡两岸科技产业开发园 Chengdu Cross-Straits Science and Technology Industrial Development Park | 21 | 3 | 0 | 13 |
| 成都双新科技创业园 Chengdu Shuangxin Technology Innovation Park | 60 | 8 | 0 | 24 |
| 贵州贵阳软件园(一区) Guizhou Guiyang Software Park(the first zone) | 11 | 0 | 0 | 0 |
| 贵州航天高新技术创业服务中心 Guizhou Aerospace Technology Innovation Service Center | 3 | 2 | 0 | 0 |

| 科技企业孵化器<br>Technology Business Incubator | 在孵企业数（个）<br>Number of Tenants (number) | 当年新孵（个）<br>New Tenants of the Year (number) | 孵化基金总额（千元）<br>Total Amount of Incubation Fund (1000 RMB yuan) | 累计毕业企业数（个）<br>Accumulated Number of Graduated Tenants (number) |
|---|---|---|---|---|
| 国家 863 软件专业孵化器昆明基地<br>National 863 Software Special Incubator Kunming Base | 50 | 0 | 0 | 0 |
| 昆明高新五华科技园创业服务中心<br>Kunming Hi-tech Wuhua Science and Technology Park Innovation Service Center | 57 | 28 | 2000 | 14 |
| 昆明新兴产业孵化区管理有限公司<br>Kunming New Industry Incubation Zone Administrative Ltd. | 31 | 31 | 300 | 6 |
| 云南海归创业园<br>Yunnan Overseas Schollars Innovation Park | 8 | 8 | 0 | 0 |
| 云南留学人员创业园管理办公室<br>Yunnan Overseas Schollars Innovation Park Administrative Office | 50 | 12 | 0 | 3 |
| 西藏(成都)科技孵化器<br>Tibet (Chengdu) Technology Business Incubator | 16 | 16 | 0 | 0 |
| 宝鸡市金华水利科技服务中心<br>Baoji City Jinhua Water Resource Technology Sercice Center | 15 | 8 | 0 | 4 |
| 宝桥科贸大厦孵化中心<br>Baoqiao Technology Trade Incubation Center | 16 | 8 | 0 | 0 |
| 甘肃省兰州留学人员创业园区<br>Gansu Province Lanzhou Overseas Schollars Innovation Park | 34 | 5 | 0 | 20 |
| 秦明电子园<br>Qingming Electronic Park | 6 | 0 | 100180 | 6 |
| 渭南高新区创业服务中心<br>Weinan Science and Technology Innovation Service Center | 9 | 1 | 0 | 0 |
| 西安航空科技创新服务中心<br>Xi'an Aerospace Technology Innovation Service Center | 48 | 43 | 1200 | 20 |
| 西安高新区电子企业孵化器<br>Xi'an Science and Technology Park Electronic Business Incubator | 92 | 8 | 0 | 45 |
| 西安高新区能源新技术孵化器<br>Xi'an Science and Technology Park Advanced Energy Technology Business Incubator | 18 | 0 | 0 | 0 |
| 西安高新区现代服务企业孵化器<br>Xi'an Science and Technology Park Modern Sercice Business Incubator | 15 | 0 | 0 | 0 |
| 西安高新区新型工业企业孵化器<br>Xi'an Science and Technology Park New Type Industrial Business Incubator | 4 | 4 | 20000 | 78 |
| 西安集成电路设计专业孵化器有限公司<br>Xi'an IC Design Special Technology Business Incubator Limited Liability Company | 16 | 2 | 0 | 20 |
| 西安莲湖科技产业园区创业服务中心<br>Xi'an Lianhu Science and Technology Industrial Park Innovation Service Center | 23 | 3 | 480 | 10 |
| 西安留学人员创业园<br>Xi'an Overseas Scholars Innovation Park | 363 | 35 | 76950 | 116 |
| 西安启迪(原清华)科技园发展有限公司<br>Xi'an Qidi (formal Tsinghua) Science and Technology Park Development Limited Liability Company | 33 | 2 | 50000 | 28 |
| 兰州理工大学科技园科技企业孵化器<br>Lanzhou Science and Technology University Science Park Technology Business Incubator | 25 | 5 | 0 | 0 |

# 4－10 非国家级科技企业孵化器人员情况

## Personnel Statistics of Non-State Level TBIs

单位：人 （person）

| 科技企业孵化器 Technology Business Incubator | 人员数 Number of Employees | 博士 Doctor Degree | 硕士 Master Degree | 研究生 Postgraduate Education Background | 本科 Bachelor Degree | 大专 Junior College Degree | 中专 Technical Secondary School Degree |
|---|---|---|---|---|---|---|---|
| **合 计 Total** | **6654** | **204** | **711** | **844** | **3167** | **1594** | **562** |
| 北京奥博联创科技孵化器有限公司 Beijing Aobo Lianchuang Technology Business Incubator Limited Liability Company | 10 | 0 | 2 | 2 | 5 | 3 | 0 |
| 北京奥科兴源科技企业孵化器有限公司 Beijing Aoke Xingyuan Technology Business Incubator Limited Liability Company | 6 | 1 | 1 | 2 | 4 | 0 | 0 |
| 北京八六三信息安全科技发展有限公司 Beijing 863 Information Security Science and Technology Development Limited Liability Company | 10 | 0 | 3 | 2 | 5 | 1 | 0 |
| 北京北达燕园科技孵化器有限公司 Beijing Beida Yanyuan Technology Business Incubator Limited Liability Company | 10 | 0 | 1 | 1 | 9 | 0 | 0 |
| 北京北方车辆新技术孵化器有限公司 Beijing Northern Vehicle High Technology Incubator Limited Liability Company | 4 | 0 | 2 | 2 | 1 | 1 | 0 |
| 北京北控高科技孵化器有限公司 Beijing Beikong Technology Business Incubator Limited Liability Company | 11 | 0 | 3 | 3 | 3 | 5 | 0 |
| 北京北内制造业高新技术孵化基地有限公司 Beijing Beinei Manufacturing Hi- tech Incubation Base | 11 | 0 | 2 | 2 | 7 | 2 | 0 |
| 北京崇熙科技孵化器有限公司 Beijing Chongxi Technology Business Incubator Limited Liability Company | 4 | 0 | 0 | 0 | 1 | 2 | 1 |
| 北京高创天成国际企业孵化器有限公司 Beijing Gaochuang Tiancheng Technology Business Incubator Limited Liability Company | 16 | 0 | 6 | 6 | 7 | 3 | 0 |
| 北京国丰通达科技孵化器中心 Beijing Guofeng Tongda Technology Innovation Center | 10 | 0 | 0 | 0 | 0 | 8 | 2 |
| 北京海银科医药技术有限公司 Beijing Haiyinke Medicine Technology Ltd. | 8 | 2 | 2 | 4 | 3 | 1 | 0 |
| 北京航天银星科技企业孵化器有限公司 Beijing Aerospace Yingxing Technology Business Incubator Limited Liability Company | 10 | 0 | 0 | 0 | 5 | 3 | 2 |
| 北京华商置业孵化器有限公司 Beijing Huashangzhiye Technology Business Incubator Limited Liability Company | 12 | 0 | 0 | 0 | 5 | 4 | 3 |
| 北京集成电路设计院孵化中心 Beijing IC Design Institute Innovation Center | 20 | 0 | 5 | 5 | 9 | 6 | 0 |
| 北京建科兴达科技企业孵化器有限责任公司 Beijing Jiankexingda Technology Business Incubator Limited Liability Company | 12 | 0 | 2 | 2 | 4 | 6 | 0 |
| 北京交大科技孵化器有限公司 Beijing Jiaotong University Technology Business Incubator Limited Liability Company | 8 | 2 | 1 | 3 | 4 | 1 | 0 |

4－10 续表1 Continued 1

单位：人 (person)

| 科技企业孵化器 Technology Business Incubator | 人员数 Number of Employees | 博士 Doctor Degree | 硕士 Master Degree | 研究生 Postgraduate Education Background | 本科 Bachelor Degree | 大专 Junior College Degree | 中专 Technical Secondary School Degree |
|---|---|---|---|---|---|---|---|
| 北京金丰和科技企业孵化器有限责任公司 Beijing Jinfenghe Technology Business Incubator Limited Liability Company | 17 | 0 | 1 | 1 | 9 | 6 | 1 |
| 北京京海科技企业孵化器有限公司 Beijing Jinghai Technology Business Incubator Limited Liability Company | 5 | 0 | 1 | 1 | 1 | 3 | 0 |
| 北京科方创业科技企业孵化器有限公司 Beijing Kefangchuangye Technology Business Incubator Limited Liability Company | 11 | 0 | 4 | 4 | 3 | 3 | 0 |
| 北京理工留学人员创业园 Beijing Ligong Incubation Park for Overseas Scholars | 12 | 0 | 6 | 6 | 5 | 1 | 0 |
| 北京利玛自动化专业孵化基地 Beijing Lima Automation Special Incubation Base | 5 | 0 | 0 | 0 | 3 | 2 | 0 |
| 北京诺飞科技孵化器有限公司 Beijing Nuofei Technology Business Incubator Limited Liability Company | 9 | 0 | 2 | 2 | 5 | 1 | 1 |
| 北京日创恒发科技企业孵化器有限公司 Beijing Richuanghengfa Technology Business Incubator Limited Liability Company | 28 | 0 | 2 | 2 | 14 | 8 | 4 |
| 北京首特科技孵化器有限公司 Beijing Shoute Technology Business Incubator Limited Liability Company | 15 | 0 | 2 | 2 | 13 | 0 | 0 |
| 北京泰斯特测控技术孵化器有限公司 Beijing Taisite Technology Business Incubator Limited Liability Company | 20 | 0 | 4 | 3 | 16 | 0 | 0 |
| 北京天竺空港科技企业孵化器有限公司 Beijing Tianzhu Konggang Technology Business Incubator Limited Liability Company | 10 | 0 | 1 | 1 | 6 | 3 | 0 |
| 北京星之月科技企业孵化中心 Beijing Xingzhiyue Innovation Center | 12 | 0 | 0 | 0 | 12 | 0 | 0 |
| 北京中关村生命科育园生物医药科技孵化有限公司 Beijing Zhongguancun Shengming Keyuyuan Biological Medicine Technology Business Incubation Limited Liability Company | 9 | 0 | 5 | 5 | 1 | 2 | 0 |
| 北京中自科技产业孵化器有限公司 Beijing Zhongzi Science and Technology Industrial Incubator Limited Liability Company | 12 | 2 | 5 | 7 | 5 | 0 | 0 |
| 北邮留学人员创业园 Beiyou Incubation Park for Overseas Schollars | 6 | 0 | 3 | 3 | 2 | 0 | 1 |
| 中关村兴业(北京)高科技孵化器股份有限公司 Zhongguancun Xingye Hi-tech Technology Business Incubator Limited by Shares Company | 25 | 1 | 2 | 3 | 8 | 10 | 2 |
| 天津市帅越地热科技开发中心 Shuaiyue Geotherm Science and Technology Development Center of Tianjin | 23 | 0 | 0 | 1 | 2 | 2 | 18 |
| 国家纳米技术产业化基地 National Nano Technology Industrial Base | 10 | 0 | 0 | 4 | 4 | 2 | 0 |
| 河北区科技园 Hebeiqu Science and Technology Park | 28 | 0 | 0 | 1 | 7 | 14 | 6 |

4－10 续表2 Continued 2

单位：人 (person)

| 科技企业孵化器 Technology Business Incubator | 人员数 Number of Employees | 博士 Doctor Degree | 硕士 Master Degree | 研究生 Postgraduate Education Background | 本科 Bachelor Degree | 大专 Junior College Degree | 中专 Technical Secondary School Degree |
|---|---|---|---|---|---|---|---|
| 津滨科技园 Science and Technology Park | 17 | 0 | 0 | 1 | 8 | 8 | 0 |
| 天感数码影像产业孵化器有限公司 Tiangan Digital Visual Industrial Technology Business Incubator Limited Liability Company | 15 | 0 | 7 | 7 | 6 | 2 | 0 |
| 天津妇女创业中心 Women Innovation Center of Tianjin | 13 | 0 | 0 | 0 | 7 | 2 | 4 |
| 天津华科企业孵化服务有限公司 Tianjin Huake Enterprise Incubation Service Limited Liability Company | 16 | 0 | 4 | 4 | 7 | 4 | 0 |
| 天津华苑软件园建设发展有限公司 Tianjin Huayuan Software Parks Development Limited Liability Company | 22 | 1 | 5 | 6 | 14 | 2 | 0 |
| 天津金虹桥电气企业孵化器有限公司 Tianjin Golden Hongqiao Electrical Technology Business Incubator Limited Liability Company | 19 | 0 | 0 | 2 | 6 | 8 | 3 |
| 天津开泰企业孵化器有限公司 Tianjin Kaitai Technology Business Incubator Limited Liability Company | 20 | 0 | 0 | 0 | 6 | 11 | 3 |
| 天津科丽泰科技企业孵化器有限公司 Tianjin Kelitai Technology Business Incubator Limited Liability Company | 8 | 0 | 0 | 1 | 1 | 4 | 2 |
| 天津市光电子专业孵化器 Photoelectron Special Incubator of Tianjin | 12 | 0 | 2 | 2 | 6 | 4 | 0 |
| 天津市和平区民营科技园区管理服务中心 Science and Technology Park Service and Administration Center of Heping District Tianjin | 21 | 0 | 0 | 0 | 8 | 10 | 3 |
| 天津市帅超科技园 Shuaichao Science and Technology Park of Tianjin | 8 | 1 | 1 | 2 | 4 | 2 | 0 |
| 天津泰达生物医药研发大厦 Tianjin Taida Biological Medicine R&D Mansion | 5 | 0 | 3 | 3 | 2 | 0 | 0 |
| 天津塘沽海洋高新区创业服务中心 Innovation Service Center Tianjin Tanggu Marine Science Park | 6 | 0 | 2 | 2 | 2 | 2 | 0 |
| 天津易辰电子信息产业孵化器有限公司 Tianjin Yichen Electronic and Information Industrial Incubator Limited Liability Company | 6 | 0 | 2 | 2 | 4 | 0 | 0 |
| 中国民航大学科技企业孵化器 Technology Business Incubator of National Civil Aviation University | 196 | 7 | 37 | 44 | 58 | 49 | .45 |
| 保定乐凯数码影像有限公司 Baoding Lekai Digital Imagine Ltd. | 5 | 0 | 1 | 1 | 3 | 1 | 0 |
| 承德市高新区创业服务中心 Innovation Service Center of Chengde Science and Technology Industrial Park | 22 | 0 | 0 | 0 | 13 | 9 | 0 |
| 河北科技风险投资有限公司创业分公司 Hebei Technology Venture Capital Ltd. Incubation Branch Company | 10 | 0 | 2 | 2 | 7 | 1 | 0 |

4－10 续表3 Continued 3

单位:人 (person)

| 科技企业孵化器 Technology Business Incubator | 人员数 Number of Employees | 博士 Doctor Degree | 硕士 Master Degree | 研究生 Postgraduate Education Background | 本科 Bachelor Degree | 大专 Junior College Degree | 中专 Technical Secondary School Degree |
|---|---|---|---|---|---|---|---|
| 河北清华发展研究院科技企业孵化器 Hebei Tsinghua Development Institute Technology Business Incubator | 23 | 4 | 6 | 10 | 8 | 5 | 0 |
| 河北省涿州创业服务中心 Innovation Service Center Zhuozhou of Hebei | 12 | 0 | 2 | 0 | 6 | 4 | 0 |
| 衡水经济开发区创业服务中心 Innovation Service Center of Hengshui Economic Development Zone | 8 | 0 | 1 | 0 | 4 | 1 | 2 |
| 廊坊开发区科技创业服务中心 Innovation Service Center of Langfang Development Zone | 6 | 0 | 0 | 0 | 3 | 3 | 0 |
| 廊坊科技企业孵化器有限公司 Langfang Technology Business Incubator Limited Liability Company | 58 | 0 | 2 | 2 | 56 | 0 | 0 |
| 秦皇岛市育兴高新技术创业有限公司 Yuxing Hi-tech Innovation Ltd. of Qinghuangdao | 6 | 0 | 0 | 0 | 4 | 2 | 0 |
| 三河市燕郊东湖孵化器有限公司 Yanjiao Donghu Technology Business Incubator Limited Liability Company of Sanhe | 12 | 0 | 1 | 0 | 2 | 6 | 2 |
| 武安市曹公泉工业园区创业服务中心 Innovation Service Center Caogongquan Industrial Park of Wu'an | 15 | 0 | 0 | 0 | 2 | 10 | 3 |
| 科伟通科技企业孵化器 Keweitong Technology Business Incubator | 22 | 0 | 1 | 1 | 9 | 7 | 5 |
| 日化所科技园 Daily Chemical Institute Science and Technology Park | 26 | 1 | 1 | 4 | 6 | 10 | 6 |
| 瑞杰科技中心 Ruijie Science and Technology Center | 2 | 0 | 0 | 0 | 1 | 1 | 0 |
| 三益电子科技专业孵化器 Sanyi Electronic Science and Technology Special Incubator | 5 | 0 | 1 | 1 | 3 | 1 | 0 |
| 山西省农业高新技术园区 Shanxi Agriculture Science and Technology Industrial Park | 21 | 2 | 2 | 4 | 8 | 3 | 2 |
| 太原高新区大学科技创业园 University Technology Innovation Park of Taiyuan Science and Technology Park | 4 | 0 | 0 | 0 | 1 | 3 | 0 |
| 太原高新区电子数码港 Electronic and Digital Port of Taiyuan Science and Technology Industrial Park | 22 | 2 | 1 | 3 | 10 | 9 | 0 |
| 太原高新区留学人员创业园 Incubation Park for Overseas Schollars of Taiyuan Science and Technology Industrial Park | 6 | 0 | 1 | 1 | 4 | 1 | 0 |
| 太原广汇医药科技园开发有限公司 Taiyuan Guanghui Medicine Science and Technology Park Development Ltd. | 24 | 0 | 0 | 0 | 10 | 14 | 0 |
| 太原科源通科技发展有限公司 Taiyuan Keyuantong Science and Technology Development Limited Liability Company | 46 | 0 | 0 | 0 | 12 | 25 | 2 |
| 太原市高新技术创业服务中心 Hi-tech Innovation Service Center of Taiyuan | 14 | 0 | 2 | 2 | 8 | 1 | 3 |
| 太原市开发区高新技术创业中心 Innovation Center of Taiyuan Development Zone | 7 | 0 | 0 | 1 | 6 | 0 | 0 |

4－10 续表4 Continued 4

单位：人 (person)

| 科技企业孵化器<br>Technology Business Incubator | 人员数<br>Number of Employees | 博士<br>Doctor Degree | 硕士<br>Master Degree | 研究生<br>Postgraduate Education Background | 本科<br>Bachelor Degree | 大专<br>Junior College Degree | 中专<br>Technical Secondary School Degree |
|---|---|---|---|---|---|---|---|
| 太原市杏花岭区科技孵化创业中心<br>Taiyuan Xinghualing District Technology Incubator and Innovation Center | 8 | 0 | 0 | 0 | 2 | 6 | 0 |
| 新岛科技园<br>Xindao Science and Technology Park | 30 | 0 | 0 | 0 | 5 | 15 | 10 |
| 中辐院科技园<br>Zhongfu Institute Science and Technology Park | 5 | 0 | 0 | 2 | 3 | 0 | 0 |
| 内蒙古自治区留学人员创业园<br>Inner Mongolia Park for Overseas Schollars of Neimenggu Autonomous Region | 5 | 0 | 0 | 0 | 3 | 2 | 0 |
| 本溪高新技术创业服务中心<br>Benxi Technology Innovation Service Center | 6 | 0 | 0 | 0 | 0 | 3 | 3 |
| 丹东市高新技术企业创业中心<br>Dandong Hi-tech Enterprises Innovation Center | 11 | 0 | 1 | 0 | 7 | 2 | 1 |
| 抚顺市高新区高新技术创业服务中心<br>Hi-tech Innovation Service Center of Fushun Science and Technology Industrial Park | 5 | 0 | 1 | 1 | 2 | 2 | 0 |
| 阜新高新技术创业服务中心<br>Fuxin Hi-tech Innovation Service Center | 11 | 0 | 0 | 0 | 9 | 2 | 0 |
| 葫芦岛高新技术产业开发区创业中心<br>Innovation Center of Huludao Science and Technology Industrial Park | 6 | 0 | 0 | 1 | 5 | 0 | 0 |
| 辽宁科技大学科技园<br>Lianing University Science Park | 12 | 1 | 0 | 1 | 5 | 4 | 1 |
| 辽阳科技创业服务中心<br>Liaoyang Technology Innovation Service Center | 12 | 0 | 0 | 0 | 8 | 4 | 0 |
| 铁岭市高新技术创业服务中心<br>Hi-tech Innovation Service Center of Tieling | 12 | 0 | 3 | 0 | 9 | 0 | 0 |
| 营口市高新技术创业服务中心<br>Hi-tech Innovation Service Center of Yingkou | 7 | 0 | 0 | 2 | 1 | 4 | 0 |
| 大连北方科技企业孵化基地<br>Dalian Beifang Technology Enterprises Incubation Base | 12 | 0 | 1 | 2 | 8 | 2 | 0 |
| 大连创业大厦管理有限公司<br>Dalian Innovation Mansion Administrative Ltd. | 12 | 0 | 2 | 2 | 8 | 2 | 0 |
| 大连高新园区动漫产业孵化器<br>Cartoon Industry Incubator of Dalian Science and Technology Park | 15 | 1 | 1 | 2 | 11 | 0 | 0 |
| 大连光洋国际工控产品技术转移中心有限公司<br>Dalian Guangyang International Indutrial Control Products Technology Transfer Center Ltd. | 62 | 8 | 14 | 22 | 26 | 8 | 3 |
| 大连海洋高新技术企业孵化中心<br>Dalian Marine Hi-tech Enterprises Innovation Center | 2 | 0 | 0 | 0 | 0 | 1 | 1 |
| 大连锦联大厦孵化中心<br>Incubation Center | 41 | 0 | 0 | 1 | 10 | 9 | 21 |
| 大连科技创新大厦孵化中心<br>Dalian Technology Innovation Mansion Incubation Center | 18 | 0 | 0 | 0 | 2 | 8 | 8 |
| 大连旅顺民营科技企业创业中心有限公司<br>Dalian Lvshun Private Scientific and Technological Enterprises Innovation Center Ltd. | 7 | 0 | 0 | 2 | 2 | 3 | 0 |

4－10 续表5 Continued 5

单位:人 (person)

| 科技企业孵化器<br>Technology Business Incubator | 人员数<br>Number of Employees | 博士<br>Doctor Degree | 硕士<br>Master Degree | 研究生<br>Postgraduate Education Background | 本科<br>Bachelor Degree | 大专<br>Junior College Degree | 中专<br>Technical Secondary School Degree |
|---|---|---|---|---|---|---|---|
| 大连软件园股份有限公司<br>Dalian Software Park Limited by Shares Company | 161 | 1 | 24 | 0 | 116 | 17 | 3 |
| 大连三科科技创业基地有限公司<br>Dalian Sanke Technology Innovation Base Ltd. | 12 | 0 | 2 | 2 | 6 | 2 | 2 |
| 大连市科技产业孵化基地<br>Science and Technology Industrial Incubation Base of Dalian | 26 | 0 | 0 | 1 | 15 | 1 | 9 |
| 大连市留学人员创业园<br>Incubation Park for Overseas Schollars of Dalian | 42 | 0 | 4 | 0 | 26 | 10 | 2 |
| 大连市民营科技企业创业中心<br>Private Scientific and Technological Enterprises Innovation Center of Dalian | 25 | 0 | 1 | 1 | 16 | 7 | 1 |
| 大连市西岗区高科技发展中心<br>Xigang District Hi-tech Development Center of Dalian | 5 | 0 | 1 | 0 | 4 | 1 | 0 |
| 大连未来科技孵化园有限公司<br>Dalian Future Technology Incubation Park Ltd. | 9 | 1 | 2 | 3 | 4 | 2 | 0 |
| 瓦房店市农业科技创业服务中心<br>Agriculture Innovation Service Center of Wafangdian | 8 | 0 | 2 | 2 | 3 | 1 | 0 |
| 中山区科技企业服务中心<br>Technology Enterprises Service Center of Zhongshan District | 5 | 0 | 0 | 0 | 3 | 2 | 0 |
| 北华大学科技园<br>Beihua Unversity Science Park | 8 | 0 | 3 | 3 | 3 | 1 | 1 |
| 长春海外学人创业园<br>Changchun Overseas Schollars Innovation Park | 24 | 0 | 2 | 4 | 14 | 4 | 0 |
| 留学生创业园<br>Overseas Schollars Innovation Park | 8 | 0 | 3 | 3 | 3 | 1 | 1 |
| 大庆精细化工科技园科技企业孵化器<br>Daqing Fine Chemical Science and Technology Park Technology Business Incubator | 11 | 1 | 0 | 0 | 10 | 0 | 0 |
| 大庆三维IT企业孵化器<br>Daqing Sanwei IT Enterprises Incubator | 12 | 0 | 1 | 0 | 4 | 5 | 2 |
| 大庆新型复合材料及制品特色产业基地<br>Daqing New Type Composite Material and Products Industrial Base | 12 | 0 | 0 | 1 | 5 | 6 | 0 |
| 鹤岗市科技企业创业中心<br>Technology Enterprises Innovation Center of Hegang | 12 | 0 | 1 | 1 | 7 | 3 | 0 |
| 黑龙江垦区农业高新技术创业中心<br>Agriculture Hi-tech Innovation Center of Heilongjiang Reclamation Area | 3 | 0 | 0 | 0 | 1 | 2 | 0 |
| 佳木斯高新技术创业服务中心<br>Kiamusze Hi-tech Innovation Service Center | 4 | 0 | 0 | 0 | 1 | 2 | 1 |
| 佳木斯新运化工高新技术孵化器有限公司<br>Kiamusze Xinyun Chemical Hi-tech Business Incubator Limited Liability Company | 21 | 0 | 4 | 0 | 10 | 2 | 5 |
| 牡丹江市高新技术创业服务中心<br>Hi-tech Innovation Service Center of Mudanjiang | 12 | 0 | 0 | 2 | 8 | 2 | 0 |
| 齐齐哈尔富拉尔基科技企业创业中心<br>Qiqiharer Fulaerji Technology Enterprises Innovation Center | 8 | 0 | 0 | 0 | 2 | 5 | 1 |

4－10 续表6 Continued 6

单位：人 (person)

| 科技企业孵化器<br>Technology Business Incubator | 人员数<br>Number of Employees | 博士<br>Doctor Degree | 硕士<br>Master Degree | 研究生<br>Postgraduate Education Background | 本科<br>Bachelor Degree | 大专<br>Junior College Degree | 中专<br>Technical Secondary School Degree |
|---|---|---|---|---|---|---|---|
| 齐齐哈尔科技企业孵化中心<br>Qiqiharer Technology Enterprises Incubation Center | 5 | 0 | 0 | 0 | 4 | 1 | 0 |
| 双鸭山市弘科高新技术服务中心<br>Hongke Hi-tech Service Center of Shuangyashan | 24 | 0 | 1 | 1 | 3 | 10 | 3 |
| 铁力松涛科技创业园区<br>Tielisongtao Science and Technology Innovation Park | 9 | 0 | 0 | 0 | 2 | 5 | 2 |
| 东北亚对俄科技合作发展中心<br>Northeast Asia Science and Technology Sino-Russia Cooperation Center | 8 | 0 | 0 | 0 | 4 | 4 | 0 |
| 哈尔滨道里区均信科技创业中心<br>Harbin Daoli District Junxin Technology Innovation Center | 13 | 0 | 3 | 3 | 8 | 2 | 0 |
| 哈尔滨电工仪表研究所科技企业孵化器<br>Harbin Electrical Engineering Instruments Institute Technology Enterprises Incubator | 83 | 0 | 0 | 7 | 47 | 21 | 8 |
| 哈尔滨功章科技企业创业中心<br>Harbin Gongzhang Technology Innovation Center | 19 | 0 | 2 | 0 | 3 | 5 | 9 |
| 哈尔滨海格孵化器有限公司<br>Harbin Hige Business Incubator Limited Liability Company | 16 | 0 | 2 | 0 | 7 | 4 | 3 |
| 哈尔滨汇宝孵化基地<br>Harbin Huibao Business Incubation Base | 11 | 0 | 0 | 0 | 3 | 4 | 4 |
| 哈尔滨理工大学科技企业创业中心<br>Innovation Center of Harbin Science and Technology University | 11 | 5 | 2 | 7 | 4 | 0 | 0 |
| 哈尔滨七0三科技创业中心<br>Harbin 703 Technology Innovation Center | 8 | 0 | 1 | 0 | 2 | 5 | 0 |
| 哈尔滨塞达科技园有限公司<br>Harbin Saida Science and Technology Park Ltd. | 8 | 0 | 0 | 0 | 7 | 1 | 0 |
| 哈尔滨市平房区高新技术创业中心<br>Harbin Pingfang District Hi-tech Innovation Center | 8 | 0 | 0 | 0 | 2 | 4 | 2 |
| 哈尔滨市起亚科技企业孵化器有限公司<br>Qiya Technology Business Incubator Limited Liability Company of Harbin | 6 | 0 | 0 | 0 | 2 | 2 | 2 |
| 哈尔滨现代焊接技术生产力促进中心<br>Harbin Modern Jointing Technology Productivity Promotion Center | 44 | 1 | 10 | 10 | 23 | 5 | 3 |
| 哈尔滨现代农业科技创业中心<br>Harbin Modern Agriculture Technology Innovation Center | 15 | 0 | 0 | 0 | 12 | 1 | 2 |
| 哈高新动力科技创业中心<br>Harbin Hi-tech Driver Technology Innovation Center | 22 | 0 | 2 | 0 | 12 | 4 | 4 |
| 哈开发区富阳创业中心<br>Fuyang Innovation Center of Harbin Development Zone | 30 | 0 | 0 | 2 | 15 | 10 | 3 |
| 黑龙江大学软件园<br>Software Park of Heilongjiang University | 14 | 1 | 0 | 0 | 10 | 4 | 0 |
| 黑龙江省地理信息科技企业孵化器<br>Heilongjiang Geography Information Technology Business Incubator | 26 | 2 | 8 | 10 | 16 | 0 | 0 |
| 黑龙江省动漫与网络游戏产业发展中心<br>Cartoon and Internet Game Industry Development Center of Heilongjiang | 7 | 0 | 0 | 1 | 6 | 0 | 0 |

4－10 续表7 Continued 7

单位：人 (person)

| 科技企业孵化器 Technology Business Incubator | 人员数 Number of Employees | 博士 Doctor Degree | 硕士 Master Degree | 研究生 Postgraduate Education Background | 本科 Bachelor Degree | 大专 Junior College Degree | 中专 Technical Secondary School Degree |
|---|---|---|---|---|---|---|---|
| 黑龙江省林业科技创业中心 Forestry Technology Innovation Center of Heilongjiang | 18 | 0 | 2 | 0 | 10 | 6 | 0 |
| 华崴科技创业中心 Huawei Tecnhology Innovation Center | 16 | 0 | 1 | 0 | 12 | 2 | 1 |
| 黑龙江创业科技园 Heilongjiang Innovation Science Park | 15 | 0 | 0 | 0 | 8 | 7 | 0 |
| 东华大学国家大学科技园创业中心 Innovation Center of Donghua University Science Park | 7 | 1 | 1 | 2 | 5 | 0 | 0 |
| 国家863软件专业孵化器（上海）基地 Shanghai National 863 Software Special Business Incubator Base | 13 | 0 | 0 | 2 | 3 | 5 | 3 |
| 国家留学人员嘉定创业园 Jiading National Overseas Schollars Innovation Park | 65 | 0 | 2 | 1 | 8 | 13 | 16 |
| 虹口区科技创业中心企业孵化基地 Incubation Base of Hongkou District Technology Innovation Center | 17 | 0 | 0 | 0 | 3 | 9 | 5 |
| 黄浦区科技创业中心 Huangpu District Technology Innovation Center | 9 | 0 | 0 | 0 | 3 | 4 | 2 |
| 上海多媒体产业园创业有限公司 Shanghai Multimedia Industrial Park Innovation Ltd. | 23 | 0 | 3 | 3 | 13 | 5 | 2 |
| 上海奉浦现代农业专业孵化器 Shanghai Fengpu Modern Agriculture Special Business Incubator | 6 | 0 | 0 | 0 | 1 | 4 | 1 |
| 上海嘉定民营技术密集区发展总公司 Shanghai Jiading Private Technology Cluster Development General Corporation | 18 | 0 | 2 | 1 | 7 | 4 | 5 |
| 上海静安科技企业孵化器管理有限公司 Shanghai Jing'an Technology Business Incubator Administrative Ltd. | 7 | 0 | 0 | 0 | 0 | 6 | 1 |
| 上海科汇高新技术创业服务中心 Shanghai Kehui Hi-tech Innovation Service Center | 14 | 0 | 3 | 3 | 6 | 1 | 2 |
| 上海市金山科技创业中心 Shanghai Kingsun Technology Innovation Center | 16 | 1 | 4 | 5 | 4 | 0 | 0 |
| 上海市科技创业中心卢湾分中心 Luwan Subcenter of Shanghai Technology Innovation Center | 5 | 0 | 0 | 0 | 1 | 2 | 2 |
| 上海市科技创业中心闸北分中心 Zhabei Subcenter of Shanghai Technology Innovation Center | 8 | 0 | 0 | 0 | 6 | 1 | 1 |
| 上海市松江科技创业中心 Songjiang Subcenter of Shanghai Technology Innovation Center | 6 | 0 | 0 | 1 | 4 | 1 | 0 |
| 上海未来岛科技创业中心 Shanghai Future Island Technology Innovation Center | 3 | 0 | 0 | 0 | 1 | 2 | 0 |
| 上海徐汇软件基地 Shanghai Xuhui Software Base | 10 | 0 | 1 | 2 | 5 | 2 | 0 |
| 上海中国纺织国际产业城创业中心 Shanghai National Textile International Industrial City Innovation Center | 5 | 0 | 0 | 0 | 3 | 2 | 0 |
| 上海中科大研究发展中心 Shanghai R&D Center of China Science and Technology University | 11 | 1 | 0 | 0 | 5 | 3 | 2 |

4－10　续表8　Continued 8

单位:人 (person)

| 科技企业孵化器<br>Technology Business Incubator | 人员数<br>Number of Employees | 博士<br>Doctor Degree | 硕士<br>Master Degree | 研究生<br>Postgraduate Education Background | 本科<br>Bachelor Degree | 大专<br>Junior College Degree | 中专<br>Technical Secondary School Degree |
|---|---|---|---|---|---|---|---|
| 宜兴市科技创业服务中心<br>Technology Innovation Service Center of Yixing | 9 | 0 | 0 | 1 | 6 | 2 | 0 |
| 常熟高新技术创业服务中心<br>Changshu Hi-tech Innovation Service Center | 15 | 0 | 2 | 0 | 10 | 3 | 0 |
| 常州市留学人员创业园<br>Overseas Schollars Incubation Park of Changshu | 14 | 0 | 0 | 0 | 12 | 1 | 1 |
| 海安县高新技术创业服务中心<br>Hi-tech Innovation Service Center of Hai'an | 9 | 0 | 1 | 1 | 6 | 2 | 0 |
| 淮安高新技术创新中心<br>Hi-tech Innovation Center of Wei'an | 16 | 0 | 2 | 0 | 9 | 3 | 2 |
| 江苏常州钟楼高新技术创业服务中心<br>Jiangsu Changzhou Zhonglou Hi-tech Innovation Service Center | 8 | 0 | 0 | 0 | 4 | 4 | 0 |
| 江苏华新高新技术创业有限公司<br>Jiangsu Huaxin Hi-tech Innovation Ltd. | 12 | 0 | 1 | 1 | ·1 | 10 | 0 |
| 江阴高新技术创业园<br>Jiangyin Hi-tech Innovation Park | 14 | 2 | 1 | 0 | 10 | 1 | 0 |
| 靖江市华信科技创业园有限公司<br>Huaxin Technology Innovation Park Ltd. Jingjiang | 16 | 0 | 0 | 0 | 7 | 5 | 0 |
| 溧阳市高新技术创业中心<br>Hi-tech Innovation Center of Suyang | 10 | 0 | 3 | 3 | 3 | 4 | 0 |
| 连云港高新技术产业开发区创业中心 r<br>Lianyungang Hi-tech Innovation Cente | 12 | 0 | 1 | 1 | 7 | 4 | 0 |
| 连云港市科技创业服务中心<br>Technology Innovation Service Center of Lianyungang | 6 | 0 | 0 | 0 | 6 | 0 | 0 |
| 南长区科技创业服务中心<br>Technology Innovation Service Center of Nanshan District | 9 | 0 | 0 | 0 | 3 | 3 | 3 |
| 南通港闸高科技创业中心<br>Nantong Gangzha Hi-tech Innovation Center | 5 | 0 | 0 | 0 | 5 | 0 | 0 |
| 南通市崇川科技创业服务中心有限公司<br>Chongchuan Technology Innovation Service Center Ltd. of Nantong | 10 | 0 | 1 | 1 | 8 | 1 | 0 |
| 南通综艺科技孵化器有限公司<br>Nantong Zongyi Technology Business Incubator Limited Liability Company | 14 | 0 | 0 | 0 | 11 | 3 | 0 |
| 如东县科技创业中心<br>Technology Innovation Center of Rudong | 4 | 0 | 0 | 0 | 2 | 1 | 1 |
| 如皋市科技创业园<br>Technology Innovation Park of Rugao | 9 | 0 | 0 | 0 | 5 | 1 | 1 |
| 沭阳县科技创业服务中心<br>Innovation Service Center of Shuyang | 25 | 0 | 0 | 0 | 5 | 20 | 0 |
| 苏州工投科技创业园有限公司<br>Suzhou Gongtou Technology Innovation Park Ltd. | 12 | 0 | 0 | 0 | 3 | 6 | 3 |
| 苏州工业园区生物纳米科技园<br>Suzhou Industrial Park Nano Science and Technology Park | 36 | 2 | 5 | 7 | 26 | 2 | 1 |
| 苏州节能环保高新技术创业园<br>Suzhou Energy Saving and Environment Protection Hi-tech Innovation Park | 23 | 0 | 2 | 2 | 18 | 3 | 0 |

4－10 续表 9 Continued 9

单位：人 (person)

| 科技企业孵化器 Technology Business Incubator | 人员数 Number of Employees | 博士 Doctor Degree | 硕士 Master Degree | 研究生 Postgraduate Education Background | 本科 Bachelor Degree | 大专 Junior College Degree | 中专 Technical Secondary School Degree |
|---|---|---|---|---|---|---|---|
| 苏州留学人员创业园 Overseas Schollars Incubation Park | 22 | 1 | 5 | 6 | 10 | 6 | 0 |
| 苏州市沧浪科技创业园管理有限公司 Suzhou Canglang Technology Innovation Park Administrative Ltd. | 7 | 1 | 0 | 1 | 2 | 2 | 2 |
| 苏州市金阊区科技创业园 Suzhou Jinchang Technology Innovation Park | 7 | 0 | 0 | 0 | 3 | 2 | 2 |
| 苏州市平江科技创业园管理有限公司 Suzhou Pingjiang Technology Innovation Park Administrative Ltd. | 10 | 0 | 0 | 0 | 1 | 4 | 2 |
| 苏州市相城区脱颖科技创业园有限公司 Suzhou Xiangchengtuoyin Technology Innovation Park Ltd. | 12 | 0 | 0 | 0 | 1 | 3 | 0 |
| 苏州市新吴城集团有限公司盘门科技创业园 Suzhou Xinwucheng Corporative Ltd. Panmen Technology Innovation Park | 9 | 0 | 0 | 0 | 3 | 3 | 3 |
| 宿迁市科技创业服务中心 Suqian Technology Innovation Service Center | 5 | 0 | 1 | 1 | 3 | 0 | 1 |
| 太仓市科技创业园有限公司 Taicang Technology Innovation Park Ltd. | 7 | 1 | 1 | 0 | 3 | 2 | 0 |
| 无锡(国家)工业设计园创业服务中心 Wuxi(National) Industrial Design Park Innovation Service Center | 12 | 1 | 1 | 2 | 6 | 4 | 0 |
| 无锡国际科技合作园 Wuxi International Science and Technology Cooperation Park | 8 | 1 | 1 | 2 | 4 | 2 | 0 |
| 无锡惠山高新技术创业服务中心 Wuxi Huishan Hi-tech Technology Innovation Service Center | 12 | 1 | 3 | 4 | 6 | 2 | 0 |
| 无锡江南工业设计园有限公司 Wuxi JIangnan Industrial Design Park Ltd. | 13 | 1 | 0 | 0 | 9 | 1 | 2 |
| 无锡市锡山区科技创业服务中心 Xishan Innovation Service Center of Wuxi | 14 | 0 | 1 | 1 | 13 | 0 | 0 |
| 无锡同方创业园有限公司 Wuxi Tongfang Innovation Park Ltd. | 12 | 0 | 2 | 2 | 5 | 5 | 0 |
| 无锡新区留学生创业园 Overseas Schollars Innovation Park of Wuxi New District | 7 | 0 | 3 | 3 | 3 | 1 | 0 |
| 吴江科技创业园 Wujiang Science and Technology Innovation Park | 5 | 0 | 0 | 0 | 0 | 4 | 0 |
| 兴化市科技创业中心 Technology Innovation Center of Xinghua | 11 | 0 | 0 | 0 | 8 | 2 | 1 |
| 徐州高新技术创业服务中心 Xuzhou Hi-tech Tecnhology Innovation Service Center | 13 | 0 | 1 | 1 | 6 | 5 | 0 |
| 徐州市高新技术创业服务中心 Hi-tech Innovation Service Center of Xuzhou | 10 | 0 | 0 | 0 | 7 | 3 | 0 |
| 盐城高新技术创业园有限公司 Yancheng Hi-tech Innovation Park Ltd. | 13 | 1 | 3 | 4 | 8 | 1 | 0 |
| 扬州市邗江区高新技术创业服务中心 Hanjiang Hi-tech Innovation Service Center of Yangzhou | 12 | 0 | 1 | 0 | 5 | 4 | 2 |
| 镇江软件园管理办公室 Zhenjiang Software Park Administrative Office | 11 | 0 | 1 | 1 | 5 | 3 | 2 |

4－10 续表 10 Continued 10

单位:人 (person)

| 科技企业孵化器<br>Technology Business Incubator | 人员数<br>Number of Employees | 博士<br>Doctor Degree | 硕士<br>Master Degree | 研究生<br>Postgraduate Education Background | 本科<br>Bachelor Degree | 大专<br>Junior College Degree | 中专<br>Technical Secondary School Degree |
|---|---|---|---|---|---|---|---|
| 镇江润州高新技术创业服务中心<br>Zhenjiang Runzhou Hi-tech Innovation Service Center | 12 | 0 | 6 | 8 | 4 | 0 | 0 |
| 中科昆山高科技创业服务中心<br>Zhongke Kunshan Hi-tech Innovation Service Center | 13 | 0 | 0 | 0 | 5 | 2 | 1 |
| 高淳县高科创业服务公司<br>Hi-tech Innovation Service Ltd. of Gaochun | 5 | 0 | 0 | 0 | 2 | 3 | 0 |
| 溧水县科技创业服务中心<br>Technology Innovation Service Center of Sushui | 7 | 0 | 0 | 0 | 4 | 3 | 0 |
| 南京滨江科技创业中心<br>Nanjing Binjiang Technology Innovation Center | 4 | 0 | 0 | 0 | 2 | 2 | 0 |
| 南京光机电科技创业中心<br>Nanjing Mechatronic Technology Innovation Center | 11 | 2 | 4 | 5 | 4 | 1 | 0 |
| 南京环保科技创业中心<br>Nanjing Environment Protection Technology Innovation Center | 12 | 1 | 4 | 5 | 7 | 0 | 0 |
| 南京江宁高新技术创业服务中心<br>Nanjing Jiangning Hi-tech Innovation Service Center | 22 | 0 | 0 | 0 | 12 | 7 | 2 |
| 南京留学人员创业园<br>Nanjing Overseas Schollars Innovation Park | 20 | 1 | 6 | 6 | 13 | 0 | 0 |
| 南京六合区科技创业服务中心<br>Nanjing Liuhe Innovation Service Center | 10 | 0 | 0 | 1 | 6 | 3 | 0 |
| 南京农业生物高新技术创业中心<br>Nanjing Agriculture Biology Hi-tech Innovation Center | 42 | 0 | 1 | 1 | 4 | 11 | 1 |
| 南京市白下区科技创业服务中心<br>Nanjing Technology Innovation Service Center of Baixia | 2 | 0 | 0 | 0 | 0 | 2 | 0 |
| 南京市建邺区科技创业服务中心<br>Innovation Service Center of Nanjing Jianye District | 11 | 0 | 3 | 3 | 8 | 0 | 0 |
| 南京市雨花台区科技创业中心<br>Innovation Center of Nanjing Yuhuatai District | 16 | 0 | 1 | 2 | 9 | 4 | 0 |
| 南京数码动漫创业管理有限公司<br>Nanjing Digital Carton Innovation Administrative Ltd. | 4 | 0 | 0 | 0 | 4 | 0 | 0 |
| 南京智工微光电子产业孵化中心<br>Nanjing Zhigong Weiguang Electronic Industrial Incubation Center | 6 | 1 | 0 | 1 | 2 | 3 | 0 |
| 浦口区科技创业中心<br>Science and Technology Innovation Center of Pukou District | 5 | 0 | 0 | 0 | 2 | 3 | 0 |
| 秦淮区科技创业服务中心<br>Science and Technology Innovation Service Center of Qinhuai District | 3 | 0 | 0 | 1 | 2 | 0 | 0 |
| 德清县科技创业服务有限公司<br>Science and Technology Innovation Service Ltd. of Deqing County | 12 | 0 | 0 | 0 | 1 | 5 | 1 |
| 杭州市下城区科技创业中心<br>Hangzhou Xiacheng District Sciena and Technology lnnovation Lenter | 6 | 0 | 1 | 0 | 4 | 0 | 1 |
| 长兴民营科技园发展有限公司<br>Changxing Priviate Science and Technology Industrial Park Development Ltd. | 10 | 0 | 1 | 2 | 3 | 2 | 2 |
| 海宁市科技创业中心<br>Technology Innovation Center of Haining | 4 | 0 | 0 | 0 | 3 | 0 | 1 |
| 海盐县科技创业服务中心<br>Technology Innovation Service Center of Haiyan | 4 | 0 | 0 | 0 | 3 | 0 | 1 |

4－10 续表11 Continued 11

单位:人 (person)

| 科技企业孵化器 Technology Business Incubator | 人员数 Number of Employees | 博士 Doctor Degree | 硕士 Master Degree | 研究生 Postgraduate Education Background | 本科 Bachelor Degree | 大专 Junior College Degree | 中专 Technical Secondary School Degree |
|---|---|---|---|---|---|---|---|
| 杭州创新创业新天地 Hangzhou Innovation New World | 30 | 0 | 2 | 0 | 10 | 16 | 2 |
| 杭州东部软件园有限公司 Hangzhou Dongbu Software Ltd. | 41 | 0 | 0 | 1 | 21 | 19 | 0 |
| 杭州高新国投节能环保孵化器有限公司 Hangzhou Hi-tech National Investment Energy Saving and Environment Protection Technology Business Incubator Limited Liability Company | 10 | 0 | 0 | 3 | 5 | 2 | 0 |
| 杭州高新区留学人员创业园 Overseas Schollars Innovation Park of Hangzhou Science and Technology Park | 4 | 0 | 0 | 0 | 4 | 0 | 0 |
| 杭州国家集成电路设计企业孵化器有限公司 Hangzhou National IC Design Technology Business Incubator Limited Liability Company | 4 | 0 | 0 | 0 | 1 | 2 | 1 |
| 杭州杭康医药孵化器有限公司 Hangzhou Hangkang Medicine Technology Business Incubator Limited Liability Company | 5 | 2 | 3 | 0 | 0 | 0 | 0 |
| 杭州临安太湖源观赏竹种园有限公司竹业科技孵化器 Hangzhou Lin'an Taihuyuan Omamental Bamboo Seed Ltd. Technology Business Incubator | 12 | 3 | 1 | 0 | 5 | 3 | 0 |
| 杭州生物医药科技创业园有限公司 Hangzhou Biological Medicine Technology Innovation Park Ltd. | 15 | 0 | 2 | 0 | 10 | 1 | 2 |
| 杭州市江干区科技产业服务中心 Technology Industrial Service Center of Hangzhou Gangjiang District | 4 | 0 | 0 | 0 | 3 | 1 | 0 |
| 杭州市余杭高新农业示范中心 Yuhang Hi-tech Agriculture Model Center of Hangzhou | 20 | 0 | 1 | 1 | 5 | 9 | 1 |
| 杭州数字娱乐园有限公司 Hangzhou Digital Entertainment Park Ltd. | 10 | 0 | 1 | 1 | 5 | 2 | 2 |
| 杭州天盛科技创业服务有限公司 Hangzhou Tiansheng Technology Innovation Service Ltd. | 5 | 0 | 0 | 0 | 4 | 1 | 0 |
| 杭州拓峰软件专业孵化器有限公司 Hangzhou Tuofeng Software Technology Business Incubator Limited Liability Company | 12 | 0 | 1 | 1 | 9 | 1 | 1 |
| 杭州西湖科技创业有限公司 Hangzhou Xihu Technology Innovation Ltd. | 280 | 3 | 10 | 67 | 120 | 53 | 27 |
| 杭州萧山创业服务中心 Hangzhou Xiaoshan Innovation Service Center | 7 | 0 | 0 | 2 | 3 | 2 | 0 |
| 建德市有机硅科技企业孵化器 Organic Silicon Technology Business Incubator of Jiande | 11 | 1 | 2 | 3 | 5 | 0 | 0 |
| 乐清市科技孵化创业中心 Technology Innovation and Incubation Center of Yueqing | 14 | 0 | 0 | 0 | 3 | 7 | 4 |
| 临安市科技孵化中心 Technology Incubation Center of Lin'an | 5 | 0 | 0 | 0 | 3 | 1 | 1 |
| 衢州高科农业创新服务有限公司 Quzhou Hi-tech Agriculture Innovation Service Ltd. | 21 | 0 | 1 | 1 | 12 | 3 | 4 |

4－10　续表 12　Continued 12

单位：人　　　　　(person)

| 科技企业孵化器<br>Technology Business Incubator | 人员数<br>Number of Employees | 博士<br>Doctor Degree | 硕士<br>Master Degree | 研究生<br>Postgraduate Education Background | 本科<br>Bachelor Degree | 大专<br>Junior College Degree | 中专<br>Technical Secondary School Degree |
|---|---|---|---|---|---|---|---|
| 上虞市高新技术产业发展有限公司<br>Hi-tech Industrial Development Ltd. of Shangyu | 14 | 0 | 0 | 0 | 2 | 6 | 0 |
| 绍兴市科技创业中心<br>Technology Innovation Center of Shaoxing | 4 | 0 | 0 | 0 | 3 | 1 | 0 |
| 台州市高新技术创业服务中心有限公司<br>Hi-tech Innovation Service Center Ltd. of Taizhou | 8 | 0 | 0 | 0 | 4 | 3 | 1 |
| 桐乡市科技创业服务中心有限公司<br>Technology Innovation Service Center of Tongxiang | 4 | 0 | 0 | 0 | 1 | 3 | 0 |
| 万向高科技孵化中心<br>Wanxiang Hi-tech Incubation Center | 67 | 6 | 9 | 15 | 24 | 25 | 3 |
| 西湖区高新技术创业服务中心<br>Hi-tech Innovation Service Center of Xihu District | 2 | 0 | 0 | 0 | 0 | 2 | 0 |
| 新昌高新技术孵化器<br>Xinchang Hi-tech Business Incubator | 3 | 0 | 0 | 0 | 1 | 2 | 0 |
| 浙江衢州高新技术产业园区科技孵化器<br>Zhejiang Quzhou Hi-tech Industrial Park Technology Business Incubator | 4 | 0 | 1 | 0 | 0 | 0 | 3 |
| 浙江省国家大学科技园<br>National University Science Park of Zhejiang | 17 | 4 | 5 | 9 | 7 | 1 | 0 |
| 浙江兴科科技发展投资有限公司<br>Zhejiang Xingke Technology Development Investment Ltd. | 35 | 0 | 2 | 2 | 16 | 10 | 7 |
| 浙江秀洲科技创业发展有限公司<br>Zhejiang Xiuzhou Technology Innovation Development Ltd. | 10 | 0 | 0 | 0 | 2 | 4 | 3 |
| 浙江银江孵化器有限公司<br>Zhejiang Yinjiang Technology Business Incubator Ltd. | 9 | 0 | 3 | 0 | 4 | 2 | 0 |
| 中国科学院杭州科技园<br>Hangzhou Science and Technology Park of China Academy of Science | 30 | 0 | 0 | 0 | 11 | 8 | 1 |
| 北仑现代农业开发区科技企业孵化器<br>Beilun Modern Agriculture Development Park Technology Business Incubator | 20 | 0 | 0 | 0 | 6 | 4 | 2 |
| 慈溪市生产力促进中心<br>Productivity Promotion Center of Cixi | 9 | 0 | 1 | 0 | 5 | 2 | 1 |
| 宁波开发区科技创业园服务中心<br>Technology Innovation Service Center of Ningbo Development Zone | 7 | 0 | 2 | 0 | 5 | 0 | 0 |
| 宁波市江北区科技创业中心<br>Technology Innovation Center of Ningbo Jiangbei District | 5 | 0 | 1 | 1 | 4 | 0 | 0 |
| 宁波市江东科技创业服务中心<br>Jiangdong Technology Innovation Service Center of Ningbo | 8 | 0 | 1 | 1 | 3 | 3 | 0 |
| 宁波市鄞州区科技企业孵化器<br>Technology Business Incubator of Ningbo Yinzhou | 6 | 0 | 0 | 0 | 0 | 4 | 2 |
| 宁波市镇海区科技创业服务中心<br>Innovation Service Center of Ningbo Zhenhai District | 11 | 0 | 0 | 0 | 3 | 6 | 0 |
| 宁波望春工业园区杉杉科创投资服务中心<br>Ningbo Wangchun Industrial Park Shanshan Kechuang Investment Service Center | 13 | 1 | 2 | 3 | 2 | 5 | 2 |
| 宁海县模具科技企业创业服务中心<br>Moudle Technology Innovation Service Center of Ninghai | 16 | 1 | 0 | 0 | 5 | 5 | 5 |

4－10　续表13　Continued 13

单位:人　　(person)

| 科技企业孵化器<br>Technology Business Incubator | 人员数<br>Number of Employees | 博士<br>Doctor Degree | 硕士<br>Master Degree | 研究生<br>Postgraduate Education Background | 本科<br>Bachelor Degree | 大专<br>Junior College Degree | 中专<br>Technical Secondary School Degree |
|---|---|---|---|---|---|---|---|
| 象山科技创业发展有限公司<br>Xiangshan Technology Innovation Development Limited Liability Company | 5 | 0 | 0 | 0 | 2 | 3 | 0 |
| 浙江大学国家大学科技园宁波分园科创中心<br>Technology Innovation Center of Ningbo Subpark of Zhejiang Unversity Science Park | 12 | 0 | 0 | 1 | 6 | 4 | 1 |
| 安徽省科技创业服务中心<br>Technology Innovation Service Center of Anhui | 13 | 0 | 0 | 0 | 8 | 2 | 3 |
| 安徽省科园创业中心<br>Keyuan Innovation Center of Anhui | 11 | 0 | 2 | 2 | 4 | 4 | 0 |
| 安庆市高新技术创业服务中心<br>Hi-tech Innovation Service Center of Anqing | 8 | 0 | 1 | 1 | 5 | 2 | 0 |
| 蚌埠高新区铁发创业中心<br>Tiefa Innovation Center of Bengbu Science and Technology Industrial Park | 4 | 0 | 0 | 0 | 2 | 2 | 0 |
| 蚌埠市科技创业服务中心<br>Technology Innovation Service Center of Bengbu | 27 | 0 | 0 | 0 | 12 | 11 | 4 |
| 巢湖科技创业服务中心<br>Chaohu Technology Innovation Service Center | 5 | 0 | 0 | 0 | 3 | 1 | 1 |
| 滁州市高新技术创业服务中心<br>Hi-techInnovation Service Center of Chuzhou | 6 | 0 | 0 | 0 | 6 | 0 | 0 |
| 阜阳科技创业服务中心<br>Fuyang Technology Innovation Service Center | 5 | 0 | 0 | 0 | 2 | 3 | 0 |
| 合肥留学人员创业园<br>Hefei Overseas Schollars Innovation Park | 12 | 1 | 3 | 4 | 6 | 2 | 0 |
| 合肥市包河区科技创业服务中心<br>Technology Innovation Service Center of Hefei Baohe District | 8 | 0 | 0 | 0 | 4 | 2 | 2 |
| 合肥桃花科技创业服务中心<br>Hefei Taohua Technology Innovation Service Center | 5 | 1 | 0 | 0 | 1 | 3 | 0 |
| 淮南高新技术创业服务中心<br>Huainan Hi-tech Innovation Service Center | 6 | 0 | 0 | 0 | 3 | 1 | 2 |
| 灵璧县科技创业服务中心<br>Technology Innovation Service Center of Lingbi | 6 | 0 | 0 | 0 | 3 | 3 | 0 |
| 六安市科技创业服务中心<br>Innovation Service Center of Liu'an | 6 | 0 | 0 | 0 | 5 | 0 | 1 |
| 舒城县科技创业园<br>Technology Innovation Park of Shucheng | 23 | 0 | 0 | 0 | 5 | 10 | 8 |
| 宿州科技企业创业服务中心<br>Suzhou Technology Innovation Service Center | 6 | 0 | 0 | 0 | 3 | 3 | 0 |
| 天长市高新技术创业服务中心<br>Hi-tech Innovation Service Center of Tianchang | 11 | 0 | 0 | 0 | 6 | 3 | 2 |
| 宣城市科技创业服务中心<br>Technology Innovation Service Center of Xuancheng | 3 | 0 | 0 | 0 | 1 | 2 | 0 |
| 福建留学人员创业园<br>Fujian Overseas Schollars Innovation Park | 6 | 0 | 0 | 0 | 4 | 2 | 0 |
| 龙岩市高新技术创业服务中心<br>Hi-tech Innovation Service Center of Longyan | 7 | 0 | 0 | 0 | 3 | 3 | 0 |
| 南平高新技术创业服务中心<br>Nanping Hi-tech Innovation Service Center | 4 | 0 | 0 | 0 | 0 | 4 | 0 |

4－10 续表 14 Continued 14

单位:人 (person)

| 科技企业孵化器<br>Technology Business Incubator | 人员数<br>Number of Employees | 博士<br>Doctor Degree | 硕士<br>Master Degree | 研究生<br>Postgraduate Education Background | 本科<br>Bachelor Degree | 大专<br>Junior College Degree | 中专<br>Technical Secondary School Degree |
|---|---|---|---|---|---|---|---|
| 莆田市高新技术创业服务中心<br>Hi-tech Innovation Service Center of Putian | 4 | 0 | 0 | 0 | 1 | 2 | 1 |
| 三明市高新技术创业服务中心<br>Hi-tech Innovation Service Center of Sanming | 5 | 0 | 0 | 0 | 3 | 2 | 0 |
| 湖里区科技创业服务中心<br>Huli District Technology Innovation Service Center | 7 | 0 | 1 | 1 | 5 | 1 | 0 |
| 厦门光电子孵化器<br>Xiamen Mechatronic Incubator | 4 | 0 | 1 | 1 | 2 | 1 | 0 |
| 厦门海沧科技创业中心<br>Xiamen Haicang Technology Innovation Center | 14 | 0 | 0 | 0 | 9 | 5 | 0 |
| 厦门留学人员创业园<br>Xiamen Overseas Schollars Innovation Park | 14 | 1 | 3 | 4 | 6 | 3 | 1 |
| 厦门市思明区生产力促进中心<br>Xiamen Siming District Productivity Promotion Center | 6 | 0 | 1 | 1 | 3 | 1 | 1 |
| 厦门台湾科技企业育成中心<br>Xiamen Taiwan Technology Business Incubator | 6 | 0 | 2 | 2 | 4 | 0 | 0 |
| 江西高技术产业发展有限责任公司<br>Jiangxi Hi-tech Industrial Development Ltd. | 13 | 0 | 1 | 0 | 12 | 0 | 0 |
| 江西师范大学科技园<br>Jiangxi Normal University Science Park | 10 | 1 | 4 | 5 | 3 | 0 | 2 |
| 江西浙大中凯科技园发展有限公司<br>Jiangxi Zhejiang University Zhongkai Science Park Development Limited Liability Company | 18 | 0 | 6 | 6 | 7 | 4 | 0 |
| 中国江西省留学人员创业园<br>China Jiangxi Overseas Schollars Innovation Park | 13 | 0 | 1 | 0 | 12 | 0 | 0 |
| 德州高新技术创业服务中心<br>Dezhou Hi-tech Innovation Service Center | 7 | 1 | 0 | 0 | 6 | 0 | 0 |
| 肥城市高新技术产业开发区创业服务中心<br>Innovation Service Center of Feicheng Hi-tech Industrial Development Zone | 6 | 0 | 0 | 0 | 2 | 2 | 2 |
| 济宁高新区大学科技园<br>University Science Park of Jining Science and Technology Park | 19 | 0 | 0 | 0 | 12 | 4 | 3 |
| 聊城市高新技术创业服务中心<br>Hi-tech Innovation Service Center of Liaocheng | 16 | 0 | 0 | 0 | 6 | 10 | 0 |
| 龙口市高新技术创业服务中心<br>Hi-tech Innovation Service Center of Longkou | 9 | 0 | 1 | 0 | 7 | 1 | 0 |
| 日照高新技术产业园创业服务中心<br>Innovation Service Center of Rizhao Hi-tech Industrial Development Park | 15 | 1 | 1 | 1 | 10 | 4 | 0 |
| 乳山市高新技术创业服务中心<br>Hi-tech Innovation Service Center of Rushan | 12 | 0 | 0 | 0 | 7 | 5 | 0 |
| 山东力创科技企业孵化器<br>Shandong Lichuang Technology Business Incubator | 43 | 0 | 4 | 4 | 20 | 9 | 6 |
| 威海湖西创业保育有限公司<br>Weihai Huxi Innovation and Incubation Ltd. | 6 | 1 | 1 | 2 | 2 | 2 | 0 |
| 威海经济技术开发区科技创新中心有限公司<br>Weihai Economic Technological Development Zone Technology Innovation Center Ltd | 10 | 0 | 2 | 3 | 4 | 3 | 0 |

4－10　续表 15　Continued 15

单位:人　　　　(person)

| 科技企业孵化器<br>Technology Business Incubator | 人员数<br>Number of Employees | 博士<br>Doctor Degree | 硕士<br>Master Degree | 研究生<br>Postgraduate Education Background | 本科<br>Bachelor Degree | 大专<br>Junior College Degree | 中专<br>Technical Secondary School Degree |
|---|---|---|---|---|---|---|---|
| 新泰高新技术创业服务中心<br>Xintai Hi-tech Innovation Service Center | 6 | 0 | 0 | 0 | 3 | 2 | 1 |
| 烟台市信息技术创业服务中心<br>Information Technology Innovation Service Center of Yantai | 30 | 0 | 0 | 0 | 5 | 5 | 7 |
| 烟台市芝罘区科技创业服务中心<br>Technology Innovation Service Center of Yantai Zhifu District | 4 | 0 | 0 | 0 | 3 | 1 | 0 |
| 枣庄高新技术产业开发区科技创业服务中心<br>Zaozhuang Hi-tech Industrial Zone Technology Innovation Service Center | 16 | 0 | 0 | 0 | 5 | 8 | 3 |
| 中国・济宁留学生创业园<br>China・Jining Overseas Schollars Innovation Park | 16 | 0 | 3 | 3 | 10 | 0 | 0 |
| 中国泰山留学人员创业园<br>China Taishan Overseas Schollars Innovation Park | 8 | 0 | 0 | 2 | 6 | 0 | 0 |
| 青岛高新区新产业团地创业中心<br>Qingdao Science and Technology Industrial Innovation Center | 30 | 2 | 5 | 5 | 15 | 7 | 0 |
| 青岛国家大学科技园<br>Qingdao University Science Park | 43 | 6 | 18 | 24 | 15 | 4 | 0 |
| 青岛科大都市科技园发展有限公司<br>Qingdao Science University Urban Science and Technology Park Development Limited Liability Company | 25 | 3 | 5 | 3 | 10 | 4 | 0 |
| 四方区建筑创意产业园创新创业服务中心<br>Building Originality Industrial Park Innovation Service Center of Sifang | 8 | 0 | 0 | 0 | 4 | 3 | 1 |
| 河南省濮阳高新区创业服务中心<br>Henan Province Puyang Science and Technology Industrial Park Innovation Service Center | 13 | 1 | 1 | 0 | 4 | 3 | 4 |
| 开封高新技术创业服务中心<br>Kaifeng Hi-tech Innovation Service Center | 15 | 0 | 0 | 2 | 13 | 0 | 0 |
| 平顶山高新技术创业服务中心<br>Pingdingshan Hi-tech Innovation Service Center | 40 | 0 | 3 | 2 | 9 | 18 | 9 |
| 郑州高新区留学人员创业园<br>Zhengzhou Science and Technology Industrial Park Overseas Schollars Incubation Park | 7 | 0 | 1 | 1 | 5 | 1 | 0 |
| 郑州空港科技创业服务中心<br>Zhengzhou Airport Innovation Service Center | 6 | 0 | 0 | 0 | 5 | 1 | 0 |
| 郑州市科技企业孵化器<br>Technology Business Incubator of Zhengzhou | 15 | 0 | 0 | 0 | 15 | 0 | 0 |
| 荆州开发区创业中心<br>Innovation Center of Jingzhu Development Zone | 18 | 4 | 5 | 5 | 9 | 0 | 0 |
| 襄樊市樊城区科技创业服务中心<br>Technology Innovation Service Center of Xiangfan Fancheng District | 5 | 0 | 0 | 0 | 2 | 3 | 0 |
| 江岸区高新技术创业中心<br>Jiang'an District Hi-tech Innovation Center | 4 | 0 | 0 | 0 | 3 | 0 | 1 |
| 武汉华成创业服务有限公司<br>Wuhan Huacheng Innovation Service Ltd | 10 | 0 | 0 | 0 | 6 | 3 | 1 |
| 武汉华创源科技企业孵化器有限公司<br>Wuhan Huachuangyuan Technology Business Incubator Limited Liability Company | 6 | 0 | 0 | 2 | 3 | 1 | 0 |

4-10 续表16 Continued 16

单位:人 (person)

| 科技企业孵化器 Technology Business Incubator | 人员数 Number of Employees | 博士 Doctor Degree | 硕士 Master Degree | 研究生 Postgraduate Education Background | 本科 Bachelor Degree | 大专 Junior College Degree | 中专 Technical Secondary School Degree |
|---|---|---|---|---|---|---|---|
| 武汉黄金口科技产业孵化基地 Wuhan Huangjinkou Technology Incubation Base | 16 | 0 | 0 | 2 | 8 | 6 | 0 |
| 武汉盘龙科技企业孵化器 Wuhan Panlong Technology Business Incubator | 9 | 0 | 0 | 0 | 2 | 7 | 0 |
| 武汉市蔡甸区科技创业服务中心 Technology Innovation Service Center Wuhan Caixun District | 8 | 0 | 0 | 1 | 4 | 2 | 1 |
| 武汉市汉南区高新技术创业服务中心 Hi-tech Innovation Service Center of Wuhan Hannan District | 4 | 0 | 0 | 2 | 1 | 1 | 0 |
| 武汉市江夏区高新技术创业服务中心 Hi-tech Innovation Service Center of Wuhan Jiangxia District | 6 | 2 | 1 | 0 | 1 | 2 | 0 |
| 武汉市科研院所高新技术创业服务中心 Hi-tech Innovation Service Center of Research Institute of Wuhan | 7 | 0 | 0 | 1 | 4 | 2 | 0 |
| 武汉市武湖农业科技创业服务中心 Wuhu Innovation Service Center of Wuhan | 9 | 0 | 0 | 0 | 5 | 4 | 0 |
| 长沙高新区橡树园企业创业服务有限公司 Changsha Science and Technology Industrial Park Xiangshu Park Enterprises Innovation Service Park | 11 | 0 | 0 | 1 | 5 | 5 | 0 |
| 长沙湘能科技企业孵化器有限公司 Changsha Xiangneng Technology Business Incubator Limited Liability Company | 14 | 0 | 0 | 0 | 4 | 10 | 0 |
| 湖南麓谷科技孵化器 Hunan Lugu Technology Business Incubator | 22 | 0 | 2 | 4 | 4 | 3 | 2 |
| 湖南省火炬创业中心 Torch Innovation Center of Hunan | 7 | 2 | 3 | 4 | 3 | 0 | 0 |
| 东莞市软件企业孵化园 Software Business Incubator of Dongguan | 3 | 0 | 0 | 1 | 0 | 2 | 0 |
| 佛山国家高新区科技企业孵化中心 Foshan National Science and Technology Industrial Park Technology Business Incubation Center | 6 | 0 | 0 | 0 | 6 | 0 | 0 |
| 佛山市高明沧江工业园科技企业创业中心 Gaoming Cangjiang Industrial Park Technology Business Innovation Center of Foshan | 13 | 0 | 0 | 1 | 4 | 4 | 4 |
| 佛山市三水高新创业中心有限公司 Sanshui Hi-tech Innovation Center Ltd of Foshan | 18 | 1 | 2 | 5 | 10 | 3 | 0 |
| 佛山市顺德高新技术产业孵化基地 Shunde Hi-tech Incubation Base of Foshan | 31 | 0 | 6 | 6 | 18 | 6 | 1 |
| 广东电子工业研究院有限公司 Guangdong Electronic Industrial Institete Ltd. | 14 | 3 | 4 | 7 | 5 | 2 | 0 |
| 广东惠州工业园创新服务中心 Guangdong Huizhou Industrial Park Innovation Service Center | 9 | 0 | 0 | 0 | 6 | 3 | 0 |
| 广东省纺织服装开平基地技术创新中心 Technology Innovation Center of Textile Fashion Kaiping Base of Guangdong | 10 | 0 | 0 | 0 | 5 | 2 | 3 |
| 惠州市生产力促进中心 Productivity Promotion Center of Huizhou | 15 | 0 | 1 | 1 | 7 | 6 | 0 |
| 惠州仲恺高新区科技创业中心 Technology Innovation Center of Huizhou Zhongkai Science and Technology Park | 10 | 0 | 1 | 1 | 9 | 0 | 0 |

4－10　续表 17　Continued 17

单位：人　　(person)

| 科技企业孵化器<br>Technology Business Incubator | 人员数<br>Number of Employees | 博士<br>Doctor Degree | 硕士<br>Master Degree | 研究生<br>Postgraduate Education Background | 本科<br>Bachelor Degree | 大专<br>Junior College Degree | 中专<br>Technical Secondary School Degree |
|---|---|---|---|---|---|---|---|
| 江门市科技创业服务中心<br>Technology Innovation Service Center of Jiangmen | 9 | 0 | 0 | 0 | 6 | 3 | 0 |
| 揭阳经济开发试验区信息中心<br>Jieyang Economic Development Test Area Information Center | 7 | 0 | 0 | 0 | 1 | 5 | 1 |
| 清华科技园（珠海）<br>Zhuhai Tsinghua University Science Park | 31 | 1 | 4 | 5 | 20 | 3 | 3 |
| 肇庆高新技术产业开发区创业服务中心<br>Innovation Service Center of Zhaoqing Science and Technology Industrial Park | 4 | 0 | 0 | 0 | 3 | 1 | 0 |
| 珠海南方软件园<br>Zhuhai South Software Park | 36 | 0 | 1 | 1 | 14 | 15 | 0 |
| 广东海珠海洋生物技术产业开发示范基地<br>Guangdong Haizhu Marine Biology Technology Industrial Development Model Base | 26 | 0 | 2 | 2 | 18 | 4 | 2 |
| 广州市白云区生产力促进中心<br>Productivity Promotion Center of Guangzhou Baiyun District | 18 | 2 | 5 | 7 | 6 | 3 | 1 |
| 广州市花都区高新技术创业服务中心<br>Hi-tech Innovation Service Center of Guangzhou Huadu District | 15 | 0 | 0 | 0 | 8 | 7 | 0 |
| 广州市荔湾区生产力促进中心<br>Productivity Promotion Center of Guangzhou Liwan District | 8 | 0 | 0 | 0 | 6 | 2 | 0 |
| 暨南大学科技园<br>Jinan University Science Park | 41 | 5 | 16 | 0 | 12 | 8 | 0 |
| 深港产学研基地<br>Shenzhen Hongkong Industry University and Institute Base | 30 | 6 | 15 | 21 | 9 | 0 | 0 |
| 深圳航天科技创新研究院<br>Shenzhen Aerospace Science and Technology Innovation Institute | 25 | 2 | 11 | 13 | 10 | 2 | 0 |
| 深圳清华大学研究院<br>Shenzhen Tsinghua University Institute | 123 | 43 | 26 | | 30 | 7 | 8 |
| 深圳生物孵化器管理中心<br>Shenzhen Biology Incubator Administrative Center | 4 | 0 | 0 | 0 | 3 | 1 | 0 |
| 深圳市佳利泰孵化器管理有限公司<br>Jialitai Incubator Administrative Ltd. of Shenzhen | 7 | 0 | 0 | 0 | 3 | 3 | 1 |
| 深圳市罗湖区高新技术创业中心<br>Hi-tech Innovation Center of Shenzhen Luohu District | 4 | 0 | 0 | 1 | 3 | 0 | 0 |
| 深圳天安数码城有限公司<br>Shenzhen Tian' an Digital City Ltd. | 7 | 0 | 2 | 2 | 5 | 0 | 0 |
| 深圳虚拟大学园管理服务中心<br>Shenzhen Virtual University Science Park Administrative and Service Center | 22 | 0 | 5 | 5 | 13 | 4 | 0 |
| 中国科技开发院有限公司<br>China Science and Technology Development Institute Ltd. | 26 | 0 | 7 | 7 | 10 | 7 | 0 |
| 北海高新技术产业园区科技创业中心<br>Beihai Hi-tech Industrial Park Innovation Center | 10 | 1 | 2 | 1 | 2 | 2 | 1 |
| 北生生物制药园科技企业孵化基地<br>Beisheng Biological Pharmacy Technology Enterprises Incubation Base | 25 | 2 | 3 | 5 | 17 | 2 | 1 |
| 广西南宁电子科技广场有限公司<br>Guangxi Nanning Electronic Science and Technology Plaza Ltd. | 100 | 0 | 1 | 0 | 70 | 20 | 9 |
| 国发海洋生物技术孵化基地<br>Guofa Marine Biology Technology Incubation Base | 21 | 1 | 3 | 4 | 10 | 2 | 5 |

4-10 续表18 Continued 18

单位:人 (person)

| 科技企业孵化器 Technology Business Incubator | 人员数 Number of Employees | 博士 Doctor Degree | 硕士 Master Degree | 研究生 Postgraduate Education Background | 本科 Bachelor Degree | 大专 Junior College Degree | 中专 Technical Secondary School Degree |
|---|---|---|---|---|---|---|---|
| 柳化国企孵化器 Liuhua State Owned Enterprises Incubator | 3 | 2 | 1 | 3 | 0 | 0 | 0 |
| 柳州高新区信息产业园 Information Industrial Park of Liuzhou Science and Technology Park | 6 | 1 | 4 | 5 | 1 | 0 | 0 |
| 柳州高新区有色金属新材料成果转化基地 Advanced Nonferrous Metals Material Science Achievement Transformation Base of Liuzhou Science and Technology Park | 7 | 2 | 5 | 7 | 0 | 0 | 0 |
| 南宁留学人员创业园 Nanning Overseas Schollars Innovation Park | 4 | 0 | 1 | 0 | 2 | 1 | 0 |
| 梧州市科技企业孵化园 Technology Enterprises Incubation Park of Wuzhou | 10 | 0 | 0 | 0 | 5 | 2 | 1 |
| 南岸区科技企业孵化器 Nan'an District Technology Business Incubator | 93 | 0 | 0 | 6 | 67 | 20 | 0 |
| 重庆高新技术产业开发区留学人员创业园 Overseas Schollars Innovation Park of Chongqing Hi-tech Industrial Park | 20 | 0 | 1 | 2 | 15 | 2 | 0 |
| 重庆高新区软件园 Software Park of Chongqing Science and Technology Park | 20 | 0 | 1 | 2 | 15 | 2 | 0 |
| 重庆高新区生物生化制药技术开发园 Biology and Biochemical Pharmacy Industrial Park of Chongqing Science and Technology Park | 20 | 0 | 1 | 2 | 15 | 2 | 0 |
| 重庆九龙兴兴科技术市场有限责任公司 Chongqing Jiulong Xingxing Science and Technology Market Ltd. | 16 | 2 | 4 | 4 | 8 | 0 | 0 |
| 重庆科技孵化器创新示范体系万盛示范孵化器 Chongqing Science and Technology Incubator Innovation Model System Wansheng Model Incubator | 6 | 0 | 0 | 0 | 4 | 2 | 0 |
| 重庆市涪陵区金渠企业孵化器有限责任公司 Chongqing City Peiling District Jinqu Business Incubator Ltd. | 22 | 0 | 2 | 2 | 16 | 2 | 2 |
| 重庆万州科技企业孵化器 Chongqing Wanzhou Technology Business Incubator | 55 | 0 | 0 | 5 | 16 | 20 | 14 |
| 成都高发实业有限责任公司科技孵化园 Technology Incubation Park of Chengdu Gaofa Industrial Ltd. | 38 | 1 | 2 | 3 | 6 | 18 | 11 |
| 成都高新发展股份有限公司高新区科技工业园 Chengdu Hi-tech Development Ltd. Science and Technology Industrial Park | 15 | 0 | 0 | 1 | 3 | 10 | 0 |
| 成都国信安信息产业基地有限公司 Chengdu Guoxinan Information Industrial Base Ltd. | 172 | 4 | 36 | 40 | 127 | 5 | 0 |
| 中国成都博士创业园 China Chengdu Doctor Innovation Park | 15 | 1 | 5 | 5 | 4 | 6 | 0 |
| 中国成都留学人员创业园 China Chengdu Incubation Park for Overseas Schollars | 15 | 1 | 5 | 5 | 4 | 6 | 0 |
| 成都海峡两岸科技产业开发园 Chengdu Cross-Straits Science and Technology Industrial Development Park | 15 | 0 | 0 | 2 | 7 | 6 | 0 |
| 成都双新科技创业园 Chengdu Shuangxin Technology Innovation Park | 53 | 0 | 0 | 3 | 20 | 26 | 4 |
| 贵州贵阳软件园(一区) Guizhou Guiyang Software Park(the first zone) | 7 | 1 | 0 | 0 | 2 | 4 | 0 |
| 贵州航天高新技术创业服务中心 Guizhou Aerospace Technology Innovation Service Center | 12 | 0 | 2 | 3 | 7 | 0 | 0 |

4－10　续表 19　Continued 19

单位：人　　　(person)

| 科技企业孵化器<br>Technology Business Incubator | 人员数<br>Number of Employees | 博士<br>Doctor Degree | 硕士<br>Master Degree | 研究生<br>Postgraduate Education Background | 本科<br>Bachelor Degree | 大专<br>Junior College Degree | 中专<br>Technical Secondary School Degree |
|---|---|---|---|---|---|---|---|
| 国家 863 软件专业孵化器昆明基地<br>National 863 Software Special Incubator Kunming Base | 16 | 1 | 0 | 0 | 11 | 4 | 0 |
| 昆明高新五华科技园创业服务中心<br>Kunming Hi-tech Wuhua Science and Technology Park Innovation Service Center | 19 | 0 | 0 | 0 | 7 | 12 | 0 |
| 昆明新兴产业孵化区管理有限公司<br>Kunming New Industry Incubation Zone Administrative Ltd. | 25 | 1 | 5 | 6 | 12 | 2 | 5 |
| 云南海归创业园<br>Yunnan Overseas Schollars Innovation Park | 20 | 0 | 0 | 6 | 10 | 4 | 0 |
| 云南留学人员创业园管理办公室<br>Yunnan Overseas Schollars Innovation Park Administrative Office | 15 | 0 | 0 | 0 | 9 | 4 | 2 |
| 西藏(成都)科技孵化器<br>Tibet (Chengdu) Technology Business Incubator | 3 | 0 | 0 | 0 | 3 | 0 | 0 |
| 宝鸡市金华水利科技服务中心<br>Baoji City Jinhua Water Resource Technology Sercice Center | 13 | 0 | 0 | 0 | 1 | 2 | 3 |
| 宝桥科贸大厦孵化中心<br>Baoqiao Technology Trade Incubation Center | 7 | 0 | 0 | 0 | 0 | 3 | 4 |
| 甘肃省兰州留学人员创业园区<br>Gansu Province Lanzhou Overseas Schollars Innovation Park | 3 | 0 | 0 | 0 | 3 | 0 | 0 |
| 秦明电子园<br>Qingming Electronic Park | 12 | 0 | 2 | 2 | 3 | 1 | 2 |
| 渭南高新区创业服务中心<br>Weinan Science and Technology Innovation Service Center | 4 | 0 | 1 | 1 | 2 | 1 | 0 |
| 西安航空科技创新服务中心<br>Xi'an Aerospace Technology Innovation Service Center | 12 | 2 | 10 | 0 | 0 | 0 | 0 |
| 西安高新区电子企业孵化器<br>Xi'an Science and Technology Park Electronic Business Incubator | 10 | 0 | 1 | 1 | 8 | 0 | 0 |
| 西安高新区能源新技术孵化器<br>Xi'an Science and Technology Park Advanced Energy Technology Business Incubator | 5 | 0 | 2 | 2 | 2 | 1 | 0 |
| 西安高新区现代服务企业孵化器<br>Xi'an Science and Technology Park Modern Sercice Business Incubator | 4 | 0 | 2 | 2 | 2 | 0 | 0 |
| 西安高新区新型工业企业孵化器<br>Xi'an Science and Technology Park New Type Industrial Business Incubator | 15 | 0 | 2 | 2 | 13 | 0 | 0 |
| 西安集成电路设计专业孵化器有限公司<br>Xi'an IC Design Special Technology Business Incubator Limited Liability Company | 18 | 0 | 3 | 3 | 14 | 1 | 0 |
| 西安莲湖科技产业园区创业服务中心<br>Xi'an Lianhu Science and Technology Industrial Park Innovation Service Center | 4 | 0 | 0 | 1 | 2 | 1 | 0 |
| 西安留学人员创业园<br>Xi'an Overseas Schollars Innovation Park | 20 | 0 | 12 | 12 | 8 | 0 | 0 |
| 西安启迪(原清华)科技园发展有限公司<br>Xi'an Qidi (formal Tsinghua) Science and Technology Park Development Limited Liability Company | 11 | 0 | 0 | 2 | 9 | 0 | 0 |
| 兰州理工大学科技园科技企业孵化器<br>Lanzhou Science and Technology University Science Park Technology Business Incubator | 14 | 2 | 3 | 5 | 9 | 0 | 0 |

# 4-11 非国家级科技企业孵化器孵化场地情况

## Space Statistics of Non-State Level TBIs

单位：平方米 (sq. m)

| 科技企业孵化器 Technology Business Incubator | 总面积 Total Space Area | 办公用房 Space for Office | 企业用房 Space for Tenants | 服务用房 Space for Service | 其他 Others |
|---|---|---|---|---|---|
| **合 计 Total** | **9924735** | **1544712** | **7035138** | **787595** | **557293** |
| 北京奥博联创科技孵化器有限公司 Beijing Aobo Lianchuang Technology Business Incubator Limited Liability Company | 20000 | 400 | 17800 | 1600 | 200 |
| 北京奥科兴源科技企业孵化器有限公司 Beijing Aoke Xingyuan Technology Business Incubator Limited Liability Company | 297 | 297 | 0 | 0 | 0 |
| 北京八六三信息安全科技发展有限公司 Beijing 863 Information Security Science and Technology Development Limited Liability Company | 13000 | 3000 | 8000 | 2000 | 0 |
| 北京北达燕园科技孵化器有限公司 Beijing Beida Yanyuan Technology Business Incubator Limited Liability Company | 7000 | 200 | 6400 | 400 | 0 |
| 北京北方车辆新技术孵化器有限公司 Beijing Northern Vehicle High Technology Incubator Limited Liability Company | 4000 | 130 | 2700 | 800 | 370 |
| 北京北控高科技孵化器有限公司 Beijing Beikong Technology Business Incubator Limited Liability Company | 19252 | 379 | 7194 | 3565 | 8114 |
| 北京北内制造业高新技术孵化基地有限公司 Beijing Beinei Manufacturing Hi- tech Incubation Base | 12000 | 3790 | 8000 | 210 | 0 |
| 北京崇熙科技孵化器有限公司 Beijing Chongxi Technology Business Incubator Limited Liability Company | 3300 | 300 | 1300 | 200 | 1500 |
| 北京高创天成国际企业孵化器有限公司 Beijing Gaochuang Tiancheng Technology Business Incubator Limited Liability Company | 2000 | 200 | 1600 | 200 | 0 |
| 北京国丰通达科技孵化器中心 Beijing Guofeng Tongda Technology Innovation Center | 5357 | 4628 | 729 | 0 | 0 |
| 北京海银科医药技术有限公司 Beijing Haiyinke Medicine Technology Ltd. | 1200 | 100 | 500 | 600 | 0 |
| 北京航天银星科技企业孵化器有限公司 Beijing Aerospace Yingxing Technology Business Incubator Limited Liability Company | 4850 | 100 | 4550 | 200 | 0 |
| 北京华商置业孵化器有限公司 Beijing Huashangzhiye Technology Business Incubator Limited Liability Company | 27000 | 1200 | 23000 | 2800 | 0 |
| 北京集成电路设计院孵化中心 Beijing IC Design Institute Innovation Center | 50805 | 2600 | 46198 | 2000 | 7 |
| 北京建科兴达科技企业孵化器有限责任公司 Beijing Jiankexingda Technology Business Incubator Limited Liability Company | 15000 | 600 | 10000 | 2000 | 2400 |
| 北京交大科技孵化器有限公司 Beijing Jiaotong University Technology Business Incubator Limited Liability Company | 6830 | 100 | 5970 | 400 | 360 |

4－11 续表1 Continued 1

单位:平方米 (sq. m)

| 科技企业孵化器<br>Technology Business Incubator | 总面积<br>Total Space Area | 办公用房<br>Space for Office | 企业用房<br>Space for Tenants | 服务用房<br>Space for Service | 其他<br>Others |
|---|---|---|---|---|---|
| 北京金丰和科技企业孵化器有限责任公司<br>Beijing Jinfenghe Technology Business Incubator Limited Liability Company | 8874 | 0 | 7646 | 1228 | 0 |
| 北京京海科技企业孵化器有限公司<br>Beijing Jinghai Technology Business Incubator Limited Liability Company | 1000 | 200 | 800 | 0 | 0 |
| 北京科方创业科技企业孵化器有限公司<br>Beijing Kefangchuangye Technology Business Incubator Limited Liability Company | 3850 | 100 | 2620 | 380 | 750 |
| 北京理工留学人员创业园<br>Beijing Ligong Incubation Park for Overseas Schollars | 4500 | 185 | 4015 | 300 | 0 |
| 北京利玛自动化专业孵化基地<br>Beijing Lima Automation Special Incubation Base | 4300 | 75 | 4100 | 125 | 0 |
| 北京诺飞科技孵化器有限公司<br>Beijing Nuofei Technology Business Incubator Limited Liability Company | 23500 | 3000 | 7500 | 1300 | 11700 |
| 北京日创恒发科技企业孵化器有限公司<br>Beijing Richuanghengfa Technology Business Incubator Limited Liability Company | 14800 | 600 | 14000 | 200 | 0 |
| 北京首特科技孵化器有限公司<br>Beijing Shoute Technology Business Incubator Limited Liability Company | 6000 | 250 | 2112 | 2032 | 1606 |
| 北京泰斯特测控技术孵化器有限公司<br>Beijing Taisite Technology Business Incubator Limited Liability Company | 7376 | 351 | 6200 | 825 | 0 |
| 北京天竺空港科技企业孵化器有限公司<br>Beijing Tianzhu Konggang Technology Business Incubator Limited Liability Company | 40000 | 900 | 30942 | 8158 | 0 |
| 北京星之月科技企业孵化中心<br>Beijing Xingzhiyue Innovation Center | 3500 | 88 | 3400 | 0 | 12 |
| 北京中关村生命科育园生物医药科技孵化有限公司<br>Beijing Zhongguancun Shengming Keyuyuan Biological Medicine Technology Business Incubation Limited Liability Company | 11000 | 200 | 9600 | 1200 | 0 |
| 北京中自科技产业孵化器有限公司<br>Beijing Zhongzi Science and Technology Industrial Incubator Limited Liability Company | 9900 | 152 | 7250 | 1000 | 1498 |
| 北邮留学人员创业园<br>Beiyou Incubation Park for Overseas Schollars | 4200 | 200 | 4000 | 0 | 0 |
| 中关村兴业(北京)高科技孵化器股份有限公司<br>Zhongguancun Xingye Hi-tech Technology Business Incubator Limited by Shares Company | 60000 | 500 | 56500 | 2000 | 1000 |
| 天津市帅越地热科技开发中心<br>Shuaiyue Geotherm Science and Technology Development Center of Tianjin | 8700 | 100 | 2700 | 0 | 5900 |
| 国家纳米技术产业化基地<br>National Nano Technology Industrial Base | 15000 | 1939 | 3560 | 5596 | 3905 |
| 河北区科技园<br>Hebeiqu Science and Technology Park | 150000 | 14485 | 135000 | 515 | 0 |

4－11 续表2 Continued 2

单位：平方米 (sq. m)

| 科技企业孵化器<br>Technology Business Incubator | 总面积<br>Total Space Area | 办公用房<br>Space for Office | 企业用房<br>Space for Tenants | 服务用房<br>Space for Service | 其他<br>Others |
|---|---|---|---|---|---|
| 津滨科技园<br>Science and Technology Park | 7000 | 600 | 3500 | 2600 | 300 |
| 天感数码影像产业孵化器有限公司<br>Tiangan Digital Visual Industrial Technology Business Incubator Limited Liability Company | 3000 | 2000 | 0 | 1000 | 0 |
| 天津妇女创业中心<br>Women Innovation Center of Tianjin | 4888 | 1693 | 3195 | 0 | 0 |
| 天津华科企业孵化服务有限公司<br>Tianjin Huake Enterprise Incubation Service Limited Liability Company | 28200 | 200 | 22000 | 6000 | 0 |
| 天津华苑软件园建设发展有限公司<br>Tianjin Huayuan Software Parks Development Limited Liability Company | 8211 | 1041 | 6128 | 1041 | 0 |
| 天津金虹桥电气企业孵化器有限公司<br>Tianjin Golden Hongqiao Electrical Technology Business Incubator Limited Liability Company | 8500 | 1800 | 4900 | 1800 | 0 |
| 天津开泰企业孵化器有限公司<br>Tianjin Kaitai Technology Business Incubator Limited Liability Company | 14512 | 846 | 12469 | 1197 | 0 |
| 天津科丽泰科技企业孵化器有限公司<br>Tianjin Kelitai Technology Business Incubator Limited Liability Company | 5400 | 100 | 2500 | 300 | 2500 |
| 天津市光电子专业孵化器<br>Photoelectron Special Incubator of Tianjin | 61000 | 100 | 54500 | 6400 | 0 |
| 天津市和平区民营科技园区管理服务中心<br>Science and Technology Park Service and Administration Center of Heping District Tianjin | 3000 | 100 | 2700 | 200 | 0 |
| 天津市帅超科技园<br>Shuaichao Science and Technology Park of Tianjin | 15000 | 11000 | 0 | 0 | 4000 |
| 天津泰达生物医药研发大厦<br>Tianjin Taida Biological Medicine R&D Mansion | 30222 | 791 | 29432 | 0 | 0 |
| 天津塘沽海洋高新区创业服务中心 Innovation Service Center Tianjin Tanggu Marine Science Park | 23035 | 2400 | 14035 | 6600 | 0 |
| 天津易辰电子信息产业孵化器有限公司<br>Tianjin Yichen Electronic and Information Industrial Incubator Limited Liability Company | 4000 | 300 | 3700 | 0 | 0 |
| 中国民航大学科技企业孵化器<br>Technology Business Incubator of National Civil Aviation University | 5100 | 80 | 4870 | 150 | 0 |
| 保定乐凯数码影像有限公司<br>Baoding Lekai Digital Imagine Ltd. | 2200 | 400 | 1800 | 0 | 0 |
| 承德市高新区创业服务中心 Innovation Service Center of Chengde Science and Technology Industrial Park | 12874 | 2947 | 8161 | 1067 | 700 |
| 河北科技风险投资有限公司创业分公司<br>Hebei Technology Venture Capitual Ltd. Incubation Branch Company | 18500 | 200 | 16400 | 1900 | 0 |

4－11 续表3 Continued 3

单位:平方米 (sq. m)

| 科技企业孵化器 Technology Business Incubator | 总面积 Total Space Area | 办公用房 Space for Office | 企业用房 Space for Tenants | 服务用房 Space for Service | 其他 Others |
|---|---|---|---|---|---|
| 河北清华发展研究院科技企业孵化器 Hebei Tsinghua Development Institute Technology Business Incubator | 83522 | 23955 | 9300 | 8500 | 41767 |
| 河北省涿州创业服务中心 Innovation Service Center Zhuozhou of Hebei | 15500 | 450 | 10000 | 5000 | 50 |
| 衡水经济开发区创业服务中心 Innovation Service Center of Hengshui Economic Development Zone | 22052 | 285 | 14833 | 379 | 6555 |
| 廊坊开发区科技创业服务中心 Innovation Service Center of Langfang Development Zone | 25840 | 219 | 25505 | 116 | 0 |
| 廊坊科技企业孵化器有限公司 Langfang Technology Business Incubator Limited Liability Company | 43000 | 1100 | 30900 | 2000 | 9000 |
| 秦皇岛市育兴高新技术创业有限公司 Yuxing Hi-tech Innovation Ltd. of Qinghuangdao | 20400 | 300 | 15500 | 2600 | 2000 |
| 三河市燕郊东湖孵化器有限公司 Yanjiao Donghu Technology Business Incubator Limited Liability Company of Sanhe | 22600 | 800 | 15234 | 1800 | 4766 |
| 武安市曹公泉工业园区创业服务中心 Innovation Service Center Caogongquan Industrial Park of Wu'an | 24668 | 300 | 9600 | 0 | 14768 |
| 科伟通科技企业孵化器 Keweitong Technology Business Incubator | 13200 | 520 | 10740 | 1940 | 0 |
| 日化所科技园 Daily Chemical Institute Science and Technology Park | 21847 | 10046 | 10616 | 608 | 577 |
| 瑞杰科技中心 Ruijie Science and Technology Center | 10037 | 300 | 9737 | 0 | 0 |
| 三益电子科技专业孵化器 Sanyi Electronic Science and Technology Special Incubator | 15000 | 500 | 8000 | 1000 | 5500 |
| 山西省农业高新技术园区 Shanxi Agriculture Science and Technology Industrial Park | 323000 | 3000 | 320000 | 0 | 0 |
| 太原高新区大学科技创业园 University Technology Innovation Park of Taiyuan Science and Technology Park | 9415 | 45 | 9305 | 65 | 0 |
| 太原高新区电子数码港 Electronic and Digital Port of Taiyuan Science and Technology Industrial Park | 53000 | 194 | 48006 | 4800 | 0 |
| 太原高新区留学人员创业园 Incubation Park for Overseas Schollars of Taiyuan Science and Technology Industrial Park | 6000 | 100 | 5900 | 0 | 0 |
| 太原广汇医药科技园开发有限公司 Taiyuan Guanghui Medicine Science and Technology Park Development Ltd. | 445142 | 440000 | 5142 | 0 | 0 |
| 太原科源通科技发展有限公司 Taiyuan Keyuantong Science and Technology Development Limited Liability Company | 12000 | 2200 | 0 | 9800 | 0 |
| 太原市高新技术创业服务中心 Hi-tech Innovation Service Center of Taiyuan | 6000 | 200 | 5600 | 100 | 100 |
| 太原市开发区高新技术创业中心 Innovation Center of Taiyuan Development Zone | 9400 | 200 | 8000 | 1200 | 0 |

4－11　续表4　Continued 4

单位:平方米　　　(sq. m)

| 科技企业孵化器 Technology Business Incubator | 总面积 Total Space Area | 办公用房 Space for Office | 企业用房 Space for Tenants | 服务用房 Space for Service | 其他 Others |
|---|---|---|---|---|---|
| 太原市杏花岭区科技孵化创业中心 Taiyuan Xinghualing District Technology Incubator and Innovation Center | 20000 | 500 | 15000 | 4500 | 0 |
| 新岛科技园 Xindao Science and Technology Park | 27700 | 100 | 25600 | 0 | 2000 |
| 中辐院科技园 Zhongfu Institute Science and Technology Park | 5914 | 80 | 5834 | 0 | 0 |
| 内蒙古自治区留学人员创业园 Inner Mongolia Park for Overseas Schollars of Neimenggu Autonomous Region | 11345 | 200 | 8955 | 291 | 1899 |
| 本溪高新技术创业服务中心 Benxi Technology Innovation Service Center | 1000 | 500 | 200 | 300 | 0 |
| 丹东市高新技术企业创业中心 Dandong Hi-tech Enterprises Innovation Center | 12508 | 280 | 11491 | 229 | 508 |
| 抚顺市高新区高新技术创业服务中心 Hi-tech Innovation Service Center of Fushun Science and Technology Industrial Park | 13850 | 350 | 13500 | 0 | 0 |
| 阜新高新技术创业服务中心 Fuxin Hi-tech Innovation Service Center | 28061 | 6461 | 21600 | 0 | 0 |
| 葫芦岛高新技术产业开发区创业中心 Innovation Center of Huludao Science and Technology Industrial Park | 13000 | 8840 | 2760 | 0 | 1400 |
| 辽宁科技大学科技园 Lianing University Science Park | 4891 | 500 | 4391 | 0 | 0 |
| 辽阳科技创业服务中心 Liaoyang Technology Innovation Service Center | 12000 | 200 | 8500 | 1500 | 1800 |
| 铁岭市高新技术创业服务中心 Hi-tech Innovation Service Center of Tieling | 31000 | 1500 | 18000 | 11500 | 0 |
| 营口市高新技术创业服务中心 Hi-tech Innovation Service Center of Yingkou | 18000 | 1800 | 15200 | 1000 | 0 |
| 大连北方科技企业孵化基地 Dalian Beifang Technology Enterprises Incubation Base | 19953 | 341 | 18176 | 1436 | 0 |
| 大连创业大厦管理有限公司 Dalian Innovation Mansion Administrative Ltd. | 21500 | 600 | 18000 | 2000 | 900 |
| 大连高新园区动漫产业孵化器 Cartoon Industry Incubator of Dalian Science and Technology Park | 54000 | 400 | 52000 | 1600 | 0 |
| 大连光洋国际工控产品技术转移中心有限公司 Dalian Guangyang International Indutrial Control Products Technology Transfer Center Ltd. | 21000 | 1000 | 7800 | 5000 | 7200 |
| 大连海洋高新技术企业孵化中心 Dalian Marine Hi-tech Enterprises Innovation Center | 0 | 0 | 0 | 0 | 0 |
| 大连锦联大厦孵化中心 Incubation Center | 17400 | 12636 | 4764 | 0 | 0 |
| 大连科技创新大厦孵化中心 Dalian Technology Innovation Mansion Incubation Center | 10800 | 210 | 9000 | 1590 | 0 |
| 大连旅顺民营科技企业创业中心有限公司 Dalian Lvshun Private Scientific and Technological Enterprises Innovation Center Ltd. | 12000 | 4000 | 6280 | 1720 | 0 |

4－11 续表5 Continued 5

单位:平方米 (sq. m)

| 科技企业孵化器 Technology Business Incubator | 总面积 Total Space Area | 办公用房 Space for Office | 企业用房 Space for Tenants | 服务用房 Space for Service | 其他 Others |
|---|---|---|---|---|---|
| 大连软件园股份有限公司 Dalian Software Park Limited by Shares Company | 298000 | 20000 | 238000 | 40000 | 0 |
| 大连三科科技创业基地有限公司 Dalian Sanke Technology Innovation Base Ltd. | 31963 | 3419 | 25452 | 3092 | 0 |
| 大连市科技产业孵化基地 Science and Technology Industrial Incubation Base of Dalian | 13000 | 400 | 11400 | 600 | 600 |
| 大连市留学人员创业园 Incubation Park for Overseas Schollars of Dalian | 87200 | 1700 | 68573 | 4228 | 12699 |
| 大连市民营科技企业创业中心 Private Scientific and Technological Enterprises Innovation Center of Dalian | 62000 | 12000 | 45000 | 5000 | 0 |
| 大连市西岗区高科技发展中心 Xigang District Hi-tech Development Center of Dalian | 8033 | 135 | 5983 | 405 | 1511 |
| 大连未来科技孵化园有限公司 Dalian Future Technology Incubation Park Ltd. | 12100 | 500 | 10000 | 1000 | 600 |
| 瓦房店市农业科技创业服务中心 Agriculture Innovation Service Center of Wafangdian | 7000 | 4000 | 1500 | 1000 | 500 |
| 中山区科技企业服务中心 Technology Enterprises Service Center of Zhongshan District | 1130 | 66 | 1049 | 15 | 0 |
| 北华大学科技园 Beihua Unversity Science Park | 2800 | 100 | 2680 | 0 | 20 |
| 长春海外学人创业园 Changchun Overseas Schollars Innovation Park | 45000 | 1200 | 39300 | 4500 | 0 |
| 留学生创业园 Overseas Schollars Innovation Park | 4223 | 350 | 3823 | 50 | 0 |
| 大庆精细化工科技园科技企业孵化器 Daqing Fine Chemical Science and Technology Park Technology Business Incubator | 9600 | 600 | 9000 | 0 | 0 |
| 大庆三维IT企业孵化器 Daqing Sanwei IT Enterprises Incubator | 13000 | 3000 | 9000 | 1000 | 0 |
| 大庆新型复合材料及制品特色产业基地 Daqing New Type Composite Material and Products Industrial Base | 1200 | 1200 | 0 | 0 | 0 |
| 鹤岗市科技企业创业中心 Technology Enterprises Innovation Center of Hegang | 6000 | 1000 | 3000 | 1500 | 500 |
| 黑龙江垦区农业高新技术创业中心 Agriculture Hi-tech Innovation Center of Heilongjiang Reclamation Area | 5000 | 50 | 4850 | 100 | 0 |
| 佳木斯高新技术创业服务中心 Kiamusze Hi-tech Innovation Service Center | 68800 | 500 | 65800 | 2500 | 0 |
| 佳木斯新运化工高新技术孵化器有限公司 Kiamusze Xinyun Chemical Hi-tech Business Incubator Limited Liability Company | 17000 | 1500 | 14500 | 500 | 500 |
| 牡丹江市高新技术创业服务中心 Hi-tech Innovation Service Center of Mudanjiang | 6000 | 500 | 5000 | 400 | 100 |
| 齐齐哈尔富拉尔基科技企业创业中心 Qiqiharer Fulaerji Technology Enterprises Innovation Center | 6000 | 520 | 5240 | 240 | 0 |

4-11 续表6 Continued 6

单位：平方米 (sq. m)

| 科技企业孵化器<br>Technology Business Incubator | 总面积<br>Total Space Area | 办公用房<br>Space for Office | 企业用房<br>Space for Tenants | 服务用房<br>Space for Service | 其他<br>Others |
|---|---|---|---|---|---|
| 齐齐哈尔科技企业孵化中心<br>Qiqiharer Technology Enterprises Incubation Center | 3452 | 104 | 2804 | 500 | 44 |
| 双鸭山市弘科高新技术服务中心<br>Hongke Hi-tech Service Center of Shuangyashan | 4400 | 480 | 2500 | 900 | 520 |
| 铁力松涛科技创业园区<br>Tielisongtao Science and Technology Innovation Park | 4169 | 498 | 3671 | 0 | 0 |
| 东北亚对俄科技合作发展中心<br>Northeast Asia Science and Technology Sino-Russia Cooperation Center | 8550 | 120 | 7950 | 480 | 0 |
| 哈尔滨道里区均信科技创业中心<br>Harbin Daoli District Junxin Technology Innovation Center | 6408 | 430 | 5978 | 0 | 0 |
| 哈尔滨电工仪表研究所科技企业孵化器<br>Harbin Electrical Engineering Instruments Institute Technology Enterprises Incubator | 12833 | 1863 | 9607 | 0 | 1363 |
| 哈尔滨功章科技企业创业中心<br>Harbin Gongzhang Technology Innovation Center | 6000 | 2500 | 2500 | 1000 | 0 |
| 哈尔滨海格孵化器有限公司<br>Harbin Hige Business Incubator Limited Liability Company | 12000 | 3383 | 8617 | 0 | 0 |
| 哈尔滨汇宝孵化基地<br>Harbin Huibao Business Incubation Base | 5394 | 190 | 3500 | 784 | 920 |
| 哈尔滨理工大学科技企业创业中心<br>Innovation Center of Harbin Science and Technology University | 8523 | 652 | 5756 | 1672 | 443 |
| 哈尔滨七0三科技创业中心<br>Harbin 703 Technology Innovation Center | 8392 | 3271 | 5121 | 0 | 0 |
| 哈尔滨塞达科技园有限公司<br>Harbin Saida Science and Technology Park Ltd. | 3535 | 3000 | 535 | 0 | 0 |
| 哈尔滨市平房区高新技术创业中心<br>Harbin Pingfang District Hi-tech Innovation Center | 10000 | 300 | 3200 | 500 | 6000 |
| 哈尔滨市起亚科技企业孵化器有限公司<br>Qiya Technology Business Incubator Limited Liability Company of Harbin | 3300 | 1000 | 2300 | 0 | 0 |
| 哈尔滨现代焊接技术生产力促进中心<br>Harbin Modern Jointing Technology Productivity Promotion Center | 10000 | 500 | 8000 | 500 | 1000 |
| 哈尔滨现代农业科技创业中心<br>Harbin Modern Agriculture Technology Innovation Center | 23100 | 2000 | 900 | 200 | 20000 |
| 哈高新动力科技创业中心<br>Harbin Hi-tech Driver Technology Innovation Center | 8400 | 600 | 5600 | 2200 | 0 |
| 哈开发区富阳创业中心<br>Fuyang Innovation Center of Harbin Development Zone | 30000 | 850 | 28000 | 1150 | 0 |
| 黑龙江大学软件园<br>Software Park of Heilongjiang University | 5200 | 138 | 4922 | 140 | 0 |
| 黑龙江省地理信息科技企业孵化器<br>Heilongjiang Geography Information Technology Business Incubator | 11000 | 1500 | 7000 | 2500 | 0 |
| 黑龙江省动漫与网络游戏产业发展中心<br>Cartoon and Internet Game Industry Development Center of Heilongjiang | 26000 | 200 | 24000 | 1500 | 300 |

4－11 续表7 Continued 7

单位:平方米 (sq. m)

| 科技企业孵化器<br>Technology Business Incubator | 总面积<br>Total Space Area | 办公用房<br>Space for Office | 企业用房<br>Space for Tenants | 服务用房<br>Space for Service | 其他<br>Others |
|---|---|---|---|---|---|
| 黑龙江省林业科技创业中心<br>Forestry Technology Innovation Center of Heilongjiang | 12350 | 4500 | 5100 | 1000 | 1750 |
| 华崴科技创业中心<br>Huawei Tecnhology Innovation Center | 7000 | 1000 | 4500 | 1000 | 500 |
| 黑龙江创业科技园<br>Heilongjiang Innovation Science Park | 11856 | 925 | 10331 | 600 | 0 |
| 东华大学国家大学科技园创业中心<br>Innovation Center of Donghua University Science Park | 12000 | 300 | 11000 | 700 | 0 |
| 国家863软件专业孵化器(上海)基地<br>Shanghai National 863 Software Special Business Incubator Base | 38532 | 629 | 32569 | 5334 | 0 |
| 国家留学人员嘉定创业园<br>Jiading National Overseas Schollars Innovation Park | 15000 | 171 | 9930 | 4211 | 688 |
| 虹口区科技创业中心企业孵化基地<br>Incubation Base of Hongkou District Technology Innovation Center | 13000 | 320 | 12500 | 180 | 0 |
| 黄浦区科技创业中心<br>Huangpu District Technology Innovation Center | 5000 | 70 | 4000 | 450 | 480 |
| 上海多媒体产业园创业有限公司<br>Shanghai Multimedia Industrial Park Innovation Ltd. | 21000 | 400 | 20600 | 0 | 0 |
| 上海奉浦现代农业专业孵化器<br>Shanghai Fengpu Modern Agriculture Special Business Incubator | 5000 | 400 | 4000 | 600 | 0 |
| 上海嘉定民营技术密集区发展总公司<br>Shanghai Jiading Private Technology Cluster Development General Corporation | 20546 | 522 | 18713 | 1311 | 0 |
| 上海静安科技企业孵化器管理有限公司<br>Shanghai Jing' an Technology Business Incubator Administrative Ltd. | 15000 | 200 | 11238 | 1589 | 1973 |
| 上海科汇高新技术创业服务中心<br>Shanghai Kehui Hi-tech Innovation Service Center | 15300 | 280 | 12100 | 2174 | 746 |
| 上海市金山科技创业中心<br>Shanghai Kingsun Technology Innovation Center | 35779 | 1200 | 31997 | 2582 | 0 |
| 上海市科技创业中心卢湾分中心<br>Luwan Subcenter of Shanghai Technology Innovation Center | 6200 | 300 | 5840 | 60 | 0 |
| 上海市科技创业中心闸北分中心<br>Zhabei Subcenter of Shanghai Technology Innovation Center | 13000 | 800 | 10600 | 1600 | 0 |
| 上海市松江科技创业中心<br>Songjiang Subcenter of Shanghai Technology Innovation Center | 10960 | 480 | 10000 | 480 | 0 |
| 上海未来岛科技创业中心<br>Shanghai Future Island Technology Innovation Center | 6000 | 2096 | 0 | 3904 | 0 |
| 上海徐汇软件基地<br>Shanghai Xuhui Software Base | 46500 | 300 | 44800 | 1400 | 0 |
| 上海中国纺织国际产业城创业中心<br>Shanghai National Textile International Industrial City Innovation Center | 3116 | 150 | 2906 | 60 | 0 |
| 上海中科大研究发展中心<br>Shanghai R&D Center of China Science and Technology University | 11621 | 200 | 11121 | 300 | 0 |

4－11 续表8 Continued 8

单位：平方米 (sq. m)

| 科技企业孵化器 Technology Business Incubator | 总面积 Total Space Area | 办公用房 Space for Office | 企业用房 Space for Tenants | 服务用房 Space for Service | 其他 Others |
|---|---|---|---|---|---|
| 宜兴市科技创业服务中心 Technology Innovation Service Center of Yixing | 10000 | 2000 | 7000 | 1000 | 0 |
| 常熟高新技术创业服务中心 Changshu Hi-tech Innovation Service Center | 3200 | 300 | 2600 | 300 | 0 |
| 常州市留学人员创业园 Overseas Schollars Incubation Park of Changshu | 150000 | 310 | 141549 | 8000 | 141 |
| 海安县高新技术创业服务中心 Hi-tech Innovation Service Center of Hai' an | 41600 | 1500 | 39600 | 500 | 0 |
| 淮安高新技术创新中心 Hi-tech Innovation Center of Wei' an | 33000 | 7200 | 15400 | 7400 | 3000 |
| 江苏常州钟楼高新技术创业服务中心 Jiangsu Changzhou Zhonglou Hi-tech Innovation Service Center | 35000 | 500 | 32000 | 1400 | 1100 |
| 江苏华新高新技术创业有限公司 Jiangsu Huaxin Hi-tech Innovation Ltd. | 15778 | 708 | 15070 | 0 | 0 |
| 江阴高新技术创业园 Jiangyin Hi-tech Innovation Park | 45000 | 10000 | 31000 | 4000 | 0 |
| 靖江市华信科技创业园有限公司 Huaxin Technology Innovation Park Ltd. Jingjiang | 17280 | 240 | 16440 | 600 | 0 |
| 溧阳市高新技术创业中心 Hi-tech Innovation Center of Suyang | 17300 | 200 | 14600 | 800 | 1700 |
| 连云港高新技术产业开发区创业中心 Lianyungang Hi-tech Innovation Center | 20171 | 1107 | 18364 | 700 | 0 |
| 连云港市科技创业服务中心 Technology Innovation Service Center of Lianyungang | 3300 | 200 | 2800 | 300 | 0 |
| 南长区科技创业服务中心 Technology Innovation Service Center of Nanshan District | 18000 | 180 | 16200 | 550 | 1070 |
| 南通港闸高科技创业中心 Nantong Gangzha Hi-tech Innovation Center | 1000 | 200 | 800 | 0 | 0 |
| 南通市崇川科技创业服务中心有限公司 Chongchuan Technology Innovation Service Center Ltd. of Nantong | 21425 | 100 | 15248 | 900 | 5177 |
| 南通综艺科技孵化器有限公司 Nantong Zongyi Technology Business Incubator Limited Liability Company | 7500 | 1200 | 6300 | 0 | 0 |
| 如东县科技创业中心 Technology Innovation Center of Rudong | 3000 | 100 | 2900 | 0 | 0 |
| 如皋市科技创业园 Technology Innovation Park of Rugao | 7300 | 400 | 6900 | 0 | 0 |
| 沭阳县科技创业服务中心 Innovation Service Center of Shuyang | 75000 | 2900 | 68080 | 3300 | 720 |
| 苏州工投科技创业园有限公司 Suzhou Gongtou Technology Innovation Park Ltd. | 12570 | 12000 | 0 | 570 | 0 |
| 苏州工业园区生物纳米科技园 Suzhou Industrial Park Nano Science and Technology Park | 49384 | 6173 | 40859 | 2352 | 0 |
| 苏州节能环保高新技术创业园 Suzhou Energy Saving and Environment Protection Hi-tech Innovation Park | 20200 | 1300 | 15200 | 3000 | 700 |

4－11 续表9 Continued 9

单位:平方米 (sq. m)

| 科技企业孵化器<br>Technology Business Incubator | 总面积<br>Total Space Area | 办公用房<br>Space for Office | 企业用房<br>Space for Tenants | 服务用房<br>Space for Service | 其他<br>Others |
|---|---|---|---|---|---|
| 苏州留学人员创业园<br>Overseas Schollars Incubation Park | 81000 | 1371 | 42246 | 0 | 37383 |
| 苏州市沧浪科技创业园管理有限公司<br>Suzhou Canglang Technology Innovation Park Administrative Ltd. | 18000 | 0 | 15600 | 2400 | 0 |
| 苏州市金阊区科技创业园<br>Suzhou Jinchang Technology Innovation Park | 8850 | 8400 | 0 | 0 | 450 |
| 苏州市平江科技创业园管理有限公司<br>Suzhou Pingjiang Technology Innovation Park Administrative Ltd. | 10000 | 140 | 6860 | 150 | 2850 |
| 苏州市相城区脱颖科技创业园有限公司<br>Suzhou Xiangchengtuoyin Technology Innovation Park Ltd. | 13000 | 5000 | 7000 | 1000 | 0 |
| 苏州市新吴城集团有限公司盘门科技创业园<br>Suzhou Xinwucheng Corporative Ltd. Panmen Technology Innovation Park | 13540 | 110 | 4330 | 100 | 9000 |
| 宿迁市科技创业服务中心<br>Suqian Technology Innovation Service Center | 4500 | 400 | 3600 | 500 | 0 |
| 太仓市科技创业园有限公司<br>Taicang Technology Innovation Park Ltd. | 8700 | 630 | 6530 | 1540 | 0 |
| 无锡(国家)工业设计园创业服务中心<br>Wuxi(National) Industrial Design Park Innovation Service Center | 37000 | 700 | 32800 | 3500 | 0 |
| 无锡国际科技合作园<br>Wuxi International Science and Technology Cooperation Park | 16000 | 500 | 13750 | 1750 | 0 |
| 无锡惠山高新技术创业服务中心<br>Wuxi Huishan Hi-tech Technology Innovation Service Center | 32700 | 500 | 25000 | 6200 | 1000 |
| 无锡江南工业设计园有限公司<br>Wuxi Jiangnan Industrial Design Park Ltd. | 15732 | 500 | 13232 | 2000 | 0 |
| 无锡市锡山区科技创业服务中心<br>Xishan Innovation Service Center of Wuxi | 2580 | 800 | 1480 | 300 | 0 |
| 无锡同方创业园有限公司<br>Wuxi Tongfang Innovation Park Ltd. | 9152 | 426 | 5094 | 1100 | 2532 |
| 无锡新区留学生创业园<br>Overseas Schollars Innovation Park of Wuxi New District | 37600 | 1000 | 18000 | 1500 | 17100 |
| 吴江科技创业园<br>Wujiang Science and Technology Innovation Park | 40000 | 7500 | 32500 | 0 | 0 |
| 兴化市科技创业中心<br>Technology Innovation Center of Xinghua | 14100 | 13800 | 200 | 100 | 0 |
| 徐州高新技术创业服务中心<br>Xuzhou Hi-tech Tecnhology Innovation Service Center | 21000 | 800 | 19000 | 1200 | 0 |
| 徐州市高新技术创业服务中心<br>Hi-tech Innovation Service Center of Xuzhou | 14000 | 100 | 11900 | 2000 | 0 |
| 盐城高新技术创业园有限公司<br>Yancheng Hi-tech Innovation Park Ltd. | 26000 | 150 | 25400 | 450 | 0 |
| 扬州市邗江区高新技术创业服务中心<br>Hanjiang Hi-tech Innovation Service Center of Yangzhou | 9380 | 253 | 5241 | 1616 | 2270 |
| 镇江软件园管理办公室<br>Zhenjiang Software Park Administrative Office | 41600 | 760 | 30500 | 7900 | 2440 |

4-11 续表10 Continued 10

单位:平方米 (sq. m)

| 科技企业孵化器 Technology Business Incubator | 总面积 Total Space Area | 办公用房 Space for Office | 企业用房 Space for Tenants | 服务用房 Space for Service | 其他 Others |
|---|---|---|---|---|---|
| 镇江润州高新技术创业服务中心 Zhenjiang Runzhou Hi-tech Innovation Service Center | 13017 | 1400 | 11417 | 200 | 0 |
| 中科昆山高科技创业服务中心 Zhongke Kunshan Hi-tech Innovation Service Center | 5000 | 0 | 3000 | 0 | 2000 |
| 高淳县高科创业服务公司 Hi-tech Innovation Service Ltd. of Gaochun | 92000 | 600 | 90800 | 600 | 0 |
| 溧水县科技创业服务中心 Technology Innovation Service Center of Sushui | 48000 | 0 | 48000 | 0 | 0 |
| 南京滨江科技创业中心 Nanjing Binjiang Technology Innovation Center | 4500 | 110 | 4390 | 0 | 0 |
| 南京光机电科技创业中心 Nanjing Mechatronic Technology Innovation Center | 10743 | 100 | 2743 | 200 | 7700 |
| 南京环保科技创业中心 Nanjing Environment Protection Technology Innovation Center | 31000 | 6000 | 10000 | 15000 | 0 |
| 南京江宁高新技术创业服务中心 Nanjing Jiangning Hi-tech Innovation Service Center | 21713 | 3000 | 18713 | 0 | 0 |
| 南京留学人员创业园 Nanjing Overseas Schollars Innovation Park | 45000 | 2000 | 40000 | 1000 | 2000 |
| 南京六合区科技创业服务中心 Nanjing Liuhe Innovation Service Center | 4500 | 500 | 2500 | 500 | 1000 |
| 南京农业生物高新技术创业中心 Nanjing Agriculture Biology Hi-tech Innovation Center | 50000 | 12000 | 4500 | 500 | 33000 |
| 南京市白下区科技创业服务中心 Nanjing Technology Innovation Service Center of Baixia | 7000 | 220 | 6000 | 0 | 780 |
| 南京市建邺区科技创业服务中心 Innovation Service Center of Nanjing Jianye District | 12000 | 800 | 8000 | 3000 | 200 |
| 南京市雨花台区科技创业中心 Innovation Center of Nanjing Yuhuatai District | 76500 | 6120 | 61200 | 5355 | 3825 |
| 南京数码动漫创业管理有限公司 Nanjing Digital Carton lnnovation Administrative Ltd. | 5000 | 50 | 4700 | 150 | 100 |
| 南京智工微光电子产业孵化中心 Nanjing Zhigong Weiguang Electronic Industrial Incubation Center | 3000 | 100 | 2700 | 200 | 0 |
| 浦口区科技创业中心 Science and Technology Innovation Center of Pukou District | 3000 | 50 | 2700 | 200 | 50 |
| 秦淮区科技创业服务中心 Science and Technology Innovation Service Center of Qinhuai District | 3400 | 1400 | 1800 | 200 | 0 |
| 德清县科技创业服务有限公司 Science and Technology Innovation Service Ltd. of Deqing County | 26961 | 1756 | 24544 | 661 | 0 |
| 杭州市下城区科技创业中心 Hangzhou Xiacheng District Sciena and Technology lnnovation Lenter | 2500 | 100 | 2300 | 100 | 0 |
| 长兴民营科技园发展有限公司 Changxing Priviate Science and Technology Industrial Park Development Ltd. | 17000 | 3000 | 6000 | 5000 | 3000 |
| 海宁市科技创业中心 Science and Technology Innovation Center of Haining | 4000 | 50 | 3300 | 50 | 600 |
| 海盐县科技创业服务中心 Science and Technology Innovation Service Center of Haiyan | 11191 | 550 | 10191 | 300 | 150 |

4－11 续表11 Continued 11

单位:平方米 (sq. m)

| 科技企业孵化器<br>Technology Business Incubator | 总面积<br>Total Space Area | 办公用房<br>Space for Office | 企业用房<br>Space for Tenants | 服务用房<br>Space for Service | 其他<br>Others |
|---|---|---|---|---|---|
| 杭州创新创业新天地<br>Hangzhou Innovation New World | 1000 | 1000 | 0 | 0 | 0 |
| 杭州东部软件园有限公司<br>Hangzhou Dongbu Software Ltd. | 11653 | 1285 | 5390 | 4978 | 0 |
| 杭州高新国投节能环保孵化器有限公司<br>Hangzhou Hi-tech National Investment Energy Saving and Environment Protection Technology Business Incubator Limited Liability Company | 8319 | 7319 | 0 | 1000 | 0 |
| 杭州高新区留学人员创业园<br>Overseas Schollars Innovation Park of Hangzhou Science and Technology Park | 69500 | 500 | 25000 | 44000 | 0 |
| 杭州国家集成电路设计企业孵化器有限公司<br>Hangzhou National IC Design Technology Business Incubator Limited Liability Company | 5200 | 278 | 4675 | 248 | 0 |
| 杭州杭康医药孵化器有限公司<br>Hangzhou Hangkang Medicine Technology Business Incubator Limited Liability Company | 1000 | 300 | 500 | 200 | 0 |
| 杭州临安太湖源观赏竹种园有限公司竹业科技孵化器<br>Hangzhou Lin'an Taihuyuan Omamental Bamboo Seed Ltd. Technology Business Incubator | 1200 | 60 | 80 | 250 | 810 |
| 杭州生物医药科技创业园有限公司<br>Hangzhou Biological Medicine Technology Innovation Park Ltd. | 5700 | 300 | 4900 | 400 | 100 |
| 杭州市江干区科技产业服务中心<br>Technology Industrial Service Center of Hangzhou Gangjiang District | 5000 | 60 | 3600 | 1140 | 200 |
| 杭州市余杭高新农业示范中心<br>Yuhang Hi-tech Agriculture Model Center of Hangzhou | 20560 | 1400 | 17760 | 1400 | 0 |
| 杭州数字娱乐园有限公司<br>Hangzhou Digital Entertainment Park Ltd. | 32000 | 200 | 26100 | 700 | 5000 |
| 杭州天盛科技创业服务有限公司<br>Hangzhou Tiansheng Technology Innovation Service Ltd. | 1974 | 30 | 1474 | 320 | 150 |
| 杭州拓峰软件专业孵化器有限公司<br>Hangzhou Tuofeng Software Technology Business Incubator Limited Liability Company | 5000 | 4400 | 200 | 300 | 100 |
| 杭州西湖科技创业有限公司<br>Hangzhou Xihu Technology Innovation Ltd. | 22000 | 1000 | 15000 | 6000 | 0 |
| 杭州萧山创业服务中心<br>Hangzhou Xiaoshan Innovation Service Center | 9200 | 500 | 6700 | 500 | 1500 |
| 建德市有机硅科技企业孵化器<br>Organic Silicon Technology Business Incubator of Jiande | 8000 | 450 | 4130 | 3000 | 420 |
| 乐清市科技孵化创业中心<br>Technology Innovation and Incubation Center of Yueqing | 44490 | 8550 | 28955 | 0 | 6985 |
| 临安市科技孵化中心<br>Technology Incubation Center of Lin'an | 11000 | 0 | 10500 | 500 | 0 |
| 衢州高科农业创新服务有限公司<br>Quzhou Hi-tech Agriculture Innovation Service Ltd. | 38200 | 1200 | 29000 | 8000 | 0 |

4－11 续表12 Continued 12

单位:平方米 (sq. m)

| 科技企业孵化器 Technology Business Incubator | 总面积 Total Space Area | 办公用房 Space for Office | 企业用房 Space for Tenants | 服务用房 Space for Service | 其他 Others |
|---|---|---|---|---|---|
| 上虞市高新技术产业发展有限公司 Hi-tech Industrial Development Ltd. of Shangyu | 50250 | 500 | 48850 | 900 | 0 |
| 绍兴市科技创业中心 Technology Innovation Center of Shaoxing | 23000 | 500 | 22000 | 300 | 200 |
| 台州市高新技术创业服务中心有限公司 Hi-tech Innovation Service Center Ltd. of Taizhou | 9100 | 100 | 7890 | 1110 | 0 |
| 桐乡市科技创业服务中心有限公司 Technology Innovation Service Center of Tongxiang | 11660 | 400 | 11000 | 200 | 60 |
| 万向高科技孵化中心 Wanxiang Hi-tech Incubation Center | 20000 | 3000 | 17000 | 0 | 0 |
| 西湖区高新技术创业服务中心 Hi-tech Innovation Service Center of Xihu District | 2700 | 100 | 2500 | 100 | 0 |
| 新昌高新技术孵化器 Xinchang Hi-tech Business Incubator | 10478 | 0 | 10478 | 0 | 0 |
| 浙江衢州高新技术产业园区科技孵化器 Zhejiang Quzhou Hi-tech Industrial Park Technology Business Incubator | 37124 | 9824 | 27300 | 0 | 0 |
| 浙江省国家大学科技园 National University Science Park of Zhejiang | 11500 | 200 | 11300 | 0 | 0 |
| 浙江兴科科技发展投资有限公司 Zhejiang Xingke Technology Development Investment Ltd. | 50000 | 1000 | 39000 | 3000 | 7000 |
| 浙江秀洲科技创业发展有限公司 Zhejiang Xiuzhou Technology Innovation Development Ltd. | 28989 | 524 | 28465 | 0 | 0 |
| 浙江银江孵化器有限公司 Zhejiang Yinjiang Technology Business Incubator Ltd. | 34967 | 0 | 31567 | 3400 | 0 |
| 中国科学院杭州科技园 Hangzhou Science and Technology Park of China Academy of Science | 28000 | 500 | 23000 | 3500 | 1000 |
| 北仑现代农业开发区科技企业孵化器 Beilun Modern Agriculture Development Park Technology Business Incubator | 5063 | 963 | 4100 | 0 | 0 |
| 慈溪市生产力促进中心 Productivity Promotion Center of Cixi | 7992 | 980 | 5840 | 1119 | 53 |
| 宁波开发区科技创业园服务中心 Technology Innovation Service Center of Ningbo Development Zone | 47718 | 12418 | 35300 | 0 | 0 |
| 宁波市江北区科技创业中心 Technology Innovation Center of Ningbo Jiangbei District | 5000 | 200 | 4800 | 0 | 0 |
| 宁波市江东科技创业服务中心 Jiangdong Technology Innovation Service Center of Ningbo | 15760 | 150 | 12140 | 3470 | 0 |
| 宁波市鄞州区科技企业孵化器 Technology Business Incubator of Ningbo Yinzhou | 10152 | 200 | 6000 | 2500 | 1452 |
| 宁波市镇海区科技创业服务中心 Innovation Service Center of Ningbo Zhenhai District | 15000 | 800 | 13332 | 200 | 668 |
| 宁波望春工业园区杉杉科创投资服务中心 Ningbo Wangchun Industrial Park Shanshan Kechuang Investment Service Center | 31000 | 5754 | 20804 | 3050 | 1391 |
| 宁海县模具科技企业创业服务中心 Moudle Technology Innovation Service Center of Ninghai | 8500 | 500 | 7500 | 500 | 0 |

单位:平方米 (sq. m)

| 科技企业孵化器<br>Technology Business Incubator | 总面积<br>Total Space Area | 办公用房<br>Space for Office | 企业用房<br>Space for Tenants | 服务用房<br>Space for Service | 其他<br>Others |
|---|---|---|---|---|---|
| 象山科技创业发展有限公司<br>Xiangshan Technology Innovation Development Limited Liability Company | 6092 | 200 | 5892 | 0 | 0 |
| 浙江大学国家大学科技园宁波分园科创中心<br>Technology Innovation Center of Ningbo Subpark of Zhejiang Unversity Science Park | 28000 | 1000 | 18000 | 9000 | 0 |
| 安徽省科技创业服务中心<br>Technology Innovation Service Center of Anhui | 1900 | 120 | 1500 | 280 | 0 |
| 安徽省科园创业中心<br>Keyuan Innovation Center of Anhui | 18143 | 185 | 13390 | 1398 | 3170 |
| 安庆市高新技术创业服务中心<br>Hi-tech Innovation Service Center of Anqing | 17418 | 365 | 11896 | 3919 | 1238 |
| 蚌埠高新区铁发创业中心<br>Tiefa Innovation Center of Bengbu Science and Technology Industrial Park | 10000 | 1500 | 8500 | 0 | 0 |
| 蚌埠市科技创业服务中心<br>Technology Innovation Service Center of Bengbu | 11612 | 2932 | 7600 | 1080 | 0 |
| 巢湖科技创业服务中心<br>Chaohu Technology Innovation Service Center | 12600 | 5060 | 0 | 1547 | 5993 |
| 滁州市高新技术创业服务中心<br>Hi-techInnovation Service Center of Chuzhou | 9000 | 100 | 5000 | 100 | 3800 |
| 阜阳科技创业服务中心<br>Fuyang Technology Innovation Service Center | 7000 | 145 | 4900 | 947 | 1008 |
| 合肥留学人员创业园<br>Hefei Overseas Schollars Innovation Park | 21000 | 400 | 20100 | 300 | 200 |
| 合肥市包河区科技创业服务中心<br>Technology Innovation Service Center of Hefei Baohe District | 3000 | 100 | 2900 | 0 | 0 |
| 合肥桃花科技创业服务中心<br>Hefei Taohua Technology Innovation Service Center | 9800 | 1000 | 8300 | 500 | 0 |
| 淮南高新技术创业服务中心<br>Huainan Hi-tech Innovation Service Center | 5000 | 200 | 3600 | 200 | 1000 |
| 灵璧县科技创业服务中心<br>Technology Innovation Service Center of Lingbi | 3000 | 60 | 300 | 0 | 2640 |
| 六安市科技创业服务中心<br>Innovation Service Center of Liu'an | 5800 | 300 | 3800 | 200 | 1500 |
| 舒城县科技创业园<br>Technology Innovation Park of Shucheng | 30000 | 2250 | 26750 | 1000 | 0 |
| 宿州科技企业创业服务中心<br>Suzhou Technology Innovation Service Center | 6000 | 300 | 5300 | 400 | 0 |
| 天长市高新技术创业服务中心<br>Hi-tech Innovation Service Center of Tianchang | 8950 | 400 | 7750 | 800 | 0 |
| 宣城市科技创业服务中心<br>Technology Innovation Service Center of Xuancheng | 0 | 0 | 0 | 0 | 0 |
| 福建留学人员创业园<br>Fujian Overseas Schollars Innovation Park | 35617 | 560 | 30500 | 2800 | 1757 |
| 龙岩市高新技术创业服务中心<br>Hi-tech Innovation Service Center of Longyan | 17000 | 500 | 15000 | 1500 | 0 |
| 南平高新技术创业服务中心<br>Nanping Hi-tech Innovation Service Center | 7502 | 100 | 7402 | 0 | 0 |

4－11 续表 14 Continued 14

单位:平方米 (sq. m)

| 科技企业孵化器<br>Technology Business Incubator | 总面积<br>Total Space Area | 办公用房<br>Space for Office | 企业用房<br>Space for Tenants | 服务用房<br>Space for Service | 其他<br>Others |
|---|---|---|---|---|---|
| 莆田市高新技术创业服务中心<br>Hi-tech Innovation Service Center of Putian | 4000 | 50 | 3750 | 100 | 100 |
| 三明市高新技术创业服务中心<br>Hi-tech Innovation Service Center of Sanming | 29500 | 600 | 27600 | 1300 | 0 |
| 湖里区科技创业服务中心<br>Huli District Technology Innovation Service Center | 5600 | 600 | 5000 | 0 | 0 |
| 厦门光电子孵化器<br>Xiamen Mechatronic Incubator | 27456 | 116 | 26116 | 1224 | 0 |
| 厦门海沧科技创业中心<br>Xiamen Haicang Technology Innovation Center | 100000 | 350 | 97150 | 2500 | 0 |
| 厦门留学人员创业园<br>Xiamen Overseas Schollars Innovation Park | 88640 | 376 | 84311 | 3953 | 0 |
| 厦门市思明区生产力促进中心<br>Xiamen Siming District Productivity Promotion Center | 7100 | 600 | 6300 | 200 | 0 |
| 厦门台湾科技企业育成中心<br>Xiamen Taiwan Technology Business Incubator | 54000 | 229 | 51363 | 2408 | 0 |
| 江西高技术产业发展有限责任公司<br>Jiangxi Hi-tech Industrial Development Ltd. | 11430 | 800 | 10000 | 600 | 30 |
| 江西师范大学科技园<br>Jiangxi Normal University Science Park | 10860 | 600 | 6480 | 2700 | 1080 |
| 江西浙大中凯科技园发展有限公司<br>Jiangxi Zhejiang University Zhongkai Science Park Development Limited Liability Company | 341208 | 330801 | 6667 | 1689 | 2051 |
| 中国江西省留学人员创业园<br>China Jiangxi Overseas Schollars Innovation Park | 11430 | 800 | 10000 | 600 | 30 |
| 德州高新技术创业服务中心<br>Dezhou Hi-tech Innovation Service Center | 13000 | 1000 | 12000 | 0 | 0 |
| 肥城市高新技术产业开发区创业服务中心<br>Innovation Service Center of Feicheng Hi-tech Industrial Development Zone | 300 | 100 | 100 | 100 | 0 |
| 济宁高新区大学科技园<br>University Science Park of Jining Science and Technology Park | 65067 | 9312 | 0 | 39955 | 15800 |
| 聊城市高新技术创业服务中心<br>Hi-tech Innovation Service Center of Liaocheng | 41600 | 1500 | 34100 | 1500 | 4500 |
| 龙口市高新技术创业服务中心<br>Hi-tech Innovation Service Center of Longkou | 3400 | 150 | 3150 | 100 | 0 |
| 日照高新技术产业园创业服务中心<br>Innovation Service Center of Rizhao Hi-tech Industrial Development Park | 0 | 0 | 0 | 0 | 0 |
| 乳山市高新技术创业服务中心<br>Hi-tech Innovation Service Center of Rushan | 6080 | 80 | 3000 | 2800 | 200 |
| 山东力创科技企业孵化器<br>Shandong Lichuang Technology Business Incubator | 12000 | 5000 | 4000 | 2000 | 1000 |
| 威海湖西创业保育有限公司<br>Weihai Huxi Innovation and Incubation Ltd. | 20594 | 2480 | 18114 | 0 | 0 |
| 威海经济技术开发区科技创新中心有限公司<br>Weihai Economic Technological Development Zone Technology Innovation Center Ltd | 12000 | 300 | 8700 | 3000 | 0 |

4－11 续表15 Continued 15

单位:平方米 (sq. m)

| 科技企业孵化器<br>Technology Business Incubator | 总面积<br>Total Space Area | 办公用房<br>Space for Office | 企业用房<br>Space for Tenants | 服务用房<br>Space for Service | 其他<br>Others |
|---|---|---|---|---|---|
| 新泰高新技术创业服务中心<br>Xintai Hi-tech Innovation Service Center | 18000 | 600 | 13000 | 4000 | 400 |
| 烟台市信息技术创业服务中心<br>Information Technology Innovation Service Center of Yantai | 8251 | 4320 | 0 | 0 | 3931 |
| 烟台市芝罘区科技创业服务中心<br>Technology Innovation Service Center of Yantai Zhifu District | 1700 | 200 | 1000 | 500 | 0 |
| 枣庄高新技术产业开发区科技创业服务中心<br>Zaozhuang Hi-tech Industrial Zone Technology Innovation Service Center | 10000 | 500 | 9400 | 100 | 0 |
| 中国·济宁留学生创业园<br>China · Jining Overseas Schollars Innovation Park | 26520 | 5000 | 20520 | 1000 | 0 |
| 中国泰山留学人员创业园<br>China Taishan Overseas Schollars Innovation Park | 8500 | 120 | 8200 | 80 | 100 |
| 青岛高新区新产业团地创业中心<br>Qingdao Science and Technology Industrial Innovation Center | 132000 | 20000 | 95000 | 15000 | 2000 |
| 青岛国家大学科技园<br>Qingdao University Science Park | 51200 | 7000 | 13100 | 22000 | 9100 |
| 青岛科大都市科技园发展有限公司<br>Qingdao Science University Urban Science and Technology Park Development Limited Liability Company | 80000 | 20000 | 40000 | 10000 | 10000 |
| 四方区建筑创意产业园创新创业服务中心<br>Building Originality Industrial Park Innovation Service Center of Sifang | 5300 | 500 | 3800 | 1000 | 0 |
| 河南省濮阳高新区创业服务中心<br>Henan Province Puyang Science and Technology Industrial Park Innovation Service Center | 30000 | 1600 | 28000 | 400 | 0 |
| 开封高新技术创业服务中心<br>Kaifeng Hi-tech Innovation Service Center | 15000 | 2000 | 11000 | 2000 | 0 |
| 平顶山高新技术创业服务中心<br>Pingdingshan Hi-tech Innovation Service Center | 13000 | 2000 | 10000 | 200 | 800 |
| 郑州高新区留学人员创业园<br>Zhengzhou Science and Technology Industrial Park Overseas Schollars Incubation Park | 4700 | 300 | 3810 | 168 | 422 |
| 郑州空港科技创业服务中心<br>Zhengzhou Airport Innovation Service Center | 9000 | 600 | 8000 | 300 | 100 |
| 郑州市科技企业孵化器<br>Technology Business Incubator of Zhengzhou | 65000 | 1093 | 16670 | 9622 | 37615 |
| 荆州开发区创业中心<br>Innovation Center of Jingzhu Development Zone | 20000 | 2000 | 17500 | 500 | 0 |
| 襄樊市樊城区科技创业服务中心<br>Technology Innovation Service Center of Xiangfan Fancheng District | 8500 | 60 | 7500 | 650 | 290 |
| 江岸区高新技术创业中心<br>Jiang'an District Hi-tech Innovation Center | 60680 | 2480 | 48600 | 6000 | 3600 |
| 武汉华成创业服务有限公司<br>Wuhan Huacheng Innovation Service Ltd | 5600 | 150 | 5320 | 130 | 0 |
| 武汉华创源科技企业孵化器有限公司<br>Wuhan Huachuangyuan Technology Business Incubator Limited Liability Company | 6000 | 40 | 5500 | 360 | 100 |

4－11 续表16 Continued 16

单位:平方米 (sq. m)

| 科技企业孵化器<br>Technology Business Incubator | 总面积<br>Total Space Area | 办公用房<br>Space for Office | 企业用房<br>Space for Tenants | 服务用房<br>Space for Service | 其他<br>Others |
|---|---|---|---|---|---|
| 武汉黄金口科技产业孵化基地<br>Wuhan Huangjinkou Technology Incubation Base | 15000 | 15000 | 0 | 0 | 0 |
| 武汉盘龙科技企业孵化器<br>Wuhan Panlong Technology Business Incubator | 2500 | 500 | 1000 | 500 | 500 |
| 武汉市蔡甸区科技创业服务中心<br>Technology Innovation Service Center Wuhan Caixun District | 1500 | 800 | 0 | 0 | 700 |
| 武汉市汉南区高新技术创业服务中心<br>Hi-tech Innovation Service Center of Wuhan Hannan District | 860 | 400 | 200 | 100 | 160 |
| 武汉市江夏区高新技术创业服务中心<br>Hi-tech Innovation Service Center of Wuhan Jiangxia District | 2000 | 300 | 1600 | 80 | 20 |
| 武汉市科研院所高新技术创业服务中心<br>Hi-tech Innovation Service Center of Research Institute of Wuhan | 5000 | 500 | 4500 | 0 | 0 |
| 武汉市武湖农业科技创业服务中心<br>Wuhu Innovation Service Center of Wuhan | 2000 | 200 | 1500 | 250 | 50 |
| 长沙高新区橡树园企业创业服务有限公司<br>Changsha Science and Technology Industrial Park Xiangshu Park Enterprises Innovation Service Park | 40102 | 672 | 24281 | 4067 | 11082 |
| 长沙湘能科技企业孵化器有限公司<br>Changsha Xiangneng Technology Business Incubator Limited Liability Company | 38488 | 12829 | 25659 | 0 | 0 |
| 湖南麓谷科技孵化器<br>Hunan Lugu Technology Business Incubator | 24000 | 12600 | 1400 | 800 | 9200 |
| 湖南省火炬创业中心<br>Torch Innovation Center of Hunan | 1400 | 200 | 1020 | 20 | 160 |
| 东莞市软件企业孵化园<br>Software Business Incubator of Dongguan | 5240 | 80 | 4702 | 143 | 315 |
| 佛山国家高新区科技企业孵化中心<br>Foshan National Science and Technology Industrial Park Technology Business Incubation Center | 4500 | 400 | 3800 | 300 | 0 |
| 佛山市高明沧江工业园科技企业创业中心<br>Gaoming Cangjiang Industrial Park Technology Business Innovation Center of Foshan | 8500 | 2000 | 4000 | 1500 | 1000 |
| 佛山市三水高新创业中心有限公司<br>Sanshui Hi-tech Innovation Center Ltd of Foshan | 6000 | 350 | 4000 | 500 | 1150 |
| 佛山市顺德高新技术产业孵化基地<br>Shunde Hi-tech Incubation Base of Foshan | 2000 | 300 | 1600 | 80 | 20 |
| 广东电子工业研究院有限公司<br>Guangdong Electronic Industrial Institete Ltd. | 8000 | 1000 | 5000 | 2000 | 0 |
| 广东惠州工业园创新服务中心<br>Guangdong Huizhou Industrial Park Innovation Service Center | 500 | 80 | 420 | 0 | 0 |
| 广东省纺织服装开平基地技术创新中心<br>Technology Innovation Center of Textile Fashion Kaiping Base of Guangdong | 11508 | 2016 | 0 | 1507 | 7986 |
| 惠州市生产力促进中心<br>Productivity Promotion Center of Huizhou | 270 | 170 | 0 | 100 | 0 |
| 惠州仲恺高新区科技创业中心<br>Technology Innovation Center of Huizhou Zhongkai Science and Technology Park | 9800 | 141 | 9339 | 320 | 0 |

4－11 续表 17 Continued 17

单位:平方米 (sq. m)

| 科技企业孵化器<br>Technology Business Incubator | 总面积<br>Total Space Area | 办公用房<br>Space for Office | 企业用房<br>Space for Tenants | 服务用房<br>Space for Service | 其他<br>Others |
|---|---|---|---|---|---|
| 江门市科技创业服务中心<br>Technology Innovation Service Center of Jiangmen | 7900 | 65 | 4228 | 215 | 3392 |
| 揭阳经济开发试验区信息中心<br>Jieyang Economic Development Test Area Information Center | 220 | 50 | 0 | 170 | 0 |
| 清华科技园（珠海）<br>Zhuhai Tsinghua University Science Park | 35695 | 2095 | 27400 | 6200 | 0 |
| 肇庆高新技术产业开发区创业服务中心<br>Innovation Service Center of Zhaoqing Science and Technology Industrial Park | 7200 | 6150 | 0 | 1050 | 0 |
| 珠海南方软件园<br>Zhuhai South Software Park | 23275 | 450 | 17810 | 4316 | 699 |
| 广东海珠海洋生物技术产业开发示范基地<br>Guangdong Haizhu Marine Biology Technology Industrial Development Model Base | 21574 | 906 | 15904 | 1764 | 3000 |
| 广州市白云区生产力促进中心<br>Productivity Promotion Center of Guangzhou Baiyun District | 17770 | 412 | 16038 | 550 | 770 |
| 广州市花都区高新技术创业服务中心<br>Hi-tech Innovation Service Center of Guangzhou Huadu District | 6000 | 1560 | 3700 | 740 | 0 |
| 广州市荔湾区生产力促进中心<br>Productivity Promotion Center of Guangzhou Liwan District | 27000 | 300 | 25000 | 1700 | 0 |
| 暨南大学科技园<br>Jinan University Science Park | 10600 | 519 | 9633 | 448 | 0 |
| 深港产学研基地<br>Shenzhen Hongkong Industry University and Institute Base | 37000 | 3000 | 29000 | 4000 | 1000 |
| 深圳航天科技创新研究院<br>Shenzhen Aerospace Science and Technology Innovation Institute | 38365 | 2000 | 31120 | 3460 | 1785 |
| 深圳清华大学研究院<br>Shenzhen Tsinghua University Institute | 30859 | 8403 | 18684 | 3479 | 293 |
| 深圳生物孵化器管理中心<br>Shenzhen Biology Incubator Administrative Center | 20135 | 404 | 18000 | 578 | 1154 |
| 深圳市佳利泰孵化器管理有限公司<br>Jialitai Incubator Administrative Ltd. of Shenzhen | 8780 | 192 | 8273 | 315 | 0 |
| 深圳市罗湖区高新技术创业中心<br>Hi-tech Innovation Center of Shenzhen Luohu District | 11000 | 0 | 9500 | 1500 | 0 |
| 深圳天安数码城有限公司<br>Shenzhen Tian' an Digital City Ltd. | 30268 | 0 | 23377 | 6891 | 0 |
| 深圳虚拟大学园管理服务中心<br>Shenzhen Virtual University Science Park Administrative and Service Center | 21184 | 542 | 19589 | 1053 | 0 |
| 中国科技开发院有限公司<br>China Science and Technology Development Institute Ltd. | 26000 | 1000 | 21600 | 2800 | 600 |
| 北海高新技术产业园区科技创业中心<br>Beihai Hi-tech Industrial Park Innovation Center | 7200 | 600 | 6000 | 600 | 0 |
| 北生生物制药园科技企业孵化基地<br>Beisheng Biological Pharmacy Technology Enterprises Incubation Base | 6000 | 1000 | 4000 | 1000 | 0 |
| 广西南宁电子科技广场有限公司<br>Guangxi Nanning Electronic Science and Technology Plaza Ltd. | 40000 | 2500 | 36500 | 1000 | 0 |
| 国发海洋生物技术孵化基地<br>Guofa Marine Biology Technology Incubation Base | 3960 | 510 | 2800 | 350 | 300 |

单位:平方米 (sq. m)

| 科技企业孵化器<br>Technology Business Incubator | 总面积<br>Total Space Area | 办公用房<br>Space for Office | 企业用房<br>Space for Tenants | 服务用房<br>Space for Service | 其他<br>Others |
|---|---|---|---|---|---|
| 柳化国企孵化器<br>Liuhua State Owned Enterprises Incubator | 2000 | 0 | 2000 | 0 | 0 |
| 柳州高新区信息产业园<br>Information Industrial Park of Liuzhou Science and Technology Park | 2502 | 100 | 2402 | 0 | 0 |
| 柳州高新区有色金属新材料成果转化基地<br>Advanced Nonferrous Metals Material Science Achievement Transformation Base of Liuzhou Science and Technology Park | 6000 | 0 | 6000 | 0 | 0 |
| 南宁留学人员创业园<br>Nanning Overseas Schollars Innovation Park | 4600 | 130 | 4370 | 50 | 50 |
| 梧州市科技企业孵化园<br>Technology Enterprises Incubation Park of Wuzhou | 4350 | 200 | 3800 | 350 | 0 |
| 南岸区科技企业孵化器<br>Nan' an District Technology Business Incubator | 55000 | 20000 | 20000 | 15000 | 0 |
| 重庆高新技术产业开发区留学人员创业园<br>Overseas Schollars Innovation Park of Chongqing Hi-tech Industrial Park | 20000 | 0 | 5000 | 15000 | 0 |
| 重庆高新区软件园<br>Software Park of Chongqing Science and Technology Park | 300000 | 5000 | 280000 | 10000 | 5000 |
| 重庆高新区生物生化制药技术开发园<br>Biology and Biochemical Pharmacy Industrial Park of Chongqing Science and Technology Park | 15000 | 100 | 14900 | 0 | 0 |
| 重庆九龙兴兴科技术市场有限责任公司<br>Chongqing Jiulong Xingxing Science and Technology Market Ltd. | 3000 | 250 | 2750 | 0 | 0 |
| 重庆科技孵化器创新示范体系万盛示范孵化器<br>Chongqing Science and Technology Incubator Innovation Model System Wansheng Model Incubator | 2000 | 600 | 1400 | 0 | 0 |
| 重庆市涪陵区金渠企业孵化器有限责任公司<br>Chongqing City Peiling District Jinqu Business Incubator Ltd. | 7813 | 200 | 2800 | 1600 | 3213 |
| 重庆万州科技企业孵化器<br>Chongqing Wanzhou Technology Business Incubator | 351980 | 1230 | 350000 | 487 | 263 |
| 成都高发实业有限责任公司科技孵化园<br>Technology Incubation Park of Chengdu Gaofa Industrial Ltd. | 18916 | 17600 | 600 | 716 | 0 |
| 成都高新发展股份有限公司高新区科技工业园<br>Chengdu Hi-tech Development Ltd. Science and Technology Industrial Park | 67000 | 600 | 61700 | 4700 | 0 |
| 成都国信安信息产业基地有限公司<br>Chengdu Guoxinan Information Industrial Base Ltd. | 5000 | 500 | 4500 | 0 | 0 |
| 中国成都博士创业园<br>China Chengdu Doctor Innovation Park | 39225 | 314 | 31000 | 4211 | 3700 |
| 中国成都留学人员创业园<br>China Chengdu Incubation Park for Overseas Scholars | 35622 | 280 | 30000 | 2322 | 3020 |
| 成都海峡两岸科技产业开发园<br>Chengdu Cross-Straits Science and Technology Industrial Development Park | 13500 | 4200 | 8730 | 300 | 270 |
| 成都双新科技创业园<br>Chengdu Shuangxin Technology Innovation Park | 36880 | 1000 | 30000 | 1880 | 4000 |
| 贵州贵阳软件园(一区)<br>Guizhou Guiyang Software Park(the first zone) | 2700 | 100 | 2600 | 0 | 0 |
| 贵州航天高新技术创业服务中心<br>Guizhou Aerospace Technology Innovation Service Center | 25600 | 150 | 25000 | 450 | 0 |

4－11 续表19 Continued 19

单位:平方米 (sq. m)

| 科技企业孵化器 Technology Business Incubator | 总面积 Total Space Area | 办公用房 Space for Office | 企业用房 Space for Tenants | 服务用房 Space for Service | 其他 Others |
|---|---|---|---|---|---|
| 国家863软件专业孵化器昆明基地 National 863 Software Special Incubator Kunming Base | 2749 | 564 | 1488 | 697 | 0 |
| 昆明高新五华科技园创业服务中心 Kunming Hi-tech Wuhua Science and Technology Park Innovation Service Center | 12598 | 474 | 11924 | 120 | 80 |
| 昆明新兴产业孵化区管理有限公司 Kunming New Industry Incubation Zone Administrative Ltd. | 57000 | 2000 | 49900 | 3000 | 2100 |
| 云南海归创业园 Yunnan Overseas Schollars Innovation Park | 28274 | 2000 | 20639 | 5635 | 0 |
| 云南留学人员创业园管理办公室 Yunnan Overseas Schollars Innovation Park Administrative Office | 14000 | 504 | 12170 | 0 | 1326 |
| 西藏(成都)科技孵化器 Tibet (Chengdu) Technology Business Incubator | 2400 | 0 | 2400 | 0 | 0 |
| 宝鸡市金华水利科技服务中心 Baoji City Jinhua Water Resource Technology Sercice Center | 6600 | 4800 | 300 | 1300 | 200 |
| 宝桥科贸大厦孵化中心 Baoqiao Technology Trade Incubation Center | 10000 | 7000 | 0 | 3000 | 0 |
| 甘肃省兰州留学人员创业园区 Gansu Province Lanzhou Overseas Schollars Innovation Park | 5000 | 0 | 5000 | 0 | 0 |
| 秦明电子园 Qingming Electronic Park | 9300 | 0 | 9300 | 0 | 0 |
| 渭南高新区创业服务中心 Weinan Science and Technology Innovation Service Center | 6000 | 1000 | 4000 | 1000 | 0 |
| 西安航空科技创新服务中心 Xi'an Aerospace Technology Innovation Service Center | 47000 | 21000 | 21000 | 5000 | 0 |
| 西安高新区电子企业孵化器 Xi'an Science and Technology Park Electronic Business Incubator | 79909 | 820 | 73816 | 5273 | 0 |
| 西安高新区能源新技术孵化器 Xi'an Science and Technology Park Advanced Energy Technology Business Incubator | 6300 | 100 | 5600 | 300 | 300 |
| 西安高新区现代服务企业孵化器 Xi'an Science and Technology Park Modern Sercice Business Incubator | 3000 | 300 | 900 | 1000 | 800 |
| 西安高新区新型工业企业孵化器 Xi'an Science and Technology Park New Type Industrial Business Incubator | 75747 | 570 | 69680 | 5497 | 0 |
| 西安集成电路设计专业孵化器有限公司 Xi'an IC Design Special Technology Business Incubator Limited Liability Company | 16000 | 300 | 13500 | 1700 | 500 |
| 西安莲湖科技产业园区创业服务中心 Xi'an Lianhu Science and Technology Industrial Park Innovation Service Center | 6344 | 30 | 6171 | 143 | 0 |
| 西安留学人员创业园 Xi'an Overseas Schollars Innovation Park | 177600 | 1966 | 160961 | 14673 | 0 |
| 西安启迪(原清华)科技园发展有限公司 Xi'an Qidi (formal Tsinghua) Science and Technology Park Development Limited Liability Company | 36300 | 36300 | 0 | 0 | 0 |
| 兰州理工大学科技园科技企业孵化器 Lanzhou Science and Technology University Science Park Technology Business Incubator | 5664 | 70 | 5506 | 87 | 0 |

# 4-12 非国家级科技企业孵化器当年在孵企业情况
## General Statistics of Tenants of Non-State Level TBIs

| 科技企业孵化器 Technology Business Incubator | 在孵企业数（个）Number of Tenants (number) | 人员数（人）Number of Employees of Tenants (person) | 总收入（千元）Total Income of Tenants (1000 RMB yuan) | 工业总产值（千元）Total Industrial Output Value (1000 RMB yuan) | 净利润（千元）Net Profit (1000 RMB yuan) | 上缴税金（千元）Taxes Submitted (1000 RMB yuan) |
|---|---|---|---|---|---|---|
| **合　计　Total** | **15604** | **353518** | **109013330** | **53159912** | **5248667** | **4898073** |
| 北京奥博联创科技孵化器有限公司 Beijing Aobo Lianchuang Technology Business Incubator Limited Liability Company | 92 | 287 | 418600 | 513000 | 127450 | 43900 |
| 北京奥科兴源科技企业孵化器有限公司 Beijing Aoke Xingyuan Technology Business Incubator Limited Liability Company | 10 | 96 | 17835 | 13241 | 1025 | 364 |
| 北京八六三信息安全科技发展有限公司 Beijing 863 Information Security Science and Technology Development Limited Liability Company | 18 | 293 | 73000 | 71000 | 2620 | 2731 |
| 北京北达燕园科技孵化器有限公司 Beijing Beida Yanyuan Technology Business Incubator Limited Liability Company | 69 | 1246 | 38148 | 38148 | 3647 | 960 |
| 北京北方车辆新技术孵化器有限公司 Beijing Northern Vehicle High Technology Incubator Limited Liability Company | 12 | 126 | 35440 | 16383 | 1340 | 5360 |
| 北京北控高科技孵化器有限公司 Beijing Beikong Technology Business Incubator Limited Liability Company | 90 | 500 | 201323 | 145240 | 41400 | 20115 |
| 北京北内制造业高新技术孵化基地 Beijing Beinei Manufacturing Hi- tech Incubation Base | 22 | 342 | 79000 | 79000 | 6800 | 2000 |
| 北京崇熙科技孵化器有限公司 Beijing Chongxi Technology Business Incubator Limited Liability Company | 1 | 4 | 0 | 0 | 0 | 0 |
| 北京高创天成国际企业孵化器有限公司 Beijing Gaochuang Tiancheng Technology Business Incubator Limited Liability Company | 15 | 273 | 45453 | 20132 | 3529 | 3552 |
| 北京国丰通达科技孵化器中心 Beijing Guofeng Tongda Technology Innovation Center | 11 | 247 | 24320 | 18173 | 5011 | 6241 |
| 北京海银科医药技术有限公司 Beijing Haiyinke Medicine Technology Ltd. | 14 | 436 | 4300 | 4300 | 249 | 480 |
| 北京航天银星科技企业孵化器有限公司 Beijing Aerospace Yingxing Technology Business Incubator Limited Liability Company | 70 | 380 | 37028 | 20171 | 8174 | 2020 |
| 北京华商置业孵化器有限公司 Beijing Huashangzhiye Technology Business Incubator Limited Liability Company | 17 | 200 | 33312 | 26450 | -1649 | 870 |
| 北京集成电路设计院孵化中心 Beijing IC Design Institute Innovation Center | 50 | 2355 | 495450 | 46700 | 27830 | 2315 |
| 北京建科兴达科技企业孵化器有限责任公司 Beijing Jiankexingda Technology Business Incubator Limited Liability Company | 86 | 1000 | 365000 | 345000 | 30011 | 54000 |
| 北京交大科技孵化器有限公司 Beijing Jiaotong University Technology Business Incubator Limited Liability Company | 17 | 398 | 111733 | 68843 | 21349 | 10899 |

| 科技企业孵化器<br>Technology Business Incubator | 在孵企业数（个）Number of Tenants (number) | 人员数（人）Number of Employees of Tenants (person) | 总收入（千元）Total Income of Tenants (1000 RMB yuan) | 工业总产值（千元）Total Industrial Output Value (1000 RMB yuan) | 净利润（千元）Net Profit (1000 RMB yuan) | 上缴税金（千元）Taxes Submitted (1000 RMB yuan) |
|---|---|---|---|---|---|---|
| 北京金丰和科技企业孵化器有限责任公司<br>Beijing Jinfenghe Technology Business Incubator Limited Liability Company | 127 | 4019 | 477281 | 950274 | 30100 | 67241 |
| 北京京海科技企业孵化器有限公司<br>Beijing Jinghai Technology Business Incubator Limited Liability Company | 18 | 210 | 25000 | 21240 | 1501 | 2050 |
| 北京科方创业科技企业孵化器有限公司<br>Beijing Kefangchuangye Technology Business Incubator Limited Liability Company | 19 | 222 | 61830 | 49220 | －527 | 409 |
| 北京理工留学人员创业园<br>Beijing Ligong Incubation Park for Overseas Schollars | 74 | 782 | 105790 | 21158 | 1030 | 400 |
| 北京利玛自动化专业孵化基地<br>Beijing Lima Automation Special Incubation Base | 27 | 252 | 39261 | 21326 | 1915 | 1261 |
| 北京诺飞科技孵化器有限公司<br>Beijing Nuofei Technology Business Incubator Limited Liability Company | 29 | 560 | 98200 | 69800 | 1020 | 3625 |
| 北京日创恒发科技企业孵化器有限公司<br>Beijing Richuanghengfa Technology Business Incubator Limited Liability Company | 5 | 210 | 400000 | 400000 | 36000 | 6000 |
| 北京首特科技孵化器有限公司<br>Beijing Shoute Technology Business Incubator Limited Liability Company | 29 | 195 | 20466 | 19642 | －495 | 643 |
| 北京泰斯特测控技术孵化器有限公司<br>Beijing Taisite Technology Business Incubator Limited Liability Company | 17 | 443 | 152837 | 72216 | 22922 | 13486 |
| 北京天竺空港科技企业孵化器有限公司<br>Beijing Tianzhu Konggang Technology Business Incubator Limited Liability Company | 51 | 2124 | 382600 | 160101 | －7282 | 15519 |
| 北京星之月科技企业孵化中心<br>Beijing Xingzhiyue Innovation Center | 114 | 290 | 153478 | 114232 | 14521 | 4920 |
| 北京中关村生命科育园生物医药科技孵化有限公司<br>Beijing Zhongguancun Shengming Keyuyuan Biological Medicine Technology Business Incubation Limited Liability Company | 11 | 136 | 52300 | 52300 | 8340 | 2892 |
| 北京中自科技产业孵化器有限公司<br>Beijing Zhongzi Science and Technology Industrial Incubator Limited Liability Company | 44 | 1510 | 570000 | 450000 | 50000 | 21000 |
| 北邮留学人员创业园<br>Beiyou Incubation Park for Overseas Schollars | 13 | 91 | 25000 | 55000 | 900 | 600 |
| 中关村兴业（北京）高科技孵化器股份有限公司<br>Zhongguancun Xingye Hi-tech Technology Business Incubator Limited by Shares Company | 38 | 423 | 48000 | 61000 | 7800 | 3030 |
| 天津市帅越地热科技开发中心<br>Shuaiyue Geotherm Science and Technology Development Center of Tianjin | 1 | 8 | 0 | 0 | 0 | 0 |
| 国家纳米技术产业化基地<br>National Nano Technology Industrial Base | 3 | 92 | 8379 | 9546 | －3018 | 843 |
| 河北区科技园<br>Hebeiqu Science and Technology Park | 69 | 1583 | 1121700 | 1121700 | 26393 | 35010 |

| 科技企业孵化器<br>Technology Business Incubator | 在孵企业数（个）<br>Number of Tenants (number) | 人员数（人）<br>Number of Employees of Tenants (person) | 总收入（千元）<br>Total Income of Tenants (1000 RMB yuan) | 工业总产值（千元）<br>Total Industrial Output Value (1000 RMB yuan) | 净利润（千元）<br>Net Profit (1000 RMB yuan) | 上缴税金（千元）<br>Taxes Submitted (1000 RMB yuan) |
|---|---|---|---|---|---|---|
| 津滨科技园<br>Science and Technology Park | 29 | 332 | 54213 | 33451 | 1127 | 2488 |
| 天感数码影像产业孵化器有限公司<br>Tiangan Digital Visual Industrial Technology Business Incubator Limited Liability Company | 9 | 377 | 39330 | 355220 | －153 | 585 |
| 天津妇女创业中心<br>Women Innovation Center of Tianjin | 18 | 126 | 16692 | 1680 | 553 | 492 |
| 天津华科企业孵化服务有限公司<br>Tianjin Huake Enterprise Incubation Service Limited Liability Company | 81 | 1966 | 292340 | 217107 | 26881 | 17169 |
| 天津华苑软件园建设发展有限公司<br>Tianjin Huayuan Software Parks Development Limited Liability Company | 10 | 147 | 11267 | 11267 | 2549 | 2009 |
| 天津金虹桥电气企业孵化器有限公司<br>Tianjin Golden Hongqiao Electrical Technology Business Incubator Limited Liability Company | 14 | 152 | 38627 | 35892 | 315 | 1433 |
| 天津开泰企业孵化器有限公司<br>Tianjin Kaitai Technology Business Incubator Limited Liability Company | 13 | 594 | 123984 | 103969 | 28044 | 9443 |
| 天津科丽泰科技企业孵化器有限公司<br>Tianjin Kelitai Technology Business Incubator Limited Liability Company | 20 | 166 | 18900 | 12352 | －434 | 1877 |
| 天津市光电子专业孵化器<br>Photoelectron Special Incubator of Tianjin | 36 | 608 | 134260 | 132974 | 6858 | 8688 |
| 天津市和平区民营科技园区管理服务中心<br>Science and Technology Park Service and Administration Center of Heping District Tianjin | 7 | 86 | 8071 | 1030 | 532 | 318 |
| 天津市帅超科技园<br>Shuaichao Science and Technology Park of Tianjin | 33 | 231 | 96806 | 21208 | 1366 | 1148 |
| 天津泰达生物医药研发大厦<br>Tianjin Taida Biological Medicine R&D Mansion | 9 | 148 | 5431 | 5387 | －459 | 168 |
| 天津塘沽海洋高新区创业服务中心<br>Innovation Service Center<br>Tianjin Tanggu Marine Science Park | 17 | 340 | 93398 | 94119 | 1300 | 2078 |
| 天津易辰电子信息产业孵化器有限公司<br>Tianjin Yichen Electronic and Information Industrial Incubator Limited Liability Company | 6 | 45 | 390399 | 387973 | －81029 | 114 |
| 中国民航大学科技企业孵化器<br>Technology Business Incubator of National Civil Aviation University | 6 | 149 | 6834 | 218 | －27 | 25 |
| 保定乐凯数码影像有限公司<br>Baoding Lekai Digital Imagine Ltd. | 1 | 127 | 52561 | 69270 | 313 | 1552 |
| 承德市高新区创业服务中心<br>Innovation Service Center of Chengde Science and Technology Industrial Park | 70 | 1387 | 78600 | 78600 | 6530 | 2800 |
| 河北科技风险投资有限公司创业分公司<br>Hebei Technology Venture Capitual Ltd. Incubation Branch Company | 46 | 760 | 169598 | 174408 | 6251 | 8332 |

| 科技企业孵化器<br>Technology Business Incubator | 在孵企业数（个）<br>Number of Tenants（number） | 人员数（人）<br>Number of Employees of Tenants（person） | 总收入（千元）<br>Total Income of Tenants（1000 RMB yuan） | 工业总产值（千元）<br>Total Industrial Output Value（1000 RMB yuan） | 净利润（千元）<br>Net Profit（1000 RMB yuan） | 上缴税金（千元）<br>Taxes Submitted（1000 RMB yuan） |
|---|---|---|---|---|---|---|
| 河北清华发展研究院科技企业孵化器<br>Hebei Tsinghua Development Institute Technology Business Incubator | 1 | 78 | 0 | 0 | 0 | 0 |
| 河北省涿州创业服务中心<br>Innovation Service Center Zhuozhou of Hebei | 26 | 450 | 191540 | 191540 | 46191 | 11038 |
| 衡水经济开发区创业服务中心<br>Innovation Service Center of Hengshui Economic Development Zone | 22 | 359 | 28531 | 19336 | 1064 | 820 |
| 廊坊开发区科技创业服务中心<br>Innovation Service Center of Langfang Development Zone | 11 | 130 | 23040 | 20710 | 4680 | 1008 |
| 廊坊科技企业孵化器有限公司<br>Langfang Technology Business Incubator Limited Liability Company | 30 | 989 | 359200 | 290660 | 34924 | 22433 |
| 秦皇岛市育兴高新技术创业有限公司<br>Yuxing Hi-tech Innovation Ltd. of Qinghuangdao | 112 | 1000 | 400000 | 380000 | 15000 | 18000 |
| 三河市燕郊东湖孵化器有限公司<br>Yanjiao Donghu Technology Business Incubator Limited Liability Company of Sanhe | 82 | 600 | 150000 | 120000 | 40000 | 7000 |
| 武安市曹公泉工业园区创业服务中心<br>Innovation Service Center Caogongquan Industrial Park of Wu'an | 2 | 47 | 14000 | 14000 | 750 | 110 |
| 科伟通科技企业孵化器<br>Keweitong Technology Business Incubator | 82 | 2220 | 57181 | 6825 | 8902 | 4414 |
| 日化所科技园<br>Daily Chemical Institute Science and Technology Park | 3 | 491 | 82587 | 90779 | 12416 | 13057 |
| 瑞杰科技中心<br>Ruijie Science and Technology Center | 14 | 634 | 187499 | 112245 | 11455 | 9492 |
| 三益电子科技专业孵化器<br>Sanyi Electronic Science and Technology Special Incubator | 14 | 483 | 32516 | 30005 | 1898 | 837 |
| 山西省农业高新技术园区<br>Shanxi Agriculture Science and Technology Industrial Park | 2 | 288 | 69659 | 65719 | 620 | 49 |
| 太原高新区大学科技创业园<br>University Technology Innovation Park of Taiyuan Science and Technology Park | 10 | 314 | 91924 | 81926 | 2221 | 4125 |
| 太原高新区电子数码港<br>Electronic and Digital Port of Taiyuan Science and Technology Industrial Park | 72 | 2240 | 296161 | 200588 | 28539 | 18238 |
| 太原高新区留学人员创业园<br>Incubation Park for Overseas Schollars of Taiyuan Science and Technology Industrial Park | 45 | 1000 | 180000 | 120000 | 18000 | 1200 |
| 太原广汇医药科技园开发有限公司<br>Taiyuan Guanghui Medicine Science and Technology Park Development Ltd. | 0 | 0 | 0 | 0 | 0 | 0 |
| 太原科源通科技发展有限公司<br>Taiyuan Keyuantong Science and Technology Development Limited Liability Company | 30 | 950 | 113060 | 94523 | 3455 | 5653 |
| 太原市高新技术创业服务中心<br>Hi-tech Innovation Service Center of Taiyuan | 8 | 173 | 18582 | 11901 | 388 | 193 |
| 太原市开发区高新技术创业中心<br>Innovation Center of Taiyuan Development Zone | 52 | 389 | 47368 | 49145 | 1066 | 1927 |

| 科技企业孵化器<br>Technology Business Incubator | 在孵企业数（个）Number of Tenants (number) | 人员数（人）Number of Employees of Tenants (person) | 总收入（千元）Total Income of Tenants (1000 RMB yuan) | 工业总产值（千元）Total Industrial Output Value (1000 RMB yuan) | 净利润（千元）Net Profit (1000 RMB yuan) | 上缴税金（千元）Taxes Submitted (1000 RMB yuan) |
|---|---|---|---|---|---|---|
| 太原市杏花岭区科技孵化创业中心<br>Taiyuan Xinghualing District Technology Incubator and Innovation Center | 14 | 757 | 10000 | 8000 | 5000 | 1000 |
| 新岛科技园<br>Xindao Science and Technology Park | 38 | 1756 | 265223 | 119901 | 6195 | 9420 |
| 中辐院科技园<br>Zhongfu Institute Science and Technology Park | 8 | 363 | 26102 | 32311 | -399 | 542 |
| 内蒙古自治区留学人员创业园<br>Inner Mongolia Park for Overseas Scholars of Neimenggu Autonomous Region | 150 | 1550 | 231609 | 174319 | 219 | 7140 |
| 本溪高新技术创业服务中心<br>Benxi Technology Innovation Service Center | 7 | 318 | 32764 | 61352 | 7774 | 2270 |
| 丹东市高新技术企业创业中心<br>Dandong Hi-tech Enterprises Innovation Center | 32 | 980 | 65430 | 63800 | 5530 | 3420 |
| 抚顺市高新区高新技术创业服务中心<br>Hi-tech Innovation Service Center of Fushun Science and Technology Industrial Park | 3 | 325 | 115795 | 63321 | 11661 | 8034 |
| 阜新高新技术创业服务中心<br>Fuxin Hi-tech Innovation Service Center | 60 | 550 | 250000 | 220000 | 42000 | 6000 |
| 葫芦岛高新技术产业开发区创业中心<br>Innovation Center of Huludao Science and Technology Industrial Park | 164 | 1600 | 350000 | 320000 | 0 | 18400 |
| 辽宁科技大学科技园<br>Lianing University Science Park | 3 | 70 | 62092 | 62092 | -538 | 1078 |
| 辽阳科技创业服务中心<br>Liaoyang Technology Innovation Service Center | 20 | 315 | 2310 | 1784 | 121 | 160 |
| 铁岭市高新技术创业服务中心<br>Hi-tech Innovation Service Center of Tieling | 25 | 510 | 35800 | 44500 | 66700 | 3980 |
| 营口市高新技术创业服务中心<br>Hi-tech Innovation Service Center of Yingkou | 16 | 260 | 720 | 690 | 21 | 35 |
| 大连北方科技企业孵化基地<br>Dalian Beifang Technology Enterprises Incubation Base | 80 | 1575 | 202542 | 273190 | 10311 | 24691 |
| 大连创业大厦管理有限公司<br>Dalian Innovation Mansion Administrative Ltd. | 65 | 30 | 478600 | 307100 | 89400 | 103350 |
| 大连高新园区动漫产业孵化器<br>Cartoon Industry Incubator of Dalian Science and Technology Park | 62 | 2210 | 340000 | 0 | 12000 | 4800 |
| 大连光洋国际工控产品技术转移中心有限公司<br>Dalian Guangyang International Indutrial Control Products Technology Transfer Center Ltd. | 58 | 420 | 12000 | 7000 | 1300 | 1000 |
| 大连海洋高新技术企业孵化中心<br>Dalian Marine Hi-tech Enterprises Innovation Center | 0 | 50 | 0 | 0 | 0 | 0 |
| 大连锦联大厦孵化中心 Incubation Center | 0 | 0 | 0 | 0 | 0 | 0 |
| 大连科技创新大厦孵化中心<br>Dalian Technology Innovation Mansion Incubation Center | 16 | 631 | 64394 | 35008 | 966 | 2370 |
| 大连旅顺民营科技企业创业中心有限公司<br>Dalian Lvshun Private Scientific and Technological Enterprises Innovation Center Ltd. | 54 | 2015 | 49365 | 48723 | 4017 | 2571 |

4－12　续表 5　Continued 5

| 科技企业孵化器<br>Technology Business Incubator | 在孵企业数（个）<br>Number of Tenants (number) | 人员数（人）<br>Number of Employees of Tenants (person) | 总收入（千元）<br>Total Income of Tenants (1000 RMB yuan) | 工业总产值（千元）<br>Total Industrial Output Value (1000 RMB yuan) | 净利润（千元）<br>Net Profit (1000 RMB yuan) | 上缴税金（千元）<br>Taxes Submitted (1000 RMB yuan) |
|---|---|---|---|---|---|---|
| 大连软件园股份有限公司<br>Dalian Software Park Limited by Shares Company | 257 | 30000 | 8600000 | 0 | 1300 | 230 |
| 大连三科科技创业基地有限公司<br>Dalian Sanke Technology Innovation Base Ltd. | 10 | 236 | 37943 | 39608 | 7031 | 1644 |
| 大连市科技产业孵化基地<br>Science and Technology Industrial Incubation Base of Dalian | 210 | 429 | 102479 | 102479 | 14296 | 10744 |
| 大连市留学人员创业园<br>Incubation Park for Overseas Schollars of Dalian | 239 | 7144 | 1125000 | 997500 | 56250 | 60000 |
| 大连市民营科技企业创业中心<br>Private Scientific and Technological Enterprises Innovation Center of Dalian | 91 | 3200 | 240000 | 240000 | 168000 | 20000 |
| 大连市西岗区高科技发展中心<br>Xigang District Hi-tech Development Center of Dalian | 39 | 0 | 67773 | 42990 | 7664 | 3339 |
| 大连未来科技孵化园有限公司<br>Dalian Future Technology Incubation Park Ltd. | 46 | 728 | 81688 | 63597 | 3394 | 2957 |
| 瓦房店市农业科技创业服务中心<br>Agriculture Innovation Service Center of Wafangdian | 24 | 2200 | 50000 | 400000 | 35000 | 8000 |
| 中山区科技企业服务中心<br>Technology Enterprises Service Center of Zhongshan District | 8 | 106 | 7237 | 3213 | 25 | 607 |
| 北华大学科技园<br>Beihua Unversity Science Park | 39 | 207 | 40880 | 30460 | 4077 | 3190 |
| 长春海外学人创业园<br>Changchun Overseas Schollars Innovation Park | 180 | 5545 | 740892 | 587694 | 20081 | 12431 |
| 留学生创业园<br>Overseas Schollars Innovation Park | 57 | 347 | 61800 | 39500 | 4870 | 4088 |
| 大庆精细化工科技园科技企业孵化器<br>Daqing Fine Chemical Science and Technology Park Technology Business Incubator | 100 | 2318 | 432100 | 412400 | 17098 | 4234 |
| 大庆三维 IT 企业孵化器<br>Daqing Sanwei IT Enterprises Incubator | 27 | 182 | 10265 | 11380 | 1146 | 613 |
| 大庆新型复合材料及制品特色产业基地<br>Daqing New Type Composite Material and Products Industrial Base | 9 | 1199 | 196600 | 192929 | 4261 | 7529 |
| 鹤岗市科技企业创业中心<br>Technology Enterprises Innovation Center of Hegang | 51 | 773 | 21054 | 23869 | 3452 | 2163 |
| 黑龙江垦区农业高新技术创业中心<br>Agriculture Hi-tech Innovation Center of Heilongjiang Reclamation Area | 8 | 243 | 24764 | 24534 | 1107 | 466 |
| 佳木斯高新技术创业服务中心<br>Kiamusze Hi-tech Innovation Service Center | 45 | 1239 | 48130 | 36372 | 3529 | 1938 |
| 佳木斯新运化工高新技术孵化器有限公司<br>Kiamusze Xinyun Chemical Hi-tech Business Incubator Limited Liability Company | 40 | 731 | 24720 | 25218 | 1938 | 1504 |
| 牡丹江市高新技术创业服务中心<br>Hi-tech Innovation Service Center of Mudanjiang | 55 | 2389 | 146260 | 146260 | 10923 | 4480 |
| 齐齐哈尔富拉尔基科技企业创业中心<br>Qiqiharer Fulaerji Technology Enterprises Innovation Center | 36 | 5452 | 1351755 | 1469227 | 207045 | 99546 |

| 科技企业孵化器<br>Technology Business Incubator | 在孵企业数（个）<br>Number of Tenants (number) | 人员数（人）<br>Number of Employees of Tenants (person) | 总收入（千元）<br>Total Income of Tenants (1000 RMB yuan) | 工业总产值（千元）<br>Total Industrial Output Value (1000 RMB yuan) | 净利润（千元）<br>Net Profit (1000 RMB yuan) | 上缴税金（千元）<br>Taxes Submitted (1000 RMB yuan) |
|---|---|---|---|---|---|---|
| 齐齐哈尔科技企业孵化中心<br>Qiqiharer Technology Enterprises Incubation Center | 21 | 975 | 199204 | 196163 | 15435 | 18773 |
| 双鸭山市弘科高新技术服务中心<br>Hongke Hi-tech Service Center of Shuangyashan | 61 | 950 | 36601 | 38665 | 4394 | 4372 |
| 铁力松涛科技创业园区<br>Tielisongtao Science and Technology Innovation Park | 7 | 68 | 1015 | 1015 | 101 | 21 |
| 东北亚对俄科技合作发展中心<br>Northeast Asia Science and Technology Sino-Russia Cooperation Center | 12 | 115 | 12174 | 4783 | -444 | 8147 |
| 哈尔滨道里区均信科技创业中心<br>Harbin Daoli District Junxin Technology Innovation Center | 29 | 1044 | 319320 | 49750 | 10301 | 4669 |
| 哈尔滨电工仪表研究所科技企业孵化器<br>Harbin Electrical Engineering Instruments Institute Technology Enterprises Incubator | 40 | 490 | 3572 | 3572 | 164 | 300 |
| 哈尔滨功章科技企业创业中心<br>Harbin Gongzhang Technology Innovation Center | 41 | 842 | 12639 | 2184 | 1563 | 1036 |
| 哈尔滨海格孵化器有限公司<br>Harbin Hige Business Incubator Limited Liability Company | 30 | 147 | 22689 | 22689 | -772 | 921 |
| 哈尔滨汇宝孵化基地<br>Harbin Huibao Business Incubation Base | 53 | 560 | 292000 | 91000 | 4400 | 6800 |
| 哈尔滨理工大学科技企业创业中心<br>Innovation Center of Harbin Science and Technology University | 36 | 5452 | 1351755 | 1469227 | 207045 | 99546 |
| 哈尔滨七0三科技创业中心<br>Harbin 703 Technology Innovation Center | 22 | 214 | 13799 | 16920 | 3217 | 759 |
| 哈尔滨塞达科技园有限公司<br>Harbin Saida Science and Technology Park Ltd. | 15 | 126 | 12500 | 13000 | 1200 | 720 |
| 哈尔滨市平房区高新技术创业中心<br>Harbin Pingfang District Hi-tech Innovation Center | 36 | 5452 | 1351755 | 1469227 | 207045 | 99546 |
| 哈尔滨市起亚科技企业孵化器有限公司<br>Qiya Technology Business Incubator Limited Liability Company of Harbin | 12 | 136 | 9571 | 5018 | 1116 | 770 |
| 哈尔滨现代焊接技术生产力促进中心<br>Harbin Modern Jointing Technology Productivity Promotion Center | 48 | 1030 | 180000 | 140000 | 21000 | 9000 |
| 哈尔滨现代农业科技创业中心<br>Harbin Modern Agriculture Technology Innovation Center | 21 | 375 | 64110 | 61372 | 751 | 648 |
| 哈高新动力科技创业中心<br>Harbin Hi-tech Driver Technology Innovation Center | 40 | 200 | 150000 | 0 | 18000 | 1500 |
| 哈开发区富阳创业中心<br>Fuyang Innovation Center of Harbin Development Zone | 28 | 650 | 68689 | 69652 | -10030 | 6859 |
| 黑龙江大学软件园<br>Software Park of Heilongjiang University | 22 | 246 | 55460 | 56240 | 3190 | 1553 |
| 黑龙江省地理信息科技企业孵化器<br>Heilongjiang Geography Information Technology Business Incubator | 24 | 1026 | 110016 | 114008 | 10390 | 5056 |
| 黑龙江省动漫与网络游戏产业发展中心<br>Cartoon and Internet Game Industry Development Center of Heilongjiang | 52 | 711 | 22740 | 22625 | -281 | 457 |

| 科技企业孵化器 Technology Business Incubator | 在孵企业数（个） Number of Tenants (number) | 人员数（人） Number of Employees of Tenants (person) | 总收入（千元） Total Income of Tenants (1000 RMB yuan) | 工业总产值（千元） Total Industrial Output Value (1000 RMB yuan) | 净利润（千元） Net Profit (1000 RMB yuan) | 上缴税金（千元） Taxes Submitted (1000 RMB yuan) |
|---|---|---|---|---|---|---|
| 黑龙江省林业科技创业中心 Forestry Technology Innovation Center of Heilongjiang | 20 | 411 | 23501 | 29575 | 2321 | 1033 |
| 华崴科技创业中心 Huawei Tecnhology Innovation Center | 21 | 467 | 80263 | 2012 | 10669 | 1053 |
| 黑龙江创业科技园 Heilongjiang Innovation Science Park | 42 | 897 | 78000 | 80000 | 1032 | 1980 |
| 东华大学国家大学科技园创业中心 Innovation Center of Donghua University Science Park | 38 | 574 | 102213 | 107324 | 15331 | 5110 |
| 国家863软件专业孵化器（上海）基地 Shanghai National 863 Software Special Business Incubator Base | 48 | 365 | 43535 | 43535 | 833 | 4553 |
| 国家留学人员嘉定创业园 Jiading National Overseas Schollars Innovation Park | 7 | 105 | 1483 | 1483 | 0 | 270 |
| 虹口区科技创业中心企业孵化基地 Incubation Base of Hongkou District Technology Innovation Center | 55 | 280 | 56601 | 56601 | －402 | 616 |
| 黄浦区科技创业中心 Huangpu District Technology Innovation Center | 65 | 1200 | 128000 | 128000 | 13000 | 12083 |
| 上海多媒体产业园创业有限公司 Shanghai Multimedia Industrial Park Innovation Ltd. | 232 | 2900 | 1021621 | 1021621 | 0 | 90000 |
| 上海奉浦现代农业专业孵化器 Shanghai Fengpu Modern Agriculture Special Business Incubator | 36 | 1358 | 269539 | 130241 | 11201 | 13292 |
| 上海嘉定民营技术密集区发展总公司 Shanghai Jiading Private Technology Cluster Development General Corporation | 51 | 822 | 76987 | 92360 | 10990 | 6571 |
| 上海静安科技企业孵化器管理有限公司 Shanghai Jing'an Technology Business Incubator Administrative Ltd. | 6 | 153 | 32697 | 32697 | 12352 | 1766 |
| 上海科汇高新技术创业服务中心 Shanghai Kehui Hi-tech Innovation Service Center | 46 | 455 | 129061 | 129061 | 611 | 6625 |
| 上海市金山科技创业中心 Shanghai Kingsun Technology Innovation Center | 18 | 62 | 22128 | 22128 | 0 | 2197 |
| 上海市科技创业中心卢湾分中心 Luwan Subcenter of Shanghai Technology Innovation Center | 28 | 213 | 32420 | 32420 | 1560 | 3275 |
| 上海市科技创业中心闸北分中心 Zhabei Subcenter of Shanghai Technology Innovation Center | 72 | 582 | 77554 | 70929 | －5008 | 1673 |
| 上海市松江科技创业中心 Songjiang Subcenter of Shanghai Technology Innovation Center | 8 | 61 | 7090 | 6840 | 250 | 4254 |
| 上海未来岛科技创业中心 Shanghai Future Island Technology Innovation Center | 7 | 71 | 24397 | 24397 | 231 | 743 |
| 上海徐汇软件基地 Shanghai Xuhui Software Base | 137 | 5760 | 685920 | 685920 | 27233 | 36421 |
| 上海中国纺织国际产业城创业中心 Shanghai National Textile International Industrial City Innovation Center | 40 | 410 | 5207 | 5207 | 0 | 414 |
| 上海中科大研究发展中心 Shanghai R&D Center of China Science and Technology University | 33 | 260 | 25680 | 25680 | 1350 | 1450 |

4－12　续表 8　Continued 8

| 科技企业孵化器<br>Technology Business Incubator | 在孵企业数（个）Number of Tenants (number) | 人员数（人）Number of Employees of Tenants (person) | 总收入（千元）Total Income of Tenants (1000 RMB yuan) | 工业总产值（千元）Total Industrial Output Value (1000 RMB yuan) | 净利润（千元）Net Profit (1000 RMB yuan) | 上缴税金（千元）Taxes Submitted (1000 RMB yuan) |
|---|---|---|---|---|---|---|
| 宜兴市科技创业服务中心<br>Technology Innovation Service Center of Yixing | 27 | 356 | 60000 | 56000 | 7000 | 4500 |
| 常熟高新技术创业服务中心<br>Changshu Hi-tech Innovation Service Center | 18 | 867 | 57643 | 54200 | 3106 | 9750 |
| 常州市留学人员创业园<br>Overseas Schollars Incubation Park of Changshu | 100 | 2520 | 90000 | 85800 | 4200 | 5862 |
| 海安县高新技术创业服务中心<br>Hi-tech Innovation Service Center of Hai'an | 21 | 596 | 186000 | 194000 | 13400 | 2100 |
| 淮安高新技术创新中心<br>Hi-tech Innovation Center of Wei'an | 30 | 300 | 120000 | 100327 | 7410 | 10000 |
| 江苏常州钟楼高新技术创业服务中心<br>Jiangsu Changzhou Zhonglou Hi-tech Innovation Service Center | 40 | 2430 | 504669 | 530586 | 84702 | 37954 |
| 江苏华新高新技术创业有限公司<br>Jiangsu Huaxin Hi-tech Innovation Ltd. | 28 | 1344 | 566892 | 592867 | 37726 | 19568 |
| 江阴高新技术创业园<br>Jiangyin Hi-tech Innovation Park | 81 | 720 | 5527 | 0 | 12347 | 1006 |
| 靖江市华信科技创业园有限公司<br>Huaxin Technology Innovation Park Ltd. Jingjiang | 25 | 792 | 59312 | 66476 | 4817 | 11860 |
| 溧阳市高新技术创业中心<br>Hi-tech Innovation Center of Suyang | 31 | 922 | 85730 | 92410 | 9250 | 4230 |
| 连云港高新技术产业开发区创业中心<br>Lianyungang Hi-tech Innovation Center | 41 | 1597 | 83274 | 84450 | 4108 | 9720 |
| 连云港市科技创业服务中心<br>Technology Innovation Service Center of Lianyungang | 11 | 106 | 1353 | 939 | 93 | 63 |
| 南长区科技创业服务中心<br>Technology Innovation Service Center of Nanshan District | 39 | 364 | 58210 | 60181 | 1211 | 5631 |
| 南通港闸高科技创业中心<br>Nantong Gangzha Hi-tech Innovation Center | 3 | 150 | 4520 | 4510 | 350 | 495 |
| 南通市崇川科技创业服务中心有限公司<br>Chongchuan Technology Innovation Service Center Ltd. of Nantong | 28 | 470 | 110926 | 94475 | 10848 | 8761 |
| 南通综艺科技孵化器有限公司<br>Nantong Zongyi Technology Business Incubator Limited Liability Company | 14 | 238 | 87426 | 87426 | 12743 | 9691 |
| 如东县科技创业中心<br>Technology Innovation Center of Rudong | 11 | 81 | 3130 | 3164 | 788 | 256 |
| 如皋市科技创业园<br>Technology Innovation Park of Rugao | 38 | 754 | 157722 | 84040 | 12005 | 10510 |
| 沭阳县科技创业服务中心<br>Innovation Service Center of Shuyang | 7 | 2162 | 32751 | 32751 | 4464 | 6174 |
| 苏州工投科技创业园有限公司<br>Suzhou Gongtou Technology Innovation Park Ltd. | 72 | 417 | 197084 | 201974 | 3060 | 2878 |
| 苏州工业园区生物纳米科技园<br>Suzhou Industrial Park Nano Science and Technology Park | 22 | 244 | 9005 | 10305 | 124 | 402 |
| 苏州节能环保高新技术创业园<br>Suzhou Energy Saving and Environment Protection Hi-tech Innovation Park | 65 | 740 | 303746 | 259240 | 9908 | 14107 |

| 科技企业孵化器<br>Technology Business Incubator | 在孵企业数（个）<br>Number of Tenants (number) | 人员数（人）<br>Number of Employees of Tenants (person) | 总收入（千元）<br>Total Income of Tenants (1000 RMB yuan) | 工业总产值（千元）<br>Total Industrial Output Value (1000 RMB yuan) | 净利润（千元）<br>Net Profit (1000 RMB yuan) | 上缴税金（千元）<br>Taxes Submitted (1000 RMB yuan) |
|---|---|---|---|---|---|---|
| 苏州留学人员创业园<br>Overseas Schollars Incubation Park | 173 | 3001 | 767200 | 733600 | 55000 | 41300 |
| 苏州市沧浪科技创业园管理有限公司<br>Suzhou Canglang Technology Innovation Park Administrative Ltd. | 135 | 1029 | 177198 | 177198 | 31460 | 14894 |
| 苏州市金阊区科技创业园<br>Suzhou Jinchang Technology Innovation Park | 39 | 300 | 50371 | 50300 | 5824 | 2713 |
| 苏州市平江科技创业园管理有限公司<br>Suzhou Pingjiang Technology Innovation Park Administrative Ltd. | 70 | 405 | 48295 | 23398 | 2500 | 72699 |
| 苏州市相城区脱颖科技创业园有限公司<br>Suzhou Xiangchengtuoyin Technology Innovation Park Ltd. | 20 | 251 | 34093 | 32927 | 1930 | 1905 |
| 苏州市新吴城集团有限公司盘门科技创业园<br>Suzhou Xinwucheng Corporative Ltd. Panmen Technology Innovation Park | 40 | 293 | 109500 | 10950 | 1200 | 1090 |
| 宿迁市科技创业服务中心<br>Suqian Technology Innovation Service Center | 4 | 67 | 2550 | 4000 | 258 | 124 |
| 太仓市科技创业园有限公司<br>Taicang Technology Innovation Park Ltd. | 35 | 296 | 15991 | 0 | -552 | 899 |
| 无锡(国家)工业设计园创业服务中心<br>Wuxi(National) Industrial Design Park Innovation Service Center | 40 | 255 | 56693 | 20174 | -6974 | 1966 |
| 无锡国际科技合作园<br>Wuxi International Science and Technology Cooperation Park | 28 | 750 | 108000 | 93525 | 3900 | 4500 |
| 无锡惠山高新技术创业服务中心<br>Wuxi Huishan Hi-tech Technology Innovation Service Center | 61 | 318 | 107680 | 98800 | 32306 | 13998 |
| 无锡江南工业设计园有限公司<br>Wuxi JIangnan Industrial Design Park Ltd. | 9 | 220 | 117583 | 108235 | 12831 | 11094 |
| 无锡市锡山区科技创业服务中心<br>Xishan Innovation Service Center of Wuxi | 20 | 180 | 51926 | 52688 | 3986 | 1148 |
| 无锡同方创业园有限公司<br>Wuxi Tongfang Innovation Park Ltd. | 19 | 236 | 31810 | 32700 | 3150 | 2980 |
| 无锡新区留学生创业园<br>Overseas Scholars Innovation Park of Wuxi New District | 87 | 1490 | 687250 | 714740 | 48108 | 20618 |
| 吴江科技创业园<br>Wujiang Science and Technology Innovation Park | 20 | 186 | 0 | 0 | 0 | 0 |
| 兴化市科技创业中心<br>Technology Innovation Center of Xinghua | 20 | 835 | 122193 | 121230 | 11155 | 9771 |
| 徐州高新技术创业服务中心<br>Xuzhou Hi-tech Tecnhology Innovation Service Center | 61 | 910 | 215000 | 247800 | 39000 | 31800 |
| 徐州市高新技术创业服务中心<br>Hi-tech Innovation Service Center of Xuzhou | 55 | 1052 | 442650 | 443402 | 49520 | 30881 |
| 盐城高新技术创业园有限公司<br>Yancheng Hi-tech Innovation Park Ltd. | 34 | 568 | 15795 | 12463 | 8690 | 5846 |
| 扬州市邗江区高新技术创业服务中心<br>Hanjiang Hi-tech Innovation Service Center of Yangzhou | 28 | 345 | 97254 | 102229 | 3877 | 2899 |
| 镇江软件园管理办公室<br>Zhenjiang Software Park Administrative Office | 22 | 294 | 12835 | 5087 | -254 | 804 |

4－12　续表10　Continued 10

| 科技企业孵化器 Technology Business Incubator | 在孵企业数（个）Number of Tenants（number） | 人员数（人）Number of Employees of Tenants（person） | 总收入（千元）Total Income of Tenants（1000 RMB yuan） | 工业总产值（千元）Total Industrial Output Value（1000 RMB yuan） | 净利润（千元）Net Profit（1000 RMB yuan） | 上缴税金（千元）Taxes Submitted（1000 RMB yuan） |
|---|---|---|---|---|---|---|
| 镇江润州高新技术创业服务中心 Zhenjiang Runzhou Hi-tech Innovation Service Center | 22 | 1239 | 180000 | 191000 | 2100 | 1870 |
| 中科昆山高科技创业服务中心 Zhongke Kunshan Hi-tech Innovation Service Center | 5 | 120 | 10200 | 0 | 0 | 0 |
| 高淳县高科创业服务公司 Hi-tech Innovation Service Ltd. of Gaochun | 6 | 130 | 26700 | 0 | 2403 | 1840 |
| 溧水县科技创业服务中心 Technology Innovation Service Center of Sushui | 60 | 2632 | 380000 | 336700 | 38770 | 28820 |
| 南京滨江科技创业中心 Nanjing Binjiang Technology Innovation Center | 273 | 3200 | 268667 | 230000 | 93310 | 69194 |
| 南京光机电科技创业中心 Nanjing Mechatronic Technology Innovation Center | 4 | 135 | 11379 | 8544 | 408 | 202 |
| 南京环保科技创业中心 Nanjing Environment Protection Technology Innovation Center | 14 | 260 | 30661 | 40929 | 7070 | 1379 |
| 南京江宁高新技术创业服务中心 Nanjing Jiangning Hi-tech Innovation Service Center | 85 | 1902 | 210350 | 210400 | 13700 | 26000 |
| 南京留学人员创业园 Nanjing Overseas Schollars Innovation Park | 104 | 4598 | 3363870 | 3027483 | 193300 | 140840 |
| 南京六合区科技创业服务中心 Nanjing Liuhe Innovation Service Center | 36 | 162 | 30500 | 30600 | 660 | 2100 |
| 南京农业生物高新技术创业中心 Nanjing Agriculture Biology Hi-tech Innovation Center | 15 | 462 | 35000 | 41000 | 1860 | 368 |
| 南京市白下区科技创业服务中心 Nanjing Technology Innovation Service Center of Baixia | 13 | 145 | 53094 | 0 | 0 | 1190 |
| 南京市建邺区科技创业服务中心 Innovation Service Center of Nanjing Jianye District | 6 | 144 | 60551 | 58762 | 2976 | 4447 |
| 南京市雨花台区科技创业中心 Innovation Center of Nanjing Yuhuatai District | 178 | 3052 | 1550000 | 0 | 142600 | 41720 |
| 南京数码动漫创业管理有限公司 Nanjing Digital Carton lnnovation Administrative Ltd. | 22 | 257 | 33426 | 0 | 4800 | 1807 |
| 南京智工微光电子产业孵化中心 Nanjing Zhigong Weiguang Electronic Industrial Incubation Center | 13 | 449 | 245420 | 235571 | 28057 | 15087 |
| 浦口区科技创业中心 Science and Technology Innovation Center of Pukou District | 15 | 156 | 16368 | 17303 | －61 | 906 |
| 秦淮区科技创业服务中心 Science and Technology Innovation Service Center of Qinhuai District | 17 | 334 | 226726 | 139944 | 604 | 6628 |
| 德清县科技创业服务有限公司 Science and Technology Innovation Service Ltd. of Deqing County | 26 | 510 | 183029 | 189732 | 18422 | 9973 |
| 杭州市下城区科技创业中心 Hangzhou Xiacheng District Sciena and Technology lnnovation Lenter | 92 | 1586 | 217774 | 217774 | 8531 | 5208 |
| 长兴民营科技园发展有限公司 Changxing Priviate Science and Technology Industrial Park Development Ltd. | 82 | 1988 | 4214 | 5431 | 1323 | 474 |
| 海宁市科技创业中心 Scinece and Technology Innovation Center of Haining | 9 | 98 | 14898 | 14898 | －936 | 602 |
| 海盐县科技创业服务中心 Science and Technology Innovation Service Center of Haiyan | 19 | 303 | 51825 | 51825 | 6025 | 3831 |

4－12 续表11 Continued 11

| 科技企业孵化器<br>Technology Business Incubator | 在孵企业数（个）<br>Number of Tenants (number) | 人员数（人）<br>Number of Employees of Tenants (person) | 总收入（千元）<br>Total Income of Tenants (1000 RMB yuan) | 工业总产值（千元）<br>Total Industrial Output Value (1000 RMB yuan) | 净利润（千元）<br>Net Profit (1000 RMB yuan) | 上缴税金（千元）<br>Taxes Submitted (1000 RMB yuan) |
|---|---|---|---|---|---|---|
| 杭州创新创业新天地<br>Hangzhou Innovation New World | 0 | 0 | 0 | 0 | 0 | 0 |
| 杭州东部软件园有限公司<br>Hangzhou Dongbu Software Ltd. | 25 | 190 | 855000 | 855000 | 37000 | 55500 |
| 杭州高新国投节能环保孵化器有限公司<br>Hangzhou Hi-tech National Investment Energy Saving and Environment Protection Technology Business Incubator Limited Liability Company | 6 | 50 | 37000000 | 0 | 120000 | 1200000 |
| 杭州高新区留学人员创业园<br>Overseas Schollars Innovation Park of Hangzhou Science and Technology Park | 18 | 288 | 18307 | 18299 | －4389 | 1129 |
| 杭州国家集成电路设计企业孵化器有限公司<br>Hangzhou National IC Design Technology Business Incubator Limited Liability Company | 16 | 321 | 42769 | 43518 | 0 | 3422 |
| 杭州杭康医药孵化器有限公司<br>Hangzhou Hangkang Medicine Technology Business Incubator Limited Liability Company | 9 | 33 | 116 | 0 | 0 | 0 |
| 杭州临安太湖源观赏竹种园有限公司竹业科技孵化器<br>Hangzhou Lin'an Taihuyuan Omamental Bamboo Seed Ltd. Technology Business Incubator | 13 | 45 | 545 | 9390 | 309 | 0 |
| 杭州生物医药科技创业园有限公司<br>Hangzhou Biological Medicine Technology Innovation Park Ltd. | 3 | 33 | 15000 | 15000 | 3450 | 2550 |
| 杭州市江干区科技产业服务中心<br>Technology Industrial Service Center of Hangzhou Gangjiang District | 44 | 1386 | 338135 | 213650 | 5500 | 13037 |
| 杭州市余杭高新农业示范中心<br>Yuhang Hi-tech Agriculture Model Center of Hangzhou | 15 | 465 | 79600 | 50050 | 4150 | 608 |
| 杭州数字娱乐园有限公司<br>Hangzhou Digital Entertainment Park Ltd. | 24 | 810 | 56725 | 56725 | 152 | 4538 |
| 杭州天盛科技创业服务有限公司<br>Hangzhou Tiansheng Technology Innovation Service Ltd. | 11 | 125 | 16966 | 18324 | －254 | 599 |
| 杭州拓峰软件专业孵化器有限公司<br>Hangzhou Tuofeng Software Technology Business Incubator Limited Liability Company | 24 | 520 | 72000 | 12000 | 4800 | 1200 |
| 杭州西湖科技创业有限公司<br>Hangzhou Xihu Technology Innovation Ltd. | 26 | 371 | 18900 | 18900 | 1560 | 430 |
| 杭州萧山创业服务中心<br>Hangzhou Xiaoshan Innovation Service Center | 37 | 505 | 90861 | 0 | 18679 | 4467 |
| 建德市有机硅科技企业孵化器<br>Organic Silicon Technology Business Incubator of Jiande | 5 | 42 | 12950 | 13020 | 310 | 186 |
| 乐清市科技孵化创业中心<br>Technology Innovation and Incubation Center of Yueqing | 35 | 1017 | 86832 | 131162 | 7256 | 2701 |
| 临安市科技孵化中心<br>Technology Incubation Center of Lin'an | 40 | 980 | 119840 | 121340 | 12950 | 7290 |
| 衢州高科农业创新服务有限公司<br>Quzhou Hi-tech Agriculture Innovation Service Ltd. | 2 | 186 | 1035 | 0 | 231 | 32 |

| 科技企业孵化器<br>Technology Business Incubator | 在孵企业数（个）<br>Number of Tenants（number） | 人员数（人）<br>Number of Employees of Tenants（person） | 总收入（千元）<br>Total Income of Tenants（1000 RMB yuan） | 工业总产值（千元）<br>Total Industrial Output Value（1000 RMB yuan） | 净利润（千元）<br>Net Profit（1000 RMB yuan） | 上缴税金（千元）<br>Taxes Submitted（1000 RMB yuan） |
|---|---|---|---|---|---|---|
| 上虞市高新技术产业发展有限公司<br>Hi-tech Industrial Development Ltd. of Shangyu | 24 | 978 | 0 | 0 | 0 | 0 |
| 绍兴市科技创业中心<br>Technology Innovation Center of Shaoxing | 60 | 450 | 60500 | 61300 | 5000 | 2000 |
| 台州市高新技术创业服务中心有限公司<br>Hi-tech Innovation Service Center Ltd. of Taizhou | 41 | 720 | 92748 | 99800 | 9600 | 6260 |
| 桐乡市科技创业服务中心有限公司<br>Technology Innovation Service Center of Tongxiang | 24 | 245 | 50487 | 53403 | 2580 | 3050 |
| 万向高科技孵化中心<br>Wanxiang Hi-tech Incubation Center | 1 | 80 | 12000 | 10000 | －180 | 0 |
| 西湖区高新技术创业服务中心<br>Hi-tech Innovation Service Center of Xihu District | 12 | 173 | 85320 | 85320 | 1260 | 7630 |
| 新昌高新技术孵化器<br>Xinchang Hi-tech Business Incubator | 11 | 273 | 32604 | 36251 | 1953 | 1635 |
| 浙江衢州高新技术产业园区科技孵化器<br>Zhejiang Quzhou Hi-tech Industrial Park Technology Business Incubator | 10 | 105 | 46646 | 44472 | －1885 | 564 |
| 浙江省国家大学科技园<br>National University Science Park of Zhejiang | 101 | 693 | 101920 | 101920 | 0 | 15430 |
| 浙江兴科科技发展投资有限公司<br>Zhejiang Xingke Technology Development Investment Ltd. | 32 | 715 | 400000 | 400000 | 50000 | 2000 |
| 浙江秀洲科技创业发展有限公司<br>Zhejiang Xiuzhou Technology Innovation Development Ltd. | 37 | 1115 | 106514 | 101430 | 8425 | 4265 |
| 浙江银江孵化器有限公司<br>Zhejiang Yinjiang Technology Business Incubator Ltd. | 30 | 339 | 51660 | 51660 | 0 | 2000 |
| 中国科学院杭州科技园<br>Hangzhou Science and Technology Park of China Academy of Science | 10 | 93 | 3782 | 3782 | －231 | 14892 |
| 北仑现代农业开发区科技企业孵化器<br>Beilun Modern Agriculture Development Park Technology Business Incubator | 5 | 63 | 2100 | 0 | －4450 | 80 |
| 慈溪市生产力促进中心<br>Productivity Promotion Center of Cixi | 18 | 162 | 15050 | 5800 | 2375 | 1004 |
| 宁波开发区科技创业园服务中心<br>Technology Innovation Service Center of Ningbo Development Zone | 65 | 860 | 148000 | 148000 | 0 | 5100 |
| 宁波市江北区科技创业中心<br>Technology Innovation Center of Ningbo Jiangbei District | 41 | 242 | 18928 | 1650 | 6025 | 1852 |
| 宁波市江东科技创业服务中心<br>Jiangdong Technology Innovation Service Center of Ningbo | 87 | 998 | 228963 | 195213 | 11183 | 10076 |
| 宁波市鄞州区科技企业孵化器<br>Technology Business Incubator of Ningbo Yinzhou | 32 | 489 | 51706 | 51706 | －361 | 1850 |
| 宁波市镇海区科技创业服务中心<br>Innovation Service Center of Ningbo Zhenhai District | 27 | 664 | 117381 | 117540 | 11069 | 4791 |
| 宁波望春工业园区杉杉科创投资服务中心<br>Ningbo Wangchun Industrial Park Shanshan Kechuang Investment Service Center | 13 | 452 | 22875 | 23034 | 2005 | 12932 |
| 宁海县模具科技企业创业服务中心<br>Moudle Technology Innovation Service Center of Ninghai | 10 | 255 | 23400 | 23400 | 7090 | 1182 |

4－12 续表13 Continued 13

| 科技企业孵化器<br>Technology Business Incubator | 在孵企业数（个）<br>Number of Tenants (number) | 人员数（人）<br>Number of Employees of Tenants (person) | 总收入（千元）<br>Total Income of Tenants (1000 RMB yuan) | 工业总产值（千元）<br>Total Industrial Output Value (1000 RMB yuan) | 净利润（千元）<br>Net Profit (1000 RMB yuan) | 上缴税金（千元）<br>Taxes Submitted (1000 RMB yuan) |
|---|---|---|---|---|---|---|
| 象山科技创业发展有限公司<br>Xiangshan Technology Innovation Development Limited Liability Company | 16 | 320 | 8200 | 8200 | 5300 | 3800 |
| 浙江大学国家大学科技园宁波分园科创中心<br>Technology Innovation Center of Ningbo Subpark of Zhejiang Unversity Science Park | 42 | 2768 | 564763 | 330100 | 50190 | 35095 |
| 安徽省科技创业服务中心<br>Technology Innovation Service Center of Anhui | 17 | 102 | 5750 | 1978 | 428 | 276 |
| 安徽省科园创业中心<br>Keyuan Innovation Center of Anhui | 60 | 1131 | 157623 | 159472 | 6494 | 3412 |
| 安庆市高新技术创业服务中心<br>Hi-tech Innovation Service Center of Anqing | 32 | 773 | 120332 | 140102 | 9975 | 6806 |
| 蚌埠高新区铁发创业中心<br>Tiefa Innovation Center of Bengbu Science and Technology Industrial Park | 11 | 765 | 91312 | 84178 | 4132 | 3986 |
| 蚌埠市科技创业服务中心<br>Technology Innovation Service Center of Bengbu | 13 | 234 | 8889 | 11609 | 5089 | 3662 |
| 巢湖科技创业服务中心<br>Chaohu Technology Innovation Service Center | 0 | 0 | 0 | 0 | 0 | 0 |
| 滁州市高新技术创业服务中心<br>Hi-techInnovation Service Center of Chuzhou | 10 | 140 | 20475 | 17881 | 1015 | 444 |
| 阜阳科技创业服务中心<br>Fuyang Technology Innovation Service Center | 10 | 171 | 7175 | 6743 | 96 | 303 |
| 合肥留学人员创业园<br>Hefei Overseas Schollars Innovation Park | 47 | 1185 | 375217 | 424952 | 39945 | 11874 |
| 合肥市包河区科技创业服务中心<br>Technology Innovation Service Center of Hefei Baohe District | 2 | 150 | 28627 | 26627 | 6232 | 1802 |
| 合肥桃花科技创业服务中心<br>Hefei Taohua Technology Innovation Service Center | 0 | 0 | 0 | 0 | 0 | 0 |
| 淮南高新技术创业服务中心<br>Huainan Hi-tech Innovation Service Center | 11 | 220 | 55473 | 48663 | 3999 | 2407 |
| 灵璧县科技创业服务中心<br>Technology Innovation Service Center of Lingbi | 5 | 79 | 2990 | 2960 | 210 | 167 |
| 六安市科技创业服务中心<br>Innovation Service Center of Liu'an | 12 | 100 | 2530 | 1980 | 231 | 82 |
| 舒城县科技创业园<br>Technology Innovation Park of Shucheng | 30 | 1565 | 133523 | 130873 | 13400 | 12981 |
| 宿州科技企业创业服务中心<br>Suzhou Technology Innovation Service Center | 21 | 380 | 57630 | 58270 | 6020 | 5890 |
| 天长市高新技术创业服务中心<br>Hi-tech Innovation Service Center of Tianchang | 11 | 259 | 22520 | 24670 | 6160 | 1539 |
| 宣城市科技创业服务中心<br>Technology Innovation Service Center of Xuancheng | 0 | 0 | 0 | 0 | 0 | 0 |
| 福建留学人员创业园<br>Fujian Overseas Schollars Innovation Park | 55 | 861 | 1205176 | 0 | 95324 | 48315 |
| 龙岩市高新技术创业服务中心<br>Hi-tech Innovation Service Center of Longyan | 0 | 0 | 0 | 0 | 0 | 0 |
| 南平高新技术创业服务中心<br>Nanping Hi-tech Innovation Service Center | 6 | 94 | 13263 | 13257 | 65 | 354 |

| 科技企业孵化器<br>Technology Business Incubator | 在孵企业数（个）<br>Number of Tenants (number) | 人员数（人）<br>Number of Employees of Tenants (person) | 总收入（千元）<br>Total Income of Tenants (1000 RMB yuan) | 工业总产值（千元）<br>Total Industrial Output Value (1000 RMB yuan) | 净利润（千元）<br>Net Profit (1000 RMB yuan) | 上缴税金（千元）<br>Taxes Submitted (1000 RMB yuan) |
|---|---|---|---|---|---|---|
| 莆田市高新技术创业服务中心<br>Hi-tech Innovation Service Center of Putian | 4 | 144 | 29579 | 23416 | 2824 | 1017 |
| 三明市高新技术创业服务中心<br>Hi-tech Innovation Service Center of Sanming | 10 | 257 | 34248 | 33798 | 9391 | 7851 |
| 湖里区科技创业服务中心<br>Huli District Technology Innovation Service Center | 35 | 804 | 195000 | 195000 | 18000 | 1685 |
| 厦门光电子孵化器<br>Xiamen Mechatronic Incubator | 30 | 1009 | 105252 | 139771 | 18024 | 9420 |
| 厦门海沧科技创业中心<br>Xiamen Haicang Technology Innovation Center | 61 | 2121 | 363535 | 373241 | 20484 | 4733 |
| 厦门留学人员创业园<br>Xiamen Overseas Schollars Innovation Park | 150 | 2725 | 419870 | 355309 | 34018 | 24980 |
| 厦门市思明区生产力促进中心<br>Xiamen Siming District Productivity Promotion Center | 95 | 780 | 615000 | 615000 | 250000 | 16000 |
| 厦门台湾科技企业育成中心<br>Xiamen Taiwan Technology Business Incubator | 68 | 1472 | 214072 | 203503 | 4639 | 3222 |
| 江西高技术产业发展有限责任公司<br>Jiangxi Hi-tech Industrial Development Ltd. | 33 | 191 | 156655 | 76795 | 20927 | 19128 |
| 江西师范大学科技园<br>Jiangxi Normal University Science Park | 10 | 74 | 600 | 200 | 200 | 100 |
| 江西浙大中凯科技园发展有限公司<br>Jiangxi Zhejiang University Zhongkai Science Park Development Limited Liability Company | 5 | 203 | 19194 | 20056 | 511 | 176 |
| 中国江西省留学人员创业园<br>China Jiangxi Overseas Schollars Innovation Park | 5 | 53 | 1343 | 1382 | 193 | 123 |
| 德州高新技术创业服务中心<br>Dezhou Hi-tech Innovation Service Center | 21 | 1254 | 124542 | 126079 | 16338 | 6916 |
| 肥城市高新技术产业开发区创业服务中心<br>Innovation Service Center of Feicheng Hi-tech Industrial Development Zone | 1 | 80 | 3000 | 3000 | 200 | 80 |
| 济宁高新区大学科技园<br>University Science Park of Jining Science and Technology Park | 1 | 393 | 117526 | 115440 | 1350 | 3970 |
| 聊城市高新技术创业服务中心<br>Hi-tech Innovation Service Center of Liaocheng | 58 | 2973 | 762052 | 791324 | 43815 | 25085 |
| 龙口市高新技术创业服务中心<br>Hi-tech Innovation Service Center of Longkou | 9 | 221 | 61760 | 26470 | 6402 | 4115 |
| 日照高新技术产业园创业服务中心<br>Innovation Service Center of Rizhao Hi-tech Industrial Development Park | 0 | 0 | 0 | 0 | 0 | 0 |
| 乳山市高新技术创业服务中心<br>Hi-tech Innovation Service Center of Rushan | 14 | 500 | 11000 | 26000 | 8700 | 2200 |
| 山东力创科技企业孵化器<br>Shandong Lichuang Technology Business Incubator | 3 | 33 | 5330 | 5330 | 205 | 670 |
| 威海湖西创业保育有限公司<br>Weihai Huxi Innovation and Incubation Ltd. | 12 | 569 | 72380 | 72380 | 2793 | 277 |
| 威海经济技术开发区科技创新中心有限公司<br>Weihai Economic Technological Development Zone Technology Innovation Center Ltd | 24 | 347 | 15639 | 26295 | 2314 | 836 |

4－12 续表15 Continued 15

| 科技企业孵化器<br>Technology Business Incubator | 在孵企业数（个）<br>Number of Tenants（number） | 人员数（人）<br>Number of Employees of Tenants（person） | 总收入（千元）<br>Total Income of Tenants（1000 RMB yuan） | 工业总产值（千元）<br>Total Industrial Output Value（1000 RMB yuan） | 净利润（千元）<br>Net Profit（1000 RMB yuan） | 上缴税金（千元）<br>Taxes Submitted（1000 RMB yuan） |
|---|---|---|---|---|---|---|
| 新泰高新技术创业服务中心<br>Xintai Hi-tech Innovation Service Center | 2 | 138 | 73600 | 71700 | 930 | 3380 |
| 烟台市信息技术创业服务中心<br>Information Technology Innovation Service Center of Yantai | 12 | 149 | 35399 | 43 | 270 | 139 |
| 烟台市芝罘区科技创业服务中心<br>Technology Innovation Service Center of Yantai Zhifu District | 9 | 118 | 2800 | 2800 | 180 | 117 |
| 枣庄高新技术产业开发区科技创业服务中心<br>Zaozhuang Hi-tech Industrial Zone Technology Innovation Service Center | 2 | 421 | 85000 | 80000 | 5600 | 2500 |
| 中国·济宁留学生创业园<br>China · Jining Overseas Schollars Innovation Park | 18 | 1044 | 15097 | 13589 | 1254 | 1630 |
| 中国泰山留学人员创业园<br>China Taishan Overseas Schollars Innovation Park | 3 | 59 | 3886 | 4300 | 173 | 481 |
| 青岛高新区新产业团地创业中心<br>Qingdao Science and Technology Industrial Innovation Center | 20 | 433 | 407546 | 75662 | 6995 | 6950 |
| 青岛国家大学科技园<br>Qingdao University Science Park | 45 | 1678 | 404178 | 294335 | 82400 | 43026 |
| 青岛科大都市科技园发展有限公司<br>Qingdao Science University Urban Science and Technology Park Development Limited Liability Company | 32 | 500 | 80000 | 150000 | 25000 | 8000 |
| 四方区建筑创意产业园创新创业服务中心<br>Building Originality Industrial Park Innovation Service Center of Sifang | 10 | 210 | 68542 | 68542 | 8736 | 938 |
| 河南省濮阳高新区创业服务中心<br>Henan Province Puyang Science and Technology Industrial Park Innovation Service Center | 26 | 1465 | 213011 | 212753 | 17426 | 10464 |
| 开封高新技术创业服务中心<br>Kaifeng Hi-tech Innovation Service Center | 60 | 1850 | 107000 | 106000 | 14000 | 7200 |
| 平顶山高新技术创业服务中心<br>Pingdingshan Hi-tech Innovation Service Center | 40 | 1480 | 199630 | 171389 | 9544 | 6250 |
| 郑州高新区留学人员创业园<br>Zhengzhou Science and Technology Industrial Park Overseas Schollars Incubation Park | 109 | 890 | 133000 | 111500 | 6500 | 4200 |
| 郑州空港科技创业服务中心<br>Zhengzhou Airport Innovation Service Center | 7 | 186 | 65310 | 37560 | 9040 | 0 |
| 郑州市科技企业孵化器<br>Technology Business Incubator of Zhengzhou | 221 | 2780 | 293000 | 373000 | 27000 | 29000 |
| 荆州开发区创业中心<br>Innovation Center of Jingzhu Development Zone | 142 | 2480 | 16500 | 18300 | 8200 | 700 |
| 襄樊市樊城区科技创业服务中心<br>Technology Innovation Service Center of Xiangfan Fancheng District | 43 | 532 | 51865 | 64805 | 5388 | 4001 |
| 江岸区高新技术创业中心<br>Jiang' an District Hi-tech Innovation Center | 30 | 280 | 99800 | 99800 | 7800 | 5200 |
| 武汉华成创业服务有限公司<br>Wuhan Huacheng Innovation Service Ltd | 13 | 335 | 184860 | 0 | 4691 | 0 |
| 武汉华创源科技企业孵化器有限公司<br>Wuhan Huachuangyuan Technology Business Incubator Limited Liability Company | 32 | 504 | 280723 | 77584 | 3951 | 4057 |

| 科技企业孵化器<br>Technology Business Incubator | 在孵企业数（个）<br>Number of Tenants (number) | 人员数（人）<br>Number of Employees of Tenants (person) | 总收入（千元）<br>Total Income of Tenants (1000 RMB yuan) | 工业总产值（千元）<br>Total Industrial Output Value (1000 RMB yuan) | 净利润（千元）<br>Net Profit (1000 RMB yuan) | 上缴税金（千元）<br>Taxes Submitted (1000 RMB yuan) |
|---|---|---|---|---|---|---|
| 武汉黄金口科技产业孵化基地<br>Wuhan Huangjinkou Technology Incubation Base | 90 | 1523 | 70000 | 70000 | 0 | 5040 |
| 武汉盘龙科技企业孵化器<br>Wuhan Panlong Technology Business Incubator | 11 | 0 | 25360 | 25360 | 8900 | 760 |
| 武汉市蔡甸区科技创业服务中心<br>Technology Innovation Service Center Wuhan Caixun District | 11 | 810 | 138299 | 148614 | 13147 | 10597 |
| 武汉市汉南区高新技术创业服务中心<br>Hi-tech Innovation Service Center of Wuhan Hannan District | 4 | 370 | 15000 | 14500 | 2000 | 100 |
| 武汉市江夏区高新技术创业服务中心<br>Hi-tech Innovation Service Center of Wuhan Jiangxia District | 8 | 318 | 42083 | 47916 | 7703 | 1343 |
| 武汉市科研院所高新技术创业服务中心<br>Hi-tech Innovation Service Center of Research Institute of Wuhan | 2 | 7 | 56200 | 59800 | 7850 | 1850 |
| 武汉市武湖农业科技创业服务中心<br>Wuhu Innovation Service Center of Wuhan | 9 | 223 | 230250 | 230250 | 158600 | 8000 |
| 长沙高新区橡树园企业创业服务有限公司<br>Changsha Science and Technology Industrial Park Xiangshu Park Enterprises Innovation Service Park | 128 | 787 | 38800 | 33890 | 3998 | 1838 |
| 长沙湘能科技企业孵化器有限公司<br>Changsha Xiangneng Technology Business Incubator Limited Liability Company | 40 | 868 | 125957 | 125957 | 1856 | 2393 |
| 湖南麓谷科技孵化器<br>Hunan Lugu Technology Business Incubator | 7 | 229 | 7614 | 7694 | 842 | 668 |
| 湖南省火炬创业中心<br>Torch Innovation Center of Hunan | 9 | 181 | 33304 | 33304 | 2463 | 1216 |
| 东莞市软件企业孵化园<br>Software Business Incubator of Dongguan | 19 | 254 | 12254 | 0 | 490 | 1039 |
| 佛山国家高新区科技企业孵化中心<br>Foshan National Science and Technology Industrial Park Technology Business Incubation Center | 7 | 167 | 58225 | 61481 | 3149 | 1234 |
| 佛山市高明沧江工业园科技企业创业中心<br>Gaoming Cangjiang Industrial Park Technology Business Innovation Center of Foshan | 10 | 3890 | 177494 | 183272 | 17895 | 10333 |
| 佛山市三水高新创业中心有限公司<br>Sanshui Hi-tech Innovation Center Ltd of Foshan | 0 | 0 | 0 | 0 | 0 | 0 |
| 佛山市顺德高新技术产业孵化基地<br>Shunde Hi-tech Incubation Base of Foshan | 27 | 433 | 83784 | 92677 | 5255 | 3576 |
| 广东电子工业研究院有限公司<br>Guangdong Electronic Industrial Institete Ltd. | 4 | 168 | 8160 | 8360 | 226 | 5164 |
| 广东惠州工业园创新服务中心<br>Guangdong Huizhou Industrial Park Innovation Service Center | 2 | 28 | 500 | 650 | 0 | 28 |
| 广东省纺织服装开平基地技术创新中心<br>Technology Innovation Center of Textile Fashion Kaiping Base of Guangdong | 1 | 10 | 1433 | 0 | －73 | 41 |
| 惠州市生产力促进中心<br>Productivity Promotion Center of Huizhou | 0 | 0 | 0 | 0 | 0 | 0 |
| 惠州仲恺高新区科技创业中心<br>Technology Innovation Center of Huizhou Zhongkai Science and Technology Park | 25 | 125 | 175598 | 150000 | 33000 | 26000 |

| 科技企业孵化器<br>Technology Business Incubator | 在孵企业数（个）<br>Number of Tenants (number) | 人员数（人）<br>Number of Employees of Tenants (person) | 总收入（千元）<br>Total Income of Tenants (1000 RMB yuan) | 工业总产值（千元）<br>Total Industrial Output Value (1000 RMB yuan) | 净利润（千元）<br>Net Profit (1000 RMB yuan) | 上缴税金（千元）<br>Taxes Submitted (1000 RMB yuan) |
|---|---|---|---|---|---|---|
| 江门市科技创业服务中心<br>Technology Innovation Service Center of Jiangmen | 37 | 564 | 41530 | 24940 | 6935 | 4193 |
| 揭阳经济开发试验区信息中心<br>Jieyang Economic Development Test Area Information Center | 0 | 0 | 0 | 0 | 0 | 0 |
| 清华科技园（珠海）<br>Zhuhai Tsinghua University Science Park | 82 | 1100 | 150000 | 161000 | 50000 | 10000 |
| 肇庆高新技术产业开发区创业服务中心<br>Innovation Service Center of Zhaoqing Science and Technology Industrial Park | 0 | 0 | 0 | 0 | 0 | 0 |
| 珠海南方软件园<br>Zhuhai South Software Park | 25 | 397 | 22441 | 25125 | 3903 | 3881 |
| 广东海珠海洋生物技术产业开发示范基地<br>Guangdong Haizhu Marine Biology Technology Industrial Development Model Base | 36 | 723 | 278401 | 244100 | 11060 | 10591 |
| 广州市白云区生产力促进中心<br>Productivity Promotion Center of Guangzhou Baiyun District | 41 | 3073 | 1602173 | 1622672 | 213732 | 126051 |
| 广州市花都区高新技术创业服务中心<br>Hi-tech Innovation Service Center of Guangzhou Huadu District | 23 | 229 | 185021 | 209167 | 107219 | 10205 |
| 广州市荔湾区生产力促进中心<br>Productivity Promotion Center of Guangzhou Liwan District | 38 | 965 | 13500 | 21500 | 3630 | 3349 |
| 暨南大学科技园<br>Jinan University Science Park | 18 | 634 | 24052 | 24052 | 1300 | 835 |
| 深港产学研基地<br>Shenzhen Hongkong Industry University and Institute Base | 82 | 1826 | 530000 | 250000 | 100000 | 80000 |
| 深圳航天科技创新研究院<br>Shenzhen Aerospace Science and Technology Innovation Institute | 27 | 938 | 230260 | 234571 | 19104 | 30826 |
| 深圳清华大学研究院<br>Shenzhen Tsinghua University Institute | 60 | 405 | 117443 | 119501 | 17377 | 5573 |
| 深圳生物孵化器管理中心<br>Shenzhen Biology Incubator Administrative Center | 49 | 656 | 166675 | 113264 | 8321 | 3899 |
| 深圳市佳利泰孵化器管理有限公司<br>Jialitai Incubator Administrative Ltd. of Shenzhen | 34 | 507 | 95657 | 45546 | 3633 | 6482 |
| 深圳市罗湖区高新技术创业中心<br>Hi-tech Innovation Center of Shenzhen Luohu District | 26 | 550 | 92380 | 92380 | 9240 | 4717 |
| 深圳天安数码城有限公司<br>Shenzhen Tian' an Digital City Ltd. | 13 | 590 | 195000 | 263276 | 9765 | 4638 |
| 深圳虚拟大学园管理服务中心<br>Shenzhen Virtual University Science Park Administrative and Service Center | 126 | 1950 | 417993 | 360370 | 77925 | 17101 |
| 中国科技开发院有限公司<br>China Science and Technology Development Institute Ltd. | 71 | 1200 | 180025 | 31365 | 22970 | 4129 |
| 北海高新技术产业园区科技创业中心<br>Beihai Hi-tech Industrial Park Innovation Center | 33 | 362 | 54811 | 51035 | 9432 | 4361 |
| 北生生物制药园科技企业孵化基地<br>Beisheng Biological Pharmacy Technology Enterprises Incubation Base | 10 | 230 | 7811 | 10341 | 711 | 296 |
| 广西南宁电子科技广场有限公司<br>Guangxi Nanning Electronic Science and Technology Plaza Ltd. | 88 | 2820 | 255053 | 164801 | 37600 | 15301 |
| 国发海洋生物技术孵化基地<br>Guofa Marine Biology Technology Incubation Base | 3 | 121 | 11550 | 13100 | 6740 | 370 |

| 科技企业孵化器<br>Technology Business Incubator | 在孵企业数（个）Number of Tenants (number) | 人员数（人）Number of Employees of Tenants (person) | 总收入（千元）Total Income of Tenants (1000 RMB yuan) | 工业总产值（千元）Total Industrial Output Value (1000 RMB yuan) | 净利润（千元）Net Profit (1000 RMB yuan) | 上缴税金（千元）Taxes Submitted (1000 RMB yuan) |
|---|---|---|---|---|---|---|
| 柳化国企孵化器<br>Liuhua State Owned Enterprises Incubator | 18 | 212 | 9230 | 9230 | 640 | 250 |
| 柳州高新区信息产业园<br>Information Industrial Park of Liuzhou Science and Technology Park | 29 | 566 | 24200 | 24200 | 1300 | 545 |
| 柳州高新区有色金属新材料成果转化基地<br>Advanced Nonferrous Metals Material Science Achievement Transformation Base of Liuzhou Science and Technology Park | 20 | 2000 | 7560 | 7560 | 330 | 100 |
| 南宁留学人员创业园<br>Nanning Overseas Scholars Innovation Park | 43 | 965 | 73120 | 51617 | 9600 | 4517 |
| 梧州市科技企业孵化园<br>Technology Enterprises Incubation Park of Wuzhou | 16 | 251 | 9355 | 7010 | 242 | 262 |
| 南岸区科技企业孵化器<br>Nan' an District Technology Business Incubator | 30 | 0 | 150000 | 10000 | 2000 | 1000 |
| 重庆高新技术产业开发区留学人员创业园<br>Overseas Schollars Innovation Park of Chongqing Hi-tech Industrial Park | 44 | 2925 | 481709 | 501157 | 27280 | 26504 |
| 重庆高新区软件园<br>Software Park of Chongqing Science and Technology Park | 36 | 3674 | 1015896 | 440929 | 36418 | 56177 |
| 重庆高新区生物生化制药技术开发园<br>Biology and Biochemical Pharmacy Industrial Park of Chongqing Science and Technology Park | 47 | 978 | 215569 | 180558 | 12967 | 8908 |
| 重庆九龙兴兴科技术市场有限责任公司<br>Chongqing Jiulong Xingxing Science and Technology Market Ltd. | 5 | 152 | 35328 | 33411 | 2016 | 724 |
| 重庆科技孵化器创新示范体系万盛示范孵化器<br>Chongqing Science and Technology Incubator Innovation Model System Wansheng Model Incubator | 1 | 140 | 17064 | 18098 | 613 | 1714 |
| 重庆市涪陵区金渠企业孵化器有限责任公司<br>Chongqing City Peiling District Jinqu Business Incubator Ltd. | 13 | 475 | 227059 | 219613 | 12415 | 17888 |
| 重庆万州科技企业孵化器<br>Chongqing Wanzhou Technology Business Incubator | 1 | 3000 | 570 | 570 | 13 | 6 |
| 成都高发实业有限责任公司科技孵化园<br>Technology Incubation Park of Chengdu Gaofa Industrial Ltd. | 77 | 1755 | 1206000 | 935450 | 88700 | 146800 |
| 成都高新发展股份有限公司高新区科技工业园<br>Chengdu Hi-tech Development Ltd. Science and Technology Industrial Park | 43 | 2535 | 671554 | 672499 | －434244 | 28000 |
| 成都国信安信息产业基地有限公司<br>Chengdu Guoxinan Information Industrial Base Ltd. | 27 | 1842 | 843612 | 584614 | 64621 | 21642 |
| 中国成都博士创业园<br>China Chengdu Doctor Innovation Park | 245 | 2942 | 664235 | 594712 | 58436 | 31645 |
| 中国成都留学人员创业园<br>China Chengdu Incubation Park for Overseas Schollars | 242 | 4212 | 52132 | 37536 | 28426 | 27462 |
| 成都海峡两岸科技产业开发园<br>Chengdu Cross-Straits Science and Technology Industrial Development Park | 21 | 492 | 68336 | 62850 | 17666 | 4149 |
| 成都双新科技创业园<br>Chengdu Shuangxin Technology Innovation Park | 60 | 3120 | 184000 | 210000 | 9684 | 16840 |
| 贵州贵阳软件园(一区)<br>Guizhou Guiyang Software Park(the first zone) | 11 | 0 | 21335 | 0 | 1107 | 1454 |
| 贵州航天高新技术创业服务中心<br>Guizhou Aerospace Technology Innovation Service Center | 3 | 258 | 14238 | 16704 | 1546 | 883 |

| 科技企业孵化器 Technology Business Incubator | 在孵企业数（个） Number of Tenants (number) | 人员数（人） Number of Employees of Tenants (person) | 总收入（千元） Total Income of Tenants (1000 RMB yuan) | 工业总产值（千元） Total Industrial Output Value (1000 RMB yuan) | 净利润（千元） Net Profit (1000 RMB yuan) | 上缴税金（千元） Taxes Submitted (1000 RMB yuan) |
|---|---|---|---|---|---|---|
| 国家 863 软件专业孵化器昆明基地 National 863 Software Special Incubator Kunming Base | 50 | 3199 | 1592401 | 995310 | 29905 | 86163 |
| 昆明高新五华科技园创业服务中心 Kunming Hi-tech Wuhua Science and Technology Park Innovation Service Center | 57 | 694 | 31791 | 13004 | 5643 | 3014 |
| 昆明新兴产业孵化区管理有限公司 Kunming New Industry Incubation Zone Administrative Ltd. | 31 | 826 | 184355 | 156471 | 8074 | 1792 |
| 云南海归创业园 Yunnan Overseas Schollars Innovation Park | 8 | 97 | 1710 | 1535 | 0 | 0 |
| 云南留学人员创业园管理办公室 Yunnan Overseas Scholiars Innovation Park Administrative Office | 50 | 2666 | 119278 | 76088 | 41491 | 5776 |
| 西藏（成都）科技孵化器 Tibet (Chengdu) Technology Business Incubator | 16 | 586 | 95747 | 98993 | 935 | 11745 |
| 宝鸡市金华水利科技服务中心 Baoji City Jinhua Water Resource Technology Sercice Center | 15 | 537 | 150000 | 139450 | 4000 | 5500 |
| 宝桥科贸大厦孵化中心 Baoqiao Technology Trade Incubation Center | 16 | 230 | 19200 | 17246 | 1470 | 1603 |
| 甘肃省兰州留学人员创业园区 Gansu Province Lanzhou Overseas Schollars Innovation Park | 34 | 754 | 155000 | 147230 | 11781 | 4365 |
| 秦明电子园 Qingming Electronic Park | 6 | 400 | 122471 | 219363 | 22360 | 25013 |
| 渭南高新区创业服务中心 Weinan Science and Technology Innovation Service Center | 9 | 136 | 5600 | 13400 | 2340 | 2000 |
| 西安航空科技创新服务中心 Xi'an Aerospace Technology Innovation Service Center | 48 | 740 | 8504 | 7901 | 2230 | 1100 |
| 西安高新区电子企业孵化器 Xi'an Science and Technology Park Electronic Business Incubator | 92 | 2423 | 64021 | 66363 | 2915 | 3058 |
| 西安高新区能源新技术孵化器 Xi'an Science and Technology Park Advanced Energy Technology Business Incubator | 18 | 640 | 88813 | 87187 | 1747 | 7486 |
| 西安高新区现代服务企业孵化器 Xi'an Science and Technology Park Modern Sercice Business Incubator | 15 | 134 | 5320 | 3005 | -1502 | 188 |
| 西安高新区新型工业企业孵化器 Xi'an Science and Technology Park New Type Industrial Business Incubator | 4 | 100 | 5000 | 5000 | 10 | 20 |
| 西安集成电路设计专业孵化器有限公司 Xi'an IC Design Special Technology Business Incubator Limited Liability Company | 16 | 285 | 16327 | 12834 | -1838 | 320 |
| 西安莲湖科技产业园区创业服务中心 Xi'an Lianhu Science and Technology Industrial Park Innovation Service Center | 23 | 340 | 87842 | 34020 | -221 | 4513 |
| 西安留学人员创业园 Xi'an Overseas Scholiars Innovation Park | 363 | 5402 | 799000 | 725000 | 39900 | 41900 |
| 西安启迪（原清华）科技园发展有限公司 Xi'an Qidi (formal Tsinghua) Science and Technology Park Development Limited Liability Company | 33 | 1200 | 423200 | 423200 | 19000 | 4000 |
| 兰州理工大学科技园科技企业孵化器 Lanzhou Science and Technology University Science Park Technology Business Incubator | 25 | 342 | 31498 | 32360 | 293 | 1118 |

# 4－13　非国家级科技企业孵化器毕业企业情况

## General Statistics of Graduated Tenants of Non-State Level TBIs

| 科技企业孵化器<br>Technology Business Incubator | 累计毕业企业（个）<br>Accumulatted Number of Graduated Tenants (number) | 人员数（人）<br>Number of Employees of Graduated Tenants (person) | 总收入（千元）<br>Total Income of Graduated Tenants (1000 RMB yuan) | 工业总产值（千元）<br>Total Industrial Output Value (1000 RMB yuan) |
|---|---|---|---|---|
| **合　计　Total** | **5806** | **202073** | **61166201** | **43026164** |
| 北京奥博联创科技孵化器有限公司<br>Beijing Aobo Lianchuang Technology Business Incubator Limited Liability Company | 4 | 56 | 10000 | 17500 |
| 北京奥科兴源科技企业孵化器有限公司<br>Beijing Aoke Xingyuan Technology Business Incubator Limited Liability Company | 0 | 0 | 0 | 0 |
| 北京八六三信息安全科技发展有限公司<br>Beijing 863 Information Security Science and Technology Development Limited Liability Company | 0 | 0 | 0 | 0 |
| 北京北达燕园科技孵化器有限公司<br>Beijing Beida Yanyuan Technology Business Incubator Limited Liability Company | 70 | 1128 | 13479 | 13479 |
| 北京北方车辆新技术孵化器有限公司<br>Beijing Northern Vehicle High Technology Incubator Limited Liability Company | 22 | 343 | 25000 | 14000 |
| 北京北控高科技孵化器有限公司<br>Beijing Beikong Technology Business Incubator Limited Liability Company | 90 | 300 | 0 | 0 |
| 北京北内制造业高新技术孵化基地<br>Beijing Beinei Manufacturing Hi- tech Incubation Base | 19 | 630 | 300000 | 300000 |
| 北京崇熙科技孵化器有限公司<br>Beijing Chongxi Technology Business Incubator Limited Liability Company | 17 | 300 | 165000 | 167000 |
| 北京高创天成国际企业孵化器有限公司<br>Beijing Gaochuang Tiancheng Technology Business Incubator Limited Liability Company | 4 | 15 | 870 | 0 |
| 北京国丰通达科技孵化器中心<br>Beijing Guofeng Tongda Technology Innovation Center | 0 | 0 | 0 | 0 |
| 北京海银科医药技术有限公司<br>Beijing Haiyinke Medicine Technology Ltd. | 6 | 85 | 1300 | 0 |
| 北京航天银星科技企业孵化器有限公司<br>Beijing Aerospace Yingxing Technology Business Incubator Limited Liability Company | 33 | 58 | 34017 | 17020 |
| 北京华商置业孵化器有限公司<br>Beijing Huashangzhiye Technology Business Incubator Limited Liability Company | 8 | 270 | 0 | 0 |
| 北京集成电路设计院孵化中心<br>Beijing IC Design Institute Innovation Center | 43 | 1700 | 62000 | 59520 |
| 北京建科兴达科技企业孵化器有限责任公司<br>Beijing Jiankexingda Technology Business Incubator Limited Liability Company | 120 | 800 | 740000 | 635000 |
| 北京交大科技孵化器有限公司<br>Beijing Jiaotong University Technology Business Incubator Limited Liability Company | 6 | 350 | 310000 | 302000 |

4－13 续表1 Continued 1

| 科技企业孵化器<br>Technology Business Incubator | 累计毕业企业（个）<br>Accumulatted Number of Graduated Tenants (number) | 人员数（人）<br>Number of Employees of Graduated Tenants (person) | 总收入（千元）<br>Total Income of Graduated Tenants (1000 RMB yuan) | 工业总产值（千元）<br>Total Industrial Output Value (1000 RMB yuan) |
|---|---|---|---|---|
| 北京金丰和科技企业孵化器有限责任公司<br>Beijing Jinfenghe Technology Business Incubator Limited Liability Company | 2 | 87 | 9245 | 6560 |
| 北京京海科技企业孵化器有限公司<br>Beijing Jinghai Technology Business Incubator Limited Liability Company | 0 | 0 | 0 | 0 |
| 北京科方创业科技企业孵化器有限公司<br>Beijing Kefangchuangye Technology Business Incubator Limited Liability Company | 10 | 300 | 1300 | 1300 |
| 北京理工留学人员创业园<br>Beijing Ligong Incubation Park for Overseas Schollars | 39 | 570 | 57100 | 11420 |
| 北京利玛自动化专业孵化基地<br>Beijing Lima Automation Special Incubation Base | 8 | 0 | 0 | 0 |
| 北京诺飞科技孵化器有限公司<br>Beijing Nuofei Technology Business Incubator Limited Liability Company | 19 | 0 | 0 | 0 |
| 北京日创恒发科技企业孵化器有限公司<br>Beijing Richuanghengfa Technology Business Incubator Limited Liability Company | 7 | 1500 | 53000 | 53000 |
| 北京首特科技孵化器有限公司<br>Beijing Shoute Technology Business Incubator Limited Liability Company | 22 | 243 | 176907 | 142710 |
| 北京泰斯特测控技术孵化器有限公司<br>Beijing Taisite Technology Business Incubator Limited Liability Company | 13 | 241 | 62414 | 14168 |
| 北京天竺空港科技企业孵化器有限公司<br>Beijing Tianzhu Konggang Technology Business Incubator Limited Liability Company | 22 | 495 | 118018 | 92461 |
| 北京星之月科技企业孵化中心<br>Beijing Xingzhiyue Innovation Center | 85 | 2650 | 113221 | 101034 |
| 北京中关村生命科育园生物医药科技孵化有限公司<br>Beijing Zhongguancun Shengming Keyuyuan Biological Medicine Technology Business Incubation Limited Liability Company | 2 | 120 | 2625 | 2780 |
| 北京中自科技产业孵化器有限公司<br>Beijing Zhongzi Science and Technology Industrial Incubator Limited Liability Company | 9 | 230 | 150 | 0 |
| 北邮留学人员创业园<br>Beiyou Incubation Park for Overseas Schollars | 11 | 500 | 80000 | 61000 |
| 中关村兴业（北京）高科技孵化器股份有限公司<br>Zhongguancun Xingye Hi-tech Technology Business Incubator Limited by Shares Company | 10 | 148 | 438 | 7850 |
| 天津市帅越地热科技开发中心<br>Shuaiyue Geotherm Science and Technology Development Center of Tianjin | 0 | 0 | 0 | 0 |
| 国家纳米技术产业化基地<br>National Nano Technology Industrial Base | 0 | 0 | 0 | 0 |
| 河北区科技园<br>Hebeiqu Science and Technology Park | 0 | 0 | 0 | 0 |

4-13 续表2 Continued 2

| 科技企业孵化器<br>Technology Business Incubator | 累计毕业企业（个）<br>Accumulatted Number of Graduated Tenants (number) | 人员数（人）<br>Number of Employees of Graduated Tenants (person) | 总收入（千元）<br>Total Income of Graduated Tenants (1000 RMB yuan) | 工业总产值（千元）<br>Total Industrial Output Value (1000 RMB yuan) |
|---|---|---|---|---|
| 津滨科技园<br>Science and Technology Park | 5 | 35 | 0 | 0 |
| 天感数码影像产业孵化器有限公司<br>Tiangan Digital Visual Industrial Technology Business Incubator Limited Liability Company | 0 | 0 | 0 | 0 |
| 天津妇女创业中心<br>Women Innovation Center of Tianjin | 22 | 210 | 2660 | 0 |
| 天津华科企业孵化服务有限公司<br>Tianjin Huake Enterprise Incubation Service Limited Liability Company | 26 | 660 | 0 | 0 |
| 天津华苑软件园建设发展有限公司<br>Tianjin Huayuan Software Parks Development Limited Liability Company | 0 | 0 | 0 | 0 |
| 天津金虹桥电气企业孵化器有限公司<br>Tianjin Golden Hongqiao Electrical Technology Business Incubator Limited Liability Company | 0 | 0 | 0 | 0 |
| 天津开泰企业孵化器有限公司<br>Tianjin Kaitai Technology Business Incubator Limited Liability Company | 9 | 512 | 56428 | 17654 |
| 天津科丽泰科技企业孵化器有限公司<br>Tianjin Kelitai Technology Business Incubator Limited Liability Company | 0 | 0 | 0 | 0 |
| 天津市光电子专业孵化器<br>Photoelectron Special Incubator of Tianjin | 1 | 17 | 1260 | 1500 |
| 天津市和平区民营科技园区管理服务中心<br>Science and Technology Park Service and Administration Center of Heping District Tianjin | 0 | 0 | 0 | 0 |
| 天津市帅超科技园<br>Shuaichao Science and Technology Park of Tianjin | 0 | 0 | 0 | 0 |
| 天津泰达生物医药研发大厦<br>Tianjin Taida Biological Medicine R&D Mansion | 0 | 0 | 0 | 0 |
| 天津塘沽海洋高新区创业服务中心<br>Innovation Service Center Tianjin Tanggu Marine Science Park | 4 | 190 | 184710 | 167050 |
| 天津易辰电子信息产业孵化器有限公司<br>Tianjin Yichen Electronic and Information Industrial Incubator Limited Liability Company | 0 | 0 | 0 | 0 |
| 中国民航大学科技企业孵化器<br>Technology Business Incubator of National Civil Aviation University | 0 | 0 | 0 | 0 |
| 保定乐凯数码影像有限公司<br>Baoding Lekai Digital Imagine Ltd. | 1 | 18 | 10000 | 12000 |
| 承德市高新区创业服务中心<br>Innovation Service Center of Chengde Science and Technology Industrial Park | 26 | 403 | 20180 | 19340 |
| 河北科技风险投资有限公司创业分公司<br>Hebei Technology Venture Capitual Ltd. Incubation Branch Company | 31 | 1940 | 210000 | 210000 |

| 科技企业孵化器<br>Technology Business Incubator | 累计毕业企业（个）<br>Accumulatted Number of Graduated Tenants (number) | 人员数（人）<br>Number of Employees of Graduated Tenants (person) | 总收入（千元）<br>Total Income of Graduated Tenants (1000 RMB yuan) | 工业总产值（千元）<br>Total Industrial Output Value (1000 RMB yuan) |
|---|---|---|---|---|
| 河北清华发展研究院科技企业孵化器<br>Hebei Tsinghua Development Institute Technology Business Incubator | 1 | 217 | 11470 | 11470 |
| 河北省涿州创业服务中心<br>Innovation Service Center Zhuozhou of Hebei | 21 | 700 | 32000 | 32000 |
| 衡水经济开发区创业服务中心<br>Innovation Service Center of Hengshui Economic Development Zone | 0 | 0 | 0 | 0 |
| 廊坊开发区科技创业服务中心<br>Innovation Service Center of Langfang Development Zone | 0 | 0 | 0 | 0 |
| 廊坊科技企业孵化器有限公司<br>Langfang Technology Business Incubator Limited Liability Company | 0 | 0 | 0 | 0 |
| 秦皇岛市育兴高新技术创业有限公司<br>Yuxing Hi-tech Innovation Ltd. of Qinghuangdao | 62 | 640 | 340000 | 310000 |
| 三河市燕郊东湖孵化器有限公司<br>Yanjiao Donghu Technology Business Incubator Limited Liability Company of Sanhe | 28 | 1000 | 250000 | 250000 |
| 武安市曹公泉工业园区创业服务中心<br>Innovation Service Center Caogongquan Industrial Park of Wu' an | 0 | 0 | 0 | 0 |
| 科伟通科技企业孵化器<br>Keweitong Technology Business Incubator | 28 | 1032 | 172950 | 10286 |
| 日化所科技园<br>Daily Chemical Institute Science and Technology Park | 0 | 0 | 0 | 0 |
| 瑞杰科技中心<br>Ruijie Science and Technology Center | 0 | 0 | 0 | 0 |
| 三益电子科技专业孵化器<br>Sanyi Electronic Science and Technology Special Incubator | 0 | 0 | 0 | 0 |
| 山西省农业高新技术园区<br>Shanxi Agriculture Science and Technology Industrial Park | 0 | 0 | 0 | 0 |
| 太原高新区大学科技创业园<br>University Technology Innovation Park of Taiyuan Science and Technology Park | 0 | 0 | 0 | 0 |
| 太原高新区电子数码港<br>Electronic and Digital Port of Taiyuan Science and Technology Industrial Park | 0 | 0 | 0 | 0 |
| 太原高新区留学人员创业园<br>Incubation Park for Overseas Schollars of Taiyuan Science and Technology Industrial Park | 12 | 340 | 33000 | 19000 |
| 太原广汇医药科技园开发有限公司<br>Taiyuan Guanghui Medicine Science and Technology Park Development Ltd. | 0 | 0 | 0 | 0 |
| 太原科源通科技发展有限公司<br>Taiyuan Keyuantong Science and Technology Development Limited Liability Company | 0 | 0 | 0 | 0 |
| 太原市高新技术创业服务中心<br>Hi-tech Innovation Service Center of Taiyuan | 0 | 0 | 0 | 0 |
| 太原市开发区高新技术创业中心<br>Innovation Center of Taiyuan Development Zone | 3 | 74 | 508053 | 462076 |

4-13 续表4 Continued 4

| 科技企业孵化器<br>Technology Business Incubator | 累计毕业企业（个）<br>Accumulatted Number of Graduated Tenants (number) | 人员数（人）<br>Number of Employees of Graduated Tenants (person) | 总收入（千元）<br>Total Income of Graduated Tenants (1000 RMB yuan) | 工业总产值（千元）<br>Total Industrial Output Value (1000 RMB yuan) |
|---|---|---|---|---|
| 太原市杏花岭区科技孵化创业中心<br>Taiyuan Xinghualing District Technology Incubator and Innovation Center | 0 | 0 | 0 | 0 |
| 新岛科技园<br>Xindao Science and Technology Park | 0 | 0 | 0 | 0 |
| 中辐院科技园<br>Zhongfu Institute Science and Technology Park | 0 | 0 | 0 | 0 |
| 内蒙古自治区留学人员创业园<br>Inner Mongolia Park for Overseas Schollars of Neimenggu Autonomous Region | 33 | 860 | 15000 | 14200 |
| 本溪高新技术创业服务中心<br>Benxi Technology Innovation Service Center | 0 | 0 | 0 | 0 |
| 丹东市高新技术企业创业中心<br>Dandong Hi-tech Enterprises Innovation Center | 20 | 2045 | 682100 | 641000 |
| 抚顺市高新区高新技术创业服务中心<br>Hi-tech Innovation Service Center of Fushun Science and Technology Industrial Park | 14 | 156 | 96094 | 99071 |
| 阜新高新技术创业服务中心<br>Fuxin Hi-tech Innovation Service Center | 20 | 300 | 120000 | 102500 |
| 葫芦岛高新技术产业开发区创业中心<br>Innovation Center of Huludao Science and Technology Industrial Park | 1 | 120 | 5000 | 5000 |
| 辽宁科技大学科技园<br>Lianing University Science Park | 0 | 0 | 0 | 0 |
| 辽阳科技创业服务中心<br>Liaoyang Technology Innovation Service Center | 35 | 0 | 0 | 0 |
| 铁岭市高新技术创业服务中心<br>Hi-tech Innovation Service Center of Tieling | 2 | 150 | 950 | 1100 |
| 营口市高新技术创业服务中心<br>Hi-tech Innovation Service Center of Yingkou | 18 | 290 | 2350 | 2331 |
| 大连北方科技企业孵化基地<br>Dalian Beifang Technology Enterprises Incubation Base | 25 | 471 | 78221 | 104565 |
| 大连创业大厦管理有限公司<br>Dalian Innovation Mansion Administrative Ltd. | 20 | 800 | 24500 | 12020 |
| 大连高新园区动漫产业孵化器<br>Cartoon Industry Incubator of Dalian Science and Technology Park | 10 | 785 | 230000 | 0 |
| 大连光洋国际工控产品技术转移中心有限公司<br>Dalian Guangyang International Indutrial Control Products Technology Transfer Center Ltd. | 12 | 650 | 15000 | 11000 |
| 大连海洋高新技术企业孵化中心<br>Dalian Marine Hi-tech Enterprises Innovation Center | 0 | 0 | 0 | 0 |
| 大连锦联大厦孵化中心 Incubation Center | 0 | 0 | 0 | 0 |
| 大连科技创新大厦孵化中心<br>Dalian Technology Innovation Mansion Incubation Center | 0 | 0 | 0 | 0 |
| 大连旅顺民营科技企业创业中心有限公司<br>Dalian Lvshun Private Scientific and Technological Enterprises Innovation Center Ltd. | 17 | 537 | 99501 | 63311 |

| 科技企业孵化器<br>Technology Business Incubator | 累计毕业企业（个）<br>Accumulatted Number of Graduated Tenants (number) | 人员数（人）<br>Number of Employees of Graduated Tenants (person) | 总收入（千元）<br>Total Income of Graduated Tenants (1000 RMB yuan) | 工业总产值（千元）<br>Total Industrial Output Value (1000 RMB yuan) |
|---|---|---|---|---|
| 大连软件园股份有限公司<br>Dalian Software Park Limited by Shares Company | 160 | 8123 | 893530 | 0 |
| 大连三科科技创业基地有限公司<br>Dalian Sanke Technology Innovation Base Ltd. | 0 | 0 | 0 | 0 |
| 大连市科技产业孵化基地<br>Science and Technology Industrial Incubation Base of Dalian | 135 | 850 | 100296 | 100296 |
| 大连市留学人员创业园<br>Incubation Park for Overseas Schollars of Dalian | 124 | 2685 | 1149500 | 1022500 |
| 大连市民营科技企业创业中心<br>Private Scientific and Technological Enterprises Innovation Center of Dalian | 108 | 350 | 27000 | 27000 |
| 大连市西岗区高科技发展中心<br>Xigang District Hi-tech Development Center of Dalian | 0 | 0 | 0 | 0 |
| 大连未来科技孵化园有限公司<br>Dalian Future Technology Incubation Park Ltd. | 26 | 211 | 14188 | 10185 |
| 瓦房店市农业科技创业服务中心<br>Agriculture Innovation Service Center of Wafangdian | 3 | 800 | 18000 | 71000 |
| 中山区科技企业服务中心<br>Technology Enterprises Service Center of Zhongshan District | 23 | 356 | 7570 | 5745 |
| 北华大学科技园<br>Beihua University Science Park | 19 | 117 | 17360 | 14220 |
| 长春海外学人创业园<br>Changchun Overseas Schollars Innovation Park | 4 | 0 | 0 | 0 |
| 留学生创业园<br>Overseas Schollars Innovation Park | 15 | 80 | 11760 | 8400 |
| 大庆精细化工科技园科技企业孵化器<br>Daqing Fine Chemical Science and Technology Park Technology Business Incubator | 5 | 285 | 48310 | 47500 |
| 大庆三维 IT 企业孵化器<br>Daqing Sanwei IT Enterprises Incubator | 58 | 184 | 11007 | 12279 |
| 大庆新型复合材料及制品特色产业基地<br>Daqing New Type Composite Material and Products Industrial Base | 0 | 0 | 0 | 0 |
| 鹤岗市科技企业创业中心<br>Technology Enterprises Innovation Center of Hegang | 18 | 1420 | 36500 | 39760 |
| 黑龙江垦区农业高新技术创业中心<br>Agriculture Hi-tech Innovation Center of Heilongjiang Reclamation Area | 0 | 0 | 0 | 0 |
| 佳木斯高新技术创业服务中心<br>Kiamusze Hi-tech Innovation Service Center | 6 | 1200 | 158000 | 179000 |
| 佳木斯新运化工高新技术孵化器有限公司<br>Kiamusze Xinyun Chemical Hi-tech Business Incubator Limited Liability Company | 5 | 92 | 2540 | 2680 |
| 牡丹江市高新技术创业服务中心<br>Hi-tech Innovation Service Center of Mudanjiang | 19 | 1200 | 250000 | 280000 |
| 齐齐哈尔富拉尔基科技企业创业中心<br>Qiqiharer Fulaerji Technology Enterprises Innovation Center | 27 | 4760 | 1317762 | 1435152 |

| 科技企业孵化器<br>Technology Business Incubator | 累计毕业企业（个）<br>Accumulatted Number of Graduated Tenants (number) | 人员数（人）<br>Number of Employees of Graduated Tenants (person) | 总收入（千元）<br>Total Income of Graduated Tenants (1000 RMB yuan) | 工业总产值（千元）<br>Total Industrial Output Value (1000 RMB yuan) |
|---|---|---|---|---|
| 齐齐哈尔科技企业孵化中心<br>Qiqiharer Technology Enterprises Incubation Center | 4 | 378 | 84709 | 83214 |
| 双鸭山市弘科高新技术服务中心<br>Hongke Hi-tech Service Center of Shuangyashan | 4 | 330 | 9800 | 9800 |
| 铁力松涛科技创业园区<br>Tielisongtao Science and Technology Innovation Park | 5 | 30 | 1605 | 1605 |
| 东北亚对俄科技合作发展中心<br>Northeast Asia Science and Technology Sino-Russia Cooperation Center | 1 | 45 | 489 | 489 |
| 哈尔滨道里区均信科技创业中心<br>Harbin Daoli District Junxin Technology Innovation Center | 2 | 33 | 16500 | 9900 |
| 哈尔滨电工仪表研究所科技企业孵化器<br>Harbin Electrical Engineering Instruments Institute Technology Enterprises Incubator | 0 | 0 | 0 | 0 |
| 哈尔滨功章科技企业创业中心<br>Harbin Gongzhang Technology Innovation Center | 1 | 0 | 0 | 0 |
| 哈尔滨海格孵化器有限公司<br>Harbin Hige Business Incubator Limited Liability Company | 10 | 0 | 0 | 0 |
| 哈尔滨汇宝孵化基地<br>Harbin Huibao Business Incubation Base | 15 | 285 | 51000 | 30100 |
| 哈尔滨理工大学科技企业创业中心<br>Innovation Center of Harbin Science and Technology University | 0 | 0 | 0 | 0 |
| 哈尔滨七0三科技创业中心<br>Harbin 703 Technology Innovation Center | 5 | 50 | 1000 | 1500 |
| 哈尔滨塞达科技园有限公司<br>Harbin Saida Science and Technology Park Ltd. | 0 | 0 | 0 | 0 |
| 哈尔滨市平房区高新技术创业中心<br>Harbin Pingfang District Hi-tech Innovation Center | 19 | 0 | 0 | 0 |
| 哈尔滨市起亚科技企业孵化器有限公司<br>Qiya Technology Business Incubator Limited Liability Company of Harbin | 0 | 0 | 0 | 0 |
| 哈尔滨现代焊接技术生产力促进中心<br>Harbin Modern Jointing Technology Productivity Promotion Center | 0 | 0 | 0 | 0 |
| 哈尔滨现代农业科技创业中心<br>Harbin Modern Agriculture Technology Innovation Center | 26 | 486 | 86530 | 83650 |
| 哈高新动力科技创业中心<br>Harbin Hi-tech Driver Technology Innovation Center | 0 | 0 | 0 | 0 |
| 哈开发区富阳创业中心<br>Fuyang Innovation Center of Harbin Development Zone | 52 | 1143 | 276532 | 14695 |
| 黑龙江大学软件园<br>Software Park of Heilongjiang University | 2 | 192 | 0 | 0 |
| 黑龙江省地理信息科技企业孵化器<br>Heilongjiang Geography Information Technology Business Incubator | 0 | 0 | 0 | 0 |
| 黑龙江省动漫与网络游戏产业发展中心<br>Cartoon and Internet Game Industry Development Center of Heilongjiang | 0 | 0 | 0 | 0 |

4－13 续表7 Continued 7

| 科技企业孵化器<br>Technology Business Incubator | 累计毕业企业（个）<br>Accumulatted Number of Graduated Tenants (number) | 人员数（人）<br>Number of Employees of Graduated Tenants (person) | 总收入（千元）<br>Total Income of Graduated Tenants (1000 RMB yuan) | 工业总产值（千元）<br>Total Industrial Output Value (1000 RMB yuan) |
|---|---|---|---|---|
| 黑龙江省林业科技创业中心<br>Forestry Technology Innovation Center of Heilongjiang | 0 | 0 | 0 | 0 |
| 华崴科技创业中心<br>Huawei Tecnhology Innovation Center | 10 | 0 | 0 | 0 |
| 黑龙江创业科技园<br>Heilongjiang Innovation Science Park | 2 | 138 | 8980 | 9200 |
| 东华大学国家大学科技园创业中心<br>Innovation Center of Donghua University Science Park | 37 | 411 | 2053400 | 209446 |
| 国家863软件专业孵化器（上海）基地<br>Shanghai National 863 Software Special Business Incubator Base | 4 | 183 | 28486 | 28486 |
| 国家留学人员嘉定创业园<br>Jiading National Overseas Schollars Innovation Park | 7 | 123 | 82105 | 82105 |
| 虹口区科技创业中心企业孵化基地<br>Incubation Base of Hongkou District Technology Innovation Center | 16 | 232 | 0 | 0 |
| 黄浦区科技创业中心<br>Huangpu District Technology Innovation Center | 10 | 0 | 0 | 0 |
| 上海多媒体产业园创业有限公司<br>Shanghai Multimedia Industrial Park Innovation Ltd. | 0 | 0 | 0 | 0 |
| 上海奉浦现代农业专业孵化器<br>Shanghai Fengpu Modern Agriculture Special Business Incubator | 0 | 0 | 0 | 0 |
| 上海嘉定民营技术密集区发展总公司<br>Shanghai Jiading Private Technology Cluster Development General Corporation | 27 | 423 | 530980 | 530980 |
| 上海静安科技企业孵化器管理有限公司<br>Shanghai Jing'an Technology Business Incubator Administrative Ltd. | 0 | 0 | 0 | 0 |
| 上海科汇高新技术创业服务中心<br>Shanghai Kehui Hi-tech Innovation Service Center | 8 | 167 | 115990 | 115990 |
| 上海市金山科技创业中心<br>Shanghai Kingsun Technology Innovation Center | 0 | 0 | 0 | 0 |
| 上海市科技创业中心卢湾分中心<br>Luwan Subcenter of Shanghai Technology Innovation Center | 8 | 42 | 2000 | 2000 |
| 上海市科技创业中心闸北分中心<br>Zhabei Subcenter of Shanghai Technology Innovation Center | 15 | 667 | 582455 | 590750 |
| 上海市松江科技创业中心<br>Songjiang Subcenter of Shanghai Technology Innovation Center | 0 | 0 | 0 | 0 |
| 上海未来岛科技创业中心<br>Shanghai Future Island Technology Innovation Center | 0 | 0 | 0 | 0 |
| 上海徐汇软件基地<br>Shanghai Xuhui Software Base | 0 | 0 | 0 | 0 |
| 上海中国纺织国际产业城创业中心<br>Shanghai National Textile International Industrial City Innovation Center | 0 | 0 | 0 | 0 |
| 上海中科大研究发展中心<br>Shanghai R&D Center of China Science and Technology University | 6 | 116 | 13500 | 13500 |

4－13 续表8 Continued 8

| 科技企业孵化器<br>Technology Business Incubator | 累计毕业企业（个）<br>Accumulatted Number of Graduated Tenants (number) | 人员数（人）<br>Number of Employees of Graduated Tenants (person) | 总收入（千元）<br>Total Income of Graduated Tenants (1000 RMB yuan) | 工业总产值（千元）<br>Total Industrial Output Value (1000 RMB yuan) |
|---|---|---|---|---|
| 宜兴市科技创业服务中心<br>Technology Innovation Service Center of Yixing | 0 | 0 | 0 | 0 |
| 常熟高新技术创业服务中心<br>Changshu Hi-tech Innovation Service Center | 2 | 151 | 123017 | 123017 |
| 常州市留学人员创业园<br>Overseas Scholars Incubation Park of Changshu | 40 | 3810 | 45000 | 42600 |
| 海安县高新技术创业服务中心<br>Hi-tech Innovation Service Center of Hai'an | 19 | 910 | 490000 | 512000 |
| 淮安高新技术创新中心<br>Hi-tech Innovation Center of Wei'an | 0 | 0 | 0 | 0 |
| 江苏常州钟楼高新技术创业服务中心<br>Jiangsu Changzhou Zhonglou Hi-tech Innovation Service Center | 0 | 0 | 0 | 0 |
| 江苏华新高新技术创业有限公司<br>Jiangsu Huaxin Hi-tech Innovation Ltd. | 12 | 1320 | 765000 | 772000 |
| 江阴高新技术创业园<br>Jiangyin Hi-tech Innovation Park | 16 | 220 | 12649 | 0 |
| 靖江市华信科技创业园有限公司<br>Huaxin Technology Innovation Park Ltd. Jingjiang | 11 | 950 | 30960 | 31260 |
| 溧阳市高新技术创业中心<br>Hi-tech Innovation Center of Suyang | 32 | 3880 | 1323900 | 134580 |
| 连云港高新技术产业开发区创业中心<br>Lianyungang Hi-tech Innovation Center | 50 | 3604 | 1990930 | 2015859 |
| 连云港市科技创业服务中心<br>Technology Innovation Service Center of Lianyungang | 0 | 0 | 0 | 0 |
| 南长区科技创业服务中心<br>Technology Innovation Service Center of Nanshan District | 0 | 0 | 0 | 0 |
| 南通港闸高科技创业中心<br>Nantong Gangzha Hi-tech Innovation Center | 0 | 0 | 0 | 0 |
| 南通市崇川科技创业服务中心有限公司<br>Chongchuan Technology Innovation Service Center Ltd. of Nantong | 11 | 2031 | 985566 | 1029141 |
| 南通综艺科技孵化器有限公司<br>Nantong Zongyi Technology Business Incubator Limited Liability Company | 0 | 0 | 0 | 0 |
| 如东县科技创业中心<br>Technology Innovation Center of Rudong | 0 | 0 | 0 | 0 |
| 如皋市科技创业园<br>Technology Innovation Park of Rugao | 31 | 649 | 121370 | 115750 |
| 沭阳县科技创业服务中心<br>Innovation Service Center of Shuyang | 0 | 0 | 0 | 0 |
| 苏州工投科技创业园有限公司<br>Suzhou Gongtou Technology Innovation Park Ltd. | 0 | 0 | 0 | 0 |
| 苏州工业园区生物纳米科技园<br>Suzhou Industrial Park Nano Science and Technology Park | 0 | 0 | 0 | 0 |
| 苏州节能环保高新技术创业园<br>Suzhou Energy Saving and Environment Protection Hi-tech Innovation Park | 13 | 1290 | 157430 | 173220 |

| 科技企业孵化器<br>Technology Business Incubator | 累计毕业企业（个）<br>Accumulatted Number of Graduated Tenants (number) | 人员数（人）<br>Number of Employees of Graduated Tenants (person) | 总收入（千元）<br>Total Income of Graduated Tenants (1000 RMB yuan) | 工业总产值（千元）<br>Total Industrial Output Value (1000 RMB yuan) |
|---|---|---|---|---|
| 苏州留学人员创业园<br>Overseas Schollars Incubation Park | 83 | 2630 | 769800 | 732000 |
| 苏州市沧浪科技创业园管理有限公司<br>Suzhou Canglang Technology Innovation Park Administrative Ltd. | 13 | 349 | 26929 | 14850 |
| 苏州市金阊区科技创业园<br>Suzhou Jinchang Technology Innovation Park | 0 | 0 | 0 | 0 |
| 苏州市平江科技创业园管理有限公司<br>Suzhou Pingjiang Technology Innovation Park Administrative Ltd. | 3 | 200 | 113003 | 113003 |
| 苏州市相城区脱颖科技创业园有限公司<br>Suzhou Xiangchengtuoyin Technology Innovation Park Ltd. | 0 | 0 | 0 | 0 |
| 苏州市新吴城集团有限公司盘门科技创业园<br>Suzhou Xinwucheng Corporative Ltd. Panmen Technology Innovation Park | 12 | 0 | 0 | 0 |
| 宿迁市科技创业服务中心<br>Suqian Technology Innovation Service Center | 0 | 0 | 0 | 0 |
| 太仓市科技创业园有限公司<br>Taicang Technology Innovation Park Ltd. | 1 | 14 | 11500 | 11500 |
| 无锡(国家)工业设计园创业服务中心<br>Wuxi(National) Industrial Design Park Innovation Service Center | 10 | 0 | 0 | 0 |
| 无锡国际科技合作园<br>Wuxi International Science and Technology Cooperation Park | 5 | 0 | 0 | 0 |
| 无锡惠山高新技术创业服务中心<br>Wuxi Huishan Hi-tech Technology Innovation Service Center | 5 | 476 | 67480 | 63590 |
| 无锡江南工业设计园有限公司<br>Wuxi JIangnan Industrial Design Park Ltd. | 5 | 5 | 2779 | 0 |
| 无锡市锡山区科技创业服务中心<br>Xishan Innovation Service Center of Wuxi | 0 | 0 | 0 | 0 |
| 无锡同方创业园有限公司<br>Wuxi Tongfang Innovation Park Ltd. | 2 | 68 | 18200 | 25000 |
| 无锡新区留学生创业园<br>Overseas Schollars Innovation Park of Wuxi New District | 56 | 1120 | 1891200 | 2085705 |
| 吴江科技创业园<br>Wujiang Science and Technology Innovation Park | 0 | 0 | 0 | 0 |
| 兴化市科技创业中心<br>Technology Innovation Center of Xinghua | 15 | 315 | 46000 | 45440 |
| 徐州高新技术创业服务中心<br>Xuzhou Hi-tech Tecnhology Innovation Service Center | 28 | 1650 | 254700 | 291183 |
| 徐州市高新技术创业服务中心<br>Hi-tech Innovation Service Center of Xuzhou | 9 | 360 | 184724 | 186176 |
| 盐城高新技术创业园有限公司<br>Yancheng Hi-tech Innovation Park Ltd. | 13 | 876 | 320000 | 230000 |
| 扬州市邗江区高新技术创业服务中心<br>Hanjiang Hi-tech Innovation Service Center of Yangzhou | 4 | 230 | 90000 | 96000 |
| 镇江软件园管理办公室<br>Zhenjiang Software Park Administrative Office | 2 | 45 | 15976 | 15976 |

| 科技企业孵化器<br>Technology Business Incubator | 累计毕业企业（个）<br>Accumulatted Number of Graduated Tenants (number) | 人员数（人）<br>Number of Employees of Graduated Tenants (person) | 总收入（千元）<br>Total Income of Graduated Tenants (1000 RMB yuan) | 工业总产值（千元）<br>Total Industrial Output Value (1000 RMB yuan) |
|---|---|---|---|---|
| 镇江润州高新技术创业服务中心<br>Zhenjiang Runzhou Hi-tech Innovation Service Center | 15 | 540 | 145000 | 152000 |
| 中科昆山高科技创业服务中心<br>Zhongke Kunshan Hi-tech Innovation Service Center | 0 | 0 | 0 | 0 |
| 高淳县高科创业服务公司<br>Hi-tech Innovation Service Ltd. of Gaochun | 4 | 27 | 600 | 0 |
| 溧水县科技创业服务中心<br>Technology Innovation Service Center of Sushui | 0 | 0 | 0 | 0 |
| 南京滨江科技创业中心<br>Nanjing Binjiang Technology Innovation Center | 24 | 300 | 168000 | 108000 |
| 南京光机电科技创业中心<br>Nanjing Mechatronic Technology Innovation Center | 0 | 0 | 0 | 0 |
| 南京环保科技创业中心<br>Nanjing Environment Protection Technology Innovation Center | 0 | 0 | 0 | 0 |
| 南京江宁高新技术创业服务中心<br>Nanjing Jiangning Hi-tech Innovation Service Center | 63 | 737 | 520000 | 550000 |
| 南京留学人员创业园<br>Nanjing Overseas Schollars Innovation Park | 23 | 8376 | 1906562 | 2134543 |
| 南京六合区科技创业服务中心<br>Nanjing Liuhe Innovation Service Center | 4 | 30 | 38500 | 39500 |
| 南京农业生物高新技术创业中心<br>Nanjing Agriculture Biology Hi-tech Innovation Center | 0 | 0 | 0 | 0 |
| 南京市白下区科技创业服务中心<br>Nanjing Technology Innovation Service Center of Baixia | 1 | 20 | 8000 | 0 |
| 南京市建邺区科技创业服务中心<br>Innovation Service Center of Nanjing Jianye District | 1 | 125 | 7191 | 6999 |
| 南京市雨花台区科技创业中心<br>Innovation Center of Nanjing Yuhuatai District | 0 | 0 | 0 | 0 |
| 南京数码动漫创业管理有限公司<br>Nanjing Digital Carton lnnovation Administrative Ltd. | 0 | 0 | 0 | 0 |
| 南京智工微光电子产业孵化中心<br>Nanjing Zhigong Weiguang Electronic Industrial Incubation Center | 0 | 0 | 0 | 0 |
| 浦口区科技创业中心<br>Science and Technology Innovation Center of Pukou District | 0 | 0 | 0 | 0 |
| 秦淮区科技创业服务中心<br>Science and Technology Innovation Service Center of Qinhuai District | 0 | 0 | 0 | 0 |
| 德清县科技创业服务有限公司<br>Science and Technology Innovation Service Ltd. of Deqing County | 7 | 111 | 38673 | 38673 |
| 杭州市下城区科技创业中心<br>Hangzhou Xiacheng District Sciena and Technology lnnovation Lenter | 38 | 450 | 400000 | 0 |
| 长兴民营科技园发展有限公司<br>Changxing Priviate Science and Technology Industrial Park Development Ltd. | 16 | 497 | 9600 | 16000 |
| 海宁市科技创业中心<br>Science and Technology Innovation Center of Haining | 0 | 0 | 0 | 0 |
| 海盐县科技创业服务中心<br>Science and Technology Innovation Service Center of Haiyan | 0 | 0 | 0 | 0 |

| 科技企业孵化器<br>Technology Business Incubator | 累计毕业企业（个）<br>Accumulatted Number of Graduated Tenants (number) | 人员数（人）<br>Number of Employees of Graduated Tenants (person) | 总收入（千元）<br>Total Income of Graduated Tenants (1000 RMB yuan) | 工业总产值（千元）<br>Total Industrial Output Value (1000 RMB yuan) |
|---|---|---|---|---|
| 杭州创新创业新天地<br>Hangzhou Innovation New World | 0 | 0 | 0 | 0 |
| 杭州东部软件园有限公司<br>Hangzhou Dongbu Software Ltd. | 19 | 0 | 0 | 0 |
| 杭州高新国投节能环保孵化器有限公司<br>Hangzhou Hi-tech National Investment Energy Saving and Environment Protection Technology Business Incubator Limited Liability Company | 6 | 0 | 0 | 0 |
| 杭州高新区留学人员创业园<br>Overseas Schollars Innovation Park of Hangzhou Science and Technology Park | 219 | 12000 | 9069029 | 0 |
| 杭州国家集成电路设计企业孵化器有限公司<br>Hangzhou National IC Design Technology Business Incubator Limited Liability Company | 4 | 294 | 123142 | 141890 |
| 杭州杭康医药孵化器有限公司<br>Hangzhou Hangkang Medicine Technology Business Incubator Limited Liability Company | 0 | 0 | 0 | 0 |
| 杭州临安太湖源观赏竹种园有限公司竹业科技孵化器<br>Hangzhou Lin'an Taihuyuan Omamental Bamboo Seed Ltd. Technology Business Incubator | 7 | 73 | 1552 | 2490 |
| 杭州生物医药科技创业园有限公司<br>Hangzhou Biological Medicine Technology Innovation Park Ltd. | 4 | 22 | 5000 | 0 |
| 杭州市江干区科技产业服务中心<br>Technology Industrial Service Center of Hangzhou Gangjiang District | 35 | 756 | 185672 | 13650 |
| 杭州市余杭高新农业示范中心<br>Yuhang Hi-tech Agriculture Model Center of Hangzhou | 1 | 45 | 12000 | 12000 |
| 杭州数字娱乐园有限公司<br>Hangzhou Digital Entertainment Park Ltd. | 12 | 930 | 90000 | 90000 |
| 杭州天盛科技创业服务有限公司<br>Hangzhou Tiansheng Technology Innovation Service Ltd. | 0 | 0 | 0 | 0 |
| 杭州拓峰软件专业孵化器有限公司<br>Hangzhou Tuofeng Software Technology Business Incubator Limited Liability Company | 0 | 0 | 0 | 0 |
| 杭州西湖科技创业有限公司<br>Hangzhou Xihu Technology Innovation Ltd. | 7 | 98 | 4190 | 0 |
| 杭州萧山创业服务中心<br>Hangzhou Xiaoshan Innovation Service Center | 10 | 210 | 50000 | 0 |
| 建德市有机硅科技企业孵化器<br>Organic Silicon Technology Business Incubator of Jiande | 7 | 0 | 43000 | 43000 |
| 乐清市科技孵化创业中心<br>Technology Innovation and Incubation Center of Yueqing | 0 | 0 | 0 | 0 |
| 临安市科技孵化中心<br>Technology Incubation Center of Lin'an | 13 | 425 | 56342 | 57542 |
| 衢州高科农业创新服务有限公司<br>Quzhou Hi-tech Agriculture Innovation Service Ltd. | 2 | 78 | 360 | 0 |

| 科技企业孵化器<br>Technology Business Incubator | 累计毕业企业（个）<br>Accumulatted Number of Graduated Tenants (number) | 人员数（人）<br>Number of Employees of Graduated Tenants (person) | 总收入（千元）<br>Total Income of Graduated Tenants (1000 RMB yuan) | 工业总产值（千元）<br>Total Industrial Output Value (1000 RMB yuan) |
|---|---|---|---|---|
| 上虞市高新技术产业发展有限公司<br>Hi-tech Industrial Development Ltd. of Shangyu | 29 | 744 | 665810 | 703060 |
| 绍兴市科技创业中心<br>Technology Innovation Center of Shaoxing | 5 | 60 | 8000 | 8500 |
| 台州市高新技术创业服务中心有限公司<br>Hi-tech Innovation Service Center Ltd. of Taizhou | 4 | 120 | 2800 | 3920 |
| 桐乡市科技创业服务中心有限公司<br>Technology Innovation Service Center of Tongxiang | 0 | 0 | 0 | 0 |
| 万向高科技孵化中心<br>Wanxiang Hi-tech Incubation Center | 2 | 150 | 180000 | 194000 |
| 西湖区高新技术创业服务中心<br>Hi-tech Innovation Service Center of Xihu District | 11 | 0 | 0 | 0 |
| 新昌高新技术孵化器<br>Xinchang Hi-tech Business Incubator | 3 | 46 | 11022 | 10787 |
| 浙江衢州高新技术产业园区科技孵化器<br>Zhejiang Quzhou Hi-tech Industrial Park Technology Business Incubator | 7 | 536 | 218952 | 239212 |
| 浙江省国家大学科技园<br>National University Science Park of Zhejiang | 6 | 150 | 125100 | 0 |
| 浙江兴科科技发展投资有限公司<br>Zhejiang Xingke Technology Development Investment Ltd. | 0 | 0 | 0 | 0 |
| 浙江秀洲科技创业发展有限公司<br>Zhejiang Xiuzhou Technology Innovation Development Ltd. | 0 | 0 | 0 | 0 |
| 浙江银江孵化器有限公司<br>Zhejiang Yinjiang Technology Business Incubator Ltd. | 0 | 0 | 0 | 0 |
| 中国科学院杭州科技园<br>Hangzhou Science and Technology Park of China Academy of Science | 0 | 0 | 0 | 0 |
| 北仑现代农业开发区科技企业孵化器<br>Beilun Modern Agriculture Development Park Technology Business Incubator | 11 | 530 | 70000 | 200000 |
| 慈溪市生产力促进中心<br>Productivity Promotion Center of Cixi | 10 | 120 | 54000 | 54000 |
| 宁波开发区科技创业园服务中心<br>Technology Innovation Service Center of Ningbo Development Zone | 15 | 621 | 38950 | 0 |
| 宁波市江北区科技创业中心<br>Technology Innovation Center of Ningbo Jiangbei District | 40 | 1000 | 150000 | 110000 |
| 宁波市江东科技创业服务中心<br>Jiangdong Technology Innovation Service Center of Ningbo | 40 | 568 | 280841 | 308451 |
| 宁波市鄞州区科技企业孵化器<br>Technology Business Incubator of Ningbo Yinzhou | 2 | 52 | 25236 | 25236 |
| 宁波市镇海区科技创业服务中心<br>Innovation Service Center of Ningbo Zhenhai District | 18 | 0 | 38653 | 40808 |
| 宁波望春工业园区杉杉科创投资服务中心<br>Ningbo Wangchun Industrial Park Shanshan Kechuang Investment Service Center | 3 | 235 | 70112 | 70212 |
| 宁海县模具科技企业创业服务中心<br>Moudle Technology Innovation Service Center of Ninghai | 3 | 137 | 29000 | 29000 |

4－13 续表13 Continued 13

| 科技企业孵化器<br>Technology Business Incubator | 累计毕业企业（个）<br>Accumulatted Number of Graduated Tenants (number) | 人员数（人）<br>Number of Employees of Graduated Tenants (person) | 总收入（千元）<br>Total Income of Graduated Tenants (1000 RMB yuan) | 工业总产值（千元）<br>Total Industrial Output Value (1000 RMB yuan) |
|---|---|---|---|---|
| 象山科技创业发展有限公司<br>Xiangshan Technology Innovation Development Limited Liability Company | 17 | 480 | 6800 | 6800 |
| 浙江大学国家大学科技园宁波分园科创中心<br>Technology Innovation Center of Ningbo Subpark of Zhejiang University Science Park | 0 | 0 | 0 | 0 |
| 安徽省科技创业服务中心<br>Technology Innovation Service Center of Anhui | 18 | 317 | 86419 | 72760 |
| 安徽省科园创业中心<br>Keyuan Innovation Center of Anhui | 15 | 130 | 49000 | 50500 |
| 安庆市高新技术创业服务中心<br>Hi-tech Innovation Service Center of Anqing | 10 | 484 | 45230 | 47580 |
| 蚌埠高新区铁发创业中心<br>Tiefa Innovation Center of Bengbu Science and Technology Industrial Park | 12 | 1320 | 68562 | 69371 |
| 蚌埠市科技创业服务中心<br>Technology Innovation Service Center of Bengbu | 6 | 180 | 0 | 0 |
| 巢湖科技创业服务中心<br>Chaohu Technology Innovation Service Center | 0 | 0 | 0 | 0 |
| 滁州市高新技术创业服务中心<br>Hi-techInnovation Service Center of Chuzhou | 0 | 0 | 0 | 0 |
| 阜阳科技创业服务中心<br>Fuyang Technology Innovation Service Center | 0 | 0 | 0 | 0 |
| 合肥留学人员创业园<br>Hefei Overseas Schollars Innovation Park | 19 | 1525 | 500483 | 455179 |
| 合肥市包河区科技创业服务中心<br>Technology Innovation Service Center of Hefei Baohe District | 0 | 0 | 0 | 0 |
| 合肥桃花科技创业服务中心<br>Hefei Taohua Technology Innovation Service Center | 0 | 0 | 0 | 0 |
| 淮南高新技术创业服务中心<br>Huainan Hi-tech Innovation Service Center | 2 | 174 | 39200 | 42200 |
| 灵璧县科技创业服务中心<br>Technology Innovation Service Center of Lingbi | 0 | 0 | 0 | 0 |
| 六安市科技创业服务中心<br>Innovation Service Center of Liu'an | 0 | 0 | 0 | 0 |
| 舒城县科技创业园<br>Technology Innovation Park of Shucheng | 0 | 0 | 0 | 0 |
| 宿州科技企业创业服务中心<br>Suzhou Technology Innovation Service Center | 5 | 265 | 2650 | 2660 |
| 天长市高新技术创业服务中心<br>Hi-tech Innovation Service Center of Tianchang | 0 | 0 | 0 | 0 |
| 宣城市科技创业服务中心<br>Technology Innovation Service Center of Xuancheng | 0 | 0 | 0 | 0 |
| 福建留学人员创业园<br>Fujian Overseas Schollars Innovation Park | 0 | 0 | 0 | 0 |
| 龙岩市高新技术创业服务中心<br>Hi-tech Innovation Service Center of Longyan | 0 | 0 | 0 | 0 |
| 南平高新技术创业服务中心<br>Nanping Hi-tech Innovation Service Center | 0 | 0 | 0 | 0 |

| 科技企业孵化器<br>Technology Business Incubator | 累计毕业企业（个）<br>Accumulatted Number of Graduated Tenants (number) | 人员数（人）<br>Number of Employees of Graduated Tenants (person) | 总收入（千元）<br>Total Income of Graduated Tenants (1000 RMB yuan) | 工业总产值（千元）<br>Total Industrial Output Value (1000 RMB yuan) |
|---|---|---|---|---|
| 莆田市高新技术创业服务中心<br>Hi-tech Innovation Service Center of Putian | 4 | 15 | 21 | 37 |
| 三明市高新技术创业服务中心<br>Hi-tech Innovation Service Center of Sanming | 0 | 0 | 0 | 0 |
| 湖里区科技创业服务中心<br>Huli District Technology Innovation Service Center | 42 | 1263 | 225627 | 236871 |
| 厦门光电子孵化器<br>Xiamen Mechatronic Incubator | 9 | 473 | 44852 | 40039 |
| 厦门海沧科技创业中心<br>Xiamen Haicang Technology Innovation Center | 0 | 0 | 0 | 0 |
| 厦门留学人员创业园<br>Xiamen Overseas Schollars Innovation Park | 137 | 7720 | 780150 | 792235 |
| 厦门市思明区生产力促进中心<br>Xiamen Siming District Productivity Promotion Center | 85 | 1200 | 430000 | 430000 |
| 厦门台湾科技企业育成中心<br>Xiamen Taiwan Technology Business Incubator | 15 | 893 | 80063 | 71505 |
| 江西高技术产业发展有限责任公司<br>Jiangxi Hi-tech Industrial Development Ltd. | 95 | 0 | 0 | 0 |
| 江西师范大学科技园<br>Jiangxi Normal University Science Park | 2 | 150 | 400000 | 320000 |
| 江西浙大中凯科技园发展有限公司<br>Jiangxi Zhejiang University Zhongkai Science Park Development Limited Liability Company | 0 | 0 | 0 | 0 |
| 中国江西省留学人员创业园<br>China Jiangxi Overseas Schollars Innovation Park | 12 | 180 | 0 | 0 |
| 德州高新技术创业服务中心<br>Dezhou Hi-tech Innovation Service Center | 0 | 0 | 0 | 0 |
| 肥城市高新技术产业开发区创业服务中心<br>Innovation Service Center of Feicheng Hi-tech Industrial Development Zone | 0 | 0 | 0 | 0 |
| 济宁高新区大学科技园<br>University Science Park of Jining Science and Technology Park | 1 | 1592 | 580037 | 573447 |
| 聊城市高新技术创业服务中心<br>Hi-tech Innovation Service Center of Liaocheng | 20 | 721 | 2041362 | 1366500 |
| 龙口市高新技术创业服务中心<br>Hi-tech Innovation Service Center of Longkou | 8 | 63 | 12680 | 12400 |
| 日照高新技术产业园创业服务中心<br>Innovation Service Center of Rizhao Hi-tech Industrial Development Park | 0 | 0 | 0 | 0 |
| 乳山市高新技术创业服务中心<br>Hi-tech Innovation Service Center of Rushan | 7 | 200 | 0 | 3800 |
| 山东力创科技企业孵化器<br>Shandong Lichuang Technology Business Incubator | 5 | 143 | 25476 | 26890 |
| 威海湖西创业保育有限公司<br>Weihai Huxi Innovation and Incubation Ltd. | 3 | 22 | 3600 | 3600 |
| 威海经济技术开发区科技创新中心有限公司<br>Weihai Economic Technological Development Zone Technology Innovation Center Ltd | 0 | 0 | 0 | 0 |

4－13 续表15 Continued 15

| 科技企业孵化器 Technology Business Incubator | 累计毕业企业（个） Accumulatted Number of Graduated Tenants (number) | 人员数（人） Number of Employees of Graduated Tenants (person) | 总收入（千元） Total Income of Graduated Tenants (1000 RMB yuan) | 工业总产值（千元） Total Industrial Output Value (1000 RMB yuan) |
|---|---|---|---|---|
| 新泰高新技术创业服务中心 Xintai Hi-tech Innovation Service Center | 9 | 1743 | 226783 | 234705 |
| 烟台市信息技术创业服务中心 Information Technology Innovation Service Center of Yantai | 16 | 200 | 0 | 0 |
| 烟台市芝罘区科技创业服务中心 Technology Innovation Service Center of Yantai Zhifu District | 1 | 144 | 16100 | 19320 |
| 枣庄高新技术产业开发区科技创业服务中心 Zaozhuang Hi-tech Industrial Zone Technology Innovation Service Center | 29 | 4320 | 25300 | 26200 |
| 中国・济宁留学生创业园 China・Jining Overseas Schollars Innovation Park | 3 | 456 | 365275 | 338381 |
| 中国泰山留学人员创业园 China Taishan Overseas Schollars Innovation Park | 0 | 0 | 0 | 0 |
| 青岛高新区新产业团地创业中心 Qingdao Science and Technology Industrial Innovation Center | 0 | 0 | 0 | 0 |
| 青岛国家大学科技园 Qingdao University Science Park | 111 | 1050 | 318743 | 130000 |
| 青岛科大都市科技园发展有限公司 Qingdao Science University Urban Science and Technology Park Development Limited Liability Company | 5 | 80 | 100000 | 200000 |
| 四方区建筑创意产业园创新创业服务中心 Building Originality Industrial Park Innovation Service Center of Sifang | 5 | 103 | 98631 | 98631 |
| 河南省濮阳高新区创业服务中心 Henan Province Puyang Science and Technology Industrial Park Innovation Service Center | 42 | 1236 | 8560 | 8470 |
| 开封高新技术创业服务中心 Kaifeng Hi-tech Innovation Service Center | 7 | 280 | 56200 | 56000 |
| 平顶山高新技术创业服务中心 Pingdingshan Hi-tech Innovation Service Center | 27 | 799 | 81200 | 76800 |
| 郑州高新区留学人员创业园 Zhengzhou Science and Technology Industrial Park Overseas Schollars Incubation Park | 13 | 610 | 67000 | 55000 |
| 郑州空港科技创业服务中心 Zhengzhou Airport Innovation Service Center | 14 | 523 | 134070 | 102310 |
| 郑州市科技企业孵化器 Technology Business Incubator of Zhengzhou | 38 | 2100 | 92000 | 105000 |
| 荆州开发区创业中心 Innovation Center of Jingzhu Development Zone | 47 | 1235 | 0 | 0 |
| 襄樊市樊城区科技创业服务中心 Technology Innovation Service Center of Xiangfan Fancheng District | 17 | 330 | 35780 | 46625 |
| 江岸区高新技术创业中心 Jiang'an District Hi-tech Innovation Center | 12 | 810 | 301000 | 301000 |
| 武汉华成创业服务有限公司 Wuhan Huacheng Innovation Service Ltd | 20 | 188 | 6096 | 0 |
| 武汉华创源科技企业孵化器有限公司 Wuhan Huachuangyuan Technology Business Incubator Limited Liability Company | 0 | 0 | 0 | 0 |

4－13 续表 16 Continued 16

| 科技企业孵化器<br>Technology Business Incubator | 累计毕业企业（个）<br>Accumulatted Number of Graduated Tenants (number) | 人员数（人）<br>Number of Employees of Graduated Tenants (person) | 总收入（千元）<br>Total Income of Graduated Tenants (1000 RMB yuan) | 工业总产值（千元）<br>Total Industrial Output Value (1000 RMB yuan) |
|---|---|---|---|---|
| 武汉黄金口科技产业孵化基地<br>Wuhan Huangjinkou Technology Incubation Base | 5 | 138 | 43000 | 25641 |
| 武汉盘龙科技企业孵化器<br>Wuhan Panlong Technology Business Incubator | 4 | 265 | 85000 | 85000 |
| 武汉市蔡甸区科技创业服务中心<br>Technology Innovation Service Center Wuhan Caixun District | 13 | 67 | 1300 | 1300 |
| 武汉市汉南区高新技术创业服务中心<br>Hi-tech Innovation Service Center of Wuhan Hannan District | 8 | 409 | 17800 | 15600 |
| 武汉市江夏区高新技术创业服务中心<br>Hi-tech Innovation Service Center of Wuhan Jiangxia District | 0 | 0 | 0 | 0 |
| 武汉市科研院所高新技术创业服务中心<br>Hi-tech Innovation Service Center of Research Institute of Wuhan | 0 | 0 | 0 | 0 |
| 武汉市武湖农业科技创业服务中心<br>Wuhu Innovation Service Center of Wuhan | 2 | 0 | 20640 | 20640 |
| 长沙高新区橡树园企业创业服务有限公司<br>Changsha Science and Technology Industrial Park Xiangshu Park Enterprises Innovation Service Park | 0 | 0 | 0 | 0 |
| 长沙湘能科技企业孵化器有限公司<br>Changsha Xiangneng Technology Business Incubator Limited Liability Company | 0 | 0 | 0 | 0 |
| 湖南麓谷科技孵化器<br>Hunan Lugu Technology Business Incubator | 12 | 0 | 0 | 0 |
| 湖南省火炬创业中心<br>Torch Innovation Center of Hunan | 1 | 0 | 0 | 0 |
| 东莞市软件企业孵化园<br>Software Business Incubator of Dongguan | 0 | 0 | 0 | 0 |
| 佛山国家高新区科技企业孵化中心<br>Foshan National Science and Technology Industrial Park Technology Business Incubation Center | 0 | 0 | 0 | 0 |
| 佛山市高明沧江工业园科技企业创业中心<br>Gaoming Cangjiang Industrial Park Technology Business Innovation Center of Foshan | 6 | 930 | 578730 | 91944 |
| 佛山市三水高新创业中心有限公司<br>Sanshui Hi-tech Innovation Center Ltd of Foshan | 0 | 0 | 0 | 0 |
| 佛山市顺德高新技术产业孵化基地<br>Shunde Hi-tech Incubation Base of Foshan | 10 | 100 | 284 | 600 |
| 广东电子工业研究院有限公司<br>Guangdong Electronic Industrial Institete Ltd. | 0 | 0 | 0 | 0 |
| 广东惠州工业园创新服务中心<br>Guangdong Huizhou Industrial Park Innovation Service Center | 2 | 455 | 32612 | 32612 |
| 广东省纺织服装开平基地技术创新中心<br>Technology Innovation Center of Textile Fashion Kaiping Base of Guangdong | 0 | 0 | 0 | 0 |
| 惠州市生产力促进中心<br>Productivity Promotion Center of Huizhou | 0 | 0 | 0 | 0 |
| 惠州仲恺高新区科技创业中心<br>Technology Innovation Center of Huizhou Zhongkai Science and Technology Park | 3 | 0 | 551491 | 530696 |

| 科技企业孵化器<br>Technology Business Incubator | 累计毕业企业<br>（个）<br>Accumulatted Number of Graduated Tenants<br>（number） | 人员数<br>（人）<br>Number of Employees of Graduated Tenants<br>（person） | 总收入<br>（千元）<br>Total Income of Graduated Tenants<br>（1000 RMB yuan） | 工业总产值<br>（千元）<br>Total Industrial Output Value<br>（1000 RMB yuan） |
|---|---|---|---|---|
| 江门市科技创业服务中心<br>Technology Innovation Service Center of Jiangmen | 0 | 0 | 0 | 0 |
| 揭阳经济开发试验区信息中心<br>Jieyang Economic Development Test Area Information Center | 0 | 0 | 0 | 0 |
| 清华科技园（珠海）<br>Zhuhai Tsinghua University Science Park | 25 | 800 | 390000 | 410000 |
| 肇庆高新技术产业开发区创业服务中心<br>Innovation Service Center of Zhaoqing Science and Technology Industrial Park | 0 | 0 | 0 | 0 |
| 珠海南方软件园<br>Zhuhai South Software Park | 18 | 0 | 0 | 0 |
| 广东海珠海洋生物技术产业开发示范基地<br>Guangdong Haizhu Marine Biology Technology Industrial Development Model Base | 3 | 117 | 94779 | 86508 |
| 广州市白云区生产力促进中心<br>Productivity Promotion Center of Guangzhou Baiyun District | 19 | 1376 | 43136 | 43475 |
| 广州市花都区高新技术创业服务中心<br>Hi-tech Innovation Service Center of Guangzhou Huadu District | 0 | 0 | 0 | 0 |
| 广州市荔湾区生产力促进中心<br>Productivity Promotion Center of Guangzhou Liwan District | 12 | 264 | 25200 | 52300 |
| 暨南大学科技园<br>Jinan University Science Park | 0 | 0 | 0 | 0 |
| 深港产学研基地<br>Shenzhen Hongkong Industry University and Institute Base | 60 | 2100 | 2800000 | 2800000 |
| 深圳航天科技创新研究院<br>Shenzhen Aerospace Science and Technology Innovation Institute | 6 | 2067 | 283618 | 293816 |
| 深圳清华大学研究院<br>Shenzhen Tsinghua University Institute | 137 | 0 | 0 | 0 |
| 深圳生物孵化器管理中心<br>Shenzhen Biology Incubator Administrative Center | 8 | 0 | 0 | 0 |
| 深圳市佳利泰孵化器管理有限公司<br>Jialitai Incubator Administrative Ltd. of Shenzhen | 0 | 0 | 0 | 0 |
| 深圳市罗湖区高新技术创业中心<br>Hi-tech Innovation Center of Shenzhen Luohu District | 24 | 2400 | 240000 | 0 |
| 深圳天安数码城有限公司<br>Shenzhen Tian'an Digital City Ltd. | 15 | 2600 | 927950 | 0 |
| 深圳虚拟大学园管理服务中心<br>Shenzhen Virtual University Science Park Administrative and Service Center | 40 | 800 | 120000 | 120500 |
| 中国科技开发院有限公司<br>China Science and Technology Development Institute Ltd. | 21 | 119 | 65912 | 70316 |
| 北海高新技术产业园区科技创业中心<br>Beihai Hi-tech Industrial Park Innovation Center | 9 | 460 | 37640 | 28985 |
| 北生生物制药园科技企业孵化基地<br>Beisheng Biological Pharmacy Technology Enterprises Incubation Base | 4 | 57 | 12360 | 16653 |
| 广西南宁电子科技广场有限公司<br>Guangxi Nanning Electronic Science and Technology Plaza Ltd. | 112 | 896 | 421900 | 285610 |
| 国发海洋生物技术孵化基地<br>Guofa Marine Biology Technology Incubation Base | 0 | 0 | 0 | 0 |

| 科技企业孵化器<br>Technology Business Incubator | 累计毕业企业（个）<br>Accumulatted Number of Graduated Tenants (number) | 人员数（人）<br>Number of Employees of Graduated Tenants (person) | 总收入（千元）<br>Total Income of Graduated Tenants (1000 RMB yuan) | 工业总产值（千元）<br>Total Industrial Output Value (1000 RMB yuan) |
|---|---|---|---|---|
| 柳化国企孵化器<br>Liuhua State Owned Enterprises Incubator | 13 | 468 | 40204 | 40204 |
| 柳州高新区信息产业园<br>Information Industrial Park of Liuzhou Science and Technology Park | 15 | 789 | 49034 | 49384 |
| 柳州高新区有色金属新材料成果转化基地<br>Advanced Nonferrous Metals Material Science Achievement Transformation Base of Liuzhou Science and Technology Park | 10 | 2851 | 68670 | 68670 |
| 南宁留学人员创业园<br>Nanning Overseas Schollars Innovation Park | 64 | 1580 | 21261 | 25193 |
| 梧州市科技企业孵化园<br>Technology Enterprises Incubation Park of Wuzhou | 1 | 51 | 41 | 466 |
| 南岸区科技企业孵化器<br>Nan' an District Technology Business Incubator | 0 | 0 | 0 | 0 |
| 重庆高新技术产业开发区留学人员创业园<br>Overseas Scholars Innovation Park of Chongqing Hi-tech Industrial Park | 19 | 498 | 485273 | 339691 |
| 重庆高新区软件园<br>Software Park of Chongqing Science and Technology Park | 14 | 501 | 358129 | 250690 |
| 重庆高新区生物生化制药技术开发园<br>Biology and Biochemical Pharmacy Industrial Park of Chongqing Science and Technology Park | 13 | 1760 | 532687 | 435473 |
| 重庆九龙兴兴科技术市场有限责任公司<br>Chongqing Jiulong Xingxing Science and Technology Market Ltd. | 8 | 486 | 55087 | 54039 |
| 重庆科技孵化器创新示范体系万盛示范孵化器<br>Chongqing Science and Technology Incubator Innovation Model System Wansheng Model Incubator | 0 | 0 | 0 | 0 |
| 重庆市涪陵区金渠企业孵化器有限责任公司<br>Chongqing City Peiling District Jinqu Business Incubator Ltd. | 10 | 289 | 33211 | 29851 |
| 重庆万州科技企业孵化器<br>Chongqing Wanzhou Technology Business Incubator | 2 | 1093 | 40258 | 39171 |
| 成都高发实业有限责任公司科技孵化园<br>Technology Incubation Park of Chengdu Gaofa Industrial Ltd. | 46 | 953 | 56780 | 42120 |
| 成都高新发展股份有限公司高新区科技工业园<br>Chengdu Hi-tech Development Ltd. Science and Technology Industrial Park | 30 | 0 | 0 | 0 |
| 成都国信安信息产业基地有限公司<br>Chengdu Guoxinan Information Industrial Base Ltd. | 5 | 147 | 143212 | 103112 |
| 中国成都博士创业园<br>China Chengdu Doctor Innovation Park | 38 | 1726 | 52 | 486632 |
| 中国成都留学人员创业园<br>China Chengdu Incubation Park for Overseas Schollars | 54 | 2198 | 503126 | 44286 |
| 成都海峡两岸科技产业开发园<br>Chengdu Cross-Straits Science and Technology Industrial Development Park | 13 | 317 | 21000 | 33170 |
| 成都双新科技创业园<br>Chengdu Shuangxin Technology Innovation Park | 24 | 3448 | 1246581 | 748820 |
| 贵州贵阳软件园(一区)<br>Guizhou Guiyang Software Park(the first zone) | 0 | 0 | 0 | 0 |
| 贵州航天高新技术创业服务中心<br>Guizhou Aerospace Technology Innovation Service Center | 0 | 0 | 0 | 0 |

4－13　续表 19　Continued 19

| 科技企业孵化器<br>Technology Business Incubator | 累计毕业企业（个）<br>Accumulatted Number of Graduated Tenants (number) | 人员数（人）<br>Number of Employees of Graduated Tenants (person) | 总收入（千元）<br>Total Income of Graduated Tenants (1000 RMB yuan) | 工业总产值（千元）<br>Total Industrial Output Value (1000 RMB yuan) |
|---|---|---|---|---|
| 国家 863 软件专业孵化器昆明基地<br>National 863 Software Special Incubator Kunming Base | 0 | 0 | 0 | 0 |
| 昆明高新五华科技园创业服务中心<br>Kunming Hi-tech Wuhua Science and Technology Park Innovation Service Center | 14 | 890 | 276890 | 15470 |
| 昆明新兴产业孵化区管理有限公司<br>Kunming New Industry Incubation Zone Administrative Ltd. | 6 | 137 | 44460 | 53207 |
| 云南海归创业园<br>Yunnan Overseas Schollars Innovation Park | 0 | 0 | 0 | 0 |
| 云南留学人员创业园管理办公室<br>Yunnan Overseas Schollars Innovation Park Administrative Office | 3 | 60 | 28601 | 32240 |
| 西藏(成都)科技孵化器<br>Tibet (Chengdu) Technology Business Incubator | 0 | 0 | 0 | 0 |
| 宝鸡市金华水利科技服务中心<br>Baoji City Jinhua Water Resource Technology Sercice Center | 4 | 4 | 232982 | 380358 |
| 宝桥科贸大厦孵化中心<br>Baoqiao Technology Trade Incubation Center | 0 | 0 | 0 | 0 |
| 甘肃省兰州留学人员创业园区<br>Gansu Province Lanzhou Overseas Schollars Innovation Park | 20 | 636 | 179444 | 130442 |
| 秦明电子园<br>Qingming Electronic Park | 6 | 400 | 122471 | 219363 |
| 渭南高新区创业服务中心<br>Weinan Science and Technology Innovation Service Center | 0 | 0 | 0 | 0 |
| 西安航空科技创新服务中心<br>Xi'an Aerospace Technology Innovation Service Center | 20 | 915 | 254940 | 219960 |
| 西安高新区电子企业孵化器<br>Xi'an Science and Technology Park Electronic Business Incubator | 45 | 2703 | 723500 | 650200 |
| 西安高新区能源新技术孵化器<br>Xi'an Science and Technology Park Advanced Energy Technology Business Incubator | 0 | 0 | 0 | 0 |
| 西安高新区现代服务企业孵化器<br>Xi'an Science and Technology Park Modern Sercice Business Incubator | 0 | 0 | 0 | 0 |
| 西安高新区新型工业企业孵化器<br>Xi'an Science and Technology Park New Type Industrial Business Incubator | 78 | 3900 | 1209000 | 1209000 |
| 西安集成电路设计专业孵化器有限公司<br>Xi'an IC Design Special Technology Business Incubator Limited Liability Company | 20 | 547 | 64122 | 66242 |
| 西安莲湖科技产业园区创业服务中心<br>Xi'an Lianhu Science and Technology Industrial Park Innovation Service Center | 10 | 145 | 22986 | 21972 |
| 西安留学人员创业园<br>Xi'an Overseas Schollars Innovation Park | 116 | 5220 | 1513000 | 1361000 |
| 西安启迪(原清华)科技园发展有限公司<br>Xi'an Qidi (formal Tsinghua) Science and Technology Park Development Limited Liability Company | 28 | 400 | 435000 | 506000 |
| 兰州理工大学科技园科技企业孵化器<br>Lanzhou Science and Technology University Science Park Technology Business Incubator | 0 | 0 | 0 | 0 |

# 第五部分

# 全国技术市场

## *The Fifth Part*

## Technolgy Market in China

# 5－1　全国技术合同成交情况

## Statistics of Technology Contract Deals in Domestic Technical Markets

| 年份<br>Year | 合同数<br>（项）<br>Number of Contracts<br>(number) | 技术合同交易额<br>（亿元）<br>Value of Technology Contract Deals<br>(100 million RMB yuan) | 交易额占国内生产总值<br>（亿元）<br>Value of Technology Contract Deals as a Percentage of Gross Domestic Product<br>(100 million RMB yuan) |
|---|---|---|---|
| 2001 | 23921 | 782 | 0.71 |
| 2002 | 27038 | 884 | 0.73 |
| 2003 | 32173 | 1084 | 0.80 |
| 2004 | 264638 | 1334 | 0.83 |
| 2005 | 265010 | 1551 | 0.85 |
| 2006 | 205845 | 1818 | 0.87 |
| 2007 | 220868 | 2226 | 0.80 |

# 5-2 技术合同类别构成

## Technology Contract Category

| 合同类别<br>Category of Contract | 合同数（项）<br>Number of Contracts (number) | 合同交易额（亿元）<br>Value of Contract Deals (100 million RMB yuan) | 技术交易额（亿元）<br>Value of Technical Deals (100 million RMB yuan) |
|---|---|---|---|
| **技术开发<br>Technology Development** | | | |
| 小计<br>Subtotal | 73319 | 875.53 | 751.87 |
| 委托开发<br>Commissioned Development | 69372 | 790.50 | 680.89 |
| 合作开发<br>Cooperated Development | 3947 | 85.04 | 70.98 |
| **技术转让<br>Technology Transfer** | | | |
| 小计<br>Subtotal | 11474 | 420.36 | 384.61 |
| 技术秘密转让<br>Technical Secrets Transfer | 9369 | 260.37 | 232.62 |
| 专利实施许可转让<br>Patent License and Transfer | 1012 | 49.26 | 46.99 |
| 专利权转让<br>Patent Transfer | 359 | 52.21 | 46.96 |
| 专利申请权转让<br>Patent Application Right Transfer | 41 | 1.25 | 1.22 |
| 计算机软件著作权转让<br>Computer Software Copyright Transfer | 237 | 14.63 | 14.61 |
| 集成电路布图设计专有权转让<br>Integrated Circuit Layout Design Exclusive Right Transfer | 26 | 28.99 | 28.94 |
| 动、植物新品种权转让<br>New Species of Animals and Plants Patent Right Transfer | 143 | 2.36 | 2.14 |
| 生物、医药新品种权转让<br>New Species of Biology and Medicine Patent Right Transfer | 287 | 11.29 | 11.13 |
| **技术咨询<br>Technology Consultation** | **37820** | **90.24** | **86.01** |
| **技术服务<br>Technology Service** | | | |
| 小计<br>Subtotal | 98255 | 840.39 | 589.94 |
| 一般性技术服务<br>Normal Technology Service | 96111 | 831.69 | 583.97 |
| 技术中介<br>Technology Intermedia | 697 | 1.70 | 0.99 |
| 技术培训<br>Technology Training | 1447 | 7.00 | 4.98 |
| **合　计<br>Total** | **220868** | **2226.53** | **1812.44** |

## 5-3 技术合同知识产权构成

## Technology Contract Distribution by Intellectural Right

| 知识产权<br>Intellectural Right | 合同数<br>(项)<br>Number of<br>Contracts<br>(number) | 合同交易额<br>(亿元)<br>Value of<br>Contract Deals<br>(100 million RMB yuan) | 技术交易额<br>(亿元)<br>Value of<br>Technical Deals<br>(100 million RMB yuan) |
|---|---|---|---|
| **技术秘密**<br>**Technology Secrets** | **76261** | **1008.05** | **800.44** |
| **专利**<br>**Patent** | | | |
| 小计<br>Subtotal | 2685 | 122.21 | 99.52 |
| 发明专利<br>Invention Patent | 1343 | 73.04 | 66.07 |
| 实用新型专利<br>Utility Mode Patent | 1185 | 41.90 | 26.20 |
| 外观设计专利<br>Design Patent | 157 | 7.27 | 7.26 |
| **计算机软件**<br>**Computer Sofeware** | **27617** | **255.11** | **243.56** |
| **动、植物新品种**<br>**New Species of Animals and Plants** | **471** | **6.61** | **5.03** |
| **集成电路布图设计**<br>**IC Layout Design** | **509** | **52.08** | **51.07** |
| **生物、医药新品种**<br>**New Species of Biology and Medicine** | **2197** | **33.65** | **32.37** |
| **未涉及知识产权**<br>**Others** | **111128** | **748.81** | **580.43** |
| **合　计**<br>**Total** | **220868** | **2226.53** | **1812.44** |

# 5-4 技术合同技术领域构成

## Technology Contract Distribution by Technical Field

| 技术领域<br>Technical Field | 合同数<br>(项)<br>Number of Contracts<br>(number) | 合同交易额<br>(亿元)<br>Value of Contract Deals<br>(100 million RMB yuan) | 技术交易额<br>(亿元)<br>Value of Technical Deals<br>(100 million RMB yuan) |
|---|---|---|---|
| 电子信息技术<br>IT Technology | 70047 | 757.31 | 697.68 |
| 航空航天技术<br>Aviation and Aerospace Technology | 3106 | 28.72 | 27.35 |
| 先进制造技术<br>Advanced Manufacture Technology | 21098 | 386.20 | 289.76 |
| 生物、医药和医疗器械技术<br>Biology, Medizine and Medical Machine Technology | 12838 | 108.60 | 102.34 |
| 新材料及其应用<br>Advanced Material and Aplication | 8713 | 141.65 | 105.45 |
| 新能源与高效节能<br>New Energy and Power Saving | 22675 | 253.20 | 198.89 |
| 环境保护与资源综合利用技术<br>Environment and Source Application Technology | 24656 | 176.76 | 101.10 |
| 核应用技术<br>Nuclear Application Technology | 506 | 5.23 | 3.32 |
| 农业技术<br>Agricuture Technology | 6442 | 60.49 | 39.78 |
| 现代交通<br>Modern Trafic | 9979 | 175.26 | 133.14 |
| 城市建设与社会发展<br>Urban Construction and Social Development | 40808 | 133.11 | 113.61 |
| 合　计<br>**Total** | **220868** | **2226.53** | **1812.44** |

# 5-5 技术合同社会-经济目标构成

## Technology Contract Distribution by Socail and Economic Objectives

| 技术领域<br>Technical Field | 合同数<br>(项)<br>Number of Contracts<br>(number) | 合同交易额<br>(亿元)<br>Value of Contract Deals<br>(100 million RMB yuan) | 技术交易额<br>(亿元)<br>Value of Technical Deals<br>(100 million RMB yuan) |
|---|---|---|---|
| 农业、林业和渔业的发展<br>Farming, Forestry and Fishery | 6926 | 62.46 | 42.42 |
| 促进工业的发展<br>Industry | 42521 | 707.88 | 569.85 |
| 能源的生产和合理利用<br>Soure Production and Application | 19195 | 249.17 | 182.22 |
| 基础设施的发展<br>Infrastructure | 15402 | 166.76 | 142.90 |
| 环境治理与保护<br>Environmental Harness and Portection | 16614 | 99.86 | 61.63 |
| 卫生(不包括污染)<br>Sanitation | 7919 | 59.10 | 57.20 |
| 社会发展和社会服务<br>Social Development and Social Service | 57233 | 350.33 | 321.04 |
| 地球和大气层的探索与利用<br>Earth and Atmosphere Exploration and Utility | 552 | 6.07 | 5.65 |
| 知识的发展<br>Science Development | 4195 | 39.26 | 37.32 |
| 民用空间<br>Civil Areospace | 5356 | 65.86 | 62.61 |
| 国防<br>Defence | 3742 | 38.44 | 34.06 |
| 其他<br>Others | 41213 | 381.33 | 295.55 |
| **合　计**<br>**Total** | **220868** | **2226.53** | **1812.44** |

# 5-6 技术合同计划项目构成
## Technology Contract Distribution by Science Program Project

| 计划类别<br>Category of Science Program | 合同数<br>（项）<br>Number of Contracts<br>(number) | 合同交易额<br>（亿元）<br>Value of Contract Deals<br>(100 million RMB yuan) | 技术交易额<br>（亿元）<br>Value of Technical Deals<br>(100 million RMB yuan) |
|---|---|---|---|
| **国家计划**<br>**National Science Programe** | | | |
| 小计<br>Total | 4222 | 118.36 | 80.11 |
| 863 计划<br>Hi-Tech Research and Development Program of China | 156 | 4.04 | 3.16 |
| 国家科技攻关计划<br>Key Technology R&D Program | 255 | 5.97 | 5.67 |
| 973 计划<br>National Basic Research Program of China | 29 | 0.93 | 0.93 |
| 星火计划<br>Spark Program | 30 | 0.22 | 0.20 |
| 火炬计划<br>Torch New and High Technology Industry Development Program | 203 | 0.72 | 0.72 |
| 科技成果重点推广计划<br>Science and Technology Achievement Spread Program | 125 | 2.19 | 1.57 |
| 国家重点新产品计划<br>National New Prodeuction Plan | a58 | 1.28 | 0.69 |
| 科技型中小企业技术创新基金<br>Innovation Fund for Technology-Based Small and Medium Size Enterprises | 210 | 17.53 | 7.42 |
| 农业科技成果转化资金<br>Agriculture Science and Technology Achievement Transform Fund | 19 | 0.05 | 0.05 |
| 科技兴贸行动计划<br>Vitalizing Trade with Science and Technology Action Plan | 5 | 0.09 | 0.09 |
| 自然科学基金<br>Natural Science Fund | 506 | 1.47 | 1.46 |
| 其它<br>Other | 2626 | 83.88 | 58.17 |
| **部门计划**<br>**Science Program of Ministry** | **8081** | **126.30** | **83.30** |
| **省、自治区、直辖市及计划单列市计划**<br>**Province Level Science Program** | **5778** | **127.63** | **82.73** |
| **地市县计划**<br>**Region Level Science Program** | **8206** | **66.97** | **50.09** |
| **计划外**<br>**Out of Program** | **194581** | **1787.25** | **1516.21** |
| **合　计**<br>**Total** | **220868** | **2226.53** | **1812.44** |

# 5-7 卖方机构构成及交易情况
## Technology Contract Distribution by Technology Seller

| 卖方类别<br>Category of Technology Seller | 机构数<br>(个)<br>Number of Seller<br>(number) | 合同数<br>(项)<br>Number of Contract<br>(number) | 成交金额<br>(亿元)<br>Value of Contract Deals<br>(100 million RMB yun) | 技术交易额<br>(亿元)<br>Value of Technical Deals<br>(100 million RMB yun) |
|---|---|---|---|---|
| **机关法人**<br>**Goverments** | **270** | **926** | **19.46** | **13.21** |
| **事业法人**<br>**Public Organizations** | | | | |
| 小计<br>Subtotal | 1745 | 78377 | 255.88 | 235.76 |
| 科研机构<br>Research Institutes | 1010 | 43669 | 130.83 | 121.60 |
| 高等院校<br>Higher Education | 297 | 26963 | 100.94 | 93.38 |
| 医疗、卫生<br>Medical and Sanitation | 51 | 727 | 1.61 | 1.58 |
| 其它<br>Other | 387 | 7018 | 22.49 | 19.20 |
| **社团法人**<br>**Social Organizaiton** | **243** | **2925** | **4.51** | **3.61** |
| **企业法人**<br>**Enterprises** | | | | |
| 小计<br>Subtotal | 16902 | 135928 | 1924.49 | 1540.82 |
| 内资企业<br>Domestic Enterprises | 15182 | 126501 | 1426.74 | 1102.53 |
| 港澳台商投资企业<br>Hongkong, Macao and Taiwan Investment Enterprises | 216 | 1186 | 32.04 | 30.12 |
| 外商投资企业<br>Foreign Investment Enterprises | 1204 | 7296 | 363.96 | 311.21 |
| 个体经营<br>Individal Entreprises | 186 | 736 | 4.26 | 3.49 |
| 境外企业<br>Overseas Enterprises | 114 | 209 | 97.48 | 93.47 |
| **自然人**<br>**Natural Person** | **237** | **678** | **9.40** | **9.14** |
| **其他组织**<br>**Other Organizations** | **217** | **2034** | **12.80** | **9.91** |
| **合　计**<br>**Total** | **19614** | **220868** | **2226.53** | **1812.44** |

# 5-8 买方机构构成及交易情况

## Technology Contract Distribution by Technology Buyer

| 买方类别<br>Category of Technology Seller | 合同数<br>(项)<br>Number of Contracts<br>(number) | 合同交易额<br>(亿元)<br>Value of Contract Deals<br>(100 million RMB yuan) | 技术交易额<br>(亿元)<br>Value of Technical Deals<br>(100 million RMB yuan) |
|---|---|---|---|
| **机关法人**<br>**Goverments** | **16526** | **154.37** | **118.63** |
| **事业法人**<br>**Public Organizations** | | | |
| 小计<br>Subtotal | 27502 | 171.49 | 122.12 |
| 科研机构<br>Research Institutes | 10913 | 63.40 | 56.72 |
| 高等院校<br>Higher Education | 4579 | 11.52 | 10.31 |
| 医疗卫生<br>Medical and Sanitation | 2532 | 5.06 | 4.74 |
| 其它<br>Other | 9478 | 91.52 | 50.35 |
| **社团法人**<br>**Social Organizaitons** | **588** | **3.46** | **2.52** |
| **企业法人**<br>**Enterprises** | | | |
| 小计<br>Subtotal | 169289 | 1828.83 | 1509.01 |
| 内资企业<br>Domestic Enterprises | 155537 | 1285.55 | 1043.00 |
| 港澳台商投资企业<br>Hongkong, Macao and Taiwan Investment Enterprises | 1282 | 16.36 | 14.91 |
| 外商投资企业<br>Foreign Investment Enterprises | 6747 | 201.09 | 190.09 |
| 个体经营<br>Individal Entreprises | 1495 | 4.61 | 4.00 |
| 境外企业<br>Overseas Enterprises | 4228 | 321.22 | 257.01 |
| **自然人**<br>**Natural Person** | **2949** | **25.97** | **23.00** |
| **其他组织**<br>**Other Organizations** | **4014** | **42.41** | **37.15** |
| **合　计**<br>**Total** | **220868** | **2226.53** | **1812.44** |

# 5-9 重大技术合同构成
## Technology Contract Distribution by Key Technology

| 构　成<br>Category | 合同数<br>（项）<br>Number of Contract<br>（number） | 成交金额<br>（亿元）<br>Value of Contract Deals<br>（100 million RMB yuan） |
|---|---|---|
| **一、合同类别 Category of Contracts** | | |
| **合计**<br>**Total** | **2523** | **1326.77** |
| 技术服务<br>Technology Service | 923 | 506.96 |
| 技术开发<br>Technology Development | 1012 | 468.41 |
| 技术转让<br>Technology Transfer | 530 | 336.17 |
| 技术咨询<br>Technology Consultation | 58 | 15.23 |
| **二、技术领域 Technical Field** | | |
| **合计**<br>**Total** | **2523** | **1326.77** |
| 电子信息技术<br>IT Technology | 887 | 396.46 |
| 先进制造技术<br>Advanced Manufacture | 443 | 286.18 |
| 新能源与高效节能<br>New Energy and Energy Saving | 317 | 135.67 |
| 现代交通<br>Modern Tracfic | 164 | 125.15 |
| 环境保护与资源综合利用技术<br>Environment Protection and Resource Comprehensive Utilization | 116 | 119.74 |
| 新材料及其应用<br>Advanced Material and Application | 163 | 102.57 |
| 生物、医药和医疗器械技术<br>Biology, Medicine and Medical Machine | 164 | 68.41 |
| 城市建设与社会发展<br>Urban construction and Social Development | 131 | 42.75 |
| 农业技术<br>Agriculture Technology | 102 | 37.97 |
| 航空航天技术<br>Aviation and Aerospace Technology | 30 | 9.26 |
| 核应用技术<br>Nuclear Application Technology | 6 | 2.61 |
| **三、知识产权 Intellectural Right** | | |
| **合　计**<br>**Total** | **2523** | **1326.77** |
| 技术秘密<br>Technology Secrets | 1083 | 669.56 |
| 专利<br>Patents | 163 | 95.50 |
| 计算机软件<br>Computer Software | 260 | 101.23 |
| 动、植物新品种<br>New Species of Plants and Animals | 16 | 3.19 |
| 集成电路布图设计<br>IC Layout Design | 44 | 47.09 |
| 生物、医药新品种<br>New Species of Biology and Medical | 51 | 23.58 |
| 未涉及知识产权<br>Others | 906 | 386.61 |

# 5-10 各省、自治区、直辖市技术合同登记情况

## Technology Contract Distribution by Region

| 地　区 | Region | 合同数（项）Number of Contract (number) | 成交金额（亿元）Value of Contract Deals (100 million RMB yuan) | 排名 Ranking |
|---|---|---|---|---|
| 北　京 | Beijing | 50972 | 882.56 | 1 |
| 天　津 | Tianjin | 8382 | 72.64 | 6 |
| 河　北 | Hebei | 3450 | 16.45 | 20 |
| 山　西 | Shaanxi | 476 | 8.58 | 24 |
| 内蒙古 | Inner Mongolia | 945 | 11.09 | 22 |
| 辽　宁 | Liaoning | 15107 | 94.01 | 4 |
| 吉　林 | Jiling | 3542 | 17.48 | 18 |
| 黑龙江 | Heilongjiang | 1607 | 35.02 | 12 |
| 上　海 | Shanghai | 27742 | 432.64 | 2 |
| 江　苏 | Jiangsu | 14367 | 78.42 | 5 |
| 浙　江 | Zhejiang | 16400 | 45.42 | 10 |
| 安　徽 | Anhui | 4648 | 26.45 | 16 |
| 福　建 | Fujian | 5047 | 16.87 | 19 |
| 江　西 | Jiangxi | 2810 | 9.96 | 23 |
| 山　东 | Shandong | 7071 | 59.47 | 7 |
| 河　南 | Henan | 3775 | 26.52 | 15 |
| 湖　北 | Hubei | 8298 | 52.52 | 8 |
| 湖　南 | Hunan | 5988 | 46.09 | 9 |
| 广　东 | Guangdong | 18191 | 133.86 | 3 |
| 广　西 | Guangxi | 319 | 1.00 | 27 |
| 海　南 | Hainan | 119 | 0.73 | 28 |
| 重　庆 | Chongqing | 3770 | 39.82 | 11 |
| 四　川 | Sichuan | 5729 | 33.39 | 13 |
| 贵　州 | Guizhou | 457 | 0.66 | 30 |
| 云　南 | Yunnan | 869 | 14.3 | 21 |
| 西　藏 | Tibet | / | / | 31 |
| 陕　西 | Shaanxi | 4942 | 31.19 | 14 |
| 甘　肃 | Gansu | 1908 | 26.21 | 17 |
| 青　海 | Qinghai | 488 | 5.34 | 26 |
| 宁　夏 | Ningxia | 400 | 0.66 | 29 |
| 新　疆 | Xinjiang | 3049 | 7.17 | 25 |
| **合　计** | **Total** | **220868** | **2226.53** | |

# 5-11 各省、自治区、直辖市技术交易情况
## Technology Trade Statistics by Region

| 地区 | Region | 输出技术 Technology Output | | 吸纳技术 Technology Adoption | |
|---|---|---|---|---|---|
| | | 合同数（项）Number of Contracts (number) | 成交金额（亿元）Value of Contract Deals (100 million RMB yuan) | 合同数（项）Number of Contracts (number) | 成交金额（亿元）Value of Contract Deals (100 million RMB yuan) |
| 北京 | Beijing | 50972 | 882.55 | 31728 | 341.42 |
| 天津 | Tianjin | 8380 | 72.34 | 6811 | 66.27 |
| 河北 | Hebei | 3448 | 16.43 | 5222 | 85.58 |
| 山西 | Shaanxi | 469 | 8.27 | 2208 | 46.03 |
| 内蒙古 | Inner Mongolia | 943 | 10.98 | 2240 | 34.28 |
| 辽宁 | Liaoning | 15105 | 92.93 | 12462 | 68.19 |
| 吉林 | Jiling | 3542 | 17.48 | 3595 | 17.14 |
| 黑龙江 | Heilongjiang | 1607 | 35.02 | 2493 | 22.44 |
| 上海 | Shanghai | 27666 | 354.65 | 24740 | 279.38 |
| 江苏 | Jiangsu | 14366 | 78.42 | 16024 | 97.49 |
| 浙江 | Zhejiang | 16398 | 45.35 | 18770 | 68.11 |
| 安徽 | Anhui | 4648 | 26.45 | 5052 | 28.73 |
| 福建 | Fujian | 5044 | 14.56 | 5893 | 30.48 |
| 江西 | Jiangxi | 2809 | 9.95 | 3367 | 25.52 |
| 山东 | Shandong | 7021 | 45.01 | 9513 | 86.33 |
| 河南 | Henan | 3773 | 26.19 | 5009 | 36.96 |
| 湖北 | Hubei | 8296 | 52.20 | 6609 | 50.37 |
| 湖南 | Hunan | 5987 | 46.08 | 5964 | 27.97 |
| 广东 | Guangdong | 18175 | 132.84 | 19979 | 112.47 |
| 广西 | Guangxi | 319 | 1.00 | 1196 | 9.80 |
| 海南 | Hainan | 119 | 0.73 | 613 | 7.47 |
| 重庆 | Chongqing | 3769 | 39.57 | 2815 | 27.49 |
| 四川 | Sichuan | 5723 | 30.39 | 5784 | 39.42 |
| 贵州 | Guizhou | 457 | 0.66 | 1313 | 14.60 |
| 云南 | Yunnan | 859 | 9.75 | 2099 | 30.69 |
| 西藏 | Tibet | / | / | 108 | 1.57 |
| 陕西 | Shaanxi | 4856 | 30.17 | 4533 | 32.47 |
| 甘肃 | Gansu | 1908 | 26.21 | 2193 | 24.73 |
| 青海 | Qinghai | 486 | 5.30 | 765 | 7.77 |
| 宁夏 | Ningxia | 400 | 0.66 | 797 | 6.94 |
| 新疆 | Xinjiang | 3049 | 7.17 | 4203 | 19.99 |
| 香港 | Hongkong | 7 | 1.90 | 599 | 30.35 |
| 台湾 | Taiwan | 1 | 0.53 | 95 | 2.67 |
| 澳门 | Macao | 2 | 0.03 | 18 | 0.22 |
| 国外 | Overseas | 264 | 104.77 | 6058 | 445.18 |
| **合计** | **Total** | **220868** | **2226.53** | **220868** | **2226.53** |

## 5－12　计划单列市技术交易情况
## Technology Trade Statistics of the Citys Under Direct Planning

| 地　区 Region | 输出技术 Technology Output | | | 吸纳技术 Technology Adoption | | |
|---|---|---|---|---|---|---|
| | 合同数（项） Number of Contracts (number) | 成交金额（亿元） Value of Contract Deals (100 million RMB yuan) | 排名 Ranking | 合同数（项） Number of Contracts (number) | 成交金额（亿元） Value of Contract Deals (100 million RMB yuan) | 排名 Ranking |
| 大　连 Dalian | 4370 | 34.42 | 2 | 3251 | 17.26 | 2 |
| 宁　波 Ningbo | 943 | 2.33 | 5 | 2538 | 13.98 | 4 |
| 厦　门 Xiamen | 1531 | 6.97 | 4 | 1519 | 5.72 | 5 |
| 青　岛 Qingdao | 2218 | 8.79 | 3 | 2273 | 14.48 | 3 |
| 深　圳 Shenzhen | 3747 | 49.41 | 1 | 4234 | 39.82 | 1 |
| **合　计 Total** | **12809** | **101.91** | | **13815** | **91.26** | |

## 5－13　副省级城市技术交易情况
## Technology Trade Statistics of the Vice-Province Level Citys

| 地　区 Region | 输出技术 Technology Output | | | 吸纳技术 Technology Adoption | | |
|---|---|---|---|---|---|---|
| | 合同数（项） Number of Contracts (number) | 成交金额（亿元） Value of Contract Deals (100 million RMB yuan) | 排名 Ranking | 合同数（项） Number of Contracts (number) | 成交金额（亿元） Value of Contract Deals (100 million RMB yuan) | 排名 Ranking |
| 沈　阳 Shenyang | 8145 | 51.82 | 3 | 4963 | 31.34 | 4 |
| 长　春 Changchun | 3519 | 17.36 | 9 | 2234 | 9.98 | 10 |
| 哈尔滨 Harbin | 1282 | 33.34 | 6 | 1363 | 10.25 | 9 |
| 南　京 Nanjing | 9633 | 55.59 | 2 | 5547 | 43.58 | 1 |
| 杭　州 Hangzhou | 11876 | 34.63 | 5 | 7936 | 28.49 | 5 |
| 武　汉 Wuhan | 7905 | 50.43 | 4 | 4917 | 39.58 | 2 |
| 济　南 Jinan | 2579 | 15.58 | 10 | 2121 | 13.12 | 8 |
| 广　州 Guangzhou | 11009 | 77.11 | 1 | 6520 | 35.16 | 3 |
| 成　都 Chengdu | 4162 | 24.51 | 8 | 3091 | 20.58 | 7 |
| 西　安 Xi'an | 4850 | 29.90 | 7 | 3245 | 22.51 | 6 |
| **合　计 Total** | **64960** | **390.27** | | **41937** | **254.59** | |

## 5-14 东部地区技术交易情况
## Technology Trade Statistics of the Eastern Region

| 地 区 Region | 输出技术 Technology Output | | | 吸纳技术 Technology Adoption | | |
|---|---|---|---|---|---|---|
| | 合同数（项）Number of Contracts (number) | 成交金额（亿元）Value of Contract Deals (100 million RMB yuan) | 排名 Ranking | 合同数（项）Number of Contracts (number) | 成交金额（亿元）Value of Contract Deals (100 million RMB yuan) | 排名 Ranking |
| 北 京 Beijing | 50972 | 882.55 | 1 | 31728 | 341.42 | 1 |
| 天 津 Tianjin | 8380 | 72.34 | 6 | 6811 | 66.27 | 9 |
| 河 北 Hebei | 3448 | 16.43 | 9 | 5222 | 85.58 | 6 |
| 辽 宁 Liaoning | 15105 | 92.93 | 4 | 12462 | 68.19 | 8 |
| 上 海 Shanghai | 27666 | 354.65 | 2 | 24740 | 279.38 | 2 |
| 江 苏 Jiangsu | 14366 | 78.42 | 5 | 16024 | 97.49 | 4 |
| 浙 江 Zhejiang | 16398 | 45.35 | 7 | 18770 | 68.11 | 7 |
| 福 建 Fujian | 5044 | 14.56 | 10 | 5893 | 30.48 | 10 |
| 山 东 Shandong | 7021 | 45.01 | 8 | 9513 | 86.33 | 5 |
| 广 东 Guangdong | 18175 | 132.84 | 3 | 19979 | 112.47 | 3 |
| 海 南 Hainan | 119 | 0.73 | 11 | 613 | 7.47 | 11 |
| **合 计 Total** | **166694** | **1735.81** | | **151755** | **1243.18** | |

## 5-15 中部地区技术交易情况
## Technology Trade Statistics of the Middle Region

| 地 区 Region | 输出技术 Technology Output | | | 吸纳技术 Technology Adoption | | |
|---|---|---|---|---|---|---|
| | 合同数（项）Number of Contracts (number) | 成交金额（亿元）Value of Contract Deals (100 million RMB yuan) | 排名 Ranking | 合同数（项）Number of Contracts (number) | 成交金额（亿元）Value of Contract Deals (100 million RMB yuan) | 排名 Ranking |
| 山 西 Shaanxi | 469 | 8.27 | 9 | 2208 | 46.03 | 2 |
| 吉 林 Jilin | 3542 | 17.48 | 6 | 3595 | 17.14 | 8 |
| 黑龙江 Heilongjiang | 1607 | 35.02 | 3 | 2493 | 22.44 | 7 |
| 安 徽 Anhui | 4648 | 26.45 | 4 | 5052 | 28.73 | 4 |
| 江 西 Jiangxi | 2809 | 9.95 | 8 | 3367 | 25.52 | 6 |
| 河 南 Henan | 3773 | 26.19 | 5 | 5009 | 36.96 | 3 |
| 湖 北 Hubei | 8296 | 52.20 | 1 | 6609 | 50.37 | 1 |
| 湖 南 Hunan | 5987 | 46.08 | 2 | 5964 | 27.97 | 5 |
| **合 计 Total** | **31131** | **221.65** | | **34297** | **255.17** | |

# 5-16 西部地区技术交易情况
## Technology Trade Statistics of the Western Region

| 地 区 Region | | 输出技术 Technology Output | | | 吸纳技术 Technology Adoption | | |
|---|---|---|---|---|---|---|---|
| | | 合同数（项）Number of Contracts (number) | 成交金额（亿元）Value of Contract Deals (100 million RMB yuan) | 排名 Ranking | 合同数（项）Number of Contracts (number) | 成交金额（亿元）Value of Contract Deals (100 million RMB yuan) | 排名 Ranking |
| 内蒙古 | Inner Mongolia | 943 | 10.98 | 5 | 2240 | 34.28 | 2 |
| 广 西 | Guangxi | 319 | 1.00 | 9 | 1196 | 9.80 | 9 |
| 重 庆 | Chongqing | 3769 | 39.57 | 1 | 2815 | 27.49 | 5 |
| 四 川 | Sichuan | 5723 | 30.39 | 2 | 5784 | 39.42 | 1 |
| 贵 州 | Guizhou | 457 | 0.66 | 11 | 1313 | 14.60 | 8 |
| 云 南 | Yunnan | 859 | 9.75 | 6 | 2099 | 30.69 | 4 |
| 西 藏 | Tibet | / | / | 12 | 108 | 1.57 | 12 |
| 陕 西 | Shaanxi | 4856 | 30.17 | 3 | 4533 | 32.47 | 3 |
| 甘 肃 | Gansu | 1908 | 26.21 | 4 | 2193 | 24.73 | 6 |
| 青 海 | Qinghai | 486 | 5.30 | 8 | 765 | 7.77 | 10 |
| 宁 夏 | Ningxia | 400 | 0.66 | 10 | 797 | 6.94 | 11 |
| 新 疆 | Xinjiang | 3049 | 7.17 | 7 | 4203 | 19.99 | 7 |
| **合 计** | **Total** | **22769** | **161.86** | | **28046** | **249.75** | |

# 5-17 环渤海地区技术交易情况
## Technology Trade Statistics of the Bohai Rim Region

| 地 区 Region | | 输出技术 Technology Output | | | 吸纳技术 Technology Adoption | | |
|---|---|---|---|---|---|---|---|
| | | 合同数（项）Number of Contracts (number) | 成交金额（亿元）Value of Contract Deals (100 million RMB yuan) | 排名 Ranking | 合同数（项）Number of Contracts (number) | 成交金额（亿元）Value of Contract Deals (100 million RMB yuan) | 排名 Ranking |
| 北 京 | Beijing | 50972 | 882.55 | 1 | 31728 | 341.42 | 1 |
| 天 津 | Tianjin | 8380 | 72.34 | 3 | 6811 | 66.27 | 5 |
| 河 北 | Hebei | 3448 | 16.43 | 5 | 5222 | 85.58 | 3 |
| 山 西 | Shaanxi | 469 | 8.27 | 7 | 2208 | 46.03 | 6 |
| 内蒙古 | Inner Mongolia | 943 | 10.98 | 6 | 2240 | 34.28 | 7 |
| 辽 宁 | Liaoning | 15105 | 92.93 | 2 | 12462 | 68.19 | 4 |
| 山 东 | Shandong | 7021 | 45.01 | 4 | 9513 | 86.33 | 2 |
| **合 计** | **Total** | **86338** | **1128.51** | | **70184** | **728.1** | |

## 5-18 长三角地区技术交易情况
## Technology Trade Statistics of the Yangzi River Delta Region

| 地区 Region | 输出技术 Technology Output | | | 吸纳技术 Technology Adoption | | |
|---|---|---|---|---|---|---|
| | 合同数（项）Number of Contracts (number) | 成交金额（亿元）Value of Contract Deals (100 million RMB yuan) | 排名 Ranking | 合同数（项）Number of Contracts (number) | 成交金额（亿元）Value of Contract Deals (100 million RMB yuan) | 排名 Ranking |
| 上海 Shanghai | 27666 | 354.65 | 1 | 24740 | 279.38 | 1 |
| 江苏 Jiangsu | 14366 | 78.42 | 2 | 16024 | 97.49 | 2 |
| 浙江 Zhejiang | 16398 | 45.35 | 3 | 18770 | 68.11 | 3 |
| **合计 Total** | **58430** | **478.42** | | **59534** | **444.98** | |

## 5-19 珠三角地区技术交易情况
## Technology Trade Statistics of the Pear River Delta Region

| 地区 Region | 输出技术 Technology Output | | | 吸纳技术 Technology Adoption | | |
|---|---|---|---|---|---|---|
| | 合同数（项）Number of Contracts (number) | 成交金额（亿元）Value of Contract Deals (100 million RMB yuan) | 排名 Ranking | 合同数（项）Number of Contracts (number) | 成交金额（亿元）Value of Contract Deals (100 million RMB yuan) | 排名 Ranking |
| 广东 Guangdong | 18175 | 132.84 | 1 | 19979 | 112.47 | 1 |
| 香港 Hongkong | 7 | 1.90 | 2 | 599 | 30.35 | 2 |
| 澳门 Macao | 2 | 0.003 | 3 | 18 | 0.22 | 3 |
| **合计 Total** | **18184** | **134.74** | | **20596** | **143.04** | |

# 第六部分

# 全国生产力促进中心

# *The Sixth Part*

## Productivity Promotion Centers (PPCs) in China

# 6-1 全国生产力促进中心主要经济指标
## Main Economic Indicators of Productivity Promotion Centers in China

| 年份 Year | 中心总数（个）Number of Productivity Promotion Center (number) | 总资产（亿元）Total Assets (100 million RMB yuan) | 服务企业总数（万个）Total Number of Serviced Enterprises (10000) | 中心年总服务收入（亿元）Total Service Income (100 million RMB yuan) | 为企业增加销售额（亿元）Added Sales Income of Enterprises by Service (100 million RMB yuan) | 增加利税（亿元）Added Profits and Taxs (100 million RMB yuan) | 为社会增加就业（万人）Increased Employment for Society (10000 person) |
|---|---|---|---|---|---|---|---|
| 1998 | 254 | 13.5 | 1.88 | 2.2 | 177 | 18.0 | 5.7 |
| 1999 | 491 | 17.6 | 4.92 | 4.5 | 155 | 26.7 | 11.3 |
| 2000 | 581 | 27.8 | 3.41 | 8.9 | 388 | 57.0 | 28.0 |
| 2001 | 701 | 31.2 | 4.96 | 11.3 | 407 | 69.0 | 34.5 |
| 2002 | 865 | 61.4 | 7.83 | 10.3 | 300 | 45.0 | 48.1 |
| 2003 | 1071 | 67.0 | 6.45 | 13.6 | 477 | 66.0 | 150.2 |
| 2004 | 1218 | 77.1 | 9.21 | 18.7 | 642 | 88.1 | 175.3 |
| 2005 | 1270 | 90.6 | 9.67 | 18.4 | 1078 | 112.0 | 86.7 |
| 2006 | 1331 | 109.9 | 10.32 | 24.8 | 752 | 107.0 | 108.9 |
| 2007 | 1425 | 116.4 | 15.49 | 40.6 | 1299 | 193.6 | 110.6 |

# 6-2 国家级示范生产力促进中心基本情况
## General Statistics of State level Model Productivity Promotion Centers

| 国家级示范生产力促进中心<br>State Level Model Productivity Promotion Center | 人员总数（人）<br>Number of Employees (person) | 总资产（千元）<br>Total Assets (1000 RMB yuan) | 政府投入（千元）<br>Govement Investment (1000 RMB yuan) | 年总服务收入（千元）<br>Service Income of the Year (1000 RMB yuan) | 办公面积（平方米）<br>Office Area (sq. m) |
|---|---|---|---|---|---|
| 中机生产力促进中心<br>Zhongji Productivity Promotion Center | 224 | 100207 | 33751 | 75506 | 3000 |
| 中国建材行业生产力促进中心<br>China Building Material Industry Productivity Promotion Center | 17 | 10814 | / | 12750 | 400 |
| 工业与日用电器行业生产力促进中心<br>China National Appliance Productivity Promotion Center | 165 | 17287 | 1500 | 33155 | 11500 |
| 中商流通生产力促进中心<br>Distribution Productivity Promotion Center of China Commerce | 94 | 18173 | / | 25446 | 1000 |
| 铸造行业生产力促进中心<br>Foundry Productivity Promotion Center of China | 24 | 2000 | 100 | 820 | 1000 |
| 哈尔滨现代焊接技术生产力促进中心<br>Harbin Modern Jointing Technology Productivity Promotion Center | 40 | 6008 | 1000 | 1960 | 10000 |
| 国家化工行业生产力促进中心<br>China Chemical Industry Productivity Promotion Center | 24 | 5513 | 110 | 2191 | 220 |
| 皮革和制鞋行业生产力促进中心<br>Leather and Industry Productivity Promotion Center | 82 | 800 | / | 14784 | 400 |
| 北京生产力促进中心<br>Beijing Productivity Promotion Center | 78 | 29427 | / | 5999 | 1700 |
| 北京市丰台区技术创新与生产力促进中心<br>Beijing Fengtai District Technology Innovation and Productivity Promotion Center | 10 | 2886 | 543 | 1449 | 400 |
| 北京软件产业生产力促进中心<br>Beijing Software Industry Productivity Promotion Center | 164 | 116987 | 18168 | 15070 | 1300 |
| 天津市食品工业生产力促进中心<br>Tianjin Food Industry Productivity Promotion Center | 49 | 8169 | 2350 | 8645 | 2968 |
| 天津滨海生产力促进中心<br>Tianjin Binhai District Productivity Promotion Center | 15 | 20060 | / | 1255 | 7000 |
| 廊坊市生产力促进中心<br>Productivity Promotion Center of Langfang | 66 | 17845 | 12242 | 20427 | 1200 |
| 河北省迁西县生产力促进中心<br>Productivity Promotion Center of Hebei Qianxi | 22 | 29987 | 13100 | 12479 | 1300 |
| 河北省玻璃钢/复合材料生产力促进中心<br>Fiber Glass Reinforced Plastics Productivity Promotion Center | 22 | 8600 | 300 | 27287 | 680 |
| 石家庄生产力促进中心<br>Shijiazhuang Productivity Promotion Center | 26 | 2156 | 2037 | / | / |
| 秦皇岛市生产力促进中心<br>Productivity Promotion Center of Qinghuangdao | 19 | 1060 | 150 | 782 | 600 |
| 衡水市橡胶产业生产力促进中心<br>Rubber Industry Productivity Promotion Center of Hengshui | 25 | 25210 | 200 | 2202 | 2700 |
| 孟村县弯头管件生产力促进中心<br>Elbow Pipe Fitting Productivity Promotion Center of Mengcun County | 13 | 4000 | 240 | 348 | 1100 |

6－2　续表1　Continued 1

| 国家级示范生产力促进中心<br>State Level Model Productivity Promotion Center | 人员总数（人）<br>Number of Employees (person) | 总资产（千元）<br>Total Assets (1000 RMB yuan) | 政府投入（千元）<br>Govement Investment (1000 RMB yuan) | 年总服务收入（千元）<br>Service Income of the Year (1000 RMB yuan) | 办公面积（平方米）<br>Office Area (sq. m) |
|---|---|---|---|---|---|
| 山西省生产力促进中心<br>Productivity Promotion Center of Shanxi | 65 | 47011 | 3494 | 14995 | 4500 |
| 太原生产力促进中心<br>Productivity Promotion Center of Taiyuan | 30 | 8064 | 3457 | 4881 | 1200 |
| 阳泉市生产力促进中心<br>Productivity Promotion Center of Yangquan | 23 | 4140 | 280 | 3628 | 613 |
| 忻州市生产力促进中心<br>Productivity Promotion Center of Xinzhou | 12 | 2980 | 628 | 6147 | 200 |
| 内蒙古生产力促进中心<br>Productivity Promotion Center of Inner Mongolia | 83 | 91403 | 2100 | 583 | 4065 |
| 鄂尔多斯市生产力促进中心<br>Productivity Promotion Center of Erdos | 12 | 30790 | 870 | 249 | 7780 |
| 辽宁生产力促进中心<br>Productivity Promotion Center of Liaoning | 52 | 12775 | 2300 | 8676 | 6600 |
| 鞍山市生产力促进中心<br>Productivity Promotion Center of Anshan | 73 | 37854 | 500 | 596 | 5500 |
| 沈阳市生产力促进中心<br>Productivity Promotion Center of Shenyang | 15 | 10667 | 1200 | 3108 | 4613 |
| 锦州市生产力促进中心<br>Productivity Promotion Center of Jingzhou | 32 | 15000 | 200 | 187 | 2020 |
| 丹东市生产力促进中心<br>Productivity Promotion Center of Dandong | 23 | 1680 | 1293 | 131 | 2300 |
| 营口市生产力促进中心<br>Productivity Promotion Center of Yingkou | 26 | 815 | 1170 | / | 600 |
| 大连市生产力促进中心<br>Productivity Promotion Center of Dalian | 19 | 33102 | 1026 | / | 385 |
| 辽阳高新区生产力促进中心<br>Productivity Promotion Center of Liaoyang Science and Technology Industrial Park | 15 | 4534 | 1213 | 938 | 300 |
| 葫芦岛市生产力促进中心<br>Productivity Promotion Center of Huludao | 17 | 1233 | 1237 | 1158 | 600 |
| 吉林省生产力促进中心<br>Productivity Promotion Center of Jilin Province | 25 | 3128 | 600 | 185 | 520 |
| 吉林市生产力促进中心<br>Productivity Promotion Center of Jilin City | 16 | 2480 | 1130 | 5772 | 730 |
| 长春市高新区生产力促进中心<br>Productivity Promotion Center of Changchun City | 51 | 18264 | 420 | 8398 | 2000 |
| 黑龙江省生产力促进中心<br>Productivity Promotion Center of Heilongjiang | 81 | 5504 | 1390 | 1497 | 4628 |
| 牡丹江市生产力促进中心<br>Productivity Promotion Center of Mudanjiang | 26 | 2442 | 1536 | / | 5600 |
| 大庆高新生产力促进中心<br>Daqing Hi-Tech Productivity Promotion Center | 15 | 1826 | / | 423 | 2000 |

6－2 续表2 Continued 2

| 国家级示范生产力促进中心<br>State Level Model Productivity Promotion Center | 人员总数（人）<br>Number of Employees (person) | 总资产（千元）<br>Total Assets (1000 RMB yuan) | 政府投入（千元）<br>Govement Investment (1000 RMB yuan) | 年总服务收入（千元）<br>Service Income of the Year (1000 RMB yuan) | 办公面积（平方米）<br>Office Area (sq. m) |
|---|---|---|---|---|---|
| 全国电工仪器仪表生产力促进中心<br>National Electrical Engineering Instrument Productivity Promotion Center | 82 | 11673 | / | 11281 | 1500 |
| 上海浦东生产力促进中心<br>Productivity Promotion Center of Shanghai Pudong District | 98 | 47759 | 11906 | 14958 | 8385 |
| 江苏省生产力促进中心<br>Productivity Promotion Center of Jiangsu Province | 131 | 62374 | 23510 | 18201 | 6936 |
| 南通市生产力促进中心<br>Productivity Promotion Center of Nantong | 32 | 11671 | 2926 | 2974 | 1930 |
| 江苏省苏机机械工业生产力促进中心有限公司<br>Jiangsu Province Suji Machine Industry Productivity Promotion Center Limited Liability Company | 36 | 31438 | 890 | 14811 | 3332 |
| 盐城市生产力促进中心<br>Productivity Promotion Center of Yancheng | 9 | 22233 | 3060 | 2262 | 2450 |
| 无锡市生产力促进中心<br>Productivity Promotion Center of Wuxi | 72 | 111462 | 5558 | 19131 | 3779 |
| 常州市生产力促进中心<br>Productivity Promotion Center of Changzhou | 33 | 32088 | 2550 | 12735 | 1200 |
| 苏州市生产力促进中心<br>Productivity Promotion Center of Suzhou | 25 | 12677 | 2126 | 14386 | 912 |
| 徐州市生产力促进中心<br>Productivity Promotion Center of Xuzhou | 29 | 42816 | 2536 | 4873 | 600 |
| 常熟市生产力促进中心<br>Productivity Promotion Center of Changshu | 26 | 14812 | 2565 | 11565 | 3231 |
| 宁波市生产力促进中心（宁波市对外科技交流中心）<br>Productivity Promotion Center of Ningbo( Science and Technology Exchange Center for Outside of Ningbo) | 106 | 33519 | 4150 | 8026 | 8600 |
| 绍兴县纺织业生产力促进中心有限公司<br>Shaoxing County Textile Industry Productivity Promotion Center Limited Liability Company | 199 | 121356 | 1020 | 19386 | 42000 |
| 杭州市生产力促进中心<br>Productivity Promotion Center of Hangzhou | 23 | 15543 | 2967 | 1939 | 1200 |
| 浙江永康五金生产力促进中心有限公司<br>Zhejiang Yongkang Hardware Productivity Promotion Center Limited Libility Company | 29 | 22746 | 10000 | 3083 | 2240 |
| 湖州淡水渔业生产力促进中心<br>Huzhou Freshwater Fishery Productivity Promotion Center | 35 | 19711 | 560 | 4126 | 800 |
| 嵊州市长毛兔产业生产力促进中心<br>Angora Rabbit Industry Productivity Promotion Center of Shengzhou | 34 | 69516 | / | 70582 | 3000 |
| 平湖环保生产力促进中心<br>Environment Protection Productivity Promotion Center of Pinghu | 40 | 8807 | 400 | 4735 | 1000 |
| 浙江火炬生产力促进中心有限公司<br>Zhejiang Torch Productivity Promotion Center Limited Liability Company | 25 | 53097 | / | 6255 | 1512 |
| 安徽省生产力促进中心<br>Productivity Promotion Center of Anhui Province | 18 | 2028 | 1321 | 546 | 405 |
| 马鞍山市生产力促进中心<br>Productivity Promotion Center of Maanshan | 26 | 3716 | 1291 | 4942 | 835 |

6－2 续表3 Continued 3

| 国家级示范生产力促进中心 State Level Model Productivity Promotion Center | 人员总数（人） Number of Employees (person) | 总资产（千元） Total Assets (1000 RMB yuan) | 政府投入（千元） Govement Investment (1000 RMB yuan) | 年总服务收入（千元） Service Income of the Year (1000 RMB yuan) | 办公面积（平方米） Office Area (sq. m) |
|---|---|---|---|---|---|
| 安徽省计算机软件生产力促进中心 Computer Software Productivity Promotion Center of Anhui Province | 17 | 6853 | / | 4485 | 400 |
| 福建省农业生产力促进中心（福建省乡镇企业生产力促进中心） Agricrlture Productivity Promotion Center of Fujian ( Township Enterprises Productivity Promotion Center of Fujian) | / | / | / | / | / |
| 泉州市生产力促进中心 Productivity Promotion Center of Quanzhou | 88 | 40148 | 6050 | 6714 | 33500 |
| 厦门市生产力促进中心 Productivity Promotion Center of Xiamen | 40 | 52018 | 1498 | 2643 | 1000 |
| 三明市生产力促进中心 Productivity Promotion Center of Sanming | 76 | 2985 | 1357 | 1818 | 3682 |
| 福建省生产力促进中心 Productivity Promotion Center of Fujian | 75 | 103727 | 6588 | 6921 | 19586 |
| 福州市生产力促进中心 Productivity Promotion Center of Fuzhou | 40 | 7132 | 2772 | 284 | 6000 |
| 江西省生产力促进中心 Productivity Promotion Center of Jiangxi | 41 | 16500 | 6000 | 952 | 500 |
| 山东生产力促进中心 Productivity Promotion Center of Shandong | 31 | 9816 | 1940 | 5575 | 4000 |
| 山东亚太生产力促进中心 Shandong Yatai Productivity Promotion Center | 20 | 36207 | 3500 | 5023 | 21000 |
| 山东省东营生产力促进中心 Productivity Promotion Center of Dongying Shandong | 42 | 13000 | 2750 | 14491 | 3000 |
| 山东曲阜生产力促进中心 Productivity Promotion Center of Qufu Shandong | 43 | 10650 | 932 | 1808 | 6000 |
| 烟台生产力促进中心 Yantai Productivity Promotion Center | 40 | 19082 | 3809 | 10828 | 2136 |
| 山东济南生产力促进中心 Shandong Jinan Productivity Promotion Center | 43 | 43379 | 2110 | 11900 | 8836 |
| 济宁市生产力促进中心 Productivity Promotion Center of Jining | 15 | 21563 | 2820 | 3625 | 1200 |
| 山东淄博生产力促进中心 Zibo Productivity Promotion Center of Shandong | 40 | 7981 | 700 | 4372 | 1700 |
| 河南省生产力促进中心 Productivity Promotion Center of Henan | 112 | 32685 | 1325 | 19892 | 3600 |
| 开封市生产力促进中心 Productivity Promotion Center of Kaifeng | 30 | 2890 | / | 384 | 1200 |
| 郑州市生产力促进中心 Productivity Promotion Center of Zhengzhou | 25 | 12932 | 15 | 4027 | 6000 |
| 许昌市生产力促进中心 Productivity Promotion Center of Xuchang | 16 | 1450 | 230 | 1158 | 480 |
| 三门峡市生产力促进中心 Productivity Promotion Center of Sanmenxia | 16 | 3039 | 50 | 1085 | 300 |

6－2　续表4　Continued 4

| 国家级示范生产力促进中心<br>State Level Model Productivity Promotion Center | 人员总数（人）<br>Number of Employees (person) | 总资产（千元）<br>Total Assets (1000 RMB yuan) | 政府投入（千元）<br>Govement Investment (1000 RMB yuan) | 年总服务收入（千元）<br>Service Income of the Year (1000 RMB yuan) | 办公面积（平方米）<br>Office Area (sq. m) |
|---|---|---|---|---|---|
| 安阳高新区生产力促进中心<br>Anyang Science and Technology Industrial Park Productivity Promotion Center | 47 | 6920 | 2192 | 14600 | 8000 |
| 武汉材保电镀技术生产力促进中心<br>Wuhan Electroplating Technology Productivity Promotion Center | 26 | 1853 | 1100 | 6778 | 300 |
| 武汉市电子商务生产力促进中心<br>Electric Commerce Productivity Promotion Center of Wuhan | 21 | 2600 | 1000 | 1393 | 300 |
| 武汉东湖新技术开发区生产力促进中心<br>Wuhan Donghu New Technology Development Zone Productivity Promotion Center | 29 | 73460 | 3000 | 2109 | 320 |
| 黄石市生产力促进中心<br>Productivity Promotion Center of Huangshi | 28 | 9089 | 450 | 10440 | 1100 |
| 湖南省生产力促进中心<br>Productivity Promotion Center of Hunan | 20 | 68668 | 1400 | 60 | 30000 |
| 长沙生产力促进中心<br>Changsha Productivity Promotion Center | 32 | 57306 | 5310 | 3924 | 22551 |
| 株洲市生产力促进中心<br>Productivity Promotion Center of Zhuzhou | 15 | 4338 | 700 | 399 | 800 |
| 广东省生产力促进中心<br>Productivity Promotion Center of Guangdong | 98 | 383176 | 23449 | 38821 | 17480 |
| 广州生产力促进中心<br>Guangzhou Productivity Promotion Center | 119 | 61847 | 2350 | 19157 | 16379 |
| 东莞市生产力促进中心<br>Productivity Promotion Center of Dongguan | 15 | 219 | 225 | 150 | 800 |
| 广西生产力促进中心<br>Guangxi Productivity Promotion Center | 153 | 30012 | 6412 | 8825 | 13300 |
| 北海市生产力促进中心<br>Productivity Promotion Center of Beihai | 21 | 7472 | 1860 | 1338 | 3100 |
| 重庆生产力促进中心<br>Productivity Promotion Center of Chongqing | 20 | 13500 | 2390 | 2064 | 3000 |
| 重庆激光快速原形及模具制造生产力促进中心有限公司<br>Chongqing Laser Rapid Prototyping and Mould Manufacturing Productivity Promotion Center | 29 | 8266 | 114 | 2416 | 1500 |
| 重庆西信生产力促进中心<br>Chongqing Xixin Productivity Promotion Center | 17 | 808 | / | 2049 | 305 |
| 重庆海特克制造业信息化生产力促进中心有限公司<br>Chongqing Haiteke Manfactue informatization Productivity Promotion Center Limited Liability Company | 35 | 4960 | / | 5366 | 500 |
| 四川省生产力促进中心<br>Productivity Promotion Center of Sichuan Province | 33 | 4060 | 1410 | 1561 | 1600 |
| 德阳市生产力促进中心<br>Productivity Promotion Center of Deyang | 15 | 916 | 700 | 1714 | 300 |
| 贵阳生产力促进中心<br>Productivity Promotion Center of Guiyang | 73 | 189703 | 23636 | 5944 | 149526 |
| 云南省生产力促进中心<br>Productivity Promotion Center of Yunnan | 10 | 17920 | 7540 | 7485 | 1500 |

6－2　续表5　Continued 5

| 国家级示范生产力促进中心<br>State Level Model Productivity Promotion Center | 人员总数（人）<br>Number of Employees (person) | 总资产（千元）<br>Total Assets (1000 RMB yuan) | 政府投入（千元）<br>Govement Investment (1000 RMB yuan) | 年总服务收入（千元）<br>Service Income of the Year (1000 RMB yuan) | 办公面积（平方米）<br>Office Area (sq. m) |
|---|---|---|---|---|---|
| 西藏自治区生产力促进中心<br>Tibet Productivity Promotion Center | 12 | 665 | 2566 | 740 | 180 |
| 陕西省生产力促进中心<br>Productivity Promotion Center of Shaanxi | 75 | 32260 | 3796 | 11431 | 4500 |
| 西安生产力促进中心<br>Xi'an Productivity Promotion Center | 86 | 37742 | 3966 | 8181 | 16000 |
| 宝鸡市生产力促进中心<br>Productivity Promotion Center of Baoji | 50 | 41901 | 1890 | 10396 | 2788 |
| 渭南生产力促进中心<br>Weinan Productivity Promotion Center | 37 | 9710 | 1130 | 389 | 1000 |
| 西安高新生产力促进中心<br>Xi'an Hi-tech Productivity Promotion Center | 45 | 11837 | / | 4051 | 797 |
| 安康市生产力促进中心<br>Productivity Promotion Center of Ankang | 32 | 8299 | 765 | 19047 | 1500 |
| 铜川生产力促进中心<br>Tongchuan Productivity Promotion Center | 8 | 1170 | 140 | 851 | 300 |
| 宝鸡高新区生产力促进中心<br>Productivity Promotion Center of Baoji Science and Technology Industrial Park | 27 | 11226 | 1080 | 7992 | 1141 |
| 咸阳市生产力促进中心<br>Productivity Promotion Center of Xianyang | 22 | 3410 | 2220 | 1570 | 560 |
| 杨凌示范区生产力促进中心<br>Productivity Promotion Center of Yangling Science and Technology Industrial Park | 9 | 2438 | 1170 | 1615 | 100 |
| 西安经济技术开发区生产力促进中心<br>Productivity Promotion Center of Xi'an Economic-Technological Zone | 19 | 2353 | 1444 | / | 500 |
| 甘肃省生产力促进中心<br>Productivity Promotion Center of Gansu | 37 | 9778 | 1338 | 2277 | 1625 |
| 甘肃省天水生产力促进中心<br>Productivity Promotion Center of Gansu Tianshui | 31 | 14323 | 2079 | 1803 | 3500 |
| 兰州生产力促进中心<br>Lanzhou Productivity Promotion Center | 43 | 4097 | 478 | 758 | 428 |
| 宁夏生产力促进中心<br>Ningxia Productivity Promotion Center | 35 | 20939 | 187 | 3613 | 26909 |
| 青海省生产力促进中心<br>Productivity Promotion Center of Qinghai | 16 | 2968 | 249 | 1166 | 1130 |
| 新疆生产力促进中心<br>Xinjiang Productivity Promotion Center | 60 | 36861 | 1820 | 7652 | 3160 |
| 中亚科技信息生产力促进中心<br>Central Asia Science and Technology Information Productivity Promotion Center | 67 | 14199 | 6532 | 4502 | 4320 |
| 新疆昌吉生产力促进中心<br>Xinjiang Changji Productivity Promotion Center | 33 | 5383 | 475 | 3592 | 400 |
| 新疆生产建设兵团创新生产力促进中心<br>Xinjiang Production and Construction Innovation Productivity Promotion Center | 20 | 8095 | 880 | 1400 | 1660 |

# 6-3 国家级示范生产力促进中心服务情况
## Service Statistics of State Level Model Productivity Promotion Centers

| 国家级示范生产力促进中心<br>State Level Model Productivity Promotion Center | 咨询服务项次(项次)<br>Item times of Consultation Service (item time) | 提供信息条数(条)<br>Number of Message Provided (number) | 技术服务项次(项次)<br>Item Times of Technol-ogical Service (item time) | 培训服务人次(人次)<br>Person Times of Training Service (person time) | 中介服务项次(项次)<br>Item Times of Intermedia Service (item time) | 孵化企业服务(项次)<br>Item Times of Incubation Service (item time) |
|---|---|---|---|---|---|---|
| 中机生产力促进中心<br>Zhongji Productivity Promotion Center | 11115 | 41692 | 2925 | 2806 | 60 | 90 |
| 中国建材行业生产力促进中心<br>China Building Material Industry Productivity Promotion Center | 12 | 2000 | 8 | 915 | 2 | 8 |
| 工业与日用电器行业生产力促进中心<br>China National Appliance Productivity Promotion Center | 126 | 6600 | 1040 | 1207 | 29 | 31 |
| 中商流通生产力促进中心<br>Distribution Productivity Promotion Center of China Commerce | 30 | 8730000 | 6 | 1200 | 0 | 0 |
| 铸造行业生产力促进中心<br>Foundry Productivity Promotion Center of China | 5 | 5000 | 0 | 400 | 2 | 0 |
| 哈尔滨现代焊接技术生产力促进中心<br>Harbin Modern Jointing Technology Productivity Promotion Center | 3 | 0 | 5 | 2 | 0 | 88 |
| 国家化工行业生产力促进中心<br>China Chemical Industry Productivity Promotion Center | 168 | 280 | 35 | 38 | 53 | 21 |
| 皮革和制鞋行业生产力促进中心<br>Leather and Industry Productivity Promotion Center | 461 | 48542 | 967 | 418 | 559 | 26 |
| 北京生产力促进中心<br>Beijing Productivity Promotion Center | 18 | 47701 | 0 | 2224 | 0 | 0 |
| 北京市丰台区技术创新与生产力促进中心<br>Beijing Fengtai District Technology Innovation and Productivity Promotion Center | 269 | 7483 | 25 | 2773 | 21 | 149 |
| 北京软件产业生产力促进中心<br>Beijing Software Industry Productivity Promotion Center | 10 | 5530 | 802 | 5000 | 60 | 0 |
| 天津市食品工业生产力促进中心<br>Tianjin Food Industry Productivity Promotion Center | 25 | 22200 | 14 | 635 | 34 | 3 |
| 天津滨海生产力促进中心<br>Tianjin Binhai District Productivity Promotion Center | 4615 | 1280 | 0 | 285 | 0 | 41 |
| 廊坊市生产力促进中心<br>Productivity Promotion Center of Langfang | 500 | 707601 | 97 | 32763 | 1439 | 119 |
| 河北省迁西县生产力促进中心<br>Productivity Promotion Center of Hebei Qianxi | 63 | 359000 | 36 | 63250 | 90 | 16 |
| 河北省玻璃钢/复合材料生产力促进中心<br>Fiber Glass Reinforced Plastics Productivity Promotion Center | 509 | 6000 | 138 | 1250 | 92 | 19 |
| 石家庄生产力促进中心<br>Shijiazhuang Productivity Promotion Center | 25 | 180 | 17 | 391 | 11 | 10 |
| 秦皇岛市生产力促进中心<br>Productivity Promotion Center of Qinghuangdao | 94 | 8933 | 2 | 3297 | 3 | 34 |
| 衡水市橡胶产业生产力促进中心<br>Rubber Industry Productivity Promotion Center of Hengshui | 17 | 43 | 17 | 1100 | 22 | 1 |
| 孟村县弯头管件生产力促进中心<br>Elbow Pipe Fitting Productivity Promotion Center of Mengcun County | 93 | 2162 | 49 | 2380 | 107 | 27 |

6－3 续表1 Continued 1

| 国家级示范生产力促进中心<br>State Level Model Productivity Promotion Center | 咨询服务项次（项次）Item times of Consultation Service (item time) | 提供信息条数（条）Number of Message Provided (number) | 技术服务项次（项次）Item Times of Technological Service (item time) | 培训服务人次（人次）Person Times of Training Service (person time) | 中介服务项次（项次）Item Times of Intermedia Service (item time) | 孵化企业服务（项次）Item Times of Incubation Service (item time) |
|---|---|---|---|---|---|---|
| 山西省生产力促进中心<br>Productivity Promotion Center of Shanxi | 555 | 2980 | 55 | 9600 | 21 | 7 |
| 太原生产力促进中心<br>Productivity Promotion Center of Taiyuan | 594 | 50348 | 78 | 7381 | 611 | 88 |
| 阳泉市生产力促进中心<br>Productivity Promotion Center of Yangquan | 141 | 16264 | 27 | 1070 | 66 | 19 |
| 忻州市生产力促进中心<br>Productivity Promotion Center of Xinzhou | 89 | 1010 | 67 | 18178 | 106 | 11 |
| 内蒙古生产力促进中心<br>Productivity Promotion Center of Inner Mongolia | 23 | 38977 | 16 | 982 | 221 | 7 |
| 鄂尔多斯市生产力促进中心<br>Productivity Promotion Center of Erdos | 45 | 21483 | 1 | 676 | 4 | 9 |
| 辽宁生产力促进中心<br>Productivity Promotion Center of Liaoning | 43 | 1997 | 10 | 1960 | 8 | 6 |
| 鞍山市生产力促进中心<br>Productivity Promotion Center of Anshan | 58 | 450 | 8 | 223 | 7 | 24 |
| 沈阳市生产力促进中心<br>Productivity Promotion Center of Shenyang | 141 | 4230 | 13 | 700 | 1 | 4 |
| 锦州市生产力促进中心<br>Productivity Promotion Center of Jingzhou | 9 | 8322 | 8 | 1800 | 4 | 5 |
| 丹东市生产力促进中心<br>Productivity Promotion Center of Dandong | 7 | 90000 | 2 | 325 | 2 | 0 |
| 营口市生产力促进中心<br>Productivity Promotion Center of Yingkou | 21 | 7970 | 7 | 370 | 5 | 5 |
| 大连市生产力促进中心<br>Productivity Promotion Center of Dalian | 843 | 25000 | 175 | 390 | 0 | 0 |
| 辽阳高新区生产力促进中心<br>Productivity Promotion Center of Liaoyang Science and Technology Industrial Park | 46 | 712 | 9 | 1151 | 18 | 13 |
| 葫芦岛市生产力促进中心<br>Productivity Promotion Center of Huludao | 82 | 7500 | 0 | 1410 | 3 | 0 |
| 吉林省生产力促进中心<br>Productivity Promotion Center of Jilin Province | 15 | 500 | 3 | 150 | 20 | 0 |
| 吉林市生产力促进中心<br>Productivity Promotion Center of Jilin City | 57 | 2700 | 10 | 1250 | 7 | 14 |
| 长春市高新区生产力促进中心<br>Productivity Promotion Center of Changchun City | 339 | 4000 | 76 | 2060 | 5 | 395 |
| 黑龙江省生产力促进中心<br>Productivity Promotion Center of Heilongjiang | 1036 | 6243 | 0 | 420 | 0 | 0 |
| 牡丹江市生产力促进中心<br>Productivity Promotion Center of Mudanjiang | 22 | 25 | 2 | 35 | 1 | 0 |
| 大庆高新生产力促进中心<br>Daqing Hi-Tech Productivity Promotion Center | 99 | 82 | 11 | 511 | 309 | 332 |

6－3 续表2 Continued 2

| 国家级示范生产力促进中心 State Level Model Productivity Promotion Center | 咨询服务项次（项次）Item times of Consultation Service (item time) | 提供信息条数（条）Number of Message Provided (number) | 技术服务项次（项次）Item Times of Technological Service (item time) | 培训服务人次（人次）Person Times of Training Service (person time) | 中介服务项次（项次）Item Times of Intermedia Service (item time) | 孵化企业服务（项次）Item Times of Incubation Service (item time) |
|---|---|---|---|---|---|---|
| 全国电工仪器仪表生产力促进中心 National Electrical Engineering Instrument Productivity Promotion Center | 22 | 920 | 61 | 362 | 1 | 0 |
| 上海浦东生产力促进中心 Productivity Promotion Center of Shanghai Pudong District | 467 | 3198 | 13 | 1307 | 8 | 0 |
| 江苏省生产力促进中心 Productivity Promotion Center of Jiangsu Province | 232 | 366 | 510 | 2890 | 8 | 0 |
| 南通市生产力促进中心 Productivity Promotion Center of Nantong | 462 | 6500 | 78 | 8028 | 1 | 4 |
| 江苏省苏机机械工业生产力促进中心有限公司 Jiangsu Province Suji Machine Industry Productivity Promotion Center Limited Liability Company | 341 | 845 | 848 | 1597 | 4 | 0 |
| 盐城市生产力促进中心 Productivity Promotion Center of Yancheng | 69 | 38620 | 14 | 664 | 8 | 29 |
| 无锡市生产力促进中心 Productivity Promotion Center of Wuxi | 2373 | 15000 | 9 | 7800 | 421 | 65 |
| 常州市生产力促进中心 Productivity Promotion Center of Changzhou | 123 | 720 | 56 | 2157 | 14 | 0 |
| 苏州市生产力促进中心 Productivity Promotion Center of Suzhou | 1917 | 0 | 0 | 9064 | 25 | 0 |
| 徐州市生产力促进中心 Productivity Promotion Center of Xuzhou | 312 | 78364 | 83 | 1614 | 2 | 57 |
| 常熟市生产力促进中心 Productivity Promotion Center of Changshu | 381 | 1820 | 149 | 29008 | 44 | 11 |
| 宁波市生产力促进中心（宁波市对外科技交流中心）Productivity Promotion Center of Ningbo (Science and Technology Exchange Center for Outside of Ningbo) | 14250 | 350 | 195 | 2030 | 14 | 0 |
| 绍兴县纺织业生产力促进中心有限公司 Shaoxing County Textile Industry Productivity Promotion Center Limited Liability Company | 68 | 5961 | 2402 | 2477 | 37 | 4 |
| 杭州市生产力促进中心 Productivity Promotion Center of Hangzhou | 58 | 0 | 89 | 116 | 9 | 97 |
| 浙江永康五金生产力促进中心有限公司 Zhejiang Yongkang Hardware Productivity Promotion Center Limited Libility Company | 172 | 2904 | 54 | 139 | 54 | 12 |
| 湖州淡水渔业生产力促进中心 Huzhou Freshwater Fishery Productivity Promotion Center | 13 | 1220 | 8 | 2430 | 0 | 0 |
| 嵊州市长毛兔产业生产力促进中心 Angora Rabbit Industry Productivity Promotion Center of Shengzhou | 77 | 19000 | 73 | 2705 | 32 | 15 |
| 平湖环保生产力促进中心 Environment Protection Productivity Promotion Center of Pinghu | 27 | 0 | 19 | 0 | 3 | 0 |
| 浙江火炬生产力促进中心有限公司 Zhejiang Torch Productivity Promotion Center Limited Liability Company | 1604 | 7150 | 0 | 4400 | 15 | 209 |
| 安徽省生产力促进中心 Productivity Promotion Center of Anhui Province | 86 | 315 | 0 | 325 | 0 | 0 |
| 马鞍山市生产力促进中心 Productivity Promotion Center of Maanshan | 8 | 31458 | 59 | 2057 | 6 | 0 |

| 国家级示范生产力促进中心 State Level Model Productivity Promotion Center | 咨询服务项次（项次） Item times of Consultation Service (item time) | 提供信息条数（条） Number of Message Provided (number) | 技术服务项次（项次） Item Times of Technological Service (item time) | 培训服务人次（人次） Person Times of Training Service (person time) | 中介服务项次（项次） Item Times of Intermedia Service (item time) | 孵化企业服务（项次） Item Times of Incubation Service (item time) |
|---|---|---|---|---|---|---|
| 安徽省计算机软件生产力促进中心 Computer Software Productivity Promotion Center of Anhui Province | 23 | 280 | 5 | 200 | 8 | 8 |
| 福建省农业生产力促进中心（福建省乡镇企业生产力促进中心） Agricrlture Productivity Promotion Center of Fujian ( Township Enterprises Productivity Promotion Center of Fujian) | / | | 0 | | 0 | 0 |
| 泉州市生产力促进中心 Productivity Promotion Center of Quanzhou | 87 | 728 | 197 | 2997 | 17 | 46 |
| 厦门市生产力促进中心 Productivity Promotion Center of Xiamen | 65 | 2000 | 9 | 9753 | 42 | 17 |
| 三明市生产力促进中心 Productivity Promotion Center of Sanming | 1380 | 2418 | 17 | 1989 | 2 | 2 |
| 福建省生产力促进中心 Productivity Promotion Center of Fujian | 88 | 23233 | 178 | 377 | 0 | 0 |
| 福州市生产力促进中心 Productivity Promotion Center of Fuzhou | 73 | 3623 | 8 | 1389 | 2 | 0 |
| 江西省生产力促进中心 Productivity Promotion Center of Jiangxi | 540 | 2050 | 2 | 326 | 4 | 2 |
| 山东生产力促进中心 Productivity Promotion Center of Shandong | 1725 | 7180000 | 6 | 1306 | 0 | 0 |
| 山东亚太生产力促进中心 Shandong Yatai Productivity Promotion Center | 322 | 4300 | 12 | 7131 | 15 | 14 |
| 山东省东营生产力促进中心 Productivity Promotion Center of Dongying Shandong | 196 | 60000 | 33 | 1600 | 212 | 14 |
| 山东曲阜生产力促进中心 Productivity Promotion Center of Qufu Shandong | 60 | 25700 | 287 | 10551 | 2 | 1 |
| 烟台生产力促进中心 Yantai Productivity Promotion Center | 1402 | 136800 | 133 | 3287 | 301 | 48 |
| 山东济南生产力促进中心 Shandong Jinan Productivity Promotion Center | 925 | 86196 | 285 | 8100 | 185 | 29 |
| 济宁市生产力促进中心 Productivity Promotion Center of Jining | 481 | 4510 | 19 | 5070 | 394 | 77 |
| 山东淄博生产力促进中心 Zibo Productivity Promotion Center of Shandong | 1124 | 20600 | 21 | 948 | 196 | 11 |
| 河南省生产力促进中心 Productivity Promotion Center of Henan | 152 | 124000 | 161 | 4040 | 67 | 23 |
| 开封市生产力促进中心 Productivity Promotion Center of Kaifeng | 110 | 0 | 8 | 180 | 12 | 10 |
| 郑州市生产力促进中心 Productivity Promotion Center of Zhengzhou | 235 | 4500 | 35 | 3150 | 22 | 202 |
| 许昌市生产力促进中心 Productivity Promotion Center of Xuchang | 119 | 10700 | 18 | 70 | 15 | 19 |
| 三门峡市生产力促进中心 Productivity Promotion Center of Sanmenxia | 37 | 409 | 4 | 738 | 7 | 6 |

6-3 续表4 Continued 4

| 国家级示范生产力促进中心 State Level Model Productivity Promotion Center | 咨询服务项次(项次) Item times of Consultation Service (item time) | 提供信息条数(条) Number of Message Provided (number) | 技术服务项次(项次) Item Times of Technological Service (item time) | 培训服务人次(人次) Person Times of Training Service (person time) | 中介服务项次(项次) Item Times of Intermedia Service (item time) | 孵化企业服务(项次) Item Times of Incubation Service (item time) |
|---|---|---|---|---|---|---|
| 安阳高新区生产力促进中心 Anyang Science and Technology Industrial Park Productivity Promotion Center | 1329 | 5665 | 238 | 2349 | 8 | 8 |
| 武汉材保电镀技术生产力促进中心 Wuhan Electroplating Technology Productivity Promotion Center | 107 | 2530 | 124 | 332 | 17 | 2 |
| 武汉市电子商务生产力促进中心 Electric Commerce Productivity Promotion Center of Wuhan | 11 | 560 | 3 | 280 | 2 | 5 |
| 武汉东湖新技术开发区生产力促进中心 Wuhan Donghu New Technology Development Zone Productivity Promotion Center | 137 | 10712 | 46 | 2126 | 37 | 8 |
| 黄石市生产力促进中心 Productivity Promotion Center of Huangshi | 90 | 13156 | 4419 | 6731 | 92 | 11 |
| 湖南省生产力促进中心 Productivity Promotion Center of Hunan | 99 | 51 | 0 | 450 | 4 | 6 |
| 长沙生产力促进中心 Changsha Productivity Promotion Center | 25 | 10000 | 11 | 0 | 2 | 67 |
| 株洲市生产力促进中心 Productivity Promotion Center of Zhuzhou | 42 | 4020 | 5 | 95 | 0 | 0 |
| 广东省生产力促进中心 Productivity Promotion Center of Guangdong | 1680 | 68762 | 293 | 8133 | 46 | 259 |
| 广州生产力促进中心 Guangzhou Productivity Promotion Center | 1355 | 33942 | 474 | 5945 | 1 | 0 |
| 东莞市生产力促进中心 Productivity Promotion Center of Dongguan | 4 | 0 | 3 | 354 | 0 | 0 |
| 广西生产力促进中心 Guangxi Productivity Promotion Center | 1438 | 495798 | 379 | 789 | 319 | 0 |
| 北海市生产力促进中心 Productivity Promotion Center of Beihai | 137 | 15000 | 44 | 120 | 4 | 24 |
| 重庆生产力促进中心 Productivity Promotion Center of Chongqing | 626 | 360 | 63009 | 2261 | 2 | 50 |
| 重庆激光快速原形及模具制造生产力促进中心有限公司 Chongqing Laser Rapid Prototyping and Mould Manufacturing Productivity Promotion Center | 166 | 0 | 204 | 0 | 0 | 0 |
| 重庆西信生产力促进中心 Chongqing Xixin Productivity Promotion Center | 49 | 2200000 | 0 | 0 | 0 | 0 |
| 重庆海特克制造业信息化生产力促进中心有限公司 Chongqing Haiteke Manfactue informatization Productivity Promotion Center Limited Liability Company | 8 | 0 | 22 | 440 | 0 | 0 |
| 四川省生产力促进中心 Productivity Promotion Center of Sichuan Province | 493 | 6800 | 16 | 7667 | 11 | 16 |
| 德阳市生产力促进中心 Productivity Promotion Center of Deyang | 30 | 7900 | 22 | 1180 | 10 | 125 |
| 贵阳生产力促进中心 Productivity Promotion Center of Guiyang | 498 | 17646 | 114 | 13236 | 161 | 182 |
| 云南省生产力促进中心 Productivity Promotion Center of Yunnan | 57 | 4633 | 37 | 638 | 77 | 236 |

| 国家级示范生产力促进中心<br>State Level Model Productivity Promotion Center | 咨询服务项次（项次）<br>Item times of Consultation Service (item time) | 提供信息条数（条）<br>Number of Message Provided (number) | 技术服务项次（项次）<br>Item Times of Technological Service (item time) | 培训服务人次（人次）<br>Person Times of Training Service (person time) | 中介服务项次（项次）<br>Item Times of Intermedia Service (item time) | 孵化企业服务（项次）<br>Item Times of Incubation Service (item time) |
|---|---|---|---|---|---|---|
| 西藏自治区生产力促进中心<br>Tibet Productivity Promotion Center | 184 | 30 | 14 | 214 | 4 | 0 |
| 陕西省生产力促进中心<br>Productivity Promotion Center of Shaanxi | 961 | 56613 | 300 | 6885 | 47 | 37 |
| 西安生产力促进中心<br>Xi'an Productivity Promotion Center | 246 | 75 | 10 | 7354 | 32 | 64 |
| 宝鸡市生产力促进中心<br>Productivity Promotion Center of Baoji | 103 | 3560 | 44 | 12731 | 22 | 10 |
| 渭南生产力促进中心<br>Weinan Productivity Promotion Center | 11 | 566 | 5 | 248 | 7 | 2 |
| 西安高新生产力促进中心<br>Xi'an Hi-tech Productivity Promotion Center | 1622 | 495 | 0 | 5523 | 0 | 0 |
| 安康市生产力促进中心<br>Productivity Promotion Center of Ankang | 24 | 852 | 35 | 22308 | 10 | 14 |
| 铜川生产力促进中心<br>Tongchuan Productivity Promotion Center | 164 | 1784 | 21 | 400 | 33 | 21 |
| 宝鸡高新区生产力促进中心<br>Productivity Promotion Center of Baoji Science and Technology Industrial Park | 16 | 14 | 43 | 2018 | 6 | 3 |
| 咸阳市生产力促进中心<br>Productivity Promotion Center of Xianyang | 515 | 559 | 222 | 5500 | 311 | 22 |
| 杨凌示范区生产力促进中心<br>Productivity Promotion Center of Yangling Science and Technology Industrial Park | 470 | 1186 | 59 | 5960 | 35 | 48 |
| 西安经济技术开发区生产力促进中心<br>Productivity Promotion Center of Xi'an Economic-Technological Zone | 338 | 879 | 0 | 1307 | 3 | 413 |
| 甘肃省生产力促进中心<br>Productivity Promotion Center of Gansu | 268 | 6800 | 15 | 3492 | 22 | 8 |
| 甘肃省天水生产力促进中心<br>Productivity Promotion Center of Gansu Tianshui | 112 | 2400 | 5 | 439 | 1 | 12 |
| 兰州生产力促进中心<br>Lanzhou Productivity Promotion Center | 11 | 3000 | 9 | 245 | 3 | 0 |
| 宁夏生产力促进中心<br>Ningxia Productivity Promotion Center | 28 | 3650 | 3 | 1850 | 2 | 15 |
| 青海省生产力促进中心<br>Productivity Promotion Center of Qinghai | 61 | 332 | 10 | 1195 | 0 | 9 |
| 新疆生产力促进中心<br>Xinjiang Productivity Promotion Center | 259 | 3575 | 7 | 11476 | 26 | 47 |
| 中亚科技信息生产力促进中心<br>Central Asia Science and Technology Information Productivity Promotion Center | 814 | 61230 | 119 | 376 | 28 | 0 |
| 新疆昌吉生产力促进中心<br>Xinjiang Changji Productivity Promotion Center | 25 | 500000 | 27 | 9045 | 8 | 0 |
| 新疆生产建设兵团创新生产力促进中心<br>Xinjiang Production and Construction Innovation Productivity Promotion Center | 16 | 100 | 14 | 2807 | 8 | 14 |

# 6－4 国家级示范生产力促进中心人员情况

## Personnel Distribution of State Level Model Productivity Promotion Centers

单位：人 (person)

| 国家级示范生产力促进中心<br>State Level Model Productivity Promotion Center | 人员数<br>Number of Employees | 博士<br>Number of Employees with Doctor Degree | 硕士<br>Number of Employees with Master Degree | 学士<br>Number of Employees with Bachelor Degree | 大专<br>Number of Employees with Junior College Degree | 其他<br>Others |
|---|---|---|---|---|---|---|
| 中机生产力促进中心<br>Zhongji Productivity Promotion Center | 224 | 6 | 40 | 70 | 92 | 16 |
| 中国建材行业生产力促进中心<br>China Building Material Industry Productivity Promotion Center | 17 | 1 | 2 | 12 | 0 | 2 |
| 工业与日用电器行业生产力促进中心<br>China National Appliance Productivity Promotion Center | 165 | 3 | 13 | 125 | 0 | 24 |
| 中商流通生产力促进中心<br>Distribution Productivity Promotion Center of China Commerce | 94 | 2 | 27 | 65 | 0 | 0 |
| 铸造行业生产力促进中心<br>Foundry Productivity Promotion Center of China | 24 | 1 | 1 | 17 | 3 | 2 |
| 哈尔滨现代焊接技术生产力促进中心<br>Harbin Modern Jointing Technology Productivity Promotion Center | 40 | 1 | 12 | 18 | 8 | 1 |
| 国家化工行业生产力促进中心<br>China Chemical Industry Productivity Promotion Center | 24 | 0 | 3 | 17 | 4 | 0 |
| 皮革和制鞋行业生产力促进中心<br>Leather and Industry Productivity Promotion Center | 82 | 2 | 15 | 56 | 3 | 6 |
| 北京生产力促进中心<br>Beijing Productivity Promotion Center | 78 | 1 | 22 | 39 | 5 | 11 |
| 北京市丰台区技术创新与生产力促进中心<br>Beijing Fengtai District Technology Innovation and Productivity Promotion Center | 10 | 0 | 0 | 3 | 7 | 0 |
| 北京软件产业生产力促进中心<br>Beijing Software Industry Productivity Promotion Center | 164 | 2 | 37 | 91 | 29 | 5 |
| 天津市食品工业生产力促进中心<br>Tianjin Food Industry Productivity Promotion Center | 49 | 1 | 8 | 20 | 15 | 5 |
| 天津滨海生产力促进中心<br>Tianjin Binhai District Productivity Promotion Center | 15 | 0 | 0 | 8 | 7 | 0 |
| 廊坊市生产力促进中心<br>Productivity Promotion Center of Langfang | 66 | 0 | 1 | 60 | 5 | 0 |
| 河北省迁西县生产力促进中心<br>Productivity Promotion Center of Hebei Qianxi | 22 | 0 | 3 | 13 | 5 | 1 |
| 河北省玻璃钢/复合材料生产力促进中心<br>Fiber Glass Reinforced Plastics Productivity Promotion Center | 22 | 0 | 1 | 14 | 4 | 3 |
| 石家庄生产力促进中心<br>Shijiazhuang Productivity Promotion Center | 26 | 0 | 2 | 10 | 8 | 6 |
| 秦皇岛市生产力促进中心<br>Productivity Promotion Center of Qinghuangdao | 19 | 0 | 0 | 19 | 0 | 0 |
| 衡水市橡胶产业生产力促进中心<br>Rubber Industry Productivity Promotion Center of Hengshui | 25 | 0 | 3 | 22 | 0 | 0 |
| 孟村县弯头管件生产力促进中心<br>Elbow Pipe Fitting Productivity Promotion Center of Mengcun County | 13 | 0 | 0 | 9 | 1 | 3 |

6－4　续表1　Continued 1

单位：人　(person)

| 国家级示范生产力促进中心<br>State Level Model Productivity Promotion Center | 人员数<br>Number of Employees | 博士<br>Number of Employees with Doctor Degree | 硕士<br>Number of Employees with Master Degree | 学士<br>Number of Employees with Bachelor Degree | 大专<br>Number of Employees with Junior College Degree | 其他<br>Others |
|---|---|---|---|---|---|---|
| 山西省生产力促进中心<br>Productivity Promotion Center of Shanxi | 65 | 0 | 5 | 34 | 21 | 5 |
| 太原生产力促进中心<br>Productivity Promotion Center of Taiyuan | 30 | 0 | 1 | 20 | 6 | 3 |
| 阳泉市生产力促进中心<br>Productivity Promotion Center of Yangquan | 23 | 0 | 0 | 10 | 13 | 0 |
| 忻州市生产力促进中心<br>Productivity Promotion Center of Xinzhou | 12 | 0 | 1 | 1 | 9 | 1 |
| 内蒙古生产力促进中心<br>Productivity Promotion Center of Inner Mongolia | 83 | 5 | 8 | 61 | 0 | 9 |
| 鄂尔多斯市生产力促进中心<br>Productivity Promotion Center of Erdos | 12 | 0 | 2 | 0 | 8 | 2 |
| 辽宁生产力促进中心<br>Productivity Promotion Center of Liaoning | 52 | 0 | 4 | 42 | 4 | 2 |
| 鞍山市生产力促进中心<br>Productivity Promotion Center of Anshan | 73 | 1 | 7 | 45 | 12 | 8 |
| 沈阳市生产力促进中心<br>Productivity Promotion Center of Shenyang | 15 | 0 | 3 | 6 | 4 | 2 |
| 锦州市生产力促进中心<br>Productivity Promotion Center of Jingzhou | 32 | 1 | 0 | 22 | 9 | 0 |
| 丹东市生产力促进中心<br>Productivity Promotion Center of Dandong | 23 | 0 | 1 | 6 | 9 | 7 |
| 营口市生产力促进中心<br>Productivity Promotion Center of Yingkou | 26 | 0 | 2 | 3 | 18 | 3 |
| 大连市生产力促进中心<br>Productivity Promotion Center of Dalian | 19 | 0 | 9 | 7 | 2 | 1 |
| 辽阳高新区生产力促进中心<br>Productivity Promotion Center of Liaoyang Science and Technology Industrial Park | 15 | 0 | 1 | 9 | 4 | 1 |
| 葫芦岛市生产力促进中心<br>Productivity Promotion Center of Huludao | 17 | 0 | 2 | 3 | 12 | 0 |
| 吉林省生产力促进中心<br>Productivity Promotion Center of Jilin Province | 25 | 0 | 3 | 20 | 0 | 2 |
| 吉林市生产力促进中心<br>Productivity Promotion Center of Jilin City | 16 | 0 | 0 | 10 | 2 | 4 |
| 长春市高新区生产力促进中心<br>Productivity Promotion Center of Changchun City | 51 | 0 | 7 | 31 | 3 | 10 |
| 黑龙江省生产力促进中心<br>Productivity Promotion Center of Heilongjiang | 81 | 0 | 6 | 51 | 22 | 2 |
| 牡丹江市生产力促进中心<br>Productivity Promotion Center of Mudanjiang | 26 | 0 | 0 | 4 | 14 | 8 |
| 大庆高新生产力促进中心<br>Daqing Hi-Tech Productivity Promotion Center | 15 | 0 | 4 | 8 | 3 | 0 |

6－4 续表2 Continued 2

单位：人 (person)

| 国家级示范生产力促进中心 State Level Model Productivity Promotion Center | 人员数 Number of Employees | 博士 Number of Employees with Doctor Degree | 硕士 Number of Employees with Master Degree | 学士 Number of Employees with Bachelor Degree | 大专 Number of Employees with Junior College Degree | 其他 Others |
|---|---|---|---|---|---|---|
| 全国电工仪器仪表生产力促进中心 National Electrical Engineering Instrument Productivity Promotion Center | 82 | 0 | 8 | 47 | 20 | 7 |
| 上海浦东生产力促进中心 Productivity Promotion Center of Shanghai Pudong District | 98 | 6 | 33 | 37 | 15 | 7 |
| 江苏省生产力促进中心 Productivity Promotion Center of Jiangsu Province | 131 | 0 | 9 | 86 | 0 | 36 |
| 南通市生产力促进中心 Productivity Promotion Center of Nantong | 32 | 0 | 2 | 6 | 15 | 9 |
| 江苏省苏机机械工业生产力促进中心有限公司 Jiangsu Province Suji Machine Industry Productivity Promotion Center Limited Liability Company | 36 | 1 | 1 | 25 | 9 | 0 |
| 盐城市生产力促进中心 Productivity Promotion Center of Yancheng | 9 | 0 | 0 | 4 | 3 | 2 |
| 无锡市生产力促进中心 Productivity Promotion Center of Wuxi | 72 | 2 | 4 | 22 | 30 | 14 |
| 常州市生产力促进中心 Productivity Promotion Center of Changzhou | 33 | 0 | 0 | 13 | 14 | 6 |
| 苏州市生产力促进中心 Productivity Promotion Center of Suzhou | 25 | 0 | 3 | 13 | 9 | 0 |
| 徐州市生产力促进中心 Productivity Promotion Center of Xuzhou | 29 | 0 | 2 | 10 | 16 | 1 |
| 常熟市生产力促进中心 Productivity Promotion Center of Changshu | 26 | 0 | 2 | 18 | 4 | 2 |
| 宁波市生产力促进中心（宁波市对外科技交流中心） Productivity Promotion Center of Ningbo( Science and Technology Exchange Center for Outside of Ningbo) | 106 | 0 | 5 | 30 | 53 | 18 |
| 绍兴县纺织业生产力促进中心有限公司 Shaoxing County Textile Industry Productivity Promotion Center Limited Liability Company | 199 | 4 | 16 | 66 | 70 | 43 |
| 杭州市生产力促进中心 Productivity Promotion Center of Hangzhou | 23 | 0 | 1 | 11 | 7 | 4 |
| 浙江永康五金生产力促进中心有限公司 Zhejiang Yongkang Hardware Productivity Promotion Center Limited Libility Company | 29 | 2 | 0 | 10 | 7 | 0 |
| 湖州淡水渔业生产力促进中心 Huzhou Freshwater Fishery Productivity Promotion Center | 35 | 1 | 5 | 22 | 4 | 3 |
| 嵊州市长毛兔产业生产力促进中心 Angora Rabbit Industry Productivity Promotion Center of Shengzhou | 34 | 4 | 4 | 18 | 6 | 2 |
| 平湖环保生产力促进中心 Environment Protection Productivity Promotion Center of Pinghu | 40 | 1 | 2 | 9 | 0 | 28 |
| 浙江火炬生产力促进中心有限公司 Zhejiang Torch Productivity Promotion Center Limited Liability Company | 25 | 0 | 4 | 11 | 4 | 6 |
| 安徽省生产力促进中心 Productivity Promotion Center of Anhui Province | 18 | 0 | 2 | 12 | 4 | 0 |
| 马鞍山市生产力促进中心 Productivity Promotion Center of Maanshan | 26 | 0 | 0 | 12 | 14 | 0 |

6－4 续表3 Continued 3

单位:人 (person)

| 国家级示范生产力促进中心<br>State Level Model Productivity Promotion Center | 人员数<br>Number of Employees | 博士<br>Number of Employees with Doctor Degree | 硕士<br>Number of Employees with Master Degree | 学士<br>Number of Employees with Bachelor Degree | 大专<br>Number of Employees with Junior College Degree | 其他<br>Others |
|---|---|---|---|---|---|---|
| 安徽省计算机软件生产力促进中心<br>Computer Software Productivity Promotion Center of Anhui Province | 17 | 1 | 0 | 15 | 0 | 1 |
| 福建省农业生产力促进中心(福建省乡镇企业生产力促进中心)<br>Agricrlture Productivity Promotion Center of Fujian ( Township Enterprises Productivity Promotion Center of Fujian) | / | / | / | / | / | / |
| 泉州市生产力促进中心<br>Productivity Promotion Center of Quanzhou | 88 | 2 | 2 | 18 | 37 | 29 |
| 厦门市生产力促进中心<br>Productivity Promotion Center of Xiamen | 40 | 0 | 5 | 13 | 7 | 15 |
| 三明市生产力促进中心<br>Productivity Promotion Center of Sanming | 76 | 2 | 0 | 46 | 24 | 4 |
| 福建省生产力促进中心<br>Productivity Promotion Center of Fujian | 75 | 1 | 4 | 34 | 31 | 5 |
| 福州市生产力促进中心<br>Productivity Promotion Center of Fuzhou | 40 | 1 | 5 | 16 | 13 | 5 |
| 江西省生产力促进中心<br>Productivity Promotion Center of Jiangxi | 41 | 0 | 1 | 25 | 13 | 2 |
| 山东生产力促进中心<br>Productivity Promotion Center of Shandong | 31 | 0 | 7 | 18 | 4 | 2 |
| 山东亚太生产力促进中心<br>Shandong Yatai Productivity Promotion Center | 20 | 0 | 2 | 13 | 4 | 1 |
| 山东省东营生产力促进中心<br>Productivity Promotion Center of Dongying Shandong | 42 | 0 | 3 | 33 | 3 | 3 |
| 山东曲阜生产力促进中心<br>Productivity Promotion Center of Qufu Shandong | 43 | 0 | 2 | 32 | 9 | 0 |
| 烟台生产力促进中心<br>Yantai Productivity Promotion Center | 40 | 0 | 4 | 29 | 4 | 3 |
| 山东济南生产力促进中心<br>Shandong Jinan Productivity Promotion Center | 43 | 0 | 1 | 16 | 20 | 5 |
| 济宁市生产力促进中心<br>Productivity Promotion Center of Jining | 15 | 0 | 1 | 5 | 9 | 0 |
| 山东淄博生产力促进中心<br>Zibo Productivity Promotion Center of Shandong | 40 | 0 | 1 | 15 | 23 | 1 |
| 河南省生产力促进中心<br>Productivity Promotion Center of Henan | 112 | 2 | 9 | 51 | 46 | 4 |
| 开封市生产力促进中心<br>Productivity Promotion Center of Kaifeng | 30 | 1 | 4 | 13 | 9 | 3 |
| 郑州市生产力促进中心<br>Productivity Promotion Center of Zhengzhou | 25 | 0 | 1 | 13 | 8 | 3 |
| 许昌市生产力促进中心<br>Productivity Promotion Center of Xuchang | 16 | 0 | 0 | 12 | 2 | 2 |
| 三门峡市生产力促进中心<br>Productivity Promotion Center of Sanmenxia | 16 | 0 | 0 | 12 | 4 | 0 |

6-4 续表4 Continued 4

单位:人 (person)

| 国家级示范生产力促进中心<br>State Level Model Productivity Promotion Center | 人员数<br>Number of Employees | 博士<br>Number of Employees with Doctor Degree | 硕士<br>Number of Employees with Master Degree | 学士<br>Number of Employees with Bachelor Degree | 大专<br>Number of Employees with Junior College Degree | 其他<br>Others |
|---|---|---|---|---|---|---|
| 安阳高新区生产力促进中心<br>Anyang Science and Technology Industrial Park Productivity Promotion Center | 47 | 1 | 2 | 36 | 8 | 0 |
| 武汉材保电镀技术生产力促进中心<br>Wuhan Electroplating Technology Productivity Promotion Center | 26 | 0 | 1 | 21 | 2 | 2 |
| 武汉市电子商务生产力促进中心<br>Electric Commerce Productivity Promotion Center of Wuhan | 21 | 1 | 3 | 12 | 3 | 2 |
| 武汉东湖新技术开发区生产力促进中心<br>Wuhan Donghu New Technology Development Zone Productivity Promotion Center | 29 | 7 | 11 | 4 | 6 | 1 |
| 黄石市生产力促进中心<br>Productivity Promotion Center of Huangshi | 28 | 2 | 2 | 15 | 7 | 2 |
| 湖南省生产力促进中心<br>Productivity Promotion Center of Hunan | 20 | 1 | 3 | 7 | 6 | 3 |
| 长沙生产力促进中心<br>Changsha Productivity Promotion Center | 32 | 0 | 4 | 20 | 7 | 1 |
| 株洲市生产力促进中心<br>Productivity Promotion Center of Zhuzhou | 15 | 0 | 0 | 7 | 4 | 4 |
| 广东省生产力促进中心<br>Productivity Promotion Center of Guangdong | 98 | 2 | 12 | 39 | 28 | 17 |
| 广州生产力促进中心<br>Guangzhou Productivity Promotion Center | 119 | 0 | 9 | 74 | 16 | 20 |
| 东莞市生产力促进中心<br>Productivity Promotion Center of Dongguan | 15 | 1 | 3 | 2 | 6 | 3 |
| 广西生产力促进中心<br>Guangxi Productivity Promotion Center | 153 | 0 | 14 | 89 | 30 | 20 |
| 北海市生产力促进中心<br>Productivity Promotion Center of Beihai | 21 | 0 | 2 | 12 | 0 | 7 |
| 重庆生产力促进中心<br>Productivity Promotion Center of Chongqing | 20 | 2 | 7 | 5 | 4 | 2 |
| 重庆激光快速原形及模具制造生产力促进中心有限公司<br>Chongqing Laser Rapid Prototyping and Mould Manufacturing Productivity Promotion Center | 29 | 3 | 0 | 10 | 4 | 12 |
| 重庆西信生产力促进中心<br>Chongqing Xixin Productivity Promotion Center | 17 | 0 | 2 | 12 | 0 | 3 |
| 重庆海特克制造业信息化生产力促进中心有限公司<br>Chongqing Haiteke Manfactue informatization Productivity Promotion Center Limited Liability Company | 35 | 9 | 10 | 10 | 4 | 2 |
| 四川省生产力促进中心<br>Productivity Promotion Center of Sichuan Province | 33 | 0 | 9 | 14 | 9 | 1 |
| 德阳市生产力促进中心<br>Productivity Promotion Center of Deyang | 15 | 0 | 2 | 10 | 3 | 0 |
| 贵阳生产力促进中心<br>Productivity Promotion Center of Guiyang | 73 | 1 | 3 | 31 | 27 | 11 |
| 云南省生产力促进中心<br>Productivity Promotion Center of Yunnan | 10 | 0 | 3 | 5 | 2 | 0 |

6－4　续表5　Continued 5

单位:人　　(person)

| 国家级示范生产力促进中心<br>State Level Model Productivity Promotion Center | 人员数<br>Number of Employees | 博士<br>Number of Employees with Doctor Degree | 硕士<br>Number of Employees with Master Degree | 学士<br>Number of Employees with Bachelor Degree | 大专<br>Number of Employees with Junior College Degree | 其他<br>Others |
|---|---|---|---|---|---|---|
| 西藏自治区生产力促进中心<br>Tibet Productivity Promotion Center | 12 | 0 | 0 | 5 | 1 | 6 |
| 陕西省生产力促进中心<br>Productivity Promotion Center of Shaanxi | 75 | 0 | 7 | 53 | 2 | 13 |
| 西安生产力促进中心<br>Xi' an Productivity Promotion Center | 86 | 1 | 10 | 35 | 35 | 5 |
| 宝鸡市生产力促进中心<br>Productivity Promotion Center of Baoji | 50 | 1 | 5 | 28 | 13 | 3 |
| 渭南生产力促进中心<br>Weinan Productivity Promotion Center | 37 | 0 | 0 | 8 | 27 | 2 |
| 西安高新生产力促进中心<br>Xi' an Hi-tech Productivity Promotion Center | 45 | 0 | 12 | 31 | 2 | 0 |
| 安康市生产力促进中心<br>Productivity Promotion Center of Ankang | 32 | 0 | 0 | 29 | 3 | 0 |
| 铜川生产力促进中心<br>Tongchuan Productivity Promotion Center | 8 | 0 | 0 | 6 | 0 | 2 |
| 宝鸡高新区生产力促进中心<br>Productivity Promotion Center of Baoji Science and Technology Industrial Park | 27 | 0 | 5 | 19 | 3 | 0 |
| 咸阳市生产力促进中心<br>Productivity Promotion Center of Xianyang | 22 | 0 | 4 | 18 | 0 | 0 |
| 杨凌示范区生产力促进中心<br>Productivity Promotion Center of Yangling Science and Technology Industrial Park | 9 | 1 | 3 | 4 | 1 | 0 |
| 西安经济技术开发区生产力促进中心<br>Productivity Promotion Center of Xi' an Economic-Technological Zone | 19 | 0 | 4 | 12 | 3 | 0 |
| 甘肃省生产力促进中心<br>Productivity Promotion Center of Gansu | 37 | 0 | 0 | 29 | 2 | 6 |
| 甘肃省天水生产力促进中心<br>Productivity Promotion Center of Gansu Tianshui | 31 | 0 | 2 | 12 | 14 | 3 |
| 兰州生产力促进中心<br>Lanzhou Productivity Promotion Center | 43 | 2 | 1 | 31 | 6 | 3 |
| 宁夏生产力促进中心<br>Ningxia Productivity Promotion Center | 35 | 0 | 0 | 14 | 20 | 1 |
| 青海省生产力促进中心<br>Productivity Promotion Center of Qinghai | 16 | 0 | 0 | 4 | 8 | 4 |
| 新疆生产力促进中心<br>Xinjiang Productivity Promotion Center | 60 | 0 | 4 | 38 | 18 | 0 |
| 中亚科技信息生产力促进中心<br>Central Asia Science and Technology Information Productivity Promotion Center | 67 | 0 | 4 | 29 | 28 | 6 |
| 新疆昌吉生产力促进中心<br>Xinjiang Changji Productivity Promotion Center | 33 | 1 | 0 | 22 | 10 | 0 |
| 新疆生产建设兵团创新生产力促进中心<br>Xinjiang Production and Construction Innovation Productivity Promotion Center | 20 | 0 | 1 | 12 | 7 | 0 |

# 6-5 国家级示范生产力促进中心服务业绩

## Service Achievements of State Level Model Productivity Promotion Centers

| 国家级示范生产力促进中心<br>State Level Model Productivity Promotion Center | 服务企业数量（个）<br>Number of Served Enterprises (number) | 为企业增加销售额（千元）<br>Added Sales Income for Enterprises (1000 RMB yuan) | 增加利税（千元）<br>Added Profits and Taxes (1000 RMB yuan) | 为社会增加就业（人）<br>Added Employ-ment (person) | 中心总服务收入（千元）<br>Total Service Income (1000 RMB yuan) |
|---|---|---|---|---|---|
| 中机生产力促进中心<br>Zhongji Productivity Promotion Center | 3750 | 0 | 0 | 10 | 75506 |
| 中国建材行业生产力促进中心<br>China Building Material Industry Productivity Promotion Center | 1946 | 50000 | 500 | 850 | 12750 |
| 工业与日用电器行业生产力促进中心<br>China National Appliance Productivity Promotion Center | 3262 | 8800 | 880 | 5800 | 33155 |
| 中商流通生产力促进中心<br>Distribution Productivity Promotion Center of China Commerce | 210 | 25000 | 1500 | 1500 | 25446 |
| 铸造行业生产力促进中心<br>Foundry Productivity Promotion Center of China | 444 | 0 | 0 | 0 | 820 |
| 哈尔滨现代焊接技术生产力促进中心<br>Harbin Modern Jointing Technology Productivity Promotion Center | 78 | 0 | 0 | 0 | 1960 |
| 国家化工行业生产力促进中心<br>China Chemical Industry Productivity Promotion Center | 1009 | 125000 | 20000 | 100 | 2191 |
| 皮革和制鞋行业生产力促进中心<br>Leather and Industry Productivity Promotion Center | 1537 | 10800 | 978 | 5180 | 14784 |
| 北京生产力促进中心<br>Beijing Productivity Promotion Center | 692 | 0 | 0 | 2721 | 5999 |
| 北京市丰台区技术创新与生产力促进中心<br>Beijing Fengtai District Technology Innovation and Productivity Promotion Center | 249 | 66020 | 4900 | 53 | 1449 |
| 北京软件产业生产力促进中心<br>Beijing Software Industry Productivity Promotion Center | 1674 | 12684755 | 508960 | 1253 | 15070 |
| 天津市食品工业生产力促进中心<br>Tianjin Food Industry Productivity Promotion Center | 36 | 8950 | 1432 | 220 | 8645 |
| 天津滨海生产力促进中心<br>Tianjin Binhai District Productivity Promotion Center | 370 | 33000 | 2880 | 450 | 1255 |
| 廊坊市生产力促进中心<br>Productivity Promotion Center of Langfang | 435 | 2917319 | 64865 | 53455 | 20427 |
| 河北省迁西县生产力促进中心<br>Productivity Promotion Center of Hebei Qianxi | 238 | 8000 | 2750 | 600 | 12479 |
| 河北省玻璃钢/复合材料生产力促进中心<br>Fiber Glass Reinforced Plastics Productivity Promotion Center | 160 | 361000 | 81220 | 2600 | 27287 |
| 石家庄生产力促进中心<br>Shijiazhuang Productivity Promotion Center | 52 | 110 | 11 | 33 | 0 |
| 秦皇岛市生产力促进中心<br>Productivity Promotion Center of Qinghuangdao | 330 | 11000 | 3050 | 270 | 782 |
| 衡水市橡胶产业生产力促进中心<br>Rubber Industry Productivity Promotion Center of Hengshui | 21 | 21210 | 1485 | 1800 | 2202 |
| 孟村县弯头管件生产力促进中心<br>Elbow Pipe Fitting Productivity Promotion Center of Mengcun County | 156 | 29860 | 3600 | 1520 | 348 |

6－5 续表1 Continued 1

| 国家级示范生产力促进中心<br>State Level Model Productivity Promotion Center | 服务企业数量（个）<br>Number of Served Enterprises (number) | 为企业增加销售额（千元）<br>Added Sales Income for Enterprises (1000 RMB yuan) | 增加利税（千元）<br>Added Profits and Taxes (1000 RMB yuan) | 为社会增加就业（人）<br>Added Employment (person) | 中心总服务收入（千元）<br>Total Service Income (1000 RMB yuan) |
|---|---|---|---|---|---|
| 山西省生产力促进中心<br>Productivity Promotion Center of Shanxi | 1017 | 194060 | 38900 | 1700 | 14995 |
| 太原生产力促进中心<br>Productivity Promotion Center of Taiyuan | 861 | 980 | 98 | 4100 | 4881 |
| 阳泉市生产力促进中心<br>Productivity Promotion Center of Yangquan | 154 | 55410 | 9419 | 1850 | 3628 |
| 忻州市生产力促进中心<br>Productivity Promotion Center of Xinzhou | 180 | 7360 | 1251 | 510 | 6147 |
| 内蒙古生产力促进中心<br>Productivity Promotion Center of Inner Mongolia | 126 | 46951 | 2558 | 4056 | 583 |
| 鄂尔多斯市生产力促进中心<br>Productivity Promotion Center of Erdos | 39 | 3820 | 506 | 700 | 249 |
| 辽宁生产力促进中心<br>Productivity Promotion Center of Liaoning | 54 | 55800 | 3980 | 375 | 8676 |
| 鞍山市生产力促进中心<br>Productivity Promotion Center of Anshan | 75 | 460000 | 8500 | 2800 | 596 |
| 沈阳市生产力促进中心<br>Productivity Promotion Center of Shenyang | 175 | 3640000 | 496720 | 2310 | 3108 |
| 锦州市生产力促进中心<br>Productivity Promotion Center of Jinzhou | 28 | 125600 | 10600 | 410 | 187 |
| 丹东市生产力促进中心<br>Productivity Promotion Center of Dandong | 9 | 2000 | 800 | 200 | 131 |
| 营口市生产力促进中心<br>Productivity Promotion Center of Yingkou | 32 | 38100 | 398 | 833 | 0 |
| 大连市生产力促进中心<br>Productivity Promotion Center of Dalian | 944 | 450000 | 80000 | 20000 | 0 |
| 辽阳高新区生产力促进中心<br>Productivity Promotion Center of Liaoyang Science and Technology Industrial Park | 50 | 258946 | 24280 | 1287 | 938 |
| 葫芦岛市生产力促进中心<br>Productivity Promotion Center of Huludao | 73 | 9000 | 1100 | 600 | 1158 |
| 吉林省生产力促进中心<br>Productivity Promotion Center of Jilin Province | 20 | 8000 | 130 | 800 | 185 |
| 吉林市生产力促进中心<br>Productivity Promotion Center of Jilin City | 63 | 80000 | 35000 | 1250 | 5772 |
| 长春市高新区生产力促进中心<br>Productivity Promotion Center of Changchun City | 650 | 0 | 0 | 500 | 8398 |
| 黑龙江省生产力促进中心<br>Productivity Promotion Center of Heilongjiang | 1099 | 0 | 0 | 0 | 1497 |
| 牡丹江市生产力促进中心<br>Productivity Promotion Center of Mudanjiang | 23 | 3500 | 100 | 50 | 0 |
| 大庆高新生产力促进中心<br>Daqing Hi-Tech Productivity Promotion Center | 384 | 35000 | 3000 | 1000 | 423 |

| 国家级示范生产力促进中心<br>State Level Model Productivity Promotion Center | 服务企业数　量（个）<br>Number of Served Enterprises (number) | 为企业增加销售额（千元）<br>Added Sales Income for Enterprises (1000 RMB yuan) | 增加利税（千元）<br>Added Profits and Taxes (1000 RMB yuan) | 为社会增加就业（人）<br>Added Employ-ment (person) | 中心总服务收入（千元）<br>Total Service Income (1000 RMB yuan) |
|---|---|---|---|---|---|
| 全国电工仪器仪表生产力促进中心<br>National Electrical Engineering Instrument Productivity Promotion Center | 440 | 0 | 0 | 0 | 11281 |
| 上海浦东生产力促进中心<br>Productivity Promotion Center of Shanghai Pudong District | 480 | 0 | 0 | 159 | 14958 |
| 江苏省生产力促进中心<br>Productivity Promotion Center of Jiangsu Province | 625 | 0 | 0 | 0 | 18201 |
| 南通市生产力促进中心<br>Productivity Promotion Center of Nantong | 543 | 30000 | 1500 | 3000 | 2974 |
| 江苏省苏机机械工业生产力促进中心有限公司<br>Jiangsu Province Suji Machine Industry Productivity Promotion Center Limited Liability Company | 341 | 446711 | 80407 | 452 | 14811 |
| 盐城市生产力促进中心<br>Productivity Promotion Center of Yancheng | 63 | 192000 | 45000 | 876 | 2262 |
| 无锡市生产力促进中心<br>Productivity Promotion Center of Wuxi | 1465 | 398209 | 23502 | 8000 | 19131 |
| 常州市生产力促进中心<br>Productivity Promotion Center of Changzhou | 176 | 535000 | 9000 | 2100 | 12735 |
| 苏州市生产力促进中心<br>Productivity Promotion Center of Suzhou | 1864 | 150000 | 22500 | 12000 | 14386 |
| 徐州市生产力促进中心<br>Productivity Promotion Center of Xuzhou | 361 | 196612 | 28509 | 724 | 4873 |
| 常熟市生产力促进中心<br>Productivity Promotion Center of Changshu | 369 | 325000 | 86000 | 815 | 11565 |
| 宁波市生产力促进中心（宁波市对外科技交流中心）<br>Productivity Promotion Center of Ningbo( Science and Technology Exchange Center for Outside of Ningbo) | 12320 | 342620 | 128800 | 1825 | 8026 |
| 绍兴县纺织业生产力促进中心有限公司<br>Shaoxing County Textile Industry Productivity Promotion Center Limited Liability Company | 2003 | 800019 | 110386 | 5305 | 19386 |
| 杭州市生产力促进中心<br>Productivity Promotion Center of Hangzhou | 161 | 0 | 0 | 0 | 1939 |
| 浙江永康五金生产力促进中心有限公司<br>Zhejiang Yongkang Hardware Productivity Promotion Center Limited Libility Company | 1225 | 450000 | 110000 | 3300 | 3083 |
| 湖州淡水渔业生产力促进中心<br>Huzhou Freshwater Fishery Productivity Promotion Center | 47 | 332000 | 95500 | 9600 | 4126 |
| 嵊州市长毛兔产业生产力促进中心<br>Angora Rabbit Industry Productivity Promotion Center of Shengzhou | 38 | 320000 | 80000 | 50000 | 70582 |
| 平湖环保生产力促进中心<br>Environment Protection Productivity Promotion Center of Pinghu | 50 | 6000 | 800 | 6 | 4735 |
| 浙江火炬生产力促进中心有限公司<br>Zhejiang Torch Productivity Promotion Center Limited Liability Company | 1300 | 30000 | 2500 | 0 | 6255 |
| 安徽省生产力促进中心<br>Productivity Promotion Center of Anhui Province | 82 | 222432 | 88619 | 284 | 546 |
| 马鞍山市生产力促进中心<br>Productivity Promotion Center of Maanshan | 72 | 9670 | 8630 | 1260 | 4942 |

| 国家级示范生产力促进中心<br>State Level Model Productivity Promotion Center | 服务企业数量（个）<br>Number of Served Enterprises (number) | 为企业增加销售额（千元）<br>Added Sales Income for Enterprises (1000 RMB yuan) | 增加利税（千元）<br>Added Profits and Taxes (1000 RMB yuan) | 为社会增加就业（人）<br>Added Employment (person) | 中心总服务收入（千元）<br>Total Service Income (1000 RMB yuan) |
|---|---|---|---|---|---|
| 安徽省计算机软件生产力促进中心<br>Computer Software Productivity Promotion Center of Anhui Province | 32 | 11000 | 3700 | 70 | 4485 |
| 福建省农业生产力促进中心（福建省乡镇企业生产力促进中心）<br>Agricrlture Productivity Promotion Center of Fujian ( Township Enterprises Productivity Promotion Center of Fujian) | / | / | / | / | / |
| 泉州市生产力促进中心<br>Productivity Promotion Center of Quanzhou | 343 | 139120 | 9661 | 1670 | 6714 |
| 厦门市生产力促进中心<br>Productivity Promotion Center of Xiamen | 247 | 102000 | 15800 | 67 | 2643 |
| 三明市生产力促进中心<br>Productivity Promotion Center of Sanming | 1372 | 12430 | 620 | 430 | 1818 |
| 福建省生产力促进中心<br>Productivity Promotion Center of Fujian | 516 | 22000 | 2580 | 309 | 6921 |
| 福州市生产力促进中心<br>Productivity Promotion Center of Fuzhou | 72 | 4970 | 960 | 1500 | 284 |
| 江西省生产力促进中心<br>Productivity Promotion Center of Jiangxi | 236 | 65000 | 5000 | 1500 | 952 |
| 山东生产力促进中心<br>Productivity Promotion Center of Shandong | 2044 | 112020 | 9686 | 1930 | 5575 |
| 山东亚太生产力促进中心<br>Shandong Yatai Productivity Promotion Center | 1146 | 198800 | 56010 | 172 | 5023 |
| 山东省东营生产力促进中心<br>Productivity Promotion Center of Dongying Shandong | 180 | 500000 | 100000 | 1800 | 14491 |
| 山东曲阜生产力促进中心<br>Productivity Promotion Center of Qufu Shandong | 323 | 136000 | 27000 | 446 | 1808 |
| 烟台生产力促进中心<br>Yantai Productivity Promotion Center | 1021 | 306000 | 69800 | 7280 | 10828 |
| 山东济南生产力促进中心<br>Shandong Jinan Productivity Promotion Center | 776 | 5560130 | 2256890 | 10000 | 11900 |
| 济宁市生产力促进中心<br>Productivity Promotion Center of Jining | 560 | 360000 | 30600 | 1450 | 3625 |
| 山东淄博生产力促进中心<br>Zibo Productivity Promotion Center of Shandong | 1022 | 192000 | 53760 | 602 | 4372 |
| 河南省生产力促进中心<br>Productivity Promotion Center of Henan | 548 | 27290 | 5040 | 11000 | 19892 |
| 开封市生产力促进中心<br>Productivity Promotion Center of Kaifeng | 84 | 38000 | 5320 | 24 | 384 |
| 郑州市生产力促进中心<br>Productivity Promotion Center of Zhengzhou | 530 | 98400 | 5904 | 1840 | 4027 |
| 许昌市生产力促进中心<br>Productivity Promotion Center of Xuchang | 72 | 140300 | 34290 | 1840 | 1158 |
| 三门峡市生产力促进中心<br>Productivity Promotion Center of Sanmenxia | 40 | 13800 | 1420 | 175 | 1085 |

| 国家级示范生产力促进中心 State Level Model Productivity Promotion Center | 服务企业数量（个）Number of Served Enterprises (number) | 为企业增加销售额（千元）Added Sales Income for Enterprises (1000 RMB yuan) | 增加利税（千元）Added Profits and Taxes (1000 RMB yuan) | 为社会增加就业（人）Added Employment (person) | 中心总服务收入（千元）Total Service Income (1000 RMB yuan) |
|---|---|---|---|---|---|
| 安阳高新区生产力促进中心 Anyang Science and Technology Industrial Park Productivity Promotion Center | 1554 | 310000 | 16200 | 1236 | 14600 |
| 武汉材保电镀技术生产力促进中心 Wuhan Electroplating Technology Productivity Promotion Center | 229 | 4500 | 800 | 150 | 6778 |
| 武汉市电子商务生产力促进中心 Electric Commerce Productivity Promotion Center of Wuhan | 76 | 12000 | 1150 | 80 | 1393 |
| 武汉东湖新技术开发区生产力促进中心 Wuhan Donghu New Technology Development Zone Productivity Promotion Center | 236 | 250000 | 52000 | 1362 | 2109 |
| 黄石市生产力促进中心 Productivity Promotion Center of Huangshi | 4272 | 1760000 | 280000 | 5872 | 10440 |
| 湖南省生产力促进中心 Productivity Promotion Center of Hunan | 15 | 1500 | 200 | 10 | 60 |
| 长沙生产力促进中心 Changsha Productivity Promotion Center | 224 | 458000 | 29000 | 7000 | 3924 |
| 株洲市生产力促进中心 Productivity Promotion Center of Zhuzhou | 16 | 213470 | 54890 | 1600 | 399 |
| 广东省生产力促进中心 Productivity Promotion Center of Guangdong | 6041 | 7230000 | 680000 | 5179 | 38821 |
| 广州生产力促进中心 Guangzhou Productivity Promotion Center | 1050 | 288371 | 89571 | 1858 | 19157 |
| 东莞市生产力促进中心 Productivity Promotion Center of Dongguan | 139 | 0 | 0 | 0 | 150 |
| 广西生产力促进中心 Guangxi Productivity Promotion Center | 2730 | 239600 | 48834 | 790 | 8825 |
| 北海市生产力促进中心 Productivity Promotion Center of Beihai | 242 | 5600 | 3950 | 510 | 1338 |
| 重庆生产力促进中心 Productivity Promotion Center of Chongqing | 1932 | 386593 | 48300 | 2705 | 2064 |
| 重庆激光快速原形及模具制造生产力促进中心有限公司 Chongqing Laser Rapid Prototyping and Mould Manufacturing Productivity Promotion Center | 146 | 198000 | 11880 | 3600 | 2416 |
| 重庆西信生产力促进中心 Chongqing Xixin Productivity Promotion Center | 1500 | 1200 | 240 | 150 | 2049 |
| 重庆海特克制造业信息化生产力促进中心有限公司 Chongqing Haiteke Manfactue informatization Productivity Promotion Center Limited Liability Company | 26 | 110000 | 21000 | 1124 | 5366 |
| 四川省生产力促进中心 Productivity Promotion Center of Sichuan Province | 2057 | 450000 | 60000 | 4500 | 1561 |
| 德阳市生产力促进中心 Productivity Promotion Center of Deyang | 126 | 370000 | 13000 | 860 | 1714 |
| 贵阳生产力促进中心 Productivity Promotion Center of Guiyang | 343 | 253000 | 80000 | 1348 | 5944 |
| 云南省生产力促进中心 Productivity Promotion Center of Yunnan | 314 | 50000 | 10000 | 442 | 7485 |

6－5　续表5　Continued 5

单位:个、千元、人　　(number,1000 RMB yuan,person)

| 国家级示范生产力促进中心<br>State Level Model Productivity Promotion Center | 服务企业数量(个)<br>Number of Served Enterprises (number) | 为企业增加销售额(千元)<br>Added Sales Income for Enterprises (1000 RMB yuan) | 增加利税(千元)<br>Added Profits and Taxes (1000 RMB yuan) | 为社会增加就业(人)<br>Added Employment (person) | 中心总服务收入(千元)<br>Total Service Income (1000 RMB yuan) |
|---|---|---|---|---|---|
| 西藏自治区生产力促进中心<br>Tibet Productivity Promotion Center | 108 | 17040 | 6729 | 78 | 740 |
| 陕西省生产力促进中心<br>Productivity Promotion Center of Shaanxi | 2089 | 98875 | 5413 | 35784 | 11431 |
| 西安生产力促进中心<br>Xi' an Productivity Promotion Center | 519 | 4391 | 141 | 211 | 8181 |
| 宝鸡市生产力促进中心<br>Productivity Promotion Center of Baoji | 127 | 12957 | 6139 | 4727 | 10396 |
| 渭南生产力促进中心<br>Weinan Productivity Promotion Center | 13 | 23250 | 4000 | 136 | 389 |
| 西安高新生产力促进中心<br>Xi' an Hi-tech Productivity Promotion Center | 1930 | 378083 | 64274 | 2310 | 4051 |
| 安康市生产力促进中心<br>Productivity Promotion Center of Ankang | 52 | 91850 | 1732 | 950 | 19047 |
| 铜川生产力促进中心<br>Tongchuan Productivity Promotion Center | 111 | 7300 | 488 | 56 | 851 |
| 宝鸡高新区生产力促进中心<br>Productivity Promotion Center of Baoji Science and Technology Industrial Park | 64 | 102056 | 25614 | 1356 | 7992 |
| 咸阳市生产力促进中心<br>Productivity Promotion Center of Xianyang | 1563 | 360 | 230 | 600 | 1570 |
| 杨凌示范区生产力促进中心<br>Productivity Promotion Center of Yangling Science and Technology Industrial Park | 74 | 12600 | 2150 | 292 | 1615 |
| 西安经济技术开发区生产力促进中心<br>Productivity Promotion Center of Xi' an Economic-Technological Zone | 415 | 690000 | 62100 | 8785 | 0 |
| 甘肃省生产力促进中心<br>Productivity Promotion Center of Gansu | 394 | 102650 | 33795 | 220 | 2277 |
| 甘肃省天水生产力促进中心<br>Productivity Promotion Center of Gansu Tianshui | 96 | 74200 | 13746 | 1131 | 1803 |
| 兰州生产力促进中心<br>Lanzhou Productivity Promotion Center | 58 | 785 | 235 | 30 | 758 |
| 宁夏生产力促进中心<br>Ningxia Productivity Promotion Center | 96 | 190902 | 21012 | 308 | 3613 |
| 青海省生产力促进中心<br>Productivity Promotion Center of Qinghai | 70 | 0 | 0 | 0 | 1166 |
| 新疆生产力促进中心<br>Xinjiang Productivity Promotion Center | 530 | 7056 | 1922 | 8946 | 7652 |
| 中亚科技信息生产力促进中心<br>Central Asia Science and Technology Information Productivity Promotion Center | 670 | 8720 | 2267 | 170 | 4502 |
| 新疆昌吉生产力促进中心<br>Xinjiang Changji Productivity Promotion Center | 174 | 652 | 231 | 155 | 3592 |
| 新疆生产建设兵团创新生产力促进中心<br>Xinjiang Production and Construction Innovation Productivity Promotion Center | 50 | 460 | 86 | 60 | 1400 |

# 第七部分

# 国家大学科技园

## *The Seventh Part*

## National University Science Parks

# 7－1　国家大学科技园主要经济指标
## Main Economic Indicators of National University Science Parks

| 年份 Year | 孵化器（个）Number of Incubators (number) | 场地面积（万平方米）Space Area (10000 sq. m) | 孵化企业（家）Number of Tenants (number) | 孵化企业总收入（亿元）Total Income of Tenants (100 million RMB yuan) | 累计毕业企业（家）Accumulated Number of Graduated Tenants (number) | 在孵企业人数（万人）Number of Employees of Tenants (10000 person) | 当年新孵企业（家）New Tenants of the Year (number) |
|---|---|---|---|---|---|---|---|
| 2004 | 42 | 478.4 | 4978 | 226.2 | 1137 | 6.5 | 1120 |
| 2005 | 49 | 500.5 | 6075 | 271.9 | 1320 | 11.0 | 1213 |
| 2006 | 62 | 517.0 | 6720 | 295.0 | 1794 | 13.6 | 1348 |
| 2007 | 62 | 528.3 | 6574 | 295.1 | 1958 | 12.9 | 1359 |

# 7-2 国家大学技园基本情况

## General Statistics of University Science Parks

| 大学科技园<br>University Science Park | 人员总数（人）<br>Total Number of Employees (person) | 孵化基金总额（千元）<br>Value of Incubation Fund (1000 RMB yuan) | 年末固定资产净值（千元）<br>Year End Net Value of Fixed Asset (1000 RMB yuan) | 场地面积（平方米）<br>Space Area (sq. m) |
|---|---|---|---|---|
| **合计**<br>**Total** | **1785** | **198837** | **3367688** | **5283315** |
| 北京大学国家大学科技园<br>Science Park of Peking University | 39 | 0 | 299132 | 20000 |
| 北京工业大学国家大学科技园<br>Science Park of Beijing University of Technology | 51 | 2900 | 60406 | 87443 |
| 北京航空航天大学国家大学科技园<br>Science Park of Beijing Universtity of Aeronautics ans Astronautics | 32 | 0 | 29431 | 100000 |
| 北京化工大学国家大学科技园<br>Science Park of Beijing University of Chemical Technology | 14 | 2300 | 86 | 57500 |
| 北京交通大学国家大学科技园<br>Science Park of Beijing Jiaotong University | 10 | 0 | 950 | 26000 |
| 北京科大科技园有限公司<br>Science Park of University of Science and Technology Beijing | 26 | 0 | 242 | 17000 |
| 北京理工大学国家大学科技园<br>Science Park of Beijing Institute of Technology | 50 | 3000 | 0 | 50000 |
| 北京邮电大学国家大学科技园<br>Science Park of Beijing University of Posts and Telecommunications | 25 | 300 | 0 | 54000 |
| 北师大-北中医国家大学科技园<br>Science Park of Beijing Normal University and Beijing University of Chinese Medicine | 19 | 500 | 31 | 84316 |
| 华北电力大学国家大学科技园<br>Science Park of North China Electric Power University | 21 | 1850 | 260 | 37500 |
| 清华大学国家大学科技园<br>National Science Park of Tsinghua University | 80 | 4088 | 626734 | 500000 |
| 中国农业大学科技园<br>Science Park of China Agricultural University | 20 | 5200 | 22 | 82200 |
| 南开大学国家大学科技园<br>National Science Park of Nankai University | 6 | 1910 | 286 | 49000 |
| 天津大学国家大学科技园<br>National Science Park of Tianjin University | 23 | 0 | 279 | 35619 |
| 河北工业大学国家大学科技园<br>National Science Park of Hebei University of Technology | 18 | 0 | 212256 | 62000 |
| 燕山大学国家大学科技园<br>National Science Park of Yanshan University | 56 | 0 | 82828 | 119800 |
| 东北大学国家大学科技园<br>Science Park of Northeastern University | 34 | 0 | 600 | 28400 |
| 沈阳工业大学国家大学科技园<br>National Science Park of Shenyang University of Technology | 14 | 1570 | 49000 | 26190 |
| 大连理工大学-七贤岭国家大学科技<br>Qixianling National Science Park of Dalian University of Technology | 25 | 0 | 209 | 80500 |
| 吉林大学国家大学科技园<br>National Science Park of Jilin University | 14 | 16080 | 141188 | 41130 |

7-2 续表1 Continued 1

| 大学科技园<br>University Science Park | 人员总数<br>(人)<br>Total Number<br>of Employees<br>(person) | 孵化基金总额<br>(千元)<br>Value of<br>Incubation Fund<br>(1000 RMB yuan) | 年末固定资产<br>净值(千元)<br>Year End<br>Net Value of<br>Fixed Asset<br>(1000 RMB yuan) | 场地面积<br>(平方米)<br>Space<br>Area<br>(sq. m) |
|---|---|---|---|---|
| 哈尔滨工程大学国家大学科技园<br>National Science Park of Harbin Engineering University | 94 | 5000 | 217526 | 80000 |
| 哈尔滨工业大学国家大学科技园<br>National Science Park of Harbin University of Technology | 20 | 5500 | 42575 | 40000 |
| 东华大学国家大学科技园<br>National Science Park of Donghua University | 75 | 2000 | 11082 | 83000 |
| 复旦大学国家大学科技园<br>National Science Park of Fudan University | 36 | 0 | 10289 | 79200 |
| 华东理工大学国家大学科技园<br>National Science Park of East China University of Science and Technology | 20 | 5000 | 854 | 250000 |
| 华东师范大学国家大学科技园<br>National Science Park of East China Normal University | 26 | 20000 | 75 | 15900 |
| 上海大学国家大学科技园<br>National Science Park of Shanghai University | 21 | 0 | 709 | 26803 |
| 上海交通大学国家大学科技园<br>National Science Park of Shanghai Jiaotong University | 16 | 0 | 65860 | 60000 |
| 上海理工科技园有限公司<br>National Science Park of Shanghai University of Science and Technology | 13 | 2479 | 27693 | 36217 |
| 上海同济科技园有限公司<br>National Science Park of Tongji University | 34 | 0 | 12 | 95000 |
| 江南大学国家大学科技园<br>National Science Park of Jiangnan University | 52 | 300 | 49755 | 263000 |
| 中国矿业大学国家大学科技园<br>National Science Park of China University of Mining and Technology | 14 | 5000 | 5127 | 70000 |
| 东南大学国家大学科技园<br>National Science Park of Southeast University | 15 | 4800 | 42093 | 50000 |
| 南京大学-鼓楼高校国家大学科技园<br>National Science Park of Gulou College of Nanjing University | 24 | 0 | 0 | 410000 |
| 南京理工大学科技园<br>University Park of Nanjing University of Science and Technology | 52 | 0 | 41328 | 69625 |
| 浙江大学国家大学科技园<br>National Science Park of Zhejiang University | 21 | 8400 | 216230 | 100000 |
| 浙江省国家大学科技园<br>National University Science Park of Zhejiang Province | 17 | 4000 | 683 | 11500 |
| 合肥国家大学科技园<br>National Science Park of Hefei | 17 | 15000 | 26125 | 21236 |
| 厦门大学国家大学科技园<br>National Science Park of Xiamen University | 13 | 0 | 0 | 42366 |
| 南昌大学国家大学科技园<br>National Science Park of Nanchang University | 17 | 8000 | 58547 | 204600 |
| 山东大学国家大学科技园<br>National Science Park of Shandong University | 7 | 60 | 137 | 15505 |

| 大学科技园<br>University Science Park | 人员总数（人）<br>Total Number of Employees (person) | 孵化基金总额（千元）<br>Value of Incubation Fund (1000 RMB yuan) | 年末固定资产净值（千元）<br>Year End Net Value of Fixed Asset (1000 RMB yuan) | 场地面积（平方米）<br>Space Area (sq. m) |
|---|---|---|---|---|
| 中国石油大学国家大学科技园<br>National Science Park of China University of Petroleum | 17 | 15000 | 650000 | 130000 |
| 河南省国家大学科技园<br>National Science Park of Henan Province | 22 | 8000 | 37409 | 30000 |
| 武汉东湖大学科技园<br>Science Park of Wuhan Donghu | 78 | 2000 | 28525 | 343049 |
| 岳麓山国家大学科技园<br>Yuelu Mountain National Science Park | 42 | 15800 | 0 | 57000 |
| 华南理工大学国家大学科技园<br>National Science Park of South China University of Science and Technology | 9 | 5000 | 439 | 80000 |
| 中山大学国家大学科技园<br>National Science Park of Zhongshan University | 11 | 0 | 243 | 17940 |
| 深圳虚拟大学国家大学科技园<br>National Science Park of Shenzhen Virtual University | 16 | 0 | 14743 | 180000 |
| 重庆大学国家大学科技园<br>National Science Park of Chongqing University | 30 | 4000 | 8130 | 87100 |
| 重庆市北碚大学科技园<br>Beibei Science Park of Chongqing | 23 | 0 | 334 | 51000 |
| 成都西南交大科技园<br>Chengdu Southwestern Jiaotong University Science Park | 21 | 0 | 665 | 56300 |
| 四川大学国家大学科技园<br>National Science Park of Sichuan University | 25 | 0 | 333 | 34610 |
| 西南科技大学国家大学科技园<br>National Science Park of Southwestern University of Science and Technology | 98 | 0 | 67734 | 42000 |
| 电子科技大学国家大学科技园<br>National Science Park of University of Electronic Science and Technology of China | 25 | 5000 | 49630 | 45000 |
| 云南省大学科技园办公室<br>Office of University Science Park of Yunnan Province | 15 | 0 | 1989 | 24000 |
| 西安电子科技大学国家大学科技园<br>National Science Park of Xi'an University of Electronic Science and Technology | 30 | 0 | 1820 | 59362 |
| 西安交通大学国家大学科技园<br>National Science Park of Xi'an Jiaotong University | 27 | 15000 | 120310 | 61000 |
| 西北农林科技大学国家大学科技园<br>National Science Park of Northwest Agriculture and Forestry University | 16 | 0 | 180 | 25334 |
| 西北工业大学国家大学科技园<br>National Science Park of Northwest University of Technology | 53 | 0 | 51000 | 268000 |
| 兰州大学国家大学科技园<br>National Science Park of Lanzhou University | 16 | 0 | 3420 | 18155 |
| 兰州交通大学科技园<br>Science Park of Lanzhou Jiaotong University | 12 | 1800 | 9892 | 78315 |
| 新疆国家大学科技园<br>National University Science Park of Xinjiang Province | 18 | 2000 | 252 | 12600 |

# 7－3　国家大学科技园人员情况

## Personnel Distribution of National Univesity Science Parks

单位：人　　　　　　　　　　　　　　　　　　　　　　　　　　　　(person)

| 大学科技园<br>University Science Park | 人员数<br>Number of Employees | 博士<br>Doctor | 硕士<br>Master | 研究生<br>Graduate Student | 本科<br>Bachelor | 大专<br>Junior College | 中专<br>Technical Secondary School |
|---|---|---|---|---|---|---|---|
| **合计<br>Total** | **1785** | **105** | **329** | **418** | **855** | **302** | **27** |
| 北京大学国家大学科技园<br>Science Park of Peking University | 39 | 4 | 11 | 15 | 15 | 8 | 1 |
| 北京工业大学国家大学科技园<br>Science Park of Beijing University of Technology | 51 | 2 | 6 | 8 | 25 | 18 | 0 |
| 北京航空航天大学国家大学科技园<br>Science Park of Beijing Universtity of Aeronautics ans Astronautics | 32 | 0 | 6 | 6 | 22 | 2 | 0 |
| 北京化工大学国家大学科技园<br>Science Park of Beijing University of Chemical Technology | 14 | 0 | 6 | 6 | 7 | 1 | 0 |
| 北京交通大学国家大学科技园<br>Science Park of Beijing Jiaotong University | 10 | 2 | 4 | 6 | 2 | 2 | 0 |
| 北京科大科技园有限公司<br>Science Park of University of Science and Technology Beijing | 26 | 6 | 11 | 17 | 9 | 0 | 0 |
| 北京理工大学国家大学科技园<br>Science Park of Beijing Institute of Technology | 50 | 0 | 11 | 11 | 34 | 5 | 0 |
| 北京邮电大学国家大学科技园<br>Science Park of Beijing University of Posts and Telecommunications | 25 | 0 | 5 | 5 | 14 | 6 | 0 |
| 北师大－北中医国家大学科技园<br>Science Park of Beijing Normal University and Beijing University of Chinese Medicine | 19 | 3 | 4 | 7 | 11 | 1 | 0 |
| 华北电力大学国家大学科技园<br>Science Park of North China Electric Power University | 21 | 2 | 8 | 10 | 7 | 4 | 0 |
| 清华大学国家大学科技园<br>National Science Park of Tsinghua University | 80 | 5 | 30 | 35 | 23 | 15 | 1 |
| 中国农业大学科技园<br>Science Park of China Agricultural University | 20 | 5 | 3 | 13 | 5 | 1 | 1 |
| 南开大学国家大学科技园<br>National Science Park of Nankai University | 6 | 0 | 2 | 2 | 3 | 1 | 0 |
| 天津大学国家大学科技园<br>National Science Park of Tianjin University | 23 | 0 | 2 | 2 | 10 | 11 | 0 |
| 河北工业大学国家大学科技园<br>National Science Park of Hebei University of Technology | 18 | 0 | 2 | 2 | 14 | 2 | 0 |
| 燕山大学国家大学科技园<br>National Science Park of Yanshan University | 56 | 7 | 0 | 31 | 18 | 0 | 0 |
| 东北大学国家大学科技园<br>Science Park of Northeastern University | 34 | 4 | 10 | 3 | 8 | 3 | 6 |
| 沈阳工业大学国家大学科技园<br>National Science Park of Shenyang University of Technology | 14 | 2 | 4 | 6 | 3 | 2 | 0 |
| 大连理工大学－七贤岭国家大学科技<br>Qixianling National Science Park of Dalian University of Technology | 25 | 1 | 6 | 7 | 16 | 2 | 0 |
| 吉林大学国家大学科技园<br>National Science Park of Jilin University | 14 | 2 | 3 | 4 | 8 | 2 | 0 |

7-3 续表1 Continued 1

单位:人 (person)

| 大学科技园 University Science Park | 人员数 Number of Employees | 博士 Doctor | 硕士 Master | 研究生 Graduate Student | 本科 Bachelor | 大专 Junior College | 中专 Technical Secondary School |
|---|---|---|---|---|---|---|---|
| 哈尔滨工程大学国家大学科技园 National Science Park of Harbin Engineering University | 94 | 4 | 9 | 9 | 40 | 26 | 0 |
| 哈尔滨工业大学国家大学科技园 National Science Park of Harbin University of Technology | 20 | 0 | 4 | 4 | 13 | 3 | 0 |
| 东华大学国家大学科技园 National Science Park of Donghua University | 75 | 2 | 18 | 11 | 31 | 12 | 1 |
| 复旦大学国家大学科技园 National Science Park of Fudan University | 36 | 0 | 6 | 2 | 2 | 5 | 0 |
| 华东理工大学国家大学科技园 National Science Park of East China University of Science and Technology | 20 | 0 | 4 | 4 | 10 | 5 | 1 |
| 华东师范大学国家大学科技园 National Science Park of East China Normal University | 26 | 0 | 3 | 3 | 17 | 6 | 0 |
| 上海大学国家大学科技园 National Science Park of Shanghai University | 21 | 1 | 6 | 7 | 6 | 6 | 1 |
| 上海交通大学国家大学科技园 National Science Park of Shanghai Jiaotong University | 16 | 2 | 4 | 4 | 4 | 5 | 1 |
| 上海理工科技园有限公司 National Science Park of Shanghai University of Science and Technology | 13 | 1 | 1 | 1 | 5 | 5 | 0 |
| 上海同济科技园有限公司 National Science Park of Tongji University | 34 | 0 | 6 | 7 | 8 | 14 | 0 |
| 江南大学国家大学科技园 National Science Park of Jiangnan University | 52 | 2 | 4 | 6 | 27 | 11 | 0 |
| 中国矿业大学国家大学科技园 National Science Park of China University of Mining and Technology | 14 | 3 | 4 | 7 | 6 | 1 | 0 |
| 东南大学国家大学科技园 National Science Park of Southeast University | 15 | 0 | 0 | 0 | 8 | 5 | 0 |
| 南京大学-鼓楼高校国家大学科技园 National Science Park of Gulou College of Nanjing University | 24 | 2 | 4 | 7 | 9 | 2 | 0 |
| 南京理工大学科技园 University Park of Nanjing University of Science and Technology | 52 | 5 | 3 | 18 | 15 | 10 | 0 |
| 浙江大学国家大学科技园 National Science Park of Zhejiang University | 21 | 1 | 6 | 5 | 9 | 0 | 0 |
| 浙江省国家大学科技园 National University Science Park of Zhejiang Province | 17 | 4 | 5 | 9 | 7 | 1 | 0 |
| 合肥国家大学科技园 National Science Park of Hefei | 17 | 0 | 4 | 4 | 3 | 8 | 2 |
| 厦门大学国家大学科技园 National Science Park of Xiamen University | 13 | 1 | 4 | 5 | 8 | 0 | 0 |
| 南昌大学国家大学科技园 National Science Park of Nanchang University | 17 | 1 | 1 | 2 | 14 | 1 | 0 |
| 山东大学国家大学科技园 National Science Park of Shandong University | 7 | 2 | 0 | 2 | 4 | 1 | 0 |

7－3 续表2 Continued 2

单位:人 (person)

| 大学科技园<br>University Science Park | 人员数<br>Number of Employees | 博士<br>Doctor | 硕士<br>Master | 研究生<br>Graduate Student | 本科<br>Bachelor | 大专<br>Junior College | 中专<br>Technical Secondary School |
|---|---|---|---|---|---|---|---|
| 中国石油大学国家大学科技园<br>National Science Park of China University of Petroleum | 17 | 0 | 5 | 5 | 12 | 0 | 0 |
| 河南省国家大学科技园<br>National Science Park of Henan Province | 22 | 0 | 1 | 1 | 10 | 10 | 0 |
| 武汉东湖大学科技园<br>Science Park of Wuhan Donghu | 78 | 5 | 19 | 23 | 27 | 19 | 5 |
| 岳麓山国家大学科技园<br>Yuelu Mountain National Science Park | 42 | 5 | 8 | 8 | 29 | 0 | 0 |
| 华南理工大学国家大学科技园<br>National Science Park of South China University of Science and Technology | 9 | 1 | 3 | 4 | 3 | 0 | 2 |
| 中山大学国家大学科技园<br>National Science Park of Zhongshan University | 11 | 1 | 0 | 1 | 6 | 4 | 0 |
| 深圳虚拟大学国家大学科技园<br>National Science Park of Shenzhen Virtual University | 16 | 0 | 4 | 4 | 10 | 2 | 0 |
| 重庆大学国家大学科技园<br>National Science Park of Chongqing University | 30 | 2 | 7 | 0 | 19 | 2 | 0 |
| 重庆市北碚大学科技园<br>Beibei Science Park of Chongqing | 23 | 2 | 2 | 4 | 19 | 0 | 0 |
| 成都西南交大科技园<br>Chengdu Southwestern Jiaotong University Science Park | 21 | 4 | 2 | 6 | 12 | 3 | 0 |
| 四川大学国家大学科技园<br>National Science Park of Sichuan University | 25 | 2 | 8 | 8 | 14 | 1 | 0 |
| 西南科技大学国家大学科技园<br>National Science Park of Southwestern University of Science and Technology | 98 | 1 | 3 | 8 | 77 | 13 | 0 |
| 电子科技大学国家大学科技园<br>National Science Park of University of Electronic Science and Technology of China | 25 | 0 | 2 | 2 | 20 | 3 | 0 |
| 云南省大学科技园办公室<br>Office of University Science Park of Yunnan Province | 15 | 0 | 0 | 0 | 9 | 4 | 0 |
| 西安电子科技大学国家大学科技园<br>National Science Park of Xi'an University of Electronic Science and Technology | 30 | 1 | 3 | 3 | 14 | 6 | 2 |
| 西安交通大学国家大学科技园<br>National Science Park of Xi'an Jiaotong University | 27 | 1 | 3 | 4 | 23 | 0 | 0 |
| 西北农林科技大学国家大学科技园<br>National Science Park of Northwest Agriculture and Forestry University | 16 | 0 | 2 | 2 | 14 | 0 | 0 |
| 西北工业大学国家大学科技园<br>National Science Park of Northwest University of Technology | 53 | 3 | 21 | 16 | 13 | 9 | 2 |
| 兰州大学国家大学科技园<br>National Science Park of Lanzhou University | 16 | 0 | 1 | 1 | 13 | 2 | 0 |
| 兰州交通大学科技园<br>Science Park of Lanzhou Jiaotong University | 12 | 1 | 3 | 3 | 3 | 4 | 1 |
| 新疆国家大学科技园<br>National University Science Park of Xinjiang Province | 18 | 0 | 2 | 2 | 8 | 7 | 0 |

# 7－4　国家大学科技园孵化场地情况

## Incubation Space of National University Science Parks

单位：平方米　　　　　　(sq. m)

| 大学科技园<br>University Science Park | 总面积<br>Total Space Area | 办公用房<br>Space Area for Office | 孵化用房<br>Space Area of Incubation | 研发用房<br>Space Area of R&D | 生产用房<br>Space Area of Manufacuring | 其它<br>Others |
|---|---|---|---|---|---|---|
| **合计**<br>**Total** | **5283315** | **463827** | **2451027** | **1058195** | **813690** | **583870** |
| 北京大学国家大学科技园<br>Science Park of Peking University | 20000 | 2000 | 12000 | 1000 | 2000 | 3000 |
| 北京工业大学国家大学科技园<br>Science Park of Beijing University of Technology | 87443 | 8490 | 28223 | 16490 | 28800 | 5440 |
| 北京航空航天大学国家大学科技园<br>Science Park of Beijing Universtity of Aeronautics ans Astronautics | 100000 | 880 | 27832 | 0 | 0 | 71288 |
| 北京化工大学国家大学科技园<br>Science Park of Beijing University of Chemical Technology | 57500 | 2000 | 16000 | 16500 | 20000 | 3000 |
| 北京交通大学国家大学科技园<br>Science Park of Beijing Jiaotong University | 26000 | 800 | 6830 | 1280 | 1450 | 15640 |
| 北京科大科技园有限公司<br>Science Park of University of Science and Technology Beijing | 17000 | 1000 | 13000 | 1500 | 1000 | 500 |
| 北京理工大学国家大学科技园<br>Science Park of Beijing Institute of Technology | 50000 | 1000 | 45000 | 2000 | 1000 | 1000 |
| 北京邮电大学国家大学科技园<br>Science Park of Beijing University of Posts and Telecommunications | 54000 | 2000 | 50000 | 2000 | 0 | 0 |
| 北师大－北中医国家大学科技园<br>Science Park of Beijing Normal University and Beijing University of Chinese Medicine | 84316 | 4941 | 9300 | 3700 | 31135 | 35240 |
| 华北电力大学国家大学科技园<br>Science Park of North China Electric Power University | 37500 | 500 | 15000 | 10000 | 10000 | 2000 |
| 清华大学国家大学科技园<br>National Science Park of Tsinghua University | 500000 | 3000 | 28000 | 400000 | 0 | 69000 |
| 中国农业大学科技园<br>Science Park of China Agricultural University | 82200 | 72200 | 7200 | 61300 | 260 | 13000 |
| 南开大学国家大学科技园<br>National Science Park of Nankai University | 49000 | 900 | 21100 | 4400 | 22600 | 0 |
| 天津大学国家大学科技园<br>National Science Park of Tianjin University | 35619 | 709 | 13367 | 0 | 0 | 21543 |
| 河北工业大学国家大学科技园<br>National Science Park of Hebei University of Technology | 62000 | 1000 | 39045 | 4300 | 15000 | 2655 |
| 燕山大学国家大学科技园<br>National Science Park of Yanshan University | 119800 | 15000 | 78000 | 6000 | 16000 | 4800 |
| 东北大学国家大学科技园<br>Science Park of Northeastern University | 28400 | 1215 | 16000 | 5250 | 4250 | 1685 |
| 沈阳工业大学国家大学科技园<br>National Science Park of Shenyang University of Technology | 26190 | 1000 | 17000 | 2400 | 5200 | 590 |
| 大连理工大学－七贤岭国家大学科技<br>Qixianling National Science Park of Dalian University of Technology | 80500 | 2000 | 74500 | 4000 | 0 | 0 |
| 吉林大学国家大学科技园<br>National Science Park of Jilin University | 41130 | 800 | 13110 | 3100 | 23480 | 640 |

7－4 续表1 Continued 1

单位:平方米 (sq. m)

| 大学科技园 University Science Park | 总面积 Total Space Area | 办公用房 Space Area for Office | 孵化用房 Space Area for Incubation | 研发用房 Space Area for R&D | 生产用房 Space Area of Manufacuring | 其它 Others |
|---|---|---|---|---|---|---|
| 哈尔滨工程大学国家大学科技园 National Science Park of Harbin Engineering University | 80000 | 4000 | 15000 | 11000 | 0 | 50000 |
| 哈尔滨工业大学国家大学科技园 National Science Park of Harbin University of Technology | 40000 | 500 | 20000 | 8000 | 7500 | 4000 |
| 东华大学国家大学科技园 National Science Park of Donghua University | 83000 | 2600 | 51200 | 11200 | 11500 | 6500 |
| 复旦大学国家大学科技园 National Science Park of Fudan University | 79200 | 3000 | 25000 | 25000 | 15000 | 11200 |
| 华东理工大学国家大学科技园 National Science Park of East China University of Science and Technology | 250000 | 2000 | 225000 | 10000 | 13000 | 0 |
| 华东师范大学国家大学科技园 National Science Park of East China Normal University | 15900 | 1000 | 10100 | 2900 | 1900 | 0 |
| 上海大学国家大学科技园 National Science Park of Shanghai University | 26803 | 500 | 23803 | 2500 | 0 | 0 |
| 上海交通大学国家大学科技园 National Science Park of Shanghai Jiaotong University | 60000 | 500 | 56500 | 0 | 0 | 3000 |
| 上海理工科技园有限公司 National Science Park of Shanghai University of Science and Technology | 36217 | 10000 | 11217 | 10600 | 0 | 4400 |
| 上海同济科技园有限公司 National Science Park of Tongji University | 95000 | 90263 | 2273 | 1600 | 0 | 864 |
| 江南大学国家大学科技园 National Science Park of Jiangnan University | 263000 | 1750 | 197230 | 31145 | 24009 | 8866 |
| 中国矿业大学国家大学科技园 National Science Park of China University of Mining and Technology | 70000 | 2100 | 57600 | 5800 | 3000 | 1500 |
| 东南大学国家大学科技园 National Science Park of Southeast University | 50000 | 380 | 43610 | 1100 | 0 | 4910 |
| 南京大学－鼓楼高校国家大学科技园 National Science Park of Gulou College of Nanjing University | 410000 | 600 | 319200 | 65600 | 24600 | 0 |
| 南京理工大学科技园 University Park of Nanjing University of Science and Technology | 69625 | 1375 | 12750 | 19500 | 36000 | 0 |
| 浙江大学国家大学科技园 National Science Park of Zhejiang University | 100000 | 2144 | 21594 | 0 | 66262 | 10000 |
| 浙江省国家大学科技园 National University Science Park of Zhejiang Province | 11500 | 300 | 10200 | 1000 | 0 | 0 |
| 合肥国家大学科技园 National Science Park of Hefei | 21236 | 2000 | 15000 | 1500 | 2100 | 636 |
| 厦门大学国家大学科技园 National Science Park of Xiamen University | 42366 | 29320 | 800 | 19000 | 5500 | 3280 |
| 南昌大学国家大学科技园 National Science Park of Nanchang University | 204600 | 5600 | 63000 | 30000 | 68000 | 38000 |
| 山东大学国家大学科技园 National Science Park of Shandong University | 15505 | 560 | 10980 | 0 | 0 | 3965 |

7－4　续表2　Continued 2

单位:平方米　(sq. m)

| 大学科技园 University Science Park | 总面积 Total Space Area | 办公用房 Space Area for Office | 孵化用房 Space Area of Incubation | 研发用房 Space Area of R&D | 生产用房 Space Area of Manufacuring | 其它 Others |
|---|---|---|---|---|---|---|
| 中国石油大学国家大学科技园 National Science Park of China University of Petroleum | 130000 | 1900 | 50000 | 29000 | 47100 | 2000 |
| 河南省国家大学科技园 National Science Park of Henan Province | 30000 | 1000 | 29000 | 0 | 0 | 0 |
| 武汉东湖大学科技园 Science Park of Wuhan Donghu | 343049 | 46717 | 76979 | 36909 | 145206 | 37238 |
| 岳麓山国家大学科技园 Yuelu Mountain National Science Park | 57000 | 480 | 50670 | 3050 | 0 | 2800 |
| 华南理工大学国家大学科技园 National Science Park of South China University of Science and Technology | 80000 | 1000 | 77000 | 2000 | 0 | 0 |
| 中山大学国家大学科技园 National Science Park of Zhongshan University | 17940 | 296 | 17644 | 0 | 0 | 0 |
| 深圳虚拟大学国家大学科技园 National Science Park of Shenzhen Virtual University | 180000 | 40000 | 110000 | 0 | 30000 | 0 |
| 重庆大学国家大学科技园 National Science Park of Chongqing University | 87100 | 1100 | 41000 | 5000 | 4000 | 36000 |
| 重庆市北碚大学科技园 Beibei Science Park of Chongqing | 51000 | 1000 | 29000 | 4000 | 12000 | 5000 |
| 成都西南交大科技园 Chengdu Southwestern Jiaotong University Science Park | 56300 | 2000 | 15000 | 14300 | 25000 | 0 |
| 四川大学国家大学科技园 National Science Park of Sichuan University | 34610 | 5000 | 13044 | 9956 | 0 | 6610 |
| 西南科技大学国家大学科技园 National Science Park of Southwestern University of Science and Technology | 42000 | 5000 | 0 | 17000 | 20000 | 0 |
| 电子科技大学国家大学科技园 National Science Park of University of Electronic Science and Technology of China | 45000 | 1000 | 25000 | 11500 | 500 | 7000 |
| 云南省大学科技园办公室 Office of University Science Park of Yunnan Province | 24000 | 872 | 17474 | 3380 | 0 | 2274 |
| 西安电子科技大学国家大学科技园 National Science Park of Xi'an University of Electronic Science and Technology | 59362 | 600 | 36810 | 3000 | 4200 | 14752 |
| 西安交通大学国家大学科技园 National Science Park of Xi'an Jiaotong University | 61000 | 14000 | 25000 | 22000 | 0 | 0 |
| 西北农林科技大学国家大学科技园 National Science Park of Northwest Agriculture and Forestry University | 25334 | 4000 | 10000 | 4000 | 3000 | 4334 |
| 西北工业大学国家大学科技园 National Science Park of Northwest University of Technology | 268000 | 52000 | 58000 | 50000 | 45000 | 63000 |
| 兰州大学国家大学科技园 National Science Park of Lanzhou University | 18155 | 200 | 11510 | 3000 | 3000 | 445 |
| 兰州交通大学科技园 Science Park of Lanzhou Jiaotong University | 78315 | 3100 | 25032 | 36045 | 14138 | 0 |
| 新疆国家大学科技园 National University Science Park of Xinjiang Province | 12600 | 635 | 10300 | 1390 | 0 | 275 |

# 7-5 国家大学科技园孵化企业情况
## Incubation Statistics of National University Science Parks

| 大学科技园<br>University Science Park | 在孵企业（个）<br>Number of Tenants (number) | 当年新孵（个）<br>New Tenants of the Year (number) | 孵化基金总额（千元）<br>Total Value of Incubation Fund (1000 RMB yuan) | 累计毕业企业数（个）<br>Accumulate Number of Graduated Tenants (number) |
|---|---|---|---|---|
| **合计<br>Total** | **6574** | **1359** | **198837** | **1958** |
| 北京大学国家大学科技园<br>Science Park of Peking University | 69 | 12 | 0 | 70 |
| 北京工业大学国家大学科技园<br>Science Park of Beijing University of Technology | 49 | 19 | 2900 | 39 |
| 北京航空航天大学国家大学科技园<br>Science Park of Beijing Universtity of Aeronautics ans Astronautics | 111 | 28 | 0 | 45 |
| 北京化工大学国家大学科技园<br>Science Park of Beijing University of Chemical Technology | 51 | 3 | 2300 | 13 |
| 北京交通大学国家大学科技园<br>Science Park of Beijing Jiaotong University | 19 | 7 | 0 | 6 |
| 北京科大科技园有限公司<br>Science Park of University of Science and Technology Beijing | 1140 | 260 | 0 | 57 |
| 北京理工大学国家大学科技园<br>Science Park of Beijing Institute of Technology | 74 | 30 | 3000 | 106 |
| 北京邮电大学国家大学科技园<br>Science Park of Beijing University of Posts and Telecommunications | 48 | 7 | 300 | 16 |
| 北师大-北中医国家大学科技园<br>Science Park of Beijing Normal University and Beijing University of Chinese Medicine | 33 | 7 | 500 | 22 |
| 华北电力大学国家大学科技园<br>Science Park of North China Electric Power University | 38 | 4 | 1850 | 14 |
| 清华大学国家大学科技园<br>National Science Park of Tsinghua University | 116 | 39 | 4088 | 149 |
| 中国农业大学科技园<br>Science Park of China Agricultural University | 75 | 5 | 5200 | 26 |
| 南开大学国家大学科技园<br>National Science Park of Nankai University | 43 | 2 | 1910 | 10 |
| 天津大学国家大学科技园<br>National Science Park of Tianjin University | 55 | 8 | 0 | 0 |
| 河北工业大学国家大学科技园<br>National Science Park of Hebei University of Technology | 60 | 18 | 0 | 25 |
| 燕山大学国家大学科技园<br>National Science Park of Yanshan University | 110 | 3 | 0 | 45 |
| 东北大学国家大学科技园<br>Science Park of Northeastern University | 112 | 8 | 0 | 45 |
| 沈阳工业大学国家大学科技园<br>National Science Park of Shenyang University of Technology | 51 | 6 | 1570 | 15 |
| 大连理工大学-七贤岭国家大学科技<br>Qixianling National Science Park of Dalian University of Technology | 54 | 15 | 0 | 30 |
| 吉林大学国家大学科技园<br>National Science Park of Jilin University | 52 | 3 | 16080 | 8 |

7－5　续表1　Continued 1

| 大学科技园<br>University Science Park | 在孵企业（个）<br>Number of Tenants (number) | 当年新孵（个）<br>New Tenants of the Year (number) | 孵化基金总额（千元）<br>Total Value of Incubation Fund (1000 RMB yuan) | 累计毕业企业数（个）<br>Accumulate Number of Graduated Tenants (number) |
|---|---|---|---|---|
| 哈尔滨工程大学国家大学科技园<br>National Science Park of Harbin Engineering University | 115 | 8 | 5000 | 19 |
| 哈尔滨工业大学国家大学科技园<br>National Science Park of Harbin University of Technology | 101 | 3 | 5500 | 38 |
| 东华大学国家大学科技园<br>National Science Park of Donghua University | 60 | 9 | 2000 | 48 |
| 复旦大学国家大学科技园<br>National Science Park of Fudan University | 90 | 42 | 0 | 0 |
| 华东理工大学国家大学科技园<br>National Science Park of East China University of Science and Technology | 60 | 22 | 5000 | 127 |
| 华东师范大学国家大学科技园<br>National Science Park of East China Normal University | 93 | 9 | 20000 | 3 |
| 上海大学国家大学科技园<br>National Science Park of Shanghai University | 42 | 18 | 0 | 0 |
| 上海交通大学国家大学科技园<br>National Science Park of Shanghai Jiaotong University | 135 | 28 | 0 | 46 |
| 上海理工科技园有限公司<br>National Science Park of Shanghai University of Science and Technology | 58 | 52 | 2479 | 0 |
| 上海同济科技园有限公司<br>National Science Park of Tongji University | 14 | 4 | 0 | 0 |
| 江南大学国家大学科技园<br>National Science Park of Jiangnan University | 139 | 12 | 300 | 56 |
| 中国矿业大学国家大学科技园<br>National Science Park of China University of Mining and Technology | 83 | 37 | 5000 | 0 |
| 东南大学国家大学科技园<br>National Science Park of Southeast University | 39 | 14 | 4800 | 35 |
| 南京大学－鼓楼高校国家大学科技园<br>National Science Park of Gulou College of Nanjing University | 679 | 110 | 0 | 42 |
| 南京理工大学科技园<br>University Park of Nanjing University of Science and Technology | 52 | 20 | 0 | 62 |
| 浙江大学国家大学科技园<br>National Science Park of Zhejiang University | 250 | 50 | 8400 | 65 |
| 浙江省国家大学科技园<br>National University Science Park of Zhejiang Province | 101 | 6 | 4000 | 6 |
| 合肥国家大学科技园<br>National Science Park of Hefei | 120 | 33 | 15000 | 26 |
| 厦门大学国家大学科技园<br>National Science Park of Xiamen University | 79 | 12 | 0 | 59 |
| 南昌大学国家大学科技园<br>National Science Park of Nanchang University | 93 | 10 | 8000 | 54 |
| 山东大学国家大学科技园<br>National Science Park of Shandong University | 48 | 21 | 60 | 9 |

7－5 续表2 Continued 2

| 大学科技园<br>University Science Park | 在孵企业（个）<br>Number of Tenants (number) | 当年新孵（个）<br>New Tenants of the Year (number) | 孵化基金总额（千元）<br>Total Value of Incubation Fund (1000 RMB yuan) | 累计毕业企业数（个）<br>Accumulate Number of Graduated Tenants (number) |
|---|---|---|---|---|
| 中国石油大学国家大学科技园<br>National Science Park of China University of Petroleum | 170 | 40 | 15000 | 52 |
| 河南省国家大学科技园<br>National Science Park of Henan Province | 176 | 79 | 8000 | 53 |
| 武汉东湖大学科技园<br>Science Park of Wuhan Donghu | 124 | 16 | 2000 | 87 |
| 岳麓山国家大学科技园<br>Yuelu Mountain National Science Park | 150 | 8 | 15800 | 20 |
| 华南理工大学国家大学科技园<br>National Science Park of South China University of Science and Technology | 94 | 32 | 5000 | 59 |
| 中山大学国家大学科技园<br>National Science Park of Zhongshan University | 101 | 21 | 0 | 23 |
| 深圳虚拟大学国家大学科技园<br>National Science Park of Shenzhen Virtual University | 0 | 0 | 0 | 0 |
| 重庆大学国家大学科技园<br>National Science Park of Chongqing University | 287 | 22 | 4000 | 46 |
| 重庆市北碚大学科技园<br>Beibei Science Park of Chongqing | 122 | 15 | 0 | 45 |
| 成都西南交大科技园<br>Chengdu Southwestern Jiaotong University Science Park | 46 | 20 | 0 | 0 |
| 四川大学国家大学科技园<br>National Science Park of Sichuan University | 66 | 8 | 0 | 33 |
| 西南科技大学国家大学科技园<br>National Science Park of Southwestern University of Science and Technology | 35 | 10 | 0 | 0 |
| 电子科技大学国家大学科技园<br>National Science Park of University of Electronic Science and Technology of China | 20 | 7 | 5000 | 9 |
| 云南省大学科技园办公室<br>Office of University Science Park of Yunnan Province | 56 | 9 | 0 | 8 |
| 西安电子科技大学国家大学科技园<br>National Science Park of Xi'an University of Electronic Science and Technology | 52 | 15 | 0 | 0 |
| 西安交通大学国家大学科技园<br>National Science Park of Xi'an Jiaotong University | 56 | 7 | 15000 | 46 |
| 西北农林科技大学国家大学科技园<br>National Science Park of Northwest Agriculture and Forestry University | 15 | 0 | 0 | 5 |
| 西北工业大学国家大学科技园<br>National Science Park of Northwest University of Technology | 56 | 8 | 0 | 12 |
| 兰州大学国家大学科技园<br>National Science Park of Lanzhou University | 89 | 23 | 0 | 20 |
| 兰州交通大学科技园<br>Science Park of Lanzhou Jiaotong University | 20 | 3 | 1800 | 1 |
| 新疆国家大学科技园<br>National University Science Park of Xinjiang Province | 28 | 12 | 2000 | 3 |

# 7-6 国家大学科技园当年在孵企业情况

## General Statistics of Tenants of National University Science Parks

| 大学科技园<br>University Science Park | 在孵企业数（个）<br>Number of Tenants (number) | 人员数（人）<br>Number of Employees (person) | 总收入（千元）<br>Total Income (1000 RMB yuan) | 工业总产值（千元）<br>Total Industrial Output Value (1000 RMB yuan) | 净利润（千元）<br>Net Profit (1000 RMB yuan) | 上缴税金（千元）<br>Taxes Submitted (1000 RMB yuan) |
|---|---|---|---|---|---|---|
| **合计<br>Total** | **6574** | **128896** | **29509574** | **25474257** | **2543021** | **1739716** |
| 北京大学国家大学科技园<br>Science Park of Peking University | 69 | 1246 | 38148 | 38148 | 3647 | 960 |
| 北京工业大学国家大学科技园<br>Science Park of Beijing University of Technology | 49 | 875 | 250640 | 261709 | 30076 | 11293 |
| 北京航空航天大学国家大学科技园<br>Science Park of Beijing Universtity of Aeronautics ans Astronautics | 111 | 2117 | 216450 | 250770 | 22727 | 11818 |
| 北京化工大学国家大学科技园<br>Science Park of Beijing University of Chemical Technology | 51 | 1200 | 150000 | 96000 | 6384 | 8800 |
| 北京交通大学国家大学科技园<br>Science Park of Beijing Jiaotong University | 19 | 394 | 117553 | 68663 | 21349 | 10880 |
| 北京科大科技园有限公司<br>Science Park of University of Science and Technology Beijing | 1140 | 1700 | 626700 | 600327 | 28650 | 22760 |
| 北京理工大学国家大学科技园<br>Science Park of Beijing Institute of Technology | 74 | 782 | 105790 | 21158 | 1030 | 400 |
| 北京邮电大学国家大学科技园<br>Science Park of Beijing University of Posts and Telecommunications | 48 | 692 | 403735 | 279800 | -3666 | 4653 |
| 北师大-北中医国家大学科技园<br>Science Park of Beijing Normal University and Beijing University of Chinese Medicine | 33 | 738 | 151746 | 101147 | 3283 | 2982 |
| 华北电力大学国家大学科技园<br>Science Park of North China Electric Power University | 38 | 593 | 262350 | 372500 | 18230 | 16760 |
| 清华大学国家大学科技园<br>National Science Park of Tsinghua University | 116 | 2059 | 308716 | 169587 | -473 | 16972 |
| 中国农业大学科技园<br>Science Park of China Agricultural University | 75 | 5100 | 915000 | 983200 | 71000 | 45600 |
| 南开大学国家大学科技园<br>National Science Park of Nankai University | 43 | 939 | 135251 | 136972 | 3936 | 5585 |
| 天津大学国家大学科技园<br>National Science Park of Tianjin University | 55 | 2019 | 419321 | 319632 | 23602 | 18035 |
| 河北工业大学国家大学科技园<br>National Science Park of Hebei University of Technology | 60 | 1089 | 110233 | 71814 | 4525 | 7562 |
| 燕山大学国家大学科技园<br>National Science Park of Yanshan University | 110 | 1583 | 1127633 | 521525 | 13773 | 25379 |
| 东北大学国家大学科技园<br>Science Park of Northeastern University | 112 | 2256 | 1275000 | 1530000 | 6375 | 5227 |
| 沈阳工业大学国家大学科技园<br>National Science Park of Shenyang University of Technology | 51 | 407 | 131000 | 128000 | 4120 | 3170 |
| 大连理工大学-七贤岭国家大学科技<br>Qixianling National Science Park of Dalian University of Technology | 54 | 1340 | 382000 | 173200 | 47320 | 30100 |
| 吉林大学国家大学科技园<br>National Science Park of Jilin University | 52 | 549 | 23002 | 20212 | 2172 | 1220 |

7－6 续表1 Continued 1

| 大学科技园<br>University Science Park | 在孵企业数（个）<br>Number of Tenants (number) | 人员数（人）<br>Number of Employees (person) | 总收入（千元）<br>Total Income (1000 RMB yuan) | 工业总产值（千元）<br>Total Industrial Output Value (1000 RMB yuan) | 净利润（千元）<br>Net Profit (1000 RMB yuan) | 上缴税金（千元）<br>Taxes Submitted (1000 RMB yuan) |
|---|---|---|---|---|---|---|
| 哈尔滨工程大学国家大学科技园<br>National Science Park of Harbin Engineering University | 115 | 2400 | 245000 | 245000 | 43620 | 41900 |
| 哈尔滨工业大学国家大学科技园<br>National Science Park of Harbin University of Technology | 101 | 2027 | 547845 | 614594 | 109569 | 16345 |
| 东华大学国家大学科技园<br>National Science Park of Donghua University | 60 | 638 | 113571 | 129249 | 17036 | 5679 |
| 复旦大学国家大学科技园<br>National Science Park of Fudan University | 90 | 1327 | 90859 | 0 | 0 | 6172 |
| 华东理工大学国家大学科技园<br>National Science Park of East China University of Science and Technology | 60 | 4510 | 550000 | 550000 | 47000 | 15000 |
| 华东师范大学国家大学科技园<br>National Science Park of East China Normal University | 93 | 979 | 208637 | 208637 | 40144 | 11377 |
| 上海大学国家大学科技园<br>National Science Park of Shanghai University | 42 | 1049 | 171955 | 136242 | 140000 | 12669 |
| 上海交通大学国家大学科技园<br>National Science Park of Shanghai Jiaotong University | 135 | 2235 | 619000 | 619000 | 84000 | 16000 |
| 上海理工科技园有限公司<br>National Science Park of Shanghai University of Science and Technology | 58 | 313 | 17374 | 0 | 5318 | 614 |
| 上海同济科技园有限公司<br>National Science Park of Tongji University | 14 | 141 | 11145 | 1804 | 680 | 0 |
| 江南大学国家大学科技园<br>National Science Park of Jiangnan University | 139 | 4658 | 1269378 | 3698120 | 90854 | 75191 |
| 中国矿业大学国家大学科技园<br>National Science Park of China University of Mining and Technology | 83 | 1479 | 424139 | 430007 | 64735 | 29638 |
| 东南大学国家大学科技园<br>National Science Park of Southeast University | 39 | 1349 | 759711 | 441809 | －195417 | 28264 |
| 南京大学－鼓楼高校国家大学科技园<br>National Science Park of Gulou College of Nanjing University | 679 | 9685 | 3683934 | 1607670 | 175910 | 211487 |
| 南京理工大学科技园<br>University Park of Nanjing University of Science and Technology | 52 | 1260 | 1148063 | 13884 | 536512 | 90343 |
| 浙江大学国家大学科技园<br>National Science Park of Zhejiang University | 250 | 5780 | 2000000 | 2000000 | 200000 | 200000 |
| 浙江省国家大学科技园<br>National University Science Park of Zhejiang Province | 101 | 693 | 101920 | 101920 | 22900 | 15430 |
| 合肥国家大学科技园<br>National Science Park of Hefei | 120 | 1532 | 249169 | 147226 | 8892 | 9995 |
| 厦门大学国家大学科技园<br>National Science Park of Xiamen University | 79 | 784 | 602000 | 450000 | 38000 | 31000 |
| 南昌大学国家大学科技园<br>National Science Park of Nanchang University | 93 | 3700 | 218600 | 195700 | 9320 | 8360 |
| 山东大学国家大学科技园<br>National Science Park of Shandong University | 48 | 1298 | 376249 | 244766 | 22836 | 18681 |

| 大学科技园<br>University Science Park | 在孵企业数（个）<br>Number of Tenants (number) | 人员数（人）<br>Number of Employees (person) | 总收入（千元）<br>Total Income (1000 RMB yuan) | 工业总产值（千元）<br>Total Industrial Output Value (1000 RMB yuan) | 净利润（千元）<br>Net Profit (1000 RMB yuan) | 上缴税金（千元）<br>Taxes Submitted (1000 RMB yuan) |
|---|---|---|---|---|---|---|
| 中国石油大学国家大学科技园<br>National Science Park of China University of Petroleum | 170 | 3676 | 230030 | 270550 | 78073 | 13454 |
| 河南省国家大学科技园<br>National Science Park of Henan Province | 176 | 3437 | 576600 | 368570 | 71200 | 18653 |
| 武汉东湖大学科技园<br>Science Park of Wuhan Donghu | 124 | 2048 | 289152 | 115852 | 23718 | 17265 |
| 岳麓山国家大学科技园<br>Yuelu Mountain National Science Park | 150 | 2897 | 912321 | 42251 | 59426 | 29872 |
| 华南理工大学国家大学科技园<br>National Science Park of South China University of Science and Technology | 94 | 2800 | 1120000 | 1120000 | 106400 | 160000 |
| 中山大学国家大学科技园<br>National Science Park of Zhongshan University | 101 | 1258 | 248246 | 0 | 473 | 14753 |
| 深圳虚拟大学国家大学科技园<br>National Science Park of Shenzhen Virtual University | 0 | 0 | 0 | 0 | 0 | 0 |
| 重庆大学国家大学科技园<br>National Science Park of Chongqing University | 287 | 11500 | 3189850 | 3265500 | 203820 | 228640 |
| 重庆市北碚大学科技园<br>Beibei Science Park of Chongqing | 122 | 3510 | 458793 | 265365 | 68983 | 28701 |
| 成都西南交大科技园<br>Chengdu Southwestern Jiaotong University Science Park | 46 | 1100 | 300000 | 320000 | 28000 | 13000 |
| 四川大学国家大学科技园<br>National Science Park of Sichuan University | 66 | 2400 | 47560 | 35605 | 230 | 18000 |
| 西南科技大学国家大学科技园<br>National Science Park of Southwestern University of Science and Technology | 35 | 670 | 630930 | 654000 | 21090 | 25468 |
| 电子科技大学国家大学科技园<br>National Science Park of University of Electronic Science and Technology of China | 20 | 750 | 120000 | 120000 | 6000 | 4800 |
| 云南省大学科技园办公室<br>Office of University Science Park of Yunnan Province | 56 | 759 | 118150 | 30874 | -11327 | 5366 |
| 西安电子科技大学国家大学科技园<br>National Science Park of Xi'an University of Electronic Science and Technology | 52 | 185 | 5101 | 4948 | 1837 | 308 |
| 西安交通大学国家大学科技园<br>National Science Park of Xi'an Jiaotong University | 56 | 1103 | 188301 | 126071 | 13311 | 7673 |
| 西北农林科技大学国家大学科技园<br>National Science Park of Northwest Agriculture and Forestry University | 15 | 627 | 62200 | 49780 | 12450 | 28700 |
| 西北工业大学国家大学科技园<br>National Science Park of Northwest University of Technology | 56 | 12000 | 100800 | 150000 | 63000 | 9320 |
| 兰州大学国家大学科技园<br>National Science Park of Lanzhou University | 89 | 1005 | 64221 | 4160 | 10744 | 9077 |
| 兰州交通大学科技园<br>Science Park of Lanzhou Jiaotong University | 20 | 1224 | 169238 | 253123 | 4871 | 7536 |
| 新疆国家大学科技园<br>National University Science Park of Xinjiang Province | 28 | 432 | 119264 | 297616 | 10753 | 4829 |

# 7-7 国家大学科技园毕业企业情况

## General Statistics of Graduated Tenants of National University Science Parks

| 大学科技园<br>University Science Park | 累计毕业企业（个）<br>Accmulated Number of Graduated Enterprises (number) | 人员数（人）<br>Number of Employment (person) | 总收入（千元）<br>Total Income (1000 RMB yuan) | 工业总产值（千元）<br>Industrial Output Value (1000 RMB yuan) |
|---|---|---|---|---|
| **合计**<br>**Total** | **1958** | **102747** | **29361987** | **29509280** |
| 北京大学国家大学科技园<br>Science Park of Peking University | 70 | 1128 | 13479 | 13479 |
| 北京工业大学国家大学科技园<br>Science Park of Beijing University of Technology | 39 | 620 | 205071 | 213273 |
| 北京航空航天大学国家大学科技园<br>Science Park of Beijing Universtity of Aeronautics ans Astronautics | 45 | 1357 | 222598 | 266022 |
| 北京化工大学国家大学科技园<br>Science Park of Beijing University of Chemical Technology | 13 | 830 | 230000 | 175000 |
| 北京交通大学国家大学科技园<br>Science Park of Beijing Jiaotong University | 6 | 320 | 310000 | 302000 |
| 北京科大科技园有限公司<br>Science Park of University of Science and Technology Beijing | 57 | 4800 | 1680000 | 1680000 |
| 北京理工大学国家大学科技园<br>Science Park of Beijing Institute of Technology | 106 | 2103 | 235000 | 47000 |
| 北京邮电大学国家大学科技园<br>Science Park of Beijing University of Posts and Telecommunications | 16 | 1374 | 18820 | 103750 |
| 北师大-北中医国家大学科技园<br>Science Park of Beijing Normal University and Beijing University of Chinese Medicine | 22 | 379 | 48953 | 0 |
| 华北电力大学国家大学科技园<br>Science Park of North China Electric Power University | 14 | 356 | 2892200 | 4038500 |
| 清华大学国家大学科技园<br>National Science Park of Tsinghua University | 149 | 2845 | 0 | 0 |
| 中国农业大学科技园<br>Science Park of China Agricultural University | 26 | 2654 | 26500 | 35200 |
| 南开大学国家大学科技园<br>National Science Park of Nankai University | 10 | 1290 | 215109 | 221559 |
| 天津大学国家大学科技园<br>National Science Park of Tianjin University | 0 | 0 | 0 | 0 |
| 河北工业大学国家大学科技园<br>National Science Park of Hebei University of Technology | 25 | 1694 | 466260 | 394475 |
| 燕山大学国家大学科技园<br>National Science Park of Yanshan University | 45 | 991 | 240780 | 28000 |
| 东北大学国家大学科技园<br>Science Park of Northeastern University | 45 | 15331 | 4630220 | 5608960 |
| 沈阳工业大学国家大学科技园<br>National Science Park of Shenyang University of Technology | 15 | 502 | 1170000 | 950000 |
| 大连理工大学-七贤岭国家大学科技<br>Qixianling National Science Park of Dalian University of Technology | 30 | 305 | 70124 | 20823 |
| 吉林大学国家大学科技园<br>National Science Park of Jilin University | 8 | 991 | 195720 | 178503 |

7-7 续表1 Continued 1

| 大学科技园<br>University Science Park | 累计毕业企业（个）<br>Accmulated Number of Graduated Enterprises (number) | 人员数（人）<br>Number of Employment (person) | 总收入（千元）<br>Total Income (1000 RMB yuan) | 工业总产值（千元）<br>Industrial Output Value (1000 RMB yuan) |
| --- | --- | --- | --- | --- |
| 哈尔滨工程大学国家大学科技园<br>National Science Park of Harbin Engineering University | 19 | 143 | 18000 | 9500 |
| 哈尔滨工业大学国家大学科技园<br>National Science Park of Harbin University of Technology | 38 | 2160 | 813200 | 834100 |
| 东华大学国家大学科技园<br>National Science Park of Donghua University | 48 | 457 | 2281556 | 2327187 |
| 复旦大学国家大学科技园<br>National Science Park of Fudan University | 0 | 0 | 0 | 0 |
| 华东理工大学国家大学科技园<br>National Science Park of East China University of Science and Technology | 127 | 3751 | 1200000 | 1200000 |
| 华东师范大学国家大学科技园<br>National Science Park of East China Normal University | 3 | 251 | 26520 | 26520 |
| 上海大学国家大学科技园<br>National Science Park of Shanghai University | 0 | 0 | 0 | 0 |
| 上海交通大学国家大学科技园<br>National Science Park of Shanghai Jiaotong University | 46 | 1281 | 398000 | 398000 |
| 上海理工科技园有限公司<br>National Science Park of Shanghai University of Science and Technology | 0 | 0 | 0 | 0 |
| 上海同济科技园有限公司<br>National Science Park of Tongji University | 0 | 0 | 0 | 0 |
| 江南大学国家大学科技园<br>National Science Park of Jiangnan University | 56 | 9821 | 1426355 | 2250874 |
| 中国矿业大学国家大学科技园<br>National Science Park of China University of Mining and Technology | 0 | 0 | 0 | 0 |
| 东南大学国家大学科技园<br>National Science Park of Southeast University | 35 | 0 | 0 | 0 |
| 南京大学-鼓楼高校国家大学科技园<br>National Science Park of Gulou College of Nanjing University | 42 | 3543 | 205518 | 67699 |
| 南京理工大学科技园<br>University Park of Nanjing University of Science and Technology | 62 | 1095 | 61006 | 630306 |
| 浙江大学国家大学科技园<br>National Science Park of Zhejiang University | 65 | 3560 | 650000 | 650000 |
| 浙江省国家大学科技园<br>National University Science Park of Zhejiang Province | 6 | 150 | 125100 | 0 |
| 合肥国家大学科技园<br>National Science Park of Hefei | 26 | 1010 | 431459 | 391590 |
| 厦门大学国家大学科技园<br>National Science Park of Xiamen University | 59 | 690 | 0 | 0 |
| 南昌大学国家大学科技园<br>National Science Park of Nanchang University | 54 | 2230 | 984130 | 916420 |
| 山东大学国家大学科技园<br>National Science Park of Shandong University | 9 | 3462 | 377746 | 135570 |

7-7 续表2 Continued 2

| 大学科技园<br>University Science Park | 累计毕业企业（个）<br>Accmulated Number of Graduated Enterprises (number) | 人员数（人）<br>Number of Employment (person) | 总收入（千元）<br>Total Income (1000 RMB yuan) | 工业总产值（千元）<br>Industrial Output Value (1000 RMB yuan) |
|---|---|---|---|---|
| 中国石油大学国家大学科技园<br>National Science Park of China University of Petroleum | 52 | 3753 | 253020 | 280460 |
| 河南省国家大学科技园<br>National Science Park of Henan Province | 53 | 1273 | 190440 | 163660 |
| 武汉东湖大学科技园<br>Science Park of Wuhan Donghu | 87 | 6239 | 1345845 | 590173 |
| 岳麓山国家大学科技园<br>Yuelu Mountain National Science Park | 20 | 2015 | 2159532 | 953075 |
| 华南理工大学国家大学科技园<br>National Science Park of South China University of Science and Technology | 59 | 6000 | 882000 | 882000 |
| 中山大学国家大学科技园<br>National Science Park of Zhongshan University | 23 | 253 | 23180 | 0 |
| 深圳虚拟大学国家大学科技园<br>National Science Park of Shenzhen Virtual University | 0 | 0 | 0 | 0 |
| 重庆大学国家大学科技园<br>National Science Park of Chongqing University | 46 | 0 | 0 | 0 |
| 重庆市北碚大学科技园<br>Beibei Science Park of Chongqing | 45 | 1638 | 359182 | 356147 |
| 成都西南交大科技园<br>Chengdu Southwestern Jiaotong University Science Park | 0 | 0 | 0 | 0 |
| 四川大学国家大学科技园<br>National Science Park of Sichuan University | 33 | 2000 | 86000 | 6200 |
| 西南科技大学国家大学科技园<br>National Science Park of Southwestern University of Science and Technology | 0 | 0 | 0 | 0 |
| 电子科技大学国家大学科技园<br>National Science Park of University of Electronic Science and Technology of China | 9 | 1500 | 500000 | 500000 |
| 云南省大学科技园办公室<br>Office of University Science Park of Yunnan Province | 8 | 440 | 352694 | 270123 |
| 西安电子科技大学国家大学科技园<br>National Science Park of Xi'an University of Electronic Science and Technology | 0 | 0 | 0 | 0 |
| 西安交通大学国家大学科技园<br>National Science Park of Xi'an Jiaotong University | 46 | 1800 | 900120 | 812051 |
| 西北农林科技大学国家大学科技园<br>National Science Park of Northwest Agriculture and Forestry University | 5 | 480 | 226280 | 158390 |
| 西北工业大学国家大学科技园<br>National Science Park of Northwest University of Technology | 12 | 830 | 60000 | 80000 |
| 兰州大学国家大学科技园<br>National Science Park of Lanzhou University | 20 | 420 | 0 | 0 |
| 兰州交通大学科技园<br>Science Park of Lanzhou Jiaotong University | 1 | 460 | 84000 | 68000 |
| 新疆国家大学科技园<br>National University Science Park of Xinjiang Province | 3 | 172 | 70270 | 274691 |

# 第八部分

# 火炬计划软件产业基地

## *The Eighth Part*

## Torch Program Software Bases

# 8-1 软件产业基地主要经济指标
## Main Economic Indicators of Software Bases

| 年份<br>Year | 软件产业基地数<br>(个)<br>Number of Software Bases (number) | 基地总人数<br>(万人)<br>Total Number in Employees of Software Bases (10000 person) | 总收入<br>(千元)<br>Total Income (100 million RMB yuan) | 利税总额<br>(亿元)<br>Total Value of Profits and Taxes (100 million RMB yuan) | 出口创汇<br>(亿美元)<br>Export (100 million USD) |
|---|---|---|---|---|---|
| 2003 | 24 | 31.3 | 1143.87 | 132.87 | 4.77 |
| 2004 | 29 | 43.6 | 1638 | 165.4 | 13.2 |
| 2005 | 32 | 65.2 | 3375 | 351.2 | 48.6 |
| 2006 | 33 | 77.9 | 4541 | 432.0 | 100.0 |
| 2007 | 34 | 90.2 | 5213.4 | 1230.5 | 78.4 |

# 8-2 软件产业基地场地情况

## Space Area of Software Bases

单位:万平方米 (10000 sq. m)

| 软件产业基地<br>Software Base | 规划占地面积<br>Planning Land Area | 规划建筑面积<br>Planning Building Area | 规划孵化面积<br>Planning Incubation Area | 现有占地面积<br>Land Area | 建筑面积<br>Building Area | 孵化面积<br>Incubation Area |
|---|---|---|---|---|---|---|
| **合计<br>Total** | **17215** | **4401** | **1250** | **4302** | **1819** | **551** |
| 东大软件园<br>Dongda Software Park | 50 | 13 | 2 | 50 | 23 | 4 |
| 齐鲁软件园<br>Qilu Software Park | 1270 | 240 | 23 | 1270 | 240 | 23 |
| 天府软件园<br>Tianfu Software Park | 100 | 121 | 22 | 45 | 45 | 22 |
| 长沙软件园<br>Changsha Software Park | 265 | 210 | 188 | 175 | 160 | 35 |
| 北京软件产业基地<br>Beijing Software Base | 837 | 513 | 8 | 544 | 94 | 8 |
| 天津华苑软件园<br>Tianjin Huayuan Software Park | 308 | 310 | 10 | 40 | 46 | 16 |
| 湖北软件产业基地<br>Hubei Software Base | 181 | 150 | 1 | 181 | 50 | 1 |
| 杭州高新软件园<br>Hangzhou Hi-tech Software Park | 29 | 55 | 5 | 15 | 44 | 3 |
| 福州软件园<br>Fuzhou Software Park | 320 | 100 | 5 | 135 | 72 | 2 |
| 江西金庐软件园<br>Jiangxi Jinlu Software Park | 57 | 42 | 5 | 11 | 5 | 3 |
| 西安软件园<br>Xi'an Software Park | 56 | 54 | 10 | 51 | 50 | 8 |
| 大连软件园<br>Dalian Software Park | 2808 | 320 | 195 | 298 | 120 | 65 |
| 广州天河软件园<br>Guangzhou Tianhe Software Park | 1289 | 620 | 97 | 187 | 202 | 32 |
| 上海软件园<br>Shanghai Software Park | 204 | 142 | 30 | 127 | 66 | 15 |
| 南京软件园<br>Nanjing Software Park | 358 | 210 | 70 | 350 | 56 | 21 |
| 长春软件园<br>Changchun Software Park | 200 | 35 | 15 | 40 | 25 | 15 |

8-2 续表 Continued

单位:万平方米 (10000 sq. m)

| 软件产业基地<br>Software Base | 规划占地面积<br>Planning Land Area | 规划建筑面积<br>Planning Building Area | 规划孵化面积<br>Planning Incubation Area | 现有占地面积<br>Land Area | 建筑面积<br>Building Area | 孵化面积<br>Incubation Area |
|---|---|---|---|---|---|---|
| 厦门软件园<br>Xiamen Software Park | 100 | 163 | 32 | 8 | 8 | 7 |
| 合肥软件园<br>Hefei Software Park | 95 | 60 | 28 | 30 | 27 | 17 |
| 云南软件园<br>Yunnan Software Park | 40 | 40 | 10 | 10 | 10 | 5 |
| 深圳软件园<br>Shenzhen Software Park | 233 | 100 | 75 | 14 | 40 | 24 |
| 青岛软件园<br>Qingdao Software Park | 56 | 86 | 54 | 37 | 35 | 20 |
| 兰州软件园<br>Lanzhou Software Park | 4 | 3 | 3 | 4 | 3 | 3 |
| 吉林高新区软件园<br>Software Park of Jiin Science and Technology Industrial Park | 30 | 20 | 10 | 20 | 10 | 2 |
| 中部软件产业园<br>Central China Software Industry Park | 9 | 10 | 8 | 13 | 6 | 6 |
| 苏州软件园<br>Suzhou Software Park | 700 | 100 | 57 | 50 | 87 | 31 |
| 无锡软件园<br>Wuxi Software Park | 79 | 120 | 84 | 30 | 46 | 39 |
| 常州软件园<br>Changzhou Software Park | 110 | 30 | 10 | 13 | 12 | 10 |
| 珠海高新区软件园<br>Software Park of Zhuhai Science and Technology Industrial Park | 1350 | 150 | 35 | 382 | 112 | 34 |
| 大庆软件园<br>Daqing Software Park | 26 | 27 | 24 | 16 | 20 | 20 |
| 江苏软件园<br>Jiangsu Software Park | 21 | 26 | 21 | 21 | 13 | 8 |
| 内蒙古软件园<br>Inner Mongolia Software Park | 40 | 20 | 10 | 3 | 3 | 3 |
| 南宁软件园<br>Nanning Software Park | 29 | 11 | 9 | 29 | 9 | 7 |
| 重庆高新区软件园<br>Software Park of Chongqing Science and Technology Industrial Park | 300 | 250 | 80 | 100 | 70 | 40 |
| 河北软件产业基地(石家庄)<br>Hebei Software Base ( Shijiazhuang) | 5661 | 50 | 14 | 3 | 10 | 2 |

# 8－3 软件产业基地人员情况

## Personnel Statistics of Software Bases

单位:人 (person)

| 软件产业基地<br>Software Base | 年末基地总人数<br>Year End Total Number of Employees of the Base | 博士<br>Dorctor Degree | 硕士<br>Master Degree | 本科<br>Bachlor Degree | 大专<br>Junior College Degree |
|---|---|---|---|---|---|
| **合计<br>Total** | **901986** | **10640** | **94223** | **479164** | **201549** |
| 东大软件园<br>Dongda Software Park | 13694 | 68 | 1667 | 10318 | 1435 |
| 齐鲁软件园<br>Qilu Software Park | 28325 | 218 | 2106 | 18182 | 7819 |
| 天府软件园<br>Tianfu Software Park | 28828 | 44 | 2597 | 16069 | 9441 |
| 长沙软件园<br>Changsha Software Park | 32570 | 425 | 4960 | 17250 | 9935 |
| 北京软件产业基地<br>Beijing Software Base | 240968 | 2922 | 28291 | 126415 | 48473 |
| 天津华苑软件园<br>Tianjin Huayuan Software Park | 19703 | 122 | 822 | 7849 | 4930 |
| 湖北软件产业基地<br>Hubei Software Base | 27000 | 1350 | 3000 | 16000 | 4000 |
| 杭州高新软件园<br>Hangzhou Hi-tech Software Park | 42111 | 346 | 3628 | 21055 | 11494 |
| 福州软件园<br>Fuzhou Software Park | 15000 | 89 | 744 | 7999 | 3086 |
| 江西金庐软件园<br>Jiangxi Jinlu Software Park | 6598 | 61 | 403 | 2998 | 2064 |
| 西安软件园<br>Xi' an Software Park | 51285 | 590 | 4247 | 18364 | 9517 |
| 大连软件园<br>Dalian Software Park | 35000 | 250 | 2650 | 27800 | 4300 |
| 广州天河软件园<br>Guangzhou Tianhe Software Park | 52866 | 365 | 3650 | 23381 | 14395 |
| 上海软件园<br>Shanghai Software Park | 23101 | 693 | 2758 | 13803 | 5847 |
| 南京软件园<br>Nanjing Software Park | 20060 | 271 | 2454 | 12036 | 5272 |
| 长春软件园<br>Changchun Software Park | 12350 | 269 | 942 | 7395 | 3744 |

8-3 续表 Continued

单位:人 (person)

| 软件产业基地<br>Software Base | 年末基地总人数<br>Year End Total Number of Employees of the Base | 博士<br>Dorctor Degree | 硕士<br>Master Degree | 本科<br>Bachlor Degree | 大专<br>Junior College Degree |
|---|---|---|---|---|---|
| 厦门软件园<br>Xiamen Software Park | 12415 | 91 | 731 | 6797 | 4486 |
| 合肥软件园<br>Hefei Software Park | 6281 | 120 | 588 | 3696 | 1859 |
| 云南软件园<br>Yunnan Software Park | 7434 | 27 | 212 | 3694 | 3501 |
| 深圳软件园<br>Shenzhen Software Park | 74924 | 738 | 16379 | 36970 | 10153 |
| 青岛软件园<br>Qingdao Software Park | 24038 | 275 | 2319 | 8653 | 3113 |
| 兰州软件园<br>Lanzhou Software Park | 3373 | 53 | 229 | 2065 | 764 |
| 吉林高新区软件园<br>Software Park of Jiin Science and Technology Industrial Park | 4390 | 50 | 285 | 1205 | 1360 |
| 中部软件产业园<br>Central China Software Industry Park | 9230 | 82 | 420 | 6230 | 2210 |
| 苏州软件园<br>Suzhou Software Park | 15000 | 200 | 996 | 8751 | 5053 |
| 无锡软件园<br>Wuxi Software Park | 18850 | 82 | 415 | 8950 | 4293 |
| 常州软件园<br>Changzhou Software Park | 5218 | 60 | 315 | 3674 | 1169 |
| 珠海高新区软件园<br>Software Park of Zhuhai Science and Technology Industrial Park | 17554 | 94 | 657 | 8420 | 6083 |
| 大庆软件园<br>Daqing Software Park | 8957 | 83 | 352 | 5634 | 1845 |
| 江苏软件园<br>Jiangsu Software Park | 16000 | 320 | 3200 | 9600 | 2880 |
| 内蒙古软件园<br>Inner Mongolia Software Park | 2762 | 22 | 109 | 1551 | 1034 |
| 南宁软件园<br>Nanning Software Park | 5900 | 41 | 238 | 4300 | 900 |
| 重庆高新区软件园<br>Software Park of Chongqing Science and Technology Industrial Park | 16235 | 183 | 1679 | 10854 | 3002 |
| 河北软件产业基地(石家庄)<br>Hebei Software Base ( Shijiazhuang) | 3966 | 36 | 180 | 1206 | 2092 |

# 8 - 4 软件产业基地人员分布

## Personnel Distribution of Software Bases

单位:人 (person)

| 软件产业基地<br>Software Base | 年末软件从业人数<br>Year End Total Number of Employees for Software | 开发<br>Development | 测试<br>Testing | 销售<br>Sale | 培训<br>Training | 维护<br>Maintaining | 管理<br>Management |
|---|---|---|---|---|---|---|---|
| **合计<br>Total** | **712982** | **217854** | **39597** | **63159** | **18567** | **40720** | **43439** |
| 东大软件园<br>Dongda Software Park | 13694 | 6446 | 1129 | 807 | 266 | 702 | 732 |
| 齐鲁软件园<br>Qilu Software Park | 24900 | 10453 | 388 | 2634 | 446 | 2018 | 1481 |
| 天府软件园<br>Tianfu Software Park | 15162 | 1680 | 233 | 340 | 84 | 148 | 477 |
| 长沙软件园<br>Changsha Software Park | 27502 | 13308 | 1625 | 6824 | 910 | 3351 | 1429 |
| 北京软件产业基地<br>Beijing Software Base | 240968 | 0 | 0 | 0 | 0 | 0 | 0 |
| 天津华苑软件园<br>Tianjin Huayuan Software Park | 10545 | 7382 | 527 | 1055 | 422 | 633 | 526 |
| 湖北软件产业基地<br>Hubei Software Base | 23000 | 9700 | 1600 | 3200 | 1100 | 2400 | 2000 |
| 杭州高新软件园<br>Hangzhou Hi-tech Software Park | 28011 | 12012 | 2655 | 6514 | 779 | 2523 | 1831 |
| 福州软件园<br>Fuzhou Software Park | 8016 | 4833 | 666 | 988 | 298 | 425 | 806 |
| 江西金庐软件园<br>Jiangxi Jinlu Software Park | 3425 | 1603 | 560 | 559 | 175 | 249 | 232 |
| 西安软件园<br>Xi'an Software Park | 37543 | 14429 | 7735 | 4452 | 2409 | 2996 | 5522 |
| 大连软件园<br>Dalian Software Park | 30000 | 21110 | 1150 | 750 | 400 | 1500 | 5090 |
| 广州天河软件园<br>Guangzhou Tianhe Software Park | 32968 | 12962 | 2353 | 3766 | 1218 | 3524 | 3255 |
| 上海软件园<br>Shanghai Software Park | 17323 | 9533 | 1210 | 2423 | 690 | 1350 | 2117 |
| 南京软件园<br>Nanjing Software Park | 15160 | 6762 | 2086 | 1718 | 659 | 1158 | 2774 |
| 长春软件园<br>Changchun Software Park | 8029 | 4740 | 492 | 1008 | 445 | 518 | 826 |

8－4 续表 Continued

单位：人 (person)

| 软件产业基地 Software Base | 年末软件从业人数 Year End Total Number of Employees for Software | 开发 Development | 测试 Testing | 销售 Sale | 培训 Training | 维护 Maintaining | 管理 Management |
|---|---|---|---|---|---|---|---|
| 厦门软件园 Xiamen Software Park | 10675 | 6540 | 581 | 1042 | 504 | 950 | 1058 |
| 合肥软件园 Hefei Software Park | 4769 | 2333 | 716 | 736 | 212 | 434 | 330 |
| 云南软件园 Yunnan Software Park | 5130 | 1963 | 954 | 680 | 114 | 572 | 847 |
| 深圳软件园 Shenzhen Software Park | 39725 | 25412 | 3157 | 4048 | 806 | 3418 | 2884 |
| 青岛软件园 Qingdao Software Park | 23861 | 4931 | 1302 | 2939 | 1306 | 1658 | 1086 |
| 兰州软件园 Lanzhou Software Park | 1606 | 713 | 163 | 197 | 79 | 222 | 182 |
| 吉林高新区软件园 Software Park of Jiin Science and Technology Industrial Park | 3400 | 1800 | 285 | 520 | 181 | 398 | 208 |
| 中部软件产业园 Central China Software Industry Park | 8050 | 2759 | 420 | 2180 | 402 | 1106 | 320 |
| 苏州软件园 Suzhou Software Park | 8443 | 3500 | 638 | 876 | 997 | 1531 | 901 |
| 无锡软件园 Wuxi Software Park | 15740 | 6720 | 1370 | 3080 | 1340 | 1860 | 1370 |
| 常州软件园 Changzhou Software Park | 5038 | 1502 | 1083 | 1018 | 328 | 722 | 385 |
| 珠海高新区软件园 Software Park of Zhuhai Science and Technology Industrial Park | 16300 | 7800 | 2000 | 2350 | 580 | 1200 | 1050 |
| 大庆软件园 Daqing Software Park | 8139 | 5285 | 873 | 595 | 308 | 611 | 467 |
| 江苏软件园 Jiangsu Software Park | 0 | 0 | 0 | 0 | 0 | 0 | 0 |
| 内蒙古软件园 Inner Mongolia Software Park | 2277 | 1006 | 222 | 405 | 185 | 336 | 123 |
| 南宁软件园 Nanning Software Park | 4900 | 1900 | 690 | 720 | 580 | 300 | 560 |
| 重庆高新区软件园 Software Park of Chongqing Science and Technology Industrial Park | 15113 | 5122 | 585 | 4508 | 305 | 1836 | 2443 |
| 河北软件产业基地(石家庄) Hebei Software Base ( Shijiazhuang) | 3570 | 1615 | 149 | 227 | 39 | 71 | 127 |

# 8-5 软件产业基地经济指标

## Main Economic Indicators of Software Bases

单位：千元 (1000 RMB yuan)

| 软件产业基地 Software Base | 总收入 Total Income | 软件收入 Software Income | 软件产品销售收入 Software Sales Income | 嵌入式软件收入 Embeded Software Income | 软件技术收入 Software Technological Income | 软件服务收入 Software Service Income |
|---|---|---|---|---|---|---|
| **合计 Total** | **521337354** | **348551181** | **110621891** | **79633238** | **31865745** | **131603947** |
| 东大软件园 Dongda Software Park | 3365450 | 2563690 | 0 | 0 | 0 | 0 |
| 齐鲁软件园 Qilu Software Park | 30390000 | 16360000 | 12032961 | 3241731 | 1749680 | 1085308 |
| 天府软件园 Tianfu Software Park | 12448132 | 4330716 | 4247420 | 36171 | 2776062 | 47125 |
| 长沙软件园 Changsha Software Park | 12927844 | 8474225 | 3715828 | 4241695 | 582045 | 516702 |
| 北京软件产业基地 Beijing Software Base | 125201617 | 125201617 | 17572365 | 7655899 | 0 | 99973353 |
| 天津华苑软件园 Tianjin Huayuan Software Park | 7464275 | 3939027 | 267462 | 1908690 | 1203872 | 1762875 |
| 湖北软件产业基地 Hubei Software Base | 12000000 | 7200000 | 3600000 | 3000000 | 1000000 | 600000 |
| 杭州高新软件园 Hangzhou Hi-tech Software Park | 30613475 | 30613475 | 0 | 6651830 | 0 | 0 |
| 福州软件园 Fuzhou Software Park | 10287101 | 4598446 | 2876788 | 1075309 | 1600911 | 646349 |
| 江西金庐软件园 Jiangxi Jinlu Software Park | 3714036 | 1832443 | 787265 | 239097 | 1408602 | 806081 |
| 西安软件园 Xi'an Software Park | 15538063 | 10133910 | 6402460 | 1799210 | 1280524 | 1932240 |
| 大连软件园 Dalian Software Park | 10100000 | 7000000 | 5613093 | 131059 | 2958172 | 1255848 |
| 广州天河软件园 Guangzhou Tianhe Software Park | 32142812 | 18007077 | 7836707 | 2141488 | 3715091 | 8028882 |
| 上海软件园 Shanghai Software Park | 12130000 | 9885950 | 5931570 | 1482893 | 1091700 | 2471487 |
| 南京软件园 Nanjing Software Park | 21445516 | 10837397 | 10057742 | 533012 | 51876 | 246643 |
| 长春软件园 Changchun Software Park | 4250000 | 915000 | 528000 | 104500 | 1475000 | 282500 |

8-5 续表 Continued

单位:千元 (1000 RMB yuan)

| 软件产业基地<br>Software Base | 总收入<br>Total Income | 软件收入<br>Software Income | 软件产品销售收入<br>Software Sales Income | 嵌入式软件收入<br>Embeded Software Income | 软件技术收入<br>Software Technological Income | 软件服务收入<br>Software Service Income |
|---|---|---|---|---|---|---|
| 厦门软件园<br>Xiamen Software Park | 4157453 | 1993377 | 1663941 | 194717 | 925443 | 134719 |
| 合肥软件园<br>Hefei Software Park | 2688220 | 1953009 | 1635944 | 165436 | 237559 | 151629 |
| 云南软件园<br>Yunnan Software Park | 1908399 | 905000 | 283205 | 144600 | 159532 | 477195 |
| 深圳软件园<br>Shenzhen Software Park | 54656064 | 14406965 | 11443860 | 1193507 | 2598630 | 1769598 |
| 青岛软件园<br>Qingdao Software Park | 12189808 | 4671108 | 2413441 | 804480 | 2593425 | 1453187 |
| 兰州软件园<br>Lanzhou Software Park | 979295 | 433086 | 205201 | 137866 | 88329 | 90019 |
| 吉林高新区软件园<br>Software Park of Jiin Science and Technology Industrial Park | 3155000 | 1476000 | 1108700 | 193070 | 320000 | 174230 |
| 中部软件产业园<br>Central China Software Industry Park | 5080000 | 2278800 | 1327800 | 305400 | 89200 | 645600 |
| 苏州软件园<br>Suzhou Software Park | 25000000 | 23000000 | 500000 | 22000000 | 1200000 | 500000 |
| 无锡软件园<br>Wuxi Software Park | 24732370 | 10120940 | 249710 | 8796380 | 75190 | 1074850 |
| 常州软件园<br>Changzhou Software Park | 2423000 | 1203000 | 141000 | 890000 | 721000 | 172000 |
| 珠海高新区软件园<br>Software Park of Zhuhai Science and Technology Industrial Park | 8934024 | 6844168 | 3410000 | 2032568 | 700000 | 1401600 |
| 大庆软件园<br>Daqing Software Park | 1865230 | 1589355 | 372841 | 180791 | 177433 | 1035723 |
| 江苏软件园<br>Jiangsu Software Park | 20000000 | 10000000 | 2000000 | 6000000 | 0 | 2000000 |
| 内蒙古软件园<br>Inner Mongolia Software Park | 1562788 | 1074099 | 751869 | 0 | 234846 | 322230 |
| 南宁软件园<br>Nanning Software Park | 1842000 | 935933 | 480956 | 262240 | 249382 | 192737 |
| 重庆高新区软件园<br>Software Park of Chongqing Science and Technology Industrial Park | 5183382 | 3073368 | 1145232 | 1621899 | 543601 | 306237 |
| 河北软件产业基地(石家庄)<br>Hebei Software Base ( Shijiazhuang) | 962000 | 700000 | 18530 | 467700 | 58640 | 47000 |

# 8－6 软件产业基地收入和研发支出

## Income and Expenture on R&D of Software Bases

| 软件产业基地 Software Base | 出口创汇额（千美元）Export (1000 USD) | 软件出口创汇额（千美元）Software Export (1000 USD) | 海关软件出口创汇额（千美元）Software Export through Custom (1000 USD) | 净利润（千元）Net Profit (1000 RMB yuan) | 上缴税金（千元）Taxes Submitted (1000 RMB yuan) | 科技活动经费支出（千元）Expenditure on Science and Technology Activity (1000 RMB yuan) | 软件研发支出（千元）Expenditure on Software R&D (1000 RMB yuan) |
|---|---|---|---|---|---|---|---|
| **合计 Total** | **7840994** | **5660728** | **1654339** | **84082445** | **38969956** | **52334546** | **18068148** |
| 东大软件园 Dongda Software Park | 152880 | 152880 | 152880 | 417966 | 322750 | 370950 | 0 |
| 齐鲁软件园 Qilu Software Park | 213560 | 133000 | 11690 | 782300 | 576100 | 860180 | 314066 |
| 天府软件园 Tianfu Software Park | 79615 | 345 | 0 | 9737311 | 157123 | 581465 | 525986 |
| 长沙软件园 Changsha Software Park | 90000 | 42000 | 12000 | 123260 | 674250 | 1634227 | 1034227 |
| 北京软件产业基地 Beijing Software Base | 827970 | 827970 | 458873 | 14783608 | 8255711 | 19284226 | 0 |
| 天津华苑软件园 Tianjin Huayuan Software Park | 125438 | 120341 | 11140 | 683150 | 417068 | 491926 | 350628 |
| 湖北软件产业基地 Hubei Software Base | 130000 | 35000 | 3958 | 930000 | 800000 | 1250000 | 700000 |
| 杭州高新软件园 Hangzhou Hi-tech Software Park | 316467 | 0 | 0 | 2158711 | 1860828 | 6149855 | 4316560 |
| 福州软件园 Fuzhou Software Park | 46123 | 27049 | 8430 | 1091088 | 383736 | 655700 | 336621 |
| 江西金庐软件园 Jiangxi Jinlu Software Park | 12737 | 12485 | 11830 | 239085 | 108379 | 416579 | 223790 |
| 西安软件园 Xi'an Software Park | 75884 | 75884 | 21717 | 874794 | 698213 | 931427 | 284510 |
| 大连软件园 Dalian Software Park | 480000 | 340000 | 142000 | 510000 | 490000 | 1218031 | 439834 |
| 广州天河软件园 Guangzhou Tianhe Software Park | 133238 | 83490 | 7338 | 2130958 | 12366302 | 4657591 | 483233 |
| 上海软件园 Shanghai Software Park | 306000 | 306000 | 306000 | 1334300 | 982530 | 970400 | 788453 |
| 南京软件园 Nanjing Software Park | 533060 | 126011 | 13373 | 1197417 | 1196014 | 601898 | 373967 |
| 长春软件园 Changchun Software Park | 50500 | 14704 | 0 | 385900 | 175400 | 348735 | 237800 |

| 软件产业基地<br>Software Base | 出 口<br>创汇额<br>（千美元）<br>Export<br>（1000 USD） | 软件出口<br>创汇额<br>（千美元）<br>Software<br>Export<br>（1000 USD） | 海关软件<br>出口创汇额<br>（千美元）<br>Software Export<br>through Custom<br>（1000 USD） | 净利润<br>（千元）<br>Net<br>Profit<br>（1000 RMB<br>yuan） | 上缴税金<br>（千元）<br>Taxes<br>Submitted<br>（1000 RMB<br>yuan） | 科技活动经费<br>支出（千元）<br>Expenditure on<br>Science and<br>Technology<br>Activity<br>（1000 RMB<br>yuan） | 软件研<br>发支出<br>（千元）<br>Expenditure<br>on Software<br>R&D<br>（1000 RMB<br>yuan） |
|---|---|---|---|---|---|---|---|
| 厦门软件园<br>Xiamen Software Park | 6930 | 6930 | 6930 | 481688 | 77325 | 608801 | 505091 |
| 合肥软件园<br>Hefei Software Park | 32710 | 23118 | 100 | 429312 | 214064 | 266724 | 178504 |
| 云南软件园<br>Yunnan Software Park | 18763 | 6021 | 0 | 193388 | 104864 | 174745 | 85369 |
| 深圳软件园<br>Shenzhen Software Park | 2739507 | 2619909 | 47047 | 38545903 | 5137346 | 5606344 | 3821948 |
| 青岛软件园<br>Qingdao Software Park | 162018 | 64870 | 6700 | 827155 | 413910 | 670440 | 241358 |
| 兰州软件园<br>Lanzhou Software Park | 0 | 0 | 0 | 81754 | 68882 | 43343 | 14964 |
| 吉林高新区软件园<br>Software Park of Jiin Science and Technology Industrial Park | 1100 | 0 | 0 | 430211 | 289300 | 252400 | 15600 |
| 中部软件产业园<br>Central China Software Industry Park | 9300 | 4500 | 70 | 518000 | 156000 | 352600 | 153400 |
| 苏州软件园<br>Suzhou Software Park | 400000 | 150000 | 120000 | 1000000 | 80000 | 500000 | 150000 |
| 无锡软件园<br>Wuxi Software Park | 298880 | 72570 | 6810 | 1032790 | 872651 | 812654 | 234765 |
| 常州软件园<br>Changzhou Software Park | 10600 | 10600 | 10600 | 175000 | 134000 | 969200 | 872700 |
| 珠海高新区软件园<br>Software Park of Zhuhai Science and Technology Park | 423488 | 340000 | 291100 | 1086096 | 405616 | 943008 | 870000 |
| 大庆软件园<br>Daqing Software Park | 102451 | 56417 | 0 | 121732 | 64382 | 133209 | 97013 |
| 江苏软件园<br>Jiangsu Software Park | 50000 | 0 | 0 | 1200000 | 1100000 | 0 | 0 |
| 内蒙古软件园<br>Inner Mongolia Software Park | 352 | 352 | 154 | 76721 | 50259 | 21059 | 16941 |
| 南宁软件园<br>Nanning Software Park | 2400 | 2000 | 2000 | 112500 | 160250 | 146818 | 95951 |
| 重庆高新区软件园<br>Software Park of Chongqing Science and Technology Industrial Park | 7823 | 5082 | 1599 | 317417 | 153633 | 300011 | 135549 |
| 河北软件产业基地（石家庄）<br>Hebei Software Base（ Shijiazhuang） | 1200 | 1200 | 0 | 72930 | 23070 | 110000 | 28920 |

# 第九部分

# 火炬计划特色产业基地情况

## *The Ninth Part*

## Torch Program Industrial Bases

# 9－1 特色产业基地主要情况
## General Statistics of Industrial Bases

| 年份 Year | 基地数（个）Number of Industrial Base (number) | 基地内企业数（家）Number of Tenants (number) | 工业总产值（亿元）Total Industrial Output Value (100 million RMB yuan) | 总收入（千元）Total Income (100 million RMB yuan) | 工业增加值（亿元）Industrial Added Value (100 million RMB yuan) | 上缴税额（亿元）Taxes Submitted (100 million RMB yuan) | 净利润（亿元）Net Profit (100 million RMB yuan) | 出口创汇（亿美元）Export (100 million USD) |
|---|---|---|---|---|---|---|---|---|
| 2003 | 47 | 4272 | 3603.9 | 3461.5 | 714.8 | 185.1 | 239.2 | 61.2 |
| 2004 | 79 | 12050 | 7331.2 | 7181.0 | 1716.7 | 362.5 | 465.9 | 154.2 |
| 2005 | 128 | 17691 | 11765.4 | 11566.2 | 2831.1 | 643.4 | 711.6 | 264.3 |
| 2006 | 133 | 26563 | 15095.6 | 15003.9 | 3305.6 | 806.6 | 938.6 | 347.2 |
| 2007 | 169 | 39233 | 21925.1 | 22893.4 | 5518.9 | 1053.7 | 1348.9 | 578.5 |

# 9－2 特色产业基地经济指标

| 特色产业基地<br>Industrial Base | 基地内企业数<br>（个）<br>Number of Tenants<br>（nmuber） |
|---|---|
| **合计**<br>**Total** | **39233** |
| 国家火炬计划北京大兴新媒体产业基地<br>China Torch Program New Media Industrial Base of Beijing Daxing | 48 |
| 国家火炬计划北京绿水高新技术产业基地<br>China Torch Program Lvshui Hi-tech Industrial Base of Beijing | 105 |
| 国家火炬计划安国现代中药产业基地<br>China Torch Program Anguo Modern China Medicine Industrial Base | 44 |
| 国家火炬计划保定新能源与能源设备产业基地<br>China Torch Program New Energy and Energy Resource Equipment Industrial Base of Baoding | 120 |
| 国家火炬计划承德仪器仪表产业基地<br>China Torch Program Instrument Industrial Base of Chengde | 56 |
| 国家火炬计划邯郸新材料产业基地<br>China Torch Program Advanced Material Industrial Base of Handan | 28 |
| 国家火炬计划廊坊信息产业基地<br>China Torch Program IT Industrial Base of Langfang | 87 |
| 国家火炬计划宁晋太阳能硅材料产业基地<br>China Torch Program Solar Energy Silicon Material Industrial Base of Ningjin | 9 |
| 国家火炬计划唐山焊接产业基地<br>China Torch Program Jointing Industrial Base of Tangshan | 16 |
| 国家火炬计划唐山陶瓷材料产业基地<br>China Torch Program Ceramic Material Industrial Base of Tangshan | 263 |
| 国家火炬计划呼和浩特医药产业基地<br>China Torch Program Medicine Industrial Base of Hohhot | 4 |
| 本溪中药科技产业基地<br>China Torch Program Chinese Medicinal Material Industrial Base of Benxi | 37 |
| 锦州硅材料及太阳能电池产业基地<br>China Torch Program Silicon Material and Solar Cell Industrial Base of Jingzhou | 29 |
| 国家火炬计划大连双 D 港生物医药产业基地<br>China Torch Program Biological Medicine Industrial Base of Dalian Doulbe D Port | 48 |
| 国家火炬计划敦化中药产业基地<br>China Torch Program Chinese Midicine Industrial Base of Dunhua | 9 |
| 国家火炬计划吉林电力电子产业基地<br>China Torch Program Power Electronics Industrial Base of Jilin | 76 |
| 国家火炬计划通化生物医药产业基地<br>China Torch Program Biological Medicine Industrial Base of Tonghua | 66 |
| 国家火炬计划通化县中药产业基地（长白山药谷）<br>China Torch Program Chinese Medicine Industrial Base of Tonghua（ Changbaishan Medicine Valley ） | 18 |
| 国家火炬计划大庆宏伟石化产业基地<br>China Torch Program Hongwei Petrochemical Industrial Base of Daqing | 73 |
| 国家火炬计划大庆新型复合材料及制品产业基地<br>China Torch Program Advanced Composit Material and Products Industrial Base of Daqing | 9 |

## Main Economic Indicators of Industrial Bases

| 工业总产值（千元）Total Industrial Output (1000 RMB yuan) | 总收入（千元）Total Income (1000 RMB yuan) | 工业增加值（千元）Industrial Added Value (1000 RMB yuan) | 上缴税额（千元）Taxes Submitted (1000 RMB yuan) | 净利润（千元）Net Profit (1000 RMB yuan) | 出口创汇（千美元）Export (1000 USD) |
|---|---|---|---|---|---|
| 2192509697 | 2289338726 | 551893245 | 105370853 | 134889060 | 57847353 |
| 2554200 | 2342000 | 1664815 | 82703 | 143810 | 2670 |
| 10130120 | 11431450 | 2573400 | 472090 | 476050 | 0 |
| 1800000 | 1440000 | 1054880 | 115200 | 436850 | 14390 |
| 16488831 | 18118471 | 3492278 | 508116 | 1714736 | 581459 |
| 1804000 | 1850000 | 736000 | 240000 | 122000 | 6700 |
| 3076685 | 3044491 | 849715 | 100529 | 180700 | 96620 |
| 3000000 | 3300000 | 735000 | 215000 | 417000 | 150000 |
| 5860119 | 5533201 | 1650526 | 248260 | 1082097 | 206985 |
| 1592470 | 1549170 | 357000 | 742560 | 246160 | 22620 |
| 1826000 | 2864000 | 365000 | 103200 | 286000 | 17000 |
| 1360000 | 1360000 | 365000 | 52360 | 63400 | 24000 |
| 610000 | 1660000 | 200000 | 60000 | 170000 | 80000 |
| 3187232 | 2975188 | 669170 | 108180 | 402428 | 173842 |
| 2397374 | 2785323 | 743185 | 181237 | 11953 | 127670 |
| 2381204 | 1748686 | 1072218 | 268963 | 187710 | 0 |
| 3236800 | 3147200 | 973000 | 242000 | 127600 | 20160 |
| 8825370 | 7381980 | 3953620 | 499300 | 694020 | 17487 |
| 1386787 | 990875 | 663300 | 133538 | 129601 | 7337 |
| 30000000 | 30200000 | 7500000 | 1600000 | 1400000 | 0 |
| 192929 | 196600 | 2314 | 7529 | 4261 | 0 |

| 特色产业基地<br>Industrial Base | 基地内企业数<br>（个）<br>Number of Tenants<br>（number） |
|---|---|
| 国家火炬计划哈尔滨发电设备产业基地<br>China Torch Program Power Generating Equipment Industrial Base of Harbin | 50 |
| 国家火炬计划哈尔滨抗生素产业基地<br>China Torch Program Antibiotic Industrial Base of Harbin | 10 |
| 国家火炬计划利民医药产业基地<br>China Torch Program Limin Medicine Industrial Base | 30 |
| 国家火炬计划牡丹江特种材料产业基地<br>China Torch Program Special Material Industrial Base of Mudanjiang | 48 |
| 国家火炬计划上海安亭汽车零部件产业基地<br>China Torch Program Anting Automobile Parts Industrial Base of Shanghai | 209 |
| 国家火炬计划上海奉贤输配电产业基地<br>China Torch Program Power Transmission and Distribution Industrial Base of Shanghai Fengxian | 121 |
| 国家火炬计划上海南汇医疗器械产业基地<br>China Torch Program Nanhui Medical Machine Industrial Base of Shanghai | 15 |
| 国家火炬计划上海青浦新材料产业基地<br>China Torch Program Qingpu Advanced Material Industrial Base of Shanghai | 53 |
| 国家火炬计划上海张堰新材料深加工产业基地<br>China Torch Program Zhangyan Advanced Material Deep Processing Industrial Base of Shanghai | 69 |
| 国家火炬计划常熟电气机械产业基地<br>China Torch Program Changshu Electrical and Mechanical Industrial Base of Shanghai | 63 |
| 国家火炬计划常熟高分子新材料产业基地<br>China Torch Program Advanced Polymer Material Industrial Base of Changshu | 139 |
| 国家火炬计划常州轨道交通车辆及部件产业基地<br>China Torch Program Rail Traffic Vehicle and Parts Industrial Base of Changshu | 61 |
| 国家火炬计划常州市新北区"三药"科技产业基地<br>China Torch Program Triadic Medicine Industrial Base of Changshu Xinbei District | 80 |
| 国家火炬计划常州输变电设备产业基地<br>China Torch Program Power Transmission and Distribution Industrial Base of Changshu | 78 |
| 国家火炬计划丹阳新材料产业基地<br>China Torch Program Advanced Material Industrial Base of Danyang | 168 |
| 国家火炬计划东海硅材料产业基地<br>China Torch Program Silicon Material Industrial Base of Donghai | 240 |
| 国家火炬计划海安电梯设备产业基地<br>China Torch Program Elevator Equipment Industrial Base of Hai'an | 35 |
| 国家火炬计划海门新材料产业基地<br>China Torch Program Advanced Material Industrial Base of Haimen | 95 |
| 国家火炬计划邗江数控金属板材加工设备产业基地<br>China Torch Program Digital Control Metal Sheet Processing Equipments Industrial Base of Changshu | 43 |
| 国家火炬计划惠山特种冶金新材料产业基地<br>China Torch Program Advanced Special Metallurgy Material Industrial Base of Changshu | 266 |
| 国家火炬计划江苏沿江对俄合作高新技术产业基地<br>China Torch Program River-edge Russia Cooperation Hi-tech Industrial Base of Jiangsu | 18 |

Continued 1

| 工业总产值（千元）Total Industrial Output (1000 RMB yuan) | 总收入（千元）Total Income (1000 RMB yuan) | 工业增加值（千元）Industrial Added Value (1000 RMB yuan) | 上缴税额（千元）Taxes Submitted (1000 RMB yuan) | 净利润（千元）Net Profit (1000 RMB yuan) | 出口创汇（千美元）Export (1000 USD) |
|---|---|---|---|---|---|
| 31220000 | 40166000 | 9366000 | 532000 | 1134000 | 79526 |
| 7932880 | 7426000 | 2505485 | 865738 | 291112 | 84120 |
| 2583000 | 2329000 | 688000 | 233000 | 258000 | 0 |
| 1620000 | 1610000 | 356400 | 100000 | 62000 | 31240 |
| 22828260 | 25974634 | 6635000 | 872130 | 2072420 | 719860 |
| 8500000 | 8250000 | 0 | 580000 | 640000 | 280000 |
| 1018475 | 1018475 | 287680 | 12854 | 42334 | 45596 |
| 8358000 | 8091000 | 0 | 39200 | 42000 | 42 |
| 6576026 | 5699918 | 0 | 120406 | 188609 | 13663 |
| 11050000 | 11280000 | 2180000 | 790000 | 780000 | 250000 |
| 16200000 | 16230000 | 2900000 | 1510000 | 1570000 | 390000 |
| 23261035 | 24261172 | 1830945 | 1303567 | 745956 | 425797 |
| 9500000 | 9500000 | 155000 | 64200 | 90000 | 21000 |
| 36874265 | 34898150 | 3207685 | 1876539 | 824316 | 603607 |
| 24599523 | 21123018 | 5957964 | 1491644 | 1879337 | 308262 |
| 6158250 | 5911800 | 2688000 | 200400 | 390000 | 81600 |
| 3210000 | 3168000 | 977000 | 262000 | 200000 | 42000 |
| 24126600 | 24094700 | 9637880 | 803156 | 1236000 | 356500 |
| 6050000 | 5870000 | 1586000 | 442900 | 531000 | 22400 |
| 56682313 | 56387493 | 15579847 | 1495653 | 2470350 | 270352 |
| 7495290 | 7140702 | 951436 | 344583 | 557088 | 179319 |

| 特色产业基地<br>Industrial Base | 基地内企业数<br>（个）<br>Number of Tenants<br>（number） |
|---|---|
| 国家火炬计划江阴高性能合金材料及制品产业基地<br>China Torch Program Hi-capability Composit Material and Products Industrial Base of Jiangyin | 49 |
| 国家火炬计划姜堰汽车关键零部件产业基地<br>China Torch Program Automobile Key Parts Industrial Base of Jiangsu | 75 |
| 国家火炬计划金坛精细化学品产业基地<br>China Torch Program Fine Chemical Industrial Base of Jintan | 136 |
| 国家火炬计划靖江微特电机及控制产业基地<br>China Torch Program Special and Micro Motor Industrial Base of Jingjiang | 55 |
| 国家火炬计划昆山传感器产业基地<br>China Torch Program Sensors Industrial Base of Kunshan | 45 |
| 国家火炬计划昆山模具产业基地<br>China Torch Program moudles Industrial Base of Kunshan | 529 |
| 国家火炬计划连云港新医药产业基地<br>China Torch Program Advanced Medicine Industrial Base of Lianyungang | 24 |
| 国家火炬计划南通化工新材料产业基地<br>China Torch Program Advanced Chemical Material Industrial Base of Nantong | 65 |
| 国家火炬计划启东生物医药产业基地<br>China Torch Program Biological Medicine Industrial Base of Qidong | 21 |
| 国家火炬计划苏州汽车零部件产业基地<br>China Torch Program Automobile Parts Industrial Base of Suzhou | 180 |
| 国家火炬计划太仓特种功能新材料产业基地<br>China Torch Program Advanced Special Capability Material Industrial Base of Taicang | 40 |
| 国家火炬计划泰兴精细与专用化学品产业基地<br>China Torch Program Taixing Fine and Special Industrial Base | 86 |
| 国家火炬计划泰州医药产业基地<br>China Torch Program Medicine Industrial Base of Taizhou | 202 |
| 国家火炬计划通州电子元器件及材料产业基地<br>China Torch Program Electronic Components and Material Industrial Base of Tongzhou | 84 |
| 国家火炬计划无锡轻型多功能电动车产业基地<br>China Torch Program Light Multifunctional Electric Automobile Industrial Base of Wuxi | 48 |
| 国家火炬计划无锡新区汽车电子及部件产业基地<br>China Torch Program Automobile Electronic and Parts Industrial Base of Wuxi New District | 143 |
| 国家火炬计划吴江光电缆产业基地<br>China Torch Program Fiber Optic Cable Industrial Base of Wujiang | 20 |
| 国家火炬计划吴中医药产业基地<br>China Torch Program Wuzhong Medicine Industrial Base | 20 |
| 国家火炬计划武进特种材料产业基地<br>China Torch Program Special Material Industrial Base of Wujin | 135 |
| 国家火炬计划锡山新材料产业基地<br>China Torch Program Advanced Material Industrial Base of Xishan | 47 |
| 国家火炬计划兴化特种合金材料及制品产业基地<br>China Torch Program Special Alloy Material and Products Industrial Base of Xinghua | 157 |

Continued 2

| 工业总产值（千元）Total Industrial Output（1000 RMB yuan） | 总收入（千元）Total Income（1000 RMB yuan） | 工业增加值（千元）Industrial Added Value（1000 RMB yuan） | 上缴税额（千元）Taxes Submitted（1000 RMB yuan） | 净利润（千元）Net Profit（1000 RMB yuan） | 出口创汇（千美元）Export（1000 USD） |
|---|---|---|---|---|---|
| 29500000 | 29500000 | 10100000 | 1423000 | 1750000 | 550000 |
| 10900000 | 10573000 | 623807 | 1585950 | 1057300 | 84584 |
| 9657245 | 9146561 | 2820355 | 582802 | 824128 | 282259 |
| 4825000 | 4608000 | 1206250 | 420780 | 463200 | 560000 |
| 720000 | 695100 | 212000 | 12350 | 29460 | 0 |
| 6944711 | 6829051 | 1736178 | 165082 | 762150 | 125902 |
| 6232653 | 6439803 | 2187621 | 975132 | 823259 | 375940 |
| 27371460 | 27086541 | 4892346 | 1807787 | 2165355 | 1018750 |
| 4190494 | 4128320 | 1398292 | 354700 | 411988 | 33404 |
| 15000000 | 15000000 | 1500000 | 1000000 | 1500000 | 300000 |
| 4504500 | 4486600 | 1543200 | 698460 | 6532620 | 234700 |
| 8437500 | 8001000 | 2106000 | 1100250 | 818107 | 273815 |
| 18000000 | 18000000 | 3600000 | 1700000 | 1100000 | 600000 |
| 13395617 | 12497639 | 43583204 | 1250465 | 1193627 | 373905 |
| 7500000 | 7350000 | 1650000 | 600000 | 675000 | 68000 |
| 17300000 | 16700000 | 3120000 | 1485850 | 753728 | 131800 |
| 13000000 | 11505100 | 3100000 | 250000 | 245000 | 110000 |
| 4635800 | 4668931 | 646133 | 301697 | 435498 | 154206 |
| 27632000 | 26187700 | 7870460 | 1585158 | 1456248 | 410588 |
| 21833530 | 21833000 | 4480706 | 1900000 | 2466000 | 214711 |
| 13907100 | 13600000 | 4867480 | 1360311 | 1431613 | 230000 |

| 特色产业基地<br>Industrial Base | 基地内企业数<br>(个)<br>Number of Tenants<br>(number) |
|---|---|
| 国家火炬计划徐州工程机械产业基地<br>China Torch Program Fiber Optic Cable Industrial Base of Wujiang | 131 |
| 国家火炬计划盐城纺织机械产业基地<br>China Torch Program Taxtile Machine Industrial Base of Wujiang | 24 |
| 国家火炬计划扬中电力电器产业基地<br>China Torch Program Electric Power Apparatus Industrial Base of Yangzhong | 110 |
| 国家火炬计划扬州汽车及零部件产业基地<br>China Torch Program Automobile Parts Industrial Base of Yangzhou | 125 |
| 国家火炬计划宜兴电线电缆产业基地<br>China Torch Program Electric Wire and Cable Industrial Base of Yixing | 97 |
| 国家火炬计划宜兴非金属材料产业基地<br>China Torch Program Nonmetal Materal Industrial Base of Yixing | 549 |
| 国家火炬计划张家港精细化工产业基地<br>China Torch Program Fine Chemical Industrial Base of Zhangjiagang | 38 |
| 国家火炬计划镇江光电子与通讯元器件产业基地<br>China Torch Program Optic Electronic and Telecommunication Components and Apparatuses Industrial Base of Zhenjiang | 59 |
| 国家火炬计划镇江沿江绿色化工业产业基地<br>China Torch Program River-edge Green Chemical Industrial Base of Zhenjiang | 54 |
| 国家火炬计划南京江宁电力自动化产业基地<br>China Torch Program Jiangning Electric Automation Industrial Base of Nanjing | 48 |
| 国家火炬计划南京精细化工产业基地<br>China Torch Program Fine Chemical Industrial Base of Nanjing | 38 |
| 国家火炬计划南京市浦口生物医药产业基地<br>China Torch Program Pukou Biological Medicine Industrial Base of Nanjing | 21 |
| 国家火炬计划长兴无机非金属新材料产业基地<br>China Torch Program Inorganic Nonmetal Material Industrial Base of Changxing | 104 |
| 国家火炬计划东阳磁性材料产业基地<br>China Torch Program Magnetic Material Industrial Base of Dongyang | 21 |
| 国家火炬计划富阳光通信产业基地<br>China Torch Program Optic Telecommunication Industrial Base of Fuyang | 37 |
| 国家火炬计划海宁纺织新材料产业基地<br>China Torch Program Advanced Textile Material Industrial Base of Haining | 32 |
| 国家火炬计划海宁软磁材料产业基地<br>China Torch Program Soft Magnetic Material Industrial Base of Haining | 37 |
| 国家火炬计划黄岩塑料模具产业基地<br>China Torch Program Plastic Moudles Industrial Base of Huangyan | 58 |
| 国家火炬计划嘉善新型电子元器件产业基地<br>China Torch Program Jiashan New Type Electric Components Industrial Base | 175 |
| 国家火炬计划嘉兴电子信息产业基地<br>China Torch Program Jiaxing Electronic Information Industrial Base | 68 |
| 国家火炬计划兰溪天然药物产业基地<br>China Torch Program Lanxi Natural Medicine Industrial Base | 17 |

Continued 3

| 工业总产值（千元）Total Industrial Output (1000 RMB yuan) | 总收入（千元）Total Income (1000 RMB yuan) | 工业增加值（千元）Industrial Added Value (1000 RMB yuan) | 上缴税额（千元）Taxes Submitted (1000 RMB yuan) | 净利润（千元）Net Profit (1000 RMB yuan) | 出口创汇（千美元）Export (1000 USD) |
|---|---|---|---|---|---|
| 28687195 | 42787220 | 3629485 | 2469900 | 1715605 | 762320 |
| 4400000 | 4360000 | 1420000 | 210000 | 310000 | 45000 |
| 15600000 | 14670000 | 4680000 | 936000 | 780000 | 49000 |
| 20509980 | 20035234 | 4398546 | 1174166 | 1451428 | 284174 |
| 34670980 | 32845770 | 6254920 | 1007850 | 1198880 | 112500 |
| 36311451 | 35740095 | 8574070 | 3235983 | 3993626 | 307417 |
| 13000000 | 13000000 | 3168750 | 427638 | 779554 | 175679 |
| 9467932 | 9372169 | 2760021 | 492180 | 782560 | 220000 |
| 12407540 | 12104500 | 4100400 | 546000 | 920000 | 140000 |
| 6000000 | 6000000 | 1500000 | 450000 | 1000000 | 20000 |
| 6518932 | 6132591 | 1826487 | 390512 | 312245 | 134743 |
| 1302870 | 1249530 | 429947 | 120260 | 61740 | 5100 |
| 3485800 | 3368500 | 853550 | 253500 | 575600 | 28790 |
| 4378329 | 4378329 | 1289814 | 269991 | 347267 | 262723 |
| 18267745 | 16371023 | 3541031 | 386769 | 758741 | 102398 |
| 4910259 | 4828431 | 785545 | 162366 | 291647 | 129999 |
| 1820680 | 1811327 | 594719 | 80590 | 182730 | 63064 |
| 3494530 | 3439500 | 864550 | 227440 | 230030 | 42396 |
| 4994482 | 4916432 | 1383427 | 150658 | 445461 | 314951 |
| 6773111 | 6544200 | 0 | 102362 | 231754 | 294001 |
| 1651558 | 1698173 | 505133 | 263219 | 218108 | 7926 |

| 特色产业基地<br>Industrial Base | 基地内企业数<br>（个）<br>Number of Tenants<br>（number） |
|---|---|
| 国家火炬计划乐清智能电器产业基地<br>China Torch Program Intelligent Industrial Base of Yueqing | 40 |
| 国家火炬计划临安电线电缆产业基地<br>China Torch Program Electric Wire and Cable Industrial Base of Lin'an | 136 |
| 国家火炬计划南浔特种电磁线产业基地<br>China Torch Program Special Electromagnetic Wire Industrial Base of Nanxun | 30 |
| 国家火炬计划平湖光机电产业基地<br>China Torch Program Mechatronic Industrial Base of Pinghu | 94 |
| 国家火炬计划上虞精细化工产业基地<br>China Torch Program Fine Chemical Industrial Base of Shangyu | 107 |
| 国家火炬计划绍兴纺织产业基地<br>China Torch Program Textile Industrial Base of Shaoxing | 1021 |
| 国家火炬计划桐乡新型纤维产业基地<br>China Torch Program New Type Fiber Industrial Base of Tongxiang | 20 |
| 国家火炬计划萧山高性能机电基础件产业基地<br>China Torch Program High Capability Electromechanical Foundation Parts Industrial Base of Xiaoshan | 205 |
| 国家火炬计划新昌医药产业基地<br>China Torch Program Medicine Industrial Base of Xinchang | 23 |
| 国家火炬计划永嘉特种泵阀产业基地<br>China Torch Program Special Pump Valve Industrial Base of Yongjia | 50 |
| 国家火炬诸暨环保产业基地<br>China Torch Program Environment Protection Industrial Base of Zhuji | 35 |
| 国家火炬计划宁波电子信息产业基地<br>China Torch Program Electronic Information Industrial Base of Ningbo | 395 |
| 国家火炬计划宁波鄞州新型金属材料特色产业基地<br>China Torch Program New Type Metal Material Industrial Base of Yinzhou | 165 |
| 宁波北仑注塑机高新技术特色产业基地<br>China Torch Program Beilun Injection Molding Machine Hi-tech Industrial Base of Ningbo | 40 |
| 国家火炬计划铜陵电子材料产业基地<br>China Torch Program Electronic Material Industrial Base of Tongling | 22 |
| 国家火炬计划无为特种电缆产业基地<br>China Torch Program Wuwei Special Electrical Cable Industrial Base | 231 |
| 国家火炬计划德化陶瓷产业基地<br>China Torch Program Ceramic Industrial Base of Dehua | 1024 |
| 国家火炬计划闽东南电子与信息产业基地<br>China Torch Program Southeast Fujian Electronic Information Industrial Base | 28 |
| 国家火炬计划莆田液晶显示产业基地<br>China Torch Program liquid Crystal Display Industrial Base of Putian | 320 |
| 国家火炬计划泉州微波通信产业基地<br>China Torch Program Microwave Telecommunication Industrial Base of Quanzhou | 22 |
| 国家火炬计划厦门视听通讯产业基地<br>China Torch Program Audiovisual Industrial Base of Xiamen | 8 |

Continued 4

| 工业总产值（千元）Total Industrial Output (1000 RMB yuan) | 总收入（千元）Total Income (1000 RMB yuan) | 工业增加值（千元）Industrial Added Value (1000 RMB yuan) | 上缴税额（千元）Taxes Submitted (1000 RMB yuan) | 净利润（千元）Net Profit (1000 RMB yuan) | 出口创汇（千美元）Export (1000 USD) |
|---|---|---|---|---|---|
| 19294439 | 18996916 | 5759840 | 1462302 | 2562249 | 261841 |
| 7102584 | 4985120 | 1089642 | 88934 | 144689 | 18950 |
| 10172296 | 10082843 | 2133156 | 544939 | 1074671 | 87738 |
| 12457410 | 12457410 | 395638 | 92504 | 245353 | 101259 |
| 18757380 | 18025480 | 7193800 | 1575670 | 1674730 | 146400 |
| 9993635 | 9793630 | 2861200 | 1402560 | 899365 | 259765 |
| 18689759 | 19808099 | 2067652 | 1217432 | 984101 | 265772 |
| 16720000 | 17040000 | 4760800 | 1252800 | 1151800 | 980000 |
| 5523000 | 5012000 | 2102000 | 32000 | 312000 | 290000 |
| 8866780 | 8542324 | 2678000 | 700566 | 847086 | 140716 |
| 13302326 | 132133960 | 3041475 | 858246 | 1585153 | 163729 |
| 12662382 | 18739625 | 1865427 | 627833 | 401283 | 208869 |
| 8333936 | 8058690 | 1750000 | 490130 | 759700 | 100000 |
| 6437620 | 6356450 | 1789470 | 421750 | 691740 | 315480 |
| 9278663 | 8946754 | 2415623 | 177961 | 274245 | 48307 |
| 16628550 | 16155500 | 5280400 | 706080 | 2008760 | 182245 |
| 5881000 | 5881000 | 150000 | 257000 | 185000 | 595500 |
| 9906483 | 9294568 | 1802837 | 237374 | 312131 | 696110 |
| 1290388 | 974294 | 87542 | 175703 | 143593 | 87542 |
| 1583912 | 1567531 | 523102 | 112075 | 88567 | 7325 |
| 15402922 | 14112196 | 2594710 | 247234 | -894111 | 723544 |

| 特色产业基地<br>Industrial Base | 基地内企业数<br>（个）<br>Number of Tenants<br>（number） |
|---|---|
| 国家火炬计划厦门钨材料产业基地<br>China Torch Program Tungsten Material Industrial Base of Xiamen | 3 |
| 国家火炬计划九江星火有机硅材料产业基地\<br>China Torch Program Xinghuo Organic Silicon Material Industrial Base of Jiujaing | 31 |
| 国家火炬计划济南山大路电子信息产业基地<br>China Torch Program Dalu Electronic Information Industrial Base Jinan | 256 |
| 国家火炬计划济南生物工程与新医药产业基地<br>China Torch Program Biology Engineering and Advanced Medicine Industrial Base of Jinan | 77 |
| 国家火炬计划济南先进机电与装备制造产业基地<br>China Torch Program Advanced Electromechanical and Equipment Manufacturing Industrial Base of Jinan | 70 |
| 国家火炬计划济宁纺织新材料产业基地<br>China Torch Program Advanced Textile Materia Industrial Base of Jining | 15 |
| 国家火炬计划济宁工程机械产业基地<br>China Torch Program Engineering Machine Industrial Base of Jining | 96 |
| 国家火炬计划济宁生物技术产业基地<br>China Torch Program Biology Industrial Base of Jining | 30 |
| 国家火炬计划临沭复合肥产业基地<br>China Torch Program Compound Fertilizer Industrial Base of Linshu | 39 |
| 国家火炬计划鲁北海洋科技产业基地<br>China Torch Program Northern Shandong Marine Science ang technology Industrial Base | 5 |
| 国家火炬计划泰安非金属新材料产业基地<br>China Torch Program Nonmetal Material Industrial Base of Tai' an | 60 |
| 国家火炬计划泰安输变电器材产业基地<br>China Torch Program Electrical Power Transmission and Distributation Apparatus Industrial Base of Tai' an | 30 |
| 国家火炬计划烟台汽车零部件产业基地<br>China Torch Program Automobile Parts Industrial Base of Yantai | 87 |
| 国家火炬计划禹城生物技术产业基地<br>China Torch Program Biology Industrial Base of Yucheng | 23 |
| 国家火炬计划章丘有机高分子材料产业基地<br>China Torch Program Orgainc Polymer Material Industrial Base of Zhangqiu | 50 |
| 国家火炬计划招远电子信息新材料产业基地<br>China Torch Program Electronic Information Industrial Base of Zhaoyuan | 13 |
| 国家火炬计划淄博博山泵类产业基地<br>China Torch Program Boshan Pumpvalve Industrial Base of Zibo | 320 |
| 国家火炬计划淄博生物医药产业基地<br>China Torch Program Biological Medicine Industrial Base of Zibo | 38 |
| 国家火炬计划淄博先进陶瓷产业基地<br>China Torch Program Advanced Ceramic Industrial Base of Zibo | 32 |
| 国家火炬计划青岛新材料产业化基地<br>China Torch Program Advanced Material Industrial Base of Zibo | 301 |
| 国家火炬计划长垣起重机械产业基地<br>China Torch Program Hoisting Machine Industrial Base of Changheng | 198 |

Continued 5

| 工业总产值（千元）Total Industrial Output (1000 RMB yuan) | 总收入（千元）Total Income (1000 RMB yuan) | 工业增加值（千元）Industrial Added Value (1000 RMB yuan) | 上缴税额（千元）Taxes Submitted (1000 RMB yuan) | 净利润（千元）Net Profit (1000 RMB yuan) | 出口创汇（千美元）Export (1000 USD) |
|---|---|---|---|---|---|
| 3591908 | 3785633 | 502164 | 105062 | 318009 | 540223 |
| 2731871 | 2718146 | 928836 | 166600 | 446524 | 3653 |
| 11825480 | 9865732 | 2855237 | 392638 | 203653 | 71068 |
| 2878733 | 4329739 | 1033790 | 201974 | 452678 | 22413 |
| 12627359 | 11823341 | 2722351 | 466556 | 573417 | 203284 |
| 8513000 | 8541200 | 2298510 | 38000 | 255300 | 38600 |
| 16832350 | 16985700 | 5049700 | 849000 | 1595000 | 185000 |
| 9268000 | 9231600 | 3242000 | 389600 | 781000 | 88900 |
| 6212000 | 6030000 | 1400000 | 76000 | 360000 | 0 |
| 16304360 | 15807160 | 5347368 | 1963423 | 2047040 | 943560 |
| 12095310 | 11225706 | 2757881 | 559685 | 655540 | 220863 |
| 9262614 | 8821724 | 2130401 | 500685 | 611391 | 52422 |
| 8068500 | 7813580 | 2420550 | 234407 | 390679 | 400000 |
| 2726000 | 2726000 | 722000 | 218000 | 872000 | 21200 |
| 7372699 | 7121910 | 1854030 | 315430 | 475300 | 52740 |
| 6160892 | 5910847 | 735151 | 103303 | 109681 | 77758 |
| 6148800 | 6051000 | 2152080 | 417600 | 333960 | 55380 |
| 10402909 | 9567500 | 3276916 | 450774 | 552240 | 208570 |
| 3200000 | 3237270 | 971370 | 230000 | 423730 | 53854 |
| 37112560 | 37112560 | 1830000 | 1879600 | 1474260 | 1079800 |
| 4080000 | 2822000 | 464740 | 60538 | 117040 | 16130 |

| 特色产业基地<br>Industrial Base | 基地内企业数<br>（个）<br>Number of Tenants<br>（number） |
|---|---|
| 国家火炬计划河南超硬材料产业基地<br>China Torch Program Superhard Material Industrial Base of Henan | 151 |
| 国家火炬计划济源矿用机电产业基地<br>China Torch Program Mineral Electromechanic Industrial Base of Jiyuan | 32 |
| 国家火炬计划濮阳生物化工产业基地<br>China Torch Program Biological Chemical Industrial Base of Puyang | 104 |
| 国家火炬计划郑州精密金属产业基地<br>China Torch Program Fine Metal Industrial Base of Zhengzhou | 36 |
| 国家火炬计划葛店生物技术与新医药产业基地<br>China Torch Program Biology Technology and Advanced Medicine Industrial Base of Gedian | 243 |
| 国家火炬计划谷城节能与环保产业基地<br>China Torch Program Energy Saving and Environment Protection Industrial Base of Gucheng | 25 |
| 国家火炬计划十堰汽车关键零部件产业基地<br>China Torch Program Automobile key Parts Industrial Base of Shiyan | 149 |
| 国家火炬计划襄樊节能电机与控制设备产业基地<br>China Torch Program Power Saving Motor and Control Equipment Industrial Base of Xiangfan | 29 |
| 国家火炬计划襄樊汽车动力及零部件产业基地<br>China Torch Program Automobile Power and Parts Industrial Base of Xiangfan | 188 |
| 国家火炬计划应城精细化工新材料产业基地<br>China Torch Program Advanced Fine Chemical Industrial Base of Yingcheng | 70 |
| 国家火炬计划武汉汽车电子产业基地<br>China Torch Program Automobile Electronic Industrial Base of Wuhan | 38 |
| 国家火炬计划武汉青山环保科技产业基地<br>China Torch Program Qingshan Environment Protection Science and Technology Industrial Base of Wuhan | 150 |
| 国家火炬计划武汉新材料产业基地<br>China Torch Program Advanced Material Industrial Base of Wuhan | 151 |
| 国家火炬计划衡阳输变电装备产业基地<br>China Torch Program Electrical Power Transmission and Distributaiton Industrial Base of Hengyang | 15 |
| 国家火炬计划湖南传感技术产业基地<br>China Torch Program Sensors Technology Industrial Base of Hunan | 19 |
| 国家火炬计划湖南传感技术产业基地株洲示范区<br>Zhuzhou Model District of China Torch Program Sensors Technology Industrial Base of Hunan | 5 |
| 国家火炬计划浏阳生物医药产业基地<br>China Torch Program Biological Medicine Industrial Base of Liuyang | 110 |
| 国家火炬计划湘潭机电一体化产业基地<br>China Torch Program Mechatronic Industrial Base of Xiangtan | 73 |
| 国家火炬计划益阳先进制造技术产业基地<br>China Torch Program Advanced Manufacturing Technology Industrial Base of Yiyang | 47 |
| 国家火炬计划株洲硬质合金产业基地<br>China Torch Program Hard alloy Industrial Base of Zhuzhou | 48 |
| 国家火炬计划东莞长安模具产业基地<br>China Torch Program Chang'an Moudle Industrial Base of Dongguan | 2500 |
| 国家火炬计划东莞市虎门镇服装设计与制造产业基地<br>China Torch Program Humen Fashion Design Industrial Base of Dongguan | 120 |

| 工业总产值（千元）Total Industrial Output（1000 RMB yuan） | 总收入（千元）Total Income（1000 RMB yuan） | 工业增加值（千元）Industrial Added Value（1000 RMB yuan） | 上缴税额（千元）Taxes Submitted（1000 RMB yuan） | 净利润（千元）Net Profit（1000 RMB yuan） | 出口创汇（千美元）Export（1000 USD） |
|---|---|---|---|---|---|
| 5860000 | 6130000 | 2316000 | 71200 | 110350 | 80120 |
| 9074212 | 8958162 | 2903741 | 471862 | 499084 | 220000 |
| 3542306 | 3921610 | 1205423 | 358324 | 818216 | 54990 |
| 4224000 | 4332000 | 1267000 | 73340 | 343000 | 17400 |
| 5214322 | 7264386 | 1481164 | 11413 | 282771 | 110456 |
| 3500000 | 2985000 | 1085000 | 183657 | 148251 | 21540 |
| 8245000 | 13800000 | 2300000 | 213190 | 410000 | 0 |
| 1297860 | 1284900 | 382450 | 32728 | 86360 | 420 |
| 35388651 | 31567086 | 10837250 | 1308230 | 1530280 | 102879 |
| 3500000 | 3400000 | 1250000 | 280000 | 670000 | 2360 |
| 7693647 | 8897496 | 2017989 | 245455 | 258806 | 66621 |
| 6020000 | 6020000 | 180600 | 500000 | 400000 | 0 |
| 5740000 | 5380000 | 540000 | 1380000 | 52000 | 70110 |
| 4011870 | 3593529 | 1294151 | 83784 | 241673 | 123792 |
| 80326 | 80326 | 24195 | 4245 | 5532 | 800 |
| 1821573 | 1847511 | 591650 | 85445 | 400148 | 10991 |
| 6975000 | 4869500 | 3424300 | 226600 | 444000 | 499500 |
| 4890000 | 4859800 | 143000 | 201000 | 131000 | 3380 |
| 5397220 | 5397220 | 1631140 | 264550 | 234080 | 146360 |
| 3317520 | 3215580 | 763029 | 180940 | 130730 | 135600 |
| 44260000 | 1170000 | 222290 | 0 | 245710 | 70066 |
| 14200000 | 14000000 | 4500000 | 500000 | 1730000 | 500000 |

| 特色产业基地<br>Industrial Base | 基地内企业数<br>（个）<br>Number of Tenants<br>（number） |
|---|---|
| 国家火炬计划佛山电子电器产业基地<br>China Torch Program Electronic and Electrical Apparatus Industrial Base of Foshan | 1820 |
| 国家火炬计划佛山精密制造产业基地<br>China Torch Program Precision Manufacturing Industrial Base of Foshan | 512 |
| 国家火炬计划佛山新材料产业基地<br>China Torch Program Advanced Material Industrial Base of Foshan | 1028 |
| 国家火炬计划佛山自动化机械及设备产业基地<br>China Torch Program Automation Machine and Equipment Industrial Base of Foshan | 978 |
| 国家火炬计划惠州数码视听产业基地<br>China Torch Program Digital Audiovisual Industrial Base of Huizhou | 116 |
| 国家火炬计划惠州仲恺激光头产业基地<br>China Torch Program Zhongkai Laser Head Industrial Base of Huizhou | 12 |
| 国家火炬计划江门纺织化纤产业基地<br>China Torch Program Textile Chemical Fiber Industrial Base of Jiangmen | 230 |
| 国家火炬计划江门新材料产业基地<br>China Torch Program Advanced Material Industrial Base of Jiangmen | 386 |
| 国家火炬计划汕头澄海玩具设计与制造产业基地<br>China Torch Program Chenghai Toy Design and Manufacturing Industrial Base of Shantou | 3000 |
| 国家火炬计划汕头光机电产业基地<br>China Torch Program Mechatronic Industrial Base of Shantou | 234 |
| 国家火炬计划汕头金平轻工机械装备产业基地<br>China Torch Program Jinping Light Industry Machine and Equipment Industrial Base of Shantou | 324 |
| 国家火炬计划汕头龙湖输配电设备产业基地<br>China Torch Program Longhu Electrical Power Transmission and Distribution Industrial Base of Shantou | 128 |
| 国家火炬计划顺德家用电器产业基地<br>China Torch Program Household Appliance Industrial Base of Shunde | 3480 |
| 国家火炬计划湛江海洋产业基地<br>China Torch Program Marine Industrial Base of Zhanjiang | 166 |
| 国家火炬计划肇庆金属新材料产业基地<br>China Torch Program Advanced Metal Material Industrial Base of Zhaoqing | 13 |
| 国家火炬计划中山（临海）装备制造产业基地<br>China Torch Program Equipment Manufacturing Industrial Base of Zhongshan（Linhai） | 92 |
| 国家火炬计划中山古镇照明产业基地<br>China Torch Program Guzhen Lighting Industrial Base of Zhongshan | 5218 |
| 国家火炬计划中山小榄金属制品产业基地<br>China Torch Program Xiaolan Metal Products Industrial Base of Zhongshan | 3897 |
| 国家火炬计划广州花都汽车及零部件产业基地<br>China Torch Program Huadu Automobile and Parts Industrial Base of Guangzhou | 67 |
| 国家火炬计划成都电子信息产业基地<br>China Torch Program Electronic Information Industrial Base of Chengdu | 90 |
| 国家火炬计划遵义航天军转民（准备制造）产业基地<br>China Torch Program Aerospace Military to Civil Industrial Base of Zunyi | 58 |
| 国家火炬计划西安高新区生物医药产业基地<br>China Torch Program Biological Medicine Industrial Base of Xi'an Science and Technology Industrial Park | 251 |

| 工业总产值<br>（千元）<br>Total Industrial Output<br>（1000 RMB yuan） | 总收入<br>（千元）<br>Total Income<br>（1000 RMB yuan） | 工业增加值<br>（千元）<br>Industrial Added Value<br>（1000 RMB yuan） | 上缴税额<br>（千元）<br>Taxes Submitted<br>（1000 RMB yuan） | 净利润<br>（千元）<br>Net Profit<br>（1000 RMB yuan） | 出口创汇<br>（千美元）<br>Export<br>（1000 USD） |
|---|---|---|---|---|---|
| 65521552 | 56504730 | 18992568 | 1919520 | 3404387 | 3388226 |
| 35648312 | 35358307 | 10516252 | 1864150 | 2014800 | 1170979 |
| 68191020 | 88549552 | 16445640 | 1864150 | 2014800 | 741240 |
| 47689704 | 47345140 | 14306911 | 2987790 | 3256790 | 2075072 |
| 90609251 | 92117347 | 16052805 | 1340133 | 2696019 | 8683106 |
| 40537046 | 45631920 | 7218997 | 492444 | 1024907 | 5107260 |
| 14360700 | 13155000 | 2941800 | 611600 | 714300 | 376100 |
| 10639125 | 10176075 | 2777198 | 1311975 | 1378125 | 192938 |
| 13550000 | 19020000 | 5420000 | 483000 | 558000 | 120100 |
| 8386400 | 8298800 | 184220 | 389600 | 409700 | 579700 |
| 14323000 | 12943054 | 3564800 | 513500 | 448768 | 0 |
| 2640000 | 2598000 | 440000 | 128000 | 132000 | 42000 |
| 118819840 | 116984285 | 30710531 | 1725669 | 2873933 | 5196154 |
| 18827291 | 19047122 | 5556847 | 1215638 | 1129867 | 424482 |
| 7138000 | 6281000 | 1656000 | 21000 | 15000 | 215200 |
| 7792400 | 8332500 | 289000 | 218000 | 185000 | 1030000 |
| 18774210 | 18800012 | 3942584 | 682230 | 844839 | 611050 |
| 0 | 0 | 0 | 0 | 0 | 0 |
| 39433514 | 40605704 | 11684180 | 3211000 | 4242782 | 0 |
| 20804667 | 17993681 | 5794200 | 546081 | 1389244 | 197896 |
| 4682320 | 4434320 | 112000 | 137669 | 284238 | 21492 |
| 12492006 | 14857266 | 2973781 | 893880 | 416868 | 31894 |

# 9-3 特色产业基地人员分布

## Personnel Distribution of Industrial Bases

单位：人 (person)

| 特色产业基地<br>Industrial Base | 企业从业人员总数<br>Total Number of Employees | 大专以上<br>Higher than Junior College Degree | 博士<br>Doctor | 硕士<br>Master | 留学归国<br>Overseas Schollar |
|---|---|---|---|---|---|
| **合计<br>Total** | **7632519** | **1218045** | **4523** | **25377** | **3495** |
| 国家火炬计划北京大兴新媒体产业基地<br>China Torch Program New Media Industrial Base of Beijing Daxing | 8121 | 3385 | 211 | 540 | 54 |
| 国家火炬计划北京绿水高新技术产业基地<br>China Torch Program Lvshui Hi-tech Industrial Base of Beijing | 20000 | 0 | 0 | 0 | 0 |
| 国家火炬计划安国现代中药产业基地<br>China Torch Program Anguo Modern China Medicine Industrial Base | 23000 | 3400 | 0 | 9 | 0 |
| 国家火炬计划保定新能源与能源设备产业基地<br>China Torch Program New Energy and Energy Resource Equipment Industrial Base of Baoding | 18847 | 7834 | 35 | 264 | 13 |
| 国家火炬计划承德仪器仪表产业基地<br>China Torch Program Instrument Industrial Base of Chengde | 13500 | 2800 | 3 | 39 | 0 |
| 国家火炬计划邯郸新材料产业基地<br>China Torch Program Advanced Material Industrial Base of Handan | 4958 | 2975 | 20 | 136 | 7 |
| 国家火炬计划廊坊信息产业基地<br>China Torch Program IT Industrial Base of Langfang | 5300 | 2300 | 72 | 210 | 15 |
| 国家火炬计划宁晋太阳能硅材料产业基地<br>China Torch Program Solar Energy Silicon Material Industrial Base of Ningjin | 5300 | 1200 | 8 | 14 | 6 |
| 国家火炬计划唐山焊接产业基地<br>China Torch Program Jointing Industrial Base of Tangshan | 1896 | 528 | 3 | 15 | 0 |
| 国家火炬计划唐山陶瓷材料产业基地<br>China Torch Program Ceramic Material Industrial Base of Tangshan | 60000 | 8600 | 68 | 236 | 32 |
| 国家火炬计划呼和浩特医药产业基地<br>China Torch Program Medicine Industrial Base of Hohhot | 4610 | 1620 | 3 | 19 | 2 |
| 本溪中药科技产业基地<br>China Torch Program Chinese Medicinal Material Industrial Base of Benxi | 6145 | 1169 | 1 | 7 | 0 |
| 锦州硅材料及太阳能电池产业基地<br>China Torch Program Silicon Material and Solar Cell Industrial Base of Jinzhou | 4605 | 1426 | 4 | 17 | 1 |
| 国家火炬计划大连双D港生物医药产业基地<br>China Torch Program Biological Medicine Industrial Base of Dalian Doulbe D Port | 8115 | 2654 | 45 | 155 | 42 |
| 国家火炬计划敦化中药产业基地<br>China Torch Program Chinese Midicine Industrial Base of Dunhua | 5741 | 2253 | 6 | 15 | 0 |
| 国家火炬计划吉林电力电子产业基地<br>China Torch Program Power Electronics Industrial Base of Jilin | 13416 | 4174 | 25 | 46 | 7 |
| 国家火炬计划通化生物医药产业基地<br>China Torch Program Biological Medicine Industrial Base of Tonghua | 15338 | 4701 | 20 | 49 | 10 |
| 国家火炬计划通化县中药产业基地（长白山药谷）<br>China Torch Program Chinese Medicine Industrial Base of Tonghua (Changbaishan Medicine Valley) | 4542 | 2258 | 4 | 70 | 10 |
| 国家火炬计划大庆宏伟石化产业基地<br>China Torch Program Hongwei Petrochemical Industrial Base of Daqing | 10200 | 7800 | 8 | 64 | 0 |
| 国家火炬计划大庆新型复合材料及制品产业基地<br>China Torch Program Advanced Composit Material and Products Industrial Base of Daqing | 1199 | 118 | 0 | 2 | 1 |

9－3 续表1 Continued 1

单位：人 (person)

| 特色产业基地<br>Industrial Base | 企业从业人员总数<br>Total Number of Employees | 大专以上<br>Higher than Junior College Degree | 博士<br>Doctor | 硕士<br>Master | 留学归国<br>Overseas Schollar |
|---|---|---|---|---|---|
| 国家火炬计划哈尔滨发电设备产业基地<br>China Torch Program Power Generating Equipment Industrial Base of Harbin | 268885 | 7398 | 21 | 262 | 0 |
| 国家火炬计划哈尔滨抗生素产业基地<br>China Torch Program Antibiotic Industrial Base of Harbin | 15550 | 3185 | 6 | 84 | 0 |
| 国家火炬计划利民医药产业基地<br>China Torch Program Limin Medicine Industrial Base | 4015 | 1785 | 5 | 31 | 0 |
| 国家火炬计划牡丹江特种材料产业基地<br>China Torch Program Special Material Industrial Base of Mudanjiang | 2850 | 750 | 0 | 0 | 0 |
| 国家火炬计划上海安亭汽车零部件产业基地<br>China Torch Program Anting Automobile Parts Industrial Base of Shanghai | 22000 | 5000 | 8 | 27 | 38 |
| 国家火炬计划上海奉贤输配电产业基地<br>China Torch Program Power Transmission and Distribution Industrial Base of Shanghai Fengxian | 7653 | 2108 | 12 | 54 | 8 |
| 国家火炬计划上海南汇医疗器械产业基地<br>China Torch Program Nanhui Medical Machine Industrial Base of Shanghai | 676 | 526 | 8 | 77 | 12 |
| 国家火炬计划上海青浦新材料产业基地<br>China Torch Program Qingpu Advanced Material Industrial Base of Shanghai | 28506 | 2991 | 29 | 42 | 9 |
| 国家火炬计划上海张堰新材料深加工产业基地<br>China Torch Program Zhangyan Advanced Material Deep Processing Industrial Base of Shanghai | 6559 | 428 | 0 | 12 | 2 |
| 国家火炬计划常熟电气机械产业基地<br>China Torch Program Changshu Electrical and Mechanical Industrial Base of Shanghai | 15823 | 4435 | 3 | 22 | 3 |
| 国家火炬计划常熟高分子新材料产业基地<br>China Torch Program Advanced Polymer Material Industrial Base of Changshu | 11421 | 4345 | 5 | 42 | 3 |
| 国家火炬计划常州轨道交通车辆及部件产业基地<br>China Torch Program Rail Traffic Vehicle and Parts Industrial Base of Changshu | 32166 | 6650 | 4 | 145 | 6 |
| 国家火炬计划常州市新北区“三药”科技产业基地<br>China Torch Program Triadic Medicine Industrial Base of Changshu Xinbei District | 12500 | 3900 | 25 | 98 | 20 |
| 国家火炬计划常州输变电设备产业基地<br>China Torch Program Power Transmission and Distribution Industrial Base of Changshu | 21812 | 4030 | 6 | 118 | 4 |
| 国家火炬计划丹阳新材料产业基地<br>China Torch Program Advanced Material Industrial Base of Danyang | 61350 | 16828 | 32 | 82 | 8 |
| 国家火炬计划东海硅材料产业基地<br>China Torch Program Silicon Material Industrial Base of Donghai | 15050 | 4510 | 3 | 15 | 3 |
| 国家火炬计划海安电梯设备产业基地<br>China Torch Program Elevator Equipment Industrial Base of Hai'an | 5900 | 1580 | 16 | 38 | 1 |
| 国家火炬计划海门新材料产业基地<br>China Torch Program Advanced Material Industrial Base of Haimen | 14021 | 2150 | 41 | 120 | 21 |
| 国家火炬计划邗江数控金属板材加工设备产业基地<br>China Torch Program Digital Control Metal Sheet Processing Equipments Industrial Base of Changshu | 8365 | 1003 | 9 | 63 | 3 |
| 国家火炬计划惠山特种冶金新材料产业基地<br>China Torch Program Advanced Special Metallurgy Material Industrial Base of Changshu | 117218 | 15231 | 45 | 96 | 42 |
| 国家火炬计划江苏沿江对俄合作高新技术产业基地<br>China Torch Program River-edge Russia Cooperation Hi-tech Industrial Base of Jiangsu | 9614 | 2418 | 8 | 92 | 0 |

9－3 续表2 Continued 2

单位:人 (person)

| 特色产业基地<br>Industrial Base | 企业从业人员总数<br>Total Number of Employees | 大专以上<br>Higher than Junior College Degree | 博士<br>Doctor | 硕士<br>Master | 留学归国<br>Overseas Schollar |
|---|---|---|---|---|---|
| 国家火炬计划江阴高性能合金材料及制品产业基地<br>China Torch Program Hi-capability Composit Material and Products Industrial Base of Jiangyin | 40000 | 4200 | 12 | 154 | 5 |
| 国家火炬计划姜堰汽车关键零部件产业基地<br>China Torch Program Automobile Key Parts Industrial Base of Jiangsu | 16585 | 5429 | 28 | 64 | 0 |
| 国家火炬计划金坛精细化学品产业基地<br>China Torch Program Fine Chemical Industrial Base of Jintan | 11843 | 2784 | 3 | 8 | 0 |
| 国家火炬计划靖江微特电机及控制产业基地<br>China Torch Program Special and Micro Motor Industrial Base of Jingjiang | 7856 | 2421 | 10 | 26 | 3 |
| 国家火炬计划昆山传感器产业基地<br>China Torch Program Sensors Industrial Base of Kunshan | 4800 | 650 | 0 | 0 | 0 |
| 国家火炬计划昆山模具产业基地<br>China Torch Program moudles Industrial Base of Kunshan | 47635 | 7146 | 10 | 21 | 12 |
| 国家火炬计划连云港新医药产业基地<br>China Torch Program Advanced Medicine Industrial Base of Lianyungang | 8741 | 5242 | 39 | 152 | 11 |
| 国家火炬计划南通化工新材料产业基地<br>China Torch Program Advanced Chemical Material Industrial Base of Nantong | 22650 | 6562 | 32 | 135 | 20 |
| 国家火炬计划启东生物医药产业基地<br>China Torch Program Biological Medicine Industrial Base of Qidong | 3176 | 1036 | 6 | 9 | 1 |
| 国家火炬计划苏州汽车零部件产业基地<br>China Torch Program Automobile Parts Industrial Base of Suzhou | 40000 | 15000 | 53 | 335 | 44 |
| 国家火炬计划太仓特种功能新材料产业基地<br>China Torch Program Advanced Special Capability Material Industrial Base of Taicang | 6560 | 1250 | 0 | 12 | 2 |
| 国家火炬计划泰兴精细与专用化学品产业基地<br>China Torch Program Taixing Fine and Special Industrial Base | 15226 | 4987 | 14 | 50 | 5 |
| 国家火炬计划泰州医药产业基地<br>China Torch Program Medicine Industrial Base of Taizhou | 72865 | 28966 | 46 | 326 | 28 |
| 国家火炬计划通州电子元器件及材料产业基地<br>China Torch Program Electronic Components and Material Industrial Base of Tongzhou | 6898 | 2198 | 5 | 28 | 3 |
| 国家火炬计划无锡轻型多功能电动车产业基地<br>China Torch Program Light Multifunctional Electric Automobile Industrial Base of Wuxi | 13500 | 2540 | 0 | 5 | 0 |
| 国家火炬计划无锡新区汽车电子及部件产业基地<br>China Torch Program Automobile Electronic and Parts Industrial Base of Wuxi New District | 81000 | 4585 | 20 | 360 | 26 |
| 国家火炬计划吴江光电缆产业基地<br>China Torch Program Fiber Optic Cable Industrial Base of Wujiang | 6522 | 2116 | 18 | 40 | 2 |
| 国家火炬计划吴中医药产业基地<br>China Torch Program Wuzhong Medicine Industrial Base | 4229 | 1636 | 41 | 107 | 27 |
| 国家火炬计划武进特种材料产业基地<br>China Torch Program Special Material Industrial Base of Wujin | 42855 | 12158 | 32 | 65 | 10 |
| 国家火炬计划锡山新材料产业基地<br>China Torch Program Advanced Material Industrial Base of Xishan | 21350 | 4877 | 16 | 66 | 8 |
| 国家火炬计划兴化特种合金材料及制品产业基地<br>China Torch Program Special Alloy Material and Products Industrial Base of Xinghua | 28061 | 6838 | 8 | 37 | 0 |

9－3 续表3 Continued 3

单位:人 (person)

| 特色产业基地<br>Industrial Base | 企业从业人员总数<br>Total Number of Employees | 大专以上<br>Higher than Junior College Degree | 博士<br>Doctor | 硕士<br>Master | 留学归国<br>Overseas Scholar |
|---|---|---|---|---|---|
| 国家火炬计划徐州工程机械产业基地<br>China Torch Program Fiber Optic Cable Industrial Base of Wujiang | 24000 | 7632 | 17 | 138 | 8 |
| 国家火炬计划盐城纺织机械产业基地<br>China Torch Program Taxtile Machine Industrial Base of Wujiang | 10350 | 1813 | 6 | 18 | 2 |
| 国家火炬计划扬中电力电器产业基地<br>China Torch Program Electric Power Apparatus Industrial Base of Yangzhong | 37290 | 9590 | 12 | 75 | 5 |
| 国家火炬计划扬州汽车及零部件产业基地<br>China Torch Program Automobile Parts Industrial Base of Yangzhou | 41283 | 14147 | 21 | 141 | 16 |
| 国家火炬计划宜兴电线电缆产业基地<br>China Torch Program Electric Wire and Cable Industrial Base of Yixing | 19998 | 3568 | 27 | 78 | 0 |
| 国家火炬计划宜兴非金属材料产业基地<br>China Torch Program Nonmetal Materal Industrial Base of Yixing | 56081 | 12216 | 48 | 95 | 5 |
| 国家火炬计划张家港精细化工产业基地<br>China Torch Program Fine Chemical Industrial Base of Zhangjiagang | 4000 | 1500 | 20 | 100 | 8 |
| 国家火炬计划镇江光电子与通讯元器件产业基地<br>China Torch Program Optic Electronic and Telecommunication Components and Apparatuses Industrial Base of Zhenjiang | 13100 | 3280 | 33 | 81 | 19 |
| 国家火炬计划镇江沿江绿色化工业产业基地<br>China Torch Program River-edge Green Chemical Industrial Base of Zhenjiang | 12100 | 3500 | 32 | 82 | 14 |
| 国家火炬计划南京江宁电力自动化产业基地<br>China Torch Program Jiangning Electric Automation Industrial Base of Nanjing | 16500 | 9500 | 65 | 105 | 20 |
| 国家火炬计划南京精细化工产业基地<br>China Torch Program Fine Chemical Industrial Base of Nanjing | 5032 | 4026 | 10 | 301 | 189 |
| 国家火炬计划南京市浦口生物医药产业基地<br>China Torch Program Pukou Biological Medicine Industrial Base of Nanjing | 2132 | 1127 | 13 | 56 | 4 |
| 国家火炬计划长兴无机非金属新材料产业基地<br>China Torch Program Inorganic Nonmetal Material Industrial Base of Changxing | 13488 | 768 | 13 | 55 | 10 |
| 国家火炬计划东阳磁性材料产业基地<br>China Torch Program Magnetic Material Industrial Base of Dongyang | 22156 | 6230 | 13 | 25 | 2 |
| 国家火炬计划富阳光通信产业基地<br>China Torch Program Optic Telecommunication Industrial Base of Fuyang | 10372 | 2958 | 30 | 155 | 2 |
| 国家火炬计划海宁纺织新材料产业基地<br>China Torch Program Advanced Textile Material Industrial Base of Haining | 7173 | 1041 | 0 | 5 | 2 |
| 国家火炬计划海宁软磁材料产业基地<br>China Torch Program Soft Magnetic Material Industrial Base of Haining | 6574 | 1801 | 15 | 22 | 9 |
| 国家火炬计划黄岩塑料模具产业基地<br>China Torch Program Plastic Moudles Industrial Base of Huangyan | 10502 | 1895 | 17 | 52 | 13 |
| 国家火炬计划嘉善新型电子元器件产业基地<br>China Torch Program Jiashan New Type Electric Components Industrial Base | 20856 | 2979 | 13 | 23 | 2 |
| 国家火炬计划嘉兴电子信息产业基地<br>China Torch Program Jiaxing Electronic Information Industrial Base | 21193 | 3814 | 16 | 116 | 8 |
| 国家火炬计划兰溪天然药物产业基地<br>China Torch Program Lanxi Natural Medicine Industrial Base | 4146 | 842 | 3 | 35 | 0 |

单位：人　　　　(person)

| 特色产业基地 Industrial Base | 企业从业人员总数 Total Number of Employees | 大专以上 Higher than Junior College Degree | 博士 Doctor | 硕士 Master | 留学归国 Overseas Schollar |
|---|---|---|---|---|---|
| 国家火炬计划乐清智能电器产业基地 China Torch Program Intelligent Industrial Base of Yueqing | 30061 | 6933 | 6 | 53 | 3 |
| 国家火炬计划临安电线电缆产业基地 China Torch Program Electric Wire and Cable Industrial Base of Lin'an | 12648 | 3540 | 28 | 62 | 0 |
| 国家火炬计划南浔特种电磁线产业基地 China Torch Program Special Electromagnetic Wire Industrial Base of Nanxun | 2397 | 395 | 4 | 10 | 3 |
| 国家火炬计划平湖光机电产业基地 China Torch Program Mechatronic Industrial Base of Pinghu | 26950 | 3802 | 3 | 27 | 11 |
| 国家火炬计划上虞精细化工产业基地 China Torch Program Fine Chemical Industrial Base of Shangyu | 17790 | 3572 | 7 | 35 | 0 |
| 国家火炬计划绍兴纺织产业基地 China Torch Program Textile Industrial Base of Shaoxing | 310407 | 2979 | 0 | 67 | 0 |
| 国家火炬计划桐乡新型纤维产业基地 China Torch Program New Type Fiber Industrial Base of Tongxiang | 14528 | 4721 | 0 | 44 | 1 |
| 国家火炬计划萧山高性能机电基础件产业基地 China Torch Program High Capability Electromechanical Foundation Parts Industrial Base of Xiaoshan | 26780 | 6580 | 52 | 160 | 10 |
| 国家火炬计划新昌医药产业基地 China Torch Program Medicine Industrial Base of Xinchang | 7520 | 2530 | 24 | 96 | 1 |
| 国家火炬计划永嘉特种泵阀产业基地 China Torch Program Special Pump Valve Industrial Base of Yongjia | 6500 | 1495 | 0 | 0 | 0 |
| 国家火炬诸暨环保产业基地 China Torch Program Environment Protection Industrial Base of Zhuji | 16537 | 4895 | 5 | 20 | 0 |
| 国家火炬计划宁波电子信息产业基地 China Torch Program Electronic Information Industrial Base of Ningbo | 18627 | 8815 | 218 | 603 | 120 |
| 国家火炬计划宁波鄞州新型金属材料特色产业基地 China Torch Program New Type Metal Material Industrial Base of Yinzhou | 13895 | 4330 | 7 | 20 | 2 |
| 宁波北仑注塑机高新技术特色产业基地 China Torch Program Beilun Injection Molding Machine Hi-tech Industrial Base of Ningbo | 5970 | 1580 | 12 | 68 | 6 |
| 国家火炬计划铜陵电子材料产业基地 China Torch Program Electronic Material Industrial Base of Tongling | 7315 | 2818 | 22 | 50 | 0 |
| 国家火炬计划无为特种电缆产业基地 China Torch Program Wuwei Special Electrical Cable Industrial Base | 3900 | 0 | 0 | 0 | 0 |
| 国家火炬计划德化陶瓷产业基地 China Torch Program Ceramic Industrial Base of Dehua | 72500 | 6275 | 0 | 3 | 1 |
| 国家火炬计划闽东南电子与信息产业基地 China Torch Program Southeast Fujian Electronic Information Industrial Base | 20275 | 7029 | 12 | 291 | 16 |
| 国家火炬计划莆田液晶显示产业基地 China Torch Program liquid Crystal Display Industrial Base of Putian | 68000 | 17250 | 0 | 320 | 130 |
| 国家火炬计划泉州微波通信产业基地 China Torch Program Microwave Telecommunication Industrial Base of Quanzhou | 2312 | 1237 | 2 | 16 | 1 |
| 国家火炬计划厦门视听通讯产业基地 China Torch Program Audiovisual Industrial Base of Xiamen | 24369 | 5177 | 25 | 3486 | 21 |

单位:人 (person)

| 特色产业基地<br>Industrial Base | 企业从业人员总数<br>Total Number of Employees | 大专以上<br>Higher than Junior College Degree | 博士<br>Doctor | 硕士<br>Master | 留学归国<br>Overseas Schollar |
|---|---|---|---|---|---|
| 国家火炬计划厦门钨材料产业基地<br>China Torch Program Tungsten Material Industrial Base of Xiamen | 3088 | 798 | 10 | 55 | 2 |
| 国家火炬计划九江星火有机硅材料产业基地\<br>China Torch Program Xinghuo Organic Silicon Material Industrial Base of Jiujaing | 3384 | 1055 | 4 | 20 | 0 |
| 国家火炬计划济南山大路电子信息产业基地<br>China Torch Program Dalu Electronic Information Industrial Base Jinan | 11201 | 8934 | 83 | 1156 | 92 |
| 国家火炬计划济南生物工程与新医药产业基地<br>China Torch Program Biology Engineering and Advanced Medicine Industrial Base of Jinan | 8650 | 5860 | 105 | 421 | 201 |
| 国家火炬计划济南先进机电与装备制造产业基地<br>China Torch Program Advanced Electromechanical and Equipment Manufacturing Industrial Base of Jinan | 31647 | 10974 | 29 | 166 | 25 |
| 国家火炬计划济宁纺织新材料产业基地<br>China Torch Program Advanced Textile Materia Industrial Base of Jining | 18500 | 2410 | 30 | 260 | 12 |
| 国家火炬计划济宁工程机械产业基地<br>China Torch Program Engineering Machine Industrial Base of Jining | 23000 | 8900 | 180 | 370 | 2 |
| 国家火炬计划济宁生物技术产业基地<br>China Torch Program Biology Industrial Base of Jining | 28630 | 8610 | 60 | 158 | 15 |
| 国家火炬计划临沭复合肥产业基地<br>China Torch Program Compound Fertilizer Industrial Base of Linshu | 13826 | 4613 | 18 | 97 | 3 |
| 国家火炬计划鲁北海洋科技产业基地<br>China Torch Program Northern Shandong Marine Science ang technology Industrial Base | 8342 | 2644 | 12 | 17 | 9 |
| 国家火炬计划泰安非金属新材料产业基地<br>China Torch Program Nonmetal Material Industrial Base of Tai'an | 16095 | 5239 | 49 | 120 | 15 |
| 国家火炬计划泰安输变电器材产业基地<br>China Torch Program Electrical Power Transmission and Distributation Apparatus Industrial Base of Tai'an | 7058 | 2365 | 19 | 61 | 7 |
| 国家火炬计划烟台汽车零部件产业基地<br>China Torch Program Automobile Parts Industrial Base of Yantai | 17000 | 5500 | 1 | 10 | 1 |
| 国家火炬计划禹城生物技术产业基地<br>China Torch Program Biology Industrial Base of Yucheng | 7300 | 980 | 12 | 55 | 1 |
| 国家火炬计划章丘有机高分子材料产业基地<br>China Torch Program Orgainc Polymer Material Industrial Base of Zhangqiu | 9860 | 2240 | 30 | 91 | 0 |
| 国家火炬计划招远电子信息新材料产业基地<br>China Torch Program Electronic Information Industrial Base of Zhaoyuan | 0 | 0 | 0 | 0 | 0 |
| 国家火炬计划淄博博山泵类产业基地<br>China Torch Program Boshan Pumpvalve Industrial Base of Zibo | 115000 | 8600 | 8 | 235 | 0 |
| 国家火炬计划淄博生物医药产业基地<br>China Torch Program Biological Medicine Industrial Base of Zibo | 22365 | 7051 | 10 | 83 | 0 |
| 国家火炬计划淄博先进陶瓷产业基地<br>China Torch Program Advanced Ceramic Industrial Base of Zibo | 9800 | 3762 | 4 | 101 | 0 |
| 国家火炬计划青岛新材料产业化基地<br>China Torch Program Advanced Material Industrial Base of Zibo | 73211 | 20649 | 127 | 532 | 33 |
| 国家火炬计划长垣起重机械产业基地<br>China Torch Program Hoisting Machine Industrial Base of Changheng | 35000 | 8600 | 3 | 21 | 0 |

9－3 续表6 Continued 6

单位：人 (person)

| 特色产业基地 Industrial Base | 企业从业人员总数 Total Number of Employees | 大专以上 Higher than Junior College Degree | 博士 Doctor | 硕士 Master | 留学归国 Overseas Schollar |
|---|---|---|---|---|---|
| 国家火炬计划河南超硬材料产业基地 China Torch Program Superhard Material Industrial Base of Henan | 10510 | 7214 | 46 | 150 | 10 |
| 国家火炬计划济源矿用机电产业基地 China Torch Program Mineral Electromechanic Industrial Base of Jiyuan | 8650 | 1832 | 1 | 21 | 1 |
| 国家火炬计划濮阳生物化工产业基地 China Torch Program Biological Chemical Industrial Base of Puyang | 13420 | 13102 | 68 | 280 | 20 |
| 国家火炬计划郑州精密金属产业基地 China Torch Program Fine Metal Industrial Base of Zhengzhou | 6350 | 3280 | 21 | 101 | 5 |
| 国家火炬计划葛店生物技术与新医药产业基地 China Torch Program Biology Technology and Advanced Medicine Industrial Base of Gedian | 14243 | 6847 | 33 | 546 | 7 |
| 国家火炬计划谷城节能与环保产业基地 China Torch Program Energy Saving and Environment Protection Industrial Base of Gucheng | 17450 | 7130 | 0 | 0 | 0 |
| 国家火炬计划十堰汽车关键零部件产业基地 China Torch Program Automobile key Parts Industrial Base of Shiyan | 21000 | 8541 | 1 | 64 | 1 |
| 国家火炬计划襄樊节能电机与控制设备产业基地 China Torch Program Power Saving Motor and Control Equipment Industrial Base of Xiangfan | 2046 | 949 | 4 | 19 | 0 |
| 国家火炬计划襄樊汽车动力及零部件产业基地 China Torch Program Automobile Power and Parts Industrial Base of Xiangfan | 16020 | 2608 | 16 | 162 | 3 |
| 国家火炬计划应城精细化工新材料产业基地 China Torch Program Advanced Fine Chemical Industrial Base of Yingcheng | 8372 | 2673 | 3 | 45 | 0 |
| 国家火炬计划武汉汽车电子产业基地 China Torch Program Automobile Electronic Industrial Base of Wuhan | 8913 | 5414 | 22 | 495 | 32 |
| 国家火炬计划武汉青山环保科技产业基地 China Torch Program Qingshan Environment Protection Science and Technology Industrial Base of Wuhan | 12100 | 9000 | 6 | 105 | 0 |
| 国家火炬计划武汉新材料产业基地 China Torch Program Advanced Material Industrial Base of Wuhan | 46000 | 1712 | 42 | 216 | 32 |
| 国家火炬计划衡阳输变电装备产业基地 China Torch Program Electrical Power Transmission and Distributaiton Industrial Base of Hengyang | 3560 | 1020 | 21 | 36 | 57 |
| 国家火炬计划湖南传感技术产业基地 China Torch Program Sensors Technology Industrial Base of Hunan | 920 | 636 | 54 | 110 | 3 |
| 国家火炬计划湖南传感技术产业基地株洲示范区 Zhuzhou Model District of China Torch Program Sensors Technology Industrial Base of Hunan | 3398 | 2125 | 8 | 171 | 8 |
| 国家火炬计划浏阳生物医药产业基地 China Torch Program Biological Medicine Industrial Base of Liuyang | 6369 | 2721 | 85 | 230 | 37 |
| 国家火炬计划湘潭机电一体化产业基地 China Torch Program Mechatronic Industrial Base of Xiangtan | 9852 | 493 | 31 | 51 | 33 |
| 国家火炬计划益阳先进制造技术产业基地 China Torch Program Advanced Manufacturing Technology Industrial Base of Yiyang | 18540 | 1068 | 11 | 30 | 11 |
| 国家火炬计划株洲硬质合金产业基地 China Torch Program Hard alloy Industrial Base of Zhuzhou | 18000 | 8680 | 4 | 1020 | 1 |
| 国家火炬计划东莞长安模具产业基地 China Torch Program Chang'an Moudle Industrial Base of Dongguan | 800000 | 55000 | 500 | 600 | 800 |
| 国家火炬计划东莞市虎门镇服装设计与制造产业基地 China Torch Program Humen Fashion Design Industrial Base of Dongguan | 300000 | 35000 | 14 | 51 | 10 |

单位：人　(person)

| 特色产业基地<br>Industrial Base | 企业从业人员总数<br>Total Number of Employees | 大专以上<br>Higher than Junior College Degree | 博士<br>Doctor | 硕士<br>Master | 留学归国<br>Overseas Schollar |
|---|---|---|---|---|---|
| 国家火炬计划佛山电子电器产业基地<br>China Torch Program Electronic and Electrical Apparatus Industrial Base of Foshan | 133000 | 52000 | 76 | 881 | 98 |
| 国家火炬计划佛山精密制造产业基地<br>China Torch Program Precision Manufacturing Industrial Base of Foshan | 42188 | 13800 | 28 | 132 | 19 |
| 国家火炬计划佛山新材料产业基地<br>China Torch Program Advanced Material Industrial Base of Foshan | 149100 | 24500 | 22 | 117 | 58 |
| 国家火炬计划佛山自动化机械及设备产业基地<br>China Torch Program Automation Machine and Equipment Industrial Base of Foshan | 79563 | 22130 | 35 | 435 | 71 |
| 国家火炬计划惠州数码视听产业基地<br>China Torch Program Digital Audiovisual Industrial Base of Huizhou | 125754 | 19423 | 97 | 370 | 59 |
| 国家火炬计划惠州仲恺激光头产业基地<br>China Torch Program Zhongkai Laser Head Industrial Base of Huizhou | 42227 | 4787 | 14 | 84 | 16 |
| 国家火炬计划江门纺织化纤产业基地<br>China Torch Program Textile Chemical Fiber Industrial Base of Jiangmen | 50461 | 7793 | 4 | 50 | 13 |
| 国家火炬计划江门新材料产业基地<br>China Torch Program Advanced Material Industrial Base of Jiangmen | 69623 | 10658 | 28 | 80 | 4 |
| 国家火炬计划汕头澄海玩具设计与制造产业基地<br>China Torch Program Chenghai Toy Design and Manufacturing Industrial Base of Shantou | 125000 | 2350 | 0 | 0 | 0 |
| 国家火炬计划汕头光机电产业基地<br>China Torch Program Mechatronic Industrial Base of Shantou | 31400 | 5650 | 30 | 90 | 25 |
| 国家火炬计划汕头金平轻工机械装备产业基地<br>China Torch Program Jinping Light Industry Machine and Equipment Industrial Base of Shantou | 46569 | 0 | 0 | 0 | 0 |
| 国家火炬计划汕头龙湖输配电设备产业基地<br>China Torch Program Longhu Electrical Power Transmission and Distribution Industrial Base of Shantou | 7800 | 1480 | 12 | 31 | 4 |
| 国家火炬计划顺德家用电器产业基地<br>China Torch Program Household Appliance Industrial Base of Shunde | 2077600 | 249777 | 55 | 518 | 81 |
| 国家火炬计划湛江海洋产业基地<br>China Torch Program Marine Industrial Base of Zhanjiang | 20162 | 4963 | 15 | 114 | 28 |
| 国家火炬计划肇庆金属新材料产业基地<br>China Torch Program Advanced Metal Material Industrial Base of Zhaoqing | 8020 | 962 | 2 | 11 | 12 |
| 国家火炬计划中山（临海）装备制造产业基地<br>China Torch Program Equipment Manufacturing Industrial Base of Zhongshan (Linhai) | 17100 | 3200 | 32 | 212 | 10 |
| 国家火炬计划中山古镇照明产业基地<br>China Torch Program Guzhen Lighting Industrial Base of Zhongshan | 64005 | 2080 | 4 | 50 | 0 |
| 国家火炬计划中山小榄金属制品产业基地<br>China Torch Program Xiaolan Metal Products Industrial Base of Zhongshan | 173274 | 6730 | 20 | 126 | 53 |
| 国家火炬计划广州花都汽车及零部件产业基地<br>China Torch Program Huadu Automobile and Parts Industrial Base of Guangzhou | 22675 | 3600 | 31 | 37 | 23 |
| 国家火炬计划成都电子信息产业基地<br>China Torch Program Electronic Information Industrial Base of Chengdu | 17824 | 6106 | 48 | 391 | 18 |
| 国家火炬计划遵义航天军转民（准备制造）产业基地<br>China Torch Program Aerospace Military to Civil Industrial Base of Zunyi | 18312 | 5968 | 1 | 110 | 1 |
| 国家火炬计划西安高新区生物医药产业基地<br>China Torch Program Biological Medicine Industrial Base of Xi'an Science and Technology Industrial Park | 15466 | 8012 | 118 | 390 | 159 |

# 第十部分

# 主要指标解释

# *The Tenth Part*

## Explanatory Notes of Indicators

# 主要指标解释

**工业总产值**：指工业企业在报告期内生产的以货币形式表现的工业最终产品和提供工业劳务活动的总价值量。目前工业总产值按"工厂法"计算，必须遵循以下原则：

第一，工业生产的原则。即凡是企业在报告期生产的产品和提供的劳务，经检验合格的产品，不管是否在报告期销售，均应包括在内。凡不是工业生产的产品，均不得计入工业总产值。

第二，"工厂法"的原则。即以法人工业企业作为一个整体，企业生产的成品价值必须是本企业生产的，经检验合格不需再进行任何加工的最终产品。企业对外销售的半成品也应视为最终产品计入工业总产值。而在本企业内各车间转移的半成品和在制品只能计算其期末期初差额价值。

**工业总产值的内容包括三部分**：本期生产成品价值、对外加工费收入、自制半成品在制品期末期初差额价值。

本期生产成品价值：指企业在报告期生产，经检验合格的已销售和准备销售的全部工业成品（半成品）价值合计。成品价值中包括企业生产的自制设备及提供给本企业在建工程、其他非工业部门和生活福利部门等单位使用的成品价值，但不包括用订货者来料加工的成品（半成品）价值。

对外加工费收入：指企业在报告期完成的对外承做的工业品加工（包括用订货者来料加工生产）的加工费收入和对外工业品修理作业所收取的加工费收入。对外加工费收入中不包括销项税额。

**自制半成品在制品期末期初差额价值**：为了使工业总产值与工业中间投入中的物耗价值一致，以便同口径地计算工业增加值，规定本指标的计算原则是：凡是企业会计产品成本核算中计算半成品、在制品成本，则工业总产值中必须包括自制半成品在制品期末期初差额价值。反之亦然。

工业总产值是按现行价格计算的，现行价格指报告期内销售产品的实际出厂价格，不包括应交增值税中的销项税额。会计核算中按成本价格转帐的自制设备和自产自用的成品，按成本价格计算生产成品价值。

**总收入**：指企业全年的生产产品销售收入、技术性收入和与本企业产品相关的商品的销售收入、其他业务收入、营业收入等各种收入的总和。

**技术收入**：指企业全年用于技术转让、技术承包、技术咨询与服务、技术入股、中试产品收入以及接受外单位委托的科研收入等。

**产品销售收入**：指企业全年销售全部产成品、自制半成品和提供劳务等所取得的收入。

**商品销售收入**：指企业销售以出售为目的而购入的非本企业生产产品的销售收入。

**实际上缴税费总额**：指企业实际上缴的各项税金、特种基金和附加费等。

**年末从业人员数**：指在报告期末，在企业中从事劳动并取得劳动报酬或经营收入的全部劳动力。

**科学研究与试验发展**：指在科学技术领域，为增加知识总量、以及运用这些知识去创造新的应用进行的系统的创造性的活动，包括基础研究、应用研究、试验发展三类活动。在工业企业开展的科学研究与试验发展（R&D）活动中，较为普遍的和大量的活动属于试验发展活动。

**基础研究**：指为了获得关于现象和可观察事实的基本原理的新知识（揭示客观事物的本质、运动规律，获得新发现、新学说）而进行的实验性或理论性研究，它不以任何专门或特定的应用或使用为目的。其成果以科学论文和科学著作为主要形式。

**应用研究**：也指为获得新知识而进行的创造性研究，主要针对某一特定的目的或目标。应用研究是为了确定基础研究成果可能的用途，或是为达到预定的目标探索应采取的新方法（原理性）或新途径。其成果形式以科学论文、专著、原理性模型或发明专利为主。

**试验发展**：指利用从基础研究、应用研究和实际经验所获得的现有知识，为产生新的产品、材料和装置，建立新的工艺、系统和服务，以及对已产生和建立的上述各项作实质性的改进而进行的系统性工作。其成果形式主要是专利、专有技术、新产品原型或样机样件等。

工业领域的试验发展包括以下四类活动：

1. 为研制新产品或对已有产品进行实质性改进，所从事的技术调研、技术咨询和资料准备，设计及改进设计，工装模具准备，研制和检测用仪器设备的购置、制造及安装，购置原材料、元器件、零配件、辅助材料，样机试验和检测、建立和运行试验车间(中间试验)，论证鉴定等活动。

2. 为研制新工艺或对已有工艺进行实质性改进，所从事的技术调研、技术咨询和资料准备，设计及改进设计，工装模具准备，购置检测用仪器设备、原材料、辅助材料、元器件、零配件，试验检测，论证鉴定等活动。

3. 在工程设计、小批量试制、工业性试验及试生产过程中对新产品原型和新工艺本身作进一步改进所从事的相关活动。

4. 对引进国外的技术或从国内购买的技术做实质性改进及再创新所开展的相关活动，但不包括对这些技术的直接应用或仿制活动。

**研究与试验发展成果应用**：指为使试验发展阶段产生的新产品、材料和装置，建立的新工艺、系统和服务以及作实质性改进后的上述各项能够投入生产或实际应用，解决所存在的技术问题而进行的系统性的工作。这类活动的成果形式大多是可供生产和实际操作的带有技术和工艺参数的图纸、技术标准和操作规范。

工业领域的工程与工装模具设计、小批量试制和工业性试验一般属于科学研究与试验发展成果应用活动。工程与工装模具设计指新产品原型能够投入批量生产而从事的工艺流程、设备及工艺装备、操作及质量检测规程等的设计活动。小批量试制和工业性试验内容包括：标准化、系列化、通用化试验，新技术方法从设定的控制参数发展到不同条件下的验证试验，批量生产的质量稳定性与优化参数再现性试验，新技术的可靠性试验，生产检测、维护、安全等技术操作规范化试验，新旧生产系统结合部技术协调试验(含原材料、能源介质、辅助工具等系统的适应性试验)。

科技活动人员：指工业企业在报告年度直接从事或参与科技活动的人员，包括参加科技项目人员、从事科技活动管理和为科技活动提供直接服务的人员。科技活动人员不包括全年累计从事科技活动时间不足制度工作时间10%的人员。

**研究与试验发展经费支出**：指报告年度在企业科技活动经费内部支出中用于基础研究、应用研究和试验发展三类项目以及这三类项目的管理和服务费用的支出。不论何种经费来源，只要实际用于上述三类项目的经费支出都应计算在内。具体计算办法：可将企业全部科技项目中确定为基础研究、应用研究和试验发展三类项目的经费支出加总，再加上按上述三类项目支出占全部科技项目经费支出比重计算分摊的科技管理和服务费用取得。上述三类项目经费支出包括的内容与科技活动经费内部支出按用途分组所列的支出项一致。

# 中国统计出版社最新资料书简目

（仅供参考，以最后出书为准）

中国统计年鉴-2008
中国统计摘要-2008
国际统计年鉴-2008
2008中国发展报告
中国区域经济统计年鉴-2008
长江和珠江三角洲及港澳特别行政区统计年鉴-2008
中国社会统计年鉴-2008
中国第三产业统计年鉴-2008
中国城市统计年鉴-2007
中国劳动统计年鉴-2008
中国人口和就业统计年鉴-2008
中国工业经济统计年鉴-2008
中国建筑业统计年鉴-2008
中国房地产统计年鉴-2008
中国城市（镇）生活与价格年鉴-2008
中国商品交易市场统计年鉴-2008
中国零售和餐饮业连锁经营统计年鉴-2008
中国能源统计年鉴-2008
全国农产品成本收益资料汇编-2008
中国贸易外经统计年鉴-2008
中国基本单位统计年鉴-2008
中国民政统计年鉴-2008
中国农村统计年鉴-2008
中国农村住户调查年鉴-2008（中文）
中国农村住户调查年鉴-2008（英文）
中国县（市）社会经济调查年鉴-2008
中国农产品价格调查年鉴-2008
中国经济普查年鉴-2004
中国百强县（市）发展年鉴 2008
中国教育经费统计年鉴-2007
中国农村全面建设小康监测报告-2008
中国农村贫困监测报告-2008
中国国内生产总值核算历史资料(1952-2004)
中国季度国内生产总值核算历史资料(1992-2005)
中国高技术产业统计年鉴-2008
中国科学技术协会统计年鉴-2008
工业企业科技活动资料-2008
中国棉花年鉴-2006/2007
2004年经济普查年鉴系列
2005年中国1%人口抽样调查系列资料
第二次全国残疾人抽样调查资料系列
北京统计年鉴-2008
天津统计年鉴-2008
河北经济年鉴-2008
山西统计年鉴-2008
内蒙古统计年鉴-2008
辽宁统计年鉴-2008
吉林统计年鉴-2008

黑龙江统计年鉴-2008
上海统计年鉴-2008
江苏统计年鉴-2008
浙江统计年鉴-2008
安徽统计年鉴-2008
福建统计年鉴-2008
江西统计年鉴-2008
山东统计年鉴-2008
河南统计年鉴-2008
湖北统计年鉴-2008
湖南统计年鉴-2008
广东统计年鉴-2008
广西统计年鉴-2008
海南统计年鉴-2008
重庆统计年鉴-2008
四川统计年鉴-2008
贵州统计年鉴-2008
云南统计年鉴-2008
西藏统计年鉴-2008
陕西统计年鉴-2008
甘肃年鉴-2008
青海统计年鉴-2008
宁夏统计年鉴-2008
新疆统计年鉴-2008
新疆生产建设兵团统计年鉴-2008
石家庄统计年鉴-2008
唐山统计年鉴-2008
邯郸统计年鉴-2008
呼和浩特经济统计年鉴-2008
包头统计年鉴-2008
沈阳年鉴-2008
大连统计年鉴-2008
长春统计年鉴-2008
吉林市社会经济统计年鉴-2008
四平统计年鉴-2008
延吉统计年鉴-2008
哈尔滨统计年鉴-2008
齐齐哈尔经济统计年鉴-2008
黑龙江垦区统计年鉴-2008
上海浦东新区统计年鉴-2008
苏州统计年鉴-2008
无锡统计年鉴-2008
常州统计年鉴-2008
徐州统计年鉴-2008
南通统计年鉴-2008
盐城统计年鉴-2008
镇江统计年鉴-2008
江阴统计年鉴-2008
丹阳统计年鉴-2008

杭州统计年鉴-2008
宁波统计年鉴-2008
绍兴统计年鉴-2008
台州统计年鉴-2008
舟山统计年鉴-2008
温州统计年鉴-2008
金华统计年鉴-2008
嘉兴统计年鉴-2008
湖州统计年鉴-2008
衢州统计年鉴-2008
安庆统计年鉴-2008
福州统计年鉴-2008
福州经济技术开发区年鉴-2008
厦门经济特区年鉴-2008
南昌统计年鉴-2008
上饶经济社会统计年鉴-2008
九江统计年鉴-2008
济南统计年鉴-2008
青岛统计年鉴-2008
潍坊统计年鉴-2008
东营统计年鉴-2008
郑州统计年鉴-2008
洛阳统计年鉴-2008
三门峡统计年鉴-2008
南阳统计年鉴-2008
武汉统计年鉴-2008
宜昌统计年鉴-2008
十堰统计年鉴-2008
荆州统计年鉴-2008
黄冈统计年鉴-2008
长沙统计年鉴-2008
广州统计年鉴-2008
东莞统计年鉴-2008
惠州统计年鉴-2008
深圳统计年鉴-2008
桂林经济社会统计年鉴-2008
南宁统计年鉴-2008
柳州经济统计年鉴-2008
来宾市统计年鉴-2008
河池统计年鉴-2008
海口统计年鉴-2008
成都统计年鉴-2008
贵阳统计年鉴-2008
昆明统计年鉴-2008
西安统计年鉴-2008
庆阳年鉴-2008
银川统计年鉴-2008
乌鲁木齐统计年鉴-2008
吐鲁番统计年鉴-2008

欲购以上图书请与中国统计出版社发行部联系
电话：（010）63376907，63376908　同榍行书店电话：68783171，68783172
通讯地址：北京市西城区三里河月坛南街57号　邮政编码：100826